YMRYSON EDMWND PRYS
A WILIAM CYNWAL

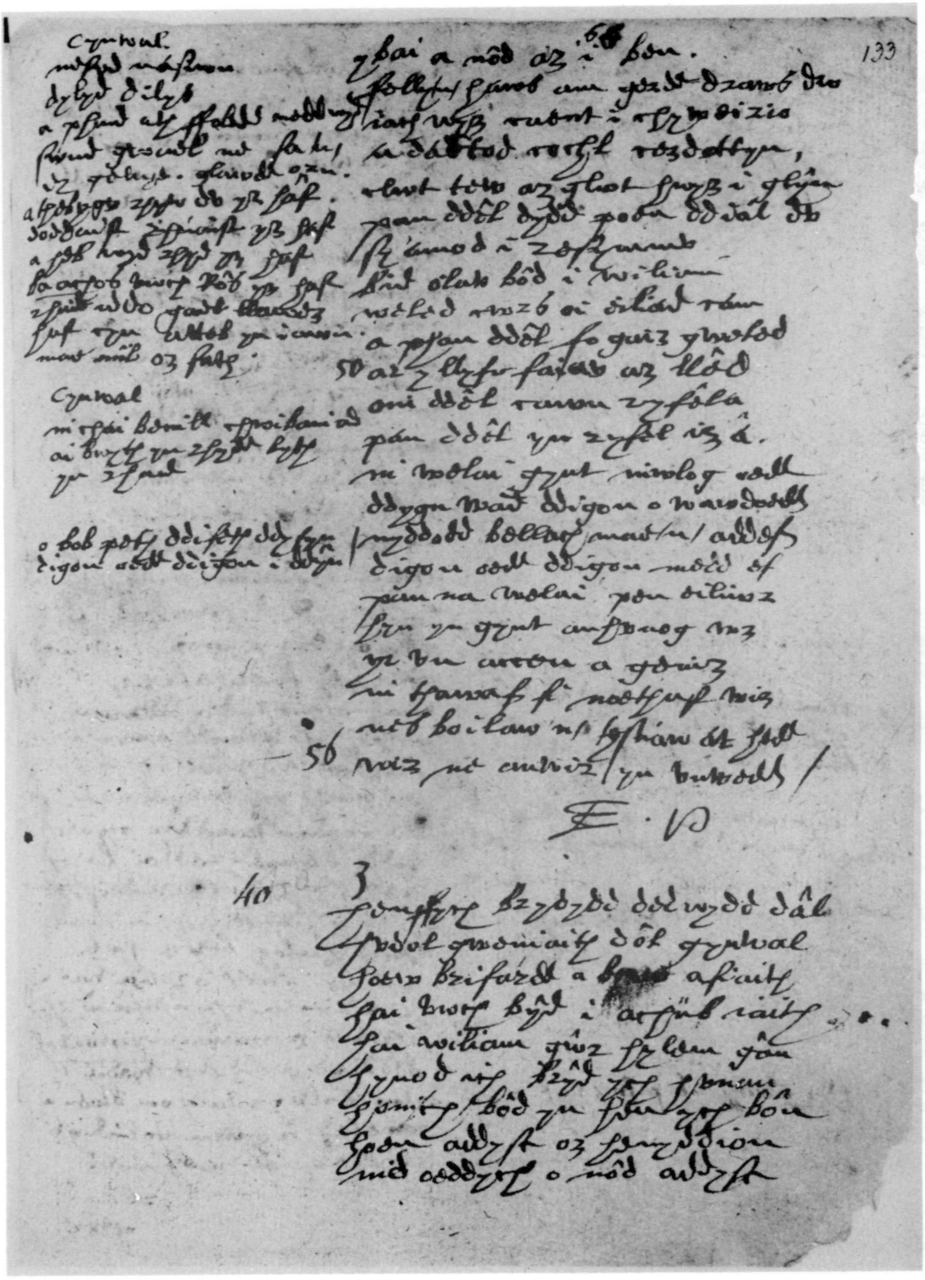

Tudalen o lawysgrif Llanstephan 43 (*gyda chaniatâd Llyfrgell Genedlaethol Cymru*)

YMRYSON EDMWND PRYS
A
WILIAM CYNWAL

Fersiwn llawysgrif Llanstephan 43
gyda rhagymadrodd, nodiadau
a geirfa

GRUFFYDD ALED WILLIAMS

Cyhoeddwyd ar ran
Bwrdd Gwybodau Celtaidd
Prifysgol Cymru

CAERDYDD
GWASG PRIFYSGOL CYMRU
1986

Manylion Catalogio Cyhoeddi (CIP) y Llyfrgell Brydeinig

Williams, Gruffydd Aled
Ymryson Edmwnd Prys a Wiliam Cynwal.
1. Barddoniaeth Gymraeg – Hanes a Beirniadaeth
— Cyfnod y Tuduriaid, 1485–1603
I. Teitl
891.6'612'09 PB2227

ISBN 0-7083-0918-6

Cyfieithwyd y Manylion Catalogio Cyhoeddi gan y Cyhoeddwyr

Cysodwyd gan Wasg Coleg y Brifysgol, Caerdydd
Argraffwyd gan Qualitex Argraffwyr Cyf., Caerdydd

I'm Mam

ac er cof am

fy Nhad

CYNNWYS

RHAGAIR

Ym 1610, un mlynedd ar ddeg cyn ymddangosiad y Salmau Cân, beirniadwyd Edmwnd Prys gan Thomas Salisbury, y cyhoeddwr o Lundain, am ei arafwch yn dwyn y gwaith i ben: 'I heare not of any that are about ye psalmes saue only Archdeaco*n* Price who promised them longe agone but as yet hath not accomplishd his promise nor ye expectacio*n* of many.' Yr wyf yn ymwybodol iawn y gallesid yn hawdd fod wedi cymhwyso'r geiriau hyn ataf fi, olygydd ymarhous ymryson yr Archddiacon â Wiliam Cynwal. Am amryfal resymau—yn eu plith cymhlethdod rhai problemau ynglŷn â'r testun, galwadau a gofalon swydd a theulu, ac yn ystod y blynyddoedd diwethaf prinder cyllid ar gyfer cyhoeddi'r gwaith—bu'r gyfrol hon yn llawer rhy hir yn ymddangos. Ond diau fod esgusion y gŵr galluog a fu cyhyd wrth y dasg anodd o fydryddu'r Salmau yn llawer amgenach na'm rhai i!

Cydnabuwyd ymryson Prys a Chynwal ers tro yn un o destunau mwyaf arwyddocaol llenyddiaeth Gymraeg cyfnod y Dadeni, nid oherwydd ei werth barddonol cynhenid ond oherwydd y modd yr amlygir ynddo agweddau tra gwahanol y dyneiddwyr a'r beirdd proffesiynol tuag at farddoniaeth a swydd y bardd mewn cyfnod tyngedfennol yn hanes y traddodiad barddol. Eto, er pwysiced yr ymryson, nid argraffwyd hyd yma ond un testun cyflawn ohono, a hwnnw—y testun a gynhwysodd T. R. Roberts ('Asaph') yn ei gyfrol *Edmwnd Prys* a gyhoeddwyd ym 1899—yn un pur anfoddhaol yn ôl safonau ysgolheictod diweddar. Prif bwrpas y gyfrol hon yw ceisio gwneud iawn am y diffyg hwn drwy ddarparu testun golygedig o'r cywyddau fel y ceir hwy yn llaw Prys yn llawysgrif Llanstephan 43. Cofnodir hefyd y darlleniadau amrywiol a geir yn y llawysgrifau eraill lle digwydd y cywyddau: fel y ceisir dangos, y mae i lawer o'r rhain fwy o arwyddocâd a diddordeb nag a berthyn i amrywiadau testunol fel rheol. Ynghyd â'r testun darparwyd hefyd ragymadrodd, nodiadau a geirfa. Yn y rhagymadrodd ymdrinnir â'r ffynonellau llawysgrif lle digwydd yr ymryson ac ystyrir yn fyr y testunau argraffedig blaenorol; archwilir hefyd ei hanes testunol astrus (dyma efallai ran fwyaf arloesol f'astudiaeth); dyddir yr ymryson; ceir adrannau bywgraffyddol ar y ddau fardd; ac, yn olaf, ymdrinnir yn feirniadol â'r ymryson gan ei ystyried yng nghyd-destun syniadaeth lenyddol y Dadeni a bywyd llenyddol Cymru yn y cyfnod. Mae'r ymdriniaeth fywgraffyddol ag Edmwnd Prys yn corffori ac yn cyfuno deunydd a gyhoeddais eisoes mewn ysgrifau yn *Trafodion Cymdeithas Hanes Sir Ddinbych* (1974), *Cylchgrawn Cymdeithas Hanes a Chofnodion Sir Feirionnydd* (1980), *Bwletin y Bwrdd Gwybodau Celtaidd* (1981) a *Cylchgrawn Llyfrgell Genedlaethol Cymru* (1982). Cyhoeddais ymdriniaeth feirniadol â'r ymryson o'r blaen yn *Ysgrifau Beirniadol*, VIII (1974), ond mae'r ymdriniaeth a geir yma yn fanylach o dipyn ac yn adlewyrchu'r darllen pellach a wneuthum ym maes llenyddiaeth a beirniadaeth lenyddol y Dadeni. Cafodd cywyddau'r ymryson, yn enwedig rhai Prys, y gair o fod yn anodd eu deall, yn rhannol oherwydd llygredd y testunau argraffedig blaenorol ond hefyd oherwydd y gyfeiriadaeth ddiarffordd a geir ynddynt ar brydiau. Hyderaf y bydd y nodiadau manwl a ddarperais ynghyd â'r testun yn gymorth i ddarllenwyr ddeall a gwerthfawrogi'r cywyddau i fwy graddau nag a oedd yn bosibl gyda'r testunau moel a gyhoeddwyd o'r blaen.

Yn ei hanfod fersiwn talfyredig yw'r gyfrol o draethawd ymchwil y dyfarnwyd imi radd Ph.D. Prifysgol Cymru amdano ym 1978. Dechreuais weithio ar y pwnc flynyddoedd ynghynt o dan gyfarwyddyd yr Athro R. Geraint Gruffydd pan oedd ef yn ddarlithydd a minnau'n fyfyriwr ymchwil yn Adran Gymraeg Coleg Bangor. Y mae fy nyled i'r Athro Gruffydd yn anfesuradwy. Bu y tu hwnt o hael gyda'i amser a'i wybodaeth yn ystod y blynyddoedd pan fu'n cyfarwyddo f'ymchwil ac elwais yn ddirfawr o'i gyngor doeth a'i arweiniad dysgedig: 'Disgybl wyf, ef a'm dysgawdd'. Yr wyf yn ddyledus yn ogystal i'r diweddar Athro Melville Richards a'r Athro Bedwyr Lewis Jones, dau Bennaeth Adran anghyffredin o raslon arnaf ym Mangor, a fu hefyd yn eu tro yn Gyfarwyddwyr imi. Bu eu diddordeb a'u hanogaeth yn gefn imi mewn dyddiau pan oedd cynnydd braidd yn araf.

Arholwyd y traethawd gwreiddiol gan y diweddar Syr Thomas Parry a'r Athro J.E. Caerwyn Williams. Bu anogaeth ysgolheigion o'u maintioli hwy imi baratoi'r gwaith ar gyfer ei gyhoeddi yn galondid ac yn symbyliad, ac mae'r fersiwn cyhoeddedig ar ei ennill o ganlyniad i'w sylwadau a'u hawgrymiadau.

Elwais lawer o bryd i'w gilydd o drafod yr ymryson a phynciau barddol perthnasol yn anffurfiol gyda chyfeillion a oedd yn gyd-weithwyr yn y maes. Goddefer imi nodi enwau dau ysgolhaig y bu eu cwmni yn arbennig o ffrwythlon yn y cyswllt hwn, sef Dr Enid Roberts, a'm dysgodd ac a fu'n gyd-weithiwr imi yn Adran Gymraeg Bangor, a'r Athro D. J. Bowen o Adran Gymraeg Coleg Prifysgol Cymru, Aberystwyth.

Cefais swyddogion y gwahanol lyfrgelloedd y bûm yn darllen ynddynt yn barod iawn eu cymwynas bob amser: y mae'n weddus imi gydnabod fy nyled arbennig i staff Llyfrgell Coleg y Gogledd a staff Adran y Llawysgrifau yn Llyfrgell Genedlaethol Cymru, Aberystwyth. Euthum ar ofyn staff *Geiriadur Prifysgol Cymru* hwythau droeon: diolchaf iddynt, ac yn arbennig i'r Golygydd, fy nghyfaill Gareth Bevan, am eu cymorth a'u hynawsedd.

Hoffwn ddiolch i awdurdodau fy ngholeg a ganiataodd imi gael cyfnod yn rhydd oddi wrth fy nyletswyddau dysgu ym 1981–2 i'm galluogi i baratoi'r gwaith ar gyfer ei gyhoeddi. Yr wyf yn dra diolchgar i Bwyllgor Iaith a Llên y Bwrdd Gwybodau Celtaidd am estyn ei nawdd i'r gyfrol. Cafodd ei llywio drwy'r wasg gan Mr Iwan Llwyd Williams o staff olygyddol Gwasg Prifysgol Cymru. Mawr yw fy niolch iddo am ei fedrusrwydd a'i hynawsedd. Mae arnaf ddyled amlwg i'r cysodwyr hwythau yng Ngholeg y Brifysgol, Caerdydd am eu gofal a'u hamynedd gyda thestun digon anodd a thrafferthus. Diolchaf hefyd i'm chwaer, Mrs Llinos Jones, am ei charedigrwydd yn bwrw ail olwg dros gyfran o broflenni'r gyfrol. Sicrhaodd ei llygaid barcud fod y gwaith yn lanach o'r herwydd.

Yn olaf pleser yw diolch o waelod calon i'm gwraig, Éimear, ac i'm plant am eu hir oddefgarwch a'u hamynedd ar hyd y blynyddoedd. Bu iddynt ddygymod yn raslon a dirwgnach ag un a dreuliodd lawer gormod o'i amser yng nghwmni cynhennus Prys a Chynwal.

GRUFFYDD ALED WILLIAMS

Adran y Gymraeg,
Coleg Prifysgol Gogledd Cymru,
Bangor.
Mawrth, 1986.

BYRFODDAU

(i) LLAWYSGRIFAU

Ba	Bangor (yn Llyfrgell Coleg y Brifysgol).
(Ba)M	Bangor Mostyn (yn Llyfrgell Coleg y Brifysgol).
Bd	Bodewryd (yn y Llyfrgell Genedlaethol).
BLAdd	Llawysgrifau Ychwanegol y Llyfrgell Brydeinig.
BlW	Llawysgrifau Cymraeg Llyfrgell Bodley, Rhydychen.
C	Llawysgrifau Llyfrgell Ganol Caerdydd.
ChCh	Llawysgrifau Coleg Eglwys Crist, Rhydychen.
Cw	Cwrtmawr (yn y Llyfrgell Genedlaethol).
JRW	Llawysgrifau Cymraeg Llyfrgell John Rylands, Manceinion.
Ll	Llanstephan (yn y Llyfrgell Genedlaethol).
LlGC	Llawysgrifau Ychwanegol y Llyfrgell Genedlaethol.
M	Mostyn (yn y Llyfrgell Genedlaethol).
P	Peniarth (yn y Llyfrgell Genedlaethol).
Pa	Panton (yn y Llyfrgell Genedlaethol).
T	Llawysgrif Tan-y-bwlch (yn y Llyfrgell Genedlaethol).

(ii) LLYFRAU A CHYLCHGRONAU

AC	*Archaeologia Cambrensis* (1846-).
B	*The Bulletin of the Board of Celtic Studies: Bwletin y Bwrdd Gwybodau Celtaidd* (Caerdydd, 1921-).
BC	*Y Bywgraffiadur Cymreig hyd 1940*, ail argraffiad (Llundain, 1954).
BD	Henry Lewis (gol.), *Brut Dingestow* (Caerdydd, 1942).
B.M. Gen. Cat.	*British Museum General Catalogue of Printed Books*, photolithographic edition to 1955 (Llundain, 1959-66).
BWLl	J.C. Morrice (gol.), *Barddoniaeth Wiliam Llŷn* (Bangor, 1908).
Cat. Add. MSS. B.M.	*Catalogue of Additions to the Manuscripts in the British Museum*, adargraffiad (Llundain, 1964-5).
CCHChSF	*Cylchgrawn Cymdeithas Hanes a Chofnodion Sir Feirionnydd* (1949-).
CD	John Morris-Jones, *Cerdd Dafod* (Rhydychen, 1925).
Cefn Coch	J. Fisher (gol.), *The Cefn Coch MSS.* (Lerpwl, 1899).
CLlGC	*Cylchgrawn Llyfrgell Genedlaethol Cymru* (Aberystwyth, 1939-).

CWP	*Calendar of Wynn (of Gwydir) Papers 1515-90* (Aberystwyth, 1926).
Cy	*Y Cymmrodor* (Llundain, 1877-).
D	John Davies, *Antiquae Linguae Britannicae . . . Dictionarium Duplex* (Llundain, 1632). [Yr adran Gymraeg-Lladin.]
DC	William Hay, *Diarhebion Cymru,* ail argraffiad (Lerpwl, 1956).
DCB	John J. Delaney a James Edward Tobin, *Dictionary of Catholic Biography* (Llundain, 1962).
DDiar	*Y Diharebion Cymraeg,* ar ddiwedd *Dictionarium* John Davies.
DGG	Ifor Williams a Thomas Roberts (gol.), *Dafydd ap Gwilym a'i Gyfoeswyr,* ail argraffiad (Caerdydd, 1935).
Dinneen	Patrick S. Dinneen, *Foclóir Gaedhilge agus Béarla: an Irish-English Dictionary* (Dulyn, 1927).
DN	Thomas Roberts ac Ifor Williams (gol.), *The Poetical Works of Dafydd Nanmor* (Caerdydd, 1923).
DNB	*Dictionary of National Biography* (Llundain, 1885-).
DPE	Morris Palmer Tilley, *A Dictionary of the Proverbs in England in the Sixteenth and Seventeenth Centuries* (Ann Arbor, 1950).
Dwnn	Syr Samuel R. Meyrick (gol.), *Heraldic Visitations of Wales and Part of the Marches between the years 1586 and 1613 . . . by Lewys Dwnn, deputy herald at arms,* dwy gyfrol (Llanymddyfri, 1846).
DWS	William Salesbury, *A Dictionary in Englyshe and Welshe* (1547), adargraffiad (Menston, 1969).
EEW	T. H. Parry-Williams, *The English Element in Welsh* (Llundain, 1923).
Enc. Brit.	*Encyclopaedia Britannica* (Chicago: 1969).
Eras. Adagia	Desiderius Erasmus, *Collectanea Adagiorum Veterum* yn *Opera Omnia,* gol. J. Leclerc, Cyf. II (Leiden, 1703).
EWGT	P. C. Bartrum (gol.), *Early Welsh Genealogical Tracts* (Caerdydd, 1966).
G	J. Lloyd-Jones, *Geirfa Barddoniaeth Gynnar Gymraeg* (Caerdydd, 1931-46).
GDE	Thomas Roberts (gol.), *Gwaith Dafydd ab Edmwnd* (Bangor, 1914).
GDG	Thomas Parry (gol.), *Gwaith Dafydd ap Gwilym* (Caerdydd, 1952).
GDLl	W. Leslie Richards (gol.), *Gwaith Dafydd Llwyd o Fathafarn* (Caerdydd, 1964).

GGGl	Ifor Williams a John Llywelyn Williams (gol.), *Gwaith Guto'r Glyn* (Caerdydd, 1939).
GLM	Eurys I. Rowlands (gol.), *Gwaith Lewys Môn* (Caerdydd, 1975).
GMW	D. Simon Evans, *A Grammar of Middle Welsh* (Dulyn, 1964).
GP	G. J. Williams ac E. J. Jones (gol.), *Gramadegau'r Penceirddiaid* (Caerdydd, 1934).
GPC	*Geiriadur Prifysgol Cymru* (Caerdydd, 1950-).
GTA	T. Gwynn Jones (gol.), *Gwaith Tudur Aled,* dwy gyfrol (Caerdydd: 1926).
HGC	Henry Lewis (gol.), *Hen Gerddi Crefyddol* (Caerdydd, 1931).
HPF	J. Y. W. Lloyd, *The History of the Princes, the Lords Marcher and the Ancient Nobility of Powys Fadog . . . ,* chwe chyfrol (Llundain, 1881-7).
IGE	Henry Lewis, Thomas Roberts ac Ifor Williams (gol.), *Cywyddau Iolo Goch ac Eraill 1350-1450* (Bangor, 1925).
JWBS	*The Journal of the Welsh Bibliographical Society* (1910-).
LBS	S. Baring Gould a John Fisher, *The Lives of the British Saints,* pedair cyfrol (Llundain, 1907).
Lewis & Short	Charlton T. Lewis a Charles Short, *A Latin Dictionary founded on Andrews' edition of Freund's Latin Dictionary* (Rhydychen, 1907).
LGC	Tegid a Gwallter Mechain (gol.), *Gwaith Lewis Glyn Cothi* (Rhydychen, 1837).
LOPGO	E. Bachellery (gol.), *L'Œuvre Poétique de Gutun Owain,* dwy gyfrol (Paris, 1950-1).
LlC	*Llên Cymru* (Caerdydd, 1950-).
MA	Owen Jones, Edward Williams a W. Owen Pughe (gol.), *The Myvyrian Archaiology of Wales,* ail argraffiad (Dinbych, 1870).
MFGLl	*Mynegai i Farddoniaeth Gaeth y Llawysgrifau* (Y Bwrdd Gwybodau Celtaidd, 1978).
NLW Handlist	*Handlist of Manuscripts in the National Library of Wales* (Aberystwyth, 1943-).
OBWV	Thomas Parry (gol.), *The Oxford Book of Welsh Verse* (Rhydychen, 1962).
OCD	*The Oxford Classical Dictionary,* ail argraffiad (Rhydychen, 1970).
OED	*The Oxford English Dictionary* (Rhydychen, 1933).

OSP	William Salesbury, *Oll Synnwyr pen Kembero ygyd*, argraffiad newydd, gol. J. Gwenogvryn Evans (Bangor a Llundain, 1902).
PACF	J. E. Griffith, *Pedigrees of Anglesey and Carnarvonshire Families* (1914).
Penn. Tours	Thomas Pennant, *Tours in Wales*, argraffiad newydd, gol. John Rhys, tair cyfrol (Caernarfon, 1883).
PKM	Ifor Williams (gol.), *Pedeir Keinc y Mabinogi* (Caerdydd, 1930).
RC	*Revue Celtique* (Paris, 1870-1936).
RMWL	J. Gwenogvryn Evans, *Report on Manuscripts in the Welsh Language*, dwy gyfrol (Llundain, 1898-1910).
TC	T. J. Morgan, *Y Treigladau a'u Cystrawen* (Caerdydd, 1952).
TrCy	*The Transactions of the Honourable Society of Cymmrodorion* (Llundain, 1892-).
TrDinb	*Trafodion Cymdeithas Hanes Sir Ddinbych* (1952-).
TW	Yr adran Ladin-Cymraeg yn *Dictionarium* John Davies.
TYP	Rachel Bromwich (gol.), *Trioedd Ynys Prydein* (Caerdydd, 1961).
WATU	Melville Richards, *Welsh Administrative and Territorial Units* (Caerdydd, 1969).
Welsh Gen.	Peter C. Bartrum, *Welsh Genealogies A.D. 300-1400*, wyth cyfrol (Gwasg Prifysgol Cymru, 1974).
WG	J. Morris Jones, *A Welsh Grammar* (Rhydychen, 1913).
WM	J. Gwenogvryn Evans (gol.), *The White Book Mabinogion* (Pwllheli, 1907).
WOP	W. Owen Pughe, *Geiriadur Cenhedlaethol Cymraeg a Saesneg: A National Dictionary of the Welsh Language with English and Welsh Equivalents*, trydydd argraffiad, gol. Robert John Pryse, dwy gyfrol (Dinbych, 1873, 1891).
WVBD	O. H. Fynes-Clinton, *The Welsh Vocabulary of the Bangor District* (Rhydychen, 1913).

(iii) TRAETHODAU YMCHWIL

EP	John Wyn Roberts, 'Edmwnd Prys: hanes ei fywyd a chasgliad o'i weithiau', Traethawd M.A. Prifysgol Cymru 1938.
WC(1)	Sarah Rhiannon Williams, 'Testun beirniadol o gasgliad Llawysgrif Mostyn 111 o waith Wiliam Cynwal ynghyd â rhagymadrodd, nodiadau a geirfa', Traethawd M.A. Prifysgol Cymru 1965.

WC(2)	Geraint Percy Jones, 'Astudiaeth destunol o ganu Wiliam Cynwal yn Llawysgrif (Bangor) Mostyn 4', Traethawd M.A. Prifysgol Cymru 1969.
WC(3)	Richard Lewis Jones, 'Astudiaeth destunol o awdlau, cywyddau ac englynion gan Wiliam Cynwal', Traethawd M.A. Prifysgol Cymru 1969.
YGIV	Gwilym Lloyd Edwards, '*Ystorya Gwlat Ieuan Vendigeit* neu *Lythyr y Preutur Siôn*, sef cyfieithiad Cymraeg Canol o'r "Epistola Presbyteri Johannis" ', Traethawd M.A. Prifysgol Cymru 1962.

RHAGYMADRODD

FFYNONELLAU

Bu cryn gopïo ar ymryson Prys a Chynwal o ddechrau'r ail ganrif ar bymtheg ymlaen, arwydd yn ddiau i'r diddordeb ynddo barhau. Eto, cymharol ychydig o lawysgrifau sy'n cynnwys yr holl gywyddau: cyfran yn unig ohonynt a geir fynychaf. Yn y llawysgrifau sy'n cynnwys mwy nag un cywydd mae'r testun yn ddieithriad yn gyfansawdd ei natur: cynhwysir cywyddau Prys a Chynwal ynghyd ynddynt ac nid gwaith y naill fardd neu'r llall ar ei ben ei hun. Ceir rhai llawysgrifau sy'n cynnwys y rhyddiaith eglurhaol a geir o flaen y ddau gywydd cyntaf (Rhyddiaith A a B yn y testun) a llythyr Prys (Rhyddiaith C) yn unig. Fel y gellid disgwyl, prin o'u cymharu â nifer y llawysgrifau yw'r ffynonellau print lle ceir yr ymryson.

I. LLAWYSGRIFAU

Dosberthir y llawysgrifau isod yn ôl y nifer o gywyddau'r ymryson a geir ynddynt. (Mae'r llawysgrifau sy'n cynnwys y rhyddiaith eglurhaol a llythyr Prys yn unig yn ffurfio dosbarth ychwanegol.) Ceisir rhestru'r llawysgrifau yn nhrefn eu pwysigrwydd o fewn pob dosbarth.

(a) *Llawysgrifau yn cynnwys yr holl ymryson, cywyddau 1-54*[1]

(i) Ll 43:

Arni gw. *RMWL*, II, 511. Yno dywed J. Gwenogvryn Evans: 'The extensive marginalia in explanation of the text accompanying the

[1] Ymddengys i un cywydd fynd ar goll. Honnir i Gynwal ganu cyfres o naw cywydd yn ateb i naw cywydd Prys (cf. y pennawd i lythyr Prys yn Ll 43, 124—'Copi o lythr yr Archdiagon at Wiliam Cynwal wedi derbyn atteb oi naw Cywydd'—a'r cyfeiriadau yn 52. 82, 89–90), ond ni cheir mwy nag wyth mewn unrhyw lawysgrif. Cf. y nodyn a geir yn P 125, 93: 'fo gollodd y Nawfed Cywydd o waith Cynwal yr hwn oedd yn rhifo y gerdd o dri i naw'.

compositions of Edmund Prys, and the fact that the elegy to Sion Phylip was evidently once folded and carried in the pocket suggest that this MS. may be the holograph of the Archdeacon.' Cadarnheir hyn gan Irene George yn *B*, VII, 114-15, lle mae'n tynnu sylw at y ffaith mai'r un yw'r llaw yn y llawysgrif â'r un a geir mewn llythyr a sgrifennodd Prys at Syr John Wynn o Wedir.[2] Mae Ll 43 felly yn bwysig odiaeth o'r safbwynt testunol. Hi yw'r unig lawysgrif lle ceir copi o'r ymryson yn llaw un o'r ddau fardd, a'i thestun hi a olygir yn yr argraffiad hwn.

Ynghyd â'r cywyddau cynnwys y llawysgrif y darnau rhyddiaith eglurhaol a geir o flaen y ddau gywydd cyntaf (Rhyddiaith A a B) a llythyr Prys at Gynwal (Rhyddiaith C). (Mae pob copi arall o'r llythyr yn deillio yn y pen draw o'r copi hwn.) Ar ymylon y dalennau ceir nodiadau helaeth yn llaw Prys yn cyfeirio'n ôl at bwyntiau mewn cywyddau blaenorol, yn tynnu sylw at nodweddion mydryddol a chynganeddol, yn cyfeirio at ffynonellau etc.[3] Ar wahân i'r ymryson cynnwys y llawysgrif ychydig gerddi eraill o waith Prys, sef englynion (tt. 1, 2, 3 a 182), cywydd duwiol, 'Credaf yn nuw cu radawl'(t. 180), gras bwyd ar fesur cywydd, 'duwsvl Gras y bwyd Iesv' (t. 186) a chywydd marwnad i'r bardd Siôn Phylip (t. 187).[4]

Dyddir Ll 43 oddeutu 1620 gan Gwenogvryn Evans, yn ddiau ar sail y farwnad i Siôn Phylip.[5] Gellid cyfeiliorni, fodd bynnag, wrth ei dyddio ar sail hyn yn unig. Digwydd y farwnad ar ddiwedd y llawysgrif, ac nid yw'n amhosibl fod yr hyn a ddaw o'i blaen wedi ei sgrifennu'n gynharach. Nid oes sicrwydd ychwaith fod y farwnad yn perthyn yn wreiddiol i weddill y llawysgrif. Fel y sylwodd Gwenogvryn Evans, mae olion plygu ar tt. 187-90 lle digwydd y farwnad, olion nas ceir ar unrhyw un o'r tudalennau eraill. Ceir dyfrnod ar tt. 187-8 na ddigwydd, hyd y gellir canfod, yn unman arall yn y llawysgrif.

2 LlGC 9055, rhif 752. Dyddiad y llythyr yw 6 Ebrill 1616. Arno gw. *CWP*, t. 122.

3 Dyma 'extensive marginalia' Gwenogvryn Evans. Camarweiniol yw ei awgrym mai ynghyd â chywyddau Prys ei hunan yn unig y ceir y nodiadau hyn.

4 'Rhodd Dduw gwyn yw rhwydd ganu'. Mae'r llinell gyntaf yn annarllenadwy yn Ll 43. Ceir testun o'r cywydd yn EP, 324.

5 Bu farw 13 Chwefror 1620, gw. *BC*, 719.

Awgryma hyn y gallasai'r farwnad fod wedi bod ar wahân i weddill y llawysgrif yn wreiddiol ac iddi efallai gael ei hychwanegu'n ddiweddarach. Dengys yr ystyriaeth hon na ddylid bod yn orbendant fod y llawysgrif yn ei chrynswth wedi ei hysgrifennu mor ddiweddar â 1620. Yn anffodus, fodd bynnag, ni cheir unrhyw dystiolaeth arall yn y llawysgrif a fyddai'n gymorth i'w dyddio.

Gosodwyd dalennau o bapur cryf rhwng tudalennau brau'r llawysgrif wreiddiol drwyddi draw i'w hatgyfnerthu. Ar t. i o'r rhain ceir llofnod Moses Williams ('M Wiliams A.M. 1719').[6] Llanwyd rhai o'r dalennau hyn ar ddechrau'r llawysgrif gan Richard Morris ym 1747. Lluniodd wynebddalen (t. i) sy'n cynnwys ychydig o fanylion bywgraffyddol am y ddau fardd, ynghyd â mynegai i gynnwys y llawysgrif (tt. ii-iv).

(ii) P 125:

Arni gw. *RMWL,* I, 768. Ceir disgrifiad ohoni hefyd gan W. W. E. Wynne yn *AC,* XV, y drydedd gyfres (1869), 370. Yn ôl *RMWL* perthyn dwy o'r dwylo yn y llawysgrif, gan gynnwys yr un y ceir yr ymryson ynddi, i ail chwarter yr ail ganrif ar bymtheg. Cf. Wynne a'u gesyd 'about the time of James I'. Dywed Gwenogvryn Evans am destun yr ymryson ei fod 'transcribed apparently direct from Shirburn Castle MS. E 11 pp. 2-172' (h.y. Ll 43). Dengys y darlleniadau, fodd bynnag, fod hyn yn anghywir. Er bod testunau P 125 a Ll 43 yn cytuno i raddau helaeth, mae gwahaniaethau a ddengys eu bod yn annibynnol ar ei gilydd (e.e. mae llinell sydd ar goll o Ll 43, sef 19. 47, i'w chael yn P 125). Mae ansawdd y testun a geir yn P 125 yn dda iawn ar y cyfan.

Ceir rhyddiaith o flaen y ddau gywydd cyntaf fel yn Ll 43, ond ni cheir copi o lythyr Prys. Ceir hefyd nodiadau helaeth yn y brif law ar ymylon y dalennau. Er bod y rhain o'r un natur â'r nodiadau yn Ll 43, nid yr un rhai ydynt. O flaen yr ymryson, ac yn yr un llaw, ceir copi o gywydd Prys ar 'Anllywodraeth y Cedyrn' (t. 1). Achau yw'r rhan

6 Camddarllenodd Gwenogvryn Evans hyn fel 'M. Williams, A.M. rug' (*RMWL*, II, 511).

fwyaf o weddill cynnwys y llawysgrif, peth ohonynt (tt. 237-65) mewn llaw gyfoes â'r un a gopïodd gywyddau'r ymryson.

Ofer fu pob ymgais i ddarganfod pwy a sgrifennodd y rhan o P 125 lle ceir yr ymryson. Dengys hanes perchenogaeth y llawysgrif, fodd bynnag, iddi fod ar dreigl yn Ardudwy (gw. isod). Yr oedd ym Maentwrog oddeutu diwedd yr ail ganrif ar bymtheg neu ddechrau'r ddeunawfed ganrif pan gopïwyd testun T o'r ymryson ohoni (gw. (iii) isod). Ar t. 223 ceir ach Ffowc Prys, mab hynaf Edmwnd Prys o'i ail wraig. Geill manylder yr ach hon adlewyrchu gwybodaeth leol neu adnabyddiaeth o deulu Prys,[7] ac awgryma ymhellach mai un o lawysgrifau Ardudwy yw P 125.

Ymhlith y llofnodion yn P 125 ceir 'Ellis Wynne' (t. 17) a 'William Wynne' (y tu mewn i hen glawr memrwn y llawysgrif). Er mai amhendant yw tystiolaeth y llawysgrifen,[8] mae tystiolaeth ar gael sy'n awgrymu mai Ellis Wynne o'r Lasynys, awdur *Gweledigaetheu y Bardd Cwsc,* yw'r cyntaf, ac mai naill ai ei fab, William Wynne, rheithor Llanaber, neu ei gâr, William Wynn, Llangynhafal (o deulu Maesyneuadd, Llandecwyn), y bardd a'r hynafiaethydd, yw'r ail. Awgrymir hyn gan gysylltiad Dr Griffith Roberts, Dolgellau, â'r llawysgrif.[9] Ceir ychydig linellau na cheir mohonynt yn nhestun P 125 wedi eu hychwanegu ar ymyl y ddalen yn llaw Griffith Roberts (tt. 5, 6, 10, 11, 13, 14, 15). Cyfetyb y darlleniadau yn y llinellau ychwanegol hyn i'r hyn a geir yn LlGC 3288,i, llawysgrif y gwyddys i Griffith Roberts ei benthyg (gw. (iv) isod). Gwyddys i William Wynne roi o leiaf un o lawysgrifau ei dad, sef P 196, i William Wynn, Llangynhafal, ac i Griffith Roberts yn ei dro ei hetifeddu.[10] Dichon mai'r un fu hynt P

7 Dyma'r unig lawysgrif achyddol a welais i lle nodir mai mab anghyfreithlon i Rys ab Einion Fychan oedd Gruffudd, hen daid Edmwnd Prys.

8 Cymharwyd y ddau lofnod ag enghreifftiau hysbys o lofnodion Ellis Wynne, William Wynne, ei fab, a William Wynn, Llangynhafal.

9 Arno gw. *BC*, 811; *CCHChSF*, I, 119–22; a *NLW Handlist*, I, xii-xiv.

10 Gw. *RMWL*, I, 1025; Gwyn Thomas, *Y Bardd Cwsg a'i Gefndir* (Caerdydd, 1971), 243.

125 hithau. Mae'n werth nodi fod tystiolaeth ar gael fod William Wynn, Llangynhafal, yn ymddiddori yn yr ymryson, fod Rhys Wyn, Hendre'r Mur (gw. Rhyddiaith A) ymhlith ei hynafiaid, a bod aelod o deulu Maesyneuadd wedi priodi Morgan, un o feibion Edmwnd Prys o'i ail wraig.[11]

(iii) T:[12]

Ceir disgrifiad o'r llawysgrif yn *Schedule of the Contents of a Manuscript Volume of Welsh Poetry known as the Tanybwlch Manuscript,* catalog teipysgrif yn Llyfrgell Genedlaethol Cymru (1932). Disgynnai teulu Tan-y-bwlch, Maentwrog, o Edmwnd Prys,[13] ac nid annisgwyl efallai yw cael copi o'r ymryson yn y llawysgrif hon. Sgrifennwyd hi ar wahanol adegau ar ddiwedd yr ail ganrif ar bymtheg ac yn ystod y ddeunawfed ganrif. Cyfetyb tt. 449-560 o ran cynnwys i tt. 1-137 yn P 125 (cywydd 'Anllywodraeth y Cedyrn' yn cael ei ddilyn gan yr ymryson), a dengys y darlleniadau mai P 125 yw cynsail uniongyrchol y rhan hon o'r llawysgrif. Ar y cyfan dilynodd copïydd T ei gynsail yn ffyddlon. Copïodd y rhan fwyaf o'r nodiadau a geir ar ymylon y dalennau yn P 125 hyd yn oed.

(iv) LlGC 3288,i:

Arni gw. *NLW Handlist,* I, 278. Perthyn i ail hanner y ddeunawfed

11 Mewn llythyr at Richard Morris (25 Medi 1753) gofynnodd Wynn am 'a copy of Edmund Pryse's Welsh Letter, word for word, letter for letter as you have it', gw. R. G. Hughes, 'William Wynn, Llangynhafal', Traethawd M.A. Prifysgol Cymru 1940, II, 116-17. Mae'n arwyddocaol efallai na cheir llythyr Prys yn P 125. Ar ach teulu Maesyneuadd gw. *CCHChSF*, III, 191; *PACF*, 283. Priododd Elliw, wyres Rhys Wyn, Robert ab Edward ab Wmffre, taid i hen nain William Wynn. Eu merch hwy, Elisabeth, a briododd Morgan Prys.

12 Dewisais gyfeirio at y llawysgrif wrth ei henw traddodiadol. Adwaenir hi bellach yn swyddogol yn y Llyfrgell Genedlaethol fel Minor Deposit 1206B.

13 Priododd Robert Evans o Dan-y-bwlch wyres Edmwnd Prys, sef Lowri, merch Ffowc Prys, gw. *PACF*, 252, 361; *BC*, 219.

ganrif ac fe'i copïwyd gan Thomas Jones o'r Trawsgoed, Llanuwchllyn.[14] Ceir ei lofnod ar tt. 45, 65, 91 ('Thomas Jones of Trawsgoed's Book 1797'), 169 ('Thomas Jones his Book 1789'), etc. Ar frig t. 42 lle mae testun yr ymryson yn dechrau ceir y dyddiad 1755, ond nid yw'n sicr fod hwn yn gyfoes â chyfnod copïo'r llawysgrif.[15]

Ni ddigwydd Rhyddiaith A a B na llythyr Prys yn y llawysgrif hon, ond ar ddiwedd yr ail gywydd (t. 46) ceir copi honedig o'r llythyr a anfonodd Cynwal at Brys (gw. Atodiad I). Dyma'r unig gopi o'r llythyr hwn ar wahân i'r un a geir mewn llawysgrifau a gopïwyd o LlGC 3288,i (gw. LlGC 19497 a LlGC 2621 isod), ac ni ellir bod yn sicr ynghylch ei ddilysrwydd. Ymhlith gweddill cynnwys y llawysgrif ceir 14 o gywyddau gan Gynwal yn union o flaen yr ymryson (tt. 21-41), gan gynnwys naw cywydd serch na ddigwyddant mewn unrhyw lawysgrif arall.[16]

Ar t. 2 ceir y nodyn a ganlyn mewn llaw wahanol i'r brif law: 'Ysgrifenwyd yr ymryson rhwng yr Arχdiacon Prys a Wm Cynwal allan o Ysgriflyfrau yn llaw y ddau fardd gan Thos Jones o'r Trawsgoed mal y dywedodd TJ. ei hun'. Beth bynnag am gywirdeb yr honiad fod y testun wedi ei godi o lawysgrifau a sgrifennwyd gan Brys a Chynwal eu hunain, mae'n eglur os craffer arno mai gwir a ddywedir ei fod yn seiliedig ar ddwy lawysgrif. Cyfunwyd dwy ffynhonnell i lunio'r testun, y naill (ffynhonell (i)) o'r un llinach â Cw 27 a JRW 3 (gan berthyn yn nes i'r olaf) ac yn perthyn i'r un dosbarth cyffredinol â M 145 a Ll 49, a'r llall (ffynhonnell (ii)) yn tarddu o'r un gynsail â

14 Ceir gwybodaeth amdano yn erthygl K. W. Jones-Roberts, 'D. R. Daniel, 1859–1931', *CCHChSF*, V, 58–9. Yr oedd mam Daniel yn wyres iddo. Parhaodd y cof amdano yn ardal Llanuwchllyn fel meddyg gwlad—'hen ddoctor y Trawsgoed'—a chanddo ddawn arbennig i wella pobl orffwyll. [Yr wyf yn ddyledus i'r ddiweddar Mrs Jones-Roberts a Mr Rhydian Gwyn am fy ngoleuo ar y wedd hon ar ei weithgarwch.]

15 Gwelodd Evan Evans ('Ieuan Brydydd Hir') gopi cyflawn o'r ymryson yn y Bala ym 1765 (*Additional Letters of the Morrises of Anglesey (1735–1786)*, gol. Hugh Owen, *Cy*, XLIX, 655). Ai testun LlGC 3288,i, neu un o'i gynseiliau ydoedd?

16 Gw. y rhagymadrodd i WC(2), xv.

BLAdd 14991 (gw. (v) isod) ac yn perthyn i'r un dosbarth cyffredinol â P 125 a T. Mae'r testun yn LlGC 3288,i yn dra llwgr ac weithiau'n garbwl. Yr enghraifft waethaf o hyn yw'r cymysgwch rhyfeddol yng nghywydd 14, lle dilynir 14. 86 gan 17. 25-70 (h.y. gosodir talp o un o gywyddau Prys yng nghanol cywydd o'r eiddo Cynwal).

Ceir tystiolaeth yn y llawysgrif fod Dr Griffith Roberts, Dolgellau (gw. (ii) uchod) wedi ei benthyg. Ar t. 122 ceir y nodyn 'Borwed this Book of Thos Jones Trawsgoed / Sepr 20th. 1797 By me G^{r}. Roberts Surgeon', a cheir nodiadau tebyg i'r un perwyl ar tt. 132, 135. Ceir mân nodiadau eraill yn llaw Griffith Roberts yma ac acw drwy'r llawysgrif gan gynnwys ambell ddiwygiad testunol yng ngoleuni P 125.

(v) BLAdd 14991:

Arni gw. *List of Additions to the Department of Manuscripts. 1844*, 57-8, yn *Cat. Add. MSS. B.M.* 1841-5. Cynnwys gopi printiedig o *Gorchestion Beirdd Cymru* (Amwythig, 1773) gan Rhys Jones o'r Blaenau gyda dalennau wedi eu hychwanegu ato lle sgrifennwyd casgliad pur helaeth o farddoniaeth. Y mae bron y cyfan o'r llawysgrif mewn dwy law: sgrifennwyd ff. 165v-248v a 302v i'r diwedd gan Owen Jones ('Owain Myfyr') a ff. 249r-299r gan ei nai, Hugh Maurice.

Owain Myfyr a sgrifennodd gorff testun yr ymryson (ff. 168v-241v). Ond gadawodd Hugh Maurice ei ôl yn drwm arno hefyd. Bu'n cymharu testun Owain Myfyr â thestun dwy lawysgrif arall, sef BLAdd 31056 (cf. 'compared with C Rhun No. 2.' (f. 168v) a 'compared with Thos Williams MS.' (f. 170r)) a Ll 43 (cf. 'Comp. with Moses Williams's MS. the property of the Earl of Macclesfield.' (f. 168v)). Pan na chytunai testun Owain Myfyr â'r llawysgrifau hyn ychwanegodd Maurice yr amrywiadau mewn inc coch. Mae ei gywiriadau a'i ychwanegiadau yn frith o fewn y testun ac ar ymylon y dalennau, a cheir rhai hefyd ar ddalennau a ychwanegwyd at rai gwreiddiol Owain Myfyr. O'r ddwy lawysgrif mae'n amlwg mai BLAdd 31056 a welodd Maurice gyntaf: croesodd allan rai o'r cywiriadau a seiliwyd ar BLAdd 31056 lle cytunai testun Owain Myfyr â Ll 43.

Testun hynod o lwgr yw testun sylfaenol BLAdd 14991. Perthyn i'r un dosbarth cyffredinol â thestunau P 125, T a LlGC 3288,i (y rhan sy'n deillio o ffynhonnell (ii)). O'r rhain, y mae'n nes at LlGC 3288,i nag at y ddau arall, a dengys y ffaith fod 48. 79-80 ar goll o BLAdd 14991 a LlGC 3288,i fod testun y ddwy lawysgrif yn tarddu o'r un gynsail er nad yw'n debyg fod honno'n gynsail uniongyrchol i'r naill na'r llall.

Oherwydd cynsail ddiffygiol neu gopïo esgeulus ceir rhai bylchau sylweddol yn nhestun Owain Myfyr. (Mae darnau helaeth ar goll o gywyddau 10, 11, 32, 33 a 37, ac ni ddigwydd cywydd 38 o gwbl.) Llanwyd y bylchau hyn gan Hugh Maurice. Hefyd cywirodd Maurice y testun lle'r oedd yn amlwg garbwl. (Cyfunodd Owain Myfyr rannau o gywyddau 10 ac 11, a rhannau o gywyddau 53 a 33. Ailsgrifennwyd cywyddau 11 a 53 ar eu hyd gan Maurice.) Yng nghywyddau 10, 11, 32, 33, 37, 38 a 53 dynodir ychwanegiadau Maurice fel E* wrth restru'r ffynonellau yn y testun argraffedig.

O flaen cywyddau'r ymryson ceir copïau o Ryddiaith A a B a llythyr Prys (ff. 165v-168v). Dengys y darlleniadau mai o BLAdd 15020 (gw. (dd) isod) y codwyd hwy.

(b) *Llawysgrifau yn cynnwys cywyddau 1-29 yn unig*

(i) BLAdd 31056:

Rhestrir y llawysgrif hon ymhlith llawysgrifau Caer Rhun (Caer Rhun 2) yn *Cat. Add. MSS. B.M.* 1876-81, 154. Ceir catalog o'i chynnwys yn llaw Owain Myfyr yn BLAdd 15062, 65v-72v. Sgrifennwyd y rhan helaethaf ohoni mewn llaw sy'n perthyn, yn ôl pob tebyg, i oddeutu canol yr ail ganrif ar bymtheg. Cyfeirir ati yn BLAdd 14991 (gw. uchod) fel 'Thos Williams MS.' (f. 170r) a 'Thos. Williams y Meddyg's Book' (f. 181r). Diau mai Thomas Wilems o Drefriw a olygir, ac os felly mae'r tadogiad yn anghywir.

Y mae testun cywyddau'r ymryson yn ddiffygiol ar ei ddechrau a'i ddiwedd oherwydd i ddalennau gael eu colli. (Ni cheir ond llinellau 85-94 o gywydd 1 a llinellau 1-100 o gywydd 29.) Ar wahân i hyn, mae ansawdd y testun yn y llawysgrif yn rhagorol. Ni cheir darnau rhyddiaith esboniadol ynghyd â'r cywyddau.

(ii) LlGC 5931:

Arni gw. *NLW Handlist,* II, 135. Sgrifennwyd hi oddeutu canol y ddeunawfed ganrif (ceir cyfrifon am y blynyddoedd 1751 a 1756 ar f. 80r).

Mae cryn gytundeb rhwng testun yr ymryson yn y llawysgrif hon a'r testun yn BLAdd 31056. Ceir gwahaniaethau, fodd bynnag, a dengys y rhain nad yw'r testun a geir yma yn tarddu o BLAdd 31056 (e.e. mae llinellau sydd ar goll o BLAdd 31056, sef 8. 11-12, i'w cael yn LlGC 5931). Rhaid priodoli'r tebygrwydd felly i gynsail gyffredin. Mae testun LlGC 5931 yn fwy llwgr na thestun BLAdd 31056, er bod ei ansawdd yn weddol ar y cyfan.

Bu'r llawysgrif yn eiddo i Weirydd ap Rhys. Ceir ei enw ar ff. 1r a 76v (ynghyd â'r dyddiad 1844). Gellid tybio fod i'r llawysgrif gysylltiad â De Cymru gan fod cyfrifon ar f. 79v sy'n crybwyll lleoedd yn siroedd Caerfyrddin, Morgannwg a Mynwy, ond dywed Gweirydd ap Rhys yn *Hanes y Brytaniaid a'r Cymry* (Llundain, [1874]), II, 421 mai John Thomas, Pentrefoelas, a'i sgrifennodd. Ni cheir unrhyw enw yn y llawysgrif ac ni wyddys sail yr honiad hwn.[17] Ar ddiwedd nifer o'r cywyddau ceir nodiadau pensel i'r perwyl iddynt gael eu copïo i'r *Llais* (sef y newyddiadur *Llais y Wlad:* gw. yr adran ar y ffynonellau print isod) ar wahanol ddyddiadau ym 1876.

[17] Diau mai LlGC 5931 yw'r llawysgrif a olyga Gweirydd ap Rhys er iddo fethu â chyfrif nifer y cywyddau a geid ynddi: 'Y mae un ar ddeg o gywyddau Wiliam Cynwal, a phedwar ar bymtheg o rai Edmund Prys yn atteb iddynt, oll yn ddeg ar hugain o nifer, yn ein meddiant ni, mewn ysgrifen o waith John Thomas, Pentrefoelas gynt.' Cf. yr hyn a ddywed yn *Hanes Llenyddiaeth Gymraeg* (Lerpwl, [1885]), 318, n.1, wrth drafod cywyddau'r ymryson: 'Y mae 29 o'r rhai cyntaf, mewn hen Ysgriflyfr ym meddiant yr Ysgrifenydd.' Ar John Thomas ('Eos Gwynedd', 1742–1818) gw. *BC*, 893. Mae'n anodd cysoni ei ddyddiadau â'r ffaith fod cyfrifon am 1751 a 1756 yn LlGC 5931. Ai llawysgrif a fu'n eiddo iddo yn hytrach nag un a sgrifennwyd ganddo ydyw tybed, ynteu a yw Gweirydd ap Rhys yn cyfeiliorni'n llwyr?

(iii) LlGC 19497:

Cofnodir derbyn y llawysgrif hon (o dan yr enw 'Cywyddau'r Bwa') yn rhodd oddi wrth Mrs A. E. Jones, Trawsfynydd, yn *The National Library of Wales Annual Report*, 1961-62 (Aberystwyth, 1962), 27. Sgrifennwyd hi oddeutu diwedd y ddeunawfed ganrif neu ddechrau'r bedwaredd ganrif ar bymtheg: gwnaed clawr iddi drwy lynu ynghyd nifer o ffurflenni'n ymwneud â Deddf Treth Incwm 1803. Cyfetyb y llawysgrif o ran cynnwys i tt. 3-118 yn LlGC 3288,i (ar wahân i garol blygain ar tt. 1-4 nas ceir yn LlGC 3288,i), ac mae'r darlleniadau'n cadarnhau mai'r llawysgrif honno yw ei chynsail. LlGC 19497 yn ei thro yw cynsail y rhan fwyaf o LlGC 2621 (gw. isod). Mae testun LlGC 19497 o gywyddau'r ymryson yn llwgr iawn.

Yn ôl y disgrifiad o LlGC 19497 a geir yn LlGC 2621 (gw. isod) bu'n perthyn unwaith i deulu Plas Deon, Llanuwchllyn. Ar t. 107 ynghyd â chywydd 28 ceir y nodyn a ganlyn: 'This place evinces the author's profound erudition and deep Speculation. John Jones J****r Plasdeon.'[18]

(iv) LlGC 2621

Arni gw. *NLW Handlist*, I, 226. Bu'n eiddo i Ioan Pedr a dichon mai ar ei ran ef y copïwyd hi. Ar yr wynebddalen ceir y nodyn a ganlyn: '<u>1871</u> Cywyddau y Bwa o waith Edmund Prys a William Cynwal ynghyda Chywyddau a Cherddi ereill o waith amryw awduron 1871 John Peter Bala Medi 4^{ydd} 1871'. Ar ddiwedd testun yr ymryson (t. 72) dywedir 'Llaw Mr J. E. Owen, Myfyriwr yw yr uchod. J. Peter.'

Ar t. 1 ceir y nodyn a ganlyn yn llaw J. E. Owen: 'Copiais y Farddoniaeth sydd yn calyn allan o lyfr 4. plyg bychan 7½m. wrth 6m, a ⅜m o drwch. Cynwysa 112 o dudalenau, o bron yn gwbl o golofnau dwbl, Ysgrifen fan ond eglur, clos a phrydferth. Perthynai y llyfr i deulu Plas deon Llanuwchllyn, ac ysgrifenwyd ef gan . . . ' (gadawyd yn wag). Mae'n sicr mai LlGC 19497 yw'r llawysgrif y cyfeirir ati fel

18 Dilewyd yr enw ar ddiwedd y nodyn hwn yn drwm mewn inc du, ac o'r herwydd ni ellir bod yn sicr ynghylch y darlleniad ('John Jones Junior'?). Atgynhyrchwyd y nodyn cyflawn yn LlGC 2621, 70, a rhoir ef yma fel y ceir ef yno.

cynsail: cyfetyb ei mesuriadau i'r rhai yn y disgrifiad, cyfetyb darlleniadau LlGC 2621 yn agos iddi, a chyfetyb tt. 11-72 yn LlGC 2621 iddi o ran cynnwys. Ychwanegodd copïydd LlGC 2621 at lygredd ei gynsail a chanddo ef y ceir y testun mwyaf llwgr o'r ymryson a geir mewn unrhyw lawysgrif.

(c) *Llawysgrifau yn cynnwys cywyddau 1-17 yn unig*

(i) Cw 27:

Arni gw. *RMWL,* II, 925. Ceir enw'r prif gopïydd a dyddiad sgrifennu'r rhan helaethaf o'r llawysgrif ar yr wynebddalen, 'Dauid Elis Añō dōm 1630'. Rhannwyd y llawysgrif yn nifer o adrannau, gyda phob adran yn cynnwys casgliad o gywyddau o fath arbennig: digwydd cywyddau Prys a Chynwal mewn adran o gywyddau ymryson.

Perthyn testunau'r ymryson yn yr holl lawysgrifau sy'n cynnwys cywyddau 1-17 yn unig i'r un dosbarth cyffredinol o ran eu darlleniadau. Perthyn testun Cw 27 yn nes at destun JRW 3 (gw. isod) nag at rai M 145, Ll 49 a LlGC 21252, fodd bynnag. Mae'n debyg fod testunau Cw 27 a JRW 3 yn tarddu o'r un gynsail, ond bod Cw 27 yn llawer nes at y gynsail honno na JRW 3. Mae ansawdd y testun a geir yn Cw 27 yn rhagorol: o'r llawysgrifau yn y dosbarth hwn ynddi hi y ceir y testun gorau. Ni cheir rhyddiaith eglurhaol ynghyd â'r cywyddau yn Cw 27, ond ychwanegwyd nifer fechan o nodiadau ar ymylon y dalennau fel glosau ar y testun mewn llaw ddiweddarach.

(ii) M 145:

Ar y llawysgrif hon ('Llyfr Gwyn Cors y Gedol') gw. *RMWL,* I, 151. Fe'i copïwyd gan Wiliam Bodwrda rywbryd rhwng 1644-6 a 1660, gw. R. Geraint Gruffydd, 'Llawysgrifau Wiliam Bodwrda o Aberdaron (a briodolwyd i John Price o Fellteyrn)', *CLlGC,* VIII, 349-50, a Dafydd Ifans, 'Bywyd a gwaith Wiliam Bodwrda (1593-1660) o Aberdaron', Traethawd M.A. Prifysgol Cymru 1974, 341-52. Ymhlith cynnwys y llawysgrif ceir llawer o gerddi gan Wiliam Cynwal: ar tt. 91-188 ceir casgliad helaeth o'i awdlau, a digwydd nifer o'i gywyddau yma ac acw yn ogystal.

Ceir testun da o gywyddau'r ymryson yn M 145. Er nad yw'n cynnwys y darnau rhyddiaith eglurhaol a geir yn Ll 43, P 125, T etc. (Rhyddiaith A a B), ceir ynddi ragdraeth byr o flaen cywydd 1 (t. 557) sy'n rhoi'r cefndir i'r ymryson. Mae cryn debygrwydd rhwng testun M 145 o'r cywyddau a thestunau Ll 49 a LlGC 21252. Nid yw'n gopi o destun Ll 49, fodd bynnag (e.e. mae 11. 24 ar goll yn M 145 ond yn digwydd yn Ll 49, a 7. 79-80 ar goll yn Ll 49 ond yn digwydd yn M 145).

(iii) Ll 49:

Arni gw. *RMWL*, II, 525, lle dywedir ei bod yn perthyn i'r ail ganrif ar bymtheg. Dichon y gellid manylu ar hyn ar sail tystiolaeth y llaw, a'i gosod yn hanner cyntaf y ganrif honno.

Ar berthynas y testun o'r ymryson a geir yn Ll 49 â thestun LlGC 21252 gw. isod. Ceir rhagdraeth o flaen cywydd 1 (t. 28) yn Ll 49 sy'n agos o ran geiriad i'r un a geir yn yr un safle yn M 145. Mae ansawdd y testun a geir yn Ll 49 yn bur dda.

(iv) LlGC 21252:

Un o lawysgrifau Mostyn a brynwyd gan Lyfrgell Genedlaethol Cymru yn arwerthiant Christie's yn Llundain ym 1974. Arni gw. *Catalogue of Mostyn MSS. purchased in 1974*, catalog teipysgrif yn y Llyfrgell Genedlaethol (1975), t. 148; hefyd Dafydd Ifans, 'Pedair Llawysgrif Gymraeg o Fostyn', *CLlGC*, XIX, 215-16. Yn ôl nodyn ar f. 119r 'Myfi John Jones, A 'sgrifennodd y Llyfr hwn. ym Mostyn, yn y Flwyddyn. 1725:'.

O ran ansawdd braidd yn llwgr yw testun LlGC 21252 o gywyddau'r ymryson. Perthyn yn agos i'r testun a geir yn Ll 49, ond nid copi o hwnnw mohono. Mewn nodyn ar f. 94v dywedir 'Terfyn llyfr Cadwalader y gô', a chyfetyb y llawysgrif hyd hynny i gynnwys y rhan helaethaf o Ll 49. Dengys y darlleniadau, fodd bynnag, nad Ll 49 yw 'Llyfr Cadwalader y gô', a'r tebyg yw fod cynsail gyffredin i Ll 49 a LlGC 21252 ac mai honno oedd 'Llyfr Cadwalader y gô'.

(v) JRW 3:

Arni gw. *NLW Handlist,* III, 310, lle ceir disgrifiad o LlGC 11115, copi ffotostat ohoni a gedwir yn y Llyfrgell Genedlaethol.[19] Sgrifennwyd y llawysgrif yn gynnar yn y ddeunawfed ganrif yn ôl yr *Handlist.* Ar t. 75 ceir tystysgrif Saesneg, dyddiedig 2 Tachwedd 1750, sy'n tystio fod heffer goch a werthwyd yn Ninas Mawddwy gan 'Edd Vaughan of Llanymowddwy' a'r fuches y daeth ohoni yn 'free from ye Infection now raging among ye Horned Cattle in this Kingdom'. Dichon felly mai o Fawddwy y tarddodd y llawysgrif. Ar ddiwedd cywydd 17 (t. 36) ceir nodyn yn y brif law: 'Dyma a gesi or ymryson a fu rhwng yr archiagon a William Cynwal am y bwa ond mae llawer ychwaneg o hono.'

Ar berthynas y testun o'r ymryson a geir yn JRW 3 â thestun Cw 27 gw. (i) uchod. Dengys darlleniadau fel 12. 50 a 12. 78 eu bod yn tarddu o'r un gynsail. Fel yn Cw 27 ni cheir unrhyw ryddiaith eglurhaol ynghyd â'r cywyddau yn JRW 3. Mae'r testun a geir yn JRW 3 ymhlith y rhai mwyaf llwgr.

(ch) *Llawysgrifau yn cynnwys cywyddau 1-7 yn unig*

(i) M 147:

Arni gw. *RMWL,* I, 180. Sgrifennwyd y rhan ohoni sy'n cynnwys cywyddau'r ymryson yn y brif law sy'n perthyn i'r cyfnod rhwng 1599 a 1637 yn ôl Gwenogvryn Evans. Digwydd enwau nifer o aelodau teulu Myddelton o Wenynog, Sir Ddinbych, yma a thraw yn y llawysgrif. Ar t. 19 ceir nodyn sydd yn llaw Benjamin Simon yn ôl Gwenogvryn Evans (gw. BlW f.4 isod).

Mae ansawdd testun cywyddau'r ymryson yn M 147 yn eithaf da. Ni cheir rhyddiaith eglurhaol o flaen y testun, ond fe ddilynir y cywydd cyntaf a'r ail gywydd gan baragraffau esboniadol sy'n wahanol i'r hyn a geir mewn llawysgrifau eraill ac eithrio BlW f.4 (gw. Atodiad I).

19 Cyfeirir at y llawysgrif wreiddiol yn anghywir yn yr *Handlist* fel 'John Rylands Welsh MS. 2'.

(ii) BlW f.4:

Arni gw. *A Summary Catalogue of Western Manuscripts in the Bodleian Library at Oxford,* VI (Rhydychen, 1924), 54, lle dywedir iddi gael ei sgrifennu gan Benjamin Simon oddeutu 1760. Ceir cytundeb agos rhwng darlleniadau testun yr ymryson yn y llawysgrif hon a'r testun yn M 147, llawysgrif y ceir tystiolaeth i Benjamin Simon ei gweld (gw. uchod), ac mae'n sicr mai'r testun a geir yno yw cynsail uniongyrchol yr ymryson fel y ceir ef yma.

(d) *Llawysgrifau yn cynnwys cywyddau amrywiol*

(i) C 1.1 [cywyddau 12, 25, 29 (darn), 30-5, 36 (darn), 37-48 a 54]:

Ceir disgrifiad o'r llawysgrif yn *Cardiff MSS. (not in Report of Historical MSS. Commission, Vol. II, Pt. 1),* catalog teipysgrif yn Llyfrgell Ganol Caerdydd. Sgrifennwyd hi yn y ddeunawfed ganrif, y rhan fwyaf ohoni, gan gynnwys y rhannau lle digwydd yr ymryson, gan Ddafydd Jones o Drefriw.

Gwnaed y llawysgrif drwy rwymo ynghyd nifer o lyfrynnau bychain, ac mae'n amlwg nad ar yr un adeg nac o'r un gynsail y copïwyd y cyfan o destun yr ymryson a geir yma. Digwydd cywyddau 12 a 25 mewn adran wahanol (tt. 53-9) i'r cywyddau eraill (tt. 141-[202]), ac mae'r testun ohonynt yn debyg i'r un a geir yn BLAdd 31056, er nad oes sicrwydd mai copi uniongyrchol sydd yma. Mae testun cywyddau 29-48, fodd bynnag, yn debyg i'r un a geir yn LlGC 3288,i. Nid copi o hwnnw mohono, er hynny (e.e. mae 33. 46-51 ar goll yn LlGC 3288,i ond yn digwydd yn C 1.1), a diau mai cynsail gyffredin sy'n cyfrif am y tebygrwydd. Mae'r testun o gywydd 54 yn tarddu o gynsail wahanol eto a'r darlleniadau'n debyg i'r rhai a geir yn Cw 23 a Bd 2 (gw. isod). Ni cheir rhyddiaith eglurhaol na llythyr Prys ynghyd â'r cywyddau, ond ceir cryn dipyn o nodiadau yn cydredeg â'r testun ar ymylon y dalennau. Canolig ar y cyfan yw ansawdd y testun.

Dengys C 1.1 ynghyd â LlGC 21298 a C 84 (gw. isod) fod Dafydd Jones wedi gweld y rhan fwyaf, os nad y cyfan, o'r ymryson a'i fod wedi codi llawer o'r cywyddau o wahanol ffynonellau, arwydd yn ddiau o'i ddiddordeb yn yr ymryson.[20]

(ii) LlGC 21298 [cywyddau 1-3, 36 a 49-53]:

Llawysgrif fechan yn llaw Dafydd Jones o Drefriw (cf. C 1.1 uchod). Ar wahân i'r cywyddau a geir yma, cynnwys y llawysgrif dystiolaeth bellach o ddiddordeb Dafydd Jones yn yr ymryson. Ceir yma beth o hanes yr ymryson (Rhyddiaith A a B) (tt. 25-6), cwpledi agoriadol cywyddau 1-20 a 37-9 (tt. 25-8) a mân ddyfyniadau a godwyd o'r cywyddau oherwydd eu hynodion mydryddol neu ieithyddol (t. 29). Mae darlleniadau'r testun yn nes at rai T nag at rai unrhyw lawysgrif arall, ac er ei fod braidd yn llwgr mewn mannau nid yw'n amhosibl iddo gael ei godi'n uniongyrchol o'r llawysgrif honno.

(iii) LlGC 20968 [darnau o gywyddau 10-13]:

Llawysgrif a brynodd y Llyfrgell Genedlaethol oddi wrth yr Is-Gyrnol H. M. C. Jones-Mortimer, Hersedd (Hartsheath), Yr Wyddgrug, ym 1972. Ceir copi 'Xerox' ohoni yn Llyfrgell Coleg y Brifysgol, Bangor (= Ba 23759): disgrifir y llawysgrif yn *Bangor MSS. U.C.N.W. General Collection*, XIII, catalog teipysgrif yn y llyfrgell honno. A barnu oddi wrth y llaw perthyn y llawysgrif i ddechrau'r ail ganrif ar bymtheg.

Aeth nifer o'r tudalennau ar ddechrau ac ar ddiwedd y llawysgrif ac ambell un o'i chanol ar goll, ac mae darnau o'r rhai sy'n weddill hefyd yn eisiau. Tudalen gyntaf y llawysgrif bellach yw t. 49 ac yno y mae testun yr ymryson yn dechrau. Diau felly fod mwy o gywyddau'r ymryson yn y llawysgrif yn wreiddiol ond iddynt gael eu colli pan rwygwyd ymaith y tudalennau ar y dechrau. Gan mai dim ond hanner uchaf t. 49 a gadwyd mae testun cywydd 10 yn anghyflawn, ac

[20] Ceir dyfyniad o'r ymryson (25. 37-46) yn rhagymadrodd Dafydd Jones i *Blodeu-Gerdd Cymry* (Amwythig, [1759]), t. vii (nid yw'r testun yn cyfateb i destun C 1.1). Dengys Dafydd Jones gydnabyddiaeth â'r ymryson hefyd yn ei ragymadrodd i *Cydymaith Diddan* (Caerlleon, [1766]), tt. iv-v, a cheir mân ddyfyniadau o'r ymryson ynghyd â thestun o'r gerdd 'Teithiau Syr Sion Mawndfil', ibid., 191. Ymddengys fod gan Ddafydd Jones feddwl uchel o Edmwnd Prys fel bardd, cf. ei nodyn ar ddiwedd copi o 'Carol Cydwybod' yn P 196, 100: 'Edmund Prys ai Cant. Y Parchedicaf Ddysgedicaf Edmund Prys y Bardd Goreu ar a fu erioed o Gymro'.

oherwydd colli tudalennau eraill rhannau yn unig o gywyddau 11-13 a geir. Perthyn y testun i'r un dosbarth cyffredinol â thestunau Cw 27, M 145, Ll 49, LlGC 21252 a JRW 3, ond mae'n nes at Cw 27 a JRW 3 nag at y lleill (e.e. 10. 74).

(iv) Cw 206 [cywyddau 1, 2 (darn)]:

Rhestrir y llawysgrif yn *A Handlist of Cwrt Mawr Manuscripts,* catalog teipysgrif yn y Llyfrgell Genedlaethol (1939), 10. Sgrifennwyd hi mewn amryw ddwylo o'r ddeunawfed ganrif. Mae'r rhan sy'n cynnwys cywyddau'r ymryson yn llaw Cadwaladr Dafydd o Lanymawddwy, perchennog y llawysgrif 'er y flwyddyn 1730' (ff. 2r, 131r) a gŵr y mae ei lofnod yn britho'r dalennau.

Ceir darnau rhyddiaith eglurhaol (Rhyddiaith A a B) ynghyd â'r cywyddau yn Cw 206. Mae'r testun a geir o'r cywyddau yn perthyn yn agos i destunau P 125 a T.

(v) C 84 [cywydd 1]:[21]

Un arall o lawysgrifau Dafydd Jones o Drefriw (cf. C 1.1 a LlGC 21298 uchod). Arni gw. *RMWL,* II, 790. Mae'n anodd bod yn sicr ynghylch perthynas y testun â thestunau eraill o'r un cywydd. (Nid yr un ydyw â thestun arall Dafydd Jones o'r un cywydd yn LlGC 21298.) Os yr un, mae'n nes at destun LlGC 3288,i nag at unrhyw un arall, er bod y ffaith ei fod yn cynnwys 1. 84 + ond nid 1. 54/56 + yn awgrymu efallai iddo gael ei godi o fwy nag un ffynhonnell (gw. yr adran ar hanes testunol yr ymryson).

(vi) LlGC 13100 [cywydd 21 (darn)]:

Arni gw. *NLW Handlist,* IV, 380. Mae'n un o dair llawysgrif a sgrifennwyd gan Iolo Morganwg sy'n cynnwys rhyw gymaint o'r ymryson (cf. LlGC 13127 a LlGC 13119 isod). Aneglur yw perthynas y testun â thestunau eraill o'r un cywydd ac eithrio un LlGC 13127. Llwgr yw ansawdd y testun.

[21] Fel C 4. 10 yr adwaenir y llawysgrif yn Llyfrgell Ganol Caerdydd. Gwenogvryn Evans yn *RMWL* a'i bedyddiodd yn C 84. Yma dilynir yr arfer o ddefnyddio ei rifiant ef yn hytrach na rhifiant swyddogol y llyfrgell.

(vii) LlGC 13127 [cywydd 21 (darn)]:

Arni gw. *NLW Handlist*, IV, 411. Dyma un arall o lawysgrifau Iolo Morganwg. Yr un testun yn ei hanfod a geir yma ag yn LlGC 13100, ond ei fod ychydig yn fwy llwgr. Diau i Iolo ei gopïo o LlGC 13100.

(viii) LlGC 13119 [cywydd 27]:

Arni gw. *NLW Handlist*, IV, 401. Gwnaed y llawysgrif drwy rwymo ynghyd nifer o fân lyfrynnau a sgrifennodd Iolo Morganwg. Dengys LlGC 13119 fod gan Iolo gryn ddiddordeb yn yr ymryson ac iddo roi sylw nid bychan iddo. O tt. 133-81 ceir adran weddol faith yn cynnwys yr hyn a elwir yn 'Mân-loffynion' o'r ymryson, sef dyfyniadau o bob un o'r cywyddau ynghyd â nodiadau yn tynnu sylw at eiriau anodd neu ddiddorol ynddynt, yn esbonio enwau priod etc. Er bod nifer o'r dyfyniadau yn lled helaeth, cywydd 27 yw'r unig gywydd a geir yn gyflawn a dyma'r unig un y codwyd amrywiadau ohono ar gyfer y testun argraffedig.

Ar ddiwedd yr adran ar yr ymryson dywedir 'Ag nid oes ragor o'r Cywyddau yn Llyfr Owain Myfyr' (t. 181). Diau mai cyfeiriad sydd yma at BLAdd 14991 (gw. uchod). O gymharu'r testunau gwelir fod dyfyniadau Iolo o'r cywyddau, gan gynnwys cywydd 27, yn cytuno i gryn raddau â thestun y llawysgrif honno. Llwyddodd Iolo, fodd bynnag, i ychwanegu at lygredd ei gynsail.[22]

(ix) Cw 23 [cywydd 54]:

Arni gw. *RMWL*, II, 921. Sgrifennwyd rhan gyntaf y llawysgrif (tt. 1-18) lle digwydd cywydd 54 yr ymryson gan ddwylo o ddiwedd yr ail ganrif ar bymtheg neu ddechrau'r ddeunawfed ganrif. Mae'r testun o gywydd 54 a geir yma yn cyfateb yn agos i'r testunau a geir yn C 1.1 a Bd 2 (gw. isod).

22 Ar t. 160 wrth ddyfynnu'r llinell 'yr oedd wall neu ryddelli' (29.79) rhoddir yr amrywiad 'Rhyw ddelli D^{dd}. Jones' ar ymyl y ddalen. Diau mai Dafydd Jones o Drefriw a olygir ac i Iolo gymharu'r testun â'r hyn a geid yn un o'i lawysgrifau ef. Nid yw'r llinell hon yn digwydd yn nhestun C 1.1 fel y mae yn awr.

(x) BLAdd 14890 [cywydd 54]:

Arni gw. *List of Additions to the Department of Manuscripts. 1844*, 24, yn *Cat. Add. MSS. B.M.* 1841-5. Sgrifennwyd ail ran y llawysgrif (ff. 122-254) lle digwydd cywydd 54 yr ymryson gan Iaco ab Dewi ar ddiwedd yr ail ganrif ar bymtheg. Anodd yw barnu llinach y testun o gywydd 54 a geir yn y llawysgrif. Mae'n fwy na thebyg, fodd bynnag, mai dyma gynsail uniongyrchol y testun a geir yn BLAdd 31088 (gw. isod).

(xi) Ll 133 [cywydd 54]:

Arni gw. *RMWL*,II, 664. Cynnwys gasgliad enfawr o farddoniaeth gaeth a gopïwyd gan y Parch. Samuel Williams a Iaco ab Dewi. Y Parch. Samuel Williams (c. 1660-c. 1722) a sgrifennodd y rhan sy'n cynnwys cywydd 54 yr ymryson. Mae'r testun o'r cywydd a geir yma braidd yn llwgr, ac anodd barnu ynghylch ei linach.

(xii) Bd 2 [cywydd 54]:

Ceir disgrifiad o'r llawysgrif yn *Schedule of Bodewryd Manuscripts and Documents*, catalog teipysgrif yn y Llyfrgell Genedlaethol (1932), 1. Ceir nifer o ddwylo ynddi: perthyn yr un a gopïodd gywydd 54 yr ymryson i ddechrau'r ddeunawfed ganrif. Mae'r testun o'r cywydd a geir yma yn cyfateb yn agos i'r testun a geir yn Cw 23 a C 1.1.

(xiii) BLAdd 31088 [cywydd 54]:

Hon yw'r seithfed lawysgrif ar hugain mewn cyfres o naw llawysgrif a deugain a gopïwyd gan Owain Myfyr a Hugh Maurice (BLAdd 31062-31110): arnynt gw. *Cat. Add. MSS. B.M.* 1876-81, 154. Yn y gyfres hon casglwyd ynghyd weithiau gwahanol feirdd yn ôl trefn eu henwau yn yr wyddor. Yn BLAdd 31088 ceir casgliadau o gerddi Wiliam Cynwal, Wiliam Midleton a Wiliam Egwad (cynhwysir cywydd 54 yr ymryson gan mai marwnad i Gynwal ydyw). Hugh Maurice a sgrifennodd BLAdd 31088 (cf. 'Hugh Maurice 22 Tachwedd 1804' (f. 3r)). Mae'r testun o'r cywydd a geir yma yn cyfateb yn agos i'r un a geir yn BLAdd 14890, a diau mai o'r llawysgrif honno y codwyd ef.

(dd) *Llawysgrifau yn cynnwys y rhyddiaith eglurhaol a llythyr Prys yn unig*

Cynnwys y llawysgrifau hyn destunau o'r rhyddiaith eglurhaol a geir o flaen y ddau gywydd cyntaf yn Ll 43 (Rhyddiaith A a B) ac o lythyr Prys (Rhyddiaith C), ynghyd â darnau cysylltiol yn rhoi manylion am y nifer o gywyddau a gyfnewidiwyd gan y ddau fardd ac yn cyfeirio at amgylchiadau canu'r farwnad i Gynwal ar ddiwedd yr ymryson. Mae perthynas amlwg rhwng y testunau (gw. isod), a'r un yw'r pennawd yn yr holl lawysgrifau, sef 'Hanes yr Ymrysongerdd rhwng Edmwnd Prys Archdiagon Meirionydd a Wiliam Cynwal prydydd ac Arwyddfardd' (BLAdd 14936).[23] Gan fod y testunau hyn i gyd yn deillio yn y pen draw o Ll 43 ni chofnodwyd amrywiadau ohonynt yn y testun argraffedig.

(i) BLAdd 14936:

Arni gw. *List of Additions to the Department of Manuscripts. 1844*, 39, yn *Cat. Add. MSS. B.M.* 1841-5. Sgrifennwyd y rhan fwyaf ohoni gan Richard Morris. Ceir testun da a chywir o'r rhyddiaith ac o'r llythyr ganddo, ac yn sicr fe'i cododd yn uniongyrchol o Ll 43.[24]

(ii) BLAdd 14935:

Arni gw. *List of Additions to the Department of Manuscripts. 1844*, 37, yn *Cat. Add. MSS. B.M.* 1841-5. Fe'i sgrifennwyd gan Lewis Morris. Dengys y darlleniadau mai copi sydd yma o destun BLAdd 14936. Er bod y testun yn burion, nid yw mor gywir â'r un a geir yn BLAdd 14936.

23 Dyma'r pennawd a geir hefyd yn BLAdd 14991 lle ceir copi o destun BLAdd 15020 o'r rhyddiaith a'r llythyr.

24 Nodir ffynhonnell 'Hanes yr Ymrysongerdd' fel 'C 4to lle mae'r holl gywyddau' (f. 48r). Ceir y nod 'C. 4°.' mewn llythrennau aur ar feingefn Ll 43. Yn union o flaen 'hanes yr Ymrysongerdd' (ff. 47v, 48r) ceir chwech o englynion gan Edmwnd Prys, gan gynnwys pedwar a ddigwydd yn Ll 43, ynghyd â chopi o'r gras bwyd ar fesur cywydd a geir yn Ll 43 (gw. y disgrifiad o'r llawysgrif). 'C $4^{to.}$' a nodir fel ffynhonnell y pedwar englyn a'r gras bwyd hefyd. Ai ym 1747 pan oedd yn llunio mynegai i Ll 43 y copïodd Richard Morris yr eitemau hyn?

(iii) Pa 55:[25]

Arni gw. *RMWL,* II, 861. Sgrifennwyd hi gan Evan Evans ('Ieuan Brydydd Hir') ac ar yr wynebddalen ceir y nodyn a ganlyn: 'Amryw bethau wedi eu datyscrifennu allan o Lyfr-grawn Mr Lewys Morris gennyf i Evan Evans ynghyhylch y flwyddyn 1765.'[26] Dengys darlleniadau'r testun o 'Hanes yr Ymrysongerdd' mai BLAdd 14935 yw'r gynsail y cyfeirir ati.

(iv) BLAdd 15020:

Arni gw. *List of Additions to the Department of Manuscripts. 1844,* 67, yn *Cat. Add. MSS. B.M.* 1841-5, lle dywedir iddi gael ei sgrifennu gan Owain Myfyr ym 1768-9. Uwchben testun 'Hanes yr Ymrysongerdd' (f. 59r) nodir 'Ll: gwyrdd R: Morris Esqr.' fel ffynhonnell, a dengys y darlleniadau mai at BLAdd 14936 y cyfeirir. Ni ddilynodd Owain Myfyr ei gynsail yn fanwl bob tro, fodd bynnag. Uwchben y testun sgrifennwyd hefyd 'Yn y Greal, Rhiv I' (gw. yr adran ar y ffynonellau print isod).

Dengys y darlleniadau mai o BLAdd 15020 y cododd Owain Myfyr y testun arall o 'Hanes yr Ymrysongerdd' a geir ganddo yn BLAdd 14991, ac nid yn syth o BLAdd 14936.

(v) LlGC 13246:

Ceir disgrifiad o'r llawysgrif yn *Catalogue of the William Owen-Pughe Manuscripts at Mysevin, Denbighshire,* catalog teipysgrif yn y Llyfrgell Genedlaethol (1929), 139. Fe'i sgrifennwyd gan William Owen Pughe. Dengys y darlleniadau mai copi uniongyrchol o destun BLAdd 15020 o 'Hanes yr Ymrysongerdd' a geir yma.

25 Bedyddiwyd y llawysgrif bellach yn LlGC 2022. Dilynir yma yr arfer o gyfeirio ati fel y gwneir yn *RMWL.*

26 Dyma'r flwyddyn y gwelodd Ieuan Brydydd Hir gopi cyflawn o'r ymryson yn y Bala (*Additional Letters of the Morrises of Anglesey,* 655). Dywed iddo ddarllen cywyddau Prys a Chynwal 'with a great deal of pleasure' (ibid). Yr oedd ganddo feddwl uchel o Brys ac o werth cyffredinol yr ymryson: 'I find Edmund Prys was a man of uncommon learning for that age and a great mathematician and linguist . . . . What a pity it is such things are not put in the press instead of such trash as Llyfr y Carolau, Blodeugerdd, &c.' (ibid., 655-6).

II. FFYNONELLAU PRINT[27]

Prin yw'r testunau argraffedig blaenorol o'r ymryson. Ar wahân i fân ddyfyniadau nid ymddengys i unrhyw ran ohono gael ei argraffu tan y ganrif ddiwethaf,[28] a hyd yn oed wedyn nid argraffwyd dim o'r farddoniaeth tan chwarter olaf y ganrif. Cyn yr argraffiad hwn dim ond un testun cyflawn ohono a ymddangosodd mewn print (gw. (vi) isod). Pur anfoddhaol at ei gilydd yw ansawdd y testunau argraffedig a gafwyd. Cyfeirir isod at ffynonellau sy'n cynnwys testunau o 'Hanes yr Ymrysongerdd' yn unig yn ogystal â'r rhai sy'n cynnwys testunau o'r farddoniaeth. Ymdrinnir â'r holl ffynonellau yn nhrefn amser.

(i) *Y Greal*, I (Alban Hevin, 1805), 9-13:

Yma ceir testun o 'Hanes yr Ymrysongerdd' sy'n cyfateb yn agos i destun BLAdd 15020 lle ceir y nodyn 'Yn y Greal, Rhiv I' (gw. y disgrifiad o'r llawysgrif uchod), ac mae'n amlwg mai oddi yno y codwyd ef. Golygwyd y testun a'i drosi i orgraff William Owen Pughe.[29]

[27] Ni honnir yr un trylwyredd yn yr adran hon ag yn yr adran flaenorol. Llawysgrifau yn unig a ddefnyddiwyd wrth lunio'r testun, ac ni wnaed ymdrech fwriadol i chwilio am destunau argraffedig o'r ymryson mewn ffynonellau diarffordd. Prif bwrpas yr adran hon yw rhoi syniad am ansawdd y testunau argraffedig adnabyddus o'r ymryson a chyfeirio at y ffynonellau llawysgrif y maent yn seiliedig arnynt. Ni chyfeirir at weithiau lle ceir dyfyniadau o'r ymryson yn unig oni bai eu bod yn rhai lled helaeth fel yn (vii).

[28] Anghywir yw honiad T. R. Roberts ('Asaph') yn *Edmwnd Prys, Archddiacon Meirionydd* (Caernarfon, 1899), 52, 'i rai o'r cywyddau cyntaf gael eu cyhoeddi yn *Rheitheg Gymraeg Henri Perri*, yn 1580'. Diau iddo gael ei gamarwain gan argraffiad 1807 o *Egluryn Phraethineb*, 85, lle ceir 'Edm. Prys, i W. Cynwal' o dan un o'r enghreifftiau. Ni cheir ond 'Ed.Pr.' o dan yr enghraifft yn yr argraffiad gwreiddiol (1595) a daw'r enghraifft mewn gwirionedd o un o gywyddau Prys yn ei ymryson cyntaf â Siôn Phylip. Camgymeriad arall sy'n tarddu o argraffiad 1807 yw 1580 yn lle 1595 fel dyddiad cyhoeddi'r *Egluryn*.

[29] Yr oedd Pughe yn un o olygyddion *Y Greal*. Y llall oedd Owain Myfyr, perchen a chopïydd BLAdd 15020.

(ii) *Seren Gomer*, XIX (1836), 165-7:

Ceir yma destun o 'Hanes yr Ymrysongerdd' ynghyd â chyflwyniad byr o dan y pennawd 'Amryson y Beirdd'. Ar y diwedd ceir yr enw 'John Acildeca'. Yr un yw'r testun â thestun *Y Greal* ond bod yr orgraff wedi ei safoni.

(iii) *Y Brython*, IV (1861), 156-8:

Ceir yma destun o 'Hanes yr Ymrysongerdd' wedi ei godi 'allan o'r hen Gylchgrawn Cymreig' gan un a'i geilw ei hun yn 'G. Glan Teifi'. Testun *Y Greal* mewn orgraff ddiwygiedig a geir ganddo.

(iv) *Llais y Wlad*, 1876-8:

Yn y papur hwn y cafwyd yr ymgais gyntaf i argraffu rhai o gywyddau'r ymryson. Argraffwyd cywyddau 1-24, ynghyd â thestun o lythyr Prys, yn y golofn 'Ein Hamgueddfa Lenyddol' rhwng 7 Ionawr 1876 a 29 Mawrth 1878, a gall fod rhai eraill wedi ymddangos yn ddiweddarach er na ellir profi hynny (gw. isod). Er na nodir ffynhonnell y testun nac enw'r cyfrannwr, mae'n amlwg i'r testun gael ei godi o LlGC 5931, yn ôl pob tebyg gan Weirydd ap Rhys: yr oedd y llawysgrif yn dal yn eiddo iddo rai blynyddoedd yn ddiweddarach,[30] a cheir ynddi nodiadau pensel ar ddiwedd cywyddau 6-13 yn dweud iddynt gael eu codi i'r *Llais* ar wahanol ddyddiadau ym 1876 (cf. y disgrifiad o'r llawysgrif uchod). Mae'r testun yn dilyn LlGC 5931 yn weddol agos, a'i ansawdd yn burion. Dyma'r testun argraffedig gorau o'r cywyddau hyn.

Gan na cheir casgliad cyflawn o rifynnau *Llais y Wlad* mewn unrhyw lyfrgell ni fu modd darganfod a argraffwyd yr holl gywyddau a geir yn LlGC 5931 (1-29) ai peidio.[31] Dyma restr o'r cywyddau a welwyd

[30] Gw. *Hanes Llenyddiaeth Gymraeg* (1885), 318, n.1. Cyfeirir ibid., 313, fod rhai o gywyddau'r ymryson wedi eu cyhoeddi yn *Llais y Wlad* 'o gylch dwy flynedd yn ôl', er na ddywedir pwy fu'n gyfrifol.

[31] Archwiliwyd holl rifynnau 1878 yn Llyfrgell Coleg y Brifysgol, Bangor, ond cywydd 24, a gyhoeddwyd yn rhifyn 29 Mawrth, yw'r unig un a ymddangosodd y flwyddyn honno. Ni cheir unrhyw rifynnau o 1879 ymlaen ym Mangor. Ceir ychydig rifynnau yn perthyn i'r blynyddoedd 1879, 1880, 1881 a 1884 yn y Llyfrgell Genedlaethol, ond nid argraffwyd yr un o gywyddau'r ymryson ynddynt.

ynghyd â dyddiadau'r rhifynnau perthnasol a rhif y tudalen: cywydd 1 - 7 Ion. 1876, 3; 2 - 4 Chwef. 1876, 3; 3 - 25 Chwef. 1876, 6; 4 - 31 Mawrth 1876, 6; 5 - 14 Ebrill 1876, 3; 7 - 18 Awst 1876, 3; 8 - 8 Medi 1876, 8; 11 - 3 Tach. 1876, 5; 12 - 17 Tach. 1876, [5]; 13 - 1 Rhag. 1876, 5; 14 - 30 Mawrth 1877, 3; 15 - 4 Mai 1877, 3; 16 - 18 Mai 1877, [3]; 17 - 29 Meh. 1877, 3; 18 - 13 Gorff. 1877, 3; 19 - 3 Awst 1877, 3; 20 - 10 Awst 1877, [5]; 21 - 24 Awst 1877, 3; 22 - 21 Medi 1877, 5; 23 - 28 Medi 1877, 5; 24 - 29 Mawrth 1878, 3.

Ceir cyfeiriad yn rhifyn 18 Awst 1876, 3, fod cywydd 6 wedi ymddangos ar 14 Gorff. 1876, ond nid yw'r rhifyn perthnasol ar gael bellach. Yr un ffunud gyda chywydd 10: ceir cyfeiriad yn rhifyn 3 Tach. 1876, 5, iddo ymddangos ar 13 Hyd. 1876, ond nid yw'r rhifyn hwnnw wedi goroesi ychwaith. Mae'n sicr hefyd i gywydd 9 gael ei argraffu er na chadwyd copi o'r rhifyn lle ceid ef: ceir nodyn ar ddiwedd y cywydd yn LlGC 5931, 22, a ddywed 'Copiwyd Medi 26 / 76'.[32]

Cyhoeddwyd testun o lythyr Prys yn rhifyn 6 Ebrill 1877, 3. Yr un ydyw â'r testun a geir yn 'Hanes yr Ymrysongerdd' yn *Y Greal*.

(v) *Ceinion Llenyddiaeth Gymreig*, gol. Owen Jones (Llundain: 1876), II, 284-312:

Argraffodd Owen Jones destun o 'Hanes yr Ymrysongerdd' ac o gywyddau 1-29. Testun *Y Greal* o'r 'Hanes' a geir, ar wahân i rai mân gyfnewidiadau. Mae'r testun o'r cywyddau yn llwgr dros ben: ceir llinellau di-rif heb fod ynddynt arlliw o gynghanedd na rhithyn o synnwyr, ac mae llu ohonynt naill ai'n rhy fyr neu'n rhy hir. Dyma'n ddiau y mwyaf diwerth o'r testunau argraffedig o'r ymryson.

Er nad yw'r testun ar ei hyd yn cyfateb yn agos a ran geiriad i'r hyn a geir mewn unrhyw lawysgrif, mae'n amlwg fod perthynas rhyngddo a thestun LlGC 5931. Ceir ambell ddarlleniad ynddo nas ceir ond yn LlGC 5931 o blith y llawysgrifau, a'r un yw'r llinellau sydd ar goll ohono â'r rhai sydd ar goll o LlGC 5931 yn unig. Pan yw trefn y llinellau yn wahanol i'r drefn arferol dilynir y drefn a geir yn LlGC 5931.

[32] Diau iddo ymddangos naill ai ar 29 Medi neu 6 Hyd. 1876.

Ceir nodyn ar ddiwedd yr 'Hanes' (t. 285) ac o flaen y cywyddau a all fod yn arwyddocaol o safbwynt barnu perthynas y testun â thestun LlGC 5931: 'Cyfodwyd yr uchod o Ysgrif-lyfr Owen Williams y Waun Fawr, yr hwn a ddywedai ei fod wedi adysgrifenu tua 29ain o'r Cywyddau o Ysgriflyfr a gasglasid gan ryw Ysgrifenydd anhysbys iddo ef, tu a'r flwyddyn 1750; a chwynai fod yr ysgrif hono yn anmherffaith, ac o'r herwydd yn lled annëalladwy.' Er na ddywedir hynny, mae'n fwy na thebyg fod y cywyddau, yn ogystal â'r 'Hanes', wedi eu codi o lawysgrif Owen Williams ('Owain Gwyrfai', 1790-1874). Byddai'r disgrifiad o gynsail llawysgrif Owen Williams yn gweddu i LlGC 5931, ac efallai iddo ei benthyg gan Weirydd ap Rhys neu hyd yn oed ei pherchennog blaenorol. Posibilrwydd arall, wrth gwrs, yw nad LlGC 5931 ei hunan ond llawysgrif arall o'r un cyfnod yn perthyn yn agos iddi ac yn tarddu o'r un gynsail oedd y llawysgrif a gopïodd Owen Williams, er bod hyn ar y cyfan yn llai tebygol. Ofer dyfalu ai ansawdd copi Owen Williams neu ymyrraeth olygyddol ddiddeall sy'n cyfrif am lygredd truenus testun y *Ceinion* o'r cywyddau.

(vi) T.R. Roberts ('Asaph'), *Edmwnd Prys, Archddiacon Meirionydd* (Caernarfon, 1899):

Traethawd anfuddugol yn Eisteddfod Genedlaethol Ffestiniog 1898, ar y testun 'Bywgraffiad Edmwnd Prys, Archddiacon Meirionydd, gyda hanes beirniadol o'i weithiau, cyhoeddedig ac anghyhoeddedig' oedd y gwaith hwn yn wreiddiol.[33] Ceir ynddo yr unig destun argraffedig cyflawn o'r ymryson cyn yr argraffiad presennol, ynghyd â thestunau o gerddi eraill cyhoeddedig ac anghyhoeddedig o'r eiddo Prys. Yng nghorff ei ymdriniaeth â'r ymryson cynnwys Asaph hefyd destun o lythyr Prys (tt. 56-9).

Neilltuodd Asaph ddwy bennod ar gyfer gweithiau Prys. Ceir y cerddi a oedd eisoes wedi eu cyhoeddi ym mhennod VI (tt. 198-246) a'r cerddi anghyhoeddedig ym mhennod VII (tt. 247-99).[34] Cynhwyswyd cywyddau 1-29 yr ymryson ym mhennod VI (tt. 199-232) a

[33] Cf. y Rhagymadrodd, 11.

[34] Cyhoeddwyd y ddwy bennod hon hefyd fel llyfryn ar wahân o dan y teitl *Barddoniaeth Edmwnd Prys* (Caernarfon, 1899).

chywyddau 30-54 ym mhennod VII (tt. 248-74). Yn ei ragymadrodd (t. 14) cyfeiria Asaph at ddiwyg gwallus y cerddi a gyhoeddasid eisoes ('Y mae yn anhygoel i'r Archddiacon ysgrifenu y fath linellau'), a dywed iddo eu cywiro drwy gymharu'r testunau ohonynt 'â hên ysgriflyfrau'. Cyfeiria'n fyr (t. 15) at y llawysgrifau y cododd y cerddi anghyhoeddedig ohonynt, ac ychwanega 'Trwy garedigrwydd W. E. Oakeley, Ysw., Tanybwlch, cefais gyfleusdra i weled Ysgriflyfr Tanybwlch, yr hyn a'm galluogodd i gywiro amryw o gamgymeriadau, a llenwi rhai bylchau, yn y darnau barddonol fel y ceir hwynt yn yr Ysgriflyfrau eraill.'

Mae'n amlwg os creffir ar destun cywyddau 1-29 ym mhennod VI iddo gael ei seilio ar destun *Ceinion Llenyddiaeth Gymreig*. Yn unol â'i ddatganiad yn y rhagymadrodd ynghylch ei ddull o drin testunau o'r fath, cywirodd Asaph destun y *Ceinion* yng ngoleuni darlleniadau amgenach. Dengys ei gywiriadau mai'r llawysgrif a ddefnyddiodd oedd T ('Ysgriflyfr Tanybwlch'). Er iddo gywiro dwsinau o ddarlleniadau testun y *Ceinion* ac ychwanegu rhai llinellau o T, ni fu Asaph yn gwbl gyson, fodd bynnag. Cadwodd lawer o ddarlleniadau'r *Ceinion* lle ceid darlleniadau gwahanol, cywirach yn T, a cheir ganddo rai cywyddau nad ydynt lawer gwell na chopïau o'r hyn a geir yn y *Ceinion*. Dro arall diwygiodd yn llym ar sail testun T, a cheir hefyd enghreifftiau ohono'n diwygio o'i ben a'i bastwn ei hun, weithiau'n ddianghenraid. Clytwaith anwastad yw ei destun o gywyddau 1-29 felly, cyfaddawd cwbl anfoddhaol rhwng testun y *Ceinion* a thestun T.

Ym mhennod VII lle ceir cywyddau 30-54 nodir ffynhonnell uwchben pob cywydd. Honnir i gywyddau 30-5, 37-48, a 54 gael eu codi 'O Lyfrgell Rydd Caerdydd, Ysgriflyfr Rhif 2158' (= C 1.1) ac i gywyddau 36 a 49-53 gael eu codi 'O'r Amgueddfa Brydeinig, Ysgriflyfr 14,991'.[35] Mae hyn yn bur gamarweiniol, fodd bynnag. Os creffir ar y cywyddau gwelir i Asaph gymharu testunau C 1.1 a BLAdd 14991 â thestun T a chywiro cryn lawer arnynt (cf. ei sylw yn y

[35] Nid yw'r cyfeiriad at y ffynhonnell mor fanwl bob tro. Weithiau ceir 'O Lyfrgell Rydd Caerdydd' neu 'O'r Amgueddfa Brydeinig' yn unig, ond C 1.1 a BLAdd 14991 yw'r ffynonellau er hynny.

rhagymadrodd). Weithiau'n wir mae'r testun argraffedig yn nes at T nag at C 1.1 neu BLAdd 14991. Prif ddiffyg y testun unwaith eto yw ei anwastadrwydd a'i ddiffyg cysondeb. Dewisodd Asaph yn fympwyol rhwng darlleniadau T a C 1.1 neu BLAdd 14991, gan ddilyn y naill lawysgrif weithiau a'r llall dro arall. Gan fod testun C 1.1 a hyd yn oed un BLAdd 14991 yn well sail na thestun y *Ceinion*, fodd bynnag, mae testun Asaph o'r cywyddau hyn gryn dipyn yn fwy boddhaol na'i destun o gywyddau 1-29. Er gwaethaf ei ddiffygion mae testun Asaph o gywyddau 30-54 yn weddol ddibynadwy, a bu ei gyfrol yn bwysig fel yr unig ffynhonnell lle ceid y cywyddau hyn ar eu hyd yn argraffedig.

(vii) G. Jones ('Glan Menai'), *Edmwnd Prys, Archddiacon Meirionydd* (Conwy, [1899]):

Yn y gyfrol hon ceir un arall o draethodau anfuddugol Eisteddfod Genedlaethol Ffestiniog, 1898.[36] Er na cheir ynddi destun o'r holl ymryson, ceir dyfyniadau helaeth o nifer o'r cywyddau yng nghorff ymdriniaeth yr awdur â'r ymryson (tt. 79-99) a dyfynnir cywydd 15 ar ei hyd (tt. 87-9). Pan yw'n dyfynnu o gywyddau hanner cyntaf yr ymryson, gan gynnwys cywydd 15, dilyn Glan Menai destun *Ceinion Llenyddiaeth Gymreig* heb ei ddiwygio mewn unrhyw fodd. Ceir gwell testun ganddo, fodd bynnag, pan yw'n dyfynnu o ail hanner yr ymryson gan iddo weld T a chodi'r dyfyniadau o'r cywyddau anghyhoeddedig ohoni.[37]

(viii) T. Gwynn Jones, *Llen Cymru: Detholiad o Ryddiaith a Phrydyddiaeth*, III (Aberystwyth, 1926), 28-9:

Argraffodd T. Gwynn Jones linellau 47-116 o gywydd 21 o dan y pennawd 'Mawl Ffoledd'. Ni chyfetyb y testun yn fanwl i unrhyw un o'r llawysgrifau, a diau mai T. Gwynn Jones ei hunan sy'n gyfrifol am rai o'r diwygiadau.

36 Gw. t. ii.

37 Cf. yr hyn a ddywedir ar t. 90: '29 o'r cywyddau hyn a gyhoeddwyd, ond trwy garedigrwydd y boneddwr hynaws a gwladgarol o Danybwlch, sef W. E. Oakeley, Ysw., teilwng ddisgynydd yr Archddiacon, yr ydym wedi cael golwg ar y gweddill o'r cywyddau . . . 26 [sic] mewn nifer'.

Hanes Testunol yr Ymryson

I. Fersiynau Sy'n Wahanol i Fersiwn Ll 43

O gymharu'r testunau a geir yn y llawysgrifau gwelir fod gwahaniaethau trawiadol rhwng rhai ohonynt a thestun Ll 43. Gellir dosbarthu'r gwahaniaethau hyn fel a ganlyn:

(i) Llinellau nas ceir yn Ll 43.
(ii) Llinellau a geir yn Ll 43 yn eisiau.
(iii) Gwahaniaethau yn nhrefn a lleoliad y llinellau. Mân wahaniaethau yw'r rhan fwyaf, ond ceir ychydig sy'n fwy sylweddol, megis pan ddigwydd llinellau mewn cywyddau gwahanol i'r rhai y ceir hwy ynddynt yn Ll 43.
(iv) Gwahaniaethau geiriol. Mân wahaniaethau yw'r rhan fwyaf, ond ceir rhai sy'n fwy sylweddol. Ceir ychydig enghreifftiau lle mae'r llinell yn wahanol i'r llinell gyfatebol yn Ll 43 o ran prifodl hyd yn oed.

Gellir dangos yn bendant na ellir priodoli'r gwahaniaethau hyn i gyd i ymyrraeth copïwyr. Ceir y dystiolaeth yn nileadau a chyfnewidiadau testunol Prys yma a thraw yn Ll 43. Weithiau mae'r hyn a groesodd Prys allan naill ai'n cyfateb i'r hyn a geir yn y llawysgrifau sy'n cynnwys y gwahaniaethau dan sylw neu'n esbonio'r gwahaniaethau hynny mewn rhyw fodd. Wele rai enghreifftiau:

(i) Yn Ll 43 y llinell 'a tharo yn gynt wythran gwawd' a sgrifennodd Prys yn wreiddiol lle'r oedd 16. 92 i fod. Ond croesodd allan y geiriau 'yn gynt wythran gwawd' a sgrifennu 'ac iaith ddürawch' yn eu lle uwchben fel bod y llinell yn darllen fel y gwna ymhob llawysgrif arall ('a tharo ac iaith ddürawch'). Gellir esbonio'r hyn a sgrifennodd Prys yn wreiddiol fel enghraifft o 'achub y blaen': 'a tharo yn gynt wythran gwawd' yw ail linell cwpled sy'n dilyn 16. 92 yn Cw 27, M 145, Ll 49, LlGC 21252, JRW 3, BLAdd 31056 a LlGC 5931 ond nas ceir yn Ll 43. Gwelir felly fod y cwpled ychwanegol hwn yn perthyn i'r testun gwreiddiol. Cwpled a adawodd Prys allan o destun Ll 43 ydyw, nid ychwanegiad annilys gan gopïwr anghyfrifol.

(ii) Yn Ll 43, 46, sgrifennodd Prys y llinellau a ganlyn ar ymyl y ddalen gyferbyn â 13. 84–91 gydag arwyddion o boptu iddynt i ddangos eu bod i'w cynnwys yn y testun ar ôl 13. 82: 'daw ar gerdd o nodir gwawd / drwy eilio bedwar aelawd / deall hyd gwe a dull iawn / ag odl ai gwau yn gydlawn'. Newidiodd ei feddwl, fodd bynnag, a'u croesi allan. Yn lle eu cynnwys yng nghywydd 13 gosododd hwynt (a'r cwpled olaf wedi ei ailwampio) yng nghywydd 17 fel llinellau 65–8 yno. Mae'r llinellau hyn yn eisiau yn Cw 27, M 145, Ll 49, LlGC 21252, JRW 3, BLAdd 31056 a LlGC 5931, awgrym, ond odid, mai llinellau a luniodd Prys pan oedd wrthi'n sgrifennu Ll 43 ydynt, nid rhan o'r testun gwreiddiol a welodd Cynwal.

(iii) 'gwr eb râdd a ddaw garbron' yw darlleniad 13. 31 yn Ll 43. Ond o graffu ar y llawysgrif gwelir fod Prys wedi sgrifennu 'a ddaw' dros y geiriau 'ban ddêl' a sgrifennwyd ganddo'n wreiddiol. Dengys hyn nad llygriad ond yn hytrach fersiwn gwreiddiol y llinell yw darlleniad Cw 27, M 145, Ll 49, LlGC 21252, JRW 3, BLAdd 31056 a LlGC 5931, sef 'gẅr heb rädd, ban ddêl gar bron'.

Awgryma'r enghreifftiau hyn ac eraill tebyg iddynt y gall fod cyfran helaeth o'r darlleniadau gwahanol y cyfeiriwyd atynt yn rhai dilys. Gan hynny, er mai Ll 43 yw'r unig lawysgrif sy'n cynnwys copi o'r ymryson yn llaw un o'r ddau fardd, ni ellir ystyried mai ei fersiwn hi yn unig sy'n bwysig o'r safbwynt testunol.

Isod ystyrir y fersiynau o'r testun sy'n wahanol i'r un a geir yn Ll 43 er mwyn ceisio goleuo rhywfaint ar hanes testunol yr ymryson. Gellir dosbarthu'r fersiynau a geir yn y llawysgrifau fel a ganlyn: α – Cw 27, M 145, Ll 49, LlGC 21252 a JRW 3; β – BLAdd 31056 a LlGC 5931; γ – M 147 a BlW f. 4; δ – P 125, T a BLAdd 14991; ε – LlGC 3288,i. (Dim ond y prif lawysgrifau sy'n cynnwys pob fersiwn a nodir. Anwybyddir llawysgrifau megis C 1.1, LlGC 21298 a LlGC 20968 sy'n cynnwys tameidiau o fersiynau yn unig.)

α – Cw 27, M 145, Ll 49, LlGC 21252 a JRW 3 [cywyddau 1–17]

Er mai cywyddau 1–17 yn unig a geir yn fersiwn α, mae'n dra phwysig o'r safbwynt testunol. Nodir isod y gwahaniaethau rhyngddo a fersiwn Ll 43.

(i) Llinellau nas ceir yn Ll 43:

Ceir 60 o linellau yn y fersiwn hwn o gywyddau 1–17 nas ceir yn Ll 43, 34 ohonynt yng nghywyddau Prys a 26 yng nghywyddau Cynwal. Wrth eu rhestru isod defnyddir nodiant sy'n seiliedig ar destun Ll 43 i ddynodi eu safle. Os ceir 54 + o flaen llinellau, er enghraifft, golyga eu bod yn dilyn y llinell sy'n cyfateb i linell 54 yn nhestun Ll 43 o'r cywydd dan sylw. Darlleniad Cw 27, lle ceir y testun gorau, a roddir bob tro.

Cywydd 1 (Prys)

54 + Corn bach ef ai cair yn bwyth
cloi diast bren caled ystwyth

84 + Bvraidd radd beirdd a roddan,
Beirdd a gaiff am beraidd gan.

Cywydd 3 (Prys)

88 + o gyrraist rowiog araith
gair amen yn awgrym iaith
dyna addaw dinyddiad
y bwa i Rys heb or wad.

Cywydd 6 (Cynwal)

96 + o ran dy radd y rai/n/draeth
hoff rydyd ath ffeiriadaeth

Cywydd 7 (Prys)

44 + pa le i bydd dreigl awydd dro
poenwych hoen pan na'chano

56 + Ar dy'wâd ir aed wawdydd
ar fy 'mhrawf ir af mor rhydd

Cywydd 8 (Cynwal)

78 + oes vn edn nis anodais
chwerw i lef ni char i lais

Cywydd 9 (Prys)

36 + A hynn nid addefai hi
rhyw goll wisg rhag i llosgi

48 + morwyndod am briodi
sy/n/ rhad ir offeiriad ffi

Cywydd 10 (Cynwal)

64 + nid wy /n/ gogan kyfran ku
vthr gwn dy waith ar ganu

72 + pan liwyd pen i lawer
pwysyt y glod post y gler

Cywydd 11 (Prys)

66 + nid gradd, a bair iawn naddv
a nâdd a ddŷl gwiwrâdd gv̂

84 + doedi /n/ fwyn, pedyd yn ferch
ir ai danaf, er dannerch
nith geisiaf danaf, ddyn doeth
nith gaf, nag vn oth gyfoeth
ni ddymvnwn, ddamwyniaw
dana ddyn, ond vn a ddaw[1]

88 + gyrü gwers, ar gowir gân
gair/i/ ddichwel, garw ddychan

Cywydd 12 (Cynwal)

44 + ag o râd, pawb a gredan
yr ysbryd, eglürbryd glan

50 + na fwrw arnaf, garwaf gwaith
ond a wneüthym, dawn wythiaith

58 + i air têg, oedd gida/r/ tâd
da wych ryw, or dechreüad
a düw oedd, nis diweddir
y gair o nef, gorav /n/ wir
pe rhonn darfod, gydfod gwâr
nwyf düwiol nef a daiar
gwir na dderfydd, kynnydd kall
gair düw, medd gwr ai deall

Cywydd 13 (Prys)

38 + amlwg fydd trwyn ar wyneb
afraid i mi, nodi neb

Cywydd 14 (Cynwal)

50 + mi adwaen rym dy iawn rann
rhif henw fy rhyw fy hvnan

[1] 'ni ddaw' yw darlleniad M 145, Ll 49 a LlGC 21252.

ag adwaen ôll, gwedi /n/ iaü
drüd ieithydd, dy ryw dithaü
nid oes ynof, gof gwiwfaeth
oni chai gam, vn iach gaeth

Cywydd 15 (Prys)

74 + ple kenais vn plwck anwir
bid gwarth lle ni ddoedbwyd gwir

Cywydd 16 (Prys)

10 + rhygv oedd rhowiog i iaith
rhwygai sail rhy gâs eilwaith

92 + kyraedd daüfaes kerdd dafawd
a tharo /n/ gynt wŷthran gwawd

Dangoswyd eisoes fod 16. 92 + yn perthyn i'r testun gwreiddiol, a diau fod hyn yn wir hefyd am y llinellau eraill a restrwyd uchod. Llinellau ydynt a oedd i'w cael yn y cywyddau ar un adeg ond a adawodd Prys allan wrth iddo sgrifennu'r testun yn Ll 43. Nid dyna'r tro cyntaf i rai ohonynt gael eu gadael allan, fodd bynnag, oherwydd ni ddigwydd 7. 56 +, 9. 36 +, 11. 66 + na 11. 84 + yn nhestunau BLAdd 31056 a LlGC 5931 ychwaith (gw. yr ymdriniaeth â fersiwn β isod). Gwelir fod Prys wedi gadael allan rai o linellau Cynwal yn ogystal â'i linellau ei hun o destun Ll 43.

(ii) Llinellau a geir yn Ll 43 yn eisiau:

O'i gymharu â thestun Ll 43 mae 34 llinell yn eisiau yn y fersiwn hwn o gywyddau 1–17. Dyma'r llinellau yn nhestun Ll 43 na cheir dim i gyfateb iddynt yn fersiwn α:

Cywyddau Prys	Cywyddau Cynwal
9. 65–6	8. 53–4
11. 27–8	12. 33–4
13. 41–2	
15. 75–82	
17. 31–2	
17. 51–4	
17. 63–8	
17. 85–6	
17. 105–6	

Dangoswyd eisoes mai llinellau a ychwanegodd Prys wrth iddo sgrifennu Ll 43 oedd 17. 65–8, a diau fod hyn yn wir hefyd am y rhan fwyaf o'r llinellau eraill yn nhestun Ll 43 na cheir dim i gyfateb iddynt yn fersiwn α. Yr eithriadau yw 8. 53–4, 12. 33–4, 13. 41–2 a 15. 75–82, llinellau sy'n digwydd yn BLAdd 31056 a LlGC 5931 yn ogystal ag yn Ll 43.

(iii) Gwahaniaethau yn nhrefn y llinellau:

Yn fersiwn α mae trefn y llinellau yng nghywydd 12 (Cynwal) yn dra gwahanol i'r hyn a geir yn y llawysgrifau sy'n cynnwys y fersiynau eraill ac eithrio LlGC 3288,i a'r llawysgrifau a gopïwyd ohoni (gw. yr ymdriniaeth â fersiwn ε isod). O rifo'r llinellau yn ôl y drefn sydd iddynt yn nhestun Ll 43 dyma'r drefn a geir o linell 26 ymlaen: llinell 26 yn cael ei dilyn gan linellau 35 hyd 72; llinell 72 yn cael ei dilyn gan linellau 79 hyd 84; llinell 84 yn cael ei dilyn gan linellau 27 hyd 32; llinell 32 yn cael ei dilyn gan linellau 73 hyd 78; llinell 78 yn cael ei dilyn gan linellau 85 i'r diwedd. Mae llinellau 33 a 34 yn eisiau yn y fersiwn hwn (gw. (ii) uchod). Nid yw'r drefn wahanol hon yn difetha rhediad y cywydd ac mae'n anodd credu mai unrhyw lygredd testunol sy'n cyfrif amdani.

Ceir mân wahaniaethau yn nhrefn y llinellau yng nghywyddau 1, 16 a 17 hefyd. O rifo'r llinellau yn ôl y drefn sydd iddynt yn Ll 43 dyma'r drefn yn fersiwn α:

Cywydd 1	36–39–40–37
Cywydd 16	40–42–41–43
Cywydd 17	6–8–7–9

Yng nghywydd 1 diau fod y drefn a geir yn fersiwn α yn cyfateb i'r drefn wreiddiol. Gadawodd Prys 1. 39–40 allan o gorff y testun yn Ll 43, ond fe'u hychwanegodd ar ymyl y ddalen ar ôl llinell 38. Wrth iddo wneud hyn diau iddo gamgymryd ynghylch safle'r cwpled.

(iv) Gwahaniaethau geiriol:

Mae llu o wahaniaethau geiriol rhwng y fersiwn hwn o gywyddau 1–17 a fersiwn Ll 43. Yn Cw 27 fe geir darlleniadau sy'n wahanol i rai Ll

43 ac nad ydynt yn amlwg lwgr mewn ychydig dros 200 o linellau, a hynny yng nghywyddau Prys a Chynwal fel ei gilydd. Digwydd y mwyafrif o'r rhain yn M 145, Ll 49, LlGC 21252 a JRW 3 hefyd: lle na cheir yr union ddarlleniad a geir yn Cw 27 yn y llawysgrifau hyn mae'n amlwg fel rheol fod eu testun yn llwgr a bod darlleniad Cw 27 yn cyfateb i'r hyn a geid yng nghynsail gyffredin y pum llawysgrif.

Mân wahaniaethau yw'r rhan fwyaf o'r rhai dan sylw. Dyma enghreifftiau:

	Cw 27	Ll 43
1. 62	seth iawn a bair saethv/n/ bell	seth iawn a bair saethav n bell
2. 61	minav yn faith mewn enw a fv	minav yn faith am enw a fu
3. 84	yn drogen gwn dy ragor	dyrogen gwn dy ragor
4. 94	yna fai ni wn i fod	ynof fai ni wn i fod
5. 94	athrodion ond gweithredoedd	athrodwr ond gweithredoedd
6. 82	ir matter yn drwm itti	ym mater yn drwm iti
7. 7	kanech glod aken iach glau	cenech glod accen wych glav
8. 81	trom gennyd ennyd annün	hôff genyd enyd anvn
9. 104	yma /n/ eilio manylwaith	yma'n eilio manyliaith
10. 16	meddw chwenych ymddychanu	yw chwenych ymddychanu
11. 33	pür.per.ner, naf kaf kyfarch	pur nêr naf a gaf gyfarch
12. 69	pa waeth oedd, y peth a wnn	pa waeth am y peth a wn
13. 51	llei ddydoedd llvoedd adar	lle r ydoedd llu or adar
14. 2	gyson iaith, ag a sai /n/ wir	gyson waith ag a sai'n wir
15. 56	düll clandr y pâb arab yw	dvll calandr pab, arab yw
16. 80	nodded pan ddel vn iddo	nodded lle del vn iddo
17. 9	bid olaü iaith bo di lŵ̂ch	Bid olav aeg, bo di lwch

Ond ceir amryw sy'n fwy sylweddol, fel y rhain:

	Cw 27	Ll 43
1. 67	ni chwradd i bart llewpart llwyd	ni chw'râdd y lle[w] owchrydd llwyd
4. 4	wyd a maint praff Edmwnt Prys	adamant print wyd Edmwnd prŷs
4. 16	wych edn y gloch dwyn y glod	howlbwrch glav hil braich y glod
9. 42	poriowndeg ior India gerth	yn deg iawn o Indi gerth
9. 93	gwaithiais i fardd gwaith sy fawr	rhois atteb am vndeb mawr
9. 94	gwawd dew ond gweuad dwyawr	amnaid awen mewn dwyawr
11. 34	por.cor.ior, iaith eürwaith arch	por yw golav fyw a glyw 'f 'arch
11. 38	serch gün vn, yw byw heb ail	sant yw, vn byw, heb neb ail
11. 74	râd awen ym or diwedd	o râd ewybr or diwedd
14. 66	diwyd alw, dy waedoliaeth	o devlu prif waedoliaeth
15. 97	di ni wyddost o naddial	er na wyddost o oer naddial

16. 35	gyrr i dafod i rodiaw	rhodresdal a yrr drostaw
17. 17	mae/n/ ych art yn mynych wav	a rhai oth art yn rhwth wav
17. 57	di ni eddyf donyddiaeth	di a wedi (ond odiaeth)
17. 114	dy waith i gŷd doetha gŵr	dy waith fardd hyd eithaf ŵr

Ac yn y llinellau hyn yng nghywyddau Prys y mae hyd yn oed y brifodl yn wahanol:

	Cw 27	Ll 43
3. 45	doe sorrais dewis eurwawd	yr awen hon, oi rhan hi
3. 46	dwys yw/r/ gerdd deheusaer gwawd	anwes air a wnai sorri
11. 35	sant sydd bydd bü, gü gyoed	bydd, bv, cu, cûn vn vniawn
11. 36	sail mawl gwawl gwyrth hybyrth hoed	bid mawl gwawl gwyrth ebyrth iawn
11. 71	meddwl doeth moddol a dŷsg	seiniaist ym ddysc a synwyr
11. 72	matter oedd vm trwy addysg	ar awen yn llawen llwyr
17. 21	er bod a gwybod gobell	er bod yn i gwybodaeth
17. 22	evrllin iaith eraill yn well	llawer yn well a rhai yn waeth
17. 23	am na ddoüt gŵr mwyn a ddaw	Ti ni ddoyd at vn oedd iav
17. 24	ag at hynn i gytünaw	i gyd eilio gwawd olav
17. 25	rhois addaw rhy sy weddawl	addewais roi o ddial
17. 26	roi tri am vn er treio mawl[2]	arnad dasg er o vn tal

Dichon, wrth gwrs, fod rhai o'r darlleniadau gwahanol a geir yn fersiwn α yn gynnyrch mympwyon neu ddiffygion copïwyr. Ond mae'r rhan fwyaf ohonynt yn digwydd hefyd yn nhestunau BLAdd 31056 a LlGC 5931 (gw. yr ymdriniaeth â fersiwn β isod), llawysgrifau sy'n tarddu o gyff gwahanol, ffaith sy'n awgrymu eu bod yn ddilys. Y mae cyfnewidiadau testunol Prys yn Ll 43 yn ategu dilysrwydd darlleniadau fersiwn α mewn ychydig linellau (3. 84, 9. 104, 11. 33, 13. 31, 13. 51 a 15. 56),oherwydd fe gyfetyb yr hyn a sgrifennodd yn wreiddiol i'r darlleniadau hynny (gw. y troednodiadau ynghyd â'r llinellau hyn yn y testun). Mae'r enghreifftiau hyn yn brawf fod Prys yn adolygu geiriad y testun wrth iddo ei sgrifennu yn Ll 43, a'r tebyg yw mai hyn sy'n cyfrif am gyfran helaeth o'r gwahaniaethau geiriol a geir rhwng fersiwn α a fersiwn Ll 43.

[2] Mae'r llinell sillaf yn rhy hir fel y mae. Yn y llawysgrif rhoddwyd croes gyferbyn â'r gair 'treio' a sgrifennwyd 'trai' yn yr ymyl yn y brif law. Darlleniad BLAdd 31056 a LlGC 5931 yw 'roi tri am vn er troi mawl'.

Dichon, wrth gwrs, fod fersiwn α yn corffori'r cywyddau fel y cyfnewidiwyd hwy gan y ddau fardd, cywyddau Prys fel y derbyniwyd hwy gan Gynwal a chywyddau Cynwal fel y derbyniwyd hwy gan Brys. Dylid, fodd bynnag, ystyried a ganlyn:

(i) Os cywydd 12 a'i linellau yn yr un drefn ag yn y copi a dderbyniodd Prys a geir yn fersiwn α, mae'n dilyn mai Prys a newidiodd drefn y llinellau i gyfateb i'r hyn a geir yn Ll 43 a'r fersiynau eraill. Ond er bod Ll 43 yn dangos fod Prys wedi newid peth ar gywyddau Cynwal ar ôl iddo eu derbyn ni cheir ganddo unrhyw newid arall mor eithafol â hyn. Anodd gweld hefyd beth fyddai'n ei gymell i newid cywydd Cynwal yn y dull hwn, ac ni allai newid o'r fath fod yn ddamweiniol. Nodwyd eisoes ei bod yn annhebygol mai llygredd sy'n cyfrif am drefn y llinellau yn fersiwn α.

(ii) Er bod tystiolaeth fod Prys wedi dileu llinellau o gywyddau Cynwal wrth iddo sgrifennu'r testun yn Ll 43, ni ellir dangos iddo ar unrhyw adeg ychwanegu llinellau atynt o'i ben a'i bastwn ei hun. Pe deilliai testun fersiwn α o gywyddau 8 a 12 o'r copïau ohonynt a dderbyniodd Prys oddi wrth Gynwal, byddai'n dilyn mai llinellau a luniodd Prys a'u tadogi ar Gynwal oedd 8. 53–4 a 12. 33–4, onibai, wrth gwrs, mai drwy amryfusedd y gadawyd hwy allan o gynsail gyffredin y llawysgrifau lle ceir fersiwn α.

Er na ellir gwarafun y posibilrwydd fod cywyddau Cynwal yn y ffurf sydd iddynt yn fersiwn α yn deillio o'r copïau ohonynt a dderbyniodd Prys, fy nhuedd, oherwydd y rhesymau a nodwyd uchod, yw credu fod hynny'n annhebygol. A bwrw fod hyn yn gywir, ym mha fodd arall y gellir esbonio'r hynodion testunol a welir yng nghywyddau Cynwal yn fersiwn α? Mae'n amlwg y dylid ystyried y posibilrwydd fod cywyddau Cynwal fel y ceir hwy yn y fersiwn hwn yn deillio o gopïau ohonynt a gadwodd Cynwal ei hunan, copïau na chytunent bob tro â'r rhai a anfonodd i Brys. Nid yw'n dilyn o anghenraid, wrth gwrs, y byddai'r copïau a gadwai ymrysonwr o'i gywyddau ei hun yn cyfateb yn hollol i'r copïau ohonynt a anfonai i'w wrthwynebydd. Gallai bardd gadw'r copïau drafft o'i gywyddau ei hun neu gopïau ohonynt a adolygwyd ar ôl i'r cerddi gael eu hanfon, fel y gwyddys i Brys ei wneud.

Os cywir yr hyn a awgrymwyd uchod ynghylch cywyddau Cynwal fel y ceir hwy yn fersiwn α, mae'n dilyn y gall fod y fersiwn hwn yn ei grynswth yn deillio o gasgliad a wnaeth Cynwal o'r cywyddau.[3] Gwyddys fod Prys wedi cadw ei gywyddau ei hun a'r rhai a dderbyniodd oddi wrth ei gyd-ymrysonwr, ac nid afresymol fyddai tybio i Gynwal yntau wneud yr un peth. Efallai, gan hynny, mai'r esboniad ar hynodion testunol y fersiwn hwn yw ei fod yn gynnyrch cyfuno (a) cywyddau Prys fel y derbyniwyd hwy gan Gynwal, a (b) cywyddau Cynwal, naill ai mewn fersiwn wedi ei adolygu ar ôl iddynt gael eu hanfon at Brys, neu, yn fwy tebygol hwyrach, fel yr oeddynt yng nghopïau drafft y bardd.[4]

β – BLAdd 31056 a LlGC 5931 [cywyddau 1–29]

Ceir cryn wahaniaeth rhwng y fersiwn hwn o gywyddau 1–29 a fersiwn Ll 43. Lle gellir ei gymharu â fersiwn α (cywyddau 1–17) gwelir fod gwahaniaethau rhyngddo a hwnnw hefyd. Wrth restru'r gwahaniaethau isod ymdrinnir â chywyddau 1–17 a chywyddau 18–29 ar wahân.

[3] Gall fod tystiolaeth arwyddocaol yn y cyswllt hwn yn LlGC 3288,i. Mae cywyddau 1–17 yr ymryson yno yn rhannol seiliedig ar ffynhonnell a gynhwysai destun o'r un dosbarth â'r un a geir yn Cw 27, M 145, Ll 49, LlGC 21252 a JRW 3 (gw. yr ymdriniaeth â fersiwn ε). Yn union o flaen yr ymryson yn y llawysgrif ceir 14 o gywyddau gan Gynwal, yn eu plith naw cywydd serch na cheir mohonynt yn unman arall (gw. y disgrifiad o'r llawysgrif). A godwyd y rhain hefyd o'r ffynhonnell a gynhwysai destun o'r ymryson tebyg i'r un a geir yn Cw 27, M 145, Ll 49, LlGC 21252 a JRW 3, ac ai un o lawysgrifau Cynwal ei hunan, neu un a darddai o un o'i lawysgrifau ef, ydoedd? Honna copïwr LlGC 3288,i, Thomas Jones o'r Trawsgoed, iddo godi ei destun o'r ymryson o 'Ysgriflyfrau yn llaw y ddau fardd' (LlGC 3288,i, 2).

[4] Ceir tystiolaeth annibynnol fod Cynwal yn adolygu ei waith yn y ddau fersiwn gwahanol o'i awdl foliant i Siôn Salbri o Leweni a geir yn (Ba)M 4 a ChCh 184, dwy lawysgrif yn llaw'r bardd ei hun. Ar hyn gw. WC(3), xxxi–xxxii; R. L. Jones, 'Wiliam Cynwal', *LlC*, XI, 196.

(a) *Cywyddau 1–17*

(i) Llinellau nas ceir yn Ll 43:

Cynnwys fersiwn β 48 o'r 60 llinell a geir yng nghywyddau 1–17 yn y ffurf sydd iddynt yn fersiwn α ond nas ceir yn Ll 43. Llinellau yng nghywyddau Prys yw'r 12 na cheir mohonynt yn fersiwn β, sef 7. 56 + (2 linell), 9. 36 + (2), 11. 66 + (2) ac 11. 84 + (6). Gan fod 15. 75–82 yn digwydd yn y fersiwn hwn (gw. (ii) isod) nid yr un yw safle'r cwpled 'ple i cenais vn plwcc anwir / bid gwarth lle ddoedbwyd [sic] gwir' ag yn fersiwn α. Ambell dro ceir mân wahaniaethau rhwng darlleniadau fersiwn β a rhai fersiwn α yn y llinellau dan sylw (gw. amrywiadau 7. 44 +, 12. 58 +, 13. 38 + a 14. 50 +).

(ii) Llinellau a geir yn Ll 43 yn eisiau:

Mae 20 o'r 34 llinell sy'n eisiau yng nghywyddau 1–17 yn fersiwn α yn eisiau yn fersiwn β hefyd. Y llinellau sydd i'w cael yn fersiwn β ond sy'n eisiau yn fersiwn α yw 8. 53–4 (Cynwal), 12. 33–4 (Cynwal), 13. 41–2 (Prys) a 15. 75–82 (Prys). Ni ddigwydd 15. 59–60 (Prys) yn fersiwn β er eu bod i'w cael yn fersiwn α.

(iii) Gwahaniaethau yn nhrefn y llinellau:

Yng nghywydd 12 yr un yw trefn y llinellau yn y fersiwn hwn ag yn Ll 43. Yng nghywyddau 1, 16 a 17 ceir yr un mân wahaniaethau yn nhrefn y llinellau ag yn fersiwn α.

(iv) Gwahaniaethau geiriol:

Digwydd y rhan fwyaf o'r darlleniadau gwahanol i rai Ll 43 a geir yn fersiwn α yn y fersiwn hwn hefyd. Ymhlith y rhain mae pob un o'r enghreifftiau lle ceir llinell a'i phrifodl yn wahanol i'r hyn ydyw yn Ll 43. Ond cytuna darlleniadau fersiwn β â rhai Ll 43 mewn tua 30 o'r llinellau lle ceir darlleniadau gwahanol i rai Ll 43 yn fersiwn α. Llinellau yng nghywyddau Prys yw'r mwyafrif o'r rhain; yng nghywyddau Cynwal gwelir y duedd hon ar ei hamlycaf yng nghywydd 14. Mewn ychydig linellau mae darlleniad fersiwn β yn wahanol i ddarlleniad fersiwn α ac i ddarlleniad Ll 43 hefyd. Dyma enghreifftiau arwyddocaol lle mae darlleniad fersiwn β fel pe bai'n ffurf ganol rhwng darlleniad fersiwn α a darlleniad Ll 43 (a = darlleniad Cw 27, b = darlleniad BLAdd 31056, c = darlleniad Ll 43):

	7. 43		12. 26
a	pam i rhoddant sommiant sail	a	yr ede fain, rydwy fi
b	pam y galwant sonniant sail[5]	b	yr edav fain y rroyd fi
c	mal i galwant somiant sail	c	yr ede fach i rhoyd fi

	12. 48		14. 100
a	sêl am ddysg, gwnaeth salmaü i ddüw	a	o, gwnaüd ŵg, yno wedi
b	sel am ddysg gwnai salmav i dduw	b	o gwnavd wg yno digi
c	sêl am ddysc gwnai psalm i dduw	c	a gwawd ŵg yno digi

Pan fo fersiwn Ll 43 a fersiwn α yn cytuno ceir weithiau ddarlleniad gwahanol yn fersiwn β:

	BLAdd 31056	Ll 43
3. 52	a lliwiad ym y llaw dav	a lliwied ym or llaw dav
7. 18	airf ynghod sy ar fy nghar	arfav /ng hôd sy ar fy nghâr
9. 12	am yn iaith rwydd mwy nath ran	am yn iaith rwym mwy na'th ran
15. 25	ymy gadyd am gyd iaith	ymy gedaist am gydwaith

Yn 8. 53, llinell nas ceir yn fersiwn α (gw. (ii) uchod), mae darlleniad fersiwn β yn wahanol i un Ll 43:

BLAdd 31056	Ll 43
mvdr agos mae darogan	yr oedd ir gog ddyrogan

Gwelir fod llawer yn gyffredin rhwng fersiwn β a fersiwn α o'u cyferbynnu â fersiwn Ll 43. Ond mae'r gwahaniaethau rhyngddynt yn arwyddocaol. O ran nifer a threfn y llinellau ac o ran geiriad mae'r cywyddau ychydig yn nes i'r hyn ydynt yn Ll 43 yn fersiwn β nag ydynt yn fersiwn α.

5 Mae'n debyg mai camgymeriad yw 'sonniant', er mai dyma a geir mewn rhai llawysgrifau eraill hefyd (gw. amrywiadau).

Ni ellir gwarafun y posibilrwydd fod y gwahaniaethau rhwng fersiwn β a fersiwn α o gywyddau 1–17 i'w priodoli i waith Prys yn 'golygu' ei gywyddau ei hun a rhai Cynwal ynghyd, fel y gwnaeth yn Ll 43. Diau mai'r rheswm am y gwahaniaethau a welir yng nghywyddau Prys yw fod fersiwn β yn deillio o gopïau a ddiwygiwyd ganddo ar ôl iddo anfon y cywyddau i Gynwal (gw. hefyd yr ymdriniaeth â fersiwn γ isod). Ond o gofio'r awgrym y gall fod fersiwn α yn deillio o gasgliad a wnaeth Cynwal o'r cywyddau rhaid ystyried posibilrwydd arall ynglŷn â chywyddau Cynwal. Gall mai'r rheswm am y gwahaniaethau ynddynt hwy, neu o leiaf am gyfran ohonynt, yw fod fersiwn β, yn wahanol i fersiwn α, yn deillio o'r copïau ohonynt a dderbyniodd Prys.

(b) *Cywyddau 18–29*

(i) Llinellau nas ceir yn Ll 43:

Ceir 74 o linellau yn y fersiwn hwn o gywyddau 18–29 nas ceir yn Ll 43, 56 ohonynt yng nghywyddau Prys a 18 yng nghywyddau Cynwal. (Ni chyfrifir 19. 47, llinell a adawyd allan o destun Ll 43 drwy amryfusedd.) Fel y llinellau cyffelyb a geir yng nghywyddau 1–17 yn y fersiwn hwn nid oes unrhyw reswm dros amau eu dilysrwydd, a diau mai llinellau ydynt a adawyd allan gan Brys wrth iddo sgrifennu'r testun yn Ll 43. (Ceir prawf o hyn yn achos y cwpled sy'n dilyn 18. 84, gan fod Prys yn dyfynnu rhan o'r ail linell yn ei lythyr at Gynwal, C. 47.) Rhestrir y llinellau hyn isod, gan roi darlleniad BLAdd 31056:

Cywydd 18 (Cynwal)

84 + gwn a ganwyf gvn gwynedd
ni wyddost di ddiwast wedd

Cywydd 20 (Cynwal)

26 + gŵyr duw n bai gair da n y byd
vwch y gwin ni cha genyd

40 + doeth itti adwyth at hyn
drwm dyni[ ]d dri am danyn
gofynaist dangos vnwaith
gwestiwnav ym gwest yn iaith

yt attebais da i tybyr
dadwys iaith a doedais wir[6]

44 + drwg iawn fraint darogan fry
dvll som dy ywyllys y mi

46 + yni cha farn ywch wy fi
dwys gadarn ym dysg wedi
no thydi bennaeth hoywdeg
yth art dy hvn ath air teg

80 + er i bawl fyw ar y bai
pawl wybodawl a beidiav

Cywydd 22 (Prys)

30 + a cham lvsg lle rowch ym liw
a cham odl tewch am edliw
rraid ym lle r wyd yn rrwyd wav
edliw yt ormod odlav

Cywydd 23 (Prys)

92 + o theflaist ym iaith ddiflas
Iessv ai gŵyr os o gas
bwrriais innav berr synwyr
nid o gas vn duw ai gŵyr

Cywydd 24 (Prys)

10 + y sy ddewr ir maes idd ai
y sy oriog a sorai
dan yr iav ymdynnv ir wyd
di dyst ymlyniad ydwyd

32 + deg llongaid digoll angor
dyrysa mael dros y mor

56 + ag iddo yn gywyddawl
y gwnia fi gân o fawl
di boen ydyw duw beniaeth
a di gost ag nid yw gaeth
y mae abel a meibion
hawddgar bryd heddiw gar bron
lle mae pob penn presennol
eb lin gvdd na blaen nag ol

[6] Yn yr ail linell 'dyniad' a geir yn LlGC 5931. Mae blot yn gorchuddio rhan o'r gair yn BLAdd 31056. Yn y drydedd linell 'dan gof unwaith' a geir yn LlGC 5931, a dyna'n ddiau y darlleniad cywir.

llyfr awen duw llen yd llaw
llawn feithrin llyna f'athraw
am gwnaeth i am gnith awen
yn grynn brydydd llowydd llen
a gweled gwaith blaen iaith blaid
hynod wŷr hen awdvriaid
horas wych evrais i waith
homer ofvdd mawr afiaith
gvtto enwog gyttvn waisg
a thvdv brav awdvr braisg[7]
pob pencerdd frawd nid gwawd gam
etholawl nid gwaith wiliam
wrth ganv araith gynydd
gwawd yn dav gwadv vn dydd

Cywydd 25 (Prys)

136 + agos yw dysg y gwas da
berw bvr o wlad barbaria
aeth yn was drwy iras ai rad
dysgedig dewis godiad

Cywydd 26 (Prys)

42 + dyn oedd ar ddvll dewin naf
a thras fal athro assaph[8]

Cywydd 29 (Prys)

12 + cynwal ydwyd can lediaith
ysgyrfa lesg oerfel iaith
arferaist yrfa warach
anadl byrr a wnai odl bach
pan weler heb poen eilwaith
pwy a ar gamp ar y gwaith
gwelir lle im mogelwyd
digwylydd wowdydd wyd

16 + a dybiaist adroddaist dro
rydd wawd y cayt dy raddio

24 + vn bvr mewn mesvr a modd
yn medrv iawn ymadrodd

42 + coedwr hardd cayad y rrawg
cv awdvraidd cadeiriawg

7 'A Thudur' a geir yn LlGC 5931.
8 'Assaf' a geir yn LlGC 5931.

(ii) Llinellau a geir yn Ll 43 yn eisiau:

O'i gymharu â thestun Ll 43 mae 18 llinell yn eisiau yn y fersiwn hwn o gywyddau 18–29, y cyfan ohonynt yng nghywyddau Prys. Dyma'r llinellau yn nhestun Ll 43 na cheir mohonynt yn y fersiwn hwn:

21. 63–4
24. 11–12
24. 59–60
25. 53–4
25. 137-8
28. 41–2
29. 77–8
29. 107–10

Y mae'n bur sicr mai llinellau a ychwanegodd Prys wrth iddo sgrifennu'r testun yn Ll 43 yw 25. 53–4 a 29. 107–10 (gw. y troednodiadau ynghyd â'r llinellau hyn yn y testun). Mae'n dra thebygol mai llinellau a ychwanegwyd yn yr un modd yw'r gweddill o'r llinellau yn Ll 43 na cheir mohonynt yng nghywyddau 18–29 yn fersiwn β. (Ni ddigwydd 23. 55–6, 26. 11–12 a 27. 47–8 yn LlGC 5931, ond gan fod y llinellau hyn i'w cael yn BLAdd 31056 prin fod unrhyw arwyddocâd testunol i'w habsenoldeb.)

(iii) Gwahaniaethau yn nhrefn a lleoliad y llinellau:

O rifo'r llinellau yn ôl y drefn sydd iddynt yn Ll 43 ceir yr amrywiaeth trefn a ganlyn yng nghywyddau 22 a 25 yn fersiwn β:

Cywydd 22	80–82–81–83
Cywydd 25	82–84–83–85

Mwy arwyddocaol, fodd bynnag, yw'r gwahaniaeth a geir yn lleoliad rhai o'r llinellau. Mae cywydd 23 yn fersiwn β yn cynnwys llinellau a ddigwydd mewn cywyddau eraill yn Ll 43. Yn dilyn 23. 92 yn fersiwn β ceir llinellau 57 a 58 o gywydd 24. Dilynir y rhain gan bedair llinell nas ceir yn Ll 43 (gw. o dan 23. 92 + yn (i) uchod).

Dilynir y rhain yn eu tro gan linellau 63–74 o gywydd 29. Nid yw'r llinellau o gywyddau 24 a 29 a leolir yng nghywydd 23 yn fersiwn β yn digwydd yn nhestunau'r fersiwn hwn o gywyddau 24 a 29. Ni ddifethir rhediad cywydd 23 o gynnwys ynddo'r llinellau a nodwyd o gywyddau 24 a 29, ac ni chredaf mai llygredd testunol a roes fod i'r ffurf sydd iddo yn fersiwn β. Mae'n dra thebygol fod y testun o'r cywydd a geir yn y fersiwn hwn yn cynrychioli ffurf gynharach arno na'r un a geir yn Ll 43.

(iv) Gwahaniaethau geiriol:

Mae llawer o wahaniaethau geiriol rhwng cywyddau 18–29 fel y ceir hwy yn y fersiwn hwn a'r ffurf sydd iddynt yn Ll 43. Ceir darlleniadau sy'n wahanol i rai Ll 43 ac nad ydynt yn amlwg lwgr mewn oddeutu 150 o linellau.

Mân wahaniaethau yw'r rhan fwyaf o'r rhai dan sylw. Dyma enghreifftiau:

		BLAdd 31056	Ll 43
18.	45	ar gerdd amvr gwrdd amod	ar gerdd ymy gwrdd amod
19.	70	y ffrevaist di mewn ffrwst wan	i ffraeaist di a ffrwst wan
20.	25	ag mae genyd oth fryd fry	ond bod gennyd oth fryd fry
21.	97	os gwir ydyw dysg radawl	ys gwir ydyw dysc radawl
22.	35	ffei o glytio mewn clo clod	gwarth yw glyttio mewn clo clod
23.	11	ai serch bvn pen an herchir	ai serch bvn, lle i'r anherchir
24.	34	gwael addysg o gelwyddav	gwael addysc ryw gelwyddav
25.	46	adrywiwyd dav ryw awen	adrywiodd davryw awen
26.	43	lle ni bo tad safadwy	oni bydd dâd safadwy
27.	101	a gofyn ferw ddyn heb fost	a gofyn ferwddyn y fost
28.	105	gwnaeth fost i fod yn dostach	gwnaeth fost fôd ym yn dostach
29.	36	oll vn bai y lle ni bo	vn llvn bai y lle ni bo

Ond ceir ychydig sy'n fwy sylweddol, fel y rhain:

		BLAdd 31056	Ll 43
22.	82	heb flas heb iawn sas na sail	heb gyswllt, heb swllt heb sail
23.	87	cas i chwi aeth ceisiwch hon	Casewch wâg iaith ceisiwch hon
25.	139	hon yw r wawd bvr ffawd berffaith	awenydd burffydd berffaith
26.	14	car duw gwyn caredig wedd	câr Iesu gwyn croesawg wedd
26.	94	yn ych iaith na chenwch wir	Cv iawn yw'ch iaith cenwch wir
27.	74	mae a gant mevgant ail medd	mae gwarant maygant fel medd
29.	17	rroi arnaf anaf enyd	Rhoist ynof rhûaist enyd

Ac yn y llinellau hyn yng nghywyddau Prys mae hyd yn oed y brifodl yn wahanol:

	BLAdd 31056	Ll 43
25. 59	fel testyn ynyn anardd	plato a roes i foesen
25. 60	plato hen am foesen fardd	fath air am y gyfraith hên
25. 121	bvan ir aeth bv iawn rad	bwriodd i wisg ebrwydd wedd
25. 122	fardd oll i fwrw i ddillad	gida.r. prophwydi i gydwedd
29. 9	nid vn yrfa dynerfawr	nid vn yrfa dynerfaith
29. 10	a gyrfa olimpia lawr	a gyrfa Olympia laith

Fe all, wrth gwrs, fod rhai o'r mân wahaniaethau y cyfeiriwyd atynt uchod yn gynnyrch mympwyon neu ddiffygion copïwyr. Ond prin fod hynny'n wir am y cyfan ohonynt (cf. 21. 97 a 22. 35 lle mae'r hyn a sgrifennodd Prys yn wreiddiol yn Ll 43 yn cadarnhau dilysrwydd darlleniad fersiwn β, gw. y troednodiadau ynghyd â'r llinellau hyn yn y testun). Nid oes unrhyw le i amau dilysrwydd y darlleniadau hynny sy'n gwahaniaethu'n sylweddol oddi wrth Ll 43, gan gynnwys y rhai lle ceir prifodl wahanol. Tueddaf i gredu, felly, fod y rhan fwyaf o'r darlleniadau gwahanol a geir yng nghywyddau 18–29 yn fersiwn β yn cynrychioli geiriad cynharach na'r hyn a geir yn Ll 43, ac mai gwaith Prys yn diwygio'r testun wrth iddo'i sgrifennu yn Ll 43 sy'n cyfrif am y geiriad gwahanol a geir yno.

Er na cheir y cyfan o'r ymryson yn y llawysgrifau sy'n cynnwys fersiwn β, nid oes amheuaeth ynghylch eu pwysigrwdd o'r safbwynt testunol. Cynhwysant gywyddau 1–29 mewn ffurf sy'n wahanol i'r un a geir yn Ll 43, a hwy'n unig (ar wahân i BLAdd 14991 a C 1.1 lle ceir darnau o'r un fersiwn) sy'n cadw ffurf gynharach ar gywyddau 18–29 na'r un a geir yn Ll 43. Lle gellir ei gymharu â fersiwn α (cywyddau 1–17) gwelir fod fersiwn β yn wahanol i hwnnw hefyd. Mae'r fersiwn hwn yn nes at un Ll 43 nag yw fersiwn α, a dichon mai o fersiwn tebyg iddo y gweithiai Prys wrth iddo lunio'r testun diwygiedig a welir yn Ll 43. Gall fod cywyddau Cynwal fel y ceir hwy yn fersiwn β yn nes i'r ffurf a dderbyniodd Prys na'r hyn a geir yn unman arall, ac eithrio, efallai, fersiwn γ nad yw'n cynnwys ond tri o gywyddau Cynwal (gw. yr ymdriniaeth isod). Nid yw'n debygol, fodd bynnag, fod cywyddau Prys fel y ceir hwy yn fersiwn β yn cyfateb i'r ffurf arnynt a welodd

Cynwal: diau, fel yr awgrymwyd eisoes, fod testunau fersiwn β ohonynt yn deillio o gopïau a ddiwygiwyd ganddo ar ôl i'r cywyddau gael eu hanfon at Gynwal.

γ – M 147 a BlW f. 4 [cywyddau 1–7]

Er mai dim ond saith cywydd cyntaf yr ymryson a geir yn y fersiwn hwn, perthyn cryn ddiddordeb iddo o'r safbwynt testunol. Isod fe'i cymherir â'r ddau fersiwn a drafodwyd eisoes ac â fersiwn Ll 43.

(i) Llinellau nas ceir yn Ll 43:

Y mae pob un o'r llinellau yng nghywyddau 1–7 a geir yn fersiwn α ond nas ceir yn Ll 43 i'w cael yn fersiwn γ hefyd. Ymhlith y rhain y mae 7. 56 +, llinellau nas ceir yn fersiwn β ychwaith. Yn 7. 44 +, llinell 2, cytuna darlleniad fersiwn γ ag un fersiwn β yn hytrach nag un fersiwn α.

(ii) Gwahaniaeth yn nhrefn y llinellau:

O'i gymharu â fersiwn Ll 43 ceir y gwahaniaeth a ganlyn yn nhrefn y llinellau yng nghywydd 1 yn fersiwn γ: 36–39–40–37.

(iii) Gwahaniaethau geiriol:

Mae bron y cyfan o'r gwahaniaethau geiriol sy'n gyffredin i fersiwn α a fersiwn β o'u cyferbynnu â fersiwn Ll 43 i'w cael yn fersiwn γ hefyd. Yr eithriadau yw darlleniadau 5. 47, 6. 38 a 7. 114, lle cytuna fersiwn γ â Ll 43.

Mewn llinellau lle ceir darlleniadau gwahanol i'r rhai a geir yn Ll 43 a fersiwn β yn fersiwn α, cytuna fersiwn γ â fersiwn α wythwaith (1. 15, 5. 70, 7. 2, 7. 29, 7. 36, 7. 56, 7. 59 a 7. 93)[9] ac â Ll 43 a fersiwn β seithwaith (1. 35, 1. 67, 2. 38, 3. 29, 3. 30, 3. 54 a 3. 81).

[9] A bod yn fanwl, yn 1. 15 ffurf lwgr ar ddarlleniad fersiwn α a geir yn M 147 a BlW f. 4 (gw. amrywiadau). Ond erys y cytundeb sylfaenol yn erbyn darlleniad Ll 43 a fersiwn β.

Mewn 2 o'r 3 enghraifft yng nghywyddau 1–7 lle mae darlleniadau fersiwn α, fersiwn β a fersiwn Ll 43 bob un yn wahanol, cytuna fersiwn γ â fersiwn α (7. 43, 7. 44). Yn yr enghraifft arall (7. 21) mae darlleniad fersiwn γ yn llygriad amlwg o'r darlleniad a geir yn fersiwn β.[10]

Lle ceir darlleniad yn fersiwn γ sy'n wahanol i'r hyn a geir ym mhob fersiwn arall mae'n amlwg fel rheol mai llygriad ydyw. Ceir ychydig ddarlleniadau o'r fath, fodd bynnag, a allai fod yn ddilys (1.69, 1. 88, 3. 8, 4. 104, 5. 55, 5. 65, 6. 40 a 7. 78).

Gwelir fod perthynas fersiwn γ â'r ddau fersiwn a drafodwyd eisoes ac â fersiwn Ll 43 yn gymhleth. O ddadansoddi ei berthynas â'r fersiynau eraill gellir canfod y patrymau a ganlyn:

(a) cytundeb â fersiwn α yn erbyn fersiwn β a fersiwn Ll 43;
(b) cytundeb â fersiwn α a fersiwn β yn erbyn fersiwn Ll 43;
(c) cytundeb â fersiwn β a fersiwn Ll 43 yn erbyn fersiwn α;
(ch) cytundeb â fersiwn Ll 43 yn erbyn fersiwn α a fersiwn β;
(d) cytundeb â fersiwn β yn erbyn fersiwn α a fersiwn Ll 43.

Y cwestiwn sylfaenol i'w benderfynu ynghylch fersiwn γ yw a yw'n deillio yn ei grynswth oddi wrth y naill neu'r llall o'r ymrysonwyr, ynteu a yw'n ganlyniad i waith copïwr arall yn llunio testun cyfansawdd ar sail mwy nag un ffynhonnell. Pe priodolid ei hynodion i gopïwr arall byddai'n rhaid tybio i hwnnw gael gafael ar dri fersiwn gwahanol o'r cywyddau a dethol ei ddarlleniadau blith draphlith ohonynt. Er nad yw hynny'n gwbl amhosibl, credaf ei fod ar y cyfan yn annhebygol. O ystyried yr enghreifftiau lle cytuna fersiwn γ â fersiwn Ll 43 yn erbyn y fersiynau eraill, neu â fersiwn Ll 43 a fersiwn β yn erbyn fersiwn α, mae'n amlwg na all ddeillio oddi wrth Gynwal. Felly, er na ellir profi hynny, credaf mai'r esboniad mwyaf tebygol ar fersiwn γ yw ei fod yn deillio o adysgrifiad a luniodd Prys, un a gynhwysai ei gywyddau ei hun a rhai Cynwal ynghyd.

Os yw hyn yn gywir, cynnwys fersiwn γ dystiolaeth bellach ynghylch tuedd Prys i ymyrryd â'r testun. Gan fod fersiwn γ yn cynnwys rhai, ond nid y cyfan, o'r diwygiadau geiriol a welir yng

[10] Yn LlGC 5931 y ceir y darlleniad ar ei wedd gywir (gw. amrywiadau).

nghywyddau 1–7 yn fersiwn β o'i gymharu â fersiwn α, mae'n dra thebygol fod y fersiwn hwn yn rhagflaenu fersiwn β, a chaniatáu, wrth gwrs, mai o adysgrifiad o'r eiddo Prys y deillia mewn gwirionedd.

Yng nghywyddau Prys yn unig y ceir enghreifftiau o fersiwn γ yn cytuno â fersiwn α yn erbyn fersiwn Ll 43 a fersiwn β. Awgryma hyn nad oedd cywyddau Cynwal yn y ffurf sydd iddynt yn fersiwn α ar gael ar gyfer llunio'r adysgrifiad y deilliodd fersiwn γ ohono. Y mae hyn yn cysylltu â f'awgrym nad o gywyddau Cynwal fel y derbyniodd Prys hwy y deillia testun fersiwn α ohonynt (gw. yr ymdriniaeth â fersiwn α uchod).

δ – P 125, T a BLAdd 14991 [yr holl ymryson][11]

Mae'r fersiwn hwn o'r ymryson yn llawer nes i'r fersiwn a geir yn Ll 43 na'r fersiynau a drafodwyd uchod. O ran nifer y llinellau a'u trefn mae'n cytuno i bob pwrpas â fersiwn Ll 43. Yr unig linell a geir ynddo nas ceir yn Ll 43 yw 19. 47, llinell a adawyd allan o Ll 43 drwy amryfusedd. O'r llinellau a geir yn Ll 43 dim ond 15. 41–2 sy'n eisiau ymhob un o'r tair llawysgrif sy'n cynnwys y fersiwn hwn. Dim ond unwaith y mae trefn y llinellau'n wahanol yn y tair llawysgrif i'r hyn ydyw yn Ll 43, sef yng nghywydd 27 lle ceir y drefn a ganlyn: 16–18–17–19.

Yng ngeiriad rhai o'r llinellau y ceir yr unig wahaniaeth o bwys rhwng y fersiwn hwn o'r ymryson a fersiwn Ll 43. Ceir darlleniadau sy'n wahanol i rai Ll 43 ac nad ydynt yn amlwg lwgr mewn ychydig dros 200 o linellau. Lle gellir cymharu fersiwn δ â'r fersiynau a drafodwyd uchod gwelir nad yr un yw'r mwyafrif helaeth o'r darlleniadau amrywiol a geir ynddo. Mân ar y cyfan yw'r gwahaniaethau geiriol rhwng fersiwn δ a fersiwn Ll 43: ni cheir ynddo yr un enghraifft o linell ac iddi brifodl sy'n wahanol i'r un a geir yn y llinell gyfatebol yn Ll 43. Dyma rai enghreifftiau (rhoddir darlleniadau P 125 lle ceir y testun gorau):

[11] Testun gwreiddiol BLAdd 14991 fel y sgrifennwyd ef gan Owain Myfyr yw'r un y cyfeirir ato yma, nid y testun diwygiedig yn cynnwys ychwanegiadau Hugh Maurice (gw. y disgrifiad o'r llawysgrif).

	P 125	Ll 43
1. 49	A ddaw aseth ddewisol	a ddaw asen ddewisol
2. 43	Archwn wr mwyn ich wyneb	hely a chŵn êl ich wyneb
5. 44	Vn ath bin o lanwaith byd	ail ath bin olavwaith bŷd
6. 72	fy llaw nai gwaith fy llên gwych	fy llaw ai gwaith, fy llew gwych
10. 39	Ai amcanv canv ir cor	os amcanv canv ir côr
13. 68	Ner addfwyn yn Arwyddfardd	ner addfed yn arwyddfardd
15. 76	dy sgwir mewn dysg o ryw mawl	dy ysgwir mewn dysc, orav mawl
16. 25	A barnwyr doeth heb wyrni	a barnwr doeth heb wyrni
20. 6	draw a wnaid ir enaidiaü	draw a wnavd da ir enaidiav
21. 63	Cyd ddygir llei gwelir gwib	cyd ddygir o gwelir gwib
23. 22	A dynnai bun dan y bwrdd	y dyn a bvn dan y bwrdd
24. 56	om dillad am diwallodd	a Dillad am diwallod [sic]
25. 62	yn i destyn di dostyr	yn i destyn di ystyr
27. 100	Hyn a wyddost o naddwaith	hyn a wyddost o naddiaith
29. 46	dwy en yn vn da iawn iaith	dwy en i vn da iawn iaith
31. 69	Erchyd ym wr llym or llü	erchyd ym wr llym ir llv
34. 32	Hyll oer drem ar llall ywr drwg	hyll oer drin ar llall ywr drŵg
36. 80	ddysgu i mi ddwys gwaü mawl	ddysc i mi hardd wasgv mawl
38. 44	Rhyw fanyd yn rhy fynych	rhyw fanvs yn rhy fynych
41. 19	Arthan Antüriawdd wrtham	arthan a d'rawodd wrtham
42. 82	Tra hygoel yw trwy wegi	rhy hygoel yw ar wegi
44. 56	Gwyddom nad oedd iawn goddef	gwyddom nad iawn i goddef
46. 76	I gwyddost ar taerfost hyn	y gwyddost ar taerffrost hyn
47. 4	dwysbraff llyfr duw ai ysbryd	dwysbrawf llyfr dvw ai ysbryd
49. 38	dyn yw y gau dyna i gyd	down ninav or gav i gyd
50. 57	Seiliai dyn yn ddisalw dŷ	seilia dŷn yn ddisalw dy
51. 46	Berw ddi hoen fü r bardd hynaf	berw ddi hoen y bardd hynaf
52. 29	dy ladd fardd dialedd a fai	dy ladd fardd niweidiol fai
53. 4	I mae a gwawd heb ddim gwir	y mae ai gwâd heb ddim gwir
54. 81	Talodd o brif fatteloedd	Talai o brif fetteloedd

Yn P 125 (yn unig) digwydd llinellau 5. 44, 23. 22, 24. 56, 25. 62, 27. 100 a 31. 69 yn y ffurf sydd iddynt yn Ll 43 yn ogystal,[12] naill ai fel amrywiad yn y brif law neu fel darlleniad gwreiddiol y croesodd y copïwr ef allan gan roi'r darlleniad a ddyfynnwyd uchod yn ei le.

Mewn ychydig linellau ceir yr un gwahaniaethau geiriol yn fersiwn δ ag a geir yn y fersiynau eraill yr ymdriniwyd â hwy. (Lle ceir

[12] Yn T ni ddigwydd yr amrywiadau a geir yn 5. 44, 25. 62 a 27. 100 yn P 125. Yn BLAdd 14991 ni ddigwydd yr amrywiad a geir yn 5. 44 yn P 125.

anghytundeb yn y llinellau hyn rhwng fersiwn α a fersiwn β cytuna fersiwn δ â fersiwn β.) Dyma'r llinellau perthnasol: 3. 30, 4. 18, 5. 16, 5. 98, 9. 54, 11. 33, 15. 29, 15. 61, 18. 7, 18. 48, 19. 34, 21. 114, 21. 116, 22. 53, 23. 76, 24. 6, 25. 72 a 26. 30.[13] Mân yw'r gwahaniaethau a geir yn y llinellau hyn. Dyma enghreifftiau (a = darlleniad BLAdd 31056, b = darlleniad Ll 43, c = darlleniad P 125):

5. 16
a dwys yw/r/ wawd ond eisie i rodd
b dwys ywr iaith ond eisiav i rodd
c dwys iw r wawd ond eisiau i rodd

22. 53
a clwm tawddgyrch odl gynyrch gvdd
b rhan tawddgyrch odl gynyrch gûdd
c Clwm tawddgyrch odl gynyrch güdd

24. 6
a ar ail yn y fail a fydd
b yr ail yn y fail a fydd
c Ar ail yn y fail a fydd

25. 72
a yr vn fodd wyr yn feddwon
b yr vn fodd rai yn feddwon
c yr vn fodd wyr yn feddwon

Eithriadau prin yw'r darlleniadau hyn mewn gwirionedd: gan amlaf cytuna fersiwn δ â Ll 43 pan geir darlleniadau gwahanol yn y fersiynau eraill a drafodwyd. Ychydig droeon, fodd bynnag, pan geir darlleniad sy'n wahanol i ddarlleniad Ll 43 yn y fersiynau eraill, ceir darlleniad gwahanol eto yn fersiwn δ. Dyma enghreifftiau (a = darlleniad BLAdd 31056, b = darlleniad Ll 43, c = darlleniad P 125):

3. 87
a er rroi gwerth fo gae rai gam
b er rhoi gwawd, fo gae rhai gam
c A rhoi gwawd fo gai rai gam

5. 94
a athrodion ond gweithredoedd
b athrodwr ond gweithredoedd
c Athrodwr nai weithredoedd

7. 39
a ba grefydd bywiog ryfyg
b ba grefydd ba gv ryfyg
c Ba grefydd ba gry ryfyg

13. 31
a gwr eb radd pan ddel garbron
b gwr eb râdd a ddaw gar bron
c Gwr heb radd o daw gar bron

15. 97
a di ni wyddost o naddial
b er na wyddost o oer naddial
c Er na wyddost o arw naddial

17. 26
a roi tri am vn er troi mawl
b arnad dasg er o vn tal
c Arnad tasg tri o vn tâl

[13] A bod yn fanwl, yn 5. 98 ffurf lwgr ar ddarlleniad y fersiynau eraill a geir yn P 125, T a BLAdd 14991 (gw. amrywiadau). Ond erys y cytundeb sylfaenol yn erbyn darlleniad Ll 43.

Yn 19. 47, llinell a adawyd allan o Ll 43 drwy amryfusedd, mae darlleniad fersiwn δ yn wahanol i ddarlleniad fersiwn β:

P 125	BLAdd 31056
Ni ddof hwyr ym addef hyn	ni ddown fodfedd hedd yw hyn

Gan ei fod i bob pwrpas yn dilyn fersiwn Ll 43 o ran nifer y llinellau a'u trefn mae'n amlwg, wrth gwrs, mai oddi wrth Brys yn hytrach na Chynwal y deillia fersiwn δ. Y cwestiwn sy'n codi ynghylch y fersiwn hwn yw ai Prys ei hunan ynteu rhyw gopïwr arall yn diwygio'r testun yn ôl ei fympwy sy'n gyfrifol am yr amrywiadau geiriol a welir ynddo.[14] O blaid tadogi'r cyfrifoldeb ar Brys gellir nodi a ganlyn:

(i) Ceir ateg i ddilysrwydd tri o ddarlleniadau amrywiol y fersiwn hwn (7. 39, 46. 76 a 54. 81) yn nileadau a chyfnewidiadau Prys yn Ll 43: cyfetyb ffurf wreiddiol y llinellau hyn yno i ddarlleniadau fersiwn δ (gw. y troednodiadau ynghyd â'r llinellau hyn yn y testun).[15] Nid yw'r enghreifftiau prin hyn yn profi dilysrwydd pob un o ddarlleniadau amrywiol fersiwn δ, wrth gwrs, ond maent, er hynny, yn awgrymog.

(ii) Lle cytuna darlleniadau fersiwn δ â'r fersiynau eraill a drafodwyd yn erbyn Ll 43, mân a dibwys yw'r gwahaniaethau rhyngddynt a darlleniadau Ll 43. Nid yw'r darlleniadau hyn gyfryw fel y gellid tybio i gopïwr annibynnol eu mabwysiadu'n fwriadol o lawysgrif arall yn lle darlleniadau Ll 43. Haws tybio mai'r hyn a ddigwyddodd oedd i Brys adysgrifennu'r testun ac i'w atgof o eiriad gwreiddiol y cywyddau beri iddo atgynhyrchu'r darlleniadau hyn drwy hap.

[14] Golygir yma y rhai ymddangosiadol ddilys a ddigwydd yn y tair llawysgrif lle ceir y fersiwn. (Mae rhai o'r darlleniadau amrywiol a ddigwydd yn y tair llawysgrif yn llygriadau amlwg, wrth gwrs, a cheir llu o ddarlleniadau o'r fath mewn llawysgrifau unigol.)

[15] Mae'n bosib, wrth gwrs, fod darlleniadau fersiwn δ yn 46. 76 a 54. 81 yn cyfateb i eiriad gwreiddiol y llinellau hynny. Mae'n ddichonadwy fod Prys wedi diwygio cywyddau 30–54 wrth sgrifennu testun Ll 43, yn union fel y diwygiodd gywyddau 1–29.

(iii) Dangoswyd eisoes fod Prys yn chwannog i dincera â thestun yr ymryson. Nid oes raid credu mai wrth ei sgrifennu yn Ll 43 y gwnaeth hynny am y tro olaf. Ceir digon o brawf yn y fersiynau eraill a drafodwyd nad oedd y math o ddiwygiadau a welir yn fersiwn δ y tu hwnt iddo.

Er nad yw'r dystiolaeth yn derfynol, fy nhuedd yw credu fod fersiwn δ yn deillio o adysgrifiad o'r ymryson a luniodd Prys ar ôl iddo sgrifennu Ll 43, adysgrifiad a gynhwysai fân ddiwygiadau geiriol pellach.[16] Petai hyn yn wir perthynai cryn bwysigrwydd iddo gan y byddai'n cynrychioli yn ei hanfod y diwethaf o olygiadau Prys a gadwyd.

ε – LlGC 3288,i [yr holl ymryson][17]

Fersiwn eilradd o'r ymryson yw hwn: mae'n sicr mai copïwr LlGC 3288,i yn y ddeunawfed ganrif, yn hytrach nag un o'r ymrysonwyr eu hunain, sy'n gyfrifol am ei nodweddion gwahaniaethol o'i ystyried yn ei grynswth. Oherwydd hynny nid oes iddo arwyddocâd o safbwynt hanes testunol yr ymryson ac ni fanylir ynghylch ei nodweddion i'r graddau a wnaed yn achos y fersiynau eraill.

Mae'r nodyn a geir ar t. 2 yn LlGC 3288,i yn gymorth i ddeall sut y lluniwyd y fersiwn hwn:

> Ysgrifenwyd yr ymryson rhwng yr Arχdiacon Prys a Wm Cynwal allan o Ysgriflyfrau yn llaw y ddau fardd gan Thos Jones o'r Trawsgoed mal y dywedodd TJ. ei hun

[16] Gall fod y nodiadau a geir ar ymyl y ddalen ynghyd â'r ymryson yn P 125 a T yn arwyddocaol yn y cyswllt hwn. Er nad yr un mohonynt â'r nodiadau a geir yn Ll 43, maent yr un ffunud o ran natur. Hawdd y gellid credu mai Prys oedd eu hawdur. A godwyd y testun a'r nodiadau yn eu crynswth o un o'i lawysgrifau ef a oedd ar dreigl yn Ardudwy, tarddle P 125 (gw. y disgrifiad o'r llawysgrif)?

[17] Ceir yr un fersiwn o gywyddau 1–29 yn LlGC 19497 a LlGC 2621 hefyd. Codwyd testun LlGC 19497 o LlGC 3288,i, a thestun LlGC 2621 o LlGC 19497 (gw. y disgrifiad o'r llawysgrifau).

Beth bynnag am gywirdeb yr honiad fod y testun wedi ei godi o lawysgrifau 'yn llaw y ddau fardd', canfyddir yn eglur o graffu ar gywyddau 1–53 fel y ceir hwy yn LlGC 3288,i a'u cymharu â'r fersiynau eraill a drafodwyd ei bod yn wir iddynt gael eu codi o ddwy ffynhonnell. Perthynai'r naill, ffynhonnell (i), i'r un dosbarth â'r llawysgrifau lle ceir fersiwn α, a'r llall, ffynhonnell (ii), i'r un dosbarth â'r llawysgrifau lle ceir fersiwn δ[18] Dengys darlleniadau cywydd 54 yn LlGC 3288,i y gall hefyd fod trydedd ffynhonnell y codwyd y cywydd hwnnw ohoni.

Wrth sgrifennu cywyddau 1–17 yn LlGC 3288,i yr hyn a wnaeth y copïwr, Thomas Jones, yn achos pymtheg ohonynt oedd llunio testun cyfansawdd: dilynodd y naill ffynhonnell weithiau a'r llall dro arall, yn hytrach na chodi'r cywydd ar ei hyd o un ffynhonnell yn unig. Yr eithriadau i hyn oedd cywyddau 10 a 16 a godwyd yn gyfan gwbl o ffynhonnell (ii). Fel y llawysgrifau lle ceir fersiwn α diau nad oedd ffynhonnell (i) yn cynnwys mwy na 17 cywydd cyntaf yr ymryson, oherwydd mae testun LlGC 3288,i o gywyddau 18–53 yn gyfan gwbl seiliedig ar ffynhonnell (ii): nid yw'n cynnwys dim o'r llinellau yng nghywyddau 18–29 a geir yn fersiwn β ond nas ceir yn Ll 43. Nid yw tras y testun o gywydd 54 a geir yn LlGC 3288,i yn eglur: ceir gwahaniaethau rhyngddo a'r testun o'r cywydd a geir yn fersiwn δ.

Yn y testunau cyfansawdd a luniodd cynhwysodd Thomas Jones yr holl linellau a geid yn ffynhonnell (i) ond nas ceid yn ffynhonnell (ii) ar wahân i'r rhai a ddigwyddai yn y safleoedd a ganlyn (anwybyddir cywyddau 10 ac 16): 11. 66 +, 11. 70 +, 11. 84 +, 11. 88 + a 12. 50 +. Diddorol yw ei destun o gywydd 11, lle cynhwyswyd amrywiadau geiriol o ffynhonnell (i) ond nid y llinellau ychwanegol a geid ynddi. Yn y cywydd hwn cynhwyswyd fersiwn ffynhonnell (ii) o linellau 35 a 36 yn ogystal â fersiwn ffynhonnell (i). Yng nghywyddau 1–17 cynhwysodd Thomas Jones y cyfan o'r llinellau a geid yn ffynhonnell (ii) ond nas ceid yn ffynhonnell (i) ar wahân i 8. 53–4 a 12. 33–4.

18 Dengys darlleniadau LlGC 3288,i fod ffynhonnell (i) yn nes at Cw 27 a JRW 3 (yn enwedig yr olaf) nag at y llawysgrifau eraill yn yr un dosbarth, a bod ffynhonnell (ii) yn nes at BLAdd 14991 nag at P 125 a T.

O ran trefn y llinellau dilynodd Thomas Jones ffynhonnell (i) yn hytrach na ffynhonnell (ii) yng nghywyddau 1 a 12. Ceir ganddo ffurf unigryw ar gywydd 14 (Cynwal). Yn dilyn 14. 86 sgrifennodd linellau 25–70 o gywydd 17 (Prys), llinellau nas ceir ganddo yn y safle briodol, gan ddilyn 17. 70 â 14. 87 etc. Diau mai tudalen a gamleolwyd yn y llawysgrif y copïai ohoni neu yn un o'i chynseiliau a roes fod i'r hynodrwydd hwn.

Ceir nifer dda o ddarlleniadau yn y fersiwn hwn sy'n wahanol i'r hyn a geir yn Ll 43 a'r fersiynau eraill a drafodwyd, ond nid oes unrhyw reswm o blaid eu hystyried yn ddilys. Yn achos cywyddau 29–48 digwydd y mwyafrif o'r darlleniadau amrywiol a geir yn LlGC 3288,i yn nhestun C 1.1 hefyd. Gan nad yw testun C 1.1 yn gopi o destun LlGC 3288,i (gw. y disgrifiad o C 1.1) mae'n amlwg mai i lygredd cynsail Thomas Jones y mae priodoli'r darlleniadau hyn yn hytrach nag i'w ymyrraeth ef â'r testun.

II. FERSIWN Ll 43

Dangoswyd uchod fod Edmwnd Prys wedi ymyrryd â thestun yr ymryson. Er iddo newid rhyw gymaint ar ei gywyddau ei hun, ac efallai ar rai Cynwal hefyd, cyn llunio'r adysgrifiad a geir yn Ll 43, y mae'n debyg mai wrth iddo sgrifennu'r testun yn y llawysgrif honno y newidiodd fwyaf arno. Er bod fersiynau cynharach o rai o gywyddau'r ymryson na'r un a geir yn Ll 43 ac er bod posibilrwydd nad yw'r testun a geir ynddi yn cynrychioli golygiad terfynol Prys (gw. yr ymdriniaeth â fersiwn δ uchod), rhaid barnu mai testun Ll 43 o'r ymryson yw'r pwysicaf o'r rhai a oroesodd. Ef yw'r unig destun yn llaw un o'r ymrysonwyr a'r unig un, gan hynny, y gellir bod yn sicr na cheir ynddo ddarlleniadau llwgr ac annilys. Dengys maint a natur y cyfnewidiadau testunol a geir ynddo fod Prys wedi bwriadu iddo ddisodli'r fersiynau cynharach, a hyd yn oed os bu iddo lunio adysgrifiad diweddarach o'r ymryson, un y deilliodd testunau P 125, T a BLAdd 14991 (fersiwn δ) ohono, cymharol fân oedd y cyfnewidiadau pellach a geid ynddo. Yn yr ymdriniaeth a ganlyn rhoddir sylw manwl i fersiwn Ll 43 o'r ymryson a cheisir dyfalu'r rhesymau dros rai o'r cyfnewidiadau testunol a welir ynddo.

Yn fersiwn Ll 43 o'r ymryson, o'i gymharu â'r fersiynau cynharach, gwelir gadael allan rai llinellau, ychwanegu llinellau eraill o'r newydd, newid trefn a lleoliad llinellau a llu o gyfnewidiadau geiriol, y rhan fwyaf ohonynt yn fân ond yn eu plith hefyd nifer dda o rai mwy sylweddol. Y tebyg yw mai wrth i Brys sgrifennu'r testun yn Ll 43 y gwnaed y rhan fwyaf o'r cyfnewidiadau hyn. Yn y cyswllt hwn, wrth gwrs, mae tystiolaeth dileadau Prys yn Ll 43 (gw. y troednodiadau ynghyd â'r testun) yn arwyddocaol: dangosant yn eglur ei fod yn diwygio rhywfaint ar y testun wrth fynd rhagddo.

Rhaid pwysleisio ar y dechrau mai ofer yw ceisio esboniad rhesymegol ar bob un o gyfnewidiadau testunol Prys yn Ll 43. Diau fod cyfran ohonynt, yn arbennig, wrth gwrs, llawer o'r mân gyfnewidiadau geiriol, yn rhai a wnaed ar siawns neu drwy ddamwain, yn hytrach na'u bod yn adlewyrchu unrhyw awydd pendant i ddiwygio'r testun. Dichon i Brys weithiau ddibynnu ar ei gof yn hytrach na dilyn ei gopi air am air, ac i'w gof ei dwyllo mewn manion o bryd i'w gilydd. Gellid tybio iddo weithiau hefyd orffen llinell drwy roi gair neu ymadrodd i gwblhau'r gynghanedd, yn hytrach na thrafferthu i gyfeirio'n ôl at ei gynsail.[19] Ond hyd yn oed ymhlith y cyfnewidiadau hynny y gellir teimlo'n weddol sicr eu bod yn rhai bwriadus y mae llu na ellir canfod unrhyw reswm amlwg drostynt. Cyfnewidiadau mympwyol yw llawer ohonynt i bob golwg, a rhaid bodloni ar eu priodoli i'r peth anghyffwrdd hwnnw, chwaeth y bardd. Ni wyddom gudd feddyliau Edmwnd Prys, a hyd yn oed pan gynigir esboniad rhesymegol ar ddiwygiad testunol arbennig, yn dra phetrus y gwneir hynny'n aml.

[19] Cf. llawer o'i nodiadau ar ymyl y ddalen lle mae'n amlwg ei fod yn dyfynnu llinellau heb drafferthu i gyfeirio'n ôl at y testun. Mae bron i 60 o'r llinellau a'r rhannau o linellau a ddyfynnodd ar ymyl y ddalen yn wahanol yno i'r hyn ydynt yng nghorff y testun, a'r gynghanedd, er gwaethaf y newid, yn gywir bron yn ddieithriad.

(a) *Cywyddau 1-29*

(i) Llinellau a adawyd allan:

Yng nghywyddau 1-29 gadawyd allan 122 o linellau a geir yn fersiwn β, 78 o'r eiddo Prys ei hun a 44 o'r eiddo Cynwal.[20] Nid dyma'r tro cyntaf i Brys adael allan rai o'i linellau ei hun, oherwydd ceir 12 llinell o'r eiddo yn fersiwn α nas ceir yn fersiwn β. Y nifer fwyaf o linellau olynol a adawodd Prys allan o fersiwn Ll 43 oedd 22 (24. 56 +). Ceir ganddo 2 enghraifft o adael allan 8 llinell olynol, 2 enghraifft o adael allan 6 llinell olynol, 6 enghraifft o adael allan 4 llinell olynol a 24 enghraifft o adael allan cwpled unigol. Fel rheol ni chynhwysodd Prys linellau newydd yn lle'r llinellau a adawodd allan: yr eithriadau yw 24. 11-12, 24. 59-60 a 25. 137-8, llinellau newydd sy'n disodli rhai gwrthodedig.

Yn achos y mwyafrif o'r llinellau dan sylw ni ellir cynnig rheswm pendant pam y'u gwrthodwyd gan Brys. Mae'n bosibl, wrth gwrs, mai drwy amryfusedd y gadawyd allan ambell gwpled unigol, yn union fel y gadawyd allan un llinell o gywydd 19 (19. 47). Gellir bod yn bur sicr yn achos 20. 80 +, cwpled o'r eiddo Cynwal, er enghraifft, mai'n ddamweiniol y'i gadawyd allan, oherwydd hebddo difethir rhediad yr ystyr. Ond prin mai dyma a ddigwyddodd yn achos y mwyafrif o'r cwpledi o'r fath. Ceir posibilrwydd diddorol fod Prys wedi gadael ychydig linellau allan oherwydd iddo dybio y gellid eu hystyried yn aflednais. Dichon mai dyna pam y dileodd 11. 84 + (6),[21] llinellau o'i waith ei hun, o'r copi a fu'n gynsail i'r llawysgrifau lle ceir fersiwn β, a phan ddaeth i sgrifennu'r cywyddau yn Ll 43 efallai iddo wrthod 9. 48 + (2), cwpled o'r eiddo ei hun, ynghyd â 14. 50 + (6), llinellau o'r eiddo Cynwal, am yr un rheswm.[22] Gall fod ganddo wrthwynebiad arall i 9. 48 + hefyd, gan fod y cwpled yn torri ar draws rhediad yr

20 Ni chynhwysir 19. 47 yn y cyfrif hwn, gan ei bod yn amlwg mai drwy amryfusedd y gadawyd hi allan o Ll 43.

21 Yma ac yn yr enghreifftiau sy'n dilyn dynoda'r rhif mewn cromfachau nifer y llinellau a adawyd allan.

22 Mae'n ddiddorol i Brys gynnwys 2 o'r llinellau a adawodd allan ar ôl 14. 50 mewn nodyn ar ymyl y ddalen ynghyd â chywydd 17 (rhif (ix) yn y testun).

ystyr yn y fersiynau lle digwydd. Cwpled arall y mae'n bosibl iddo gael ei adael allan oherwydd mursendod ar ran Prys yw 1. 54 +, er bod hyn yn llai sicr.[23] Diau i nifer o linellau gael eu gadael allan oherwydd rhesymau yn ymwneud ag adeiladwaith a rhediad ystyr y cywyddau. Cymerai 15. 82 + (2) eu lle yn naturiol yn fersiwn gwreiddiol y cywydd, ond pan ychwanegodd Prys 8 llinell newydd o'u blaen yn yr adysgrifiad y deilliodd testunau fersiwn β ohono fe'u gwahanwyd oddi wrth y llinellau a rôi ystyr ac arwyddocâd iddynt, ac er i Brys eu cadw ar y dechrau fe'u bwriodd allan pan ddaeth i sgrifennu'r testun yn Ll 43. Gellir tybio i Brys wrthod 16. 92 + (2) oherwydd iddo sylweddoli fod ail linell y cwpled—'a tharo/n/ gynt wŷthran gwawd'—yn rhy debyg i 16.92—'a tharo ac iaith ddurawch'—ac na wnâi'r cwpled cyfan ond ailadrodd syniad y cwpled blaenorol. Dichon iddo adael allan 22. 30 + (4) oherwydd iddo farnu fod y rhestr o'r beiau honedig yng nghanu Cynwal yn ddigon hir hebddynt a bod ymhelaethu'n ddiangen. (Mae'n bosibl hefyd, wrth gwrs, i Brys sylweddoli y gellid ei feirniadu am wneud cyhuddiadau di-sail yn erbyn Cynwal.) Diddorol yw'r 22 llinell o'i waith ei hun a adawodd Prys allan o gywydd 24 (24. 56 +). Mae'n amlwg mai'n fwriadol y gwnaeth hyn, oherwydd rhoes 4 llinell arall yn eu lle, sef cwpled newydd sbon a chwpled a drosglwyddwyd o gywydd 23. Er bod y darn a adawyd allan yn un rhagorol, gellid dadlau hwyrach fod y cywydd yn fwy llyfn ac yn cydasio'n well yn y ffurf sydd iddo yn Ll 43. Yn wir, gall mai awydd Prys i gynnwys y cwpled o gywydd 23 a barodd y newid, gan mor gampus y cydia wrth 24. 49-56. Yn achos 29. 24 + (2) a 29. 42 + (2) mae'r rhediad yn ddiamheuol well o'u gadael allan. Y mae rhai

[23] Gall fod delweddaeth y cwpled—'Corn bach ef ai cair yn bwyth, / cloi diast bren caled ystwyth'—yn ffalig. Am enghraifft o 'corn' *in sensu obs.* mewn dyfalu cf. 'Casaf rholbren wyd gennyf, / Corn cod, na chyfod na chwyf' (David Johnston, ''Cywydd y Gal' by Dafydd ap Gwilym,' *Cambridge Medieval Celtic Studies*, IX (Summer 1985), 82). Cf. hefyd 'cloi' â 'clöyn' yn yr ystyr 'aelod dirgel gŵr' (*GPC s.v.*). Mae 'diast' yn anhysbys ar wahân i'r enghraifft hon, ond cf. efallai 'dias' yn yr ystyr anghywir a roes Thomas Wiliems o Drefriw iddo yn ei eiriadur ('*Dias*, cymdeithas, cyfeillach. Ef a roes Adda diofryd na byddai iddaw ddias ac Eua (Evag. Nic.)'), gw. J. E. Caerwyn Williams, '*Dias* yn Havod 26.35', *B*, XIII, 21-2.

llinellau o'r eiddo Cynwal y gall fod Prys wedi eu gwrthod oherwydd nad oedd eu cynnwys at ei ddant. Yng nghywydd 20, lle gadawyd allan 16 o linellau Cynwal i gyd, y mae'n bosibl mai'r ensyniad yn 20. 26 + (2) fod Prys yn grintachlyd a'r honiad yn 20. 46 + (4) fod i Gynwal radd uwch fel bardd nag oedd gan Brys yn ei 'art' yntau a barodd i'r llinellau hyn gael eu gadael allan.

(ii) Llinellau a ychwanegwyd:

Y mae'n ddiogel mai llinellau a gyfansoddodd Prys o'r newydd wrth iddo sgrifennu'r testun yn Ll 43 yw'r llinellau hynny yng nghywyddau 1-29 nas ceir yn y fersiynau cynharach: ceir tystiolaeth weddol bendant i'r perwyl yn achos 17. 65-8, 25. 53-4 a 29. 107-10. Mae'n debyg, fodd bynnag, nad dyma'r tro cyntaf iddo ychwanegu llinellau yn y dull hwn: diau mai llinellau a ychwanegodd Prys o'r newydd wrth lunio'r adysgrifiad y deilliodd testunau fersiwn β ohono yw'r llinellau a ddigwydd yn y fersiwn hwnnw ond nas ceir yn fersiwn α.[24] Cyfanswm y llinellau a ddigwydd yn Ll 43 ond na cheir mohonynt yn y cywyddau cyfatebol yn fersiwn β yw 38, ac mae'r cyfan ohonynt yng nghywyddau Prys. Digwydd cynifer ag 16 o'r 38 llinell hyn mewn un cywydd, sef cywydd 17. Mae'r rhan fwyaf ohonynt ar ffurf cwpledi unigol, ond ceir hefyd 2 enghraifft o ychwanegu 4 llinell olynol ynghyd ag enghraifft o ychwanegu 6 llinell olynol. O'r llinellau hyn dim ond 6 (24. 11-12, 24. 59-60 a 25. 137-8) sy'n cymryd lle llinellau a wrthodwyd. Nid oes dim i gyfateb i'r gweddill yn y fersiynau cynharach.

Gan amlaf nid yw'n rhy anodd gweld pam y dewisodd Prys ychwanegu'r llinellau dan sylw. Ar y cyfan nid oes amheuaeth nad ydynt yn grymuso'r cywyddau lle digwyddant. Diau i Brys gynnwys rhai ohonynt er llyfnhau rhediad yr ystyr, fel yn yr enghraifft a ganlyn o gywydd 17 (17. 105-6) [italeiddiwyd y llinellau a ychwanegwyd yn Ll 43]:

[24] Digwydd 14 llinell yn fersiwn β nas ceir yn fersiwn α. Prin, wrth gwrs, mai Prys a ychwanegodd y 4 o'r rhain a ddigwydd yng nghywyddau Cynwal.

BLAdd 31056	Ll 43
paid ar penceirddiaid cwyrddol	paid ar pencerddiaid cwyrddol
sa ris yn is ag yn ol	praw ris yn is ag yn ôl:
rrag doedyd cynn cymryd ced	rhag doedyd cyn cymryd cêd
nes syry n is i wared	nes syry yn Js i wared
ceisio mentimio mewn tal	*ymgeisio am we gyson*
dy reswm ar wawd ry sâl	*yr wyt ti ar y wawd hon*
da oll yw dy wllys [sic]	ceisio mantunio mewn tâl
eb allv prydv ar prys	dy reswm naddiad rysal
	da ollawl dy ywyllys
	heb allv prydv ar prŷs

Dyma hefyd, yn ôl pob tebyg, pam y cynhwysodd Prys linellau 137-8 yng nghywydd 25. Yn yr achos hwn, fodd bynnag, mae'r cwpled newydd (ailwampiad o gwpled a geid yng nghywydd 24 yn wreiddiol, gw. 24. 56 +, llinellau 9-10) yn cymryd lle llinellau eraill a wrthodwyd:

BLAdd 31056	Ll 43
antwn hen yntav n i hol	antwn hên yntav'n i hôl
awdvr ydoedd wawd radol	awdûr ydoedd wawd radol
dysgodd hwn dasg hynod [sic]	Dysgodd hwn dasg oedd hynod
gyfraith dduw eglvr iaith glod	gyfraith ddvw egluriaith glod,
ni welsai cofiai cyfoed	ni welsai cofiai cyfoed
lafvr r iaith lyfr erioed	lafur yr iaith lyfr er ioed.
agos yw dysg y gwas da	*llyfr ffydd duw llywydd im llaw*
berw bvr o wlad barbaria	*llawn faethrâd llyna f'athraw*
aeth yn was drwy iras ai rad	awenydd burffydd berffaith
dysgedig dewis godiad	hon sy rydd hanes yr iaith
hon yw r wawd bvr ffawd berffaith	hon a fv groew hoew loew lwys
hon sy rydd hanes yr iaith	awen rugl yn yr eglwys
hon a fv hoyw groyw loyw lwys	ag nid yw hon o gnwd hardd
awen rvgl yn yr eglwys	per afael gan vn prifardd
ag nid yw hon o gnwd hardd	
per afael gan vn prifardd	

Diau i Brys ychwanegu llinellau eraill er grymuso'i ddadleuon a'i safle ei hun a darostwng Cynwal ymhellach. Dyma enghraifft o gywydd 9 (9. 65-6) lle manteisiodd yn ddeheuig ar gyfle i ergydio at ei gyd-ymrysonwr drwy ychwanegu cwpled brathog:

BLAdd 31056	Ll 43
y rwyd vardd evra dy fawl	yr wyd fardd aura' dy fawl
yn hen yn ddewr gynhwynawl	yn hen yn ddewr cynhwynawl
neidiaist om blaen ir vaynol	*hên o oed hyny ydwyd*
nid yw iawn daith neidia n d'ol	*o fewn cerdd gwr ifanc wyd*
	neidiaist om blaen ir faenol
	nid yw iawn daith neidia'n /d/ ol

Effeithiol hefyd o safbwynt y dadlau yw'r 6 llinell a ychwanegodd Prys yng nghywydd 17 (17. 63-8). Yn y cwpled cyntaf a ychwanegodd mae'n cyfiawnhau'r feirniadaeth a wnaeth ar Gynwal yn y ddwy linell flaenorol drwy gyfeirio at enghraifft benodol o'r bai honedig, sef gosodiad cyfeiliornus o'r eiddo Cynwal yng nghywydd 12 (cf. 12. 73-4: 'os dav aelod is dolydd / i gerdd fyth gwyraidd a fydd'). Yna â ymlaen i wrthbrofi gosodiad Cynwal ac ar yr un pryd i arddangos ei wybodaeth ef ei hun o gerdd dafod drwy fydryddu un o'r Trioedd Cerdd. Mae'n ddiddorol fod Prys wedi ystyried ychwanegu 4 o'r llinellau hyn (65-8) ar ôl 13. 82 yn wreiddiol:

BLAdd 31056	Ll 43
nid yw hardd gwaith treigl fardd trwm	nid yw hardd gwaith treiglfardd trwm
o bai n rres eb vn rreswm	o bai yn rhes heb vn reswm
nid oes oth wawd a saeth ddv	*gwadv bod mor aelôdav*
dim dirwystr ond ym daerv	*i wawd y tafawd ond dav*
	daw ar gerdd o nodir gwawd
	drwy eilio bedwar aelawd
	mesur glan, pwyll, cyngan cais
	ag odli yrhain yn gydlais
	nid oes ith wawd a saeth ddv
	dim dirwystr ond ymdaerv

Diau, fodd bynnag, mai'r mwyaf effeithiol o ychwanegiadau Prys yw 15. 75-82, lle dangosodd y bardd ei allu yn y modd tra chelfydd y datblygodd ddelweddaeth y llinellau blaenorol. Ond nid yn Ll 43 yr ychwanegodd y llinellau hyn gyntaf, oherwydd fe'u ceir yn fersiwn β yn ogystal.

(iii) Newid trefn a lleoliad llinellau:

Yng nghywyddau Prys y digwydd pob un o'r cyfnewidiadau hyn.[25] Cymerwn i ddechrau yr enghreifftiau o fân gyfnewidiadau, lle digwydd llinellau mewn trefn wahanol yn Ll 43 ond yn yr un cywyddau ag o'r blaen. Yng nghywydd 1 y ceir yr unig enghraifft o drawsosod dau gwpled. Wrth sgrifennu'r cywydd yn Ll 43 gadawodd Prys un cwpled allan o gorff y testun (1. 39-40), ond fe'i sgrifennodd i mewn wedyn ar ymyl y ddalen. Fe'i gosododd, fodd bynnag, mewn safle a awgrymai ei fod i ddilyn y cwpled y deuai o'i flaen yn y fersiynau blaenorol. Ni ellir dweud ai o fwriad ai peidio y gadawodd Prys y cwpled allan yn wreiddiol, ond mwy na thebyg mai drwy amryfusedd y gosododd ef mewn safle wahanol pan aeth ati i'w ychwanegu ar ymyl y ddalen. Nid yw'r newid yn effeithio o gwbl ar rediad y cywydd. Ceir 4 enghraifft yn Ll 43 o drawsosod llinellau o fewn y cwpled. Prin fod arwyddocâd i'r enghreifftiau a ddigwydd yng nghywyddau 16, 17 a 22: nid effeithiant ar yr ystyr na'r rhediad a dichon mai damweiniol ydynt. Yng nghywydd 25, fodd bynnag, lle mae llinellau 83-84 (rhifiant Ll 43) yn digwydd yn y drefn 84-83 yn fersiwn β, mae rhediad yr ystyr yn bendant yn well yn Ll 43 a'r newid, yn ôl pob tebyg, yn fwriadol. Mwy diddorol na'r enghreifftiau hyn efallai yw'r 2 enghraifft yn Ll 43 lle digwydd llinellau mewn cywyddau gwahanol i'r un y ceir hwy ynddo yn fersiwn β. Man cychwyn y newid oedd gwaith Prys yn cwtogi cywydd 23 o 18 llinell yn Ll 43 (gw. amrywiadau 23. 92 +). O'r rhain, gadawodd 4 llinell allan yn gyfan gwbl, a throsglwyddodd y gweddill i gywyddau eraill, 2 linell i gywydd 24 (24. 57-8 yn Ll 43) a 12 llinell i gywydd 29 (29. 63-74). Ynghyd â chwpled arall a gyfansoddwyd o'r newydd cymerodd y cwpled a drosglwyddwyd i gywydd 24 le'r 22 o linellau a adawodd Prys allan o'r cywydd hwnnw (24. 56

[25] Amherthnasol yma, wrth gwrs, yw'r drefn wahanol a geir i'r llinellau yng nghywydd 12 (Cynwal) yn Ll 43 rhagor fersiwn α. Gan fod y drefn a geir yn y cywydd hwn yn Ll 43 yn cytuno â'r drefn yn fersiwn β, mae'n amlwg nad wrth sgrifennu Ll 43 y cafwyd hi am y tro cyntaf.

+). Ni ellir esbonio'r ad-drefniant hwn gydag unrhyw sicrwydd. Gellid dadlau, fodd bynnag, nad oedd cysylltiad hanfodol rhwng y cwpled a drosglwyddwyd i gywydd 24 a'r llinellau a ddeuai o'i flaen yng nghywydd 23 a bod rhediad y cywydd yn well hebddo. Gwelodd Prys ei gyfle i'w ychwanegu yng nghywydd 24, lle mae'n cysylltu'n ddeheuig â'r llinellau a ddaw o'i flaen (24. 49-56). Yn wir, nid yw'n amhosibl mai awydd Prys i gynnwys y cwpled hwn yng nghywydd 24 a barodd iddo adael allan y darn hir o 22 llinell o'r cywydd. Am y 12 llinell a drosglwyddwyd i gywydd 29, anodd iawn yw gweld beth a gymhellodd y newid. I bob golwg mae'r llinellau hyn yn cymryd eu lle yr un mor esmwyth yn y naill gywydd ag yn y llall.

(iv) Cyfnewidiadau geiriol:

O'r gwahanol fathau o gyfnewidiadau a welir yn fersiwn Ll 43 o'i gymharu â'r fersiynau cynharach, y cyfnewidiadau geiriol sydd luosocaf. O'i gymharu â fersiwn β gwelir gwahaniaethau geiriol mewn oddeutu 350 o linellau yn fersiwn Ll 43.[26] Mân wahaniaethau yw'r mwyafrif helaeth ohonynt, ond yn eu plith ceir hefyd nifer dda o rai mwy sylweddol, gan gynnwys 18 enghraifft lle mae'r brifodl yn wahanol i'r hyn ydyw yn y llinell gyfatebol yn y fersiwn arall. Yng nghywyddau Prys y digwydd oddeutu 250 o'r darlleniadau gwahanol hyn, ond dylid cofio mai ef a ganodd 19 o'r 29 cywydd lle gellir cymharu'r fersiynau. O gymryd nifer cywyddau'r ddau fardd i ystyriaeth, cyfartaledd y darlleniadau gwahanol yw oddeutu 4 yng nghywyddau Prys am bob 3 a geir yng nghywyddau Cynwal. Gwelir mor hawdd ydoedd i Brys amrywio geiriad y testun, a hynny heb dreisio'r gynghanedd, os edrychir ar y llinellau a ddyfynnodd yn ei nodiadau ar ymyl y ddalen yn Ll 43. O'r llinellau a'r rhannau o linellau a ddyfynnodd fel hyn y mae geiriad bron i 60 ohonynt yn wahanol ar ymyl y ddalen i'r hyn ydyw yng nghorff y testun, a'r gynghanedd, er gwaethaf y newid, yn gywir bron yn ddieithriad. Dyfynnu o'i gof a wnâi Prys, wrth gwrs, yn y nodiadau hyn ar ymyl y ddalen, yn hytrach na'i fod yn ymroi'n fwriadol i ddiwygio'r testun.

[26] Ni chynhwysir yn y cyfrif hwn enghreifftiau lle mae darlleniad fersiwn β yn amlwg lwgr.

Nid yw'n annisgwyl, efallai, ei bod yn anodd rhoi cyfrif rhesymol am y mwyafrif o'r cyfnewidiadau geiriol a welir yn fersiwn Ll 43. Eglurwyd eisoes ar ddechrau'r adran hon sut y gall llawer o'r mân gyfnewidiadau fod yn rhai a wnaed ar siawns neu drwy ddamwain, heb iddynt gael eu hysgogi gan unrhyw awydd pendant i ddiwygio'r testun. Yn ôl pob tebyg, cyfnewidiadau o'r math hwn, cynnyrch copïo anfanwl ar ran Prys, yw'r mwyafrif helaeth o'r rhai a ddigwydd yng nghywyddau Cynwal, ond diau y ceir llu ohonynt yng nghywyddau Prys yn ogystal. Rhaid derbyn hefyd fod cyfran o gyfnewidiadau geiriol fersiwn Ll 43 yn rhai mympwyol. Ofer, er enghraifft, fyddai pendroni'n faith ynghylch pam y newidiodd Prys 'edaü fain' yn 'ede fach' yn 11. 8 a 12. 26,[27] neu pam y rhoes 'iaith' yn lle 'gwawd' yn 5. 16, 7. 24 a 7. 36. Erys nifer dda o gyfnewidiadau y gellir tybio fod rheswm testunol pendant drostynt, fodd bynnag, ac yn y sylwadau a ganlyn ceisir ymdrin â rhai ohonynt.

Ymhlith y mwyaf diddorol o gyfnewidiadau geiriol fersiwn Ll 43 y mae'r rhai yr ymddengys eu bod yn deillio o awydd Prys i garthu o'i waith ei hun yr union wendidau y beirniadodd Cynwal o'u plegid. Diau mai'r enghraifft fwyaf gogleisiol o hyn yw'r newid yn 22. 35. Yr hyn a sgrifennodd Prys yn wreiddiol yn Ll 43 oedd 'ffei yw glyttio mewn clo clod', ffurf ar y llinell a gytunai fwy neu lai â'r un a geir yn fersiwn β.[28] Newidiodd ei feddwl, fodd bynnag, a chroesi 'ffei' allan a sgrifennu 'gwarth' yn ei le uwchben, oherwydd, yn ddiau, iddo sylweddoli ei fod yntau, megis Cynwal, yn euog o 'ganu Saesneg'! Yn gyffelyb, 'dvll clandr y pab, arab yw' oedd y ffurf ar 15. 56 a sgrifennodd Prys yn wreiddiol yn Ll 43, ffurf a gytunai â'r fersiynau cynharach. Ond croesodd yr 'y' allan a newid 'clandr' i 'calandr', oherwydd, yn ôl pob tebyg, iddo gofio iddo feirniadu Cynwal yn ei lythyr ato am sgrifennu 'clander', ffurf a anwybyddai 'dadogaeth' y gair: 'o galan. ni thywysa hi yn y blaen. sef calādr'.[29] Dichon mai

27 A bod yn fanwl, bu'n rhaid iddo newid y darlleniad yn 12. 26 oherwydd iddo'i newid yn 11. 8. Cyfeiria 12. 26 yn ôl at y llinell arall a cheid anghysondeb pe nas newidid (gw. testun).

28 Darlleniad BLAdd 31056 yw 'ffei o glytio mewn clo clod'.

29 Rhyddiaith C. 52-3 yn y testun golygedig.

pwysicach na'r enghreifftiau hyn, fodd bynnag, yw'r cyfnewidiadau hynny sy'n ganlyniad, fe ymddengys, i awydd Prys i gryfhau ei linellau drwy chwynnu ohonynt eiriau llanw, nodwedd y mynnodd fwy nag unwaith, wrth gwrs, ei bod yn llychwino cywyddau Cynwal. Yn y 5 enghraifft a ddyfynnir isod 'oll' yw'r gair llanw a chwynnir. Sylwer i Brys orfod ailwampio'r cwpled a newid y brifodl yn yr ail o'r enghreifftiau:

	BLAdd 31056	Ll 43
16. 31	o daw oll oi dŷ allan	o thwyllid oi fwth allan
25. 121-2	bvan ir aeth bv iawn rad	bwriodd i wisg ebrwydd wedd
	fardd oll i fwrw i ddillad	gida.r. prophwydi i gydwedd
27. 95	rraid ym oll ar y rrad mav	rhaid i mi ar y rhâd mav
29. 36	oll vn bai y lle ni bo	vn llvn bai y lle ni bo
29. 79	yr oedd oll ryw rydd elli	yr oedd wall, ne ryddelli

Dyma enghreifftiau eraill tebygol o'r un math o newid, lle ailwampiwyd y cwpled a rhoi prifodl newydd. Yn achos 17. 21-2 mae'r newid yn rhan o newid mwy, lle cafwyd prifodl newydd mewn 3 chwpled olynol (17. 21-6):

	BLAdd 31056	Ll 43
17. 21-2	er bod a gwybod gobell	er bod yn i gwybodaeth
	evrllin iaith eraill yn well	llawer yn well a rhai yn waeth
25. 59-60	fel testyn ynyn anardd	plato a roes i foesen
	plato hen am foesen fardd	fath air am y gyfraith hên

Y mae'n sicr mai awydd Prys i osgoi ailadrodd gair neu ymadrodd ac i amrywio'r mynegiant a roes fod i rai o gyfnewidiadau geiriol Ll 43. Yn y dilyniant a ganlyn, sef 15. 37-42, diau mai dyna'r esboniad ar ffurf newydd llinell 39, lle disodlwyd 'os vwch ben' (cf. llinell 37) gan 'or nen', a hefyd llinell 41, lle rhoddwyd 'naws' yn lle 'natvr' (cf. llinell 40):

	BLAdd 31056	Ll 43
15. 37-42	mynni r awen vwchben byd	mynni yr awen vwch ben byd

goed twf ag o waed hefyd	gyd tŵf ag o waed hefyd
os vwch ben bydd awen bvr	or nen o bydd awen bûr
dawn yttyw nid o natvr	dawn yttyw nid o natur
os o natvr sain ytyw	vn svd os o naws ydyw
dyna farn nid o nef yw	dawn o fyd nid o nef yw

Diau mai'r un cymhelliad a barodd i Brys newid 9. 93 o 'gweithiais i fardd gwaith sy vawr'[30] i 'rhois atteb am vndeb mawr' yn Ll 43. Yn gyffelyb, mae'n bur sicr mai tebygrwydd ffurf wreiddiol 17. 57, 'di ni eddyf dônyddiaeth', i 17. 59, 'di ni wyddost o naddwawd', sydd wrth wraidd y newid i 'di a wedi (ond odiaeth)' yn Ll 43. Gall hefyd mai rhan o'r esboniad ar 3. 45-6, a newidiwyd o 'doe sorrais dewis avrwawd / dwys yw r gwaith dehevsaer gwawd' i 'yr awen hon, oi rhan hi, / anwes air a wnai sorri', yw fod y gair 'doe' yn digwydd ar ddechrau 3. 47 a bod felly ailadrodd yn y fersiwn gwreiddiol (gw. hefyd y paragraff nesaf). Y mae 3 enghraifft o'r math hwn o newid a orfodwyd ar Brys i bob pwrpas oherwydd diwygiadau eraill o'r eiddo mewn llinellau blaenorol. Yng nghywydd 11 newidiodd linellau 71-2 o 'meddwl doeth moddol a dysg / matter oedd ym trwy addysg' i 'seiniaist ym ddysc a synwyr / ar awen yn llawen llwyr'. Oherwydd hyn bu'n rhaid iddo newid llinell 74, 'rad awen ym or diwedd', i 'o râd ewybr or diwedd' er mwyn osgoi ailadrodd y gair 'awen'. Yng nghywydd 17 trawsosododd Prys linellau 7 ac 8 (rhifiant gwreiddiol) yn Ll 43, fel bod y gair 'iaith', a ddigwyddai yn llinell 9, 'bid olav iaith bo di lwch', yn digwydd ar ddiwedd y llinell flaenorol hefyd. I osgoi ailadrodd newidiodd 17. 9 i 'Bid olav aeg, bo di lwch'. Yn ddiweddarach yn yr un cywydd, pan ychwanegodd gwpled newydd—'ymgeisio am we gyson / yr wyt ti ar y wawd hon' (17. 105-6 yn Ll 43)—bu'n rhaid iddo newid llinell 108 (rhifiant Ll 43) o 'dy reswm ar wawd ry sâl'[31] i 'dy reswm naddiad rysal' gan fod 'ar wawd' yn rhy debyg i 'ar y wawd' yn y llinell flaenorol. Yn groes i'r enghreifftiau a grybwyllwyd ceir un enghraifft o newid geiriol yn peri ailadrodd gair lle na ddigwyddai hynny'n wreiddiol. Yn 25. 72 newidiodd Prys 'yr vn fodd wyr yn feddwon' i 'yr

[30] Darlleniad BLAdd 31056. Wrth ddyfynnu'r ffurf wreiddiol a newidiwyd darlleniad y llawysgrif hon a roddir bob tro yn yr enghreifftiau sy'n canlyn.

[31] Recte = 'rysal'.

vn fodd rai yn feddwon', gan ailadrodd y 'rhai' a geid yn y llinell flaenorol, awgrym, ond odid, mai damweiniol oedd y newid.

Dichon i Brys wneud rhai cyfnewidiadau geiriol er mwyn sicrhau fod ei gywyddau yn rhedeg yn llyfn a'r llinellau'n cydasio'n esmwyth â'i gilydd. Yn ei ffurf wreiddiol, 'doe sorrais dewis avrwawd / dwys yw r gwaith dehevsaer gwawd', ni chysylltai 3. 45-6 â'r llinellau a ddeuai o'u blaen ac ymddangosai'r symudiad yn herciog. Ond newidiodd Prys y cwpled i 'yr awen hon, oi rhan hi, / anwes air a wnai sorri', lle cysylltai 'yr awen hon' â'r sôn am yr awenydd yn y llinellau blaenorol (gw. hefyd y paragraff diwethaf). Yn 17. 17 newidiodd Prys 'mae n ych art yn mynych wav' i 'a rhai oth art yn rhwth wav', lle ffurfiai'r cysylltair 'a' ddolen â'r llinellau blaenorol gan lyfnhau'r rhediad. (Mae'n wir hefyd, wrth gwrs, fod 'rhwth' yn gryfach ansoddair na 'mynych' yn y cyd-destun.) Mae'n debyg hefyd mai newid o'r math hwn a welir yn 11. 71-2, lle ceir 'seiniaist ym ddysc a synwyr / ar awen yn llawen llwyr' yn lle 'meddwl doeth moddol a dysg / matter oedd ym trwy addysg'. Ni ellir amau nad yw'r rhediad newydd, gyda'r gyfres ferfau 'mynyt . . . seiniaist . . . rhoist' (llinellau 69, 71, 73), yn llyfnach.

Ymddengys fod a wnelo ystyriaethau ynglŷn â'r gynghanedd â rhai o gyfnewidiadau geiriol Prys. Diau mai oherwydd iddo sylweddoli fod twyll caled a meddal yn ffurf wreiddiol 28. 81, 'lle mae cymysg nid dysg dig', y newidiodd y llinell i 'lle mae cymysg ddysc ddi ddîg' yn Ll 43. Ond dyma'r unig enghraifft o gywiro gwall cynganeddol a ganfuwyd. Nid cywiro ond symleiddio'r gynghanedd a wnaeth Prys yn 11. 33-8. Yn eu ffurf wreiddiol cynhwysai 5 o'r llinellau hyn gynghanedd sain ddwbl, gydag amryw o'r cynganeddion sain unigol yn wreiddgroes ac un ohonynt, sef y gyntaf yn llinell 34, yn deirodl:

BLAdd 31056

11. 33-8 pvr per ner naf caf cyfarch
por côr ior iaith evr waith arch
sant sydd bydd bv gv gyoed
sail mawl gwawl gwyrth hybryrth[32] hoed

[32] Recte = 'hybyrth' (fel yn LlGC 5931).

saer byd i gyd ag adail
serch gvn vn yw byw eb ail

Diau i Brys benderfynu fod cynganeddiad gorchestol y llinellau hyn yn ormod o dreth ar awen, cystrawen a synnwyr. Y mae'n arwyddocaol mai'r unig un ohonynt nas newidiwyd ganddo yn nhestun Ll 43 oedd llinell 37, sef yr unig linell na chynhwysai gynghanedd sain ddwbl. Cafodd wared o'r cynganeddion sain dwbl o linellau 33, 34 a 38 a bodloni ar gynganeddion sain syml na chloffent y gystrawen i'r un graddau. Yn llinellau 35 a 36 yn unig y ceid cynganeddion sain dwbl bellach, ond ailwampiwyd y cwpled yn llwyr gan roi iddo brifodl newydd a chan wella'r ystyr:

Ll 43

11. 33-8 pur nêr naf a gaf gyfarch
por yw golav fyw a glyw 'f 'arch
bydd, bv, cu, cûn vn vniawn
bid mawl gwawl gwyrth ebyrth iawn
saer bŷd i gŷd ag adail
sant yw, vn byw, heb neb ail

Yn groes i'r enghreifftiau uchod o symleiddio'r gynghanedd gellir crybwyll efallai 16. 35 a newidiwyd o 'gyr i dafod i rodiaw' i 'rhodresdal a yrr drostaw'. Yma cafwyd cynghanedd groes yn lle'r gynghanedd lusg wreiddiol, ac mae'n anodd iawn esbonio'r newid oni thybir mai'r hyn a'i cymhellodd oedd awydd i gywreinio'r gynghanedd. Cywreiniwyd y gynghanedd yn 17. 57 hefyd, o'i newid o 'di ni eddyf dônyddiaeth' i 'di a wedi (ond odiaeth)' lle ceid cynghanedd seingroes, ond yn yr achos hwn mae'n llai tebygol mai cymhelliad cynganeddol a oedd wrth wraidd y newid (gw. y paragraff ar osgoi ailadrodd uchod). Llinell arall y gellir ei chynnwys yma yw 5. 93, a newidiwyd o 'ni choyliais iawn achlys oedd' i 'ni choeliais i, achlys oedd'. Yn y llinell ar ei newydd wedd y mae lleoliad yr orffwysfa yn fwy cydnaws â rhediad yr ystyr, a diau mai er sicrhau hyn y bu'r newid.

Ceir amryw enghreifftiau o newid ansoddeiriau, a hynny am amryfal resymau. Yn 25. 139, a newidiwyd o 'hon yw r wawd bvr ffawd[33] berffaith' i 'awenydd burffydd berffaith', y mae 'burffydd' yn

[33] Recte = 'bvrffawd'.

ansoddair mwy ystyrlon na 'bvrffawd' yn y cyd-destun—cyfeiria'r llinell at yr awen ddwyfol—a'r tebyg yw mai anfodlonrwydd Prys ar yr ansoddair gwreiddiol a gymhellodd y newid. Diau mai ystyriaeth debyg, y tro hwn ynghylch effeithiolrwydd y cyfansoddair 'dynerfawr', a barodd iddo newid 29. 9 o 'nid vn yrfa dynerfawr' i 'nid vn yrfa dynerfaith'. Yn sgîl newid y brifodl bu'n rhaid iddo newid y llinell nesaf hefyd a sgrifennu 'a gyrfa Olympia laith' lle ceid gynt 'a gyrfa olimpia lawr'. Newidiodd Prys 17. 114 o 'dy waith i gyd doytha gwr' i 'dy waith fardd hyd eithaf ŵr', yn ôl pob tebyg oherwydd iddo sylweddoli mai amhriodol oedd cyfarch Cynwal fel 'doytha gwr' ac yntau wedi ei gyfarch yn ddirmygus ddwy linell ynghynt fel 'drvan gwr' (17. 112): y gynghanedd, wrth gwrs, a awgrymasai'r ansoddair yn ffurf wreiddiol y llinell. Y mwyaf gogleisiol o'r newidiadau hyn yw'r un a geir yn 13. 64, llinell sy'n cyfeirio at Simwnt Fychan. Rhaid bod y bardd wedi heneiddio erbyn cyfnod sgrifennu Ll 43 oherwydd troes Prys ef yn 'Simwnt hên' lle'r oedd gynt yn 'simwnt hael'![34]

Gall fod un o gyfnewidiadau geiriol Prys yn cynrychioli cais i reoleiddio gramadeg. Ffurf wreiddiol 15. 21 oedd 'ti a gwsg itti i gwisgwyd', ond fe'i newidiwyd yn Ll 43 i 'Ti a gysgi yt gwisgwyd' a chael cytundeb rhwng berf a goddrych fel sy'n rheolaidd mewn brawddeg annormal. Ni ellir bod yn sicr mai cywiriad sydd yma, fodd bynnag, oherwydd mae'n bosibl mai brawddeg gymysg ('It is you who sleep . . .') a fwriadodd Prys pan luniodd y llinell yn wreiddiol. Y mae'n werth crybwyll yma hefyd dair enghraifft na ellir bod yn bendant yn eu cylch ond y gellid eu hesbonio fel ceisiadau o'r eiddo Prys i symleiddio'i fynegiant drwy hepgor ffurfiau ac arnynt flas hynafol neu ddieithr. Ffurf wreiddiol 13. 51 oedd 'lle ddydoedd llvoedd adar', a 'lle dd' a sgrifennodd Prys i ddechrau yn Ll 43 hefyd. Ond newidiodd ei feddwl a chroesi'r 'dd' allan a sgrifennu 'r' yn ei lle uwchben, ac aeth ymlaen i orffen y llinell yn wahanol fel ei bod yn darllen 'lle r ydoedd llu or adar'. Yr anhawster ynglŷn â'r enghraifft hon, wrth gwrs, yw na ellir dweud ai'r awydd i newid 'lle ddydoedd' yn 'lle r ydoedd' ynteu'r awydd i newid 'llvoedd adar' yn 'llu or adar' a

[34] Cynigia *BC* c. 1530-1606 fel dyddiadau Simwnt Fychan.

ddaeth gyntaf. Newidiodd Prys 22. 82 o 'heb flas heb iawn sas na sail' i 'heb gyswllt, heb swllt heb sail': tybed ai anfodlonrwydd ynghylch 'sas', gair lled anghyffredin efallai, a oedd wrth wraidd y newid?[35] Yn 27. 74 newidiodd 'mae a gant mevgant ail medd' i 'mae gwarant maygant fel medd' gan ddiweddaru ieithwedd y llinell, ond ni ellir bod yn sicr, wrth gwrs, mai awydd ymwybodol i wneud hyn a ysgogodd y newid.

Mae'n arwyddocaol mai yng nghywyddau Prys y digwydd y cyfnewidiadau geiriol a drafodwyd uchod. Ni ellir rhoi cyfrif rhesymol am y mwyafrif helaeth o'r rhai a ddigwydd yng nghywyddau Cynwal, a diau mai cynnyrch copïo anfanwl ar ran Prys yw bron y cyfan ohonynt, yn hytrach na'u bod yn ddiwygiadau bwriadol a ysgogwyd gan awydd pendant i newid y testun. Awgrymog yn y cyswllt hwn yw'r ffaith fod rhai ohonynt yn difetha llinellau Cynwal yn hytrach na'u gwella. Dyna'r newid yn 20. 101, er enghraifft, lle sgrifennwyd 'onid e gwn da yw y gwir' yn lle 'onid e gwn da yw gwir' gan wneud y llinell sillaf yn rhy hir. Gwelir isod hefyd fel y gwanhawyd 8. 81-4 yn Ll 43 drwy newid 8. 81 a cholli'r cyferbyniad 'trom . . . ysgafn' a geid yn y llinellau hyn yn wreiddiol:

	BLAdd 31056	Ll 43
8. 81-4	trom gennyd ennyd annvn	hôff genyd enyd anvn
	gardd dew had dy gerdd dy hvn	gardd dew had dy gerdd dy hŷn
	ag ysgafn mewn hafn yw hav	ag ysgafn mewn hafn iw hav
	oedd ddevnydd yngherdd inav	oedd ddavnydd fy ngherdd innav

Yng nghywydd 4 y ceir dau o'r newidiadau mwyaf diddorol a wnaeth Prys yng nghywyddau Cynwal. Yn 4. 4 newidiodd 'wyd a maint praff Emwnd [sic] prys' i 'adamant print wyd Edmwnd prŷs', geiriad a awgrymwyd iddo'n ddiau gan linell o'r eiddo Siôn Phylip yn ei ymryson cyntaf ag ef, 'Wyt admant print, Edmwnt Prys'.[36] Eto rhoes

[35] Ar 'sas' gw. *GDG*, 513, lle'r awgrymir 'cyflwr, cyflwr da' fel ystyron. Prin yw'r enghreifftiau o'r gair yn slipiau *GPC*. (Diolchaf i Mr. Gareth Bevan am edrych y slipiau drosof.)

[36] EP, LV. 10.

Prys arwydd gyferbyn ag 'adamant' yn y testun a sgrifennu 'drwg ystyr' ar ymyl y ddalen gyferbyn ag arwydd cyffelyb, yn union fel pe bai Cynwal yn gyfrifol am ffurf y llinell yn Ll 43. Gellid dadlau p'run ai i falais ynteu diofalwch yr archddiacon y dylid priodoli'r newid a'r sylw hwn. Y mae'r newid yn 4. 16, fodd bynnag, yn ddiamheuol fwriadol. Ffurf wreiddiol y llinell oedd 'wych edn y gloch dwyn y glod', ond mynnodd Prys lenwi bwlch yn yr ach a roes Cynwal iddo a sgrifennu 'howlbwrch glav hil braich y glod' yn Ll 43. Ceir newid arall a all fod yn fwriadol yn 18. 45, lle aeth 'ar gerdd amvr gwrdd amod' yn 'ar gerdd ymy gwrdd amod' yn Ll 43: teg tybio na fyddai'r ensyniad fod ei gerdd yn 'amvr' at ddant Prys.

(b) *Cywyddau 30-54*

Cyfnewidiadau yng nghywyddau 1-29 yn unig a ystyriwyd hyd yma. Gan na chadwyd fersiwn cynharach o gywyddau 30-54 na'r un a geir yn Ll 43, ni ellir dweud i ba raddau y newidiwyd y cywyddau hynny.[37] Ceir awgrymiadau yn nileadau a chyfnewidiadau Prys yn Ll 43, fodd bynnag (gw. y troednodiadau ynghyd â'r testun), iddynt gael eu newid rhyw gymaint. Yn 41. 57 ('er gwatwar ym er gwav, tro'), er enghraifft, 'er gwatwar oll' a sgrifennodd Prys i ddechrau, ond croesodd allan 'oll' a sgrifennu 'ym' yn ei le. Gall hyn fod yn enghraifft arall o ddileu 'oll' yn nhestun Ll 43 pan ddigwyddai fel gair llanw yn y fersiwn gwreiddiol (cf. 16. 31, 25. 122, 27. 95, 29. 36 a 29. 79). Arwyddocaol hefyd yw dileadau Prys yn 44. 89. Os creffir ar y geiriau a groesodd Prys allan gwelir iddo ystyried 'Romulus hên nid mawr leshâv' a 'Romulus hên er mwy leshâv' fel ffurfiau ar y llinell cyn penderfynu ar 'Romulus hên gynnen ar gav'. Awgryma'r gwamalu hwn naill ai fod Prys wedi newid geiriad gwreiddiol y llinell neu mai llinell ydoedd hon a ychwanegodd o'r newydd wrth sgrifennu Ll 43.[38]

[37] Mae fersiwn δ (P 125, T a BLAdd 14991) yn deillio o adysgrifiad diweddarach na Ll 43 (cf. yr ymdriniaeth uchod). Y fersiwn hwn o'r cywyddau hyn a geir yn LlGC 3288,i, C 1.1 a LlGC 21298 hefyd.

[38] Os mai llinell a ychwanegwyd o'r newydd yw 44. 89, mae'n dilyn mai dyna yw 44. 90-2 hefyd (gw. testun).

Yng nghywyddau 51, 52 a 54, fodd bynnag, y ceir yr awgrymiadau cryfaf fod Prys wedi ymyrryd â'r testun. Yn y cywyddau hyn ceir sawl enghraifft o gwpledi a ychwanegwyd ar ymyl y ddalen neu, mewn un achos (52. 101-4), a wasgwyd i mewn ar y gwaelod, a dichon fod o leiaf rai ohonynt wedi eu cynnwys o'r newydd yn y testun. Awgryma sawl un o ddileadau Prys yn y cywyddau hyn hefyd ei fod yn cyfansoddi o'r newydd neu'n ailwampio llinellau wrth fynd rhagddo. Arbennig o arwyddocaol yw'r 4 llinell a sgrifennwyd ar ôl 51. 54 ond a groeswyd allan. Digwydd 3 ohonynt yn ddiweddarach yn yr un cywydd (llinellau 74-6), awgrym, ond odid, naill ai fod Prys yn ad-drefnu'r testun gwreiddiol neu ei fod yn cyfansoddi llinellau newydd ac yn gwamalu ynghylch eu safle. Posibilrwydd na ddylid ei anwybyddu yw fod rhai o ddarlleniadau amrywiol fersiwn δ yn cynrychioli geiriad gwreiddiol llinellau yng nghywyddau 30-54:[39] yn arwyddocaol, efallai, cytuna darlleniadau'r fersiwn hwnnw yn 46. 76 a 54. 81 â'r hyn a sgrifennodd Prys yn wreiddiol yn Ll 43 (gw. yr amrywiadau a'r troednodiadau ynghyd â'r llinellau hyn yn y testun). Nid yw'n amhosibl ychwaith fod ffurf wreiddiol ambell linell o'r gyfres o 9 cywydd a ganodd Cynwal wedi ei chadw yn nodiadau ymyl y ddalen Prys yn Ll 43 lle mae'r ffurf a ddyfynnir yno yn wahanol i'r darlleniad a geir yng nghorff y testun.[40] Mae 31. 73, er enghraifft, yn rhy hir fel y sgrifennodd Prys hi yng nghorff y testun—'abl yw o gwn yn ddwbl o gerdd'—a haws credu mai 'abl yw o gwn yn ddwbl gerdd', y ffurf ar y llinell a geir mewn nodyn ar ymyl y ddalen ynghyd â chywydd 45, a sgrifennodd Cynwal. Arbennig o ddiddorol yw'r llinell o'r eiddo Cynwal a ddyfynnir mewn nodyn ar ymyl y ddalen ynghyd â chywydd 48, 'er mysvr eiriav maswedd'. Ni ddigwydd y llinell hon yn unman yn y testun a gadwyd inni, ac mae dau bosibilrwydd ynglŷn â hi: naill ai fe ddaw o'r cywydd o'r eiddo Cynwal a gollwyd neu fe'i gadawyd allan gan Brys o un arall o'r cywyddau yn y gyfres o 9 a ganodd ei wrthwynebydd.

39 Cf. cywyddau 1-29, lle cytuna darlleniad fersiwn δ 18 o weithiau â darlleniad fersiwn β yn erbyn darlleniad fersiwn Ll 43 (gw. yr ymdriniaeth â fersiwn δ uchod).

40 Yn achos cywyddau 1-29 ceir 6 enghraifft lle mae'r ffurf a ddyfynnir ar ymyl y ddalen yn cytuno â darlleniad y fersiynau cynharach yn hytrach na'r darlleniad a geir yng nghorff y testun yn Ll 43.

(c) *Llythyr Prys*

Cyfyd cwestiwn hefyd ynghylch y llythyr a sgrifennodd Prys at Gynwal (Rhyddiaith C yn y testun). Gan mai o'r testun a geir yn Ll 43 y deillia pob testun arall ohono yn y pen draw, rhaid ystyried a welodd Cynwal y llythyr hwn mewn gwirionedd ynteu a ychwanegodd Prys ef at yr ymryson wrth iddo sgrifennu'r testun yn Ll 43. Efallai fod dileu'r geiriau 'er bod' ar dudalen gyntaf y llythyr, Ll 43, 124, yn arwyddocaol yn y cyswllt hwn (gw. Rhyddiaith C, llinell 20, troednodyn 3). Awgryma'r dilead hwn fod Prys yn copïo'r llythyr o gynsail yn hytrach na'i gyfansoddi o'r newydd, oherwydd gellir esbonio'r geiriau a ddilewyd fel enghraifft o'r bai copïo 'achub y blaen'. Os bu i Gynwal weld y llythyr, fodd bynnag, mae'n dra thebygol na welodd ef yn union fel y'i ceir yn Ll 43. Ar waelod t. 125 yn Ll 43 ceir 'dvw ich cadw' wedi ei groesi allan ar ochr chwith y ddalen a 'yr eiddoch E. prys' wedi ei groesi allan ar yr ochr dde. Mae'n amlwg felly fod Prys wedi bwriadu unwaith i'r llythyr orffen yn y fan hon, a'r tebyg yw, wrth gwrs, mai yma y diweddai yn y copi cynsail a gynrychiolai'r gwreiddiol. Awgrymaf i Brys ychwanegu gweddill y llythyr wrth sgrifennu Ll 43 (rhyddiaith C, llinellau 78-104 yn y testun) ac na welodd Cynwal y rhan honno. Yn y darn o'r llythyr y mae'n debyg iddo gael ei ychwanegu mae'n arwyddocaol fod Prys yn troi i'w amddiffyn ei hun, lle cyfynga'i hun yn y rhan flaenorol i ymosod ar ffaeleddau honedig Cynwal.

Er bod yn fersiwn Ll 43 gyfnewidiadau testunol a wnaed ar siawns neu drwy ddamwain, gwelir fod ynddo hefyd nifer sylweddol sy'n ddiamheuol fwriadol ac iddynt ddiben pendant. Yng nghywyddau Prys y digwydd bron y cyfan o'r rhain, a chanlyniad i awydd y bardd i gaboli a gloywi ei waith yw'r rhan fwyaf ohonynt. Y mae'r ffaith ddarfod i Brys drafferthu i adysgrifennu'r ymryson a'i ddiwygio yn y fath fodd yn tystio i'w bwysigrwydd yn ei olwg, a chofier ei bod yn dra thebygol nad dyma'r adysgrifiad olaf ohono iddo'i lunio (cf. yr ymdriniaeth â fersiwn δ). Yn ogystal â thystio ei fod yn fardd cydwybodol na fodlonai'n hawdd ar ei waith, tystia fersiwn Ll 43 hefyd i falchder Prys, ei awydd i ymddangos yn y wedd orau bosibl gyferbyn â Chynwal. Ni ellir dweud pryd y lluniodd Prys yr adysgrifiad a geir yn

Ll 43,[41] nac ychwaith, i unrhyw sicrwydd, pam y'i lluniodd. Awgryma'r ffaith iddo lunio darnau rhyddiaith eglurhaol (Rhyddiaith A a B) i gyd-fynd â'r testun, a'i fod yn cyfeirio ato'i hun yn y trydydd person ynddynt (fel yn ei nodiadau ar ymyl y ddalen), nad ei ddifyrrwch ei hun yn unig oedd ganddo mewn golwg. Diau y byddai'r ymryson—y meithaf yn hanes barddoniaeth Gymraeg—yn destun siarad yn ei ddydd ymhlith y rhai a ymddiddorai mewn cerdd dafod: a ysgogwyd Prys i lunio'r copi ohono a geir yn Ll 43 i borthi chwilfrydedd rhyw gydnabod llengar? Mae posibilrwydd arall hefyd, er ei fod efallai'n llai tebygol, sef fod Prys yn bwriadu argraffu'r ymryson ac iddo ymroi i ddiwygio'r testun ar gyfer y wasg. Fel dyneiddiwr byddai'n ymwybodol o bosibiliadau'r wasg argraffu fel cyfrwng i roi cylchrediad eang i'w syniadau, ac yn y cyswllt hwn y mae'n werth cofio ei fod yn un o'r 'pendefigion frutaniaid' a anogwyd gan Thomas Salisbury ym 1603 i anfon eu gwaith ato i'w argraffu.[42]

Y testun a geir yn y gyfrol hon

Oherwydd cymhlethdod hanes testunol yr ymryson nid mater hawdd oedd penderfynu pa egwyddor i'w dilyn wrth baratoi testun ohono ar gyfer y gyfrol hon. Y testun delfrydol, wrth gwrs, fyddai un lle ceid y cywyddau yn yr union ffurf y cyfnewidiwyd hwy gan y ddau fardd, cywyddau Prys fel y derbyniwyd hwy gan Gynwal a chywyddau

[41] Rhaid amau awgrym Gwenogvryn Evans (*RMWL*, II, 511) i'r llawysgrif gael ei sgrifennu oddeutu 1620 (gw. tt. xviii-xix). Awgryma'r diwygiad yn 13. 64 (gw. t. lxxxiii) fod Simwnt Fychan (c. 1530-1606) yn hen adeg ei sgrifennu, ond nid yw hyn yn ein galluogi i'w dyddio gydag unrhyw bendantrwydd ychwaith.

[42] 'ag os gwelwch yn dha yrry part och gwaith attaf i, mi a gymeraf y boen yw roi mewn goleini o rann wllys da im gwlad' (anerchiad 'At y pendefigion frutaniaid' etc. yn Wiliam Midleton, *Psalmae y Brenhinol Brophwyd Dafydh* (Llundain, 1603)). [Atgynhyrchwyd yr anerchiad hwn, a ddigwydd mewn un copi o'r llyfr yn unig (rhif G 12,024 yn y Llyfrgell Brydeinig), mewn atodiad i'm herthygl 'Wiliam Midleton, Bonheddwr, Anturiwr a Bardd', *TrDinb*, XXIV (1975), 111.] Yr wyf yn ddyledus i'r Athro R. Geraint Gruffydd am yr awgrym y gallasai Prys fod wedi bwriadu cyhoeddi'r ymryson. Os cywir hyn, fodd bynnag, credaf fod copi Ll 43 yn rhy aflêr i gael ei ystyried yn gopi terfynol ar gyfer y wasg.

Cynwal fel y derbyniwyd hwy gan Brys. Dylai fod yn eglur oddi wrth yr ymdriniaeth uchod, fodd bynnag, nad oes modd llunio testun o'r fath. Gellid cyfaddawdu, wrth gwrs, a llunio testun cyfansawdd lle ceid y ffurf gynharaf bosibl ar bob cywydd unigol. Ond clytwaith anwastad ei wead fyddai testun o'r fath: ar wahân i'r ffaith na fyddai'n atgynhyrchu'r cywyddau fel y cyfnewidiwyd hwy, ni pherthynai iddo'r rhinwedd ychwaith o gyfateb yn ei grynswth i unrhyw adysgrifiad neu gasgliad o'r cywyddau o'r eiddo na Phrys na Chynwal.

Posibilrwydd arall fyddai seilio'r testun golygedig ar fersiwn δ (P 125, T a BLAdd 14991). Fel y dangoswyd, y mae'n bosibl fod y fersiwn hwn yn deillio o adysgrifiad diweddarach o'r eiddo Prys na'r un a geir yn Ll 43, ac felly, o bosib, yn cynrychioli ei ddymuniad terfynol ynghylch geiriad ei gywyddau. Ond ni ellir bod yn gwbl sicr o hyn, a ph'run bynnag, gan nad yw'r un o'r llawysgrifau lle ceir y fersiwn hwn wedi ei sgrifennu gan Brys gall nad yw rhai o'r darlleniadau a geir ynddynt sy'n wahanol i rai Ll 43 yn ddim namyn llygriadau.

Daw hyn â ni at fersiwn Ll 43. Mae'n wir nad delfrydol mohono ar sawl cyfrif fel sail i destun golygedig. Nid yw'n cynrychioli'r cywyddau fel y cyfnewidiwyd hwy gan y ddau fardd, ac mae dros hanner cywyddau'r ymryson (cywyddau 1-29) ar gael mewn ffurf gynharach. Gellid dadlau na wnaeth Prys lwyr gyfiawnder â chywyddau Cynwal wrth eu hadysgrifennu yn y llawysgrif hon, ac mae'n bosibl nad yw'n cynnwys y ffurf derfynol ar gywyddau Prys ei hunan ychwaith. Eto mae'r ffaith ddarfod i Brys drafferthu i newid y testun i'r graddau a wnaeth wrth sgrifennu'r ymryson yn Ll 43 yn dangos iddo fwriadu i'r fersiwn hwn ddisodli'r fersiynau cynharach, a gellid dadlau felly fod atgynhyrchu testun Ll 43 yn hytrach nag un o'r fersiynau a'i blaenorai yn adlewyrchu dymuniad yr ymrysonwr a ganodd y mwyafrif o'r cywyddau. A hyd yn oed os yw fersiwn δ yn deillio o adysgrifiad diweddarach o'r ymryson na'r un a geir yn Ll 43, ymddengys mai cymharol fân a dibwys fu'r cyfnewidiadau pellach a wnaed. Yn bwysicaf oll, fodd bynnag, mae'r ffaith fod testun Ll 43 yn llaw un o'r ymrysonwyr, ac felly'n rhydd o ddarlleniadau llwgr ac annilys, yn rhoi iddo awdurdod na pherthyn i'r testunau a geir yn y llawysgrifau eraill. Yr ystyriaeth hon, yn anad dim, a droes y fantol ac a barodd mai testun Ll 43 a olygir yn y gyfrol hon.

DYDDIAD YR YMRYSON

Er na nodir dyddiad yr ymryson yn unrhyw un o'r ffynonellau lle digwydd, y mae modd ei ddyddio gyda chryn sicrwydd. Mae'n amlwg iddo orffen ddiwedd 1587 neu ddechrau 1588 pan fu farw Cynwal.[1] Ceir awgrym ynghylch pryd y dechreuodd mewn dau gyfeiriad o'r eiddo Prys mewn cywyddau a berthyn i'w gyfres anorffenedig o saith cywydd ar hugain. Yn 40. 93-6 edliwia i Gynwal fel a ganlyn:

Chwe blynedd a chwbl enyd
A bost gerdd bûost i gyd
Heb ddyfod i'r nôd, er neb,
Am hyn o hawl, i'm hwyneb.

A thrachefn yn 46. 5-6 dywed am yr ymryson:

Cŵyn am yw fv can mwyaf,
Ysywaeth ym, er saith haf.

A bwrw mai rywdro yn ystod 1587 y cyfansoddwyd cywyddau 40 a 46, megis y cywyddau olaf yn y gyfres y perthynant iddi, yna ymddengys ar sail y cyfeiriadau hyn mai ym 1581 y dechreuodd yr ymryson. Diau mai cywydd cyntaf Prys yn unig a berthyn i'r flwyddyn hon, fodd bynnag, gan i Gynwal gymryd dwy flynedd i'w ateb,[2] ac mai yn ystod y blynyddoedd 1583-7 y cyfansoddwyd gweddill y cywyddau. Ni raid tybio i'r beirdd gyfnewid cywyddau yn gyson drwy gydol y blynyddoedd hyn: cymharer honiad Prys ddarfod i Gynwal gymryd naw mis i ateb seithfed cywydd yr ymryson.[3]

1 Bu farw Cynwal rhwng 22 Tachwedd 1587, dyddiad ei ewyllys, a 16 Ionawr 1587/8 pan brofwyd hi, gw. Rhiannon Williams, 'Wiliam Cynwal', *LIC,* VIII, 198.

2 Cf. Rhyddiaith B. 1 a 3. 57-8 yn y testun.

3 Gw. y pennawd i gywydd 8 yn y testun (Ll 43, 26). Hefyd 9. 91-2. Cf. cwyn Prys yn ei lythyr ddarfod i Gynwal gymryd yn hir i gyfansoddi ei gyfres o naw cywydd (Rhyddiaith C. 3-4).

Y DDAU YMRYSONWR

I. EDMWND PRYS

Ganed Edmwnd Prys yn naill ai 1543 neu 1544 yn fab i Siôn ap Rhys ap Gruffudd ap Rhys a'i wraig, Siân ferch Owain ap Llywelyn ab Ieuan.[1] Gellir olrhain ei hynafiaid o du ei dad a'i fam am genedlaethau yn y llyfrau achau,[2] ond hyd yn ddiweddar yr oedd ansicrwydd ynghylch man ei eni. Bu tri lle yn yr hen Sir Feirionnydd yn ymgiprys am yr anrhydedd: y Gerddi Bluog ym mhlwyf Llanfair,[3] y Tyddyn Du ym mhlwyf Maentwrog[4] a'r Gydros Uchaf ym mhlwyf Llanfor.[5] Y mae'n hysbys bellach, fodd bynnag, mai brodor o blwyf Llanrwst, Sir

1 Wrth gofnodi datganiad a wnaeth Prys yn Eglwys Gadeiriol Ely ar 15 Ebrill 1568 cyn ei urddo'n offeiriad dywedwyd ei fod bryd hynny 'of the age of xxiiij years' (A. Owen Evans, 'Edmund Prys: Archdeacon of Merioneth, Priest, Preacher, Poet', *TrCy,* 1922-3, 128). Ar sail hyn barnodd A. O. Evans iddo gael ei eni ym 1544. Gallasai, wrth gwrs, fod wedi cael ei eni ar unrhyw adeg rhwng canol Ebrill 1543 a chanol Ebrill 1544. Cf. tystiolaeth Hwmffre ap Siôn ap Hwmffre o Lanenddwyn mewn nodyn yn (Ba)M 6, 118v: 'ould m^{r} pryce dyed in the moneth of September last hoc anno 1623 aiged ffowerscoore yeeres to this yeere 1623'.

2 Am ei ach gw. Atodiad II.

3 Yn ôl Bob Owen (*Y Cymro,* 25 Meh. 1954, 7) y Parch. Simon Lloyd o'r Bala yn un o rifynnau'r *Drysorfa Ysbrydol* oedd y cyntaf i honni mai yn y Gerddi Bluog y ganed Prys. Diau mai'r hyn a welodd Bob Owen oedd 'Hanes byr am Edmund Prys, Archdiacon Meirion', *Trysorfa,* Llyfr II, Rhif 10 (Medi, 1812), [403]-4. Dichon mai ar gam y priodolodd yr ysgrif ddi-enw hon i Simon Lloyd. Ni ddaeth Simon Lloyd yn olygydd y cylchgrawn (*Trysorfa,* nid *Trysorfa Ysbrydol*) tan 1819. Thomas Charles oedd y golygydd ym 1812 (T. M. Jones, *Llenyddiaeth fy Ngwlad* (Treffynnon, 1893), 76).

4 Seiliwyd yr honiad mai yn y Tyddyn Du y ganed Prys ar gofnod mewn llaw ddiweddar (c. 1800) yn T, gw. e.e. 'Asaph', *Edmwnd Prys,* 17.

5 Bob Owen biau'r ddamcaniaeth mai yn y Gydros y ganed Prys (*Y Genedl Gymreig,* 14 Hyd. 1935, [3]; 'Lle Geni Edmwnt Prys', *Y Genhinen,*Gwanwyn 1951, 65-71; *Y Cymro,* 25 Meh. 1954, 7; ibid., 2 Gorff. 1954, 7; ibid., 9 Gorff. 1954, 7).

Ddinbych, ydoedd mewn gwirionedd.[6] Cysylltir ei orhendaid, Rhys ab Einion Fychan, gŵr a'i wreiddiau yn ardal Llanfair Talhaearn, â Brynsyllty ac â'r Plas Isa, Llanrwst, a dengys rhòl drethiant a gedwir yn yr Archifdy Gwladol mai yn Llanrwst y trigai tad Prys, Siôn ap Rhys, a'i daid, Rhys ap Gruffudd ap Rhys, ym 1543-4.[7] O'r un ardal yr hanai mam Prys hefyd. Yr oedd yn wyres i Lywelyn ab Ieuan o'r Bryniog, Llanrwst, ac etifeddodd ei thad Gilfach Ririd a oedd rywle yn y gymdogaeth fel ei gyfran ef o'r dreftadaeth.[8]

Fel un o ddisgynyddion Marchudd ap Cynan ac Ednyfed Fychan gallai Prys ymffrostio yn ei dras, ond awgryma'r rhòl drethiant y cyfeiriwyd ati mai canolig oedd ei dad o ran cyfoeth.[9] Gan mai plentyn anghyfreithlon oedd Gruffudd ap Rhys ab Einion Fychan, hendaid Prys, diau mai ei hanner chwaer gyfreithlon, Gwenhwyfar, a etifeddodd y rhan helaethaf o'r dreftadaeth, gan gynnwys y Plas Isa.[10] Priododd Gwenhwyfar Robert Salbri o deulu Llyweni, ac ŵyr iddynt hwy oedd William Salesbury. Gwelir felly fod cysylltiad teuluol rhwng Prys a'r mwyaf o'r dyneiddwyr Cymreig, cysylltiad a all fod yn arwyddocaol o gofio am yrfa Prys a'i ddiddordebau.[11] Ymhlith ceraint

6 Am y dystiolaeth yn llawn gw. fy nodyn 'Edmwnd Prys, Un Arall o Enwogion Llanrwst', *TrDinb*, XXIII (1974), 294-8. Dangosir yno hefyd pam na ellir derbyn y Gerddi Bluog, y Tyddyn Du na'r Gydros fel man ei eni.

7 P.R.O., Exchequer, Subsidy Rolls, E.179/220/166.

8 Cf. y nodyn a geir yn P 177, 163 o dan 'kefn tybrith yn llan rwst': 'llyma val i rranwyd tir llywelyn ap Ieuan ap madog Robert llwyd a gavodd brynioc / I Ihon gethin i daeth kae r berllan / I Owain y doeth kilvach ririd ac yn rrann Ieuan ap llywelyn y doeth brynn mynydd yn rref arth garmon'.

9 Fe'i trethwyd ar eiddo gwerth 100s. 6d. O'r 155 a drethwyd ym mhlwyf Llanrwst yr oedd 41 yn uwch eu gwerth nag ef.

10 Cf. P 125, 223 (o dan 'Maentwrog y meirionydd'): 'nota pa fodd i roedd gwenhwyfer vz Rh ab Einion fychan gwraig Robt Salbri o lanrwst yn Etifeddes gann fod gruff ab Rys vchod yn frawd iddi am nad oedd gruff yn fab o briod/'. Ym 1543-4 Gwenhwyfar ferch Rhys ab Einion Fychan oedd yr uchaf ei gwerth ym mhlwyf Llanrwst: fe'i trethwyd ar diroedd gwerth £22.

11 Cf. hefyd y teyrngedau uchel a roes Prys i Salesbury yn yr ymryson, 23. 67-74 a 48. 35-44.

eraill Prys o du ei dad yr oedd y bardd-offeiriad Syr Dafydd Owain o Faenan,[12] a thrwy ei fam gallai honni perthynas bell â'r beirdd Tudur Aled a Siôn Tudur.[13]

Dichon fod a wnelo cefndir teuluol Prys a'i fagwraeth yn Llanrwst lawer â'i ddiddordeb mewn barddoniaeth Gymraeg. Ffynnai'r traddodiad barddol yn y fro: yr oedd teulu Gwedir, prif uchelwyr yr ardal, yn noddwyr gwiw i'r beirdd,[14] a bu Tudur Aled a Gruffudd Hiraethog yn canu clodydd carennydd Prys, Salbrïaid y Plas Isa.[15] Naturiol fyddai i lanc deallus o gefndir Prys yn ei fro a'i gyfnod ymddiddori yn y gelfyddyd farddol, ac mae'n fwy na thebyg mai yn ystod ei ieuenctid yn Llanrwst y dysgodd hanfodion cerdd dafod.

Yn ogystal â'i ymgydnabod naturiol â diwylliant cynhenid ei wlad, diau hefyd i Brys dderbyn addysg ffurfiol yn ystod ei lencyndod. Gellir bod yn bur sicr ynghylch natur yr addysg hon: byddai wedi rhoi iddo seiliau cadarn mewn dysg Ladin, yng ngramadeg a chystrawen yr iaith ac yn ei llenyddiaeth, paratoad anhepgor ar gyfer mynediad i brifysgol. Ni wyddys i sicrwydd, fodd bynnag, ymhle y'i derbyniodd.

12 Gw. y tabl achau yn Atodiad II; hefyd Cledwyn Fychan, 'Y Canu i Wŷr Eglwysig Gorllewin Sir Ddinbych', *TrDinb*, XXVIII (1979), 122-3.

13 Yr oedd gorhendaid Prys, Rhys ab Ieuan ap Llywelyn Chwith, naill ai'n frawd neu'n nai i daid Tudur Aled, cf. yr achau yn *GTA*, I, xix. Yr oedd hen-hen-nain Prys, Annes ferch Siancyn Pigod, yn fodryb i hen nain Siôn Tudur, Gwenllian ferch Deio ap Siancyn Pigod, cf. Enid Roberts, *Gwaith Siôn Tudur* (Caerdydd, 1980), II, xiv. [Yr wyf yn ddyledus i Dr Roberts am dynnu fy sylw at y berthynas hon.]

14 Cadwyd 12 o gerddi gan 8 o feirdd i Siôn Wyn ap Maredudd (m. 1559), y penteulu yng nghyfnod llencyndod Prys (John Gwilym Jones, 'Teulu Gwedir fel Noddwyr y Beirdd', Traethawd M.A. Prifysgol Cymru 1975, 121-2).

15 Canodd Tudur Aled i Robert Salbri a'i wraig Gwenhwyfar, gw. *GTA*, rhifau IV a XIX. Awgryma *GTA*, IV. 73-4 fod tad Gwenhwyfar, Rhys ab Einion Fychan, yntau'n noddi: 'Bron Rhys ab Einion, rhoes bunnoedd,—a gwin, / A gynau a gwleddoedd'. Canodd Gruffudd Hiraethog i William Salesbury, gw. D. J. Bowen, *Gruffudd Hiraethog a'i Oes* (Caerdydd, 1958), 71-3; idem, 'Cywyddau Gruffudd Hiraethog i Dri o Awduron y Dadeni', *TrCy*, (1974-5), 117-19. Rhoes Wiliam Cynwal yntau eirda i'r nawdd a gâi'r beirdd yn y Plas Isa, gw. Rhiannon Williams, 'Cywydd Marwnad Wiliam Cynwal i wraig William Salesbury', *LlC*, IX, 228, llau. 35-8.

Gallasai, wrth gwrs, fod wedi mynychu ysgol ramadeg: dichon fod un, er enghraifft, ynghlwm wrth Eglwys Gadeiriol Llanelwy yn ystod cyfnod ei febyd.[16] Gallasai hefyd, fel llawer llanc addawol arall yn y cyfnod, fod wedi derbyn hyfforddiant preifat. Yn y cyswllt hwn, wrth gwrs, nid gwiw mo anghofio mai yn Llanrwst y trigai ei gâr dysgedig William Salesbury. Ond erys posibilrwydd arall, un sy'n fwy tebygol efallai o gofio am yrfa addysgol ddiweddarach Prys. Fe gofir am honiad Syr John Wynn fod William Morgan, cyfieithydd y Beibl, wedi derbyn addysg yng Ngwedir.[17] A fanteisiodd Edmwnd Prys yntau ar y ddarpariaeth addysgol a geid yng Ngwedir yn nyddiau Siôn Wyn ap Maredudd neu Forys Wynn, taid a thad Syr John?[18] Ym 1565 fe ymaelododd Prys a Morgan yn fyfyrwyr yng Ngholeg Ieuan Sant, Caer-grawnt, coleg lle bu Dr John Gwynn, brawd Morys Wynn, yn Gymrawd o 1548 hyd 1555.[19] Y mae'n bur sicr fod a wnelo ei gysylltiad â Gwedir â mynediad Morgan i'r coleg hwn: tybed nad cysylltiad â Gwedir a barodd i'r llanc arall o Ddyffryn Conwy gyrchu yno hefyd? Mewn perthynas â hyn, dichon ei bod yn werth nodi fod sail

16 G. M. Griffiths, 'Educational Activity in the Diocese of St. Asaph, 1500-1650', *Journal of the Historical Society of the Church in Wales,* III (1953), 66-7. Sefydlwyd ysgol ramadeg Bangor braidd yn ddiweddar (1561) i Brys fod wedi ei mynychu.

17 'Memoirs', yn *The History of the Gwydir Family,* gol. John Ballinger (Caerdydd, 1927), 65. Ychwaneger at honiad Syr John ynghylch yr addysg a dderbyniodd Morgan sylw Siôn Phylip fod yng Ngwedir 'ysgol rinweddol rad' yn nyddiau Morys Wynn, y penteulu o 1559 hyd 1580 (J. Gwilym Jones, 'Teulu Gwedir fel Noddwyr y Beirdd', 32). Yn ei ewyllys cyfeiria Siôn Wyn ap Maredudd (m. 1559), tad Morys Wynn, ato'i hun fel 'tutour' rhyw Huw ap Robert ap Wiliam, a cheir cyfeiriadau posibl at ddarparu addysg yng Ngwedir yn ei gyfnod ef mewn cerddi a ganodd Rhisiart Gele a Lewys Morgannwg iddo (ibid., 104).

18 Yr Athro R. Geraint Gruffydd oedd y cyntaf i awgrymu y gallasai Prys fod wedi cael ei addysgu yng Ngwedir ('William Morgan', *Y Traddodiad Rhyddiaith,* gol. Geraint Bowen (Llandysul, 1970), 161-2).

19 Gw. John Venn a J. A. Venn, *The Book of Matriculations and Degrees* (Caer-grawnt, 1913), 473, 542. Ar Dr John Gwynn (m. 1574) gw. *BC,* 308. Gadawodd arian yn ei ewyllys i sefydlu ysgoloriaethau a chymrodoriaethau ar gyfer efrydwyr o Gymry yng Ngholeg Ieuan Sant. Bu Syr John Wynn yntau yn noddi myfyrwyr Cymreig yn y coleg hwn (*CWP* rhifau 376, 545, 583 a 904).

dros gredu i un o feibion Edmwnd Prys, John Prys, gael ei gyflogi yn gaplan yng Ngwedir yn nyddiau Syr John Wynn, a bod hyfforddi meibion Syr John yn y clasuron ymhlith ei ddyletswyddau yno.[20] Gall fod y cyswllt hwn yn dyddio'n ôl i'r genhedlaeth flaenorol, ac mai un o'i ragflaenwyr yn y swydd a dywysodd ei dad gyntaf ar hyd llwybrau dysg.

Un o greadigaethau'r Dadeni oedd Coleg Ieuan Sant, Caer-grawnt, cyrchfan Prys ym 1565. Fe'i sefydlwyd ym 1511 drwy weledigaeth y dyneiddiwr John Fisher, Esgob Rochester, a thrwy haelioni'r Arglwyddes Margaret Beaufort, mam Harri VII, a'i gwaddolodd yn ei hewyllys.[21] Megis Prifysgol Alcalá, creadigaeth y Cardinal Ximenes yn Sbaen, a sefydliadau eraill diweddarach ar y cyfandir, fe'i bwriadwyd gan Fisher fel coleg tairieithog, lle ceid hyfforddiant mewn Lladin, Groeg a Hebraeg, y tair iaith freiniol a ystyriai'r dyneiddwyr yn anhepgor ar gyfer astudiaethau diwinyddol. Enillodd y coleg enw iddo'i hun o'i ddyddiau cynnar fel meithrinfa nodedig i'r ddysg newydd.[22] Yn ystod tridegau a phedwardegau'r ganrif, er enghraifft, pan oedd Syr John Cheke a Roger Ascham, dau o ddyneiddwyr mwyaf Lloegr yn eu dydd, yn gymrodyr yno, ni cheid ei hafal drwy'r deyrnas

[20] Cf. *CWP*, rhif 1511: 'Instructions by Sir John Wynn of Gwydir to his cousin and chaplain John Prys' (argraffwyd y ddogfen hon yn *The History of the Gwydir Family* (Croesoswallt, 1878), xi-xii). Nodir mai clerigwr oedd John Prys, mab Edmwnd Prys, yn P.R.O., STAC 8/187/23 (cf. Ifan ab Owen Edwards, *A Catalogue of Star Chamber Proceedings relating to Wales* (Caerdydd, 1929), 184). Arwyddocaol yw disgrifiad John Wynn o'i gaplan fel 'cousin' (= 'câr, perthynas', gw. *OED*), cf. ei ddisgrifiad o Ffowc Prys, un arall o feibion Edmwnd Prys, fel 'my Cozen' (*CWP*, rhif 2858). Yr oedd gwragedd Edmwnd Prys, Elin a Gwen (o deulu'r Pengwern, Ffestiniog), ill dwy yn gyfyrderesau i Syr John Wynn (*PACF*, 227, 280-1, 361).

[21] Ar hanes y Coleg gw. T. Baker, *History of St. John's College* (gol. J. E. B. Mayor), dwy gyfrol (Caer-grawnt, 1869); J. B. Mullinger, *St. John's College* (Llundain, 1901) ac Edward Miller, *Portrait of a College: a History of the College of Saint John the Evangelist, Cambridge* (Caer-grawnt, 1961).

[22] Er bod ynddo orddweud ymffrostgar, y mae sylw Thomas Nashe (a fu'n fyfyriwr yn y coleg o 1582 hyd 1589) yn ei ragair i *Menaphon* Robert Greene (1589) yn werth ei ddyfynnu: 'yet was not knowledge fully confirmed in her Monarchy amongest vs, till that most famous and fortunate Nurse of all learning, Saint *Iohns* in *Cambridge,* that at that time was an Vniuersity within it selfe, shining so farre aboue all other houses, Halles, and hospitals whatsoeuer, that no Colledge in the

fel canolfan astudiaethau Groeg. Ar wahân i'r darpariaethau academaidd ffurfiol adlewyrchid gogwydd dyneiddiol y coleg mewn cyfeiriadau eraill hefyd, yn arbennig efallai yn y traddodiad cryf o chwarae dramâu clasurol a neo-glasurol a ddatblygodd yno.[23] Bu i'r coleg ran amlwg yn hanes crefyddol yr oes hefyd. Erbyn canol y ganrif datblygasai'n un o brif gadarnleoedd Protestaniaeth yng Nghaergrawnt, a phan esgynnodd y Frenhines Mari i'r orsedd cafwyd mwy o alltudion crefyddol o blith ei gymrodyr nag o blith cymrodyr unrhyw goleg arall yn y brifysgol.[24] Yn ystod blynyddoedd cynnar teyrnasiad Elisabeth daeth y coleg yn fagwrfa gref i'r piwritaniaid, a cheid carfan niferus ohonynt yno drwy gydol dyddiau coleg Prys. Treuliodd Prys oddeutu deuddeng mlynedd yng Ngholeg Ieuan Sant, gan raddio'n B.A. ym 1568 ac yn M.A. ym 1571.[25] Nid aelod dinod o gymdeithas ei goleg mohono: ym 1570 fe'i hetholwyd yn Gymrawd o'r coleg, ac yn ddiweddarach fe'i hetholwyd yn Bregethwr (1574) ac yn Gaplan (1575) yno hefyd.[26] Yn ystod 1575-6 yr oedd hefyd yn un o Bregethwyr

Towne was able to compare with the tithe of her Students; hauing (as I haue heard graue men of credite report) moe Candles light in it, euery Winter morning before foure of the clocke, then the foure of the clocke bell gaue strokes' (R. B. McKerrow (gol.), *The Works of Thomas Nashe,* argraffiad newydd (Rhydychen, 1958), II, 317).

23 Gw. o dan 'Cambridge: St. John's' yn y mynegai i F. S. Boas, *University Drama in the Tudor Age* (Rhydychen, 1914); hefyd Sandra Billington, 'Sixteenth-Century Drama in St. John's College, Cambridge', *The Review of English Studies,* new series, XXIX (1978), 1-10 [yr wyf yn ddyledus i'r Athro D. J. Bowen am y cyfeiriad diwethaf]. Chwaraewyd *Eunuchus,* un o gomedïau Terens, yn y coleg ym 1562, a *Hymenaeus,* comedi Ladin a seiliwyd ar *Decamerone* Boccaccio, c. 1578. Ceir tystiolaeth fod dramâu (nas enwir) wedi eu perfformio yn y coleg pan oedd Prys yn fyfyriwr yno yn y cyfrifon a gyhoeddodd G. C. Moore Smith yn 'The Academic Drama at Cambridge', *Collections,* Vol. II, Part II (The Malone Society, 1923), 222-3.

24 Gw. y tablau yn H. C. Porter, *Reformation and Reaction in Tudor Cambridge* (Caergrawnt, 1958), 91-8.

25 J. Venn a J. A. Venn, *The Book of Matriculations and Degrees,* 473, 542.

26 Cofnodir ei ethol yn Gymrawd yn Baker, *History of St. John's College,* I, 289. Cofnodir ei ethol yn un o Bregethwyr y coleg ibid., 333. Ceir y dystiolaeth iddo gael ei ethol yn gaplan *pro fundatrice* yng nghyfrifon y coleg am 1575-6 (St. John's College Archives, rental 1575-99). [Diolchaf i Feistr a Chymrodyr Coleg Ieuan Sant am ganiatâd i archwilio'r archifau ac i gyfeirio atynt.]

y Brifysgol.[27] Ymhlith cyfoeswyr Prys yn y coleg yr oedd sawl gŵr a ddaeth yn adnabyddus yn ddiweddarach ym myd ysgolheictod a llên. Yr oedd Andrew Downes, Athro Groeg y Goron yng Nghaer-grawnt o 1585 hyd 1624 ac ysgolhaig Groeg mwyaf ei ddydd, a'r Cymro Hugh Broughton, yr ysgolhaig Hebraeg, yn gymrodyr yno yr un pryd ag ef; graddiodd William Webbe, awdur *A Discourse of English Poetrie* (1586) o'r coleg ym 1573, a thua diwedd cyfnod Prys yno ymrestrodd y dramodydd Robert Greene a'r bardd Abraham Fraunce ymhlith y myfyrwyr.[28] Yn ogystal â William Morgan a Hugh Broughton yr oedd yn y coleg hefyd Gymro arall a gydoesai â Phrys, sef Richard Vaughan o Nyffryn yn Llŷn a ddaeth yno ym 1569. Fel Prys, yr oedd Vaughan—Esgob Llundain adeg ei farw ym 1607—yn un o'r gwŷr y dywedodd Morgan iddo roi cynhorthwy iddo gyda Beibl 1588.[29]

Er mwyn amgyffred cynhysgaeth feddyliol Prys a deall ei ymagweddu yn yr ymryson y mae'n ofynnol gwybod am natur yr addysg a dderbyniodd yng Nghaer-grawnt.[30] A chyffredinoli, addysg ydoedd a gyfunai ddau draddodiad, y traddodiad clasurol paganaidd, cynnyrch hen wareiddiadau Groeg a Rhufain, a'r traddodiad Cristnogol gyda'i wreiddiau a'i ysbrydoliaeth yn y Beibl ac yng ngweithiau'r Tadau Eglwysig. Deddfai statudau Caer-grawnt yn y cyfnod fod yn rhaid i ymgeisydd am radd B.A. astudio tri phwnc, sef rhethreg, rhesymeg ac

27 J. Venn (gol.), *Grace Book* Δ (Caer-grawnt, 1910), 573.

28 Cofnodir hanes yr holl wŷr a enwyd yn *DNB*. Ceir manylion eu gyrfa yn y coleg yn John Venn a J. A. Venn, *Alumni Cantabrigienses*, I-IV (Caer-grawnt, 1922-7).

29 Ar Vaughan gw. *BC*, 944. Canodd Prys gywydd marwnad iddo (EP, LXXXI).

30 Seiliwyd y sylwadau sy'n dilyn ar y copi o statudau 1559 Caer-grawnt a geir yn J. Lamb (gol.), *Collection of Original Documents from the Manuscript Library of Corpus Christi College, illustrative of the History of the University of Cambridge, 1500-72* (Llundain, 1838), 280-299. Gw. hefyd J. Heywood (gol.), *Collection of Statutes for the University and Colleges of Cambridge* (Llundain, 1840), 288-314. Cafwyd mân newidiadau yn statudau newydd 1570: am y testun gw. Lamb, op, cit., 320. Am ymdriniaethau pellach â'r cwrs addysg yng Nghaer-grawnt oddeutu'r cyfnod hwn gw. W. T. Costello, *The Scholastic Curriculum at Early-Seventeenth Century Cambridge* (Cambridge, Mass., 1958) a M. H. Curtis, *Oxford and Cambridge in Transition, 1558-1642* (Rhydychen, 1959).

athroniaeth.[31] Ar gyfer gradd M.A. astudid pedwar pwnc, sef mwy o athroniaeth ynghyd â seryddiaeth, mathemateg a Groeg. Seilid yr astudiaeth o bob un o'r pynciau hyn ar weithiau'r awduron clasurol cydnabyddedig yn y maes, y cwrs rhethreg ar weithiau Quintilian, Hermogenes neu Gicero, er enghraifft, y cwrs athroniaeth ar weithiau Aristotles, Plini a Phlato, y cwrs seryddiaeth ar waith Ptolemi, ac yn y blaen, er ei bod yn sicr yr atgyfnerthid y rhain yn aml gan weithiau na sonnir amdanynt yn y statudau, yn weithiau awduron clasurol eraill ac yn draethodau dyneiddiol cyfoes.[32] Ar ôl graddio'n M.A. gellid mynd ymlaen i wneud cwrs proffesiynol, gan amlaf mewn diwinyddiaeth fel y gwnaeth Prys. Yr oedd Groeg yn anhepgor ar gyfer y cwrs hwn, a rhaid oedd mynychu darlithiau ar y Beibl, ar Hebraeg ac ar ddiwinyddiaeth, gyda'r pwyslais ar weithiau'r Tadau Eglwysig ac esbonwyr Protestannaidd cyfoes. Drwy gydol ei gwrs prifysgol yr oedd yn rhaid i fyfyriwr gymryd rhan yn rheolaidd mewn ymarferion academaidd o sawl math. Y pwysicaf ohonynt oedd y *disputationes*, math o ddadleuon ffurfiol ar bynciau gosodedig, ac nid yw'n annichon fod a wnelo hir gynefindra Prys â'r rhain ryw gymaint â'r ffaith ei fod fel bardd mor chwannog i ymryson.[33]

Yng nghyfnod Prys anwybyddid yr ieithoedd modern yn llwyr yng nghwricwlwm swyddogol y prifysgolion. Ond yr oedd modd cael rhyw gymaint o hyfforddiant answyddogol ynddynt er hynny. Honnodd y dyneiddiwr Gabriel Harvey, cyfoeswr i Brys yng Nghaer-grawnt, fod Eidaleg a Ffrangeg yn boblogaidd iawn ymhlith gwŷr y colegau yn y

[31] A bod yn fanwl, amlinellir cwrs ychydig yn wahanol ar gyfer y radd hon yn statudau Coleg Ieuan Sant am y cyfnod, gw. J. E. B. Mayor (gol.), *Early Statutes of the College of St. John the Evangelist in the University of Cambridge* (Caer-grawnt, 1859), 107. Ynddynt hwy gorchmynnir astudio mathemateg, nid rhethreg, yn ystod y flwyddyn gyntaf. Dyna a orchmynnai statudau'r Brifysgol hefyd nes eu diwygio ym 1559. Yn hyn o beth yr oedd statudau'r coleg, a ddiwygiwyd ddiwethaf ym 1545, ar ôl yr oes, a diau mai dilyn statudau'r Brifysgol a wneid yn nyddiau Prys.

[32] Gw. Curtis, *Oxford and Cambridge in Transition*, 92-125.

[33] Cf. sylw A. L. Rowse am oes Elisabeth: 'The infernal disputatiousness of the age . . . arose not only from the perennial aggressiveness of men, but from the whole method of education and mode of mental operations.' (*The Elizabethan Renaissance: the Cultural Achievement* (Llundain, 1972), 310-11). Gw. hefyd Hardin Craig, *The Enchanted Glass*, argraffiad newydd (Llundain, 1952), 139-59.

cyfnod.[34] Tystia'r bardd Rhys Cain fod William Morgan yn medru Ffrangeg[35]—ffrwyth ei flynyddoedd yng Nghaer-grawnt yn ddiau—ac mae'n fwy na thebyg fod Edmwnd Prys yntau wedi manteisio ar y cyfle i ddysgu rhai o'r ieithoedd modern yno.[36] Ymffrostia yn yr ymryson ei fod yn gyfarwydd â barddoniaeth mewn wyth o ieithoedd (17. 75-6), a chyferchir ef gan Gynwal yn ei dro fel 'gwr hynod wythiaith' (19. 15).[37] P'run ai llythrennol wir hyn ai peidio, prin y gellir amau nad oedd Prys ar ôl ei gyfnod o ddeuddeng mlynedd yng Nghaer-grawnt yn ŵr tra dysgedig, yn ŵr wedi ymdrwytho yng nghyfrinion sawl cangen o wybodaeth a'i arfogaeth ieithyddol yn bur nodedig.

Yn ogystal â'i gynysgaeddu â dysg y mae'n debyg i'r blynyddoedd a dreuliodd Prys yng Nghaer-grawnt fod yn gyfrwng hefyd i grisialu ei syniadau ynghylch crefydd a threfn eglwysig. Yn ystod ei gyfnod yno bu'r brifysgol yn ganolbwynt i beth o wrthdaro crefyddol dycnaf yr oes, y gwrthdaro rhwng y blaid swyddogol a gefnogai Sefydliad Anglicanaidd 1559 a'r piwritaniaid, y radicaliaid crefyddol a fynnai weld diwygio Eglwys Loegr ymhellach.[38] Diau i Brys ddod yn ymwybodol o'r frwydr hon yn gynnar ar ei yrfa golegol. Yn ystod ei ail dymor, tymor Mihangel 1565, dechreuodd nifer helaeth o gymrodyr a myfyrwyr piwritanaidd eu tueddiadau yng Ngholeg Ieuan Sant

[34] *Three Proper, and Wittie, Familiar Letters* (Llundain, 1580), gw. J. C. Smith ac E. De Selincourt (gol.), *The Poetical Works of Edmund Spenser* (Llundain, 1912), 621. Aeth Harvey i Goleg Crist ym 1566, graddio'n B.A. ym 1569-70 ac yn M.A. ym 1573 (J. Venn a J. A. Venn, *Alumni Cantabrigienses,* II, 323).

[35] R. Geraint Gruffydd, 'William Morgan', *Y Traddodiad Rhyddiaith,* 162.

[36] Mae'n werth nodi mai'r ysgolhaig o Ffrancwr, Antoine Chevallier, oedd Darlithydd Hebraeg Coleg Ieuan Sant o 1569-72 (gw. fy nodyn ar athrawon Hebraeg Morgan a Phrys, 'William Morgan ac Edmwnd Prys yng Nghaer-grawnt', *B,* XXIX, 298-9). Dywedir mai ef a fu'n dysgu Ffrangeg i'r Dywysoges Elisabeth (*DNB,* X, 215). Yr oedd Chevallier hefyd yn Ddarlithydd Hebraeg yn y Brifysgol, a Ffrancwr arall, Philip Bignon, a'i holynodd yn y swydd honno, gw. R. Geraint Gruffydd, 'William Morgan', *Y Traddodiad Rhyddiaith,* 162.

[37] Am awgrym ynghylch yr ieithoedd a wyddai Prys gw. y nodyn ar 17. 76 yn y testun.

[38] Cf. honiad un sylwedydd cyfoes fod y brifysgol ar y pryd 'all in a hurly-burly and shameful broil' (dyfynnir gan Glanmor Williams, 'Bishop William Morgan (1545-1604) and the First Welsh Bible', *CCHChSF,* VII (1976), 351.

fynychu'r gwasanaethau yng nghapel y coleg heb eu gwenwisgoedd, gweithred a ystyrid yn chwyldroadol ac a enynnodd wg yn uchel gylchoedd y deyrnas.[39] Ni wyddys beth oedd safbwynt Prys yn yr helynt hwn, ond gall fod yn arwyddocaol nad oedd William Morgan ymhlith y gwrthryfelwyr.[40] Arweinydd y blaid swyddogol yng Nghaer-grawnt oedd John Whitgift a benodwyd yn Athro Diwinyddiaeth y Goron ym 1567 ac yn Feistr Coleg y Drindod ym 1570. Awgrymodd yr Athro R. Geraint Gruffydd i Brys a Morgan fwrw eu coelbrennau gyda'r darpar archesgob a'i blaid erbyn diwedd y chwedegau.[41] Diau ei bod yn arwyddocaol yn y cyswllt hwn nad oedd Prys ymhlith y 160 o gymrodyr, lawer ohonynt yn biwritaniaid, a arwyddodd ddeiseb ym 1572 yn cwyno yn erbyn y statudau newydd a luniodd Whitgift ar gyfer y brifysgol.[42] Efallai mai ei gefnogaeth i Whitgift a enillodd i Brys, megis i William Morgan, anfarwoldeb ychydig yn anffodus fel un o'r rhai a wnaed yn gyff gwawd yn 'Cockolds Kallender', dychangerdd fustlaidd y Pabydd Stephen Valenger i rai o wŷr blaenllaw Caer-grawnt.[43]

39 Gw. Porter, *Reformation and Reaction in Tudor Cambridge*, 119-35; hefyd fy nodyn 'William Morgan ac Edmwnd Prys yng Nghaer-grawnt', *B*, XXIX, 296-8.

40 Yn P.R.O., S.P. Dom. Eliz. vol. xxxviii, no. 16 (i), 104-5, ceir rhestr, dyddiedig 15 Rhag. 1565, o holl gymrodyr y coleg a'u disgyblion lle nodir a oeddynt yn gwisgo gwenwisg ai peidio. Gwelir fod Morgan, yn wahanol i'w diwtor John Dakins, yn cydymffurfio yn hyn o beth. Mae anhawster ynglŷn â Phrys: ai ef oedd 'Pryse', disgybl Lawrence Riley, ynteu 'prise', disgybl Thomas Barbar? Yr oedd y naill i ffwrdd o'r coleg ar y pryd a'r llall ymhlith y rhai na wisgent wenwisg.

41 'William Morgan', *Y Traddodiad Rhyddiaith*, 163. Ffaith a all fod yn arwyddocaol yn y cyswllt hwn yw mai Whitgift a drwyddedodd Brys i bregethu, gw. n. 46 isod.

42 Rhestrir yr enwau yn Lamb, *Collection of Original Documents*, 358-9. Arwyddwyd y ddeiseb hon gan 29 o'r 50 cymrawd a geid yng Ngholeg Ieuan Sant. Arni'n gyffredinol gw. Porter, *Reformation and Reaction in Tudor Cambridge*, 167-8. Ni ddigwydd enw Prys ychwaith ar ddeiseb a anfonodd 26 o gymrodyr Coleg Ieuan Sant at Burghley ym 1573 yn cwyno yn erbyn y Meistr, Nicholas Shephard (P.R.O., S.P. Dom. Eliz. vol. xcii, no. 24).

43 Cf. sylw R. Geraint Gruffydd ('William Morgan', *Y Traddodiad Rhyddiaith*, 163): 'Er bod Valenger yn ymosod ar rai piwritaniaid yn y faled hon, aelodau'r blaid 'swyddogol' yw prif nod ei saethau.' Dyma'r pennill sy'n cyfeirio at Brys (Ruth Hughey (gol.), *The Arundel Harington Manuscript of Tudor Poetry* (Columbus, 1960), I, 218):

Yr oedd bryd Prys ar yrfa eglwysig, ac ar 23 Mawrth 1567 derbyniodd urddau diacon oddi ar law Richard Cox, Esgob Ely, yn eglwys Conington, swydd Gaer-grawnt.[44] Ychydig dros flwyddyn yn ddiweddarach, ar 16 Ebrill 1568, fe'i hurddwyd yn offeiriad gan Cox yn Eglwys Gadeiriol Ely. Yno gydag ef yr oedd William Morgan a urddwyd yn ddiacon yr un diwrnod.[45] Yn ôl a ddywed Hwmffre ap Siôn ap Hwmffre, a fu'n un o'i blwyfolion yn Llanenddwyn yn ddiweddarach, trwyddedwyd Prys i bregethu gan John Whitgift ym 1570.[46] Cafodd ei fywoliaeth gyntaf ar 14 Mawrth 1573 pan benodwyd ef i Reithoriaeth Ffestiniog a Maentwrog yn Sir Feirionnydd, ond mae'n rhaid mai bugail anhrigiannol ydoedd i raddau helaeth am rai blynyddoedd. Er iddo gael ei benodi'n Rheithor Llwydlo yn Sir Amwythig ym mis Mawrth 1576 ac yn Archddiacon Meirionnydd ym mis Tachwedd y flwyddyn honno, y mae'n debyg

Churche Roome is skarce in sermond tymes
great preace one pewe contaynes
All in at once his clapper chymes
when Megg at home remaynes
some dayntie Ioncketts to prepare
Rrice potage was her cheefest fare

Pewe his wyfe the
Tailor and m^r Pryce
of St Iohñes preacher

Ar y pennill hwn gw. ymhellach fy sylwadau yn 'Edmwnd Prys (1543/4-1623): Dyneiddiwr Protestannaidd', *CCHChSF,* VIII (1980), 353-4.

44 Ymchwiliwyd gyrfa eglwysig Prys yn fanwl gan A. Owen Evans. Ac eithrio'r wybodaeth ynghylch ei drwyddedu'n bregethwr (gw. n. 46 isod) codwyd yr holl fanylion yn yr adran hon o 'Edmund Prys', *TrCy,* 1922-3, 126-34.

45 Yng Nghofrestr Eglwys Gadeiriol Ely digwydd y cofnodion ynghylch Prys a Morgan ynghyd â'r datganiadau a wnaethant ar yr achlysur hwn yn nesaf at ei gilydd ar yr un dudalen (ibid., 127-8).

46 'Anno dominij milessimo Quingentessimo Sexagessimo [recte = septuagesimo] since m^r price had his liecs [= licence] of orders to preach by the late archbushopp of Caunterbury whitgefiote [sic] twoe and fiftie yeeres to this yeere of our lord god 1622 since he began to preach and continually did preach die sabatti die dominico a weeke after shrove sundaye the seconde of march 1622 hoc anno hoc dixit' ((Ba)M 6, 118v). [Yr wyf yn ddyledus i'r Athro R. Geraint Gruffydd am dynnu fy sylw at y cyfeiriad hwn.]

mai yng Nghaer-grawnt y trigai'n bennaf hyd oddeutu canol 1577.[47] Daliodd fywoliaeth Llwydlo hyd 1579, a dengys ei gywydd enwog i ofyn dwned a phrognosticasiwn gan Siôn Tudur iddo drigo yno am o leiaf beth o'r amser.[48] Ar ôl ildio Llwydlo ym 1579 y mae'n sicr iddo ymsefydlu'n gyfan gwbl yn Ardudwy, a thua'r adeg hon efallai yr aeth i fyw i'r Tyddyn Du, Maentwrog, ei unig gartref hysbys yn yr ardal. Gwasanaethodd Prys fel Archddiacon Meirionnydd a Rheithor Ffestiniog a Maentwrog am weddill ei oes, ac yn Ebrill 1580 penodwyd ef yn Rheithor Llanenddwyn a Llanddwywe yn ogystal. Yn rhinwedd ei swydd fel Archddiacon Meirionnydd daliai Reithoriaeth Llandudno fel segurswydd, ac yr oedd iddo hefyd Ganoniaeth a Phrebend yn Eglwys Gadeiriol Bangor. Yn Hydref 1602 penodwyd ef yn Ganon yn Eglwys Gadeiriol Llanelwy gan yr Esgob William Morgan, awgrym pellach, ond odid, o agosrwydd y gyfathrach a fu rhwng y ddau.

Fel archddiacon dros ardal eang—cynhwysai archddiaconiaeth Meirionnydd bryd hynny ddeoniaethau gwledig Ardudwy, Ystumanner ac Eifionydd gan ymestyn o Fachynlleth hyd Gricieth—ac fel rheithor gweithredol ar ddau blwyf gwasgaredig, yr oedd dyletswyddau eglwysig Prys yn lled helaeth.[49] Bu hefyd yn Ustus Heddwch am ddeng mlynedd ar hugain, swydd a roes iddo ddyletswyddau'n ymwneud â llywodraeth leol a gweinyddiad y gyfraith.[50] Yn rhinwedd ei awdurdod mewn byd ac eglwys ni ellir amau nad oedd yn un o urddasolion y gymdeithas y perthynai iddi, a'i fywyd yn gyfuniad hapus o'r gŵr eglwysig a'r mân uchelwr. Gellir barnu ei fod yn ŵr lled gefnog yn ôl safonau'r oes. Deuai incwm cysurus iddo o'i fywoliaethau

[47] Dengys cyfrifon Coleg Ieuan Sant fod Prys wedi derbyn ei gyflog fel Cymrodor a Phregethwr am ddau chwarter cyntaf y flwyddyn ariannol a ddechreuai yn Rhagfyr 1576 (St. John's College Archives, rentals 1575-99). Yn ôl statudau'r coleg ni châi'r Pregethwyr fod yn absennol oddi yno am fwy nag 8 wythnos y flwyddyn (Mayor, *Early Statutes of the College of St. John the Evangelist*, 99). Anghywir yw'r honiad (*Bye-Gones*, 2 Ebrill 1873; *DNB*, XLVI, 438, etc.) mai caplan i Lywydd Cyngor y Gororau oedd Prys yn Llwydlo.

[48] EP, XC; hefyd Enid Roberts, *Gwaith Siôn Tudur*, rhif 142.

[49] Ar hyn gw. *TrCy*, 1922-3, 133-4.

[50] Gw. y nodyn ar 8. 15-16 yn y testun.

eglwysig, a daeth yn berchen tiroedd yn Ffestiniog a Maentwrog.[51] Mewn cyfres o ysgrifau bywiog yn *Y Genedl Gymreig* hanner can mlynedd yn ôl tynnodd Bob Owen sylw at achosion a dducpwyd yn erbyn Prys yn Llys y Seren, achosion lle'i cyhuddid, ynghyd ag aelodau o'i deulu ac eraill, o drawsfeddiannu tiroedd, o ladrata gwartheg, o ymddwyn yn derfysglyd ac o anudoniaeth.[52] Er y gall fod rhywfaint o wir yn y cyhuddiadau a wnaed yn ei erbyn,[53] camgymeriad, fodd bynnag, fyddai llyncu'r cyfan ohonynt yn ddihalen gan ei bod yn wybyddus fod gorliwio a gor-ddweud yn nodweddion cyffredin mewn cyhuddiadau a wneid gerbron Llys y Seren.[54] Hawdd yw credu, er hynny, fod Prys—gŵr pryd tywyll a oedd yn gawr o ran corffolaeth yn ôl a ddywed ef ei hun ac eraill[55]—weithiau'n dueddol i fwrw ei gylchau ac y gallai ymddwyn yn frochus ac yn drahaus tuag at eraill ar brydiau.

Drwy ei ddwy briodas ymgysylltodd Prys â theulu'r Pengwern, Ffestiniog, uchelwyr amlycaf y gymdogaeth. Ei wraig gyntaf oedd Elin, merch Siôn ap Lewis o'r Pengwern, a bu iddynt dri o blant, John, Robert a Jane. Cyfnither i'w wraig gyntaf oedd ei ail wraig, sef Gwen ferch Morgan ap Lewis, gweddw Rhys ap Robert o Fodrychwyn, Llanfair Talhaearn, a bu iddo dri mab o'r briodas hon, Ffowc, Morgan

51 Pan fu farw Prys yr oedd ganddo £200, swm sylweddol yn y cyfnod, ar fenthyg i Risiart Nannau o Lanfair (*TrCy*, 1922-3, 118). Ar werth ei fywoliaethau eglwysig gw. ibid., 139. Yr oedd ganddo diroedd yn y Tyddyn Du a Llwyn Teg, Maentwrog ac yn Rhiwbryfdir, Hafod yr Ysbyty a Llety Wilym, Ffestiniog (ibid., 117); Bob Owen, *Y Genedl Gymreig*, 11 Medi 1933, 3). Bu cynhennu ac ymgyfreithio ynghylch perchenogaeth Llwyn Teg, Hafod yr Ysbyty a Llety Wilym (gw. y cyfeiriadau yn n. 52 isod).

52 Loc. cit., 23 Ion. 1933, [3]; 6 Mawrth 1933, 3; 11 Tach. 1935, 3. Ymdrinnir o'r newydd â'r achosion yn ymwneud â'r cynhennu ynghylch perchenogaeth tiroedd yn f'erthygl 'Edmwnd Prys ac Ardudwy', *CLlGC*, XXII, 286-90. Gw. hefyd Ifan ab Owen Edwards, *A Catalogue of Star Chamber Proceedings relating to Wales*, 89, 171, 184.

53 Ar hyn gw. fy sylwadau yn 'Edmwnd Prys ac Ardudwy', *CLlGC*, XXII, 290.

54 Cf. sylw Penry Williams ('The Star Chamber and the Council in the Marches of Wales, 1558-1603', *B*, XVI, 289): 'the statements contained in the Star Chamber proceedings cannot be accepted at their face value: without exception they are partisan, and often they are violently sensational.'

55 Gw. y nodyn ar 4. 31-2 yn y testun.

ac Edmwnd.[56] Yr oedd dau o'i feibion, John a Ffowc, yn feirdd fel eu tad.[57] Cafodd Prys oes hir. Bu farw ym mis Medi 1623 yn bedwar ugain mlwydd oed, a dywedir iddo gael ei gladdu o dan yr allor yn eglwys Maentwrog.[58] Goroesodd ei wraig ef, ac etifeddwyd y Tyddyn Du gan ei fab Ffowc Prys.[59]

Fel bardd y Salmau Cân y mae Prys yn fwyaf adnabyddus bellach, ond cynnyrch ei henaint oedd y rhain. Ys dywedodd John Morris-Jones, 'i'w gyfoedion, prydydd nerthol yn yr hen fesurau oedd 'Archiagon Meirionydd'.'[60] Cadwyd inni 65 o gywyddau a dwy awdl y mae'n bur sicr mai ef a'u cyfansoddodd, ac yn y llawysgrifau priodolir dros 100 o englynion iddo hefyd. Ar wahân i'r Salmau Cân ni

56 Rhestrir plant Prys o'r ddwy briodas yn *BC,* 757 a *PACF,* 361. Nid yw dyddiadau'r priodasau'n hysbys, ond ymddengys fod Jane, merch Prys o'r briodas gyntaf, wedi priodi erbyn 1594 ('Edmwnd Prys ac Ardudwy', *CLlGC,* XXII, 286-7). Ganed John Prys ym 1585 os mai ef yw'r John Price o Sir Feirionnydd a fatricwleiddiodd yng Ngholeg Oriel, Rhydychen ym 1602 yn 17 oed (Joseph Foster, *Alumni Oxonienses,* III-IV (Rhydychen, 1892), 1204). Mae'n rhaid fod Prys wedi priodi ei ail wraig cyn 1588, oherwydd yr oedd Ffowc Prys 'aidged xxviij yeares or thereaboute' ym mis Ebrill 1616 (Papurau Wynn (Gwedir) (Llyfrgell Genedlaethol Cymru), rhif 753). Ceir y dystiolaeth mai gweddw Rhys ap Robert o Fodrychwyn oedd Gwen, ail wraig Prys, ym mhapurau Garthewin, rhifau 156-65 (Llyfrgell Coleg y Brifysgol, Bangor). Yr oedd Prys a'i ail wraig yn orchawon, cf. yr achau yn *PACF,* 361 a *HPF,* V, 370.

57 *Cefn Coch,* 7, lle'u rhestrir ymhlith 'y mydrwyr or Brytanniaid ar a oedd . . . yn canu ar ei bwyd ei hun'. Ceir amryw o gerddi gan Ffowc Prys yn y llawysgrifau, gw. *MFGLl,* 916-17. Ai John Prys yw un o'r ddau Siôn Prys y cofnodir fod englynion ganddynt ibid., 3687-8?

58 Cf. (Ba) M 6, 118v: 'ould m^r^ pryce dyed in the moneth of September last hoc anno 1623 aiged ffowerscoore yeeres to this yeere 1623'. Penodwyd ei olynydd fel Archddiacon Meirionnydd ar 29 Medi 1623 (*TrCy,* 1922-3, 112). Ar fan ei gladdu gw. ibid., 138-9.

59 Ibid., 160-2.

60 'Edmwnd Prys', *Y Geninen,* XLI (1923), 60. Am ymdriniaethau â barddoniaeth Prys gw. ibid., 57-71; 'Asaph', *Edmwnd Prys,* 40-104, 128-87; G. Jones ('Glan Menai'), *Edmwnd Prys,* 44-160; EP, xxx-liv; W. J. Gruffydd, *Llenyddiaeth Cymru o 1450 hyd 1600* (Lerpwl, 1922), 94-109; T. Gwynn Jones, 'Edmwnd Prys', *Y Llenor,* II (1923), 235-64; ibid., III (1924), 19-31; A. O. Evans, 'Edmund Prys', *TrCy,* 1922-3, 139-59.

cheir ond tair cerdd rydd arall o'i waith.[61] Fel bardd, nid ymgyfyngodd Prys i'r Gymraeg yn unig. Ymhlith yr englynion a briodolir iddo y mae amryw o rai Lladin mewn cynghanedd gyflawn, ac ar ddechrau gramadeg Dr John Davies o Fallwyd a gyhoeddwyd ym 1621 ceir cerdd chweban Ladin o'r eiddo yn cyfarch yr awdur ac yn canmol y gwaith.[62] Gwedd ar ddyneiddiaeth Prys, wrth gwrs, oedd y canu Lladin hwn: ymorchestai dyneiddwyr ledled Ewrop yn eu gallu i gyfansoddi yn iaith Fyrsil a Horas yn ogystal ag yn eu mamiaith a chafwyd toreth o ganu o'r fath yn y cyfnod.

O'r 65 cywydd a ganodd Prys cywyddau ymryson yw 43 ohonynt, yn eu plith y 35 sy'n perthyn i'r ddadl â Chynwal. Bu'n ymryson hefyd â Siôn Phylip ddwywaith, â Huw Machno ac â Thomos Prys o Blas Iolyn.[63] Ni pherthyn unrhyw arwyddocâd arbennig i'r ymrysonau eraill hyn, ar wahân efallai i'r ymryson cyntaf â Siôn Phylip, lle mae'r bardd o Fochres, megis Cynwal, yn annog Prys i ymgadw at bregethu ac yn ei gollfarnu am iddo ymhél â barddoniaeth ac yntau'n offeiriad.[64] Y mae'n ddiddorol fod a wnelo Rhys Wyn o Hendre'r Mur

61 Seiliwyd y cyfrif hwn o gerddi Prys ar galendr a luniais o'r holl gerddi a briodolir iddo yn y llawysgrifau. (Gw. hefyd yr adran arno yn *MFGLl*, 628-41, ond mae rhai gwallau yma.) Ceir casgliad o gerddi Prys, ar wahân i'r Salmau Cân, wedi eu golygu gan John Wyn Roberts yn EP. Dim ond oddeutu traean yr englynion a briodolir i Brys yn y llawysgrifau a gynhwysir yn y traethawd, fodd bynnag, ac ni chynhwysir ychwaith ei gywydd yn anfon gleisiad yn llatai dros Marged Harri, cywydd y ceir copïau ohono yn LlGC 1578, 98, LlGC 3288,i, 185 a LlGC 10248, 131. Ni ellir derbyn mai Prys a gyfansoddodd rif LXXXII yn EP ('Cywydd y Llwynog'): o'r 65 llawysgrif a welais i lle digwydd y cywydd dim ond mewn pedair y priodolir ef i Brys, tra priodolir ef i Huw Llwyd o Gynfal mewn 50. Nid Prys biau rhif CVIII yn EP ychwaith (englyn marwnad i Huw Llwyd o Gynfal): yr oedd Huw Llwyd yn dal yn fyw ym 1629 (*BC*, 560), chwe blynedd ar ôl claddu Prys, a phriodolir yr englyn i nifer o feirdd eraill yn y llawysgrifau. Ceir casgliad pur helaeth o waith Prys hefyd yn 'Asaph', *Edmwnd Prys*, 199-299 (cyhoeddwyd ar wahân o dan y teitl *Barddoniaeth Edmwnd Prys*), ond tra anfoddhaol yw ansawdd y testun.

62 *Antiqvae Lingvae Britannicae . . . Rvdimenta* (Llundain, 1621), sig. d4. Ceir y testun ynghyd â chyfieithiad Cymraeg hefyd yn 'Asaph', *Edmwnd Prys*, 22-4.

63 Ceir testunau'r ymrysonau hyn yn EP, LV-LXXXI; gw. hefyd 'Asaph', *Edmwnd Prys*, 275-9 (yr ymryson cyntaf â Siôn Phylip); ibid., 297-9 (rhan o'r ail ymryson â Siôn Phylip); ibid., 279-81, 285-6 (rhan o'r ymryson â Thomos Prys).

64 EP, LVII. 51-64; gw. hefyd 'Asaph', *Edmwnd Prys*, 277.

â'r ymryson hwn hefyd yn ogystal â'r ymryson â Chynwal, gan mai cywydd yn gofyn dager drosto yn rhodd gan Brys oedd cywydd agoriadol Siôn Phylip. Cellwair ynghylch cais a wnaeth Huw Machno am gleddyf a chariadferch Syr Robert Owain oedd sail yr ymryson rhwng Prys a Huw Machno, er ei bod yn ymddangos i'r chwarae droi braidd yn chwerw, ac ymryson cellweirus ynghylch Eiddig oedd yr un a fu rhyngddo a Thomos Prys, ymryson y bu i saith o feirdd eraill ran ynddo hefyd.[65] Tystia ymrysonau Prys i'w ymwneud bywiog â bywyd barddol y cyfnod: y mae'n drawiadol yn y cyswllt hwn fod tystiolaeth ar gael sy'n awgrymu ei fod yn hoff o gwmni beirdd a'u bod yn ymweld ag ef yn y Tyddyn Du.[66] O'r ymrysonau hyn y mae'n debyg fod yr un cyntaf â Siôn Phylip yn rhagflaenu'r ymryson â Chynwal a bod y gweddill yn ddiweddarach.

Gellir rhannu gweddill cynhyrchion barddonol Prys yn ddau ddosbarth ar sail eu testunau, sef cerddi 'lleyg' a cherddi crefyddol a moesol. Yn ei gerddi lleyg ceir yr amrywiaeth testunau a ddisgwylid gan fardd a ganai 'ar ei fwyd ei hun'. Ni chanodd yr un gerdd fawl ar wahân i'w gywydd moliant gwatwarus i Siôn Phylip,[68] cywydd sydd, efallai, yn dychanu moddau'r cywydd mawl traddodiadol yn ogystal â

[65] Ceir cywyddau Prys a Thomos Prys yn EP, LXVIII-LXXI; gw. hefyd 'Asaph', *Edmwnd Prys*, 279-81, 285-6 (ni cheir cywydd cyntaf Tomos Prys yma). Ceir holl gywyddau'r ymryson yn C 64, 701-14. Y beirdd eraill a ganodd gywyddau oedd Siôn Phylip, Rhisiart Phylip, Owain Gwynedd, Ieuan Tew, Huw Machno, Siôn Tudur a Robert Ifans.

[66] Yn LlGC 11993, 25 ceir englynion gan Risiart Phylip a Siôn Clywedog i ganhwyllbren pres o'r eiddo Prys a gyfansoddwyd 'pan oedd llawer o Feirdd gyd ag ef'. Cf. hefyd yr englyn gan fardd di-enw a geir yn T, 563:

Prydyddion mwŷnion sû/n/mynnu, addusc
am wiwddoeth Gerdd Gymru
aeñ ddewisgerdd I ddyscu,
at ûn doeth Ir Tyddyn dû.

[67] Edliwia Cynwal (20. 13-14 yn y testun) nad ag ef y bu Prys yn ymryson gyntaf. Gan fod Huw Machno yn cyfeirio at yr ymryson â Chynwal (EP, LXIII. 61-2) mae'n rhaid fod ei ymryson ef â Phrys, a'r ail ymryson â Siôn Phylip sy'n ddilyniant ohono, yn ddiweddarach. Gan na aned Tomos Prys tan 1564 y mae'n debyg fod ei ymryson yntau â Phrys hefyd yn ddiweddarach.

[68] EP, LXXIV; 'Asaph', *Edmwnd Prys*, 238. Gw. hefyd 'Edmwnd Prys ac Ardudwy', *CLlGC*, XXII, 294-5.

thynnu coes y gwrthrych. Ceir ganddo dri chywydd marwnad, yr un i Gynwal a geir ar ddiwedd yr ymryson, un i Richard Vaughan, Esgob Llundain (m. 1607), a fu'n cydastudio ag ef yng Ngholeg Ieuan Sant,[69] a'r un a ganodd i Siôn Phylip (m. 1620), ei brif gydymaith ymhlith beirdd Ardudwy,[70] y gorau ohonynt ond odid. Ceir ganddo'r un nifer o gywyddau gofyn, yr un a ganodd pan oedd yn Berson Llwydlo yn gofyn dwned a phrognosticasiwn gan Siôn Tudur,[71] un arall yn gofyn galigasgyn gan ddwy wraig o Lanfair-is-gaer,[72] a thrydydd yn gofyn tybaco ar ran Robert Llwyd o'r Rhiw-goch, Trawsfynydd gan Theodore Price o Lanenddwyn, prifathro Hart Hall yn Rhydychen.[73] Un cywydd diolch sydd ganddo, un tra diddorol yn diolch i Edward Llwyd o Lysfasi am rodd o faril gwn adeg ymosodiad yr Armada, lle trafodir y chwyldro a barodd dyfodiad y gwn ym maes rhyfela.[74] Y mae dau o'i gywyddau'n ymwneud â'r bywyd barddol a'i helyntion, sef ei gywydd i gymodi Siôn Phylip a Rhys Wyn Cadwaladr,[75] a'r un a anfonodd at ddau ŵr o Fôn, Rolant Amhredudd o Fodowyr a Syr Rhisiart ap Wiliam, Person Llangadwaladr, i hela awen Morus Llwyd 'a aeth ar goll'.[76] Y mwyaf adnabyddus o'i holl gywyddau, a'r gorau efallai, yw ei gywydd alegorïaidd ar 'Anllywodraeth y Cedyrn'.[77] Fe'i hysgogwyd gan yr helynt cyfoes ynghylch Fforest Eryri, ac ynddo ceir beirniadaeth flaenllym ar ormes y gwŷr

69 EP, LXXXI.

70 Ibid., LXXXVIII. Trafodir y cywydd yn 'Edmwnd Prys ac Ardudwy', *CLlGC*, XXII, 296-7.

71 EP, XC; 'Asaph', *Edmwnd Prys,* 236; Enid Roberts, *Gwaith Siôn Tudur,* rhif 142.

72 EP, LXXXIX; 'Asaph', *Edmwnd Prys,* 240. Math o lodrau neu hosanau hirion oedd galigasgyn.

73 EP, LXXIX; 'Asaph', *Edmwnd Prys,* 293. Yn LlGC 644, 94 rhoddir 1608 fel dyddiad y cywydd.

74 EP, LXXXVI.

75 Ibid., LXXV; 'Asaph', *Edmwnd Prys,* 296.

76 EP, LXXII; 'Asaph', *Edmwnd Prys,* 294. Canodd Morus Llwyd (arno gw. y nodyn ar 7. 79-80 yn y testun) gywydd i'w ateb (EP, LXXIII).

77 EP, LXXXV; 'Asaph', *Edmwnd Prys,* 235; *OBWV,* rhif 120.

mawrion wedi ei fynegi mewn barddoniaeth rymus.[78] Yng nghywydd Prys i'r bêl droed—a ganwyd yn ôl pob tebyg yng Nghaer-grawnt—ceir disgrifiad hwyliog o chwarae'r gêm honno, y disgrifiad cyntaf o'i fath, ond odid, a geir yn Gymraeg.[79] Tuedda'r cywydd a ganodd i annog Syr Siôn Wynn ifanc, mab Syr John Wynn o Wedir, i ddychwelyd adref o Ffrainc ym 1613-14 i ategu'r ddamcaniaeth fod cysylltiad rhyngddo a theulu Gwedir, a diddorol odiaeth yw'r llinellau yn y cywydd sy'n dangos fod Prys yn gydnabyddus â llyfrgell Syr John Wynn.[80] Canodd un cywydd serch cellweirus ond braidd yn ddi-eneiniad,[81] a chynorthwyodd wraig o'r enw Marged Harri i ganu cywydd lle'r anfonid y gleisiad yn llatai at gyfeilles iddi o Fôn.[82] Ymhlith ei gerddi rhydd ceir 'Baled Gymraeg' ar y mesur *About the Banks of Helicon*, un o geinciau Seisnig poblogaidd y dydd, cerdd afieithus i'r gwanwyn a'i dull a'i hysbryd yn dwyn ar gof gerddi madrigal Saesneg y cyfnod.[83] Cerdd rydd gynganeddol a blethwyd yn gywrain odiaeth yw hon, yn ôl pob tebyg un o'r cyntaf o'i bath a ganwyd.

Nid yw'n annisgwyl efallai fod Prys wedi canu cryn nifer o gerddi crefyddol a moesol. Perthyn saith o'i gywyddau i'r dosbarth hwn. Gwelir dylanwad Siôn Cent o ran y cynnwys ac o ran y defnydd o fyrdwn yn ei gywyddau i'r byd hwn ac i'r byd a ddaw,[84] dau gywydd sy'n gymheiriaid amlwg. Ceir ganddo gywydd grymus yn mydryddu'r

78 Ar helynt Fforest Eryri gw. Emyr Gwynne Jones, 'The Caernarvonshire Squires 1558-1625', Traethawd M.A. Prifysgol Cymru 1936, 233-54. Mae'n arwyddocaol efallai fod brawd yng nghyfraith Prys, Morys Lewis o'r Pengwern, wedi sgrifennu at Siryf Sir Gaernarfon ar ran y rhydd-ddeiliaid a fygythid ym 1594 (ibid., 248). Rhoddir 1590 fel dyddiad y cywydd mewn rhai llawysgrifau.

79 EP, LXXVII; 'Asaph', *Edmwnd Prys*, 291. Ymdrinnir â'r cywydd yn erthygl O. E. Roberts, 'Dau Lenor ar Gyfeiliorn', *Y Genhinen*, 28/2,3 (1978), 82.

80 EP, XCI. Gw. hefyd J. Gwynfor Jones, 'Diddordebau Diwylliannol Wyniaid Gwedir', *LlC*, XI, 106-7.

81 EP, LXXVIII; 'Asaph', *Edmwnd Prys*, 243. Nid yw'r llawysgrifau'n unfryd mai Prys yw awdur y cywydd, er bod y mwyafrif yn ei briodoli iddo.

82 Ni chynhwyswyd y cywydd hwn yn EP. Ceir copïau ohono yn LlGC 1578, 98; LlGC 3288,i, 185 a LlGC 10248, 131.

83 EP, CXX; 'Asaph', *Edmwnd Prys*, 237; *OBWV*, rhif 121. Ar y mesur gw. Brinley Rees, *Dulliau'r Canu Rhydd 1500-1650* (Caerdydd, 1952), 32-3; idem, 'Tair Cerdd a Thair Tôn', *B*, XXXI, 61-9.

84 EP, LXXXIII, LXXXIV; 'Asaph', *Edmwnd Prys*, 233.

Credo,[85] ac un arall yn cynghori'r pregethwr ynghylch ei swydd, gan bwysleisio'i ddyletswydd i hyfforddi'r bobl yn yr ysgrythurau.[86] Y cywyddau eraill o'r eiddo a berthyn i'r dosbarth hwn yw ei gywydd rhagorol i stad priodas,[87] ei gywydd ar hen thema Pedair Merch y Drindod,[88] a'i gywydd byr yn mydryddu gras bwyd.[89] Cerddi crefyddol yw ei ddwy awdl hefyd, 'Awdl ein Prynedigaeth ni' sy'n adrodd hanes genedigaeth a bywyd Crist,[90] ac 'Awdl y Baban', lle olrheinir hynt dyn o'r crud i'r bedd a lle pwysleisir yr angen i fyw'n dduwiol.[91] Cerddi moesol yw dwy o'i gerddi rhydd, 'Carol Cydwybod' sydd ar ffurf ymddiddan rhwng dyn a Chydwybod ac a luniwyd yn ôl pob tebyg ar ddelw cerddi Saesneg cyfoes,[92] a 'Carol Cwynfan' sy'n fwy traddodiadol ei dull.[93] Â phynciau crefyddol a moesol y mae a wnelo oddeutu traean ei englynion hefyd. Ymhlith y cyfresi o englynion a luniodd y mae cyfres o chwe englyn i Adda ac Efa sy'n adrodd hanes y Creu,[94] a chyfres arall yn erbyn anudon a llwon ofer.[95] Mae amryw o'r englynion yn mynegi ymwybyddiaeth y bardd o'i bechod a'i ffydd yng Nghrist fel Gwaredwr, gan daro tant mwy personol na dim a geir yn y cywyddau a'r awdlau.[96] Englynion crefyddol yw'r cyfan o'i englynion Lladin, ac y maent ymhlith y gorau

85 EP, LXXX.

86 Ibid., XCIII.

87 Ibid., LXXXVII; 'Asaph', *Edmwnd Prys,* 239.

88 EP, XCII; 'Asaph', *Edmwnd Prys,* 291. Ar y thema hon mewn barddoniaeth Gymraeg gw. Rees, *Dulliau'r Canu Rhydd,* 143-4. Gwnaeth Wiliam Cynwal yntau ddefnydd ohoni yn ei gywydd i gadwedigaeth dyn (R. L. Jones, 'Wiliam Cynwal', *LlC,* XI, 193).

89 EP, CXVIII; 'Asaph', *Edmwnd Prys,* 289.

90 EP, XCIV; 'Asaph', *Edmwnd Prys,* 282.

91 EP, XCV; 'Asaph', *Edmwnd Prys,* 244.

92 EP, CXXI; 'Asaph', *Edmwnd Prys,* 241; T. H. Parry-Williams (gol.), *Canu Rhydd Cynnar* (Caerdydd, 1932), rhif 76. Ar y gerdd hon a'r cerddi Saesneg tebyg gw. Rees, *Dulliau'r Canu Rhydd,* 79-81.

93 EP, CXIX; Parry-Williams (gol.), *Canu Rhydd Cynnar,* rhif 84.

94 EP, CI.

95 Ni chynhwyswyd y gyfres hon yn EP. Ceir copïau ohoni yn BLAdd 14892, 70v a Wynnstay 6, 142.

96 E.e. EP, CII, CV, CX, CXI; 'Asaph', *Edmwnd Prys,* 289-90. Ceir amryw o englynion crefyddol eraill a briodolir i Brys yn y llawysgrifau.

a gyfansoddodd o'r math hwn.[97] Yn ei ymdriniaeth â barddoniaeth Prys mynnodd John Wyn Roberts mai propaganda o blaid y grefydd newydd Brotestannaidd oedd ei gerddi crefyddol.[98] Eto, er bod diwinyddiaeth Brotestannaidd Prys yn dod i'r amlwg yn amryw o'r cerddi, nid yw'r elfen hon odid fyth yn ddigon ymwthiol i gyfiawnhau tybio mai fel propaganda Protestannaidd y bwriadwyd y cerddi hyn yn bennaf. O'u cymryd yn eu crynswth gellir ystyried y mwyafrif helaeth o gerddi crefyddol Prys fel enghreifftiau nodweddiadol o'r 'canu dwyfol' yr oedd cymaint bri arno mewn gwledydd Protestannaidd a Phabyddol fel ei gilydd yn y cyfnod.[99]

Cynnyrch enwocaf Prys, wrth gwrs, a'r hyn y cofir ef amdano'n bennaf, yw ei Salmau Cân a gyhoeddwyd ym 1621.[100] Fe'u bwriadwyd i ddiwallu'r angen am gyfrwng ar gyfer canu cynulleidfaol yn yr eglwysi, gwedd ar addoliad cyhoeddus a ddatblygwyd yn sgîl y Diwygiad Protestannaidd. Mabwysiadodd Calfin Salmau mydryddol y bardd llys Ffrengig Clément Marot i'w canu yn ei wasanaethau yng Ngenefa, a chyhoeddwyd Sallwyr mydryddol Ffrangeg cyflawn o waith Marot a Théodore de Bèze yno ym 1562. Yn yr un flwyddyn cyhoeddwyd mydryddiad cyflawn o'r Salmau yn Saesneg, gwaith Thomas Sternhold a John Hopkins yn bennaf, ac fe'i dilynwyd ym 1564 gan Sallwyr mydryddol Eglwys yr Alban. Yng Nghymru bu Siôn Tudur, Gruffydd Robert a Siôn Phylip yn mydryddu Salmau ar fesur

97 E.e. EP, CXV, CXVI; 'Asaph', *Edmwnd Prys,* 96-7. Ceir englynion Lladin eraill a briodolir i Brys yn y llawysgrifau.

98 EP, xlviii.

99 Ar hyn gw. yr ymdriniaeth feirniadol, tt. cxlvii-cl.

100 Ar Salmau Cân yn gyffredinol gw. William Ll. Davies, 'Welsh Metrical Versions of the Psalms', *JWBS,* II (1916-23), 276-301; Parry-Williams, *Canu Rhydd Cynnar,* xxx-xl; R. Geraint Gruffydd, 'Salmau Cân', *Y Cylchgrawn Efengylaidd,* IX (1967-8), 139-43. Ar Salmau Cân Prys yn arbennig gw. 'Asaph', *Edmwnd Prys,* 128-87; G. Jones ('Glan Menai'), *Edmwnd Prys,* 101-60; A. O. Evans, 'Edmund Prys', *TrCy,* 1922-3, 145-59; T. Gwynn Jones, 'Edmwnd Prys', *Y Llenor,* III (1924), 21-31; Thomas Parry, *Hanes Llenyddiaeth Gymraeg,* trydydd argraffiad (Caerdydd, 1953), 147-9; Gruffydd Aled Williams, 'Edmwnd Prys (1543/4-1623): Dyneiddiwr Protestannaidd', *CCHChSF,* VIII (1980), 361-3.

cywydd,[101] ac ym 1603 cyhoeddwyd *Psalmae y Brenhinol Brophwyd Dafydh* Wiliam Midleton, mydryddiad o'r holl Salmau ar dros 30 a fesurau, rhai caeth yn bennaf.[102] Ymarferiadau mewn 'canu dwyfol' oedd Salmau'r beirdd hyn, fodd bynnag, yn hytrach na rhai a fwriadwyd ar gyfer canu cynulleidfaol. Yn ei ragymadrodd i *Deffynniad Ffydd Eglwys Loegr* (1595) tynnodd Maurice Kyffin sylw ei gydwladwyr at bwysigrwydd cael mydryddiad o'r Salmau a fyddai'n addas i'w ganu yn yr eglwysi, a phwysleisiodd y byddai'n rhaid defnyddio'r mesurau rhydd at y gwaith:

> Gwaith rheidiol iawn fydde troi'r *Psalmeu* i ganghanedd gymraeg, nid i gãghanedd Englyn, nag Owdl, na Chowydd, nag i fath yn y byd ar gerdd blethedig; herwydd felly ni ellir byth troi na'r *Psalmeu,* na dim arall yn gywir. Eithr i'r fath fessur a thôn canghanedd ag sydd gymeradwy ymhôb gwlad, a ddiwygwyd drwy dderbynniad discleirdeb yr Efengyl: ag fal y gwelir yn y *Saesonaeg, Scot-iaith, Frangaeg, iaith Germania, iaith Itali,* a'r cyfryw; fal y gallo'r bobl ganu y gyd ar vnwaith yn yr Eglwys; yr hyn beth fydde ddifyrrwch a diddanwch nefawl iddynt yn y llãn, a chartref.[103]

Bu'n rhaid aros yn hir i'r delfryd hwn gael ei sylweddoli. Rywdro rhwng 1595 a 1601 lluniodd James Parry, uchelwr o swydd Henffordd, fydryddiad o'r holl Salmau ar y mesur carol, ond ni chyhoeddwyd ei waith.[104] Yna ym 1603 dechreuodd Thomas Salisbury argraffu *Rhann o Psalmae Dafydd Brophwyd,* cyfrol o Salmau Cân ar benillion rhydd o

101 Enid Roberts, *Gwaith Siôn Tudur,* rhifau 154-64 (ceir ganddo hefyd fersiwn o'r Salm gyntaf ar fesur rhydd, ibid., rhif 210); G. J. Williams (gol.), *Gramadeg Cymraeg gan Gruffydd Robert* (Caerdydd, 1939), [355-60]; William Ll. Davies, 'Phylipiaid Ardudwy—A Survey and a Summary', *Cy,* XLII (1931), 247.

102 Cyhoeddwyd rhai o Salmau Midleton gyntaf ym 1595 (William Williams, 'Three Fragments', *JWBS,* IV (1932-6), 257-61). Arnynt gw. f'erthygl 'Wiliam Midleton, Bonheddwr, Anturiwr a Bardd', *TrDinb,* XXIV (1975), 98-104.

103 Op. cit., gol. Wm. Prichard Williams (Bangor, 1908), [xv].

104 Ar y mydryddiad hwn gw. W. Ll. Davies, 'Welsh Metrical Versions of the Psalms', *JWBS,* II, 284-6. Cyflwynodd Parry ei Salmau i William Morgan pan oedd yn Esgob Llandaf, ac mae'n bosib i Edmwnd Prys eu gweld (ibid., 287).

waith Edward Kyffin, brawd i Maurice Kyffin a oedd yn weinidog yn Llundain, ond ni orffennwyd y llyfr oherwydd marwolaeth yr awdur.[105] Rywbryd wedi hyn, yn ôl pob tebyg, y dechreuodd Prys ar ei fydryddiad ef. Diau i'r gwaith fod ar y gweill am flynyddoedd lawer, oherwydd oddeutu 1610 hyd yn oed ceir Thomas Salisbury yn dannod mewn llythyr at Syr John Wynn o Wedir fod Prys wedi ei addo ymhell cyn hynny.[106] Ymddangosodd Salmau Cân Prys o'r diwedd fel atodiad i Lyfr Gweddi Gyffredin 1621, o dan y teitl *Llyfr y Psalmau, wedi ev cyfieithv, a'i cyfansoddi ar fesvr cerdd, yn Gymraeg*. Mesurau rhydd a ddefnyddiodd Prys ar gyfer y gwaith—yr oedd pob un ond pedair o'r Salmau ar y mesur a elwir bellach yn Fesur Salm (8, 7, 8, 7)—a theimlodd hi'n angenrheidiol i gyfiawnhau ei benderfyniad i ymwrthod â'r mesurau caeth mewn rhagymadrodd 'At y Darlleydd ystyriol'.[107] Fel Maurice Kyffin gwelsai Prys mai dim ond y mesurau rhydd a fyddai'n addas ar gyfer canu cynulleidfaol ac y byddai defnyddio'r gynghanedd wedi golygu aberthu ffyddlondeb i'r ysgrythur, peth tra phwysig yn ei olwg.[108] Er gwaethaf y 'mesur gwael', fodd bynnag, gwisgwyd y gwaith mewn Cymraeg clasurol coeth a roddai iddo urddas prydyddiaeth aruchel. Tystiodd Hebreigwyr fod y gwaith yn gynnyrch ysgolheictod Hebraeg praff,[109] ac ar gyfrif hyn, cyflawnder adnoddau ieithyddol Prys a chadernid cyhyrog

105 Ar Salmau Kyffin gw. ibid., 282-4. Am adargraffiad o'r unig gopi a oroesodd o'r llyfr anorffenedig gw. John Ballinger (gol.), *Rhann o Psalmae Dafydd Brophwyd* (Caerdydd, 1930).

106 'I heare not of any that are about ye psalmes saue only Archdeacō Price who promised them longe agone but as yet hath not accomplishd his promise nor ye expectaciō of many' (Papurau Wynn (Gwedir), rhif 538: dyfynnir yn Ballinger (gol.), *Rhann o Psalmae Dafydd Brophwyd*, 3-4).

107 *Llyfr y Psalmau, wedi ev cyfieithv, a'i cyfansoddi ar fesvr cerdd, yn Gymraeg* (Llundain, 1621), sig. A2^{r}. Atgynhyrchir y rhagymadrodd yn 'Asaph', *Edmwnd Prys*, 130-1; G. Jones ('Glan Menai'), *Edmwnd Prys*, 115-16; A. O. Evans, 'Edmund Prys', *TrCy*, 1922-3, 154; Garfield H. Hughes (gol.), *Rhagymadroddion 1547-1659* (Caerdydd, 1951), ix.

108 Cf. ei sylw yn yr ymryson 17. 75-82. Gw. hefyd yr ymdriniaeth feirniadol, tt. cl-cli.

109 Gw. yn arbennig farn J. D. Vernon Lewis a ddyfynnir gan John Morris-Jones, 'Edmwnd Prys', *Y Geninen*, XLI (1923), 71. Cf. hefyd A. O. Evans, 'Edmund Prys', *TrCy*, 1922-3, 148-9; J. D. Vernon Lewis, *Llyfr y Salmau* (Abertawe, 1967), [17].

y farddoniaeth ystyrir yn gyffredinol bellach fod y Salmau Cân yn gampwaith. Yn ôl yr Athro R. Geraint Gruffydd 'mae'n bosibl mai dyma'r gorau o holl sallwyrau mydryddol y Diwygiad Protestannaidd yn Ewrop.'[110] Cyhoeddwyd dros gant o argraffiadau cyflawn o'r Salmau Cân i gyd,[111] a phrofodd y derbyniad a gafodd y gwaith yn llannau Cymru a'r defnydd cyson a fu arno drwy'r canrifoedd gymaint oedd addaster mydryddiadau Prys fel cyfryngau moliant. Yn rhinwedd y Salmau Cân y mae i Edmwnd Prys le pwysig yn hanes Protestaniaeth yng Nghymru. Gyda chyhoeddi ei waith ef cwblhawyd y broses o roi i'r Eglwys Brotestannaidd newydd y cyfarpar sylfaenol er sicrhau ymlyniad y Cymry wrthi, y broses a gychwynnwyd gan William Salesbury gyda'i Lyfr Gweddi a'i Destament ac a hybwyd ymhellach gan William Morgan a'i Feibl Cymraeg.

Diau fod Dafydd Jones o Drefriw yn euog o or-ddweud pan fynnodd mai Edmwnd Prys oedd 'y Bardd Goreu ar a fu erioed o Gymro'.[112] Eto, o fwrw golwg gyffredinol dros farddoniaeth Prys y mae'n amlwg fod yn rhaid ei ystyried ymhlith beirdd Cymraeg gorau ei gyfnod. Ef yn bendifaddau oedd y mwyaf o feirdd yr oes a ganai 'ar eu bwyd eu hun'. Dengys ei gerddi caeth ei fod yn gymaint meistr ar allanolion cerdd dafod ag unrhyw un o feirdd proffesiynol yr oes, a'i fod, yn wir, yn rhagori ar lawer ohonynt yn hyn o beth. O ran gallu meddyliol a chrebwyll yr oedd ymhell ar y blaen i'r rhan fwyaf o feirdd y cyfnod, ac ychydig ohonynt, ond odid, a oedd mor hyddysg ag ef yn nheithi'r iaith a goludoedd ei geirfa.[113] Er y gwelir yn ei waith ar brydiau rai o ddiffygion cyffredin barddoniaeth yr oes, yn arbennig efallai y duedd i ddefnyddio geiriau llanw, y mae safon gyffredinol ei ganu, gan gynnwys ei gerddi mwyaf achlysurol, yn gyson uchel. Canodd ambell gerdd nodedig, megis ei gywydd 'Anllywodraeth y Cedyrn' a'i 'Faled Gymraeg', ac nid oes amheuaeth nad yw rhai o'i Salmau Cân ymhlith pigion ein hemynyddiaeth. Nodweddion mwyaf trawiadol canu Prys

110 'Salmau Cân', *Y Cylchgrawn Efengylaidd*, IX (1967-8), 140.

111 A. O. Evans, 'Edmund Prys', *TrCy*, 1922-3, 156; 163-7.

112 P 196, 100.

113 Cf. sylw Gwallter Mechain (*Gwaith y Parch. Walter Davies, A.C. (Gwallter Mechain)*, gol. D. Silvan Evans (Caerfyrddin a Llundain, 1868), I, 544): 'Nid oedd neb yn deall anian yr iaith yn well nag Edmund Prys.'

efallai yw cadernid a chyfoeth ei fynegiant a'i egni deallol. Awen ymenyddiol fyfyrgar yn hytrach nag un ysbrydoledig oedd ei awen ef: ys dywedodd T. Gwynn Jones, 'Rhagoriaeth Prys yw ei feddwl dwfn a chysylltiedig, a'i ddull craff, ar ei oreu, o'i fynegi.'[114] Mewn un peth yn unig y mae canu Prys yn siomedig. Ac ystyried ei fod yn un o'r ychydig ddyneiddwyr Cymreig a oedd hefyd yn barddoni ei hunan, ni wnaeth fawr ddim mewn gwirionedd i helaethu terfynau'r awen Gymraeg drwy arbrofi gyda cherddi o fath newydd. Er ei gynefindra â'r ieithoedd clasurol a rhai o ieithoedd Ewrop ni cheisiodd efelychu yn ei iaith ei hun fathau o gerddi a geid yn yr ieithoedd hynny, y math o waith a wnaed mor llwyddiannus gan aelodau'r Pléiade yn Ffrainc, er enghraifft. Ac er ei anogaeth i Gynwal yn yr ymryson ni chafwyd ganddo'r un enghraifft o 'ganu dysg' yn yr ystyr o ganu gwyddonol ei naws wedi ei seilio ar y gwyddorau. Ni olyga hyn, fodd bynnag, na adawodd dysg ddyneiddiol Prys ei hôl ar ei ganu. Y mae ei dylanwad i'w weld yn bendant iawn yng nghyfeiriadaeth ei gerddi. Ceir ynddynt gyfartaledd uwch na'r cyffredin o gyfeiriadau clasurol, ac nid cyfeiriadau moel ac ystrydebol, fel yn llawer o farddoniaeth y cyfnod, mohonynt fel rheol.

Byddai unrhyw arolwg o weithgarwch llenyddol Prys yn anghyflawn oni chrybwyllid ei gysylltiad â Beibl 1588. Mewn atodiad i'r Llythyr Cyflwyno ar ddechrau'r Beibl diolcha William Morgan yn lled helaeth i esgobion Bangor a Llanelwy ac i Gabriel Goodman, Deon Westminster, am eu cymorth a'u cymwynasgarwch, ac yna â rhagddo i enwi Prys, ynghyd â David Powell a Richard Vaughan, fel un a roes iddo 'opem . . . non contemnendam' ynglŷn â'r gwaith.[115] Gan na fanylir ynghylch natur y cymorth hwn bu'n destun cryn ddyfalu o bryd i'w gilydd. Cytunir yn gyffredinol bellach ei bod yn annhebygol i neb gynorthwyo Morgan yn uniongyrchol gyda'r cyfieithu: gwrthodwyd yn llwyr yr awgrym a wnaed yn y ganrif

[114] 'Edmwnd Prys', *Y Llenor,* III (1924), 19.

[115] *Y Beibl Cyssegr-lan* (Llundain, 1588), [*iv^r]. Gw. hefyd Ceri Davies, *Rhagymadroddion a Chyflwyniadau Lladin 1551-1632* (Caerdydd, 1980), 70.

ddiwethaf mai Prys a fu'n gyfrifol am gyfieithu Llyfr y Salmau.[116] Mewn ymdriniaeth led ddiweddar awgrymodd Dr Isaac Thomas mai'r unig gymorth ymarferol a roes Prys, Powell a Vaughan i Forgan yn ôl pob tebyg oedd rhoi neu fenthyca llyfrau iddo.[117] Ni ddylid, fodd bynnag, anwybyddu'r awgrym a wnaeth W. J. Gruffydd fod Prys wedi gwasanaethu fel math o ymgynghorwr ieithyddol ynglŷn â'r cyfieithiad yn rhinwedd ei wybodaeth o'r iaith glasurol safonol a oedd yn gynhysgaeth i'r beirdd:[118] diddorol yn y cyswllt hwn yw'r llinellau yn y farwnad i Gynwal ar ddiwedd yr ymryson a ddengys fod Prys yn ymddiddori yng Nghymraeg y beirdd a'i pherthnasedd i'r dasg o gyfieithu'r Beibl yn yr union gyfnod pan oedd Morgan yn gweithio ar ei gyfieithiad.[119] Er na ellir amau nad oedd Morgan ei hunan yn Gymreigydd rhagorol, nid yw hynny'n golygu na fu iddo ymgynghori o gwbl ag eraill ynghylch materion yn ymwneud ag iaith neu arddull, a buasai Prys, ei hen gydymaith o ddyddiau coleg, yn gynghorwr tra chymwys yn hyn o beth. Rhaid cofio hefyd y buasai gwybodaeth Prys o ieithoedd gwreiddiol y Beibl, ynghyd â'r medr a'r diddordeb mewn ysgolheictod Beiblaidd a roesai ei addysg iddo, yn ei wneud yn ŵr gwerth ymgynghori ag ef ar dro.[120] Gall fod yn arwyddocaol yn y cyswllt hwn fod David Rowlands, gŵr a fu'n gurad i Brys yn Ffestiniog,

116 Gw. e.e. David Evans, *The Sunday Schools of Wales* (Llundain, [1883]), 56. Am drafodaeth ynghylch hyn gw. 'Asaph', *Edmwnd Prys*, 191-5.

117 *Y Testament Newydd Cymraeg 1551-1620* (Caerdydd, 1976), 309.

118 *Llenyddiaeth Cymru: Rhyddiaith o 1540 hyd 1660* (Wrecsam, 1926), 69. Cf. G. J. Roberts, *Yr Esgob William Morgan* (s.l., 1955), 36-7.

119 54. 55-66 yn y testun. Gw. ymhellach yr ymdriniaeth feirniadol, tt. cliii-cliv. Hefyd fy nodyn 'Edmwnd Prys a Beibl 1588', *B*, XXVI, 37-8. Canwyd y cywydd oddeutu diwedd 1587 neu ddechrau 1588, adeg marw Cynwal. Oherwydd hyn mae awgrym Isaac Thomas (*Y Testament Newydd Cymraeg 1551-1620*, 309) mai cyfeirio at Destament Salesbury (1567) yn hytrach nag at Feibl Morgan y mae Prys yn dra annhebygol.

120 Mae'n ddiddorol fod yr hynafiaethydd O. Gethin Jones yn cofnodi traddodiad fod Prys yn arfer mynd o Faentwrog i Lanrhaeadr-ym-Mochnant i gynorthwyo Morgan (Gwilym Cowlyd a T. Roberts ('Scorpion') (gol.), *Gweithiau Gethin* (Llanrwst, 1884), 393). Mae'n werth crybwyll efallai fod gan Brys englyn a gyfansoddodd pan gyfarfu â Huw Machno gerllaw Pistyll Rhaeadr (EP, CXIV).

fel pe bai'n sicr nad dibwys na diarwyddocâd mo'i ran yn y cyfieithiad: 'A hyn a wnaed yn bennaf drwy lafur, poen a gofal y gwir barchedig Dad, William Morgan, esgob duwiol Llanelway [sic], a Master Edmund Price Archiagon Merionydd fy athro da i am hyfforddwr ac eraill, gwŷr bycheddol, cristianogaidd.'[121]

Ys dywedodd Goronwy Owen mewn teyrnged letchwith i Edmwnd Prys, 'Nid hen ddyn dwl oedd yr Archiagon, a chonsidrio'r amser yr oedd yn byw ynddo'.[122] Yr oedd yn ŵr galluog a gawsai addysg freiniol, addysg a'i cynysgaeddodd â chyfoeth o ddiwylliant. Yr oedd yn ieithydd hyfedr, yn hyddysg yn y teiriaith glasurol a rhai o ieithoedd diweddar Ewrop, yn ŵr a chanddo wybodaeth o'r gwyddorau. Fe'i trwythwyd yn llenyddiaeth ac athroniaeth yr hen fyd, a gwyddai am safonau a delfrydau'r Dadeni a ireiddiai lên a chelfyddyd y gwledydd yn ei oes ei hun. Yn sicr, yr oedd yn ddyneiddiwr o'r iawn ryw, yn aelod o bendefigaeth dysg ei oes. Oherwydd ei chydymdreiddiad â'i Brotestaniaeth, fodd bynnag, dyneiddiaeth o fath arbennig oedd ei ddyneiddiaeth ef, un a oedd yn fwy dyledus i ddinasoedd yr Almaen a'r Yswistir, ceyrydd y grefydd newydd, nag i lysoedd tywysogion yr Eidal, dyneiddiaeth a sugnai faeth o'r Beibl yn ogystal ag o glasuron Groeg a Rhufain. Er iddo ddrachtio'n ddwfn o ddysg gosmopolitan y Dadeni, yr oedd iddo hefyd wreiddiau cadarn yn niwylliant ei wlad ei hun. Yr oedd yn feistr ar yr iaith Gymraeg yn ei chyflawnder, ac yr oedd yn hyddysg yn ei thraddodiad llenyddol, ei thraddodiad barddol yn arbennig. Yn wahanol i'r rhan fwyaf o'r dyneiddwyr Cymreig yr oedd hefyd yn fardd grymus ei hunan. Yn rhinwedd rhychwant helaeth ei ddysg a'i ddiwylliant ni ellir amau nad oedd yn ffigur unigryw ymhlith beirdd Cymraeg ei gyfnod. Fel ymrysonwr gellid tybio fod ei arfogaeth yn bur nerthol ac nad ar chwarae bach y ceid y gorau arno.

121 Rhagymadrodd *Disce Mori Neu Addysg i Farw* (1633) (G. H. Hughes (gol.), *Rhagymadroddion,* 132). Ar yrfa Rowlands gw. idem, 'Dau Gyfieithiad', *Y Llenor,* XXVII (1947), 69.

122 J. H. Davies (gol.), *The Letters of Goronwy Owen* (Caerdydd, 1924), 130.

II. WILIAM CYNWAL

Hyd at oddeutu ugain mlynedd yn ôl ychydig a wyddid am Wiliam Cynwal ar wahân iddo ymryson ag Edmwnd Prys, a pharhâi corff ei waith ynghladd mewn llawysgrifau. Ond o ganlyniad i waith ymchwil a wnaed yn ystod y chwedegau bu cynnydd mawr yn ein gwybodaeth am ei waith a'i yrfa. Golygwyd holl ganu'r bardd gan Mrs Rhiannon Williams, Mr Geraint Percy Jones a Mr Richard Lewis Jones mewn cyfres o draethodau ymchwil, ac esgorodd y traethodau hyn ar erthyglau ynghylch Cynwal a'i waith yn *Llên Cymru.*[113] Rhoddwyd sylw gwerthfawr i Gynwal a'i ganu hefyd gan Dr Enid Roberts mewn erthyglau yn *Trafodion Cymdeithas Hanes Sir Ddinbych.*[124] Elwais yn ddirfawr o ddarllen y gweithiau hyn, ac fe wêl y cyfarwydd faint fy nyled iddynt yn y sylwadau a ganlyn.

Brodor o Ysbyty Ifan, Sir Ddinbych, oedd Cynwal, ac oddi wrth Ddôl Gynwal, hen enw'r ardal, y cafodd ei enw. Mab ydoedd i Siôn ap Dafydd ap Hywel a'i wraig Lowri, merch Siôn ap Robert Palcws.[125] Hanai teulu ei fam o Ardudwy, ac yr oedd ef a'r bardd Siôn Phylip yn geifnaint.[126] Yn ôl a ddywed O. Gethin Jones Tŷ'n-y-berth neu Ddôl Gynwal oedd cartref y bardd,[127] ond dengys geiriau Cynwal ei hun yn

123 Am y manylion ynghylch y traethodau, WC(1), WC(2) a WC(3), gw. yr adran ar y byrfoddau. Yr erthyglau yw Rhiannon Williams, 'Wiliam Cynwal', *LlC,* VIII, 197-213; idem, 'Cywydd Marwnad Wiliam Cynwal i Wraig William Salesbury', ibid., IX, 227-9; G. P. Jones a R. L. Jones, 'Wiliam Cynwal', ibid., XI, 176-204.

124 'Wiliam Cynwal', *TrDinb,* XII (1963), 51-85; 'Teulu Plas Iolyn', ibid., XIII (1964), 38-110; 'Canu Wiliam Cynwal i Glerigwyr', ibid., XIV (1965), 120-40; 'Marwnadau Telynorion', ibid., XV (1966), 80-117.

125 Am ei ach gw. *LlC,* VIII, 197.

126 Cf. yr ach ibid. â'r un a geir yn *Dwnn,* II, 225. Disgrifiwyd Cynwal gan Siôn Phylip fel 'carwr i mi', tra honnodd Cynwal ei fod yn 'ewythr' i'r bardd o Fochres (gw. y dyfyniadau yn *LlC,* XI, 180-1).

127 Gwilym Cowlyd a T. Roberts ('Scorpion') (gol.), *Gweithiau Gethin,* 274.

Bd 101 mai yng Ngherrigellgwm y trigai ym 1567.[128] Fel amryw o feirdd ei gyfnod ni ddibynnai'n gyfan gwbl ar farddoni am ei gynhaliaeth. Dengys ei ewyllys ei fod yn amaethwr lled gysurus ei fyd a'i fod yn berchen tir yng Nghefnhirfynydd ym mhlwyf Cerrig-ydrudion yn ogystal â bod ganddo arian ar diroedd eraill yn Ysbyty Ifan ac ym mhlwyf Betws, Sir Ddinbych.[129] Gwraig Cynwal oedd Margred ferch Robert Wyn, a bu iddynt bedair o ferched. Cyfeirir yn ei ewyllys hefyd at fab anghyfreithlon o'r enw Tomas.[130]

Y mae dyddiad geni Cynwal yn anhysbys. Yn un o gywyddau'r ymryson dywed

> Os credir, dysgv'r ydwyf
> Hyn irioed, a hen ŵr wyf. (8. 73-4)

Ac etyb Prys

> Yr wyd, fardd, aura' dy fawl,
> Yn hen, yn ddewr cynhwynawl:
> Hen o oed, hyny ydwyd,
> O fewn cerdd gŵr ifanc wyd. (9. 63-6)

Ar sail y cyfeiriadau hyn barnwyd fod Cynwal yn hen adeg yr ymryson.[131] Anodd cysoni hyn, fodd bynnag, â'r ffaith fod ei dad yn un o dystion ei ewyllys a luniwyd ym 1587 ychydig cyn ei farw.[132] Prin, efallai, y dylid deall y llinellau a ddyfynnwyd yn rhy lythrennol: o'u hystyried yn eu cyd-destun gwelir fod ynddynt elfen o or-ddweud cellweirus. Yr unig awgrym arall a rydd Cynwal ynghylch ei oedran yw ei honiad mewn cywydd na wyddys ei ddyddiad ei fod 'heddiw agos

128 'y llyfr hwnn a ddechreuais i wiliam kynwal prydydd wnevthvr i owdlav ai yscrivenv ym vy hvn pann oedd oed krist 1567 . . . ac yni ddechrav yn fy siambr vy hvn yngheric ellgwm y trydydd dydd o vis mai ovewn yssbyty dol gynwal' (dyfynnir yn *LlC*, VIII, 198). Ceir Cerrigellgwm Uchaf a Cherrigellgwm Isaf yn Ysbyty Ifan heddiw.

129 *LlC*, VIII, 198; *TrDinb*, XII (1963), 55. Am gopi o'r ewyllys gw. WC(1), xxxvi.

130 *LlC*, VIII, 197; *TrDinb*, XII (1963), 54.

131 *LlC*, VIII, 199; *TrDinb*, XII (1963), 59.

132 *LlC*, VIII, 198.

i ddeugain'.[133] Bu farw Cynwal rhwng 22 Tachwedd 1587, dyddiad ei ewyllys, a 16 Ionawr 1587/8 pan brofwyd hi, ac fe'i claddwyd yn eglwys Ysbyty Ifan.[134] Dywed Mrs Rhiannon Williams am P 212, llawysgrif a sgrifennodd Cynwal ym 1587, mai 'llaw gŵr ar y goriwaered' a welir ynddi.[135]

Yn ôl pob tebyg yr oedd Cynwal yn adnabod Prys cyn y cyfarfod yr adroddir amdano ar ddechrau'r ymryson. Ffiniai plwyf Ysbyty Ifan â phlwyf Ffestiniog lle gwasanaethai Prys yn offeiriad, ac nid oedd ond tair milltir ar ddeg yn ôl hediad brân o gartref Cynwal i Faentwrog lle trigai'r archddiacon. Yr oedd gan Gynwal noddwyr yn Ardudwy heblaw Rhys Wyn o Hendre'r Mur, yn eu plith teulu'r Pengwern, Ffestiniog, teulu yng nghyfraith Prys, ac yn Ardudwy y trigai'r Palcysiaid, perthnasau Cynwal o du ei fam.[136] Mae'n werth cofio hefyd nad oedd Ysbyty Ifan ond tua naw milltir o Lanrwst, plwyf genedigol Prys, a bod Cynwal wedi canu i sawl aelod o deulu Gwedir.[137] Bu'r ddau fardd yn ymwneud â'i gilydd ar wahân i'r ymryson a barnu oddi wrth y pennawd diddorol i un o gywyddau Cynwal yn LlGC 11087: 'Cowydd brûd neu brophwydoliaeth or Scrythyrau, ar destyn a rodd Edmond Prys Archiagon Meirionydd i William Cynwal meistr yn y celfyddydau yw holi ai chwilio oi ddyfein ddysc.'[138]

Yn wahanol i Brys, a ganai 'ar ei fwyd ei hun', yr oedd Cynwal yn fardd wrth ei alwedigaeth. Derbyniasai hyfforddiant yn y gelfyddyd gan athro o bencerdd ac enillasai raddau barddol, nodau angen y prydydd proffesiynol. Ei athro barddol oedd Gruffudd Hiraethog,

133 Ibid.

134 Ibid.

135 *LlC,* VIII, 206.

136 Am ganu Cynwal i deulu'r Pengwern gw. WC(2), rhif 30; WC(3), I, rhif 54; ibid., II, rhifau 25 a 37. Am ei ganu i noddwyr eraill yn Ardudwy gw. WC(1), rhifau 9, 66 a 95; WC(3), II, rhif 7. Ar berthynas Cynwal â'r Palcysiaid gw. *LlC,* VIII, 197; *Dwnn,* II, 225. Bu Siôn Palcws, gorhendaid Cynwal, yn Gwnstabl Harlech, gw. ibid.

137 WC(1), rhif 22; WC(2), rhif 40; WC(3), I, rhifau 9 a 10; ibid., II, rhifau 5 a 51.

138 Dyfynnir yn *LlC,* XI, 191.

pennaeth y tair talaith ac athro beirdd amlycaf ei gyfnod.[139] Gan mai brodor o Ysbyty Ifan oedd Cynwal y mae'n werth cofio awgrymiadau'r Athro D. J. Bowen fod gan Ruffudd Hiraethog gyswllt arbennig â theulu Plas Iolyn, prif uchelwyr y cylch, a bod y teulu hwn efallai yn noddi ysgol farddol.[140] Yn rhinwedd ei addysg perthynai Cynwal i olyniaeth dra theilwng: bu ei athro yn ddisgybl i Lewis Morgannwg, ac addysgwyd yntau yn ei dro gan Dudur Aled.[141] Y mae dyfarniad honedig ei athro ar Gynwal a rhai o'i gyd-ddisgyblion yn hysbys: 'Awenyddol yw Gwilym Cynwal, gofalus yw Simwnt Fychan, dysgedig yw Siôn Tudur, ond nid oes dim yn anwybodus i Wiliam Llŷn.'[142] Pan fu farw Gruffudd Hiraethog ym 1564 yr oedd Cynwal ymhlith ei farwnadwyr, ac yr oedd hefyd yn un o'r disgyblion a gafodd ei lyfrau.[143]

Graddiodd Cynwal yn ddisgybl pencerddaidd yn ail eisteddfod Caerwys ym 1567, ac yn ôl a ddywed yn yr ymryson (20. 55-6) graddiodd yn bencerdd mewn neithior wedi hynny. Yr oedd ennill gradd mewn neithior, wrth gwrs, yn gwbl arferol a rheolaidd.[144] Edliwiodd Prys i Gynwal fod Owain Gwynedd a Simwnt Fychan wedi graddio'n uwch nag ef yng Nghaerwys (13. 61-4, 40. 21-6), ond gellir derbyn esboniad Cynwal ar hynny, sef bod y ddau fardd arall wedi dechrau prydyddu ugain mlynedd o'i flaen (14. 35-6). Perthyn canu cynharaf Owain Gwynedd i 1545 a bernir fod Simwnt Fychan yn canu

139 Arno gw. *BC*, 296; D. J. Bowen, *Gruffudd Hiraethog a'i Oes* (Caerdydd, 1958); idem, 'Gruffudd Hiraethog ac Argyfwng Cerdd Dafod', *LlC*, II, 147-60; idem, 'Barddoniaeth Gruffudd Hiraethog: Rhai Ystyriaethau', *Astudiaethau Amrywiol*, gol. Thomas Jones (Caerdydd, 1968), 1-16.

140 *Astudiaethau Amrywiol*, 4-5; 'Agweddau ar Ganu'r Unfed Ganrif ar Bymtheg', *TrCy*, 1969, 291.

141 *Astudiaethau Amrywiol*, 6. Dywedir weithiau i Ruffudd Hiraethog fod yn ddisgybl i Dudur Aled, ond nid oes dystiolaeth bendant fod hynny'n wir (ibid.).

142 Dyfynnir yn *LlC*, VIII, 200. Dywed Mrs Rhiannon Williams (ibid.) na cheir copi cynnar o'r dyfarniad hwn. Arno gw. ymhellach Enid Roberts, *Gwaith Siôn Tudur*, II, xxviii-xxix.

143 *LlC*, VIII, 200.

144 Gw. y nodyn ar 20. 55-6 yn y testun.

o tua 1550 ymlaen,[145] ond er bod englyn o'i waith a gyfansoddwyd ym 1561 ar gael, ymddengys mai ym 1564 y dechreuodd Cynwal glera o ddifrif: yn ChCh 184 wrth odre copi'r bardd ei hun o'i farwnad i Dudur ap Robert o Ferain, gŵr y profwyd ei ewyllys fis Mawrth 1564/5, ceir 'wiliam kynwal ar kyntaf oi waith yr joed'.[146] Erbyn cyfnod yr ymryson, fel un a hyfforddwyd gan Ruffudd Hiraethog ac a raddiasai'n bencerdd, yr oedd cymwysterau ffurfiol Cynwal fel bardd yn ddilychwin ac yn rhai na ellid rhagori arnynt.

Ceir profion helaeth yn y llawysgrifau fod Cynwal yn hyddysg yn holl ganghennau'r ddysg farddol.[147] Ac yntau'n un o ddisgyblion Gruffudd Hiraethog nid rhyfedd efallai mai achyddiaeth a herodraeth oedd y pynciau yr ymserchai fwyaf ynddynt: dichon ei bod yn arwyddocaol mai fel 'prydydd ac arwyddfardd' y disgrifia Prys ef yn y darn rhyddiaith a geir ar ddechrau'r ymryson yn Ll 43.[148] Ar wahân i'r casgliadau o achau a geir ganddo mewn llawysgrifau fel LlGC 21249, Ba 5943 a P 183, a'r rhòl achau a luniodd ar gyfer Dafydd Salbri o Lanrhaeadr-yng-Nghinmeirch, Ba 119, adlewyrchir ei wybodaeth achyddol hefyd yn y mydryddu achau sy'n nodwedd mor amlwg ar ei ganu.[149] Amlygir ei wybodaeth herodrol yn y lluniau o arfbeisiau ei noddwyr a gynhwysodd yn Bd 101, M 111, ChCh 184 a Ba

145 Ar gyfnod canu Owain Gwynedd gw. D. Roy Saer, 'Owain Gwynedd', *LlC*, VI, 77. Ar Simwnt Fychan gw. *BC*, 857.

146 Dyfynnir yn *LlC*, VIII, 198. Ar yr englyn a ganodd Cynwal ym 1561 gw. *LlC*, XI, 202. Fe'i canwyd ar achlysur geni Tomas Salbri, mab Catrin o Ferain.

147 Ceir ymdriniaeth â llawysgrifau Cynwal yn *LlC*, VIII, 204-6. Dylid ychwanegu dwy lawysgrif at y rhai a restrir yno. (i) Ba 119, rhòl achau, 25 troedfedd o hyd, a luniodd Cynwal ar gyfer Dafydd Salbri o Lanrhaeadr-yng-Nghinmeirch ym 1570. Ynghyd â'r achau ceir nifer o beisiau arfau lliwedig. (ii) LlGC 21249, casgliad o dros 800 tudalen o achau, a'r bwysicaf, ond odid, o lawysgrifau achyddol Cynwal. Fe'i prynwyd gan y Llyfrgell Genedlaethol yn arwerthiant Mostyn yn Christie's, Llundain, ar 24 Hyd. 1974. Arni gw. Dafydd Ifans, 'Pedair Llawysgrif Gymraeg o Fostyn', *CLlGC*, XIX, 211-13. Fe'i disgrifir yn llawn yn *Catalogue of Mostyn MSS. Purchased in 1974*, catalog teipysgrif yn y Llyfrgell Genedlaethol (1975), 66-140. Anghywir yw'r dyb (*RMWL*, I, 785; *LlC*, VIII, 206) mai Cynwal a ysgrifennodd y deunydd herodrol yn P 128 ('Llyver Edward ap Roger'). Fe'i hysgrifennwyd gan Wiliam Llŷn, gw. Roy Stephens, 'Gwaith Wiliam Llŷn', Traethawd Ph.D. Prifysgol Cymru 1983, xxv.

148 Rhyddiaith A. 3. Cf. hefyd 13. 65-8.

149 Ar hyn gw. *LlC*, VIII, 207-9.

119 ac yn y deunydd herodrol o'i waith a geir yn llawysgrif Harley 1961 a Ba 5943. Cydnabuwyd meistrolaeth Cynwal yn y canghennau hyn o'r ddysg farddol yn englyn Huw ap Rhisiart ap Dafydd iddo:

Wrth drallod [sic] uchod iachau—dewis-bwnc
A dosbarth pob arfau
A siarad mewn mesurau
Wiliam Cynwal a dal dau.[150]

Cynrychiolir gwedd arall ar ddysg Cynwal gan ei ramadegau yn C 38 a P 62, gweithiau sy'n cynnwys ymdriniaethau â'r pynciau arferol, megis y llythrennau, y sillafau a'r diptoniaid, y rhannau ymadrodd a chystrawen, y mesurau, y beiau gwaharddedig a'r cynganeddion.[151] Ef a Simwnt Fychan oedd y beirdd cyntaf i gynnwys adran arbennig ar y ffigurau yn eu llyfrau cerddwriaeth, ac awgrymodd Mr W. Alun Mathias fod ymdriniaeth Cynwal efallai'n cynrychioli'r hyn a ddysgid ar y pwnc ar dafod leferydd yn ysgolion y beirdd.[152] Fel y gweddai i bencerdd ymddiddorai Cynwal yng ngeirfa'r iaith hefyd: awgrymwyd mai ef a sgrifennodd rai o'r enghreifftiau yn y geiriadur a briodolir i Ruffudd Hiraethog, sef P 230,[153] a cheir rhestr o eiriau a ddisgrifir fel 'Geiriadur William Cynwal' yn un o lawysgrifau Iolo Morganwg.[154] Pynciau eraill yr oedd Cynwal yn hyddysg ynddynt oedd cyfarwyddyd a hanes, fel y dengys ei gopïau o Frut y Brenhinedd a Brut y Tywysogion yn P 212, ynghyd â'r deunydd a geir yn Ba 5943, llawysgrif a oedd yn fath o Lyfr Amrywiaeth iddo. Arddangosir y wedd

150 J. Jones ('Myrddin Fardd'), *Cynfeirdd Lleyn* (Pwllheli, 1905), 156 (camdybir yma mai'r un oedd Huw ap Rhisiart ap Dafydd â Huw Llŷn). Yr unig gopi llawysgrif o'r englyn yw'r un a geir (dan enw Huw ap Rhisiart ap Dafydd) yn Cw 25, 63 (*MFGLl*, 1501).

151 Arnynt gw. *GP*, lii-liii. Mae'r gramadeg a geir yn P 62 yn llaw Syr Thomas Wiliems, ond dywedir iddo gael ei godi 'o lyvr Wiliam Cynwal prydydd oi law ef i hvn'. Ceir gwahaniaethau rhwng y ddau ramadeg, gw. ibid.

152 'Llyfr Rhetoreg William Salesbury', *LlC*, VIII, 206.

153 *RMWL*, I, 1058-9. Gw. hefyd *LlC*, VIII, 206.

154 Y llawysgrif yw LlGC 13142, a'r pennawd llawn yw 'Geiriadur William Cynwal o Lyfr William Morys, (medd Llyfr Dr. Williams o Gaernarfon, o ba un y cymmerais i ef I[th] G[m])', gw. *LlC*, VIII, 206.

hon ar ei wybodaeth hefyd, wrth gwrs, yng nghyfeiriadaeth ei gerddi.[155]

Disgrifiwyd Cynwal fel 'un o'r rhai mwyaf toreithiog eu hawen ymhlith Beirdd yr Uchelwyr'.[156] Diau iddo fod yn ffodus yng nghadwraeth ei gerddi—cadwyd llawer ohonynt mewn llawysgrifau a sgrifennodd ei hunan[157]—ond eto, ac ystyried mai cymharol fyr oedd ei gyfnod prydyddu, mae swm ei gynnyrch yn bur drawiadol. Heb gyfrif y cywyddau a ganodd yn yr ymryson cadwyd 278 o gywyddau, 55 o awdlau, yn agos i 500 o englynion (y rhan fwyaf ohonynt ar ffurf cyfresi) a dwy gerdd rydd o'i waith.[158] Fel y gellid disgwyl, cerddi i noddwyr yw'r mwyafrif mawr o'i gywyddau a'i awdlau, yn gerddi mawl a marwnad, gofyn a diolch, ond ceir yn eu plith hefyd gerddi serch, cerddi moesol a chrefyddol, a cherddi ymryson a dychan. Canwyd yr englynion ar amrywiaeth o destunau, ond mae cyfartaledd uchel ohonynt ar bynciau moesol a chrefyddol. Hyd y gellir barnu y mae canu Cynwal yn nodweddiadol o ganu beirdd proffesiynol y cyfnod o ran ei bynciau, ar wahân efallai i'r lle amlwg a roddir i themâu moesol a chrefyddol yn y cerddi achlysurol.[159]

Er i Gynwal ymffrostio yn yr ymryson iddo gerdded 'Cymry [sic] trosti' (33. 49-50), a barnu oddi wrth y cerddi o'i waith a gadwyd cyfyngodd ei deithiau clera bron yn llwyr i siroedd y Gogledd. Ceid ymhlith ei noddwyr foneddigion o bob gradd: ymwelodd â thai pwysig megis Gwedir, y Penrhyn, Corsygedol, Lleweni, Bachymbyd, Plas-y-

155 Gw. trafodaeth werthfawr Enid Roberts yn *TrDinb*, XII (1963), 68-76.

156 Ibid., 51.

157 Ceir casgliadau o'i gerddi yn ei law ei hun yn (Ba)M 4, Bd 101 a M 111, ac ysgrifennodd rai o'i gerddi hefyd yn ChCh 184, BLAdd 14875 a P 103 (*LlC*, VIII, 204-6).

158 Gw. *LlC*, VIII, 206; *LlC*, XI, 176, 185, 195, 201 a 203. Cynnwys y 278 cywydd yr un a ganodd Cynwal ar y cyd â Huw Llŷn (WC(2), rhif 52) a'r cywydd marwnad i'r telynor Siôn ap Rhys Gutun (WC(2), rhif 75) y mae'n debygol, ond nid yn sicr, mai ef a'i canodd (gw. *LlC*, XI, 177).

159 Cf. sylw R. L. Jones wrth drafod y cywyddau moesol a chrefyddol: 'Ni ellir llai na theimlo bod Cynwal wedi ei ddwysbigo ynglŷn â'r pynciau a ddigwydd yn y cywyddau hyn' (*LlC*, XI, 193).

ward, Botryddan, Emral, Rhiwlas a Phlas Iolyn.[160] Ymddengys mai un o'i brif noddwyr oedd Catrin o Ferain. Canodd nifer o gerddi iddi hi a'i gwŷr, ac ar ei chais lluniodd fath o *duanaire* teuluol, sef casgliad o gerddi a ganwyd iddi hi a'i hynafiaid a'i gwŷr, y casgliad a geir yn ChCh 184.[161] Brawd yng nghyfraith i Gatrin oedd Wiliam Clwch, y gŵr a roes i Gynwal y bwa a fu'n asgwrn y gynnen rhyngddo ef a Phrys, a chanodd iddo yntau hefyd.[162] Canodd mewn ambell dŷ lle'r oedd y ddysg newydd mewn bri: ceir ganddo gerddi moliant a marwnad i Simwnt Thelwall o Blas-y-ward a ganmolwyd gan Wiliam Llŷn am ehangder ei ddysg, a chanodd farwnad i Humphrey Llwyd, y dyneiddiwr o Ddinbych, ac i Gatrin Llwyd, gwraig William Salesbury.[163] Yn ogystal â chanu i noddwyr lleyg canodd hefyd i nifer o wŷr eglwysig, gan gynnwys rhai amlwg megis Richard Davies, Esgob Tyddewi, Thomas Davies a William Hughes, dau o esgobion Llanelwy, Dr Edmwnd Meurig, Archddiacon Bangor, a Dr Tomas Iâl, Deon yr Artsus.[164]

Disgrifiwyd Cynwal gan Mrs Rhiannon Williams fel 'bardd hollol draddodiadol'.[165] Ac yntau'n fardd proffesiynol a ddibynnai i raddau helaeth ar ewyllys da ei noddwyr am ei fywoliaeth, nid rhyfedd mai canu mawl oedd canolbwynt ei weithgarwch barddol. Etifeddodd hen

160 Credaf y gorbwysleisir dinodedd noddwyr Cynwal yn *TrDinb,* XII (1963), 76-80. Wrth drafod rhai o'i gywyddau dywed R. L. Jones fod eu gwrthrychau'n 'cynrychioli'n helaeth y teuluoedd a arferai noddi, yn rhai mawrion a bychain' (*LlC,* XI, 185), a barnaf fod hyn yn wir am weddill ei ganu hefyd.

161 Ar y llawysgrif hon gw. *LlC,* VIII, 204. Trafodir y cywyddau o waith Cynwal ei hun a geir ynddi yn *LlC,* XI, 185-7.

162 WC(1), rhif 26.

163 Am y cerddi i Simwnt Thelwall gw. WC(1), rhif 102; WC(3), I, rhifau 47, 48 a 49; ibid., II, rhif 42. Am y gerdd i Humphrey Llwyd gw. WC(3), I, rhif 33. Argraffwyd testun ohoni gan R. Geraint Gruffydd yn 'Humphrey Llwyd of Denbigh: Some Documents and a Catalogue', *TrDinb,* XVII (1968), 97-9. Am y gerdd i Gatrin Llwyd gw. WC(1), rhif 48. Argraffwyd testun ohoni yn *LlC,* IX, 227-9.

164 Richard Davies: WC(3), II, rhif 3. Thomas Davies: WC(1), rhif 31; WC(3), II, rhif 40. William Hughes: WC(1), rhifau 33 a 51; WC(3), I, rhif 51; ibid., II, rhif 32. Edmwnd Meurig: WC(1), rhif 74; WC(3), I, rhif 53; ibid., II, rhif 30. Tomas Iâl: WC(3), II, rhif 13. Ceir trafodaeth gyffredinol ar ganu Cynwal i glerigwyr yn erthygl Enid Roberts yn *TrDinb,* XIV (1965), 120-40.

165 *LlC,* VIII, 202.

foddau a dulliau'r canu hwn gan eu derbyn yn ddigwestiwn, heb geisio eu datblygu na'u hadnewyddu mewn unrhyw fodd. Moli hen rinweddau a wnâi, gan fodloni ar ganu'n gyfforddus mewn rhigol gyfarwydd. Adlewyrchir ei ymlyniad wrth ddelfrydau cydnabyddedig y canu mawl yn ei gyfeiriadaeth draddodiadol. Ys dywed Mrs Rhiannon Williams am ei gymariaethau:

> Cymherir y gwragedd ag Eigr, Esyllt, Luned, Olwen, Non a Thegau; dywedir fod doethineb Catrin Llwyd, gwraig Wiliam Salesbury, yn gyffelyb i'r eiddo Marsia a Sibli. Nudd ac Ifor a gynrychiolai safon haelioni wrth foli gwŷr.[166]

Yn ei ymlyniad wrth y traddodiadol a'r cynefin yr oedd Cynwal, wrth gwrs, yn nodweddiadol o feirdd proffesiynol y cyfnod. Hwyrfrydig iawn oeddynt i arloesi gyda themâu a dulliau newydd, yn bennaf efallai am na fynnai'r mwyafrif mawr o'u noddwyr hynny.[167] Camddeall swyddogaeth y beirdd hyn ac ansawdd eu cynulleidfa fyddai tybio mai ystyriaethau 'llenyddol' fel y cyfryw a bennai natur eu canu.

Hyd yn oed a chaniatáu cyfyngiadau'r canu caeth a natur draddodiadol y moliant i noddwyr, prin yw'r arwyddion o ddyfeisgarwch barddol yng ngwaith Cynwal. A dyfynnu Mrs Rhiannon Williams, 'Ar wahân i gynnwys cymharol ddiantur ei ganu, y mae'n anodd canfod yn ei waith lawer iawn o'r elfen a alwodd Gruffudd Hiraethog yn 'awenyddol'.'[168] Yn ei gerddi i noddwyr canu i batrwm a wnâi bron yn ddieithriad:

> Patrwm y rhai mawl yn fras yw cyflwyno'r gwrthrych a mydryddu ei achau; canmol ei ragoriaethau ac weithiau disgrifio a chanmol ei lys; mydryddu achau'r wraig a'i chanmol hithau; dymuno hir oes i'r

166 WC(1), xxxiv.

167 Pwysleisir cyfrifoldeb y noddwyr yn hyn o beth gan D. J. Bowen yn ei erthygl 'Agweddau ar Ganu'r Unfed Ganrif ar Bymtheg', *TrCy*, 1969, gw. yn arbennig tt. 288-94, 307. Gw. hefyd idem, 'Y Cywyddwyr a'r Dirywiad', *B*, XXIX, 462.

168 *LlC*, VIII, 203.

> gwrthrych. Dyma batrwm arferol y marwnadau: sôn am y chwithdod o golli'r gwrthrych a mydryddu ei achau; canu ei glodydd; sôn am hiraeth ei wraig a mydryddu ei hachau a'i rhinweddau hithau; yna sonnir am aelodau eraill o'r teulu a'u galar hwythau; dymuno nefoedd i'r gwrthrych.[169]

Cyfeiriwyd eisoes at ddysg achyddol Cynwal, ac fel yr awgryma'r disgrifiad a ddyfynnwyd y mae mydryddu achau, a hynny'n aml am gwpledi lawer, yn nodwedd amlwg ar ei ganu. Ar brydiau hefyd y mae'n ymroi i fydryddu disgrifiadau o arfau. Diau fod y nodweddion hyn yn adlewyrchu dylanwad Gruffudd Hiraethog, ei athro, arno. Fel y dangosodd yr Athro D. J. Bowen, Gruffudd Hiraethog, oherwydd ei weithgarwch fel arwyddfardd a'i gyswllt â'r Coleg Arfau efallai, oedd y bardd a fu'n bennaf gyfrifol am gynyddu'r pwyslais achyddol a herodrol yn y canu mawl, pwyslais a welir yn amlwg yng ngwaith ei ddisgyblion megis Cynwal, a ganai yn y cyfnod ar ôl ail eisteddfod Caerwys.[170] Nodwedd arall ar ganu Cynwal sydd efallai'n adlewyrchu dylanwad Gruffudd Hiraethog arno yw ei hoffter o fydryddu dyddiadau mewn marwnadau.[171] O ddarllen gwaith Cynwal heddiw gellir yn hawdd gytuno â dyfarniad yr Athro D. J. Bowen mai marweiddio'r cerddi a wna nodweddion o'r fath a gresynu ddarfod i'r bardd ddilyn tuedd ei athro i 'ymhelaethu'n ddeir ar fanylion diawen'.[172] Eto rhaid cofio y byddai rhai o'r elfennau yng ngwaith Cynwal sydd bellach yn ymddangos yn syrffedus yn foddion effeithiol i borthi balchder noddwyr y bardd ac i beri mwynhad a phleser gwirioneddol iddynt.[173] Ffolineb fyddai tybio fod cerddi fel

[169] WC(1), xxv-xxvi.

[170] *Astudiaethau Amrywiol*, 10-13.

[171] Cf. sylw D. J. Bowen (ibid.,13): 'Bu rhywfaint o fydryddu dyddiadau cyn oes Gruffudd hefyd, ond daeth yn arfer dra chyson ganddo ef a'i ddilynwyr gynnwys dyddiad ac efallai oedran marw'r gwrthrych mewn marwnad.' Mydryddir dyddiad y farwolaeth mewn 24 o'r 42 cywydd marwnad o waith Cynwal a geir yn M 111 (WC(1), xxvi).

[172] *Astudiaethau Amrywiol*, 12, 16.

[173] Mewn perthynas â phoblogrwydd mydryddu achau ym marddoniaeth y cyfnod ystyrier sylw enwog Syr John Wynn o Wedir: 'Yet a great temporall blessinge yt is, and a great harts ease to a man to finde that he is well dissended' (*The History of the Gwydir Family*, gol. Ballinger, 36).

rhai Gruffudd Hiraethog a Chynwal yn anghydnaws â chwaeth y gynulleidfa y bwriadwyd hwy ar ei chyfer.

Y mae'n arwyddocaol efallai mai ym mydryddiaeth rhai o'i awdlau y ceir yr unig nodweddion arbrofol yng ngwaith Cynwal. Yn y cerddi hyn fe'i gwelir yn ymhyfrydu mewn mydru'n gywrain ac yn amrywio rhai o fesurau a dulliau traddodiadol yr awdl mewn modd gorchestol.[174] O gymryd ei ganu drwodd a thro, fodd bynnag, rhaid cydnabod na cheir ynddo'r dillynder crefft na'r feistrolaeth ar fynegiant a geir yng ngwaith goreuon beirdd yr uchelwyr. Er hyn barnodd Mrs Rhiannon Williams a Mr R. L. Jones fod ei ganu'n llawer mwy graenus na'r eiddo rhai o'r beirdd a enillodd yr un radd ag ef yng Nghaerwys.[175] Yr oedd ei afael ar hanfodion ei grefft yn gadarn: prin yw gwallau cynghanedd yn ei waith. Ei wendid amlycaf yn ddiau, fel llawer o'i gyfoeswyr, oedd ei duedd i gynnwys geiriau llanw diystyr er cyflawni gofynion mesur a chynghanedd, bai y tynnodd Prys sylw ato yn yr ymryson.[176] Er i Brys ei gyhuddo yn yr ymryson o ddefnyddio geiriau Saesneg, prin ei fod yn waeth yn hyn o beth na'r rhelyw o'r beirdd a raddiodd yn ail eisteddfod Caerwys. Yn sicr nid yw ei waith byth yn arddangos y math o ddirywiad o ran iaith a chrefft y tynnodd yr Athro G. J. Williams sylw ato yng ngwaith cyfoeswyr y bardd ym Morgannwg.[177]

Yr oedd cartref Cynwal mewn bro anghysbell—'ym mhen y sir, / Mewn ardal ym min oerdir', ys dywedodd yn un o'i gywyddau[178]—ac

[174] Ar awdlau Cynwal gw. *LlC,* XI, 195-201. Cf. y penawdau a geir uwchben rhai ohonynt: 'Awdl i ferch a'i phaladr yn gytsain a'r odl yn gyfochr'; 'Awdl i ferch a elwid Ann ar fesur godidog'; 'Awdl i ferch ar fesur cywydd llosgyrnog, a myfi W.C. a'i dyfeisiodd ar y don hon gyntaf' (dyfynnir ibid.).

[175] *LlC,* VIII, 211; ibid., XI, 204.

[176] Gw. Llythyr Prys (Rhyddiaith C), 56-67; 39. 77-94.

[177] *Traddodiad Llenyddol Morgannwg* (Caerdydd, 1948), 93. Dywedir ibid., 75 am feirdd Morgannwg yn y cyfnod mai 'peth cwbl ofer fyddai eu gosod hwy ochr yn ochr â'u cyfoeswyr yn y Gogledd, Wiliam Cynwal a Siôn Tudur a Siôn Phylip'.

[178] *LlC,* XI, 194 (WC(3), I, 35. 97-8).

er ei fod yn gwybod rhyw gymaint o Saesneg nid oes dystiolaeth iddo grwydro y tu allan i wlad ei enedigaeth.[179] Awgrymodd Dr Enid Roberts mai gŵr cyfyng ei orwelion ydoedd o'i gymharu â rhai o'i gyfoeswyr, beirdd megis Siôn Tudur, Simwnt Fychan ac Edward ap Raff a fu yn Llundain a Ffrainc ac a wyddai am rai o syniadau llenyddol y dydd yn Lloegr.[180] Meddai Dr Roberts am y beirdd hyn: 'Yr oeddynt yn llawer mwy na gwarcheidwaid cyndyn, eiddigus y Ddysg frodorol . . . . Yn sicr, ni cheid gwrthdaro rhwng y Ddysg Newydd a'r Hen ped ymrysonasai Prys ag un o'r beirdd hyn.'[181] Er y gellid dadlau ynghylch y gosodiad hwn, rhaid cydnabod mai prin yw'r arwyddion yng nghanu Cynwal ei fod yn ymwybodol o'r tueddiadau newydd yn niwylliant yr oes a'i fod yn gwerthfawrogi mathau eraill o ddysg heblaw'r ddysg farddol frodorol y trwythwyd ef ei hun ynddi. Gall fod yn arwyddocaol fod Cynwal yn ei farwnad i Humphrey Llwyd, yn wahanol i Lewis ab Edward wrth farwnadu'r un gŵr a Gruffudd Hiraethog yn ei gywydd moliant iddo, yn anwybyddu dysg ddyneiddiol amlochrog Llwyd ac yn crybwyll ei feistrolaeth ar achyddiaeth a herodraeth, dau o bynciau'r ddysg farddol, yn unig.[182] Yn ei gerddi i Simwnt Thelwall o Blas-y-ward ni cheir gan Gynwal ddim tebyg i'r gwerthfawrogiad edmygus o ddysg Thelwall yn y celfyddydau ac mewn ieithoedd a geir yng nghywydd Wiliam Llŷn iddo.[183] Gellir cymharu ei gerddi i'r gwŷr hyn â'r marwnadau a

179 Ceir enghraifft o Saesneg Cynwal mewn nodyn a sgrifennodd ar ymyl y ddalen yn (Ba)M 4, 236, gw. *LlC,* VIII, 205 (er nad yw'r fersiwn a roddir yno yn cynrychioli'n gywir yr hyn a geir yn y llawysgrif).

180 *TrDinb,* XII (1963), 80-2. Yn y cyswllt hwn diddorol yw addefiad Cynwal ei hunan: 'Rhai o'r beirdd, rhy wir, heb wedd, / A gâr trefi gwrt rhyfedd, / Am 'nynnu iaith mae'n 'y nydd / Imi enw yn y mynydd;' (*LlC,* XI, 194).

181 *TrDinb,* XII (1963), 80, 82.

182 Argraffwyd cywyddau Cynwal, Gruffudd Hiraethog a Lewis ab Edward i Llwyd gan R. Geraint Gruffydd, 'Humphrey Llwyd of Denbigh: Some Documents and a Catalogue', *TrDinb,* XVII (1968), 93-9. Ceir testun o gywydd Cynwal hefyd yn WC(3), I, rhif 33. Argraffwyd cywydd Gruffudd Hiraethog hefyd gan D. J. Bowen, 'Cywyddau Gruffudd Hiraethog i Dri o Awduron y Dadeni', *TrCy,* 1974-5, 121-3.

183 Am gerddi Cynwal i Thelwall gw. WC(1), rhif 102; WC(3), I, rhifau 47, 48, 49; ibid., II, rhif 42. Am gywydd Wiliam Llŷn iddo gw. *BWLl,* rhif XXXIV.

ganodd i bedwar telynor, Robert ap Hywel Llwyd, Ieuan Delynor, Dafydd Maenan a Siôn ap Rhys Gutyn.[184] Yn y marwnadau hyn y mae gwerthfawrogiad deallus y bardd o ddysg y gwŷr a goffeir, eu meistrolaeth ar gyfrinion cerdd dant, yn elfen amlwg. Yr oedd dysg y telynorion hyn, yn wahanol i ddysg ddyneiddiol Llwyd a Thelwall, yn perthyn i fyd Cynwal ac yn rhywbeth yr oedd ganddo amgyffrediad byw ohono.

Gellid dadlau, wrth gwrs, mai gwedd ar geidwadaeth gyffredinol Cynwal oedd ei ddiffyg ymateb i'r ddysg newydd. Daw'r nodwedd hon ar ei gymeriad i'r golwg hefyd yn ei ramadeg yn C 38. Yn wahanol i Simwnt Fychan yn y Pum Llyfr Cerddwriaeth dewisodd Cynwal beidio â manylu ynghylch y cynganeddion 'achos i bod yn gyfrinach Rwng Beirdd Ynys Brydain',[185] a phwysleisiodd natur gyfrinachol dysg y beirdd drachefn yn ei ymdriniaeth â'r rhannau ymadrodd ac â chystrawen.[186] Dichon yr adlewyrchir ei geidwadaeth hefyd yn yr adran ar y 'ffugrau' ar ddiwedd y gramadeg: ys dywedodd Mr W. Alun Mathias, 'Glynodd Wiliam Cynwal, hyd y gellir barnu, wrth yr hyn a ddysgodd gan ei athro. Troes Simwnt Fychan, ar y llaw arall, at y wybodaeth newydd a ddug William Salesbury i sylw'r beirdd.'[187] Y mae ceidwadaeth Cynwal yn ffactor i'w ystyried, wrth gwrs, mewn perthynas â'r ymryson. Eto y mae'n amheus a fuasai unrhyw un o feirdd proffesiynol yr oes wedi ymateb yn sylfaenol wahanol iddo wyneb yn wyneb â dadleuon Prys. Y gwir yw fod ymateb negyddol y beirdd i anogaethau'r dyneiddwyr i'w briodoli i rywbeth amgen na cheidwadaeth unigolion.

Mae'n debyg nad Wiliam Cynwal oedd y galluocaf o'r beirdd wrth eu swydd a gydoesai ag Edmwnd Prys: wrth ddarllen ymrysonau Prys â Siôn Phylip, er enghraifft, ceir yr argraff fod y bardd hwnnw yn fwy miniog ei feddwl ac yn fwy abl i gyfnewid ergydion â Phrys nag oedd

184 Argraffwyd y cywyddau hyn gan Enid Roberts yn *TrDinb*, XV (1966), 110-17. Fe'u ceir hefyd yn WC(2), rhifau 27, 57, 73 a 75.

185 *GP*, 184.

186 Cf. 'Bellach yr ysbysswn am rvwls ac ni ddylai yrhain fod ond ar dafod leferydd o athro i athro o herwydd kyfrinach yw llawer o honyn ac ni ddylyn fod Rwng pawb' (dyfynnir ibid., lii).

187 'Llyfr Rhetoreg William Salesbury', *LlC*, II, 74.

Cynwal. Eto, camgymeriad dybryd fyddai tybio fod Cynwal yn ffigur dibwys a diarwyddocâd ym mywyd barddol ei gyfnod. Yr oedd yn fardd hynod o doreithiog a groesewid gan rai o brif noddwyr yr oes, a phriodol ei ystyried 'ymhlith prif gynheiliaid y traddodiad barddol yn ei ddydd'.[188] Yn rhinwedd ei addysg perthynai i olyniaeth wiw o benceirddiaid, ac yr oedd yn etifedd teilwng iddynt o ran ei feistrolaeth ar bynciau'r ddysg farddol draddodiadol. Er gwaethaf ei geidwadaeth gyndyn cam difrifol â Chynwal fyddai dyfarnu'n amgen na'i fod yn gynrychiolydd clodwiw o feirdd proffesiynol yr oes ac o'r traddodiad dysg brodorol a oedd yn gynhysgaeth iddynt.

188 Mr R. L. Jones biau'r geiriau (*LlC*, XI, 204).

YMDRINIAETH FEIRNIADOL

A barnu oddi wrth nifer y gweithiau dyneiddiol eu naws a gynhyrchwyd, boed weithiau llenyddol neu feirniadol, mae'n rhaid cyfaddef mai blodeuo'n egwan braidd a wnaeth y Dadeni yng Nghymru. Fe ireiddiwyd ac fe adnewyddwyd llenyddiaethau brodorol gwledydd fel yr Eidal, Ffrainc a Lloegr gan ddyfroedd bywiol dyneiddiaeth, ac fe gynhyrchwyd yn y gwledydd hynny gorff enfawr o lenyddiaeth a sugnai faeth ac ysbrydoliaeth o'r ddysg newydd. Ni ddigwyddodd dim o'r fath yng Nghymru. Fe *fu* arloesi ym maes beirniadaeth a damcaniaeth lenyddol, mae'n wir: *fe* gafwyd ceisiadau i ddwyn rhai o safonau beirniadol y Dadeni i Gymru ac i arwain llenyddiaeth Gymraeg i'r hyn a ystyrid yn borfeydd mwy gwelltog. Ond yma eto tlawd iawn fu hi arnom mewn gwirionedd. Rhestrodd yr Athro Bernard Weinberg dros 350 o weithiau o'r Eidal yng nghyfnod y Dadeni, mewn print ac mewn llawysgrif, a oedd yn ymwneud mewn rhyw fodd neu'i gilydd â beirniadaeth lenyddol.[1] O'i chymharu â'r brif afon nerthol hon mae'n wir mai dim ond ffrwd denau oedd beirniadaeth lenyddol y cyfnod yn Ffrainc a Lloegr hyd yn oed:[2] yn ôl yr un safon, fodd bynnag, ni chafwyd yng Nghymru namyn diferion prin mewn crastir.

Bid a fo am hynny, ymhlith y dyrnaid o destunau perthnasol sydd gennym mae'n sicr fod ymryson Edmwnd Prys a Wiliam Cynwal yn teilyngu lle anrhydeddus. Gwaetha'r modd, ni chynhyrchodd Cymru gymaint ag un *Ars Poetica* ddyneiddiol. Ond yn bendifaddau

1 Gw. y llyfryddiaeth ar ddiwedd *A History of Literary Criticism in the Italian Renaissance*, dwy gyfrol (Chicago, 1961), 1113-58.

2 Cf. J. E. Spingarn, *A History of Literary Criticism in the Renaissance* (Efrog Newydd, 1899), 172: 'The comparative number of critical works in Italy and in France is also noteworthy. While those of the Italian Renaissance may be counted by the score, the literature of France during the sixteenth century, exclusive of a few purely rhetorical treatises, hardly offers more than a single dozen.' Rhyw 30 o weithiau a gynhwysir yn G. Gregory Smith (gol.), *Elizabethan Critical Essays*, dwy gyfrol (Rhydychen, 1904), y casgliad safonol o weithiau beirniadol cyfnod y Dadeni yn Lloegr.

cywyddau Edmwnd Prys yn yr ymryson yw'r peth nesaf at hynny a gafwyd. Ynddynt fe gyfunir beirniadaeth ddyneiddiol ar y traddodiad barddol Cymreig ac ar feirdd proffesiynol yr oes â mynegiant grymus o ddelfryd llenyddol y dyneiddwyr a'u gobaith am lenyddiaeth Gymraeg o fath newydd. Fel bonws, megis, yng nghywyddau Cynwal fe geir safbwynt y beirdd, prif gynheiliaid y traddodiad llenyddol. Mae'r cyfan yn dra gwerthfawr i'r sawl a fyn olrhain hynt y Dadeni yn ein gwlad, y gobeithion y rhoes fod iddynt a'r methiant a fu o ran eu gwireddu. Pwysleisiodd haneswyr y gorgyffwrdd helaeth a fu rhwng y Dadeni a'r Diwygiad Protestannaidd,[3] ac fe amlygir hyn hefyd yn yr ymryson. Ceir ynddo felly gipdrem dra diddorol ar rai o'r prif ffrydiau ym mywyd diwylliannol y cyfnod, a hynny, wrth gwrs, yn hytrach na gwerth cynhenid y farddoniaeth, a rydd iddo'i bwysigrwydd fel testun.

Allanolion yr ymryson

Helynt ynghylch bwa oedd yr ymryson yn wreiddiol. Bwa oedd hwn a gawsai Wiliam Cynwal yn rhodd gan un o'i noddwyr, Wiliam Clwch, marsiandïwr o Ddinbych: daethai'r bwa o Antwerp lle bu brawd Clwch, Syr Rhisiart Clwch, yn gynrychiolydd dros Syr Thomas Gresham, sylfaenydd y 'Stock Exchange'. Addawodd Cynwal fenthyg y bwa i un o gymdogion Edmwnd Prys, Rhys Wyn o Hendre'r Mur, Maentwrog, ar yr amod fod Prys yn canu cywydd drosto i'w ofyn.[4] Canodd Prys ei gywydd, ond bu'n rhaid iddo aros am ddwy flynedd cyn cael ateb oddi wrth Gynwal, sef cywydd yn moli Rhys Wyn ond yn nacáu rhoi'r bwa ynghyd â llythyr yn esbonio ddarfod ei roi'n fenthyg i Dr Elis Prys o Blas Iolyn.[5] Dyna asgwrn y gynnen, ond fe ddatblygodd ac fe ymganghenodd y dadlau nes bod y rheswm gwreiddiol amdano wedi ei anghofio bron yn llwyr. Canodd y ddau fardd saith gywydd yr un, bob yn ail, i ddechrau. Yna fe ganodd Prys gyfres o dri chywydd, ac fe'i dilynwyd gan dri o'r eiddo Cynwal. Aeth Prys ati wedyn i ganu naw cywydd, ac atebodd Cynwal yntau â naw.[6] Wedyn fe sgrifennodd

3 Gw. e.e. Glanmor Williams, *Dadeni, Diwygiad a Diwylliant Cymru* (Caerdydd, 1964), 7 (idem, *Grym Tafodau Tân* (Llandysul, 1984), 65).

4 Gw. Rhyddiaith A yn y testun.

5 Gw. Rhyddiaith B.

6 Dim ond wyth o gywyddau Cynwal a gadwyd.

Prys lythyr at Gynwal yn edliw iddo'i wendidau fel bardd ac yn ymhelaethu ynghylch rhai o'r pynciau y buwyd yn dadlau yn eu cylch: disgrifiwyd hwn yn ogleisiol gan yr Athro Bobi Jones fel 'ein hadolygiad cyntaf'.[7] Ar ôl hynny aeth Prys ati i lunio cyfres hirfaith o saith cywydd ar hugain. Pan oedd ar ganol cyfansoddi'r unfed ar bymtheg ohonynt, fodd bynnag, daeth cennad â'r newydd iddo fod Cynwal wedi marw. I orffen y cyfan yn weddus troes yr archddiacon i ganu cywydd marwnad canmoliaethus i'w wrthwynebydd. Mae'r cyfan yn farathon prydyddol o 54 o gywyddau a thua pum mil a hanner o linellau, yr hwyaf o lawer o holl ymrysonau'r beirdd.

Gwelir mai ffrae bersonol oedd yr ymryson ar y dechrau, ac yn araf ac yn raddol iawn y datblygodd yn rhywbeth amgenach. Fel y gellid disgwyl, ceir yn y cywyddau gryn dipyn o'r mân ymgecru sy'n gyffredin yn ymrysonau'r beirdd: Prys yn dannod i Gynwal ei fod yn defnyddio geiriau Saesneg, Cynwal yn dannod i Brys ei fod yn cynganeddu'n anghywir, ac yn y blaen. Ond y sylw a roir i bynciau mwy sylfaenol ac mwy eang eu harwyddocâd a rydd i'r ymryson hwn ei arbenigrwydd, ac ar y dadlau ynglŷn â'r pynciau hynny y canolbwyntir yn y sylwadau a ganlyn. Dewiswyd ymdrin â'r gwrthdaro rhwng y ddau fardd yn thematig yn hytrach na cheisio olrhain hynt y dadlau fesul cywydd. Tra bod manteision amlwg i'r dull hwn o safbwynt eglurder yr ymdriniaeth, dylid rhybuddio fod perygl y cyfleir yr argraff fod yr ymryson beth yn daclusach nag ydoedd mewn gwirionedd. I olrhain y themâu yr ymdrinnir â hwy isod bu'n rhaid crwydro hwnt ac yma drwy'r cywyddau a chyfuno deunydd a oedd ar wasgar.

[7] *Llên Cymru a Chrefydd* (Abertawe, 1977), 215n.

Cyfraniad Prys

Mewn unrhyw ymdriniaeth â'r ymryson mae'n anorfod bron mai Prys a gaiff y prif sylw. O'r ddau ymrysonwr ef yn bendifaddau a gyfrannodd fwyaf: ef a ysgogodd yr ymryson, ef a'i cynhaliodd, ef a ganodd ddeuparth y cywyddau. Mae gwahaniaeth trawiadol rhwng osgo'r ddau fardd yn yr ymryson. Tra bo Prys yn arwain yr ymosodiad ac yn megino'r fflamau drwy dywys y dadlau i gyfeiriadau newydd, dilyn yn oddefol a wna Cynwal fel rheol, ymateb, a hynny gan amlaf yn amddiffynnol, i ysgogiadau ei wrthwynebydd mwy galluog. Priodol gan hynny fydd dechrau'r ymdriniaeth hon drwy ystyried cyfraniad Prys i'r dadlau.

Canu celwydd

Yng nghyfnod y Dadeni yr oedd y safonau y bernid llenyddiaeth wrthynt yn aml yn rhai yr ystyrid heddiw eu bod yn anllenyddol.[8] Yn fwyaf arbennig, ceid tuedd gref i farnu gweithiau yn ôl safonau moesol, tuedd a etifeddwyd o'r oesoedd canol ac y ceid cynseiliau cynharach na hynny iddi yng ngweithiau rhai o awduron Groeg a Rhufain. Nid tuedd a gyfyngid i foesolwyr a phiwritaniaid yn unig oedd hon. Fe'i gwelir hefyd mewn gweithiau sy'n amddiffyn llenyddiaeth yn erbyn ymosodiadau'r garfan honno: cydnabyddai'r amddiffynwyr hwythau fod llenyddiaeth y dylid yn wir ei chondemnio ar dir moesol, ond dadleuent na ddylid er hynny gondemnio pob llenyddiaeth yn ddiwahân.[9] Ac ystyried y cefndir hwn nid yw'n annisgwyl efallai mai beirniadaeth o natur foesol yw un o'r ddwy brif feirniadaeth a anela Prys at Gynwal yn yr ymryson, sef y feirniadaeth ei fod yn euog o ganu celwydd.

Yng nghyswllt sôn am yr awen y codir pwnc celwydd gyntaf yn yr ymryson. Yr oedd y ddau fardd yn gytûn fod i'r awen darddiad

8 J. W. H. Atkins, *English Literary Criticism: the Renascence*, adargraffiad (Efrog Newydd a Llundain, 1968), 15.

9 Spingarn, *Literary Criticism in the Renaissance*, 267. Gw. hefyd Branwen Jarvis, 'Llythyr Siôn Dafydd Rhys at y Beirdd', *LlC*, XII, 45-6.

dwyfol.[10] Tra credai Cynwal, fodd bynnag, mai un awen a geid, aiff Prys rhagddo i sôn am ddwy awen wrthgyferbyniol, yr awen rydd a'r awen gaeth. Er bod yr enwau a rydd i'r ddwy awen hon yn newydd hyd y gwyddys, y mae'n sicr mai i gywydd Siôn Cent yn ei ymryson â Rhys Goch Eryri ganrif a hanner ynghynt yr oedd yn ddyledus am y syniad.[11] Yn wir, mewn un man fe gynghorir Cynwal i edrych 'Hanes enw cerdd hên Sion Kent' (15. 48) i weld pa awen sydd ganddo. Yr oedd Siôn Cent wedi mynnu fod 'Deuryw awen' yn y byd, yr 'Awen gan Grist' a gafodd yr angylion a'r proffwydi a'r awen gelwyddog 'O ffwrn natur uffernawl' a gafodd prydyddion Cymru.[12] Fel hyn yr ailedrydd Prys y syniad yn yr ymryson (sylwer fel y sonia am 'davryw awen' gan ddefnyddio'r union ymadrodd a geir yng nghywydd Siôn Cent):

Davryw yspryd a yrawdd
Dvw o nef, da yw i nawdd:
Vn a ddoe o iawn ddeall
A bwrw i'r llawr obry'r llall,
Vn a roes Duw o'i râs dâ
Ymynyddol mewn Adda;
Yr ail o afreolaeth
Yn y ne' gynt a wnai'n gaeth,
Ag o'r ddav, medd llyfrav llên,
Adrywiodd davryw awen. (25. 37-46)

10 Gw. 3. 37-42, 11. 41-6 a 12. 41-4 yn y testun. Yr oedd hwn, wrth gwrs, yn hen syniad ymhlith y beirdd Cymreig. Cf. *GP*, 35: 'Kanys kyffran o doethineb anianawl yw prydydyaeth, ac o'r Yspryt Glan y pan henyw'. Gw. hefyd ymryson Rhys Goch Eryri a Llywelyn ap y Moel, *IGE*, LXI, LXII. Digwydd y syniad hwn yng ngweithiau rhai o feirdd Lladin Cristnogol yr oesoedd canol cynnar a cheir enghreifftiau ohono yn llenyddiaethau ieithoedd brodorol Ewrop o'r ddeuddegfed ganrif ymlaen, gw. Courtland D. Baker, 'Certain Religious Elements in the English Doctrine of the Inspired Poet during the Renaissance', *Journal of English Literary History*, VI (1939), 312-4.

11 *IGE*, LXV.

12 Yr oedd llinach hir, wrth gwrs, i'r math hwn o feirniadaeth. Amrywiad ydyw ar yr hyn y cyfeiriodd E. R. Curtius ato fel *topos* 'Cyferbynnu barddoniaeth Baganaidd a barddoniaeth Gristnogol', gw. *European Literature and the Latin Middle Ages*, cyf. W. R. Trask (Llundain, 1953), 235.

O'r rhain yr awen rydd yw'r naill, yr awen a gafodd Adda yng Nglyn Ebron, yr awen yr adroddir amdani yn y Beibl, a dderbyniodd y dengwr a thrigain o henuriaid Israel a gynorthwyodd Moses, Saul a'i genhadau gerbron Samuel yn Rama, a'r disgyblion ar y Sulgwyn cyntaf.[13] Awen yw hon, medd Prys, na cheir gan unrhyw brifardd, a nod angen y farddoniaeth a ysbrydola yw gwirionedd.[14] Awen dra gwahanol yw'r llall, un sydd 'O sawr a ffûg y sarph hên'(26. 10), awen gaeth sydd 'eisiav y gwir' (13. 74). Hon, meddai Prys, oedd yr awen a gafodd Myrddin a Thaliesin, sylfaenwyr y traddodiad barddol Cymreig yn ôl syniad yr oes:

Pob celwydd, gynydd gwenwyn,
Sydd o ddiafl a'i swydd i ddwyn,
A phob gwir, a'i gywiraw,
Astud iawn, o Grist y daw.
Wrth edrych araith hydrefn,
Hanes y wlad, hon sy lefn,
Gwaith Merddin goeth a mawrddadl
A Thaliesin, doethfin dadl,
Awen y rhain, o enw rhydd,
Yn i gwaelod yw'n gelwydd,
Am ddieithro, modd athrist,
Drwy gelwydd, ben crefydd Chrîst. (26. 17-28)[15]

Mae'r ergyd yn eglur. Yr oedd y drwg yn y caws o'r dechrau yn ôl Prys. Os mai awen halog, gelwyddog, anghristnogol oedd awen Myrddin a Thaliesin, awen felly hefyd a ysbrydolai'r beirdd megis Cynwal a oedd yn etifeddion iddynt.

Ar ôl gosod seiliau fel hyn, aiff Prys rhagddo i fanylu ynghylch celwydd honedig Cynwal. Fe'i cyhudda o ganu celwydd er elw yn ei gerddi moliant drwy wneud honiadau ffals ynghylch ei noddwyr a thrwy ffugio achau ac arfau iddynt. Mae'r tebygrwydd i'r hyn a geir

[13] 25. 101-30. Ar y cyfeiriadau gw. y nodiadau ar y llinellau hyn.

[14] 25. 143-6.

[15] Cf. hefyd yr ymosodiad ar gelwydd canu brud Myrddin a Thaliesin a gweddill y cynfeirdd yn 51. 59-70.

yng nghywydd Siôn Cent unwaith eto'n drawiadol: dyna'n sicr y patrwm uniongyrchol. Ac yntau'n ddisgybl i Fyrddin gelwyddog nid rhyfedd, medd Prys, fod Cynwal yn canu fel y gwna:

Diryfedd yt dra fai ddydd
Dreio gwaelwawd drwy gelwydd,
A chanv a chloch weniaith
Iachav ar gam (och o'r gwaith!),
A rhoi arfav rhyw avrfainc
I frig coed afrywiog cainc,
A rhoi mawl a rhi' milwyr
I rai mân o ddirym wyr,
A rhoi haeledd rhy helaeth,
Raddav mawr o wrâidd a maeth,
I vn nid oedd yn i dy
I'w gael na bwyd na gwely;
Rhoi cyfiownedd a gwedd gwyr,
Afryw obaith, i freibwyr;
Rhoi doethder ar hyder hedd
I rai anoeth yr vnwedd;
Cwyso i ddŷn, ceisio i dda,
Croew foliant er cryf elwa. (26. 75-92)

O gofio am ddiddordeb arbennig Cynwal mewn achyddiaeth a herodraeth nid yw'n annisgwyl efallai fod Prys yn rhoi'r rhan helaethaf o un cywydd, y nawfed a deugain, i fanylu ynghylch y cyhuddiad o ffugio achau ac arfau.[16] Condemnia'r llyfrau achau a'r peisiau arfau paentiedig, gwedd anhepgor ar y bywyd barddol i feirdd megis Cynwal, fel oferbethau celwyddog:

Pob llyfr, pob pibell afraid,
Pob cart yn ych art, o chaid,

16 Yn 15. 55-60 y cyhuddir Cynwal o hyn gyntaf. Cf. hefyd 15. 100: 'Iachwr ydwyd ni chredir'.

A phob paintiad seliad sydd,
Llen gûl yw'n llawn o gelwydd. (49. 57-60)[17]

Mewn darn sy'n dwyn i gof gywydd enwog Siôn Tudur i feirdd yr oes[18] dychenir yn ddeifiol yr arfer o briodoli achau bonheddig i wŷr nas teilyngent:

Yr owron, dyma'r arwydd
Vwchben gwŷr lle rhowch bin gwydd
O fawl barch, fo wŷl y byd
Mae nayadd y mynawyd;
Nid pell mo blâs y gwellaif,
A'r tŵyn lle bu'r crŵyn a'r craif.
Codi, nodi, newidiaw,
A gostwng yn drablwng draw,
A chodi caeth, sy waeth sôn,
A chodi gordderchadon.
Gwerthv'r wyd, gwarth ar wawdoedd,
Arfav gwaed, dy ryfig oedd.
Miloedd a bryn i moliant
O gydiaith wâg gida thant;
Vn ni chair yn iach airwir,
Yn brin iawn a bryno wîr! (49. 89-104)

Er mai beirniadaeth yw hon a anelir at Gynwal yn y lle cyntaf, gellir bod yn hyderus fod Prys mewn gwirionedd yn ergydio at feirdd y canu moliant yn gyffredinol. Yn ymhlyg yn ei ddadleuon, ei sôn am yr awen ac am Fyrddin a Thaliesin cyn troi'n benodol at Gynwal, y mae mwy na chondemniad o unigolyn: megis Siôn Cent o'i flaen nid ymosod ar ei gyd-ymrysonwr yn unig a wnâi ond hefyd ar yr holl draddodiad a gynrychiolai.

Yn y sylwadau hyn ynghylch Cynwal a'i gymheiriaid y mae Prys,

17 Cf. sylw Ruth Kelso (*The Doctrine of the English Gentleman in the Sixteenth Century*) (Urbana, 1929), 141): 'Heraldry had already fallen into some disrepute by Elizabeth's time, particularly for the selling of newly invented arms under pretence of having found them recorded for ancestors in old registers.'

18 Enid Roberts (gol.), *Gwaith Siôn Tudur*, rhif 151; *OBWV*, rhif 112.

wrth gwrs, yn lleisio beirniadaeth y ceir enghreifftiau eraill ohoni yng ngweithiau'r dyneiddwyr Cymreig. Cyfeiria Gruffydd Robert a Maurice Kyffin hwythau at gelwydd y beirdd,[19] ond ar wahân i Brys yn yr ymryson, Siôn Dafydd Rhys yn y rhagymadrodd i'w Ramadeg (1592) sy'n ergydio galetaf:

> Canys ny's haedhei y sawl a dhyweto celwydh ynn ei Gerdh neu ynn ei Lybhr, neu a chwareuo y gwenieithwr, neu a ymarbhêro o sathrêdic dhechymyc, ac o ammherphaith Gerdhwriaeth; y parch a' 'r mawrháad a 'wedhei ac a berthynei i Brydydh da cywrain a dhyweto 'wîr ynn ei Gerdh; . . . Cann nyt gwedhus nag i'r Prydydh dhywêdud gweniaith, nag ymarbher o phûc ynn ei Gerdh; nag i'r Pendebhic yntebh 'adel ei 'wenheithio, a' dywêdud celwydh arno; wrth honni a' thaeru arno ebh, neu arr ei Riêni, 'wneuthur o honynt y petheu ny's gwnaethynt erioed ac ny's medhyliynt; megys lhâdh milioedh o 'wyr mywn rhybhel, neu bhwrw cestylh i'r lhawr o bhilwriaeth; neu ryw bhawr 'wrhydri aralh honnêdic arnynt; a' 'r gwyr hwynteu yna ynn eu gwelyeu ynn cyscu yn dhiobhal, heb dhim ryw bhâth bhedhwl nac amcan ganthynt; onyd bôd yn dhigon didhrwc, megis y gwedhei i 'wyr hedhychon.[20]

Nid yng Nghymru yn unig y clywyd y math hwn o feirniadaeth yn y cyfnod. Dangosodd Robert J. Clements fod cysylltu beirdd â chelwydd megis dihareb yn yr unfed ganrif ar bymtheg gan ddyfynnu tystiolaeth awduron o Ffrainc a'r Eidal.[21] Ar ei heithaf beirniadaeth oedd hon a gondemniai bob barddoniaeth yn ddiwahân. Fel hyn y disgrifiwyd barddoniaeth gan y dyneiddiwr Almaenig Cornelius Agrippa:

> Ars non in aliud inuenta, nisi vt lasciuiantibus rithmis syllabarum numeris, ac ponderibus, nominumque inani strepitu, stultorum hominum aures demulceat, ac fabularum oblectamentis, menda-

19 G. J. Williams (gol.), *Gramadeg Cymraeg gan Gruffydd Robert*, [208]; W. P. Williams (gol.), *Deffynniad Ffydd Eglwys Loegr*, [x].

20 *Cambrobrytannicae Cymraecaeve Lingvae Institvtiones et Rvdimenta* (Llundain, 1592), sig. ***1^{v}-***2^{r}.

21 *Critical Theory and Practice of the Pléiade* (Cambridge, Mass., 1942), 10. Yr awduron a ddyfynnir yw Martin Cognet ac Alberico Gentili. Dyfynnir hefyd, ibid., 11, sylwadau ynghylch celwydd y beirdd o'r eiddo George Buchanan a J. C. Scaliger.

> ciorumque centonibus decipiat animos. Quocirca architectrix mendaciorum & cultrix peruersorum dogmatum dici meruit.[22]

Mwy cyffredin na hyn, fodd bynnag, a nes at yr hyn a geir gan y dyneiddwyr Cymreig, oedd safbwynt mwy cymedrol fel yr un a fynegwyd gan y Sais Thomas Nashe (a addysgwyd yng Ngholeg Ieuan Sant, Caer-grawnt ychydig yn ddiweddarach na Phrys) yn *The Anatomie of Absurditie* (1589). Er na ddymunai gael ei restru ymhlith gelynion barddoniaeth condemniai rai mathau o ganu heb flewyn ar dafod:

> Hence come our babling Ballets, and our new found Songs and Sonets, which euery rednose Fidler hath at his fingers end, and euery ignorant Ale knight will breath foorth ouer the potte, as soone as his braine waxeth hote. Be it a truth which they would tune, they enterlace it with a lye or two to make meeter, not regarding veritie, so they may make vppe the verse; not vnlike to *Homer*, who cared not what he fained, so hee might make his Countrimen famous.[23]

Er cyffredined y math hwn o feirniadu yn y cyfnod, yr oedd iddo, wrth gwrs, wreiddiau hynafol. Fe gofir fod celwydd y beirdd ymhlith y rhesymau pam yr alltudiodd Plato hwy o'i wladwriaeth, cynsail a ddyfynnwyd gan lu o feirniaid piwritanaidd eu naws drwy'r oesoedd.[24] Beirniadaeth ydoedd a leisiwyd gan wŷr yr eglwys mewn sawl gwlad yn ystod canrifoedd Cred, o ddyddiau'r Tadau Eglwysig

22 *De incertitudine & Vanitate scientiarum declamatio inuectiua* (?Cologne, 1537), sig. B3 (estynnwyd y talfyriadau). Cyhoeddwyd y gwaith hwn gyntaf ym 1527, a chyhoeddwyd cyfieithiad Saesneg ohono gan James Sanford ym 1569. Yr oedd ymosodiad Agrippa ar farddoniaeth yn enwog yn y cyfnod: fe gyfeirir ato gan Syr Philip Sidney yn ei *Apologie for Poetrie* a chan Syr John Harington yn ei *Briefe Apologie of Poetrie*, dau waith yn amddiffyn barddoniaeth yn erbyn ymosodiadau'r piwritaniaid a gyhoeddwyd yn Lloegr yn ystod nawdegau'r ganrif (gw. Smith (gol.), *Elizabethan Critical Essays*, I, 182; II, 199).

23 McKerrow (gol.), *The Works of Thomas Nashe*, I, 23-4.

24 Weinberg, *A History of Literary Criticism in the Italian Renaissance*, 251. Y rhannau perthnasol o'r *Respublica* yw llyfrau II, III a X. Am enghreifftiau o awduron clasurol eraill (Gallus, Ofydd, Quintilian, Plini) yn cysylltu beirdd â chelwydd gw. Clements, *Critical Theory and Practice of the Pléiade*, 9.

ymlaen.[25] Ac fe'i mynegwyd droeon yng Nghymru hithau. Da y galwodd yr Athro Bobi Jones bwnc y gwir a'r anwir mewn barddoniaeth yn 'Bwnc Mawr Beirniadaeth Lenyddol Gymraeg'.[26] Yr oedd Edmwnd Prys a'i gyd-ddyneiddwyr yn etifeddion i hen draddodiad o feirniadaeth Gristnogol Gymreig ar gelwydd y beirdd, yn etifeddion i Gildas, fflangell Maelgwn Gwynedd a'i feirdd,[27] i Anian II, Esgob Llanelwy (m. 1293) y dywedir iddo gyfansoddi traethawd o'r enw *Commentum in Fabulas Poetarum*,[28] i awdur y gerdd 'Bustl y Beirdd',[29] ac, wrth gwrs, i Siôn Cent, dylanwad uniongyrchol ar Brys fel y dangoswyd.

'Cenwch wir!' (26. 94), dyna gyngor Prys i Gynwal a'i debyg. Diau y cytunai â Siôn Dafydd Rhys a gystwyodd y beirdd hynny a roddai'r pwyslais ar 'digrîbhwch a' thegwch yr ymadrodhion; gãn abergôbhi o gwbl, a' distriwiaw y gwirionedh; yr honn a dhylyid yn gyntabh ac yn bennabh olh bhedhylieid am danei.'[30] I feirniaid fel y rhain yr oedd ystyriaethau esthetig yn ddarostyngedig i'r nod o ganu gwirionedd, ac wrth wirionedd yr hyn a olygent oedd gwirionedd ffeithiol, llythrennol. Er bod y safbwynt hwn yn dal yn gyffredin yn y cyfnod, nis coleddid yn y cylchoedd llenyddol mwyaf blaengar erbyn adeg yr ymryson. Fel y cynyddodd gwybodaeth o *De Poetica* Aristotles yn ystod yr unfed ganrif ar bymtheg daethpwyd i ddadlau, ar sail y gwaith hwnnw, mai amhriodol oedd mesur barddoniaeth yn ôl ei hymlyniad wrth wirionedd llythrennol. Man cychwyn y syniad oedd y gwahaniaeth a dynnodd Aristotles rhwng swydd y bardd a swydd yr hanesydd.[31]

25 Am enghreifftiau gw. ibid., lle dyfynnir Eusebius, Awstin ac Isidor o Sevilla. Gw. hefyd J. W. H. Atkins, *English Literary Criticism: the Medieval Phase* (Caer-grawnt, 1943), 69 a 136, lle cyfeirir at sylwadau i'r un perwyl gan Bedr Barchedig, Abad Cluni (m. 1156) a Roger Bacon (c. 1214-92), a Curtius, *European Literature and the Latin Middle Ages*, 218, lle dyfynnir sylw o'r eiddo Sant Thomas o Acwino (c. 1225-74).

26 *Llên Cymru a Chrefydd*, 198.

27 Hugh Williams (gol.), *Gildae de Excidio Britanniae* (Llundain, 1899, 1901), 80.

28 Glanmor Williams, *The Welsh Church from Conquest to Reformation* (Caerdydd, 1962), 189.

29 *MA*, 29.

30 *Cambrobrytannicae Cymraecaeve Lingvae Institvtiones et Rvdimenta*, sig. ***2^{r}.

31 *De Poetica* ix. 1-5.

Tra'r oedd a wnelo'r hanesydd â neilltuolion, yr hyn a oedd wedi digwydd, yr oedd a wnelo'r bardd, meddai, â chyffredinolion, yr hyn a allai neu a ddylai ddigwydd. Trwy wahaniaethu ar sail hyn rhwng dau fath o wirionedd, y gwirionedd neilltuol, llythrennol a'r gwirionedd cyffredinol, delfrydol, a dadlau mai darlunio'r diwethaf a wnâi'r bardd, daethpwyd o hyd i ateb i Blato a'r beirniaid eraill a gyhuddasai feirdd a barddoniaeth o gelwydd.[32] O'i gymharu â'r beirniaid a fabwysiadodd y safbwynt hwn rhaid rhestru Edmwnd Prys gyda'r rhai a ddisgrifiwyd fel 'philosophically more naive writers who seemingly identified truth only with particular fact'.[33] Prin fod ei agwedd yn annisgwyl, fodd bynnag. Ni ddaeth syniadau'r *De Poetica* yn rym yn yr Eidal tan ganol yr unfed ganrif ar bymtheg,[34] ac er iddynt ddod i fri yn Ffrainc erbyn chwedegau'r ganrif[35] ni ddaeth Lloegr yn ymwybodol ohonynt am ugain mlynedd a mwy wedi hynny. Y beirniad cyntaf o Sais i arddangos dylanwad syniadau llenyddol Aristotles i unrhyw raddau arwyddocaol oedd Syr Philip Sidney yn ei *Apologie for Poetrie*, gwaith a oedd yn gyfoes â'r ymryson ond nas cyhoeddwyd tan 1595.[36] O gofio hyn ymddengys yn dra thebygol na wyddai Prys am y *De Poetica* a'i ddadleuon. Hyd yn oed pe daethai i wybod amdanynt, fodd bynnag, awgryma taerineb ei ymosodiadau ar gelwydd Cynwal a'i bwyslais di-ildio ar y gwir llythrennol yn yr ymryson na fyddent wedi bod at ei ddant. Er gwaethaf y gagendor crefyddol enfawr rhyngddynt, ni ellir lai na theimlo fod cryn debygrwydd rhwng Prys a rhai o feirniaid llenyddol y Gwrthddiwygiad yn yr Eidal yn hyn o beth, gwŷr megis Lorenzo Gambara a Tommaso Campanella a anwybyddodd ddysgeidiaeth Aristotles ac a bwysleisiodd yr angen am

[32] Spingarn, *Literary Criticism in the Renaissance*, 18-19; Grahame Castor, *Pléiade Poetics* (Caer-grawnt, 1964), 10-11.

[33] Baxter Hathaway, *The Age of Criticism: the Late Renaissance in Italy* (Ithaca, 1962), 163.

[34] Weinberg, *A History of Literary Criticism in the Italian Renaissance*, 349; Spingarn, *Literary Criticism in the Renaissance*, 138.

[35] Ibid., 185.

[36] Ibid., 268.

veritas mewn barddoniaeth.[37] Gellid maentumio'n deg, wrth gwrs, nad oedd safbwynt Prys a beirniaid cyfoes eraill tebyg iddo namyn estyniad o uniongrededd beirniadol yr oesoedd canol.[38] Y mae'n werth cofio, fodd bynnag, mai ar lefel ddamcaniaethol yn unig y derbyniwyd syniadau Aristotles gan lawer o wŷr yr unfed ganrif ar bymtheg. Yn eu datganiadau beirniadol mynnai beirdd y Pléiade yn Ffrainc, er enghraifft, gan ddilyn Aristotles, mai â *le vraisemblable* yn hytrach na *le vrai* yr oedd a wnelo'r bardd; eto droeon yn eu cerddi fe'u ceir yn anghymeradwyo celwydd honedig beirdd eraill gan arddel yn anymwybodol yr hen safon draddodiadol.[39]

Nid celwydd cerddi moliant Cynwal yn unig sy'n ennyn gwg Prys yn yr ymryson. Cyhudda Gynwal o lychwino ei waith â chelwydd o fath arall hefyd, sef celwydd y chwedlau canoloesol am Fyrddin ac am Syr Siôn Mawndfil a adroddir ganddo.[40] Mae'n arbennig o lawdrwm ar Gynwal am iddo honni, gan ddilyn Sieffre o Fynwy, mai ysbryd (*incubus*) oedd tad Myrddin. Yr oedd chwedl o'r fath yn wrthun i'r dyneiddwyr: fe'i gwrthodwyd gan John Leland, John Bale a Humphrey Llwyd yn ogystal â Phrys.[41] Yn y nawfed cywydd cynigia Prys esboniad rhesymol arni ac ar y chwedl debyg iddi ynghylch cenhedliad Romulus a Remus gan y duw Mawrth:

Dŷn oedd y brawd, awen wîn,
Diwyd fardd, dâd i Ferddin.
Mewn brv ni bv ag ni bydd
Neb o ddyn na bai i ddeynydd.

37 Gw. ymdriniaeth Weinberg â gweithiau'r gwŷr hyn, *A History of Literary Criticism in the Italian Renaissance*, 307-8, 792-3, 1066-8. Dichon, wrth gwrs, fod y math hwn o feirniadu yn ddylanwad uniongyrchol ar Siôn Dafydd Rhys a dreuliodd gyfnod yn yr Eidal.

38 Cf. sylw Weinberg ynghylch Campanella (ibid., 1069): 'He is rooted in the ethical and religious prejudices of the Middle Ages, reinforced by the recent blasts of the Council of Trent'.

39 Gw. y bennod 'Truth and Sincerity' yn Clements, *Critical Theory and Practice of the Pléiade*, 3-41.

40 Ymesyd Prys ar yr hyn a ddywed Cynwal am Fyrddin yn 9. 19-40, 17. 43-4, 26. 41-74, C. 26-30, 43. 23-96 a 49. 17-22. Ymesyd ar yr hyn a ddywed am Siôn Mawndfil yn 24. 13-48 a 42. 35-100.

41 Gw. y nodiadau ar 9. 21-34.

Rhy wen dâl, rhiain deilwng,
Dŷn dêg mewn crefydd dan dwng,
A thrwy i chwsg, ddieithrach haint,
Cafodd gorph vn o'r cwfaint.
O'r diwedd, trawsedd traserch,
O'i gwîr fôdd ef a gae'r ferch.
Yr vn hwyl o ran helynt
Fu sûd, ail gwaith, vestal gynt,
Pen gad brîg rhyfig Rufain:
Romulus a Remus fu 'rhain. (9. 27-40)

Heblaw am ei hannhebygolrwydd cynhenid yr oedd y chwedl am Fyrddin yn annerbyniol i Brys ar dir diwinyddol hefyd. Gan ddilyn yr hyn a ddywedodd Andreas Hyperius, diwinydd Protestannaidd o'r Isalmaen, ar y pwnc,[42] dadleua mai Crist yn unig a aned o ysbryd ac mai heresi gelwyddog oedd honni rhagoriaeth o'r fath i Fyrddin. Dyma un o'r pynciau a grybwyllir ganddo yn ei lythyr at Gynwal: 'Fo losged rhai am yr opiniwn hono—ceisio tywyllv cnawdoliaeth Christ Iesv. Os genid vn arall o'r yspryd, pa ragoriaeth fyddai ein Prynnwr?' (C. 28-30). Arwyddocaol yw'r hyn a ddywed ar y pwnc hwn yn y trydydd cywydd a deugain hefyd:

Ni wnaeth ysbryd, gŷd gydair,
Enaid i fyw ond o Fair.
Na chymysc yn nysc yn iaith,
Dlawd offer, chwedlav diffaith.
O chwiliwch, chwi a gewch helynt
O hanes hen gyffes gynt.
Ple cefaist y plwc ofer,
Celwydd llwyr, is awyr sêr,
Bod ysbryd mebyd mewn merch
Drwy i hŷn draw i'w hanerch?
Doedaf, er coethed ydoedd,
Pwy a'i gwnaeth, sef pagan oedd.
Dangosaf, drwy fferfaf ffydd,
Dan goel, i fôd yn gelwydd. (43. 55-68)

[42] Gw. ibid.

I Brotestant o argyhoeddiad fel Prys byddai sawr yr oesoedd canol Pabyddol a'u hofergoeledd ar chwedl fel hon: dyna, mae'n debyg, sy'n esbonio ei gyfeiriad at 'hanes hen gyffes gynt'. Dichon fod a wnelo ei safbwynt crefyddol ryw gymaint â'i agwedd at 'deithiau' Syr Siôn Mawndfil hefyd. Byddai'r gwaith hwn, gyda'i sôn am y seintiau a'u creiriau, am y Croesgadau ac am bererindodau yn sicr o godi croen gŵydd ar Brotestant pybyr; yn ôl Josephine Waters Bennett drwgdybiaeth Brotestannaidd o'r elfennau hyn yn y 'teithiau' oedd y rheswm pam yr argraffwyd cyn lleied ar y gwaith yn Lloegr a'r Almaen yn ystod yr unfed ganrif ar bymtheg o'u cyferbynnu â'r gwledydd Catholig.[43] Gellir cymharu agwedd Prys tuag at 'chwedlav diffaith' Cynwal â sylwadau Maurice Kyffin yn ei ragymadrodd i *Deffynniad Ffydd Eglwys Loegr* (1595) lle mae'n cystwyo'r beirdd am 'hynodi i'r bobl ryw hen chwedl, neu goel gwrach ar gwrr y barth; a hynny wedi ei dynnu allan (y rhan fwyaf) o lyfr y Myneich celwyddog gynt, yr hwn a elwid *Legenda aurea*, ag a ellir ei alw *Traethawd y Celwyddau*'.[44] Yr oedd ymosodiadau o'r fath ar ramantau a chwedlau 'ansylweddol' yr oesoedd canol Pabyddol yn gyffredin yn Lloegr yn ystod yr unfed ganrif ar bymtheg.[45] Nodweddiadol oedd y cyfeiriad yn y *Summary Declaration of Faith, Uses and Observances in England* (1539) at 'the old fabulous and fantastical books of the "Table Round", "Launcelot du Lac", "Huon de Bourdeaux", "Bevy of Hampton", "Guy of Warwick", &c., and such other, whose impure filth and vain fabulosity the light of God has abolished utterly'.[46] Y mae'n ddiddorol fod Prys yntau yn condemnio chwedl Huon, ynghyd â chwedlau Aesop a cherddi Ofydd, gweithiau eraill y cafwyd ymosodiadau cyfoes arnynt,

[43] *The Rediscovery of Sir John Mandeville* (Efrog Newydd, 1954), 243. Nid argraffwyd y gwaith yn Lloegr rhwng 1510 a 1568 nac yn yr Almaen rhwng 1507 a 1580.

[44] Op. cit., gol. W. P. Williams, [x]

[45] Gw. Vernon Hall, Jr., *Renaissance Literary Criticism* (Efrog Newydd, 1945), 203-7; Louis B. Wright, *Middle-Class Culture in Elizabethan England*, argraffiad newydd (Ithaca, 1958), 231-3.

[46] Dyfynnir yn E. H. Miller, *The Professional Writer in Elizabethan England* (Cambridge, Mass., 1959), 79.

am eu bod yn 'Bell i gyd o bwyll y gwîr' (42. 48).[47] Er bod rhagfarn Brotestannaidd Prys yn lliwio beth ar ei agwedd, mae'n bwysig sylweddoli er hynny nad yn y gwledydd Protestannaidd yn unig y tueddid i wgu ar ddeunydd o'r fath yn y cyfnod. Ymosododd y Sbaenwr Juan Luis Vives, er enghraifft, yn hallt ar gelwydd y rhamantau yn ei *De instructione feminae Christianae* (1523),[48] ac amlygwyd yr un ysbryd yng ngweithiau rhai o feirniaid llenyddol y Gwrthddiwygiad yn yr Eidal lle condemniwyd chwedlau celwyddog o'r hen fyd ac o'r oesoedd canol fel deunydd barddoniaeth.[49]

Barddoniaeth ddwyfol

Er mor hallt y condemnia Prys gelwydd y beirdd nid cystwywr negyddol yn unig mohono, fodd bynnag. Yn ogystal â cheryddu'r beirdd y mae hefyd yn cynnig llwybr ymwared iddynt. Ond nid ar ffurf anogaeth agored y gwna hyn. Yn hytrach, y mae'r waredigaeth a gynigia i Gynwal a'i gymheiriaid yn ymhlyg yn ei wrthgyferbyniad rhwng awen gelwyddog Myrddin a Thaliesin a'r awen ddwyfol Gristnogol. Yr ymhlygiad yw mai'r llwybr ymwared i feirdd Cymru a barddoniaeth Gymraeg fyddai ymwrthod ag awen gaeth gelwyddog Myrddin a Thaliesin a fu'n eu hysbrydoli cyhyd a chofleidio yn ei lle yr awen ddwyfol Gristnogol, awen y gwirionedd. Hon, meddai Prys, oedd ei awen ef, ac awen ydoedd a wreiddiwyd yn y Beibl:

Llyfr ffydd Duw llywydd i'm llaw,
Llawn faethrâd, llyna f'athraw,
Awenydd burffydd berffaith,
Hon sy rydd, hanes yr iaith;
Hon a fv groew hoew loew lwys
Awen rugl yn yr Eglwys,
Ag nid yw hon, o gnwd hardd,
Per afael, gan vn prifardd. (25. 137-44)

47 Am enghreifftiau eraill o ymosodiadau cyfoes ar chwedl Huon gw. y nodyn ar 42. 39. Am enghreifftiau eraill o ymosod ar Aesop ac Ofydd gw. y nodiadau ar 42. 41 a 42. 43-4.

48 Gw. Atkins, *English Literary Criticism: the Renascence*, 60-1; Garfield H. Hughes, 'Dysgeidieth Cristnoges o Ferch', *Astudiaethau Amrywiol*, 25.

49 Gw. e.e. Weinberg, *A History of Literary Criticism in the Italian Renaissance*, 306, 1067 (cyfeirir at Lorenzo Gambara a Tommaso Campanella).

Mae'r cyferbyniad rhwng hon ac awen Myrddin a Thaliesin, awen beirdd Cymru, yn llym yn wir. Tra bu'r naill awen yn ysbrydoli'r beirdd i ganu eu moliant celwyddog i noddwyr diddim, fe fu'r awen arall yn rhugl yn yr Eglwys yn moli Duw.[50] 'Ni chanwyd ag ni chenir / Ond i Ddvw vn wawd oedd wir' (51. 33-4) meddai Prys mewn cwpled arwyddocaol sy'n dilyn ymosodiad ar Gynwal am ganu celwydd ar gywydd gŵr. Mae'r neges yn eglur: yr hyn a ddylai Cynwal a'i fath ei wneud oedd ymwrthod â'u gau foliant i uchelwyr a throi i foli Duw, unig wrthrych teilwng moliant dynol. Sylwer mai'r Beibl a gydnebydd Prys fel ei 'athraw'—ateb uniongyrchol i edliwiad Cynwal na fu iddo athro barddol ac nad oedd felly'n fardd go iawn[51]—a'i ddyhead yn ddiau oedd gweld y Beibl yn dod yn gynhysgaeth i feirdd Cymru achlân: 'Cronigl pob cywir anant / Cv Air Dvw (bid cywair dant!)' (47. 13-14). Yr oedd gweld cynhyrchu yng Nghymru gorff o ganu yn gogoneddu Duw, canu a bwysai ar y Beibl am ei ddeunydd a'i ysbrydoliaeth, yn rhan bwysig yn ddiau o ddelfryd llenyddol Edmwnd Prys. Ateg i dystiolaeth yr ymryson efallai yw'r pennawd hynod o ddiddorol a geir uwchben cywydd o'r eiddo Cynwal mewn un llawysgrif: 'Cowydd brûd neu brophwydoliaeth or Scrythyrau, ar destyn a rodd Edmond Prys Archiagon Meirionydd i William Cynwal meistr yn y celfyddydau [sic] yw holi ai chwilio oi ddyfein ddysc.'[52] Dylid cofio yn y cyswllt hwn, wrth gwrs, fod Salmau Cân Prys yn enghreifftiau rhagorol o farddoniaeth ddwyfol Gymraeg, ynghyd â rhai o'i gerddi caeth yn ogystal.

Wrth ddadlau o blaid rhagoriaeth yr awen ddwyfol yr oedd Prys yn adlewyrchu ysbryd a oedd yn gyffredin yn ystod yr unfed ganrif ar bymtheg. Nodwedd amlwg ar ddiwylliant y cyfnod oedd yr ymdrech a wnaed i Gristioneiddio llenyddiaeth. Canlyniad ydoedd, mae'n

50 Cf. Peter Martyr Vermigli, *Common Places* (1583): 'betweene Poems divine and humane, this is the difference; that human Poems doo set foorth the renoume of kings, princes, feelds, cities, regions, castels, women, marriages, and sometime of brute beasts. But divine Poems doo onlie sing of God, and celebrate him onlie'. (Dyfynnir gan Lily B. Campbell yn *Divine Poetry and Drama in Sixteenth-Century England* (Caer-grawnt, 1959), 5.)

51 18. 59-60. Gw. hefyd 33. 79-86.

52 Dyfynnir gan R. L. Jones yn 'Wiliam Cynwal', *LlC*, XI, 191. Y llawysgrif yw LlGC 11087.

debyg, i'r dwysáu a fu ar yr ymwybyddiaeth grefyddol gyfoes yn sgîl cynyrfiadau eglwysig y ganrif: gellir olrhain y duedd mewn gwledydd Pabyddol a Phrotestannaidd fel ei gilydd.[53] Yr ysbryd hwn oedd wrth wraidd y dyhead am epig Gristnogol, er enghraifft, ac a roes fod i gerddi adnabyddus fel *Christiad* Marco Girolamo Vida (1535) a *Gerusalemme Liberata* Torquato Tasso (1581). Ar ei wedd fwyaf ymosodol fe'i mynegwyd ar ffurf galwad am ddisodli barddoniaeth seciwlar ysgyfala o bob math gan farddoniaeth Gristnogol a genid er gogoniant i Dduw. Mae'n wir nad newyddbeth oedd annog beirdd i 'Foliannu Duw o flaen dyn',[54] eithr yn ystod y cyfnod hwn fe leisiwyd yr alwad yn daerach ac ar raddfa helaethach nag erioed o'r blaen. Fe geir adlais ohoni yng Ngramadeg Gruffydd Robert pan honnir ddarfod cynnwys yr adran ar donyddiaeth

> mal y gaḷḷo pob gụr dysgedig, duụiol, aụenyḍus, gael cyfrụyḍid, i ụneuthur cannigion, a choụyḍau, santeiḍiol, a rhinụeḍol, gụiụ i hystyr, molianus i ḍuu [sic], hyles i'r enaid, a difarn yngolụg y byd; yn ḷe'r cellụyḍ, gụeiniaeth, a'r sertheḍ y mae'r prydyḍion, didysg [sic], dilythr, a diyspryd da, yn i ganu fynychaf, y dyḍ syḍ heḍiu.[55]

Ym aml—ac yn arbennig gan awduron Protestannaidd—fe bwysleisid y dylid seilio'r farddoniaeth ddwyfol newydd ar y Beibl: drych o hyn oedd poblogrwydd *genres* fel yr epig Feiblaidd a Salmau mydryddol.

53 Gw. Campbell, *Divine Poetry and Drama in Sixteenth-Century England* am ymdriniaeth drylwyr â'r ffenomen hon yn Lloegr. Ar y duedd hon yn yr Eidal yng nghyfnod y Gwrthddiwygiad gw. y bennod 'Platonism: II. The Triumph of Christianity' yn Weinberg, *A History of Literary Criticism in the Italian Renaissance*, 297-348. Ymdrinnir yn gryno â'r un duedd yn Ffrainc yn W. F. Patterson, *Three Centuries of French Poetic Theory* (Ann Arbor, 1935), I, 750. Gw. hefyd ibid., 327, 54n. Bu cynnydd pendant yn yr alwad am farddoniaeth ddwyfol yn ystod ail hanner y ganrif, gw. B. K. Lewalski, *Milton's Brief Epic* (Providence, Rhode Island a Llundain, 1966), 68.

54 *GGGl*, CXIX. 16 (y cywydd 'Ystyriaeth Bywyd' a ganodd Guto'r Glyn ar anogaeth Abad Glynegwestl). Cf. hefyd y darn a ganlyn o 'Kyssegyrlan Uuched': 'Amanac yrprydydyon yrodeis i vdunt gyfurann oyspryt vynigrifuwch i ymae yawnnach vdunt ymchwelut yr yspryt hwnnw ym diwyll i noc yganmol ynvytserch gorwagyonn bethev tranghedigyon yn amsserawl.' (J. Morris Jones a John Rhŷs (gol.), *The Elucidarium and Other Tracts in Welsh from Llyvyr Agkyr Llandewivrevi* (Rhydychen, 1894), 98.)

55 *Gramadeg Cymraeg gan Gruffydd Robert*, gol. G. J. Williams, [208].

Gŵr a ddaeth i'w gydnabod yn un o brif broffwydi'r mudiad hwn—os cywir ei alw'n fudiad—oedd y bardd Protestannaidd o Wasgwyn, Guillaume de Salluste, Seigneur Du Bartas, awdur cerdd o'r enw 'L'Uranie' a gyhoeddwyd gyntaf ym 1574 mewn cyfrol ac iddi'r teitl arwyddocaol *La Muse Chrestiene*.[56] Yn y gerdd hon ymddengys Urania, un o'r awenau, gerbron y bardd mewn breuddwyd. Byrdwn ei chenadwri yw gofidio fod barddoniaeth, dawn a gaed gyntaf yn y Beibl, wedi ei darostwng a'i phuteinio: lle gynt y'i defnyddid i foliannu Duw fe'i defnyddid bellach i draethu caneuon serch ofer ac i ganu clodydd tywysogion anfad. Geilw ar Du Bartas i adfer barddoniaeth i'w hen urddas drwy droi i foli'r Hollalluog yn ei gerddi. Awgryma wrtho fod gwell deunydd i'w ganu mewn hanesion Beiblaidd nag mewn chwedloniaeth glasurol, yn atgyfodiad Lasarus yn hytrach nag atgyfodiad Hippolytus,[57] er enghraifft, ac anoga ef i farchogaeth yr Ysbryd Glân yn hytrach na Phegasus. Bu hon yn gerdd fawr ei bri yn ei dydd: adlewyrchir hyn yn y ddau gyfieithiad Saesneg a gafwyd ohoni, un ohonynt gan y Brenin Iago VI.[58] Yr oedd yn gerdd a fuasai wedi bod yn llwyr at ddant Prys, a barnu oddi wrth ei ymagweddu yn yr ymryson. Fel enghraifft o'r un meddylfryd, fodd bynnag, y cyfeirir ati yma, nid oherwydd tybio ei bod yn ddylanwad uniongyrchol arno o anghenraid.[59] Yr oedd y dyhead am farddoniaeth ddwyfol Feiblaidd ei hysbrydoliaeth yn un o gyffredinolion yr oes, yn ddyhead y byddai

56 Am destun o'r gerdd gw. U. T. Holmes, J. C. Lyons a R. W. Linker (gol.), *The Works of Guillaume De Salluste Du Bartas* (Chapel Hill, 1935), II, 172. Argraffiad 1579 o *La Muse Chrestiene* a oedd yn hysbys yn Lloegr, gw. Anne Lake Prescott, *French Poets and the English Renaissance* (New Haven a Llundain, 1978), 171.

57 Ofydd *Metamorphoses* xv. 497-546.

58 Yn *The Essayes of a Prentise in the Divine Art of Poesie* (Caeredin, 1584). Cafwyd y cyfieithiad arall gan Joshua Sylvester yn *Bartas: His Devine Weekes and Workes* (Llundain, 1605). Fe'i cyfieithwyd hefyd i'r Lladin gan Robert Ashley (1589). Ar ddylanwad y gerdd yn Lloegr gw. Campbell, *Divine Poetry and Drama in Sixteenth-Century England*, 74-92; Prescott, *French Poets and the English Renaissance*, 167-239, passim.

59 Cf. sylw Prescott (ibid., 191) wrth drafod ai dylanwad Du Bartas fu'n gyfrifol am fri'r canu Beiblaidd yn Lloegr: 'the thirst for explicitly religious themes had sources so deep in the spiritual and social energies of the time that the word and indeed the concept of "influence" are here more seductive than enlightening.

Prys yn sicr yn ymwybodol ohono er ei ddyddiau coleg yng Nghaergrawnt.

Mae'n werth nodi yma fod Prys wedi sylweddoli fod anhawster heblaw gwrthnysigrwydd y beirdd a allai lesteirio datblygiad barddoniaeth o'r fath yng Nghymru. Yr oedd yr awen Gymraeg yn gaeth mewn mwy nag un ystyr: yn ogystal â'i bod yn gaeth i gelwydd fe'i hualwyd hefyd yng nghaethiwed y gynghanedd. Mae Prys yn pwysleisio caethiwed ffurfiol barddoniaeth Gymraeg o'i chymharu â barddoniaeth ieithoedd eraill, ac yn nodi'r benbleth a achosai hyn iddo:

> Profais wav per wefus wawd
> Prif iaithoedd, prawf o wythwawd;
> Ni phrovais dan ffyrfaven
> Gwe mor gaeth a'r Gymraeg wen.
> Pob mesur, gur ragoriaeth,
> I asio gwawd y sy gaeth,
> A Gair Duw byw sy, gred bur,
> Achlwm oes, vwchlaw mesur. (17. 75-82)

Dyma, wrth gwrs, broblem y bu'n rhaid i Brys ei hwynebu pan aeth ati i lunio'i Salmau Cân flynyddoedd yn ddiweddarach. Yr oedd anghenion cynulleidfaoedd Cymru yn rheswm amlwg dros ddewis y mesurau rhydd yn hytrach na'r mesurau caeth: dim ond un a allai ganu cywydd neu awdl. Ond yr oedd rheswm arall hefyd, yn ôl y rhagymadrodd i'r gwaith: 'Am na allwn ryfygu clymu yr Scrythur sanctaidd ar fesur cyn gaethed, rhac i mi wrth geisio cadw y mesurau, golli deall yr Yspryd, ac felly pechu yn erbyn Duw er mwyn bodloni dyn'.[60] Dyna ailadrodd y safbwynt a fynegwyd yn yr ymryson. Hen dyndra, a deimlwyd gan feirdd Cristnogol o ddyddiau'r Tadau Eglwysig ymlaen, oedd y tyndra rhwng gofynion ffurfiol neu esthetig barddoniaeth a gofynion y Gwir fel y datguddiwyd ef yn y Beibl, ac yr oedd digon o gynseiliau i agwedd Prys mai eilbeth oedd mesur a

60 *Llyfr y Psalmau, wedi ev cyfieithv, a'i cyfansoddi ar fesvr cerdd, yn Gymraeg,* sig. A2^r.

chynghanedd.[61] Sut bynnag am hynny, yr hyn y dymunir ei bwysleisio yma yw fod Edmwnd Prys yn yr ymryson, megis Gruffydd Robert yn ei Ramadeg,[62] wedi sylweddoli y gallasai'r mesurau caeth fod yn dramgwydd i ddatblygiad barddoniaeth Gymraeg o'r math a arfaethid gan y delfrydau llenyddol newydd.

Y Beibl

Mae'r pwyslais cyson a rydd Prys ar y Beibl yn yr ymryson yn bwnc sy'n teilyngu sylw. Fe ymhyfryda'n orawenus mewn sawl man yn y Beibl a'i fendithion. Nid yw hyn, wrth gwrs, yn annisgwyl. Dyneiddiaeth Brotestannaidd oedd ei ddyneiddiaeth ef, dyneiddiaeth a wreiddiwyd lawn cymaint yng nghlasuron y ffydd Gristnogol, y Beibl a gweithiau'r Tadau Eglwysig, ag yng nghlasuron paganaidd Groeg a Rhufain. Yn ystod yr unfed ganrif ar bymtheg fe ryddhawyd y Beibl yn derfynol o'r hen hualau a roddwyd arno gan awdurdodau eglwysig yr oesoedd canol. Drwy ddarparu cyfieithiadau ohono i'r ieithoedd brodorol a'u lledaenu wrth y miloedd drwy'r wasg argraffu daethpwyd ag ef o fewn cyrraedd lliaws drwy'r gwledydd. Bellach yr oedd y broses hon ar gerdded yng Nghymru hithau, ac nid rhyfedd efallai fod Prys yn achub y cyfle i roi teyrnged i'w gâr William Salesbury am ei ran arloesol yn y gwaith:

> Yr oedd Wiliam, vrddolwaith,
> Salbri gynt, Sely' brig iaith,
> Yn dangos dysc ymysc mawl
> Yn gwyraiddiach na graddawl:
> Blaenorai'r Beibl, ni ŵyra,
> Blin drwy'r iaith blaendori'r ia.

61 Am enghreifftiau o'r safbwynt hwn yng ngweithiau beirdd Cristnogol cynnar gw. Lewalski, *Milton's Brief Epic*, 42. Dadleuodd Savonarola nad oedd angen addurn mewn barddoniaeth ddwyfol Gristnogol, safbwynt a ailadroddwyd gan Frosino Lapini ym 1567, gw. Weinberg, *A History of Literary Criticism in the Italian Renaissance*, 290. Gw. hefyd y sylwadau ibid., 308 ar waith gan Lorenzo Gambara (1576). Mynegwyd yr un safbwynt gan fardd cyfoes o Iwerddon, gw. y dyfyniad o'r gerdd a roes Giolla Brighde Ó hEoghusa ar ddechrau ei *Teagasg Críostaidhe* (1611) yn Eleanor Knott, *Irish Classical Poetry*, argraffiad diwygiedig (Dulyn, 1960), 60-1.

62 *Gramadeg Cymraeg gan Gruffydd Robert*, gol. G. J. Williams, [330].

Mwy ir haedd, fel i mae rhôm,
Mawl, hwn, na mîl ohonom. (23. 67-74)

Fwy nag unwaith yng nghywyddau Prys y mae modd ymglywed â gwefr dyn a oedd yn gorfoleddu ei fod yn byw mewn oes newydd freintiedig. Oherwydd nad oedd ganddo'r Beibl i'w gyfarwyddo mewn cronoleg, fe fethodd Rhys Goch Eryri amcangyfrif dyddiad dechreuad yr awen yn gywir, meddai Prys.[63] Yr oedd yr oes oedd ohoni'n wahanol, fodd bynnag: lle gynt y bu tywyllwch anwybodaeth yr oedd bellach lewyrch goleuni Gair Duw:

Mysurwch yr amseroedd,
Mae'n bêr o'r amser ir oedd.
I ni rhoed, iowngoed angerdd,
Amser gwell am assio'r gerdd,
A golavad gwawl awen,
A, lle bai rhaid, y llwybr hên,
A Gair Duw, a gwir diwall,
A chlymv gwawd awchlem gall. (44. 99-106)

'Amser gwell am assio'r gerdd', sylwer. Yn ôl Prys yr oedd posibiliadau barddonol newydd ymhlith amryfal fendithion lledaenu gwybodaeth o'r Beibl: bellach gellid edrych ymlaen at gael 'gwawd awchlem gall' a gyfranogai o oleuni Gair Duw.

Mae un peth yn gwneud cyfeiriadau Prys at y Beibl yn arbennig o ddiddorol, sef y ffaith fod William Morgan yn ei gyflwyniad i Feibl Cymraeg 1588 yn ei enwi fel un o'r rhai a roes gynhorthwy iddo.[64] Fel y dangoswyd, fe ganwyd yr ymryson rhwng 1581 a 1587, blynyddoedd pan oedd y gwaith o gyfieithu ar droed, a Phrys, yn ôl tystiolaeth Morgan ei hunan, yn gyfrannog ynddo i ryw raddau. Yn y trydydd cywydd ar hugain mae gan Brys linellau sy'n darllen fel math o

[63] 25. 93-6. Nid yw honiad Prys yn hollol gywir. Yr oedd y dyddiad a roes Rhys Goch yn tarddu o amcangyfrif o ddyddiad y Creu a seiliwyd ar y Deg a Thrigain. Erbyn y Dadeni daethpwyd i seilio'r amcangyfrif o'r dyddiad ar y Beibl Hebraeg. Gw. ymhellach y nodiadau ar y llinellau hyn.

[64] *Y Beibl Cyssegr-lan,* [*iv^r]. Trafodwyd natur y cymorth a roes Prys yn yr adran fywgraffyddol arno uchod, gw. tt. cxiv-cxvi.

raghysbysiad i'r Beibl Cymraeg a oedd ar ddod. Yn bendifaddau, peth o frwdfrydedd y fenter fawr a oedd ar droed a gyfleir yn y llinellau hyn. Dengys geiriau Prys yn eglur ei obaith y byddai'r Beibl Cymraeg yn esgor ar fendithion lu, y byddai'n gyfrwng dyrchafiad i'r iaith—tant a drewir gan sawl un o'r dyneiddwyr[65]—yn ogystal â bod yn ffynhonnell faethlon i farddoniaeth o fath newydd:

Cerais i'r iaith, cûr sy raid,
A cherais i chowiriaid;
I nithio o hên ieithoedd,
A'i llesâv, fy ywyllys oedd.
Duw a ro bawb ar dro bys
Yn well o ran ewyllys,
Ag i'r iaith Gymraeg o'i râd,
Ar i gwawdoedd ryw godiad:
Gair Dvw, vnig grediniaeth,
Dawn fo i'n henaid yn faeth,
Gair Naf yn ddiorafvn,
Yn berffaith i'n hiaith yn hvn. (23. 93-104)

Diddorol hefyd mewn perthynas â Beibl 1588 yw sylw Prys yn ei farwnad i Gynwal ynghylch ei gymhelliad yn ymryson ag ef. Meddai am ei gyd-ymrysonwr:

Yn iaith i fam nithiai fawl
Yn fedrus ag yn fydrawl
Ar wedd y gallai roddi,
Athro mwyn, ddieithr i mi.
O doe iaithrwysg dieithrach,
Minnav beth, a'm awen bach,
A ddygwn, lle gwelwn ged,
I'r golav rai i'w gweled.
Arfer hyn, avrfawr hanes,
A wnai yn y wlad vniawn les:
Gair Dvw yn well i'w gredv yn iach,
Ag o lawer golavach. (54. 55-66)

[65] Gw. R. Brinley Jones, *The Old British Tongue* (Caerdydd, 1970), 72-3.

Yr hyn y mae Prys yn ceisio ei gyfleu yn y llinellau hyn yw iddo ymryson â Chynwal yn y gobaith y byddai'n ymelwa'n ieithyddol o hynny. O dderbyn cywyddau Cynwal câi ymgydnabod ag elfennau yn iaith y beirdd a oedd yn ddieithr iddo, a châi yna ddwyn y wybodaeth honno i'r golau er mwyn hyrwyddo'r gwaith o Gymreigio'r Beibl. Nid yw'n dilyn, wrth gwrs, mai dyma'r gwir llythrennol ynghylch cymhelliad Prys yn yr ymryson: mae elfen bendant o weniaith yn y farwnad ac mae'n rhoi'r argraff fod yr ymryson yn fwy bwriadus nag ydoedd mewn gwirionedd. Eto, bid sicr, mae'r hyn a ddywed Prys yn dra arwyddocaol mewn perthynas â'r honiad cyffredin fod ieithwedd Beibl 1588 wedi ei phatrymu ar iaith y beirdd.[66] Dyma gadarnhad o lygad y ffynnon fod y cyfieithwyr yn ymwybodol o'r angen iddynt ymgydnabod â safonau iaith y beirdd er iawn gyflawni eu gwaith. Dengys y llinellau hyn hefyd y gall fod sylwedd yn awgrym W. J. Gruffydd ddarfod i Brys roi cyngor ieithyddol ynglŷn â'r cyfieithiad yn rhinwedd ei wybodaeth o iaith y beirdd.[67] Yn y cyswllt hwn dylid cofio fod ei sylwadau beirniadol ar iaith Cynwal yn yr ymryson yn brawf pellach o'i ymwybod a'i ddiddordeb ieithyddol.[68]

Diffyg dysg

Fe droir yn awr at yr ail feirniadaeth sylfaenol a anela Prys at Gynwal. Beirniadaeth yw hon sy'n ymwneud â'i ddysg. I Brys—fel i'r dyneiddwyr yn gyffredinol—yr oedd dysg yn hanfodol bwysig, yn rhywbeth i ymfalchïo ynddo ac i'w arddangos: un o'r rhesymau pam y bu iddo ymryson â Chynwal, meddai, oedd 'I gael achos . . . I ganv dysg yn dy iaith' (24. 71-2). Ond os oedd dysg yn rhywbeth i ymfalchïo ynddo yr oedd y gwrthwyneb yn wir hefyd: yr oedd diffyg dysg yn beth i resynu ato ac mewn perthynas â llenyddiaeth yn fai i'w gondemnio'n

66 Gw. e.e. *WG*, 7; W. J. Gruffydd, *Llenyddiaeth Cymru: Rhyddiaith*, 74; J. Lloyd-Jones, *Y Beibl Cymraeg* (Caerdydd, 1938), 28; Thomas Parry, *Hanes Llenyddiaeth Gymraeg*, 152; G. J. Roberts, *Yr Esgob William Morgan*, 43; R. Geraint Gruffydd, 'William Morgan', *Y Traddodiad Rhyddiaith*, 152.

67 *Llenyddiaeth Cymru: Rhyddiaith*, 69. Cf. G. J. Roberts, *Yr Esgob William Morgan*, 36-7.

68 Gw. yn arbennig Rhyddiaith C. 19-21, 39-49; hefyd 5. 57-62; 22. 29-32; 52. 37-40. Â natur feirniadol y sylwadau hyn cf. y deyrnged i wybodaeth Cynwal o'r iaith yn 9. 11-12: 'Gwyddost wr, gweddus darian, / Am yn iaith rwym mwy na'th ran.'

llym. Ac megis y dychanodd Joachim Du Bellay ddiffyg dysg beirdd llys Ffrainc yn ei gerdd 'Le Poète courtisan'[69] ac yr ymosododd Thomas Nashe ar feirdd Seisnig poblogaidd y dydd yn *The Anatomie of Absvrditie* am eu bod yn 'vnlearned sots',[70] felly hefyd y mae Prys yn beirniadu Cynwal yn yr ymryson, a hynny droeon, am ei ddiffyg dysg honedig yntau. Dywed iddo gael ei siomi yng ngwaith Cynwal—'Ni chefais, hwiliais bob hwyl, / Y ddysg y bvm i ddisgwyl' (17. 31-2)—ac er mai ar sail atebion Cynwal i'w gwestiynau ynghylch Myrddin, y Preutur Siôn a'r gog yr edliwia'r gwendid hwn iddo gyntaf,[71] fel yr â'r ymryson rhagddo mae'n ehangu'r feirniadaeth ac yn cyhuddo'i wrthwynebydd o ddiffyg dysg cyffredinol.

Ymfalchïai Prys, fel y gwnâi eraill o'r dyneiddwyr,[72] fod y traddodiad barddol Cymreig yn draddodiad dysgedig. Fel y dangosodd G. J. Williams,[73] ceir prawf yn seithfed cywydd ar hugain yr ymryson iddo ddarllen *Scriptorvm Illustrivm Maioris Brytanniae . . . Catalogus* John Bale (1557), gwaith lle darlunnid y Cynfeirdd Cymreig fel math o ragflaenwyr cynnar i wŷr prifysgol y Dadeni, fel gwŷr a chanddynt wybodaeth o'r holl wyddorau. (Dyna'r disgrifiad o Meugant, er enghraifft, fel athronydd, mathemategydd a meddyg ac iddo gysylltaid â *gymnasium* Caer.[74]) I un a lyncodd yr hanes hwn yr oedd yn anorfod y byddai Cynwal a'i gymheiriaid yn ymddangos yn etifeddion annheilwng i'r traddodiad. Nid rhyfedd gan hynny fod Prys yn cymharu Cynwal yn anffafriol â'r ddau Fyrddin ac â Thaliesin, beirdd y tybiai iddynt fod yn seryddwyr ac yn athronwyr naturiol yn ogystal.[75] Yr oedd ar Gynwal, meddai, 'Eisiav hanes a synwyr' (9. 15), ond

[69] *Oeuvres Poétiques,* gol. H. Chamard, VI (Paris, 1931), 129-37.

[70] McKerrow (gol.), *The Works of Thomas Nashe,* I, 24-5.

[71] Cf. 9. 19-62, 17. 41-6.

[72] Yr enghraifft amlycaf yw sylwadau Syr John Prys yn ei *Historiae Brytannicae Defensio* (Llundain, 1573), 14, lle honna fod beirdd Cymru drwy'r oesoedd yn gyfarwydd â gramadeg, rhethreg, dilechdid, geometri, rhifyddeg, seryddiaeth, cosmograffeg, ffiseg, meddygaeth, hanes a'r gyfraith, a bod ganddynt wybodaeth o'r Beibl yn ogystal.

[73] 'Leland a Bale a'r Traddodiad Derwyddol', *LlC,* IV, 21.

[74] Op. cit. (Basle, 1557), 47.

[75] Gw. 27. 35-8.

Y tri gynt, antur, a'i gŵyr,
Dav Ferddin dioferddysc,
A Thaliesin, dewin dysc. (9. 16-18)

Gwelir yr un syniad yn rhagymadrodd Maurice Kyffin i *Deffynniad Ffydd Eglwys Loegr*, ond mai'r derwyddon y soniodd Iŵl Cesar am eu dysg, hynafiaid tybiedig y beirdd, a nodir ganddo ef fel safon cymhariaeth:

> *Iulius Cæsar* yr Ymerodr cyntaf, er ys mwy no mil a chwechant mylynedd aeth heibio, a fynegodd, yn ei ystori ladin a elwir *Cõmentarij*, y ddysc ar Philosophyddiæth oedd gan y *Drudion* ym-mhlith y Brytanniaid yn ei amser ef; ond ni choelia 'i ddigwydd dim sylwedd o'r athrylith a'r athrawiæth honno i brydyddion Cymry er ys llawer oes.[76]

Nid oes amheuaeth nad oedd ymdeimlad fel hyn fod y traddodiad dysg godidog a berthynai gynt i'r beirdd wedi dirywio yn elfen amlwg ym meddwl Prys, a diau fod hyn yn un o'r rhesymau am daerineb ei ymosodiad ar ddiffyg dysg Cynwal yn yr ymryson.

Er bod Prys yn dannod i Gynwal fod beiau mydryddol yn ei waith,[77] pechod llawer gwaeth yn ei olwg yn ddiau oedd bod yn euog o 'Byr ddeynydd mewn barddoniaeth' (23. 5).[78] Nid digon yn ôl Prys oedd gwybod rheolau cerdd dafod a'r gallu i gynganeddu'n gain. Cynghora Gynwal fod yn rhaid i fardd hefyd gael deunydd sylweddol yn goed a meini a chalch i adeilad ei gerdd:

Di ni wnai, adwaen y nôd,
Dwys gân, eisiav dysc ynod.
Beth yw cerdd a bathu cân
Beynydd heb ddeynydd anian?
Beth yw gwawd a'i bath o gwyr
Eisiav enaid a synwyr?
O gwyddost di, gweddûs dôn,
Naddv dy gynghaneddion,
Cais reswm, boed trwm yt rodd,
I gav mydr ag ymadrodd.

[76] Op. cit., gol. W. P. Williams, [xi].
[77] Gw. 22. 25-30, C. 15-18, 50.
[78] Cf. hefyd 38. 52.

O gwnai dy ag awen dêg
O dra mydr dy ramadeg,
Cais goed, heb air cysgodiaith,
Main a chalch lle mynnych waith: (22. 57-70)

Ac yna daw cwpled haeddiannol enwog sy'n crynhoi'n rymus feirniadaeth Prys ar ganu Cynwal a'i debyg:

Ffoledd, drwy anoff helynt,
I saer gwych fesvro gwynt. (22. 71-2)

Wrth fynnu fel hyn nad eilbeth o'i gymharu ag allanolion cywrain oedd praffter cynnwys mewn barddoniaeth y mae Prys yn mynegi safbwynt a oedd yn gyffredin yn y cyfnod. Fe'i hadlewyrchir, er enghraifft, yn nyfarniad Syr Thomas Elyot yn *The boke named the Gouernour* (1531) nad beirdd ond rhigymwyr oedd 'they that make verses/ expressynge therby none other lernynge but the craft of versifyeng'.[79] Rhan o'r chwyldro a ddug y Pléiade i farddoniaeth Ffrainc oedd tanseilio'r hen syniad fod meistrolaeth ar ffurfiau mydryddol cymhleth yn gyfystyr â chreu barddoniaeth.[80] Drych o'r newid hinsawdd oedd sylw dirmygus y dyneiddiwr Etienne Pasquier ynghylch canu rhai o'r *grands rhétoriqueurs*, rhagflaenwyr gorchestol yr ysgol newydd. Yng ngwaith y beirdd hyn, meddai, fe geid 'prou de rime et equivoque, mais peu de raison'.[81] Yn y datganiadau hyn, fel yn sylwadau tebyg Prys ynghylch canu Cynwal, yr hyn a welir yw adwaith dyneiddiol yn erbyn y safonau rhethregol canoloesol a fu'n tra-arglwyddiaethu cyhyd ym maes barddoniaeth.

Pan yw'n dannod diffyg dysg i Gynwal mae'n amlwg mai dysg o fath arbennig a olyga Prys. Ystyr dysg iddo ef oedd y ddysg ddyneiddiol newydd a oedd yn gynhysgaeth iddo ef a'i debyg, 'athrawon art' (48. 41) y prifysgolion, dysg a gynhwysai wybodaeth o'r ieithoedd clasurol ac estronieithoedd Ewrop ac o'r gwyddorau, meysydd a oedd, ysywaeth, yn ddieithr i Gynwal:

79 Op. cit. (Llundain, 1531), sig. G1^r.
80 Spingarn, *Literary Criticism in the Renaissance*, 192.
81 Dyfynnir ibid., 175.

Am bedairiaith, avrwaith âr,
A deall wybr a daear,
A ffrwyth i gŷd bŷd heb av,
Yr hyn oedd, a'i rhinweddav,
Drwg yw na wyddyd ragawr
A dull mydr, lle doe wall mawr. (48. 45-50)

Yr hyn a wna Prys yn yr ymryson yw dyrchafu'r ddysg newydd ddyneiddiol hon ar draul y math o ddysg a oedd yn eiddo i'r beirdd. Enghraifft o hyn yw'r modd y mae'n cyferbynnu *Cosmographia* Sebastian Münster (1544) a gwaith Ewclides, gweithiau y byddai'n gyfarwydd â hwy o'i ddyddiau coleg yng Nghaer-grawnt, â chwedl Syr Siôn Mawndfil, ffwlbri canoloesol, megis, a gredid gan Gynwal. Yr oedd yn y llyfrau a ddarllenai'r dyneiddwyr 'ddysc well' na'r un yr oedd Cynwal a'i debyg yn gyfarwydd â hi:

Darllain Mwnster a gerais,
Ewclides hên, nid clod Sais,
Ag eraill well i gwarant,
A'i tôn yn calyn y tant.
O choeliais i vwchlaw Sion
Groew ffydd cosmographyddion,
Dychenwch, nodwch yna
Nad llafur doeth ond llyfr da . . . .
Mae dysc well, madws i gwâv,
Mae'n llai afrad, mewn llyfrav. (42. 55-62, 71-2)

Rhywbeth isradd yng ngolwg Prys oedd yr addysg farddol draddodiadol a dderbyniasai beirdd fel Cynwal. Arwyddocaol yw ei ddisgrifiad gwatwarus o'r radd farddol yr ymffrostiai Cynwal gymaint ynddi: 'Gward ytoedd i gardottyn' (23. 84). Gwell i'r beirdd, meddai, fyddai cyrchu i'r prifysgolion ac ymorol am y ddysg newydd yn hytrach nag ymboeni ynghylch graddau barddol diwerth:

Od oes gradd a dewis grâs
I chwi feirdd, vchaf vrddas,
Casewch wâg iaith, ceisiwch hon,
Rwysc geilwad, o'r ysgolion,

Ne golli'ch rhodd trwy fodd trwch
A cholli'ch parch a ellwch,
A cholli fyth ych holl fyd,
Ych hîr rodio, a'ch rhydyd. (23. 85-92)

Fe welir fod mwy yn y darn hwn na dim ond mynnu'n syml ragoriaeth dysg brifysgol ar ddysg y beirdd: y mae Prys hefyd yn seinio rhybudd difrifol i Gynwal a'i debyg. A meibion yr uchelwyr yn tyrru fwyfwy i'r prifysgolion ac yn ymgydnabod â'r safonau diwylliannol newydd, rhagwelai Prys y deuai newid yn chwaeth noddwyr barddoniaeth Gymraeg, newid a olygai adfyd i'r beirdd onid ymegnïent. I ymateb i ofynion yr oes a oedd ar ddod byddai'n rhaid iddynt wrth addysg amgenach na'r un a gyfrennid gynt gan athro o bencerdd. Delfryd Prys oedd bardd Cymraeg o fath newydd, un a fyddai'n ddysgedig yn yr ystyr ddyneiddiol i'r gair, yn 'athro mewn dieithriaith' (17. 94) ac yn 'philosphydd ffel iaith' (27. 46).[82] Yn lle glynu wrth froc môr canoloesol o ddysg fel y gwnâi Cynwal, fe hoffai Prys weld beirdd Cymru'n meddiannu ac yn arddel y ddysg newydd ac yn ei throi'n ddeunydd i'w canu fel y gwnaethai beirdd mewn gwledydd eraill. Mewn darn nodedig yn y pumed cywydd a deugain cais oleuo Cynwal ynghylch y posibiliadau barddonol newydd. Gellid cyfoethogi barddoniaeth Gymraeg drwy ganu hanes a thrwy ganu ynghylch aneirif ryfeddodau'r greadigaeth:

Pettyd pencerdd lle'r erddi,
Nodyt hyn (peth nid wyd ti)—
Ag i'r gerdd hon, gwyraidd hedd,
Cân mal hynny can mlynedd—
Gallyd gael, a gafael gu,
Beth oedd waisg byth i'w ddysgv:
Dysgv hanes, dasg hynod,
Hysbys yn ynys a'i nôd;

82 Ar ystyr eang 'philosphydd' yn y cyswllt hwn gw. y nodyn ar y llinell. Am yr un syniad cf. sylw Baxter Hathaway ar waith gan yr Eidalwr Bernardino Tomitano (1545): 'To him . . . the ideal poet was a philosopher and the ideal philosopher a poet.' (*The Age of Criticism*, 67). Nid peth newydd oedd synio am y bardd fel athronydd, gw. Curtius, *European Literature and the Latin Middle Ages*, 207-8.

Cael natur, coelion ytynt,
O beraidd gerdd y beirdd gynt,
Avr a mŵn o ryw mynawr,
A llysiav maes, er llês mawr,
Adar dwfr, rhai drud efrydd,
A deor gwawd adar gwydd,
Prenniav a gemmav a'i gwaith,
Pryfed a phôb rhyw afiaith;
Dysgv naws (o dasg, iawn oedd)
Yn'feiliaid, naw o filoedd;
Dysgv iawn ganv'n gynar
Naws gwyllt a hanes y gwâr,
Natvr pysg yn neitio'r pair
A roe enav ar enwair.
Dyna ddysg, dawnaidd ysgol,
Da iawn i fardd, o doe'n f 'ol.
Dysgyd wers Dduw dewisgvn,
Da hynt, dy ednabod dy hvn.
Dy ddyfais ar wawd ddyfal
Eb y rhain a fydd sain sâl.
Hyn a wedd i henyddion
O'r gelfyddyd hyfryd hon:
Medrv, a'i ganv'n gynil,
Mawl byd ar hŷd, orav hîl. (45. 35-66)

Anogwyd ehangu cyffelyb ar derfynau'r awen Gymraeg gan Siôn Dafydd Rhys yn ei lythyr at y beirdd ychydig flynyddoedd yn ddiweddarach:

> cenwch historiau drwy gymmorth historyddion; . . . cenwch ryfeloedd drwy athrawiaeth a dysceidiaeth milwyr ardderchogion a marchogion urddolion; cenwch o'r ddaear, o'r dwfr, o'r awyr, o'r tân, o'r wybroedd a'r ser, ag o'u hanian a'u rhinweddau, ag o gymmaint ac a wnaeth y cyssefin a'r arbenniccaf achaws yn y byd corphorawl, drwy gynnorthwy cyfarwyddyd anianolion philosophyddion, mathematicyddion, astronomyddion, astrologyddion a metaphysicyddion.[83]

[83] Thomas Jones (gol.), *Rhyddiaith Gymraeg: Yr Ail Gyfrol* (Caerdydd, 1956), 159.

Canu gwyddonol

Y mae'n eglur fod Prys, megis Siôn Dafydd Rhys ar ei ôl, yn frwd o blaid canu gwyddonol ei naws. I'n hoes ni ymddengys hyn yn rhyfedd: nid yw'r pynciau yr anoga'r dyneiddwyr hyn ganu arnynt yn rhai a ystyrid heddiw yn gydnaws â'r awen. Ond yr oedd chwaeth y Dadeni yn wahanol: crynhoir agwedd y cyfnod yng ngeiriau J. C. Scaliger (1561), 'Nihil . . . solidioris eruditionis a Musarum sacrariis alienum est'.[84] Yn unol â'r ysbryd catholig hwn yr oedd yr hyn a alwodd George Puttenham (1589) yn 'the reuealing of sciences naturall & other profitable artes'[85] yn dra chyffredin mewn barddoniaeth. (Yr oedd cynseiliau clasurol, wrth gwrs, i ganu o'r fath, megis *De Rerum Natura* Lucretius a *Georgica* Fyrsil.) Cyfeiriodd Jacob Burckhardt at boblogrwydd y math hwn o ganu yn yr Eidal: 'Its popularity in the sixteenth century is astounding; the making of gold, the game of chess, the management of silkworms, astrology, venereal disease are celebrated in Latin hexameters, to say nothing of many long Italian poems of the same kind.'[86] Ond diau mai yn Ffrainc yr oedd canu gwyddonol uchaf ei fri.[87] Ymhlith y Ffrancwyr a ragorodd yn y maes yr oedd beirdd enwog fel Maurice Scève, Jacques Peletier du Mans, Jean-Antoine de Baïf, Rémy Belleau a Pierre de Ronsard. Y gŵr a ystyriai'r oes yn bencampwr ar y math hwn o ganu, fodd bynnag, oedd Guillaume Du Bartas, a hynny ar sail ei *La Sepmaine*, cerdd epig ynghylch y Creu a gyhoeddwyd gyntaf ym 1578. Cerdd enseiclopedaidd ei naws oedd hon, cais i ddarlunio amrywiaeth di-ben-draw'r cread ac i arddangos ehangder gwybodaeth Dyn fel y datguddid

[84] Dyfynnir yn Hall, Jr., *Renaissance Literary Criticism,* 67. Daw'r sylw o'r gwaith *Poetices libri septem.*

[85] Smith (gol.), *Elizabethan Critical Essays,* II, 25. Daw'r sylw o bennod X ('The Subiect or Matter of Poesie') *The Arte of English Poesie.*

[86] *The Civilization of the Renaissance in Italy,* cyf. S. G. C. Middlemore, argraffiad clawr papur (Efrog Newydd: 1960), 198.

[87] Am ymdriniaeth lawn gw. Albert-Marie Schmidt, *La Poésie scientifique en France au seizième siècle* (Paris, 1938). Am ddetholiad o'r canu hwn gw. *French Renaissance Scientific Poetry,* gol. Dudley Wilson (Llundain, 1974).

gogoniant Duw a greodd ac a ysbrydolodd y cyfan.[88] Bu'n boblogaidd odiaeth yn ei dydd: cyhoeddwyd o leiaf 25 argraffiad ohoni cyn 1600,[89] ac fe'i cyfieithwyd i amryw ieithoedd, gan gynnwys Saesneg.[90] Cafodd y gerdd dderbyniad arbennig o dda yn Lloegr:[91] gwefreiddiwyd Gabriel Harvey, er enghraifft, a'i ysgogi i fynnu mai Du Bartas, ynghyd ag Ewripides, oedd y doethaf oll o feirdd yr oesoedd.[92] Fel yn achos 'L'Uranie' nid oes brawf pendant fod Prys wedi darllen *La Sepmaine*. Eto byddai'n anodd derbyn nad am y gerdd honno ('Le cinquiesme jour' a 'Le sixiesme jour' yn arbennig) y meddyliai pan anogai Gynwal i ganu ynghylch rhyfeddodau byd anian yn y darn hir o'r pumed cywydd a deugain a ddyfynnwyd. Os canodd unrhyw fardd erioed am 'Yn'feiliaid, naw o filoedd' a chanu 'Mawl byd ar hŷd', Guillaume Du Bartas oedd hwnnw.

Nid yw'n anodd esbonio poblogrwydd canu o'r math hwn yn ystod y Dadeni. I'r meddwl dyneiddiol cangen o ddysg oedd barddoniaeth, nid celfyddyd annibynnol a chanddi ei gwerthoedd cynhenid ei hunan.[93] Dichon y cytunai'r rhan fwyaf o ddyneiddwyr yn y bôn â sylw Cornelius Agrippa ynghylch barddoniaeth: 'Ars . . . pertenuis

88 Am destun o'r gerdd gw. Holmes, Lyons a Linker (gol.), *The Works of Du Bartas*, II, 193-440.

89 Am restr o argraffiadau'r gerdd gw. ibid., I, 70-9.

90 Rhestrir cyfieithiadau o *La Sepmaine* (ac o'r *Seconde Sepmaine* (1584) a'i dilynodd) i Ladin, Isalmaeneg, Fflemeg, Eidaleg, Almaeneg, Daneg, Swedeg a Sbaeneg ibid., I, 106-10. Ymdrinnir â'r cyfieithiadau i'r Saesneg ibid., III, 537-40. Prif gyfieithydd Du Bartas i'r Saesneg oedd Joshua Sylvester a gyfieithodd y ddwy *Sepmaine* yn llawn (?1591-1608). Ymhlith y rhai a gyfieithodd rannau o *La Sepmaine* i'r Saesneg yr oedd Syr Philip Sidney a'r Brenin Iago I.

91 Gw. ibid., III, 537-43; A. H. Upham, *The French Influence in English Literature* (Efrog Newydd, 1911), 145-218, passim; Prescott, *French Poets and the English Renaissance*, 167-239, passim.

92 G. C. Moore Smith, *Gabriel Harvey's Marginalia* (Stratford-Upon-Avon, 1913), 115. Cf. ibid., 119, lle rhestrir Du Bartas ymhlith gwŷr mawr yr oes, ochr-yn-ochr â Syr Thomas More, Paracelsus, Rabelais, Machiavelli, etc. O blith holl feirdd cyfoes Ffrainc Du Bartas a edmygid fwyaf gan wŷr prifysgolion Lloegr (Prescott, *French Poets and the English Renaissance*, 198). Am enghraifft o Gymro cyfoes yn mawrygu Du Bartas, cf. teyrnged ddiddorol William Gamage iddo yn ei gyfrol *Linsi-woolsie* (1613): 'Right well Du Bartas may we call thy name, / For a Duw in Welch betokens more then Man. / So wast, I thinke, then thou thy Laies didst frame, / Such Heav'nly Muse sole Man could scarsly scan.' (dyfynnir ibid., 211).

93 Atkins, *English Literary Criticism: the Renascence*, 29.

& nuda que per se quidem tota insulsa res est, nisi alia quauis disciplina vestiat condiatque.'[94] I oes a syniai fel hyn yr oedd i'r canu gwyddonol atyniad arbennig yn rhinwedd ei gynnwys sylweddol—yr hyn a alwodd Syr Philip Sidney ei 'sweet foode of sweetly vttered knowledge'[95] —atyniad a oedd yn gwbl annibynnol ar rinweddau esthetig neu 'lenyddol'. Hawdd y gellir deall y boddhad a roddai canu o'r math hwn i wŷr fel y beirniad Eidalaidd Giulio Guastavini a gyffesodd mewn gwaith a gyhoeddwyd ym 1592 mai'r hyn a apeliai'n bennaf ato ef mewn barddoniaeth oedd amrywiaeth y wybodaeth a'r ddysg a geid ynddi.[96] Gwelir yn eglur yn sylwadau Gabriel Harvey ynghylch rhai o gerddi gwyddonol enwocaf y cyfnod mor llwyr y dibynnai ei edmygedd beirniadol ohonynt ar ei werthfawrogiad o'u cynnwys dysgedig.[97] Gŵr tebyg ei gefndir oedd Prys—yr oedd ef a Harvey yn gyfoeswyr yng Nghaer-grawnt[98]—ac mae'n sicr mai am yr un rheswm yr oedd y canu gwyddonol gymaint at ei ddant yntau hefyd.

Dichon at hynny i ystyriaeth arall ddylanwadu o blaid y canu hwn ym meddwl Prys. Wrth restru'r gwahanol fathau o gerddi yn nhrefn eu teilyngdod yn ei *Poetica* (c. 1596), gosododd yr Eidalwr Tommaso Campanella y gerdd wyddonol yn ail i'r gerdd ddwyfol:[99] barnai ei bod yn rhagori ar gerddi megis yr epig a ymdriniai â phynciau dynol. Sail foesol oedd i'r dosbarthiad hwn. Dadleuai Campanella mai rhagoriaeth y gerdd wyddonol oedd ei bod yn cyflwyno'r gwir, yr hyn sydd neu'r hyn oedd, heb orfod dibynnu ar na chwedl na dyfais. O ystyried y pwyslais a rydd Prys ar ganu'r gwirionedd yn yr ymryson, nid yw'n amhosibl fod a wnelo rhesymu tebyg ryw gymaint â'r meddwl uchel oedd ganddo yntau o'r *genre* hwn.

Er gwaethaf poblogrwydd y canu gwyddonol yn ystod y cyfnod, rhaid nodi y ceid ychydig feirniaid a'i hanghymeradwyai. Anghytunai Ben Jonson â'r farn Seisnig arferol ynghylch Du Bartas, gan fynnu nad

94 *De incertitudine & Vanitate scientiarum*, sig. B5 (estynnwyd y talfyriadau).

95 Smith (gol.), *Elizabethan Critical Essays*, I, 158 (*An Apologie for Poetrie*).

96 Weinberg, *A History of Literary Criticism in the Italian Renaissance*, 1052.

97 Moore Smith, *Gabriel Harvey's Marginalia*, 161-3. Dywed, er enghraifft, am rannau o *Seconde Sepmaine* Du Bartas a *De Sphaera* George Buchanan eu bod yn 'excellent Cantiques for a mathematicall witt.'

98 Gw. J. Venn a J. A. Venn, *The Book of Matriculations and Degrees*, 327, 542.

99 Weinberg, *A History of Literary Criticism in the Italian Renaissance*, 794.

oedd 'but a Verser, because he wrote not Fiction',[100] safbwynt a fynegwyd hefyd gan y Ffrancwr Jacques-Davy Du Perron.[101] Gwrthwynebwyd y math hwn o ganu ar sail *De Poetica* Aristotles gan feirniaid fel yr Eidalwyr Antonio Minturno, Lodovico Castelvetro a Pietro Vettori.[102] Yn ôl Aristotles nid oedd dim yn gyffredin rhwng Homer ac Empedocles, awdur o Sisilia a gyfansoddodd gerddi ar bynciau meddygol, ar wahân i'w mesur; os iawn oedd galw Homer yn fardd, meddai, yna athronydd naturiol, nid bardd, oedd Empedocles.[103] I Aristotles hanfod barddoniaeth oedd dynwared (*mimesis*), a'i thestun oedd dynion a'u gweithredoedd: yn ôl y syniadaeth hon yr oedd y canu gwyddonol yn wrthodedig ar ddau gyfrif, sef am ei fod yn disgrifio yn hytrach na dynwared, ac am mai ffenomenâu'r byd anianol nad oedd iddynt fodolaeth foesol nac ysbrydol oedd ei destun. Dim ond lleiafrif o feirniaid llenyddol Aristotelaidd y cyfnod a fu mor uniongred â dilyn dysgeidiaeth Aristotles ar y pwnc i'r llythyren, fodd bynnag,[104] ffaith a adlewyrchai i raddau efallai apêl y canu gwyddonol i'r chwaeth gyfoes. Enghraifft o'r math o gyfaddawd a gafwyd oedd safbwynt Syr Philip Sidney yn ei *Apologie for Poetrie*. Cynhwysodd y beirdd gwyddonol mewn rhestr o'r gwahanol fathau o feirdd a geid, ond mynnodd eu bod yn israddol i'r beirdd a ddynwaredai yn ystyr Aristotles i'r gair. Yr oedd rhwng y ddau fath o feirdd, meddai,

> such a kinde of difference as betwixt the meaner sort of Painters (who counterfet onely such faces as are sette before them) and the more

[100] Dyfynnir yn Prescott, *French Poets and the English Renaissance,* 175.

[101] Ibid.; gw. hefyd Holmes, Lyons a Linker (gol.), *The Works of Du Bartas,* I, 40.

[102] Gw. y bennod 'Were Empedocles and Lucretius poets?' yn Hathaway, *The Age of Criticism,* 65-80. Gall, wrth gwrs, fod sylwadau Jonson a Du Perron hwythau'n adlewyrchu dylanwad safonau Aristotelaidd.

[103] *De Poetica* i. 11-12.

[104] Cf. sylw Hathaway, *The Age of Criticism,* 80: 'But it can hardly be said that even a majority of the Aristotelians of sixteenth-century Italy followed Aristotle so closely in their conception of poetic imitation as to exclude completely from the realms of poetry poets whose subject matter was abstract doctrine or speculation. Although not rejecting the limitation of poetic subject matter, they struggled valiantly to discover under what conditions the blanket proscription did not obtain.'

excellent, who hauing no law but wit, bestow that in cullours vpon you which is fittest for the eye to see.[105]

Y 'doctus poeta'

Pan fynnai Prys fod yn 'Rhaid i fardd . . . Wrth ddysc o gwna araith iawn' (50. 65-6) yr oedd yn datgan un o gyffredinolion beirniadaeth lenyddol y Dadeni.[106] Os edrycher ar waith Weinberg ar feirniadaeth yr Eidal yn y cyfnod, er enghraifft, fe welir fod llawer o feirniaid yno wedi mynnu'r un peth: nodweddiadol oedd Giovanni Pietro Capriano (1555) a restrodd 'Dottrina & cognitione vniuersale & amplissima' ymhlith cymwysterau hanfodol y bardd.[107] Yn ymhlyg yn niffiniad y beirniaid hyn o ddysg yr oedd nid yn unig gynefindra â'r celfyddydau a'r gwyddorau ond hefyd wybodaeth o ieithoedd, nodwedd a bwysleisiwyd yn arbennig gan Benedetto Varchi (1553/4).[108] A'r un ffunud yn Ffrainc hefyd. Yn ei *Deffence et Illustration de la Langue françoyse* (1549) honnodd Du Bellay mai 'ce qui est le commencement de bien ecrire, c'est le scavoir'.[109] Syniai am y bardd fel un a ddylai fod yn 'instruict de tous bons ars et sciences, principalement naturelles et mathematiques',[110] cymhwyster y manylodd Peletier du Mans yn ei gylch yn ei *L'Art Poëtique* (1555): 'à notre poëte est necessaire la connaissance d'astrologie, cosmographie,

105 Smith (gol.), *Elizabethan Critical Essays,* I, 159.

106 Cf. sylw Hathaway, *The Age of Criticism,* 399, am feirniaid llenyddol y cyfnod: 'Their supposition was that in the world as they knew it a knowledgeable poet was a better poet, for their culture demanded an aristocracy of learning and taste.' Gw. hefyd Hall, Jr., *Renaissance Literary Criticism,* 67-8, 147-8, 218-9.

107 *A History of Literary Criticism in the Italian Renaissance,* 737. Am yr un syniad yng ngweithiau beirniaid eraill cf. ibid., 97 (A. G. Parrasio), 137, 273 (A. Lionardi), 283 (B. Tasso), 322 (T. Correa), 387 (F. Pedemonte), 722 (B. Daniello), 743 (A. S. Minturno) a 749 (J. C. Scaliger). Am enghreifftiau pellach gw. Hall, Jr., *Renaissance Literary Criticism,* 67.

108 Weinberg, *A History of Literary Criticism in the Italian Renaissance,* 135.

109 Op. cit., gol. H. Chamard (Paris, 1904), 179.

110 Ibid., 233.

géométrie, physique, bref de toute la philosophie.'[111] Disgwyliai'r ddau awdur hyn, a Ronsard hefyd, i feirdd Ffrainc ymroi'n ogystal i ddysgu ieithoedd, Groeg, Lladin, Eidaleg a Sbaeneg.[112] A mynnwyd y dylai'r bardd ymgyrraedd at safon gyffelyb o ddysg yn Lloegr hithau. 'Verily there may no man be an excellent poet nor oratour/ vnlasse he haue parte of all other doctrine specially of noble philosophie' meddai Syr Thomas Elyot yn *The boke named the Gouernour*[113]. Cyffelyb oedd barn Gabriel Harvey, y dysgedicaf o feirniaid Seisnig yr oes: 'It is not sufficient for poets, to be superficial humanists: but they must be exquisite artists, & curious vniuersal schollers.'[114]

Rhaid cytuno ag André Boulanger fod datganiadau fel y rhai a ddyfynnwyd yn fynegiant o 'cette "passion de savoir" qui est une des caractéristiques de l'esprit de la Renaissance'.[115] Ar yr un pryd, fodd bynnag, yr oedd iddynt gynseiliau yn llenyddiaeth yr hen fyd, yn arbennig efallai yn rhai o sylwadau Cicero a Quintilian ynghylch addysg yr areithiwr yn y *De Oratore* a'r *Institutio Oratoria*,[116] dau waith tra phoblogaidd yn y cyfnod. Dylanwad arall oedd gosodiad o'r eiddo Horas yn ei *Ars Poetica*, 'Scribendi recte sapere est et principium et fons.'[117] Tybiai gwŷr y Dadeni mai 'gwybod' oedd ystyr *sapere* yn y cyswllt hwn:[118] adleisio'r llinell hon fel y deallai'r oes hi a wnâi Du

111 Op. cit., gol. André Boulanger (Paris, 1930), 216-7 (safonwyd yr orgraff). Cf. sylw Hans Staub ynghylch Peletier ei hunan: 'Toutes les disciplines intellectuelles l'intéressent. Il est juriste, mathématicien, médecin, naturaliste, philologue, érudit, poète.' (*Le Curieux Desir* (Genefa, 1967), 11.)

112 Cf. *Preface sur la Franciade* Ronsard (1587): 'Je te conseille d'apprendre diligemment la langue Grecque et Latine, voire Italienne . . . et Espagnole' (dyfynnir yn Patterson, *Three Centuries of French Poetic Theory,* 505). Soniodd Peletier ynghylch pwysigrwydd gwybod Lladin a Groeg yn ei *L'Art poétique d'Horace* (1544), gw. ibid., 408-9. Cf. hefyd Du Bellay, *Deffence et Illustration de la Langue françoyse,* gol. Chamard, 194-5.

113 Op. cit., sig. G4^{v}.

114 Moore Smith, *Gabriel Harvey's Marginalia,* 161.

115 *L'Art Poëtique de Jacques Peletier du Mans,* 216 (mewn nodyn ar y sylw o'r eiddo Peletier a ddyfynnwyd uchod).

116 *De Oratore* I. v. 17-20; *Institutio Oratoria* I. x.

117 Op. cit., 309.

118 Clements, *Critical Theory and Practice of the Pléiade,* 47; Du Bellay, *Deffence et Illustration de la Langue françoyse,* gol. Chamard, 179n.

Bellay yn y sylw cyntaf o'r eiddo a ddyfynnwyd uchod. Ni ddylid anghofio ychwaith fod yna hen draddoddiad o gymeradwyo beirdd unigol ar sail yr arwyddion o ddysg a ganfyddid yn eu gwaith: enghreifftiau cynnar ohono yw'r geirda a roes Strabo, Quintilian a'r testun *De Homeri poesi* (a gamdadogwyd ar Plutarch) i Homer, a sylwadau Servius a Macrobius ynghylch Fyrsil yn y bedwaredd ganrif.[119] Gwelir y traddodiad hwn yn goroesi i gyfnod y Dadeni yn y ganmoliaeth a roes rhai o feirniaid yr Eidal i feirdd fel Dante ac Ariosto am eu gwybodaeth o amryfal feysydd dysg.[120] A sylw yn yr un llinach oedd yr un a wnaeth Gabriel Harvey yn Lloegr ynghylch Chaucer a Lydgate:

> Other commend Chawcer, & Lidgate for their witt, pleasant veine, varietie of poetical discourse, & all humanitie: I specially note their Astronomie, philosophie, & other parts of profound or cunning art. Wherein few of their time were more exactly learned.[121]

I feirniaid fel y rhai a ddyfynnwyd uchod yr oedd dysg mewn bardd yn rhywbeth amgen na pheth dymunol er ei fwyn ei hun. Ystyrient y deuai bendithion ymarferol yn ei sgîl, nid yn unig i'r bardd a'i fryd ar ganu cerddi gwyddonol—yr oedd dysg, wrth gwrs, yn anhepgor iddo ef—ond i feirdd yn gyffredinol beth bynnag fo pwnc eu canu. Ceir awgrym o ddau o fanteision tybiedig y *doctus poeta* dros ei gymdeithion di-ddysg yn ymryson Prys a Chynwal. Un ohonynt oedd y fantais y credid fod iddo o ran darparu deunydd ei gerdd—yr hyn a alwai'r rhethregwyr yn *inventio*. (I lawer o feirniaid y cyfnod dyma'r rhan

119 Am y cyfeiriadau gw. O. B. Hardison, Jr., *The Enduring Monument*, adargraffiad (Westport, Conn., 1973), 5; Curtius, *European Literature and the Latin Middle Ages*, 206; Weinberg, *A History of Literary Criticism in the Italian Renaissance*, 44, 868, 964; Atkins, *English Literary Criticism: the Medieval Phase*, 34-5.

120 Gw. Weinberg, *A History of Literary Criticism in the Italian Renaissance*, 283 (B. Tasso), 823 (P. Giambullari), 828 (L. Benucci), 868 (S. Speroni), 869 (L. Salviati), 869-70 (F. Patrizi), 963-4 (G. B. Pigna) a 1045 (G. Malatesta).

121 Moore Smith, *Gabriel Harvey's Marginalia*, 160-1. Cf. sylw Puttenham yn *The Arte of English Poesie* (1589) mai Chaucer oedd y gorau o feirdd Seisnig yr oesoedd canol 'for the much learning appeareth to be in him, aboue any of the rest.' (Smith (gol.), *Elizabethan Critical Essays*, II, 64.)

bwysicaf o'r proses creadigol: cytunent â Horas, 'verbaque provisam rem non invita sequentur'.[122] Y syniad fod dysg yn gaffaeliad yn hyn o beth sydd wrth wraidd ymffrost Prys yn ei lythyr at Gynwal ynghylch ei gyflymdra yn cyfansoddi ei gywyddau: 'Oblegid mae fy navnyddiav i wedi sychu er cyn fy ngeni, ag nid rhaid i mi ond egori llyfrav er cael digon o ddavnydd, hanes a naws pob peth. . . . Ni byddai fost yn y byd i mi pe canwn ddeg am ych vn chwi.' (C. 5-9) Tybid y deilliai mantais i'r bardd dysgedig hefyd yn sgîl ei wybodaeth o ieithoedd, gwedd bwysig ar y ddysg a argymhellid. O wybod ieithoedd gallai ddynwared gweithiau'r meistri, yn arbennig, wrth gwrs, prif awduron Groeg a Rhufain: ystyrid yn gyffredin fod y gweithgarwch hwn, *imitatio*, yn sylfaen hanfodol i gyfansoddi llwyddiannus.[123] Mewn darn a gynhwyswyd yn wreiddiol yn y pedwerydd cywydd ar hugain edrydd Prys fel y bu iddo ef elwa yn y modd hwn:

> Llyfr awen Duw llen [i'm] llaw,
> Llawn feithrin, llyna f'athraw,
> A'm gwnaeth i am gnith awen
> Yn grynn brydydd, llowydd llen,
> A gweled gwaith, blaeniaith blaid,
> Hynod wŷr, hen awdvriaid:
> Horas wych, evrais i waith,
> Homer, Ofvdd mawr afiaith,
> Gvtto enwog gyttvnwaisg,
> A Thvdv[r], brav awdvr braisg. (24. 56 +)

Perthyn diddordeb ychwanegol i'r llinellau hyn, wrth gwrs, yn rhinwedd y ffaith fod Prys yn cynnwys Guto'r Glyn a Thudur Aled ochr-yn-ochr â chewri Groeg a Rhufain ymhlith yr awduron a ystyriai'n batrymau i'w dynwared. Er eu bod yn feirniadol o rai agweddau ar y traddodiad barddol brodorol, yn sylfaenol yr oedd y dyneiddwyr Cymreig yn meddwl yn fawr ohono. Yn hyn o beth yr oeddynt yn wahanol i'r mwyafrif o'u cymrodyr yn Ffrainc a Lloegr: o

[122] *Ars Poetica* 311.

[123] Ar ddynwared yn yr ystyr hon gw. Atkins, *English Literary Criticism: the Renascence*, 87-91; Castor, *Pléiade Poetics*, 63-76.

holl henfeirdd Ffrainc ystyriai Du Bellay mai dim ond Guillaume de Lorris a Jean de Meung, awduron y *Roman de la Rose*, a oedd yn werth eu darllen,[124] ac o blith beirdd Seisnig yr oesoedd canol dim ond Chaucer a fawrygid yn gyffredinol gan ddyneiddwyr Lloegr.[125]

CYFRANIAD CYNWAL

Troir yn awr i ystyried cyfraniad Wiliam Cynwal i'r ymryson. Fel y nodwyd eisoes, ni chanodd ef gymaint o gywyddau â Phrys, ac nid yw ei gywyddau ychwaith mor hir ar gyfartaledd â rhai ei wrthwynebydd. Eithr nid o ran maint yn unig y mae ei gyfraniad yn cymharu'n anffafriol ag un Prys, ond o ran cynnwys a diddordeb hefyd. Er bod gwahaniaeth diamheuol rhwng galluoedd cynhenid y ddau fardd, nid hynny'n unig sy'n esbonio rhagoriaeth cyfraniad Prys i'r dadlau. Yr oedd a wnelo agwedd Cynwal tuag at yr ymryson lawer â'r peth hefyd. I Brys troes yr ymryson yn genhadaeth, yn gais i argyhoeddi'r beirdd, neu, o leiaf, un ohonynt, o'r angen am farddoniaeth Gymraeg o fath newydd, yn gais i arddangos rhagoriaeth ei ddysg ddyneiddiol ef ar ddysg y beirdd, yn gais i ganu dysg yn yr iaith. Ond nid ysgogid Cynwal gan unrhyw gymhelliad o'r fath: nid oedd ganddo ddim i'w ysbarduno heblaw'r angen i amddiffyn ei anrhydedd personol. Mae'n amheus a oedd ganddo ddiddordeb ysol yn yr ymryson. Fe geir yr argraff mai ymrysonwr braidd yn anewyllysgar ydoedd, ei fod yn hwyrfrydig i fegino fflamau'r ddadl. Ac yntau'n fardd mor doreithiog diau ei bod yn arwyddocaol iddo gymryd yn hir iawn i ateb rhai o gywyddau Prys, peth a edliwiwyd iddo fwy nag unwaith: 'Wyti'n fyw, hên Gatwn, fyth?' holodd Prys yn goeglyd ar ddechrau'r nawfed cywydd (9. 2) ar ôl gorfod aros nawmis cyn cael ateb i'w gywydd blaenorol![126] Ymddengys mai gŵr oedd Cynwal a oedd yn bur fodlon

124 *Deffence et Illustration de la Langue françoyse*, gol. Chamard, 174.

125 Yn *A Discourse of English Poetrie* (1586) aeth William Webbe mor bell â honni 'I know no memorable worke written by any Poet in our English speeche vntill twenty yeeres past' (Smith (gol.), *Elizabethan Critical Essays*, I, 239), ond yn nes ymlaen yn yr un gwaith (ibid., 241) rhydd yntau hefyd glod i Chaucer.

126 Cf. y pennawd i'r wythfed cywydd a 9. 91-2. Edliwia Prys arafwch Cynwal yn llunio'i atebion yn ei lythyr ato hefyd, gw. C. 3-4.

ar ei fyd. Pan ddaroganodd Prys wae i'r beirdd oni ddoent i delerau â'r ddysg newydd, wfftio a wnaeth ei wrthwynebydd: 'Ni weli i'th oes . . . y byd yllyny' (32. 41-2). Fe fu'r beirdd gynt yn dda eu byd, ac ebe Cynwal 'Na ddowtier, mae'n dda eto' (32. 46). Ni welai arwyddocâd beirniadaeth Prys arno ef a'i debyg. Ni synhwyrai ei bod yn unrhyw argyfwng ar y beirdd ac ni theimlai fod eu dysg yn annigonol mewn unrhyw fodd. Ni theimlai fod arno reidrwydd arbennig i amddiffyn dysg y beirdd, i bwysleisio ei rhinweddau fel y pwysleisiodd Prys rinweddau'r ddysg ddyneiddiol, nac ychwaith i arddangos ei ddysg ei hunan. Yn ôl pob tebyg rhyw niwsans oedd yr ymryson yng ngolwg Cynwal, a checryn cranclyd piwus cas nad oedd modd dadlau'n deg ag ef oedd Edmwnd Prys. Ei ddifrawder heulog, mi gredaf, sy'n cyfrif yn bennaf am berfformiad siomedig Wiliam Cynwal yn yr ymryson.

Pregethwr wyt, ni bardd

Rhaid, fodd bynnag, rhoi i Gynwal y sylw sy'n ddyledus iddo. Pa ddadleuon a gynigir ganddo yn y deunaw cywydd a ganodd? Rhaid nodi yn gyntaf ei fod yn ymateb yn ddigon egnïol i gyhuddiad Prys ei fod yn canu celwydd—yr oedd hyn, wrth gwrs, yn fater o anrhydedd personol—ac fel Rhys Goch Eryri o'i flaen mae'n mynnu mai un awen sydd a bod honno'n tarddu o'r nef.[127] Mae'n ymateb yn burion hefyd pan heria Prys ef i draethu'r hyn a ŵyr ynghylch pynciau penodol—y gog, Myrddin, y Preutur Siôn, hanes y beirdd ac achau'r ynys—er nad yw ei atebion, wrth gwrs, yn bodloni'r archddiacon. Pur dawedog ydyw, fodd bynnag, ynghylch y sylwadau hynny o'r eiddo Prys a oedd yn ymwneud â dyfodol barddoniaeth Gymraeg ac a oedd yn adlewyrchu gobeithion llenyddol y dyneiddwyr. A bod yn deg, wrth gwrs, rhaid cofio ei bod bron yn sicr na chafodd gyfle i ymateb i'r hyn a draethodd Prys yn un cywydd ar bymtheg olaf yr ymryson, gan gynnwys y darn nodedig ynghylch canu dysg yn y pumed cywydd a deugain. (Gan na orffennwyd y gyfres y perthynent iddi mae'n fwy na thebyg nad anfonodd Prys y cywyddau hyn ato; sut bynnag, hyd yn oed pe derbyniasai Cynwal rai o'r cywyddau hyn, ni ddisgwylid iddo

[127] Cf. *IGE*, 187. Am farn Cynwal ynghylch tarddiad yr awen gw. 12. 43-4.

ymateb iddynt nes i Brys gwblhau'r gyfres.) Eto, nid yw ymateb Cynwal i'r cywyddau y mae'n sicr iddo eu gweld yn argoeli y byddai wedi ymateb yn gadarnhaol i weddill cywyddau Prys. Oherwydd daw'n gwbl amlwg fel yr â'r ymryson rhagddo fod Cynwal yn gyndyn iawn i gydnabod y gallai gŵr fel Prys ddysgu dim iddo ynghylch barddoniaeth. Mynega'r safbwynt hwn yn gryno yng nghywydd 34:

Am [brydyddiaeth], ffraeth ffrwythav,
Mydr y gerdd, a medrv i gwav,
Ni wyddyd enyd vnoed,
D[d]iosgwr iaith, ym ddysc erioed. (34. 15-18)

Prif fyrdwn cywyddau Cynwal, yr hyn y dychwel ato dro ar ôl tro, yw'r ddadl nad oedd Prys yn gymwys i farnu mewn materion barddol gan nad oedd yn ŵr o'r gelfyddyd, yn fardd wrth ei swydd.[128] Maentumiai na ddylai Prys ymhél â barddoniaeth gan mai offeiriad ydoedd. Yr oedd yn barod i gydnabod awdurdod Prys mewn materion diwinyddol, ond fe fynnai ar yr un pryd i Brys gydnabod ei awdurdod ef ym maes barddoniaeth:

Pregethwr wyd, pleidiwr plwyf,
Parod ddadl, prydydd ydwyf.
O ddefein, noddfa Wynedd,
Yt o ran art yr vn wêdd,
Cymer y maes, laes lwyswar,
Ddwy gamp wych, yn ddigwmpâr!
Moes ran cerdd, mesur yn cav,
Yma vnwedd i minnav. (8. 57-64)

128 Ceir sylwadau nodweddiadol ddiddorol ynghylch agwedd Cynwal gan yr Athro Bobi Jones yn ei gyfrol *Llên Cymru a Chrefydd,* 49-50, 214. Cais yr Athro uniaethu safbwynt Cynwal ag athrawiaeth sffer-sofraniaeth a ddatblygwyd gan y diwinyddion Calfinaidd Isalmaenig Abraham Kuyper a Herman Dooyeweerd. Nid wyf yn llwyr argyhoeddedig, fodd bynnag, fod y dehongliad hwn yn gyson â thystiolaeth y testun. O edrych yn fanwl ar gywyddau Cynwal, fe dybiwn i mai ar *swydd y bardd,* mewn modd galwedigaethol, cul (h.y. edliw anghymwyster beirdd amatur fel Prys) y mae'r holl bwyslais ynddynt. Nid yw hyn yn hollol yr un peth ag amddiffyn integriti sffer neu gylch barddoniaeth, y swyddogaeth a dadoga'r Athro ar Gynwal ac a gymeradwyir ganddo.

Cytunai Cynwal â'r ddihareb mai 'Drwg y gwna crydd . . . siecked gadarn' (14. 5-6). Pe bai ef yn esgyn i bulpud ac yn cymryd arno bod yn bregethwr fe chwerddid am ei ben. Mynnai ei bod yr un mor wrthun i Brys ymhonni'n fardd ac ymryson ag ef:

Bed awn, pawb a adwaenai,
Yn barod byth, bwrid bai,
I bwlpit tyb, ail poet hên,
I bregethu brigowthen,
Fo chwarddai rai a'r a wn
Am 'y mhen am 'y mhiniwn.
O ymsennv, dv yw['r] dôn,
Ffrŵd addysc, a phrydyddion,
Bydd rhai a chwardd, breisgfardd brav,
Bavn doeth, am dy ben dithav. (10. 49-58)

Dwy swydd arbenigol oedd swydd bardd a swydd offeiriad, a'u gofynion a'r ddysg a oedd yn angenrheidiol er eu hiawn gyflawni yn gwbl wahanol:

Nid oeddwn, o doe weddi
Rad o'th ddysg, vnard a thi:
Bardd wyf, hardd beraidd fowrddysc,
Yffeiriad wyd, coffr y dysc.
Nid nes it wybod nodi,
Fvdd dawn, fy nghelfyddyd [i]
Nag ym wybod, freisglod frav,
Ddwys ged vthr, dy ddysc dithav. (35. 13-20)

'Bardd wyf . . . Yffeiriad wyd', ac i Gynwal dyna ben arni. Dylai Prys yntau dderbyn hyn gan mai rhan ydoedd o drefn Duw:

Duw ordeiniodd, drûd anian,
Bybyr rodd, i bawb i ran.
I ti i rhoed, haewr iaith,
Iawn bregethu, brîg wythiaith.
Rhoed i minnav, rhâd mynych,
Rhwydd yw y swydd, rhodd sy wych:
Prydyddv, parod oeddwn,
Penod hardd, yn y pwynt hwn. (8. 65-72)

Wrth ymhonni'n fardd yr oedd Prys, yn ôl Cynwal, yn euog o dreisio'r drefn hon. Cyhudda ef hefyd o ddarostwng urddas ei swydd offeiriadol ac o ymddwyn yn annheilwng o ŵr o'i addysg a'i safle drwy ymryson ac ymgecru. Gan ddilyn dysgeidiaeth gramadeg y beirdd[129] edliw Cynwal mai 'Gwaith cler y dom . . . Yw chwenych ymddychanu' (10. 15-16):

Vn Duw lân nid amcanodd
Vnwaith fardd o ddyn o'th fodd:
Yn ddoctor, blaenor heb lai,
Cyn oes i'th amcanasai.
Costio wrthyd, ynfyd oedd,
Fawl bennaeth, fil o bvnnoedd,
A'th wneythyd, tothyd d'addysc,
Fwy stor ddawn, yn Feistr o ddysc.
Cael pedairent, yndent aeth,
Vwch, ag vn arch[i]agoniaeth,
A myned, gwaith mewn oed gwr,
A brig iaith, yn bregethwr.
[Yr owron] oer yw'r arwydd,
Ail naid sal, newidio swydd,
A mynd yn vn, cvn cwynom,
Galar dig, o gler y dom,
A drwg oedd fynd, tromhynt traw,
Wr o'th radd i 'mwarthruddiaw. (18. 11-28)

Os oedd yn rhaid i Brys farddoni, gweddusach iddo yn ôl Cynwal fyddai ymwrthod â dychan ac ymroi yn lle hynny i ganu i Dduw:

Os chwant sydd, llywydd y llv,
Yna genyd i ganv,
Gwyddost gyfraith y Gwiwdduw,
Gwreiddia ddysg, gwna gerdd i Ddvw.
Doro gyngor, dâr gangawg,
Dros y byd ar hŷd yrhawg,
Ag, i'th oes, gâd, gwâd y gwaith,
Achwyn aml, ddychan ymaith. (10. 79-86)

129 Cf. *GP*, 56, lle dywedir mai'r 'klerwr kroessan' biau 'anghanmawl, ac anglotuori, a goganu, a gwneuthur kywilyd a mefyl ac anglot.'

Cri gyson Cynwal oedd y dylai Prys ymbwyllo a rhoi'r gorau i'r ymryson o barch i'w uchel alwedigaeth:

Bydd byw fal, rac dyfal dig,
Bigail gloewsail eglwysig,
A ffaid a'th ffoledd meddwyd,
Ffair deg, os offeiriad wyd. (34. 75-8)

Fe'i hanoga droeon i ddychwelyd at ei briod waith, sef pregethu a bugeilio eneidiau:

Y mae arnad, brelad brav,
Wers nodol, siars enaidiav.
Pregetha, hap rhy goeth wyd,
Flith helynt, fal i'th alwyd,
A gad ddewred[d], gwchedd gwyr,
Ar foliant i ryfelwyr.
Gwedi ym son, [gad] ymsennv
I gler y dom dan glawr dv,
A gad gerdd, gaêdig ion,
Hoewbryd wedd, i brydyddion.
Onid e, gwn, da yw y gwir,
I'th glawd[d] ef a'th gwilyddir. (20. 91-102)

Nid dyma'r tro cyntaf i Brys glywed y dadleuon hyn. Fe'u defnyddiwyd hefyd gan Siôn Phylip yn ei ymryson cyntaf ef â Phrys:

Bai mawr i neb ymyrryd
Ar ddau beth o raddau byd.
Gwaith mawr it drin, nid min mud,
Gwalch heb help, gylch y pulpud;
Erchus [sic] Duw, a gorchest oedd,
Yn y Beibl hyn i bobloedd,
I bregethu, brig ieithydd,
Efengyl Crist ddidrist ddydd;
Bid fyw, a'i wybod o fil,
Arf ing, wrth yr Efengyl.
Swydd i'w chadw sydd iwch ydyw,
Ys da swydd, myn Dwstas yw;

Swydd enwog sy ddaioni,
Swydd hardd, nid maswedd yw hi.[130]

Ni ddylid synnu at debygrwydd dadleuon y ddau fardd. Dadleuon oedd y rhain a fyddai'n ymgynnig yn naturiol i brydydd proffesiynol wyneb yn wyneb â bardd amatur o offeiriad mewn ymryson. Oni ddeddfai Statud Gruffudd ap Cynan, canllaw cyfundrefn y beirdd, 'na bei i neb gynnal dwy gelbhydhyd'?[131] Ac yn yr amgylchiadau onid ergyd amlwg oedd dannod i Brys y dylai ddychwelyd at bregethu? Prin mewn gwirionedd fod dim yn annisgwyl yn saethau Cynwal.

Diffyg cymwysterau barddol

Fwy nag unwaith yn yr ymryson ymffrostia Cynwal yn ei gymwysterau barddol, y radd disgybl pencerddaidd a enillodd yn ail eisteddfod Caerwys a'r radd pencerdd a enillodd mewn neithior wedi hynny:

Discybl rym, dewisgwbl wraidd,
Pwnciav vrddas pencerddaidd
Oeddwn, gwn, ddivnic wedd,
Ymlaen cyn vgain mlynedd,
A hyn oedd o hen addysg,
Oes derm deg, yn feistr o'm dysc.
Disgais wedi codi cerdd
Raenio pwnc o ran pencerdd,
A'i chael o braw vchael brav,
Iaith wrol, mewn neithiorav. (20. 47-56)

Rhan bwysig o ddadl Cynwal yw fod Prys yn ddiffygiol yn hyn o beth:

Er graddio, wr gwraiddwych,
Brav goeth air, dy bregeth wych,
Ni raddiwyd, gwelwyd nid gwaeth,
Eb raid oedd, dy brydyddiaeth. (10. 61-4)

130 EP, LVII. 51-64.
131 Thomas Parry, 'Statud Gruffudd ap Cynan', *B*, V, 26.

Ni chawsai Prys ychwaith, wrth gwrs, addysg farddol reolaidd, a gofyn Cynwal iddo'n wawdlyd yn y deunawfed cywydd 'Os prydydd wyd . . . pwy yw dy athraw?' (18. 59-60). Heb na hyfforddiant gan athro na gradd farddol yr oedd yn annichon yn ôl Cynwal fod Prys yn meddu ar wybodaeth drwyadl o'r gelfyddyd. Honna, er enghraifft, nad oedd yn hyddysg yn y cynganeddion:

Od eisteddir, dyst addysg,
Ar y gerdd wir, gywir ddysg,
Y gwr eb radd, doed garbron,
Naddai dwyll gynghaneddion. (12. 79-82)[132]

Yr un ffunud hefyd myn Cynwal mai ychydig a wyddai Prys ynghylch y mesurau. Cwyna mai ar un mesur yn unig y canai,[133] ac edliwia mai dim ond enwi'r pedwar mesur ar hugain a allai, nid eu canu:

Pedwar mesvr, powdr mvsig,
Ar hugain sydd, freisgwydd frig;
Doedyd y gwyddyd i gwav:
Ni wyddost mo'i rhinweddav!
Haws doedyd ar ystudiaw,
Ar ryw ystorm, oer os daw,
Mynydd, vwch bronydd a bro,
Mewn trowsdir, na mynd trosto.
Felly'r wyd, mal breddwyd brav,
Fas wr, yn dy fysurav:
Medrv henwi, mydr hynod,
Y rheini a wnai heb fai i fod;
Ni fedri gwedi yn gadarn
I canv fyth o cawn farn.
Bâs yw dy radd, bostio'r wyd,
Byth na thasc beth ni'th ddyscwyd. (31. 43-58)

132 Ymddengys i Gynwal gynnig beirniadaeth benodol ar gynganeddu Prys hefyd. Cf. amddiffyniad Prys o gynganeddiad 17. 77 ('Ni phrovais dan ffyrfaven') yn 29. 37-52 a C. 95-9, a gw. hefyd nodyn ymyl y ddalen (v) ynghyd â chywydd 29. Ni ddigwydd beirniadaeth Cynwal ar y llinell hon yn unrhyw un o'i gywyddau fel y'u cadwyd. Ai mewn llythyr a anfonwyd gydag un o'r cywyddau neu ar lafar y gwnaed y feirniadaeth?

133 Gw. 18. 53-6.

Ymwthiwr o'r tu allan oedd Prys yng ngolwg Cynwal, gŵr a oedd yn anwybodus nid yn unig ynghylch dyrysbynciau technegol cerdd dafod ond hefyd ynghylch arferion a chonfensiynau byd y beirdd. Arwyddocaol yw'r cyfeiriad yn y rhyddiaith esboniadol o flaen yr ail gywydd lle dywedir fod Cynwal wedi atgoffa Prys yn ei lythyr ato ei bod 'yn arfer dwyn achav os gofynid dim' (B. 5): gŵr na wyddai'r protocol oedd yr archddiacon. Yn ddiweddarach yn yr ymryson amheuai Prys honiad Cynwal iddo raddio'n bencerdd mewn neithior, gan ddal, yn anghywir, mai mewn eisteddfodau yn unig y greddid beirdd.[134] Profai hyn, meddai Cynwal, mor anghyflawn oedd gwybodaeth farddol ei wrthwynebydd:

> Pawb a wyr pe bai eirwir,
> Tonav yn iaith, fod hyn yn wir:
> E gaid gradd gynt, hwylynt hawl,
> A'i thrio'n neithiar reiawl.
> Dyna ddangos, achos aeth,
> Byr d'addysg ar brydyddiaeth. (32. 23-8)

Rhagorfraint y beirdd wrth eu swydd yn unig oedd gwybodaeth o'r fath yn ôl Cynwal, safbwynt a ddaw i'r golwg drachefn yn ei gyfeiriad at Statud Gruffudd ap Cynan:

> Son yr wyd a'th synwyr rvs,
> Haws d'ateb, am Ystatus
> Gruff*udd* wych, gorhoffaidd wedd,
> Gwalch Gynan amgylch Gwynedd,
> A nyni feirdd, hen a fo,
> Am hyn a wyddom hono. (36. 15-20)

Mae'r 'nyni feirdd' yna yn arwyddocaol. I fod yn fardd cyflawn yng ngolwg Cynwal nid digon oedd y gallu i gyfansoddi barddoniaeth, pa mor dda bynnag y gwneid hynny. Proffesiwn oedd barddoni i Gynwal, consýrn yr ychydig breintiedig a oedd wedi derbyn hyfforddiant yng

[134] Gw. 17. 99-100. Ynghylch cyfreithlonrwydd graddio beirdd mewn neithiorau cf. y dyfyniad o Statud Gruffudd ap Cynan yn y nodyn ar 20. 55-6.

nghyfrinion y gelfyddyd gan athro o bencerdd ac wedi eu trwyddedu trwy raddio mewn eisteddfod neu neithior. Hanner bardd yn ei olwg oedd y bardd amatur a ganai 'ar ei fwyd ei hun' fel y gwnâi Prys. Haerllugrwydd ym marn Cynwal oedd i ŵr o'r fath geisio ymyrryd ym materion barddas. Cyngor i'w anwybyddu oedd cyngor *dilettante* o offeiriad:

Erchaist ym, orchest o hyd,
Osgo gân, ddysgv genyd,
Ag na byddai, os ai'n syn,
Ail gofiad, wyl i gofyn,
Na chywilydd vwch eilwaith
O'i dysgv, gwych dascu gwaith.
Gwir yw hyn, geiriav hynod,
A chlyw farn a choelia i fod:
Ni wyddyd yn iawn weddawl,
Ddysc i mi, hardd wasgv mawl. . . .
Nid wyd athraw, cofiaw cyd,
Coel foddion, o'm celfyddyd. (36. 71-80, 83-4)

Gwrthddadleuon Prys

Nid gŵr i dderbyn dadleuon Cynwal yn ddistaw oedd Edmwnd Prys: trwy gydol yr ymryson fe'i gwelir yn taro'n ôl yn egnïol a deheuig. Fel y gellid disgwyl, gwrthyd yn llwyr syniad Cynwal y dylai ymatal rhag ymhél â barddoniaeth gan mai offeiriad ydoedd. Cyfeiria yn y trydydd cywydd ar ddeg at ei 'ddwyswydd' (13. 58) fel bardd ac offeiriad: nid ystyriai fod dim yn annerbyniol yn hynny. Eithr yn yr hanner canfed cywydd, un o gywyddau gorau'r ymryson, y canolbwyntia ar ateb y ddadl hon o'r eiddo Cynwal. Ar ôl nodi safbwynt ei wrthwynebydd â rhagddo i'w danseilio drwy restru enwau nifer o offeiriaid, yn estroniaid ac yn Gymry, a ymddisgleiriodd fel beirdd:

Ni âd fy nghâr diareb
Ond vn art hynod i neb.
Fo wna'n gaeth wybodaeth bŷd,
Rûgl foddion, a'r gelfyddyd.

Ni fyn i lên fanwl wav
Barddoniaeth beraidd enav.
Petrarch, bu patria[r]ch byd
(Pant hardd?) a hoewfardd hefyd.
Cempes oedd, cwmpas i iâd
Cylch o ddail, clôch y ddwylâd.
Gwnther oedd gŵn a thair iaith,
Gwyn fanach, canai fwynwaith.
Hari Cydweli, dvlew,
A gant wawd ag Ieûan Tew.
Syr Dafydd, nid gwawdydd gwan,
Saer mwynwawd, trysor Maenan,
A Syr Owain, croe[w]lain Cred,
Gwilim, mae i gerdd i'w gweled. (50. 13-30)

I'r meddwl dyneiddiol yr oedd dadlau fel y gwnâi Cynwal fod meysydd dysg yn annibynnol ar ei gilydd a bod gwahanfuriau diadlam rhyngddynt yn wrthun. Credai gwŷr y Dadeni yng nghydberthynas y celfyddydau ac undod dysg. Ys dywedodd y Sais Raphe Lever yn *The Arte of Reason* (1573) 'artes are knit together in such a band of knowledge, that no man can be cunning in anye one but he must have some knowledge in manye.'[135] Mynegir y syniad hwn gan Brys yntau, gan ddyfynnu Cicero fel ei awdurdod:[136]

Tost iawn i tystia vnwaith
Twli deg at eiliad iaith:
Plant ydym, planet hoewdeg,
O'r vn tad, a cheraint têg;
Pob celfyddyd, vn frŷd fraint,
O sai' gwir, y sy geraint,
A phawb sydd, a phob swyddav,
Drwy['i] gilydd fal gwydd yn gwav,

135 Dyfynnir yn Miriam Joseph, *Rhetoric in Shakespeare's Time*, argraffiad clawr papur (Efrog Newydd a Burlingame, 1962), 7. Mewn sylw ar y dyfyniad dywed Joseph ei fod yn cynrychioli 'what every humanist considered a truism'.

136 Cyfeirio a wneir yn ôl pob tebyg at *De Oratore* III. 20-1. Ond digwydd yr un syniad mewn gweithiau eraill gan Cicero yn ogystal, gw. 50. 33-42n.

A phob vn, a phawb a'i wydd,
Gidag elw a geidw i gilydd.
Swyddav'r byd, ddienbyd ddysc,
Svddan' gam, sy ddawn gymysc. (50. 31-42)

Gyrr Prys yr ergyd adref drwy grybwyll chwedl y bol ac aelodau'r corff, un o eglurebau poblogaidd y cyfnod,[137] a thrwy gyfrwng cyffelybiaeth o fyd adeiladu lle pwysleisir cyd-ddibyniaeth y saer a'r gof. Pwysleisir dibyniaeth y bardd yntau ar feysydd dysg heblaw barddoniaeth, gan ddychwelyd felly at bwnc canu dysg a oedd mor agos at galon Prys:

Medd y barddas vrddasawl,
Bŷd bach yw dŷn iach dan wawl.
Rhaid i'r bol, ar hyder byd,
Wrth enav yn rhwth enyd.
Llwybr y bŷd i gŷd yw gwav,
Llai'r gŵyn, o'r llaw i'r genav.
Y troed ai gynt i rodiaw,
Oni chaid llonaid y llaw?
A'r llaw a roir i wellhav,
Ar gynnydd, dyn drwy'r genav.
A'r bŷd hwn, ni erbyd da,
Yr vn wedd wyrion Adda.
Rhaid i bawb, er hyd i bydd,
Wrth gael hir waith i gilydd.
Seilia dŷn yn ddisalw dy,
Synwyr a ddengys hyny;
Sylfain mewn tir iselfaith,
Saeri a gais ar y gwaith.
Rhaid i saer y gaer i gyd
Wrth ôf ar i waith hefyd.
Rhaid i bawb, nid rhod o ball,
Ar waith aros wrth arall.
Rhaid i fardd, rhûad ferwddawn,
Wrth ddysc, o gwna araith iawn. (50. 43-66)

[137] Gw. 50. 45-52n.

Yn wahanol i'r arbenigrwydd cul a bleidiai Cynwal credai Prys mai rhywbeth i'w gymeradwyo oedd ymddiddori mewn rhagor nag un gelfyddyd. Er gwaethaf beirniadaeth Cynwal ymffrostia'n ddiedifar yn ei fedr yng nghelfyddyd y beirdd:

Pob dŷn, fel ar dywyn dydd,
Yn gweled mwy na'i gilydd,
A fetro dysc ymysc mîl,
Mwy nag vnart, mae'n gynil:
Finav, er fy nifenwi,
A fedra' bart o'ch art chwi! (50. 77-82)

Fe gofir i Gynwal edliw i Brys mai 'Gwaith clêr y dom . . . Yw chwenych ymddychanu' (10. 15-16) a'i annog, ac yntau'n offeiriad, i ganu i Dduw os mynnai farddoni o gwbl. Diddorol yw ateb Prys yn yr unfed cywydd ar ddeg. Er na ellir amau nad oedd barddoniaeth ddwyfol yn dra chymeradwy yn ei olwg, pwysleisia na fynnai ymgyfyngu i'r math hwn o ganu. Yn wahanol i Gynwal ac yn groes i ddysgeidiaeth gramadeg y beirdd nid ystyriai Prys ychwaith fod dychan o anghenraid yn anghymeradwy. Yr oedd lle i fawl a gogan mewn barddoniaeth:

Rhoyt i mi, a rheitia'm oedd,
Rhoi fy nwyf rhof a nefoedd.
Cymraist vt, nid cam râs da,
Byw a damwain byd yma.
Mae a'i gŵyr, mi a garwn,
O bai teg, beth o'r byd hwn:
Canmawl rhad Duw mâd a maeth
Croew dirion creaduriaeth,
Ymlewydd a mawl awen
Fel Davydd hy-awydd hên,
Mawl dalv mal y dylai,
Ag vn bwyll goganv bai.
Ag er hyn, fardd gwiw rhinol,
Ni adwn i Vnduw yn ol. (11. 17-30)

Fel y gellid disgwyl, ymetyb Prys yn rymus i ensyniadau Cynwal ei fod yn ddiffygiol fel bardd oherwydd nad oedd ganddo gymwysterau barddol. Fel y nodwyd eisoes, nid oedd ganddo fawr o feddwl o'r graddau barddol a fawrygid gymaint gan ei wrthwynebydd. Gwad yn egnïol fod gradd farddol Cynwal yn gwarantu ei fod yn well bardd nag ef:

Taeryd fod, dyrnod arwnadd,
I mi'n drwm er mwyn dy radd;
Antur hebod nad rhybell
Wr heb râdd a nâdd yn well. (11. 65-8)

Haerllugrwydd yng ngolwg Prys oedd honiad Cynwal ei fod yn euog o ddiffyg meistrolaeth ar foddau technegol cerdd dafod. Er nad oedd ganddo radd myn Prys ei fod yn rhagori ar rai o'r beirdd graddedig yn hyn o beth ac y gallai ganfod beiau yn eu gweithiau:

Gwr eb râdd a ddaw garbron,
Gŵyr ddal rhai o'r graddolion.
Daw a dull gwawd, didwyll gân,[138]
Diwestodl, beirdd a dystian'.
Fo ddengys hy ysbys hawl,
Fo gerydda fai graddawl.
Rhwydd yw'r bai lle rhodder barn;
Rhai a'i gwâd yn rhy gadarn.
Y dwyllwawd, fo'i deellir
Heb roi hûd a byr a hir,
Trwm ag ysgafn, bai safnol,
Tîn âp, gorav tewi'n ol! (13. 31-42)

Yn ddiweddarach yn yr ymryson y mae Prys yn talu'r pwyth yn ôl i Gynwal drwy edliw iddo'r beiau yn ei gywyddau ei hunan:

Er bod pedwar, cyfar cain,
O'r hoewgerdd, mydr ar higain,

[138] Dichon mai ergyd y sangiad yw fod canu'r beirdd amatur yn rhagori ar ganu'r beirdd proffesiynol o ran diffuantrwydd hefyd.

Vn a genais yn gynil
Yt, fardd (ba waeth bettai fil?).
Ni chenaist haeach 'honvn,
A thann dysd, dithav ond vn,
A thorraist hwn, athrist iaith,
A genaist vwch igainwaith:
Anghynil dwyll gynghanedd,
Drwg ystyr, hir, byr heb wedd,
A thynnv cam Frythoniaith,
A thin âp ne rythv yn iaith,
A'th estroniaith, rwystr anian,
Cam reol yw, Cymrv lân. (22. 19-32)[139]

Yn wahanol i Gynwal, nid ystyriai Prys fod addysg farddol ffurfiol o dan athro yn angenrheidiol i wneud bardd. Gallai gŵr deallus feistroli hanfodion y gelfyddyd ar ei ben ei hun mewn byr o dro:

O bydd awenydd vnig
A pheth dysg, heb affaith dig,
Vn a ddysc mewn mis ne ddav,
Dŵf saerwaith, dy fesurav,
A'i heilio yn bleth, a'i holi,
Llawn iaith iawn, yn well na thi. (52. 63-8)

Megis y rhestrodd feirdd-offeiriaid i'w gyfiawnhau ei hun, felly hefyd y rhestra Prys nifer o feirdd di-radd o fri, yn foneddigion a ganai er difyrrwch 'ar eu bwyd eu hunain':[140]

Llawer eraill oravraid
O wyr nobl-waith o'r vn blaid:
Dafydd Llwyd, e bûrwyd barn,
Faith hoewfardd, o Fathafarn;
Gruff*udd* ap Ieu*a*n, groewffawd,
O Lyweni, wisgi wawd;

139 Manyla Prys ynghylch rhai o'r cyhuddiadau hyn ac ychwanega eraill atynt yn ei lythyr at Gynwal, gw. C. 15-67.

140 Gruffudd Hiraethog oedd yr enw cyntaf yn rhestr Prys, gw. 48. 51-6, ond camgymeriad, wrth gwrs, oedd tybio ei fod ef yn fardd di-radd, cf. 20. 73-4n.

Ag ni châd mo bennadûr
Mysoglen heb awen bur.
Mae vn Wiliam, manylwaith,
Miltwn, wych y' molt yn iaith,
A wnaeth fwy yn iaith i fam,
Etholwawd, na thi, Wiliam,
Ag eraill yn rhagori
Ar anwe tâl arnat ti:
Ni chawsant radd ar naddwawd,
A dav gwell ydyw i gwawd. (48. 57-72)

Diddorol yw'r modd y mae Prys yn pwysleisio rhagoriaeth beirdd amatur megis Wiliam Midleton ar Gynwal, y bardd wrth ei swydd. Efallai fod yma fwy nag ergyd bersonol yn erbyn Cynwal yn unig. Y mae'n amheus a oedd gan Brys fawr o olwg ar brydyddion proffesiynol y dydd fel dosbarth. Yn sicr, ystyriai mai rhyfyg oedd crybwyll ei gâr hyglod William Salesbury yn yr un gwynt â hwy:

Am Wiliam, a ganmolir,
Salbri gynt ar ddwyslwybr gwir,
Ni thebygwn hwn, hoewnêr,
A chywir glod i chwi'r glêr,
Ag ni henwn hwn, henydd,
O ran dysc yn yr ŷn dydd,
Eithr i ni, athrawon art,
Lliaws iaith oll a saithart,
A'i fôd o barch i'w nodi
Ymhell yn well na nyni. (48. 35-44)

Arwyddocaol yw'r gwrthgyferbyniad a geir yma rhwng 'ni, athrawon art', gwybodusion megis Salesbury a Phrys a'u cyd-ddyneiddwyr, a 'chwi'r glêr', Cynwal a'r beirdd proffesiynol na wyddent na 'lliaws iaith' na 'saithart'. Tebyg yw'r agwedd a fynegir yn y llinellau hyn i'r un a fynegodd yr Eidalwr Francesco Berni yn ei *Dialogo contra i Poeti* (1526), gwaith lle dirmygid beirdd proffesiynol fel dosbarth a lle pwysleisid fod dyneiddwyr a gyfansoddai farddoniaeth, megis Vida,

Pontano, Bembo a Sannazaro, yn llawer iawn mwy na beirdd yn unig.[141]

Pwyso a Mesur

Er mai dadl bersonol rhwng dau unigolyn oedd yr ymryson yn ei hanfod, yr oedd hefyd, wrth gwrs, yn rhywbeth mwy na hynny. Y mae cyfeiriadau Cynwal a Phrys at 'nyni feirdd' a 'ni, athrawon art' yn awgrymog: er mai unigolion a ddadleuai, unigolion oeddynt a wyddai nad pledio eu hachosion eu hunain yn unig a wnaent ond llefaru hefyd ar ran y carfannau diwylliannol y perthynent iddynt. O ystyried y gwrthdrawiad rhwng Prys a Chynwal mewn termau cyffredinol, gellir ei weld, fel y gwnaeth Syr Thomas Parry yn *Hanes Llenyddiaeth Gymraeg*[142] fel gwrthdrawiad rhwng yr hen a'r newydd mewn diwylliant, rhwng syniadau a oedd yn draddodiadol a chanoloesol yn eu hanfod a syniadau a oedd yn nodweddiadol o ddyneiddiaeth y Dadeni Dysg. Mae'n wir, wrth gwrs, fod rhai elfennau yn syniadaeth Prys lawn mor draddodiadol a hynafol â dim a geir yn syniadaeth Cynwal: nid ymwrthododd gwŷr y Dadeni'n llwyr â dulliau meddwl yr oesoedd canol. Ni ellir amau, fodd bynnag, nad yw syniadaeth Prys, o'i hystyried yn ei chyfanrwydd, yn un a foldiwyd gan safonau'r diwylliant dyneiddiol cyfoes. Y sunthesis diwylliannol a nodweddai ddyneiddiaeth Gristnogol y Dadeni a adlewyrchir ganddo yn ei bwyslais canolog ar yr angen am ddysg a duwioldeb mewn llenyddiaeth.[143]

Nid yn y modd hwn, fel gwrthdrawiad rhwng yr hen ddiwylliant a'r newydd, y dehonglwyd yr ymryson bob tro. Mynnodd W. J. Gruffydd

[141] Gw. Spingarn, *A History of Literary Criticism in the Renaissance*, 153-4.

[142] Op. cit., 161.

[143] Fel y gellid disgwyl, gwelir yr un pwyslais yng ngweithiau rhai o awduron Cymraeg eraill y Dadeni. Cf. William Salesbury, 'Ac a ny bydd dysc, gwybodaeth doethineb a dywolwch mewn iaith, pa well hi na sirmwnt adar gwylltion ne ruat aniueilieit a bwystuiloedd?' (*OSP*, sig. A3[r].) Hefyd Maurice Kyffin, 'Eisieu dysc a duwioldeb . . . sydd ar yr iaith gymraeg.' (*Deffynniad Ffydd Eglwys Loegr*, gol. W. P. Williams, [xii].)

a T. Gwynn Jones ei ystyried fel gwrthdrawiad rhwng diwylliant brodorol Cymru a diwylliant estron y prifysgolion Seisnig.[144] Yn sgîl hyn, tueddasant i bortreadu Prys fel math o ragflaenydd i goegaddysgwyr Seisnigedig Oes Fictoria ac i'w uniaethu â'r drefn addysgol drefedigaethol a barodd 'wthio iaith a diwylliant gwlad arall arnom'.[145] Ystyriaf fod y dehongliad hwn yn un cyfeiliornus. Mae'n wir, wrth gwrs, fod Edmwnd Prys yn gynnyrch un o brifysgolion Lloegr ac mai'r safonau a'r ddysg a gyflwynwyd iddynt yn y sefydliadau hynny a arddelai ef a rhai o'i gyd-ddyneiddwyr. Ond mae'n bwysig sylweddoli nad diwylliant Seisnig oedd y diwylliant a fawrygai'r gwŷr hyn,[146] eithr diwylliant uwchgenedlaethol a chosmopolitan a oedd wedi ymgartrefu mewn sawl gwlad ac a ddaethai i lefaru mewn amryw ieithoedd. Gwneud y Gymraeg hithau yn un o ieithoedd y Dadeni oedd delfryd Prys a'i debyg, dwyn safonau newydd i'r diwylliant brodorol a thrwy hynny ei ddyrchafu fel y dyrchafwyd diwylliannau brodorol gwledydd eraill yn yr un cyfnod. Ffolineb fyddai rhestru gwŷr y Pléiade yn Ffrainc a Syr Philip Sidney a'i gylch yn Lloegr ymhlith gelynion diwylliannau brodorol y gwledydd hynny; yr un ffunud, cam dybryd ag Edmwnd Prys fyddai ei restru ymhlith Dic-Siôn-Dafyddion yr oesoedd. Gwrthod elfennau a ystyrient yn eilradd yn y diwylliant brodorol a wnaeth y gwŷr hyn, nid ymwadu â'r diwylliant hwnnw yn ei gyfanrwydd. Dengys y darn a ganlyn o'r farwnad i Gynwal ar ddiwedd yr ymryson mai nod Prys oedd cyfuno elfennau o'i ddysg ddyneiddiol ef â gorau'r ddysg frodorol a oedd yn gynhysgaeth i Gynwal, er budd a mantais i'r iaith Gymraeg a'i diwylliant:

Ag iaith Gymrâeg weithian
Agos ar goll, gysur gwan,

144 W. J. Gruffydd, *Llenyddiaeth Cymru o 1450 hyd 1600*, 102-3; T. Gwynn Jones, 'Edmwnd Prys', *Y Llenor*, II (1923), 255-6.

145 Sylw Gwynn Jones, ibid. Yn ei ymdriniaeth ef y mae Gruffydd yn uniaethu Prys â'r 'bobl sy'n addoli duwiau'r Philistiaid', *Llenyddiaeth Cymru o 1450 hyd 1600*, 103.

146 Y mae'n werth nodi yn y cyswllt hwn efallai yr ystyrid siarad Saesneg mewn rhai amgylchiadau yn drosedd yng Ngholeg Ieuan Sant, Caer-grawnt, yn ystod cyfnod Prys yno, gw. Mayor, *Early Statutes of the College of St. John the Evangelist*, 217.

Cyffrois benrhaith yn iaith ni
A chellwair, rhag i cholli,
I geisio mydrweithio mawl
Am y bwrdd a mab vrddawl,
I gymysc yn dysg ni yn dav
I roi gwir ar y gorav. (54. 47-54)

Perthyn yr ymryson i gyfnod y gellir yn deg ei alw'n gyfnod o argyfwng yn hanes barddoniaeth Gymraeg. Yr oedd y traddodiad mawl, traddodiad canolog yr awen Gymraeg, bellach mewn gwth o oedran, a'r rhan fwyaf, fe ddichon, o'i bosibiliadau llenyddol wedi eu dihysbyddu.[147] Nid rhyfedd, efallai, fod cymaint o gynnyrch beirdd y cyfnod mor ddieneiniad: glynent wrth gonfensiynau a aethai'n dra threuliedig. Ar yr un pryd, yr oedd y dylanwadau cymdeithasol a oedd i arwain yn y pen draw at lwyr Seisnigo'r uchelwyr, prif noddwyr ac achleswyr y beirdd er dyddiau'r tywysogion, eisoes ar gerdded. Er mai eithriadau, yn ôl pob tebyg, oedd uchelwyr di-Gymraeg yn y cyfnod hwn, yr oedd llawer ohonynt yn ymseisnigo o ran diwylliant a'u diddordeb yng nghaniadau'r beirdd, ond odid, yn dechrau pallu.[148] Er gwaethaf y swm enfawr o farddoniaeth fawl a oroesodd o'r cyfnod, yr oedd craciau'n ymddangos yn seiliau byd y beirdd a'r dyfodol yn ansicr. O gofio'r cefndir hwn perthyn diddordeb arbennig i'r syniadau a fynegir gan Edmwnd Prys yn yr ymryson. Fel Siôn Cent ac eraill o'i flaen yr oedd Prys yn amheus o'r canu mawl am resymau moesol—canu ydoedd a dueddai i swcro celwydd a gweniaith—ac ystyriai ef yn anfoddhaol hefyd oherwydd prinder ei apêl i'r meddwl, ei wacter o ran cynnwys. Yn yr ymryson ceisiodd agor llygaid Cynwal a'i gymrodyr i

147 Cf. sylw Syr Thomas Parry (*Hanes Llenyddiaeth Gymraeg*, 126): 'Yr oedd holl bosibilrwydd y math hwn o farddoniaeth wedi ei ddarganfod a'i ddefnyddio, ac aethpwyd trwy holl raddfeydd pob ffasiwn lenyddol, arloesi ac arbrofi, datblygu, penllâd, dynwared, dirywio, darfod.'

148 Am beth o'r dystiolaeth gw. D. J. Bowen, 'Gruffudd Hiraethog ac Argyfwng Cerdd Dafod', *LlC*, II, 147-60; idem, 'Y Cywyddwyr a'r Dirywiad', *B*, XXIX, 453-96. Cf. hefyd W. Ogwen Williams, 'The Survival of the Welsh Language after the Union of England and Wales: the First Phase, 1536-1642', *Cylchgrawn Hanes Cymru*, II, 67-93.

bosibiliadau barddonol newydd. Fel y ceisiwyd dangos yn yr ymdriniaeth hon, o bori hwnt ac yma yn ei gywyddau gellir canfod amlinelliad rhaglen lenyddol sy'n haeddu sylw ac ystyriaeth.

A barnu wrth yr ymryson, yr oedd Prys yn awyddus nid yn unig i weld safonau'r Dadeni yn ireiddio barddoniaeth Gymraeg mewn modd cyffredinol ond hefyd i feithrin dau fath arbennig o ganu yn yr iaith, sef canu dwyfol wedi ei seilio ar y Beibl a chanu dysgedig wedi ei seilio ar y celfyddydau a'r gwyddorau: dengys ei gymeradwyaeth o'r naill drwy awgrym ac ymhlygiad ac o'r llall drwy ei gymell yn uniongyrchol. Fel y dangoswyd, cynrychiolai'r mathau hyn o ganu rai o ffasiynau barddonol mwyaf poblogaidd y dydd mewn gwledydd eraill: chwaeth cyfran helaeth o Ewrop ddyneiddiol oedd chwaeth Prys. Diau, wrth gwrs, y gallai beirniad modern ddannod mai am resymau anllenyddol y cymeradwyai'r mathau hyn o ganu, mai Prys y clerigwr Protestannaidd a ffafriai'r canu dwyfol ysgrythurol ac mai Prys yr ysgolhaig dyneiddiol a bleidiai'r canu dysgedig. Beirniadaeth fyddai hon na ddeellid mohoni gan fawr neb o wŷr y Dadeni, fodd bynnag: ni feddylient hwy odid fyth am farddoniaeth fel celfyddyd annibynnol a chanddi ei safonau a'i gwerthoedd cynhenid ei hunan.[149] O dderbyn chwaeth Prys am yr hyn ydoedd, beth ellir ei ddweud am y ddau fath o ganu a gymeradwyai? Yr oedd canu dwyfol ysgrythurol, wrth gwrs, yn bosibilrwydd ymarferol i'r bardd o Gymro unwaith y cafwyd y Beibl yn Gymraeg. Eto, ar wahân i fydryddiadau o'r Salmau—maes y rhagorodd Prys ei hunan ynddo—ni chafwyd fawr ddim canu o'r math hwn yn y cyfnod. Dichon fod a wnelo

149 Cf. sylw Atkins (*English Literary Criticism: the Renascence*, 29): 'The truth was that to the Humanistic mind poetry was little more than a branch of learning; a means, along with oratory, history, and philosophy, of recapturing something of the lost culture of antiquity, rather than a mysterious and independent art of infinite possibilities.' Cf. hefyd sylw Weinberg ynghylch beirniadaeth yr Eidal yn yr unfed ganrif ar bymtheg (*A History of Literary Criticism in the Italian Renaissance*, 37): 'It may also be that only in the last decades of the century do we find any insistence that poetry has the right to be considered an art in itself, that it might be approached from an "artistic" or "aesthetic" point of view. But this is at best a very mild insistence and might almost pass unperceived among the dominant tendencies of the century.'

grymuster y traddodiad cynganeddol rywfaint â hyn. Fel y sylweddolodd Prys, ac fel y dangosodd Salmau cynganeddol afrwydd ac aflwyddiannus Siôn Tudur a Wiliam Midleton, yr oedd y mesurau caeth yn anaddas ar gyfer mydryddu'r Ysgrythur. Prin ychwaith y gallesid fod wedi canu cerddi mwy uchelgeisiol o'r math hwn, megis y cerddi arwrol Beiblaidd a fu mor boblogaidd yn Ffrainc yn y cyfnod, heb ymwrthod â'r gynghanedd.[150] Am y farddoniaeth a seilid ar y celfyddydau a'r gwyddorau, yr ail fath o farddoniaeth a gymeradwyai Prys, y mae'n anodd credu y byddai neb ond y sawl a gafodd addysg brifysgol neu addysg gyfuwch yn abl i'w chanu'n llwyddiannus. Nid rhyfedd fod Prys yn annog y beirdd i gyrchu'r prifysgolion. Ofer oedd disgwyl am ganu o'r fath gan feirdd fel Cynwal na chawsent yr addysg angenrheidiol, a diau y gwyddai Prys hynny: rhaid tybio mai at ddarpar-feirdd y dyfodol y cyfeiriai ei anogaethau mewn gwirionedd. Ond wynebid hyd yn oed y bardd a chanddo'r cefndir addysgol priodol ag anawsterau dybryd ped âi ati i geisio canu'r math hwn o farddoniaeth yn Gymraeg, anawsterau a anwybyddir gan Brys yn yr ymryson. Unwaith eto yr oedd ystyriaethau mydryddol yn allweddol. Anodd fyddai priodi deunydd crai cymhleth y math hwn o ganu â'r mesurau caeth traddodiadol, ac ni cheid cyfrwng parod ar ei gyfer ymhlith ffurfiau mydryddol y canu rhydd poblogaidd ychwaith. Anhawster arall oedd tlodi geirfa'r Gymraeg yn y meysydd dysg perthnasol. Oni ddatblygid traddodiad o ymdrin â'r celfyddydau a'r gwyddorau yn yr iaith—ac oherwydd cyfuniad cymhleth o amgylchiadau yr oedd hynny'n annhebygol—byddai'n rhaid i'r bardd o Gymro a ddymunai ganu barddoniaeth o'r fath fod yn arloeswr ieithyddol yn ogystal. Nid oedd y problemau hyn yn rhai na ellid eu goresgyn gyda dysg a dyfeisgarwch, ond gwnaent dasg y bardd gymaint â hynny'n anos a'r math hwn o ganu'n llai atyniadol iddo o'r

150 Cf. sylw Gruffydd Robert yn ei Ramadeg (*Gramadeg Cymraeg gan Gruffydd Robert*, gol. G. J. Williams, [330]): 'Ond os byḍai raiḍ traethu yn gyfanbarth ryụ ḍefnyḍ hir, amlbarth, ne scrifennu meụn mydr ystori o hir amser, ni eḷḷid fyth ụneuthur hynny yn berphaith. meụn un o'r peḍụar messur a'r hugain rhag mor gaeth ydynt, ag mor anaụd i cadụ ag yspressu, ystyr dyfnbụyḷ, ḷiosparth yn eglur, hyḍaḷt, a gụeḍaiḍ.' Anogai ḍdefnyddio y 'fath fessurau y mae'r eidalụyr yn i arfer' mewn cerddi o'r fath (ibid.).

herwydd. Ac ystyried popeth, nid yw'n syn efallai nad arloesodd neb—hyd yn oed Prys ei hunan—gyda chanu dysgedig yn Gymraeg.

Fel y nodwyd eisoes, tawedog yw Cynwal yn yr ymryson ynghylch syniadau llenyddol Prys. Brwydr oedd yr ymryson yn ei hanfod wedi'r cyfan, nid trafodaeth ynghylch egwyddorion llenyddol, a darostwng ei wrthwynebydd oedd y flaenoriaeth i Gynwal, fel i Brys yntau o ran hynny. O safbwynt Cynwal yr oedd man gwan amlwg yn arfogaeth Prys, sef ei statws amatur fel bardd, ei ddiffyg cymwysterau barddol, ac nid rhyfedd mai ar ddannod y pethau hyn i'w wrthwynebydd y dewisodd ganolbwyntio ei egnïon. Rhaid dyfalu felly ynghylch ei agwedd tuag at y mathau o farddoniaeth a gymeradwyai Prys. Gellir tybio mai ystyriaeth ganolog i fardd fel Cynwal fyddai apêl y mathau hyn o ganu i noddwyr barddoniaeth. A fyddai'r canu dwyfol ysgrythurol a'r canu dysgedig wedi apelio at uchelwyr Cymru fel y gwnâi'r canu moliant cyfarwydd a'i weniaith gysurus? O gofio am fri canu o'r fath yn Lloegr ar y pryd ac am ymlyniad y rhan fwyaf o'r uchelwyr Cymreig wrth Brotestaniaeth, diau y ceid cynulleidfa ar gyfer y canu dwyfol ysgrythurol yn eu plith.[151] Y mae'n sicr hefyd fod uchelwyr Cymru yn y cyfnod yn ymddiddori ym mhynciau'r canu dysg. Dengys llythyr annerch William Salesbury ar ddechrau *The Descripcion of the Sphere or Frame of the Worlde* (1550), er enghraifft, fod Siôn Edwart o'r Waun yn ymddiddori mewn seryddiaeth,[152] a cheir tystiolaeth yn un o gywyddau Edmwnd Prys ynghylch y llyfrau ar gosmograffeg a geid yn llyfrgell Syr John Wynn yng Ngwedir:

Mwnster bur mewn stori byd,
O radd a chyfarwyddyd,
Ewclid Roegydd, clod ragor,
Awdur maith ar dir a môr,

[151] Ceir tystiolaeth fod Syr John Wynn o Wedir, er enghraifft, yn ymddiddori mewn Salmau mydryddol. Sonia mewn llythyr (dyddiedig 10 Awst 1610) am fynd i gyfarfod ag Esgob Llanelwy i drafod ynghylch darparu Salmau Cân Cymraeg (gw. *CWP*, rhif 543), a bu Thomas Salisbury, yr argraffydd, yn gohebu ag ef ynghylch Salmau Cân Prys (ibid., rhif 538). Gw. ymhellach t. cxii uchod.

[152] D. J. Bowen, 'Agweddau ar Ganu'r Unfed Ganrif ar Bymtheg', *TrCy* (1969), 324.

Orons, wych ŵr, o'r un swydd,
Ym Mharis mwy o'i herwydd. . . .
Mae'r rhain, a'u gwaith, meirion gwŷr,
I gyd gan beniaith Gwydyr.[153]

Awgrymodd yr Athro D. J. Bowen fod enghreifftiau fel y rhain yn brawf y ceid derbyniad i ganu gwyddonol ei naws o'r math a argymhellai'r dyneiddwyr.[154] Er gwaethaf hyn, fodd bynnag, y mae'n amheus a fyddai'r uchelwyr wedi ymgymryd â noddi barddoniaeth o'r fath ar yr un raddfa ag y noddasant y canu mawl. Nid llengarwr o angenrhaid oedd yr uchelwr a dalai i fardd am ganu ei glodydd, megis nad oedd ei ddisgynnydd yn y ddeunawfed ganrif a dalai i arlunydd am beintio darlun ohono o angenrhaid yn garwr celfyddyd. Yr oedd y cywydd mawl yn rhywbeth cwbl bersonol i'r uchelwr a gyferchid, yn gyfrwng i'w ddyrchafu ef a'i deulu a'i wehelyth. Ni cheid yr elfen bersonol hon yn y canu a gymeradwyai Prys a'r dyneiddwyr, ac i'r uchelwr cyffredin nad ymddiddorai'n arbennig mewn llenyddiaeth byddai'r cymhelliad i'w noddi yn llawer gwannach. Hyd yn oed pe ceid yng Nghymru feirdd proffesiynol a fyddai'n abl ac yn ewyllysgar i ganu'r mathau o farddoniaeth a gymeradwyodd Prys yn yr ymryson, dichon yr amherid ar eu bywoliaeth ped ymroent yn ormodol i hynny ar draul canu'r farddoniaeth fawl draddodiadol. P'run a sylweddolai Prys hynny ai peidio, rhaglen lenyddol a weddai orau ar gyfer beirdd amatur a ganai 'ar eu bwyd eu hun' oedd ei raglen lenyddol ef, a cham, gan hynny, fyddai beio'r prydyddion proffesiynol yn unig am na wireddwyd ei obeithion uchelgeisiol ynghylch barddoniaeth Gymraeg.

153 'Cywydd i erchi i Syr Siôn Wyn ifanc ddyfod adre' o Ffrainc a pheidio â thrafaelio ymhellach' (1614), EP, XCI. 25-30, 35-6. [Mae'n ddiddorol fod Prys yn cyplysu Mwnster ac Ewclides yn yr ymryson hefyd, gw. 42. 55-6. A fu'n astudio gweithiau'r ddau awdur hyn yn llyfrgell Gwedir? Arnynt gw. 42. 55n. a 42. 56n. Yr awdur arall y cyfeirir ato yw'r mathemategydd a'r seryddwr Ffrengig Oronce Finé (1494-1555), awdur *De mundi sphaera sive cosmographia* (Paris, 1542).] Ceir tystiolaeth fod Owen Wynn, trydydd mab Syr John Wynn, yn ymddiddori mewn pynciau gwyddonol megis cemeg, ffiseg a daearyddiaeth, gw. J. Gwynfor Jones, 'Diddordebau Diwylliannol Wyniaid Gwedir', *LlC,* XI, 120-1.

154 'Agweddau ar Ganu'r Unfed Ganrif ar Bymtheg', *TrCy* (1969), 324.

Y DULL GOLYGYDDOL YN YR ARGRAFFIAD HWN

Fel y nodwyd eisoes, y testun o'r ymryson a olygir yma yw'r un a geir yn llaw Edmwnd Prys yn Ll 43. Yn wahanol i'r arfer cyffredin bellach wrth olygu barddoniaeth o gyfnod beirdd yr uchelwyr, ymateliais rhag diweddaru'r sillafu. Pan geir bwlch sylweddol rhwng oes y bardd a'r copïau hynaf o'i waith, fel yn achos Dafydd ap Gwilym, er enghraifft, diau, wrth gwrs, mai diweddaru sydd orau. Mater gwahanol, fodd bynnag, yw testun a gadwyd yn llaw'r bardd ei hunan neu mewn llaw arall agos gyfoes. Yr wyf yn argyhoeddedig mai'r dull priodol o drin testun felly yw ei atgynhyrchu yn y sillafu gwreiddiol:[1] dyma'r dull a ddefnyddir fynychaf o ddigon bellach yn Saesneg ac yn y prif ieithoedd Ewropeaidd mewn argraffiadau safonol o destunau o'r fath.[2] Wrth ddarparu'r testun golygedig ystyriwyd fod defnydd Prys o'r acen grom yn rhan o'i sillafu ac fe'i cynhwyswyd bob tro y'i ceir yn y llawysgrif. Ni chynhwyswyd yr arwydd tebyg i ddidolnod a geir yn aml uwchben 'u' yn y llawysgrif i'w gwahaniaethu oddi wrth 'n' oherwydd mai nodwedd lawysgrifol bur ydyw.

Dadleua llawer o feirniaid testunol y dylid atgynhyrchu nid yn unig sillafu'r testun gwreiddiol ond hefyd ei atalnodi a'i ddull o ddefnyddio

[1] Credaf y gellir cymhwyso sylw W. W. Greg (*The Editorial Problem in Shakespeare* (Rhydychen, 1951), li) ynghylch Saesneg oes Shakespeare at Gymraeg y cyfnod hefyd: 'In Shakespeare's day a writer's individualities of speech reflected themselves naturally in his spelling, and to alter his spelling is to destroy a clue to his language.' Aiff ymlaen (ibid., li-lii): 'So long as there is any chance of an edition preserving some trace, however faint, of the author's individuality, the critic will wish to follow it: and even when there is none, he will still prefer an orthography that has a period resemblance with the author's to one that reflects the linguistic habits of a later date.'

[2] Cf. sylw Greg, 'The Rationale of Copy-Text', *Studies in Bibliography*, III (1950-1) 21: 'The former practice of modernizing the spelling of English works is no longer popular with editors, since spelling is now recognized as an essential characteristic of an author, or at least of his time and locality.' Drych o'r modd y tuedda beirniaid testunol erbyn hyn i gymryd yn ganiataol mai dyma'r dull cymeradwy yw sylw Fredson Bowers (*Textual and Literary Criticism*, argraffiad clawr papur (Caergrawnt, 1966), 124: 'As a theory, the preservation in any serious edition of the old-spelling characteristics of a text, whether of the sixteenth or of the eighteenth century, scarcely needs defence.'

priflythrennau ac o rannu geiriau.[3] Yn gam neu'n gymwys, fodd bynnag, tybiais y byddai dilyn yr egwyddor hon yn tywyllu cyngor yn yr achos hwn. Ychydig iawn o atalnodi a geir yn Ll 43, a phan ddigwydd defnyddir y nodau yn fynych mewn dull mor fympwyol ac mor wahanol i'r arfer heddiw fel y byddai'n debyg o beri dryswch pes atgynhyrchid. Myfi felly sy'n gyfrifol am yr atalnodi a geir yn y testun. Tra anghyson yw'r defnydd o briflythrennau yn y llawysgrif, ac fe'i safonwyd yn y testun golygedig: rhoddwyd priflythyren ar ddechrau pob llinell ac ar ddechrau pob enw priod. Yn y llawysgrif rhennir rhai geiriau a chyfuniadau geiriol yn wahanol i'n harfer ni heddiw. Newidiwyd hyn yn y testun, gan roi 'diystyr', er enghraifft, yn lle'r 'di ystyr' a geir yn y llawysgrif, 'di-fâs' yn lle 'di fâs', 'fy nhrafael' yn lle 'fyn rhafael', 'ohonom' yn lle 'o honom' ac yn y blaen. O ran llythreniad y testun, yr atalnodi, y priflythrennu a rhaniad y geiriau, gwelir fod y dull golygyddol fwy neu lai yr un â'r dull sy'n draddodiadol bellach mewn argraffiadau safonol o destunau rhyddiaith Cymraeg o'r Oesoedd Canol a'r Dadeni.[4]

Pan yw testun Ll 43 yn ddiffygiol oherwydd i Brys adael gair neu eiriau allan drwy amryfusedd,[5] llanwyd y bwlch drwy gynnwys darlleniad o lawysgrif arall (Cw 27, BLAdd 31056 neu P 125 fel rheol) mewn bachau petryal. Defnyddiwyd bachau petryal hefyd pan ychwanegwyd llythrennau unigol a adawyd allan yn yr un modd. Mabwysiadwyd y dull hwn yn ogystal ar yr ychydig droeon pan fu'n rhaid cywiro darlleniad amlwg wallus yn Ll 43. Yn achlysurol rhoes Prys 'd' ar ddiwedd gair lle disgwylid 'dd': er na ellir credu mai drwy amryfusedd y gwnaeth hyn bob tro penderfynwyd ychwanegu 'd' mewn bachau petryal ymhob achos er mwyn eglurder. Ar y troeon

[3] Dyma safbwynt Bowers, er enghraifft (ibid., 125). Yr oedd Greg ychydig yn llai haearnaidd ei agwedd ynghylch dilyn yr atalnodi gwreiddiol, fel y cydnebydd Bowers, 'Greg's "Rationale of Copy-Text" Revisited', *Studies in Bibliography*, XXXI (1978), 126.

[4] Am enghraifft o ddefnyddio'r un dull wrth olygu testun barddonol gw. *LOPGO*, argraffiad rhagorol yr Athro Bachellery o waith Gutun Owain.

[5] Unwaith gadawodd linell gyfan allan (19. 47). Yn yr achos hwn llanwyd y bwlch o BLAdd 31056.

prin pan lithrodd Prys a sgrifennu'r un gair ddwywaith, rhoddwyd * yn y testun yn lle'r gair a sgrifennwyd yn amryfus a nodwyd darlleniad y llawysgrif yn yr amrywiadau. Yn aml sgrifennodd Prys 'yn', 'yr', 'fy' a 'dy' lle buasai'r ffurfiau wedi eu collnodi (*'n, 'r, f ' a d'*) yn addasach o safbwynt y mesur, eithr nid ymyrrwyd â'r testun pan ddigwydd hynny.

Ychydig iawn o dalfyriadau a geir yn nhestun Ll 43. Pan dalfyrrwyd enwau priod yng nghorff y testun fe'u hestynnwyd, gan italeiddio'r llythrennau a ychwanegwyd. Estynnwyd 'Wm' yn 'W*ilia*m', 'Willm' yn 'Will*ia*m', 'Dd' yn 'D*afyd*d' a 'Gruff' yn 'Gruff*udd*'. Unwaith neu ddwy defnyddia Prys *titulus* i ddynodi fod 'n' i'w hychwanegu, ac fe'i cynhwysir yn y testun wedi ei hitaleiddio.

Rhoddwyd pennawd, er enghraifft 'CYWYDD 1', uwchben pob cywydd yn lle'r rhif moel a geir yn Ll 43. Pan geir pennawd yn cynnwys geiriau yn y llawysgrif, fel yn achos cywydd 3 a chywydd 15, er enghraifft, cynhwyswyd hwnnw yn y testun hefyd. Cynhwyswyd hefyd y rhifau a geir yn y llawysgrif uwchben y cywyddau sy'n perthyn i gyfresi ac sy'n dynodi eu safle yn y gyfres. Yn y llawysgrif rhoddir enw'r bardd ar ddiwedd pob cywydd, ond amrywia ffurfiau'r enwau yn ddirfawr, er enghraifft, 'E.P.', 'Edm: Prŷs', 'Edm. pryse', 'Wi. Cynwal', 'W. Cynwall', 'Wil. Kynwal'. Safonwyd hyn yn y testun drwy roi naill ai 'EDMWND PRYS' neu 'WILIAM CYNWAL' bob tro.

Perthyn cryn ddiddordeb i'r nodiadau a gynhwysodd Prys ar ymyl y ddalen ynghyd â'r cywyddau yn Ll 43. Fe'u hatgynhyrchwyd yn llawn yn y testun mewn adran a geir ynghyd â phob cywydd (estynnwyd unrhyw dalfyriadau, gan italeiddio'r llythrennau a ychwanegwyd). Weithiau ni ddigwydd y nodiadau hyn yn union gyferbyn â'r llinellau y cyfeiriant atynt, ac ofer felly fyddai ceisio eu rhestru yn ôl eu lleoliad. Ymhob achos, gan hynny, fe'u rhestrwyd yn ôl y llinellau y barnwyd eu bod yn cyfeirio atynt, er bod ansicrwydd ynghylch hynny weithiau. Pan ddefnyddiodd Prys nodau i gyfeirio at nodweddion arbennig yn y cywyddau, megis y geiriau llanw yng nghywyddau Cynwal (gw., e.e., cywydd 32), cofnodwyd hynny hefyd yn yr adran hon. Rhestrwyd hefyd y geiriau a danlinellwyd ganddo i'r un diben.

Ar ddiwedd pob cywydd rhestrwyd yr amrywiadau a geir yn

narlleniadau'r gwahanol lawysgrifau, ond ni chynhwyswyd yn eu plith amrywiadau y barnwyd eu bod yn rhai orgraffyddol yn unig neu'n llygriadau diarwyddocâd.[6] Pan ddigwydd yr un amrywiad mewn nifer o lawysgrifau ond mewn orgraff wahanol, fe'i cofnodwyd yn orgraff y llawysgrif y barnwyd ei bod yn rhagori'n gyson o fewn ei dosbarth o ran ansawdd ei darlleniadau. Pan fo llythyren sy'n cyfeirio at lawysgrif wedi ei chynnwys o fewn cromfachau, golyga fod y darlleniad a nodir wedi ei ychwanegu ar ymyl y ddalen neu uwchben y llinell neu fel cywiriad yng nghorff y testun. Pan fo llythyren mewn bachau petryal, golyga nad yw'r llinell neu'r llinellau a nodir yn digwydd yn y llawysgrif a ddynodir gan y llythyren. Pan geir llinellau yn rhai o'r llawysgrifau na ddigwyddant yn Ll 43 (ac eithrio 19. 47, gw. troednodyn 5) fe ddangoswyd hynny gan yr arwydd +, yn cael ei ddilyn gan y llythrennau sy'n dynodi'r llawysgrifau ac yna gan y llinellau eu hunain. Pan geir trefn wahanol i'r llinellau i'r hyn a geir yn Ll 43, fe ddynodwyd y drefn honno. Golyga 36-39-40-37 DGHIJ KLMNOPS, er enghraifft, fod y llinell a gyfetyb i linell 36 yn nhestun Ll 43 yn cael ei dilyn gan y llinell a gyfetyb i linell 39 ac yna gan y llinell a gyfetyb i linell 40 yn y llawysgrifau a ddynodir gan y llythrennau sy'n dilyn. Pan ddigwydd gair yn cael ei ddilyn gan dri atalnod yn yr amrywiadau (e.e. 'carw . . . P;'), yr ystyr yw fod y llinell yn dechrau gyda'r gair hwnnw yn y llawysgrif a nodir.

Golygwyd y darnau rhyddiaith a geir o flaen y ddau gywydd cyntaf a'r llythyr a anfonodd Prys at Gynwal yn sylfaenol yn yr un dull â'r farddoniaeth. Mewn un man yn y llythyr newidiwyd y ffigurau Arabaidd a geir yn y llawysgrif yn ffigurau Rhufeinig yn y testun er mwyn eglurder. Fel yn y farddoniaeth, estynnwyd y talfyriadau a geir yn y rhyddiaith hefyd, gan ddynodi'r llythrennau a ychwanegwyd drwy eu hitaleiddio. Bedyddiwyd y darnau rhyddiaith hyn yn A, B ac C er mwyn hwyluso cyfeirio atynt.

[6] Gan y byddai eu hanwybyddu yn camgyfleu'r berthynas rhwng y llawysgrifau a thras y testunau a geir ynddynt, bu'n rhaid cynnwys, wrth gwrs, ddarlleniadau llwgr sy'n llurguniadau o amrywiadau dilys a ddigwydd mewn llawysgrifau eraill a berthyn i'r un dosbarth.

Y TESTUN

RHYDDIAITH RAGARWEINIOL

RHYDDIAITH A

Ll 43, 2[1]

[Testyn yr][2] ymrysongerdd rhwng Edmwnd[3] [Prys, archddiagon] [Mer]ionydd,[4] yn erbyn Wiliam Cynwal, [prydyd]d[5] ag arwyddfardd, a dyfodd fal hyn: [Rys][6] Wyn, hen wr bonheddig, a ddoeth efo Wiliam Cynwal at yr archddiagon lle'r oedd ef yn saethu deg ar hugain i hvn, ag wedi i gyfarch a ddoedodd fel hyn: 'Pettai gennyf fi fwa digon gwan, er fy hyned i ni chaech i mo'r saethu ych hvnan.' Yno y doedai W*ilia*m fod gantho fo fwa a dynnai Rŷs a'i fŷs bach a gyrhavddai ddeg ar hugain. A Rys a eiliodd ymadrodd wrtho: 'Mi a baraf i'r gŵr yma wneythur i chwi gywydd i'w ofyn, os rhowch i gennad.' Yno i rhoes ef gennad ond gadel iddo fo

1 Fe'i ceir hefyd yn P 125, 4; T, 451; LlGC 21298, 25; Cw 206, 135v; BLAdd 14935, 33r; BLAdd 14936, 48r; BLAdd 14991, 165v; BLAdd 15020, 59r; LlGC 13246, 79; a Pa 55, 117. Am destun P 125 gw. Atodiad I. Yn y chwe llsgr. olaf ceir y pennawd 'Hanes yr Ymrysongerdd rhwng Edmwnd Prys Archdiagon Meirionydd a Wiliam Cynwal prydydd ac Arwyddfardd', a dechreua'r testun gyda 'Rhys Wyn'.

2 Mae cornel y ddalen wedi braenu yn Ll 43 a P 125, a llanwyd y bwlch o T. Dechreua testun Cw 206 gyda 'Cyn yr ymrysonedd rhwng' . . . . Am gais arall i lenwi'r bwlch gw. *RMWL*, II, 511.

3 Dyma ddiwedd y llinell gyntaf yn Ll 43. Fe'i dilynir gan linell a ddilewyd fel nad oes modd ei darllen.

4 Collwyd dechrau'r gair gan fod cornel y ddalen wedi braenu yn Ll 43.

5 Dim ond un llythyren o'r gair hwn sydd ar ôl yn Ll 43 gan fod cornel y ddalen wedi braenu. Fel 'Arwyddfardd' yn unig y disgrifir Cynwal yn P 125, T, LlGC 21298 a Cw 206. Llanwyd y bwlch ar sail y pennawd yn y llsgrau. eraill (gw. nodyn 1 uchod) lle disgrifir Cynwal fel 'prydydd ac Arwyddfardd'. Dichon fod y llythrennau sydd yn awr ar goll yn ddarllenadwy pan gopïwyd y cynharaf o'r llsgrau. hyn, sef BLAdd 14936, o Ll 43. Am gais i lenwi'r bwlch yn wahanol gw. *RMWL*, II, 511.

6 Collwyd y gair gan fod cornel y ddalen wedi braenu yn Ll 43.

yrrv y destyn i'w ofyn, oblegid rhodd oedd y bwa iddo yntef gan M*ast*r Wiliam Clwch a ddoethai gidag ef o Antwerp. Ond ni welai Rys Wyn mo Wiliam yn gyrrv mo'r destyn mewn amser. Yno y dymvnodd ar yr archddiagon ganv cywydd ar ei amcan. Ac ef a ganodd. Ag ateb Wiliam trwy lethyr oedd fod y bwa ymenthig gida M*ast*r Thomas Prŷs ag y caid ef pan ddoe adref, ne fo brynnai'r bwa yw gorav y' Nghaerlleon. Dyna'r dechrev.

CYWYDD I

Cyfarchaf, lle câf orchest,
Croewfardd braisc, cryf o rôdd brest,
Corf awenydd, croew fonwes,
Cynwal dêg, cân ail i dês.
Cyfarwydd lyfr, cof araith,
Cadarn yw, cydiwr yn iaith.
Cynydd odlav, cân ddidlawd,
Cawn avro i gerdd, canwyr gwawd;
Tudyr, a'i fraint hyd ar frîg,
Tydain y gerdd breintiedig,
Treiglwr gwawd, triagl ar gân,
Tafod Ysbytty Ifan.
Adda Fras wyd, ddi-ferw-sur,
A di-fâs yw dy fesur,
A gwr o ddysg ar y ddav,
Amseroedd a mesurav:
Cronigl waith, di-sigl iaith dêg,
Crair mydr y croew ramadeg.
Cael dysg rwym, clodus i gwraidd,
Cynwal yn heliconaidd,
Ffres hoew fu a pharaus fydd
Ffynon ddigloff awenydd.
Arfau a roi i ryw fawr wyr,
I ryw pawb o rai pybyr.
Vn arf yr wy'n i erfyn,
I roi o serch i Rys Wyn,
Nid er ymwan drwy amarch,
Nid er i werth; noda'i 'r arch:
Rodd o yw coch, rhwydd i cair,
Yn dorfelyn, drwy fawlair.
Mae hiraeth am gydsaethu
A Rys Wyn, llorf, rhosyn llu.
Bu wrol Rys, burol wraidd,
Weithian hwn aeth yn henaidd.
Ni hwylia i'r vn helynt
Y bwa, gwych i bv gynt,

Ag ni yr, egni aerwy,
Saethav mawr, ysywaeth, mwy,
Ag ni thyn, gan waith henaint,
Henwr fyth haner i faint.[1]
Bwa gwan biav Gynwal,
Bys [a] dynn i bwys a dâl.
Gwr o Anwerp yw'r gronyn,
Gorav modd i'r gŵr a'i myn.
Yn llonydd yn llaw henaint
Llyna fo yn well na'i faint!
Ar y wanas wr vniawn,
Ag ar y maes yn grwm iawn.
A ddaw asen ddewisol,
Aseth a yrr saeth o'i ôl?
Gwrysgen yn gyrrv asgell,
Gwindio bydd gennad i bell.
Byan i dysc ar ben dôl,
Bry genwair, boeri o'i ganol.
Coed blŷs ag ysponciad blwng,
[Caead] wastad cŷdostwng.
'R oedd i lais ar y ddôl werdd,
Ysponc ar lawes pencerdd.
Y sarph a fwrw i swrffed,
Ag yn saeth gron hon a hêd.
Sain gynyrch sy'n y gonell
Seth iawn a bair saethav'n bell.
Hedyddion cytvnion, teg,
Hudol a'i gyr i 'hedeg.
Mawr son am Samson y sydd,
Milwr a phrif ymaylydd:
Ni chw'râdd y lle[w] owchrydd llwyd
Yn rymmus oni rwymwyd.
Ni chawn hwn, awch ywen hir,
Yn i rym oni rwymir.
Ni ynill gam[p] yn llaw gŵr
Nes i boeni, Ysbaniwr,

[1] Ni chynhwyswyd y cwpled hwn yn nhestun Ll 43 yn wreiddiol. Fe'i sgrifennwyd yn yr ymyl chwith yn y brif law ar ôl llinell 38.

Ag wrth linyn, gonyn gwâr,
Gorchest a wna o'i garchar.
Gwenol a gwsg y gwanwyn
O fewn ty, nid ar fin twyn,
A mis Mai o dai yn deg
I rhoe adar i 'hedeg.
O rhoir i benadur hên,
Drwy achos, aradr ychen,
Gwell rhodd yw gwaell a wyr hav
Gwyllt syth gawellaid saethav.
Dodwch i, a daed ydyw,
Y bwa, i Rys, o bûr yw,
Llaw a ystyn, testyn têr,
Hên gymod, hon a gymer;
Llaw a gymer, llai gomedd
I roi a wna yr vn wedd.
Gyr, ydolwg, wr dilys,
O'th wîr fodd dy rodd i Rys.
Ni werthir, ni honnir hwn,
Vn o'i wyrthiav ni werthwn
Dros werthv, di-rus werthol,
Taiav Rys a'r tîr i'w hol.

EDMWND PRYS

NODYN YMYL Y DDALEN YN Ll 43:
(i) *yn cyfeirio at y gair 'heliconaidd' yn llinell 20*:
ffynon y naw . . . (*Ni ellir darllen y gair olaf.*)

FFYNONELLAU: A – Ll 43, 3. B – P 125, 4. C – T, 451. D – LlGC 3288,i, 42. E – BLAdd 14991, 168v. F – BLAdd 31056, 140v (llinell 85 i'r diwedd). G – LlGC 5931, 1r. H – LlGC 19497, 42. I – LlGC 2621, 35. J – Cw 27, 282. K – M 145, 557. L – Ll 49, 28. M – LlGC 21252, 10v. N – JRW 3, 10. O – M 147, 287. P – BlW f.4, 128. Q – LlGC 21298, 1. R – Cw 206, 136r. S – C 84, 105.

AMRYWIADAU: 2. a rhodd BCKLMQR. 8. [I]; canwr BC(D) EHNQR. 9. hyd i frig BCR, hyd ei frig EQ. 15. A gore i ddysg

(B)DHIJKLMN, a gorav ddysg OP, Agorei Ddysg S. 17. iaith disigl waith G. 23. a roe irfawr wyr DGHIJKLMNS. 25. i rwy yn erfyn G. 26. ai roi DGHIJKLMNOPS. 28. noda r BCEKLOPQ(R). 32. Ar Rys Wyn G. 35. Ni hwyliav i vn JKL, ni hwyliai un un M; i un DHINS, ar un G. 36–39–40–37 DGHIJKLMNOPS (*cf. y troednodyn ynghyd â llinellau 39, 40 yn y testun.*) 42. o dynn AJLMOPS. 44. ar gwr OP. 47. ar i G. 49. addaw DEHIJ; aseth BC(D)EHI(K)QR. 54. bwrw oi ganol JN. 54 + GJKLMNOP, 56 + (B)DHI:

Corn bach ef ai cair yn bwyth, / cloi diast bren caled ystwyth.
(2. pen G.)

55. ar ysbongciad G. 56. caeau wastad A, kaead ysdwyth OP. 56 + (B)DHI *gw. 54 + uchod.* 61. syn i gonell BCEJNOPQR. 62. saethv/n/ bell CDGHIJKLMNOPS, seuthu o bell BER, saethu i bell Q. 67. y lle A; ni chwradd i bart llewpart llwyd J, ni chwardd ei bart llewpart llwyd KLM, Ni chyradd i bart llewpart llwyd N. 69. iach ywen OP. 70. yn rymus BCENQR. 71. gam A(E). 72. ysbaeniwr BCDEHIKLMNOPQRS, ysbaenwr GJ. 74. a wnai DGHI. 83. Dodwch a daed DGJKLNOPQS, Dodwch a deuded HI. 84 + (B)DGHIJKLMNOPS:

Bvraidd radd beirdd a roddan / Beirdd a gaiff am beraidd gan.
(1. Beraidd (B)GN. 2. Bardd LOP; a gant (B)DGHIS.)

88. a wnai OP. 93. warthol BCEFGJKLMNQRS.

RHYDDIAITH ESBONIADOL

RHYDDIAITH B

Ll 43, 5[1]

Wedi aros ddwy flynedd a mwy wrth addewid Wiliam, fo ddaeth lle'r oedd yr archddiagon, yr hwn a roes sen i'r prydydd am na roe fo er cerdd fel y mynai gael er cerdd. Yno i gyrrodd Wiliam y cywydd isod a llethyr i ddan[gos][2] i achav i hvn, a bod yn arfer dwyn achav os gofynid dim. Ag am i'r archiagon, meddai fo, raelio arno fo pen gyfarfv ag ef, fo yrodd fwa cerdd i fodloni Rys Wyn, ag ysgvs na chaid adref mo'r bwa i'w roi gan *Mast*r Doctor Elis.

1 Fe'i ceir hefyd yn P 125, 6; T, 453; LlGC 21298, 26; Cw 206, [138v]; BLAdd 14935, 33r; BLAdd 14936, 48r; BLAdd 14991, 165v; BLAdd 15020, 59v; LlGC 13246, 80; a Pa 55, 118. Am destun P 125 gw. Atodiad I. Ceir fersiwn sy'n sylfaenol wahanol yn M 147, 290 a BlW f.4, 132; am y testun gw. ibid. Ar ddiwedd yr ail gywydd yn LlGC 3288,i, 46; LlGC 19497, 46, a LlGC 2621, 37, ceir copi honedig o'r llythyr a anfonodd Cynwal ynghyd â'r cywydd; am y testun gw. ibid. Cf. y nodyn a geir ar ddiwedd yr ail gywydd yn M 147, 294 a BlW f.4, 136; gw. ibid.

2 Collwyd diwedd y gair gan fod ymyl y ddalen wedi braenu yn Ll 43.

CYWYDD 2

Y carw yn y maes cry'n [y] mwng,
Erioed hael, o ryw teilwng,
Rys Wyn, dyner sein d'wyneb,
Ab Ifan wyd, heb ofn neb;
Hoff ddal o Ruffydd ddilys,
Ancwyn pren Siancyn ap Rys;
Pur iach Lywarch, parch Liwon,
Pery'n faith, ap Brân o Fôn.
Cayt d'avro fal caterwen,
Os mynnyt, hil Desmwnt hên.
Merwydd dwfn am radd Dyfnwal,
Mynni rym Ynyr o Iâl.
Ba ryw iownwaed, braw ynys,
Na bo vt ran, yn y byd, Rhys?
Dy natur, aur davnawtawdd,
Rhannv'n hael a rhoi i ni'n hawdd.
Dy dŷ am fwyd a diod,
Dyna glaim sy'n dwyn y glôd.
Er amled, gwr ymlhaid gwan,
Dewr wrth ddewr, d'aur a'th arian,
Grym yn tîr, garw Maentwrog,
I ddyn llesg ni roi dda'n llôg:
I anghenus gofus gŵyn,
Rhadav'n vwch, rhoi da'n echwyn;
I dlodion, da weledìad,
Y rhydain rhûdd, rhoi da'n rhad.
Dewr fel llew wyt, Derfel llv,
Draw a dryllwaew drwy drillv.
O throi lle bo athrywyn,
Anturus oll wyt, Rys Wyn,
A dyddiwr wyd, wyddor iaith,
Distaw iawn, dwys, diweniaith.
Ni edi i ddŷn yn dy ddydd
Drais o fewn plwyf Trawsfynydd.
Am fod ymhob nôd yn iawn,
Yn onest, ag yn vniawn,

Ni chawn am hyn, ai'ch henw ymhell,
Wr cystal y Mvr Castell.
Pob hardd fardd, pob oferddyn,
Aeth drwy sir i'th dai, Rys Wyn.
Ni all vn fyw, yn llawen fo,
(A'th laned!) na'th ddylyno.
Hely a chŵn, êl i'ch wyneb
Ganoes hydd i roi gwin Sieb!
Saethu er difyrrv dydd,
Carw llan, carv llywenydd.
Prîs, dŷn vthr, peraist nithiaw,
Fêl awen, trwm foliant traw,
A'i gyrrv i mi, gair amên,
Yn gywydd, enwog awen.
Da yw y gerdd, diav gwn,
Pwys oedd ddwys pês haeddaswn,
Ag ar y gerdd, freisgwerdd frig,
Aml yw clôd mawl cloedig.
Gofynaist, haeddaist heddyw,
I mi oll 'y mwa yw.
Hwn a ddaliai [i] roi'n ddolen,
Avrgloch siarp o Anwarp wen.
Yn ôl, pen ddadynylwn,
Vnion, hardd, cefnwyn yw hwn.
Minav yn faith, a'm enw a fu,
Graens iaith a [garwn] saethu,
Ag o addef, fo'i gwyddir,
Yn ddi-drwbl, yn gwbl y gwir,
Ni thynnais o'n iaith vnoed
Fwa cryf accw erioed.
Er nad yw, yn bren diauog,
'Y mwa'n gryf (myn y grôg!)
Y saeth gymwys, waith gymell,
O'i rym, hwn a yrr ymhell.
O rhown, lath vnfath enfys,
Am wawd rwyd[d] 'y mwa yd, Rys,
Ni allwn gael, mael mawlwerth,
Fyth o'r yw i fath ar werth.
Ni allaf, heb orafvn,
Fwy braw oedd, fyw heb yr ŷn,

Rhag cael y gair, honair hên,
Dyn drwg, o fynd yn drogen.
Hefyd, enyd nid onest,
Rhoi rhodd o rodd gormodd gwêst.
Na ddigia, enw a ddugost,
Er ymliw gwawd, wr aml i gost,
Ag ymado yn gymodawl,
Wrthyf fi cai i werth o fawl.

WILIAM CYNWAL

NODIADAU YMYL Y DDALEN YN Ll 43:

(i) *yn cyfeirio at linell 1*:
errat in ipso limine.

(ii) *yn cyfeirio at yr ymadrodd 'graens iaith' (a danlinellwyd) yn llinell 62*:
clwt

(iii) *yn cyfeirio at yr ymadrodd 'o'n iaith vnoed' (a danlinellwyd) yn llinell 65*:
clwt

(iv) *yn cyfeirio at y gair 'trogen' yn llinell 78*:
Terryg

FFYNONELLAU: A – Ll 43, 6. B – P 125, 7. C – T, 453. D – LlGC 3288,i, 44. E – BLAdd 14991, 170r. F – BLAdd 31056, 140v. G – LlGC 5931, 3r. H – LlGC 19497, 44. I – LlGC 2621, 36. J – Cw 27, 284. K – M 145, 560. L – Ll 49, 28. M – LlGC 21252, 12v. N – JRW 3, 12. O – M 147, 291. P – BlW f.4, 133. Q – LlGC 21298, 4. R – Cw 206, [138v] (llinellau 1–16 yn unig).

AMRYWIADAU: 1. cry/n/mwng A. 4. ab Ifan yw BCEQR. 10. o mynnyt BCEQ. 16. hael rhoi G; rhoi ni n hawdd BCOP, rhoi yn hawdd EJ, rhoi i ni /r/ hawdd M,rhoi n hawdd N, rhoi in'n hawdd QR. 22. ni roit D(E)FGHIJLN, ni rydd E, ni Roed OP; ni royt avr /n/llog KM. 23. Ir anghenus BCEQ. 24. rhadav/n/ wych JN; da i nechwyn FJKN, dain echwyn O. 26. rhydd BC(D)EFGHI(J) MNQ. 29. A throi BCEGHIQ. 33. Ni edi ddyn BCEQ. 35. A bod BCEQ. 38. llew mvr Castell JKLMN, llew milwr castell

DHI. 43. hel FGJKLMOP, Hela N; Archwn wr mwyn ich wyneb BCQ, Archwn er mwyn eich wyneb E. 45. a difvrv/r/dydd OP, difyru r dydd BCEQ. 46. llawn JN, llon L. 48. fal awen trwch BCEQ. 50–52–51–53 L. 51. da oedd y gerdd BCE(L)Q, da yw i gerdd OP; diav y gwn DFGHIJKLN, diau y gawn M. 57. ddaliai roi /n/ ddolen AEJOP, ddaliai rroi ddolen CFGKLMQ, ddalia roi n ddolen N. 61. Minnau fyth BCEQ; mewn enw D(E)FGHIJKNOP, mewn ew LM. 62. garun A. 67. di anog BCEQ, dienog J, Di enwog N. 70. O rym BCEQ. 72. rwyd A. 77. a chael y gair D(E)FG HIJKNOP; rhag cael gair yrrhonair BCEQ. 78. o fod yn drogen JN. 84. kei werth BCDEFGHIJOPQ.

CYWYDD 3

Ateb i'r cowydd ag i'r llethr ar gerdd

O bv feirdd heb oferddysg
(Rhan mawl oedd fod rhai i'n mysg),
Gair oedd i Rys, gwyraidd râd,
Gogynil mewn gwe ganiad.
Gair fv i Rys, gorfv'r iaith,
Gair Wiliam, pand gwir eilwaith?
Cenaist heb vn pwnc anardd,
Cynwal fâb, y cynil fardd,
Gwiwddawn fawl gwydd awen faith,
Gwead davled, gwaed talaith.
Troes rinwedd, trysor ynoch,
Trwy ran gwaed Trahayarn Goch,
Enion o'r blaen, vnair blaid,
Epil cyson Palcysiaid.
Rhoddaist fawl, rhyddwys dy fin,
Rhan o hîl yr hen Heilin;
Dod i bawb glod y wawd bêr,
Dav cimaint, er Dvw, cymer!
Na wâd fyth (ba niwed fu?),
Homer hyddysg, mo'r haeddu.
Di a [ddodyd], wydd odiaeth,
Dy law'n ôl, a'i dylai'n waeth.
Mawl llefniaith mal y llifnadd,
Bybyr waith, rhoed bawb i'w radd.
Pencerdd wyd, pwnc y wir ddysc
(Pa nad oedd?), penod addysc,
Ag, na wâd, hon yw rhâd Rhên,
A pharch ydyw i'w pherchen.
Dy rodd fawr parch dy radd fu,
Dy râs parch Duw yr Iesu.
Disgwyliaist, oesawg alarch,
Dwyn dy iach i bellach barch.
Dy awenydd adwaenwn;
Dwyn iach fal dydy ni wn.
Gorav iach o'r gorvchod:
Ysbryt Glân, clav organ clod.

Tair rhodd sydd (pam nad rhydd son?)
O ddaioni i ddynion,
Cyfoeth, a nerth, a berthyn
Gan y Tâd, ag enaid dŷn.
Dyna'r ffordd a doniav'r ffydd,
Da'r enaid yw'r awenydd.
Dan dêg lais dyna dy glôd,
Orav sain, a rois ynod.
Yr awen hon, o'i rhan hi,
Anwes air, a wnai sorri:
Doe, o gyrraist a geiriav
Deg clod i'm cymydog clav,
Cloi cerdd, cronicl cywirddad,
Cadarn gloi, ag nid rhoi'n rhâd.
Ail sorais am lyseiriav
A lliwied ym o'r llaw dav:
Odid bôd, tafod difeth,
Syrhav bardd na sorrai beth.
Pan yryd vnyd anerch
I Rys Wyn, oer yw y serch,
A dwy flynedd diflinwaith
Heb roi yn wawd, mae'n brin iaith!
Oer genym, er a ganoch,
Bwa cerdd lle bo yw coch.
Cenhiadv, gwadv gwedi,
Cytal anwadal a ni;
Ceisio, dyfeisio faswedd,
Ysgus têg pes cowsyd hedd:
Gwraig a'i hesgus trefnvswag;
A gair o nerth gwr yw nâg.
Moli'r wyd, mal ir adwaen,
Bren yw coch; rhybrin i caen.
Ai cellwair, oedair, ydwyd?
Ai rhoi blŷs ar Rys ir wyd?
Ai profi, cwymp ar afael
O ran gwawd, i roi, ne i gael?
Os gwan ynylfwaisg ynys,
Bid wan, a doed yn rhan Rys.

Os odiaeth hardd-dlws ydyw,
Bid i Rys, heb wâd o'r yw,
Am nad oes dim mewn dwys dadl
Er côst na chair y cystadl.
Os rhodd yw, vnfodd enfys,
Bid rodd heb arbed i Rys.
Haws rhoi o rodd, cyrsfodd cu,
Dy bren na chwedi i brynv.
Ni fyddi, cyrchi i'r côr,
Dyrogen,[1] gwn dy ragor.
Rhagoriaeth odiaeth ydyw
Rhagor air rhai a gâr yw.
Er rhoi gwawd fo gae rhai gam;
Dôd y ddôl, dedwydd Wiliam.

EDMWND PRYS

NODIADAU YMYL Y DDALEN YN Ll 43:

(i) *yn cyfeirio at linell 3*:
Rys goȝ

(ii) *yn cyfeirio at linellau 12–14*:
dyma . r iachav a roes / Wm iddo i hvn yn i / lythr at Rys Wyn

(iii) *yn cyfeirio at linell 20*:
Cynwal / pes haedda fwy

(iv) *yn cyfeirio at linell 60*:
cynwal / dyma i chwi / bwa cerdd

(v) *yn cyfeirio at linellau 67, 68*:
cynwal yn moli / y bwa ag yn / naghav hono

(vi) *yn cyfeirio at linell 73*:
ynylfwaisg fwa

(vii) *yn cyfeirio at linellau 73, 74*:
cynwal / ni thynnais fwa / cryf ackw erioed

(viii) *yn cyfeirio at linellau 77, 78*:
ni chawn moi / fath ar werth.

(ix) *yn cyfeirio at linellau 79, 80*:
rhoi rhodd o / rodd

[1] 'yn drogen' a sgrifennwyd yn wreiddiol, ond croeswyd allan 'yn' ac ychwanegwyd 'y' rhwng y 'd' a'r 'r' yn 'drogen'. Cf. ymhellach yr amrywiadau.

(x) *yn cyfeirio at linellau 83, 84:*
rhag cael y gair / honair hen / Dyn drwg i fyn [sic]
yn dyrogen.

FFYNONELLAU: A – Ll 43, 9. B – P 125, 9. C – T, 454. D – LlGC 3288,i, 47. E – BLAdd 14991, 171r. F – BLAdd 31056, 141r. G – LlGC 5931, 5r. H – LlGC 19497, 46. I – LlGC 2621, 38. J – Cw 27, 286. K – M 145, 563. L – Ll 49, 30. M – LlGC 21252, 14r. N – JRW 3, 14. O – M 147, 294. P – BlW f.4, 137. Q – LlGC 21298, 7.

AMRYWIADAU: 2. mawl yw bod DFGHIJKLMNOP. 5. Gwir BCEQ. 8. fab fal kynil OP. 12. trwy rin D(E)FGHIJKLMNO. 13. vnion blaid BCEOPQ. 21. di a ddodydyd A(E), di ddywedyd BCE, di a ddoydyd FJNOP. 29. gwaith dy radd DHIJKLN, gwaith dy rhad M. 30. gwaith dvw DHIJKLMN; ar Jessu BCEFGJK LMNOPQ. 32. o bellach BCEQ. 33, 34. [N.] 37. y sydd pant rhydd JN; pan nad rhydd BDEFGHIKMOPQ. 45. doe sorrais dewis eurwawd (B)D(E)FGHIJKLMOP, Doe i Sorais Dewis eurwawd N. 46. dwys yw/r/ gerdd deheusaer gwawd DHIJKL MNOP, Dwys yw'r Gerdd deheusai gwawd (B), Dwys yw'r gwaith dechreu saer gwawd (E), dwys yw r gwaith dehevsaer gwawd FG. 47. y gyrraist CDFHINQ; y geiriav F. 52. y llaw dav FG. 54. na sorro beth JKLMN. 58. vn wawd BCDEFGHILQ. 63. dyfeisio o faswedd BCQ. 65. ag esgus BCEQ. 72. A gwawd heb i roi nai gael BCEQ. 73. ynylwaisg BC, anwylwisg (E)FGJLMNOP. 74–76–75–77 F. 81. o fodd JKLN. 82. O bren BCEQ; na chwedi brynu BCFGHIJKM. 84. yn drogen DFGHJKLMOP (*cf. y troednodyn ynghyd â'r testun*), Yn dyrogen (E), Yn disgen I, yn drogan N. 87. A rhoi BCEQ; er rhoi gwerth (E)FGJKLNOP. 88 + (B)D(E)F GHIJKLMNOP:

o gyrraist rowiog araith / gair amen yn awgrym iaith
dyna addaw dinyddiad / y bwa i Rys heb or wad.

CYWYDD 4

Y carw eglwys careglavr,
Y mae iti ran o'r meitr avr.
Amrant ail Merddin Emrys,
Adamant print wyd, Edmwnd Prŷs.
Meistr o art, mwy ystor wyd,
Mwy sy 'nadl, Moesen ydwyd.
Dy fonedd, carw devinwyr,
A'th iach a gawn, aeth vwch gwyr:
Ach iawn enw, erchwyn ynys,
Sy'n parhav o Sion ap Rys.
Escob hael i wisgo pân
Yn fych, wyr Enion Fychan.
O Benwyn doyt, rhoyt yrhawg
Dda ymlaen, a Hedd Molwynawg;
Awch hebowgwalch o Bigod,
Howlbwrch glav, hil braich y glod;
O Theloal, pan i'th elwer,
A Marchydd glaim, rhoech dda i glêr.
Hwyr ben well, hir bavn allawr,
Hefyd mae ywch fywyd mawr.
Archdiagon, yr iach dygwyd,
Am ran dda, Merionydd wyd;
Pedeirent, mab hy dewrwych,
Parhavs enw gwell, person gwych.
Dy bregeth hyd y brigyn
O Dduw a ddoeth yn dda i ddyn.
Erioed egluro ir ydwyd
Gair Duw, a'i egoriad wyd.
Ladinwr hael diweniaith
A Groegwr wyd, Gregor iaith.
Os mawr oedd, swmer addysc,
Dy gorph, mae'n llawn dawn a dysc.
Duw a roes vwch, wr dewr sad,
Air Awstin, synwyr wastad,
Ag awenydd i ganv
A gwên dêg, wr gwinav dv.

Gwnavd gywydd newydd mewn awr
Yn addfed awenyddfawr.
O daw 'steddfod is dyddfarn
Ar y gerdd fawr, gwyraidd farn,
Appla' draw wyd, Plato'r iaith,
Wr teilwng, o'r tair talaith
I roi barn, diareb air,
Yma i gyd am y gadair.
Mawl a gawn fel mêl gwenyn,
A gweddvs wawd, gwyddis hyn,
Ag yn y mawl gwiw'n y man
Bv, waith dichel[l], beth dychan.
Haeryd fy mod, siglglod sâl,
Wych naid, fel merch anwadal,
A phrinhav, ni phery'n hedd,
Iaith gennyf, bennaeth Gwynedd.
Er na wn, o ran enwi,
O chwe iaith gimaint a chwi,
Nid yw brin, had barwnwawd,
Iaith ar gerdd i wneythur gwawd.
Er canv heb roi cenad,
Oll o'r gwir ni ellir gwad:
Ni chytvnais, ddyfais dda,
Arwydd mae, roddi 'y mwa.
O tybiaist, wr diattebwael,
Y rhoddwn gwymp rhwydd ne i gael,
Yt o nerth, pettai'n wrthvn,
Ni allwn i roddi yr vn;
Gwn na royd ym, rym rwymwawd,
Gwymp ar gerdd, gwiw impiwr gwawd.
Am y bwa mae beiaw,
A'r bai lle dylai i daw.
I Rys Wyn sad (rhoes win Sieb)
Ar ryw svt mi a rois atteb.
Doedaist ar gerdd odidawg
Dy sori, hydd dwys, y rhawg.
Dywaid, enaid awenydd
(Dygwn fawl, diôgan fydd:
Pa wr cŷd rhwng rhŷd a'r rhos,
Pwy mor wych?), pam yw'r achos?

Ni ddoedais yn y ddavdir
(Yn hynaws iawn, hyn sy wir),
Yn dy gefn, enaid y gwan,
Wr gwiwgorph, vn gair gogan.
Am a fv, ni ymofyn neb,
Ddyn diweniaith, yn d'wyneb,
Doedaist, Prŷs, tynged tyst teg,
Oer yw 'nghwyn, air yngwaneg.
Wedi clyw, rifedi clod,
Ysgol gwbl, moes cael gwybod
Ymlhe doedais, clirlais clav,
Ail i Sierom, lyseiriav,
Nag y lliwiais, gwall hywael,
Dim yna i ti, Edmwnt hael?
Ni wada' 'ngair, pair yw'r pen,
Mwys grefydd, na'm ysgrifen.
Dwys Beibl, od oes heb wybod
Ynof fai, ni wn i fod.
Iawn a gai, plethwn gywydd,
Ys dyli, a pharch, 'postl y ffydd.
Na ladd, fardd nawradd, er neb,
Bugail wyt, heb gael atteb.
Na choelia di, a chlôd oedd,
Athrodwr na'i weithredoedd.
Na chymer, pen vwch chwemil,
Achos heb achos o'r bill.
Yn gar o'th ôl, maen gwyrth iaith,
Gad ymy fyw'n gydymaith.

WILIAM CYNWAL

NODIADAU YMYL Y DDALEN YN Ll 43:

(i) *yn cyfeirio at y gair 'adamant' yn llinell 4*:
drwg ystyr

(ii) *yn cyfeirio at y gair 'pavn' yn llinell 19*:
drwg ystyr pavn

(iii) *yn cyfeirio at linell 50*:
prys / cytal anwadal / a ni

(iv) *yn cyfeirio at linellau 51, 52*:
maen brin / iaith

(v) *yn cyfeirio at linellau 61, 62*:
yr arch. / ai profi cwymp ar afael / o ran gwawd i roi ne / i gael

FFYNONELLAU: A – Ll 43, 12. B – P 125, 11. C – T, 456. D – LlGC 3288,i, 49. E – BLAdd 14991, 172r. F – BLAdd 31056, 141v. G – LlGC 5931, 7r. H – LlGC 19497, 48. I – LlGC 2621, 39. J – Cw 27, 287. K – M 145, 566. L – Ll 49, 31. M – LlGC 21252, 15v. N – JRW 3, 16. O – M 147, 297. P – BlW f.4, 141.

AMRYWIADAU: 1. o eglwys BCE. 2. Mae iti BCDEGHINP, y mae ti O. 4. wyd a maint praff Edmwnt Prys D(E)FGHIJKLMNOP. 5. a mwy stor FG; stor BCEN. 6. mwys yn nadl JN. 12. ynn fych, o Einion fychan JN. 14. yn dda (E)FGJKMNO; ymlaen hedd (E)GJLMP; ag Edwyn wr godidawg DHI. 14–16–15–17 E. 16. Wŷch Eden y gloch dwyn y glôd DHI, wych edn y gloch dwyn y glod (E)FGJNOP, Ych Edn y gloch yn dwyn y glod L, wych edn y gloch /n/ dwyn y glôd K, wych edn y gloch yn dwyn y glod M. 17. A Thelwal BCDEFGHIM. 18. glain BCDEFGHIJKLMNOP. 32. sy'n llawn DHIN. 48. dichel A. 56–65. [L.] 75. a rhos BCDEFGHIJKLMNOP. 82. doe'n dwyneb DHI, ddoe n dwyneb FGJKLMN. 91. ni wada r gair OP. 94. yno fai BCE, yna fai DFGHIJKLMNOP. 96. os DFHIJKLMNOP; bosdol ffydd DH IOP. 99. achlod EJMOP. 104. gad ym fyw yn gydymaith OP.

CYWYDD 5

Airchiad wyf, archwawd ofer,
Erchais, bath Archeias bêr,
Main gorsen, mwyn wiw gyrsiad,
Mynwn y gloch, miniwn gwlad.
Hoff lawndrefn bren yw Fflandrys,
A dôl o'r yw dylai Rys,
A dled, oni wâd i law,
Bydded ar bawb i addaw.
William Cynwal amcanai
Gyrrv nag, gwarae a wnai;
Gyrrv'n ddoeth gair awen dda,
Gwawd fyw, a gwâd o'i fwa.
Gyrv mawl di-lwgr ym oedd,
Gair melus a gar miloedd;
Diav Cynwal da i canodd,
Dwys yw'r iaith, ond eisiav i rodd!
Cynyddawl fraint Cynddelw frych,
Cynwal, cymrwch ni cennych.
Buost syberw, cavd, ferw fawl,
Wrth ddynion le perthynawl;
Bûost hael, nid bost helynt,
I gywair ffyrdd geirw a ffynt,
Hael i bawb, hoewlaw bybyr,
Ond i Rys, enaid ar wyr;
Da i fil, dydy a folwyd,
Ond i Rys newidio'r wyd;
A'th air erioed ni thorawdd
Ond a Rys, naw' Duw o'r hawdd!
Gwadv ir wyd, gwawd ar rediad,
Dy fwa i Rys, dv fv'r wad;
Gwadv cenhiadv, cyn hawl,
Gael i ofyn a gloewfawl,
Ag o hvdnag a hednawf
Egrv'n Pris a'n gyrv i'n prawf.
Os gwedi, drwy gwsg ydoedd,
A cho' llesg ne ddichell oedd,
Rhaid ym, wr a rhadav mêl,
Rhoi cof yt rhag cyfatel.

Dy addewid oedd ddiwael,
Dewis gêd (ond eisiav i gael):
Vnwaith cyn nithio cwynwawd,
A'r ail waith ar ôl y wawd;
Vn a'th air, hwn ni thoryd,
Ail a'th bin, olavwaith bŷd.
O dystion digon yw dav,
Os mynir, Rys a minav.
Llethr a geidw yn warcheidwad
Llwyr gof fel na eller gwad.
O'th yrais, 'r wyf i'th wyraw,
Wawdwr llyfn, i wadv'r llaw,
Ai rhyfedd i wr hefyd
Wadv'r gair a'i dori i gyd?
Gida hyn y gwedi hav,
Melys wr, ym lysairiav.
Yn dy lethr, nodol weithred
(Tost yw'r llaw, tystia ar lled),
Bwriaist ym, heb air o stâd,
'R ol oerni, 'raelio' arnad.
Gair hwn o Loegr a hanyw,
Sos yn y gerdd, Saesnaeg yw.
Reol gerdd, ni 'raelia' gŵr,
'Ymsennv' yw moes anwr.
Er dywedyd air didardd
A berthyn i ferwddyn fardd,
Echrys iaith, ni cherais i,
A'th fwyned, mo'th ddifenwi.
Bygythiaist, bigav ieithydd,
Rhoi ym faes, avrfa rhôm fydd.
Pa air genyt, pair Gwynedd,
Ffroenia hyn, na phery'n hedd?
Pa na allwn, penillwaith,
I chwi drip, wych awdur iaith?
Na chwardd, arwyddfardd roddfaes,
Cyn cael o 'mafael y maes.
Os i'r maes o rymuswawd,
Gwŷl dy fri, gelwi dy frawd,

Er dy ddwys gerdd avraid ddofn,
Ar fy naw[f] 'r wyf i'n eofn!
Lle doedaist, fel llew dedwydd,
Lle dylai[1] y bai i bydd,
Dywaid ailwaith, dod ailvn,
Ar bwy daw, na arbed vn.
O doe ymlid a'i deimlaw,
Atad, wr, arnat ti i daw.
Ffetus wâd, ffowtus ydwyd,
Ffei galw Ddvw, ai ffaglv idd wyd?
Cam a wnayd, cymen wawdydd,
A mi a Rys fod mor rhŷdd
Nas rhoddyd o naws rhwyddynt,
Cvn gwawd, ne naghav yn gynt.
Llvdd a wnaf rhag ofn lladd neb,
Llawned wyt, llvnia d'ateb,
Ni choeliais i, achlys' oedd,
Athrodwr ond gweithredoedd.
Ni cho[e]liaf, anach olefn,
Air, enaid gwyr, yn dy gefn.
Dy law, hon a ddaw yn dda,
A athrododd a'th ddirwyda.
Croeso Gynwal, croes ganwyd,
Cowira rodd, carwr wyd,
Cydymaith calliaith cellwair,
Cariad ym, cowira dy air.

EDMWND PRYS

NODIADAU YMYL Y DDALEN YN Ll 43:

(i) *yn cyfeirio at yr enw 'Archeias' yn llinell 2*:
Archias poœta [sic] pre= / ceptor M.T. Ciceronis.

(ii) *yn cyfeirio at linellau 9, 10*:
Cynwal / grains iaith a garwn / saethu

[1] 'lle byddai' a sgrifennwyd yn wreiddiol, ond croeswyd allan 'byddai' a sgrifennwyd 'dylai' ar ei ôl.

(iii) *yn cyfeirio at linell 17*:
prosopoeia [sic]

(iv) *yn cyfeirio at linellau 31, 32*:
Cynwal / er canv heb roi cenad / oll or gwir ni ellir gwad

(v) *yn cyfeirio at linellau 53, 54*:
Cynwal / ymlhe [wedi ei groesi allan] / ym ha le i doediais &c / ail i Siarom lyseiriav.

(vi) *yn cyfeirio at linell 62*:
cym

(vii) *yn cyfeirio at y gair 'avrfa' (a nodwyd) yn llinell 68*:
rhyfel

(viii) *yn cyfeirio at linellau 69, 70*:
Cynwal / a phrinhav ni phery / yn hedd iaith genyf / benaeth gwynedd

(ix) *yn cyfeirio at linellau 71, 72*:
Cyn. / ni royd ym / gwymp ar gerdd / gwiw impiwr gwawd

(x) *yn cyfeirio at linellau 79, 80*:
Cynwal / am y bwa mae beiaw / ar bai lle dylai i daw

(xi) *yn cyfeirio at linellau 91–4*:
Cynwal / na ladd fardd nawradd er neb / bigail wyt heb gael atteb / na choelia di a chlod oedd / athrodwr

(xii) *yn cyfeirio at linellau 100–2*:
yn gâr oth ôl maen gwyrth / iaith / gad ymy fyw.n gydymaith

FFYNONELLAU: A – Ll 43, 15. B – P 125, 14. C – T, 458. D – LlGC 3288,i, 51. E – BLAdd 14991, 173r. F – BLAdd 31056, 142r. G – LlGC 5931, 10r. H – LlGC 19497, 50. I – LlGC 2621, 40. J – Cw 27, 290. K – M 145, 568. L – Ll 49, 32. M – LlGC 21252, 17r. N – JRW 3, 17. O – M 147, 301. P – BlW f.4, 145.

AMRYWIADAU: 5. bren o fflandrys OP. 7. Dyled . . . BCE; büy/n/ ddyled beunydd oi law DHIJKLMN, bv yn ddled bevnydd o law (E)FGOP. 9. [N.] 10. [JN.] 12. a gwadv i fwa (E)F, a gwadu fwa G. 15. da kanodd OP. 16. yw/r/ wawd BCDEFGHIJK LMNOP. 18–20–19–21 E. 22. i gweirio OP. 23. hylaw BCE. 24, 25. [LM.] 25. dydi folwyd BCE. 27. [N.] 28. [JN.]

34. gyrru n prawf BC. 42. yr ail waith FGJKLMNOP. 44. Vn ath bin o lanwaith byd B (*ceir y llinell yn y ffurf sydd iddi yn* A *yn yr ymyl yn y brif law yn ogystal.*) 47. fal gwarcheidwad D(E)GHIJKLM, fal gwrcheidwad F, fel gwacheidwad N. 52. ai dori gyd BCGO. 53. Gwedi hynn a gwadu hau D(E)FGHJKLMN, Gwedi hyn a gwadu haw I; a gwadv hav OP. 58. oernych OP. 59. Y gair hwn BC; Gair yw hwn o Loegr hanyw L. 62. maes FGJKLMNOP. 65. a chroes iaith D(E)FHIJKLMN, A chroes air G, ach ras air OP. 70. ffroenio hyn BCFG, ffroeni hynn JKLMNOP. 71. ellid DEFGHIJKLM NOP. 73. raddfaes BCE. 78. [B] (*oherwydd torri gwaelod y ddalen*); naw' AE. 79. lle a dwedaist K; lle dwedaist llew dedwydd FJM, lle y dywedaist llew dedwydd L; lle doedaist y llew dedwydd DGHNOP, Lle dywedaist y llaw ddedwydd I. 81. dad BCE. 84. arnat ti daw CDEFGHIJLM, anati daw KN, ata ti daw OP. 86. fflagio BCE. 92. lloned DFGHIJKLMNOP. 92–94–93–95 DHI. 93. ni choiliais iawn achlys oedd DFGJKLMOP, Ni choeliais iawn a Chlws oedd (D)HI, Ni choiliais iawn achles oedd N. 94. athrodion D(E)FGHIJ KLMNOP; nai weithredoedd BCE. 95. ni choliaf A, ni choeliais D(E)FGHIJKLMNOP. 97. yr hon a ddaw/n/dda DHIKLM. 98. athrododd . . . BCDEFGHIJKLMNOP; ath ddiryda BCE. 101. callwaith CD(E)FHILOP.

CYWYDD 6

Y prelad hap ryw haelion,
Por tair sir, ail Pretyr Sion,
Prŷs ydwyd, mab brav sadwych,
Pregethwr, gweddiwr gwych;
Ail Derfel hy awdurfawr,
Edmwnt, corph hŷd a maint cawr;
Mawr nawddwr, merion addysc,
Mwy stor dda, a meistr o ddysc;
Archddiagon, parch ddigoll,
Am ran Ddvw, Merionydd oll.
Da i'th adwen, doeth ydwyd,
Difyr a gwych, Dyfrig wyd;
Siob helpiwr os ai i bulpyd
I bregethu i Gymru i gyd.
Meddyliwn am addolwyd
Ymysg beilch mai esgob wyd.
Od ai'n y wlad yn y wledd
I ganv, Merddin Gwynedd,
Pawb dadl, hil Pepid ydwyd,
Profi'r ddysc, mai prifardd wyd.
Bai ynod, wr nôd, ni wn,
Y penaeth, ond ypiniwn.
Ni chân y gôg, wych iawn gainc,
Dan dew wingoed ond vngainc:
I holl ferw â'i llyferydd,
Gwav accw fyth, 'Gwccw' fydd.
Felly, Prŷs, fy llew prysvr,
Ef a'i gwyl pawb, figail pur,
Canv'r wyd, cynar wawdydd,
Cywyddav, hael winav hydd,
A phob cywydd, devnydd da,
I'm beio am y bwa.
Haeryd gael (on'd drud y gwaith?)
Genny', dawn, genad vnwaith,
Ag addo am gywyddwawd
'Y mwa gwych am wav gwawd.

Am hyn, Prys, y mae'n parhav
Y ddiareb dda eiriav:
A gais moch, ag os meichiad,
Mawr goel oedd, y' mrig y wlad,
Garw doedyd, gwiried ydyw,
Gwae vwch y glyn, gwich a glyw.
Vnfodd, Prys, ddilys ddylyn,
Anturus wyd ti a Rys Wyn:
Cam wrando gair, pair pob hud,
Caem ddadl, a wna cam ddoedyd.
Nid rhoi cennad, roddiad rym,
Cwyn vth[r], nacav a wnaethym.
Cadarn ymbil mewn cadav
A wna cael cadarn naghav.
O gyrrodd Rys, ar frys fry,
Alawnt, aml foliant ymy,
Mawl am fawl, ddwyfawl ddyfyn,
A yrais i i Rys Wyn.
O bv ganv, bw Gwynedd,
Rhof a thi, rhyw afiaith wedd,
Nid adwaen yn y doedir
Roddi yn dy gerdd on[d] y gwir.
Gyrrv'r oeddwn, groew raddawl,
Glaear fodd, yt eglur fawl;
Gyryt ym, fel geiriav tân,
Garw ddiachos gerdd ddychan.
Doedyd arnaf, gwaethaf gwad,
Dori 'ngair, daring irad.
Ffrom wyd, a pheri ym wadv
Fy llaw, fyth nid felly fv.
Euro mydr, gwyr a'm edwyn,
Awdur hael, nad yw wîr hyn.
Ni thorais, iaith ddiareb,
A'r a wn i, air a neb.
Ni wedais, er a nodych,
Fy llaw a'i gwaith, fy llew gwych.
Ni wadaf, gwir iawn ydyw,
Ymdaro yn wych, tra fych fyw.
Ni'm gwyri'n siwr, gwr y gôd,
Gwrdd difost, ar gerdd dafod.

Os i'r maes, oera' moesav,
Ar yn dysg i'n gyrri'n dav,
Os ar gerdd, wrth asio'r gwîr,
Aml addysc, yr ymleddir,
Er dy faint yr ydwyf fi
Ym mater yn drwm iti.
Y tal y gawn, atal gwys,
O'th foli ar iaith felys,
Fy ffeio a'm beio yn bell
Ar ddychan, anardd ddichell.
Doedaist fod, di-dyst fydol,
Arnaf ffawt, i'm bwrw yn ffol.
Pa na henwyd (pen hanoedd?),
Prophwyd hael, para ffawt oedd?
Bai nid oedd, benod addysc,
Ar y gerdd oll, ragor ddysc.
Hael erioed, holi yr ydwyd,
B[r]einio'r iaith, ai barnv'r wyd?
Goddefais yt, gwedd efyn,
A'i adv yn hardd hyd yn hyn.
Os gedi gerdd ddwys gadarn,
Yt hedd a fydd [h]yt dydd farn.
Aml i cair wrth ymliw call
Air, orig, am air arall.
Am air chwerw, oer ferw fariaeth,
Gair chwerw a gair, garw chwe gwaeth.
Am air teg, gymeriad da,
Gair arall a'i goravra.
Os canwn, prydwn mewn pris,
Oen da i Ddvw, mae'n dy ddewis.

WILIAM CYNWAL

NODIADAU YMYL Y DDALEN YN Ll 43:

(i) *yn cyfeirio at linellau 13, 14*:
trwm ag ysgafn

(ii) *yn cyfeirio at yr enw 'Pepid' yn llinell 19*:
pebid penllyn (*Mewn llaw wahanol.*)

(iii) *yn cyfeirio at linellau 35, 36*:
pleonasm*us*

FFYNONELLAU: A – Ll 43, 19. B – P 125, 16. C – Ṫ, 460. D – LlGC 3288,i, 53. E – BLAdd 14991, 174r. F – BLAdd 31056, 142v. G – LlGC 5931, 12v. H – LlGC 19497, 53. I – LlGC 2621, 41. J – Cw 27, 292. K – M 145, 572. L – Ll 49, 33. M – LlGC 21252, 19r. N – JRW 3, 19. O – M 147, 304. P – BlW f.4, 150.

AMRYWIADAU: 4. Pregethwr a gweithwr BCE. 8. stôr dda, meister DEFHI; a Meistr dysg G. 13. os ai bulpyd G, os a i bulpyd L, o sai bvlpyd OP. 15. meddylia DFGHIJKMNOP, Meddyliai (E), Meddyliau L; am a ddolwyd BJKL, am y ddolwyd C, am addolyd E. 26. Gwae BEG, gwaew C. 33. taeryd gael pand drud DFGHIJ KLMNOP. 38. hy ddiareb (E)FGJKLMN. 40. goel yw OP. 42. gwiw vwch y glyn̄ D(E)FGHIJKLMNOP. 48. cwyn vth A. 57. yna doedir BCEJOP, yn y deudir (E), yna i deidir N. 58. on y gwir A. 65, 66. [E] (*sgrifennwyd y llinellau i mewn ar ymyl y ddalen mewn llaw wahanol i brif law'r llawysgrif.*) 72. nai gwaith fy llen gwych BCE. 76. am gerdd dafod KLM. 78. yn ynn dysg ir awn i/n/ dau D(E)FHIJLMNOP, yn y dysc ir awn i /n/ dau GK. 82. ir matter DFGHIJKLMOP, Ar y matter E, Or matar N. 83. a gawn DGHIJMNOP. 88. arna i EJNOP. 94. beinio r iaith A, Breiniwr iaith BC, Breniwr iaith E; a barnu/r/ wyd BCEOP. 95. O goddefaes gwe ddefyn DHI, o goddefais gwedd ofyn FN, o goddefais gwedd efyn GJKLMOP. 96 + D(E)FGHIJKLMNOP:

o ran dy radd y rai/n/draeth / hoff rydyd ath ffeiriadaeth

98. yt haedd FNO; Ut haedd fydd G; yt dydd farn A. 101. fariaith DG. 102. chwe gwaith DFGHI. 104. am goraura BCE.

CYWYDD 7

Y cowirfardd cu arfod,
Cyff avr y gler, coffr y glod,
Cerddor gwiw, cu arddwr gwawd
Cwyraidd difalc cerdd dafawd,
Cwysav vndeb cysondeg,
Cyfar dysc, cae Ifor deg,
Cenech glod, accen wych glav,
Cyffroi'dd ych, coffrydd iachav,
Codi broch, cadav heb rus,
Cryn awydd Corineus.
Wiliam Cynwal a'm cynyrch
I'r maes gwylld, gair mwys a gyrch,
Perchen arogl, awen glo,
Post avrddadl, pes doe erddo.
Mae dyfal ym o'i dafod,
Mawlgar gynt, mal gwr y gôd.
Arswydofn, eres adar,
Arfav 'nghôd sy ar fy nghâr.
Iach i'w said, awchus ydynt,
Ag yn y gôd gweiniog ynt,
Oni ffair a dig air dv
Am y tân ym i tynnv.
Buost was dewr, bostiaist di
Mewn taliaith fy maentoli.
Cyd bych trwm, clo achlwm clod,
Bid trwm dy reswm drosod.
Trwm yw'r gair, tra mawr gerydd,
Tra ysgafn gwawd tros gefn gwydd.
Os ydwyd, dangos wedi,
Am bwys mawl, ymbos a mi.
Dy gân, cyd boed ag vniaith,
Deall hi'n well, dillyn iaith.
Pam y gelwir, mae'n irad,
Merddin y dewin heb dâd?
Ba r' henydd mewn bro hinon,
Rhown ddwys iaith, yw['r] henydd Sion?

Ba wlad? Ai bywiol ydyw?
Ai gwr o ddysc? Ai grâdd yw?
Ba grefydd? Ba gv[1] ryfyg?
Ai prif rên; Ai llen? Ai llyg?[2]
Pam i gelwir, mae'n ddiryw,
Y gôg yn edn serchog syw,
Mai i galwant, somiant sail,
Yn edn eiddig dan wiwddail?
Medryd, wr (fel am droi dis)
O rym naw, roi i mi 'newis.
Canwn i er cynen neb
Petai a wypai atteb.
Gweais wawd, mawl gwys ydoedd,
Vndeb yn d'atteb nid oedd.
Ail genais wiail gwinwawd,
A nag a gawn a gwav gwawd.
Ad-ddyblais wawdoedd ablach,
Adroi nag a fedri yn iach.
Taerais addewid tiriawn,
Taerach ar wâd, trowch i'r iawn!
Rhaid bellach, anach onest,
Rhoddi'r gerdd yn rhwydd ar gwest.
Cawn vstus, bardd cân wastâd,
Cvn yn o lîn Cynan lâd:
Wiliam Glyn, a eilw am glêr,
Llifon heb penill ofer.
Awn gar i fron, gywair frawd,
Ysgwierwalch ysgwarwawd.
Byan y cawn, bennaig hedd,
Barn Gynan, barwn Gwynedd,
A gwnaed, pen gloew awen glêd,
Eisteddfan a chwest addfed,
A rhoed, ymysc rhadav mawr,
O'r Fêl Ynys rhyw flaenawr.

[1] 'grv' a sgrifennwyd yn wreiddiol, ond fe'i newidiwyd i 'gv' yn y brif law. Cf ymhellach yr amrywiadau.

[2] Ni chynhwyswyd y cwpled hwn yn nhestun Ll 43 yn wreiddol. Fe'i hychwanegwyd yn y brif law rhwng llinellau 38 a 41.

Galwed Owain, glôd eofn,
Gwynedd, wr ag awen ddofn.
[Doed] Simon, dadwys Homer,
Vychan, bardd faych awen bêr,
A doed Sion, ddi-hadyd-sur,
Avraid wawdydd, aer Dudur,
A'r ail Sion, fardd reiol sad,
Phylip, gerdd orhoff eiliad.
Dav Forys, i'r difyrrv,
Dwyfech a Llwyd, da fo ych llu.
Dav Huw, a llaw Ddvw lle'dd ânt,
Llawn hôff enw, Llŷn a Phenant.
Os mynir, Lewis Menai,
Garllaw beirdd gorav lle bai,
Bedo Hafesb, dehavfardd
Bo Ieuan Tew, bennod hardd.
Mae Rys Cain, mwya' rhwysc hâd,
Mawl deg wawl mold ag eiliad?
Anawdd yw rhoi, caf nawdd Rhen,
Bawb i'w le o bobl awen;
Dav anhaws, lle'm adwaenynt,
Llysv'r vn, lliaws wyr ynt.
Tynais o feirdd cyttvnion
Talais hardd (band tilys hon?):
Talais a ŵyr maentoli,
Trefn hardd, rhwng fy mardd a mi.
Doi o'i blaen, dwbl awenydd,
Do' fi ar dv, difai'r dydd.
Dangosir, nôd gwir, nid gav,
Dalaith aur, dy lethyrav.
Pen weler pawen Wiliam
Y coelia cwest fi'n * cael cam.
Blin addef, heb le nyddiad,
Ag wrth y gwyr, gwarth yw gwâd.
Corph gwir ni wedir er neb,
Cytvnir, cywaid d'wyneb.
Bid gydair gwest, bid gadarn,
A bid iawn ferdid yn farn
Pwy lyfna' i nadd mewn addysc,
Pwy laia' i stôr, palis dysc,

Pwy dryma', pwy lyma' lafn,
Posddisgybl, pwy sydd ysgafn,
Ai rhaid i naf cerdd dafawd
Roi dim i neb ar dwymn wawd,
Pwy biav'r bwa byan,
Y bardd ai Rys. Beirdd a'i rhan.
Ar gadair ag yw'r goedwig,
Ar drefn, y barnwyr a drig,
A gwell i'r bardd golli'r bêl
A thravais nag wrth ryfel.

EDMWND PRYS

NODYN YMYL Y DDALEN YN Ll 43:

(i) *Yn cyfeirio at linell 10:*
p*ro*sopopoeia.

FFYNONELLAU: A – Ll 43, 22. B – P 125, 19. C – T, 462. D – LlGC 3288,i, 55. E – BLAdd 14991, 175v. F – BLAdd 31056, 143v. G – LlGC 5931, 15r. H – LlGC 19497, 55. I – LlGC 2621, 42. J – Cw 27, 294. K – M 145, 575. L – Ll 49, 35. M – LlGC 21252, 20v. N – JRW 3, 20. O – M 147, 308. P – BlW f.4, 154.

AMRYWIADAU: 2. Cyffau'r Gler E; aur gler BCG, ar y gler JKLMNOP. 7. aken iach (E)FGJKLMNOP. 8. cyffwrdd BCE. 18. airf ynghod F, Air fy nghod G. 19. iachus ydynt BCE. 21. oni phair dig anair dü DHIJKLMN, nai ffar dwys anoff air da (E)F, Na phar dwys anoff air du G, na ffared anhoff air dv OP. 24. talwawd D(E)FGHILMNOP, talwaw J, talwaew (J), Talmawd K. 25. os wyd trwm D(E)FGHILMNOP; Os wyd drwm dy reswm trosod I. 26. [I] *(gw. llinell 25.)* 28. ysgafn gerdd OP. 29. os ydwyd nachais oedi DHIJKLMNOP. 35. ba ryw henydd bro hinon D(E)FGJKLMNOP, ba riw benydd bro hinon H, Ba riw benyd bro hinon I. 36. ddwys wawd DHIJKLMNOP; yw henydd AOP. 39. ba gry ryfig BC *(cf. y troednodyn ynghyd â'r testun)*, bywiog ryfyg DFGHIJKMNOP, bu gry ryfyg E, rowiog ryfig L. 43. pam i rhoddant DHIJKLMNOP, pam y galwant (E)FG; soniant BCEFOP, soriant DHI. 44. yn edn i eiddig DHIJKLMNOP, gwiw edn eiddig

FG. 44 + D(E)FGHIJKLMNOP:

pa le i bydd dreigl awydd dro / poenwych hoen pan na'chano
(2. poen iach (E)FGOP.)

46. nawf DFHIJKMN; roi mi BCMOP, roi im JK. 53. a ddyblais EFGOP. 56. taer wyd ar wâd tro di ir iawn DHILN, taer wyd ar wad tro di/r/iawn JKMOP. 56 + DHIJKLMNOP:

Ar dy'wâd ir aed wawdydd / ar fy 'mhrawf ir af mor rhydd

59. vstus saer kan wastad DHIJKLMNOP. 60. wlad FG(J)NOP. 67. enwid pen DFGHI. 68. eisteddfarn FG, ysdeddfa OP. 73. Daed A. 75, 76. [LM] *(gw. llinell 77.)* 77. A doed Sion fardd reiol sad LM; Sion y reiol sad BC, Sion reiol sad E. 78. aer ffilib or hoff OP. 79, 80. [LM.] 79. er dyfyrru DEFGHIJKNOP. 81. a dau Hvw llaw DFGHJKLMNOP, A daw hwn llaw Dduw A dd'ant I. 82. hoff iawn llyn DFGHIJKLMNOP. 84. bar DHIOP, bardd JKLMN. 91. lle ir adwaenynt BCE, om adwaenynt DFGJNO, am adwaenynt HIKM, am a adwaenynt L, oni adwaenynt P. 93. tynnais brifeirdd kytvnion JKLMNOP. 98. do finnau oll da fo /n/ nydd DEFGHIJMNOP, dof innav do fo/n/ydd K, Dof innau oll, do fo/n/ydd L. 99. dangosir y gwir OP. 102. fi'n yn cael A. 104. gwarth a gad OP. 105. ni würir DFGHIJKLMNOP. 107. boed DGHJKMNOP, bod FL. 111. lyma i lafn D(E)FGHIJ KLN, lyfnai lafn MOP. 114. er DFGHIJKLMN.

CYWYDD 8

Yn ôl naw mis[1] o osteg y gyrodd Wiliam Cynwal y cywydd isod, rhai yn i ffeio am roi y gorav:

Y gŵr llên doeth, gorllanw dysc
Wyd ag aml wawd digymysc.
Edmwnd sad a maint Sawden,
Dylwn bawb dy alw yn ben.
Iawn yw d'auro, lîn davRys,
Y' mwstr y pryns, y M*ast*r Prys.
Dy le y sydd, dvwiol son,
Draw vwch dugiaid, Ar[ch]diagon.
Ymroi yn waisg am ran ysgol,
Merion dysc, mae Cymrv'n d'ol.
Draw fo lêd, Derfel ydwyd,
D'ofn ar wyr, defeiner wyd,
A'th bregeth o bur egin
(Oes vil a'i gŵyr?) sy fel gwîn,
Eithr i far lle i'th arferwyd,
Oes vel Nvdd, sivilian wyd.
Penaeth wyd (pa na'th edir?),
Pwy mwy i swydd yn y pum sîr?
Ofer yw ym fwrw yma
At gywir ddallt yt gerdd dda.
Doedi wythoes, dâd ieithydd,
Dv achwyn fyth, dychan fydd,
A bob, diareb ydoedd,
Byth, enaid iaith, beth nid oedd,
Arnaf ofn d'arf, tarf bob tv,
Cwyn noeth iawn, cyn i thynnv.
Nid wyf mewn barn a dyfyn,
Llai fawrhâd, mor llwfr a hyn
Be gwelyd, ni'm bygyli,
Obry yt vael, na sbaryd fi.
Dewis am d'arf a dywaid,
Tan y pwyth, ai 'Tyn!' ai 'Paid!'

[1] 'dwy flynedd' a sgrifennwyd yn wreiddiol, ond fe'i croeswyd allan a sgrifennwyd 'naw mis' uwchben yn y brif law.

Na chrêd nad oes i'n oes neb,
Loew aur dytl, a ŵyr d'atteb.
Cai atteb, wyneb vniawn,
Cŷn yn iaith, o ceni yn iawn.
Mynyt wybod, maint Abon,
Pa wr traws yw Prytyr Sion:
Offeiriad, groewfad grefydd,
Tyner dôn, hyd haner dydd;
O hyny i nos, agos yw,
A llaw gadarn, llŷg ydyw;
Y borav esgob aurwych,
Brenin brynhawn, gwiwddawn gwych.
Am Ferddin, dewin pob dysc,
A fv arddel y fawrddysc,
I dâd rhyw ysbryd ydoedd,
Nid rhyw dyn y treiwyd oedd;
I fam oedd ferch, serch dan sel,
O Lan Tywi, lyn tawel.
Hîr doedyd, air odidog,
Hynaws gerdd, hanes y gôg:
Yr oedd i'r gog ddyrogan,
Call i cherdd, i cyll i chan.
Mynyd a thi i mi, i'm oes,
Ymbosio, mae bai eisoes:
Pregethwr wyd, pleidiwr plwyf,
Parod ddadl, prydydd ydwyf,
O ddefein, noddfa Wynedd,
Yt o ran art yr vn wêdd,
Cymer y maes, laes lwyswar,
Ddwy gamp wych, yn ddigwmpâr!
Moes ran cerdd, mesur yn cav,
Yma vnwedd i minnav.
Duw ordeiniodd, drûd anian,
Bybyr rodd, i bawb i ran.
I ti i rhoed, haewr iaith,
Iawn bregethu, brîg wythiaith.
Rhoed i minnav, rhâd mynych,
Rhwydd yw y swydd, rhodd sy wych:

Prydyddv, parod oeddwn,
Penod hardd, yn y pwynt hwn;
Os credir, dysgv'r ydwyf
Hyn irioed, a hên wr wyf.
Dithav a fynyd weithian
Dymvno i'th raid mwy na'th ran,
Rhyw gweryl fy rhagori,
Rhwydda' dŷn, i'm rhoddiad i.
Wrth ddallt pennill, gweddill gwawd,
A'r dameg o'r glaer dwymwawd,
Hôff genyd, enyd anvn,
Gardd dew had dy gerdd dy hŷn,
Ag ysgafn mewn hafn i'w hav
Oedd ddavnydd fy ngherdd innav.
Galwyd, hoewalch, glôd teyrn,
Vstus a chwêst y sy chwyrn:
Wiliam Glyn, a glwm gla*n*wawd,
Llifon wych, wr llyfn i wawd,
A davddeg o brydyddion
Yn dalais deg, dilys dôn.
O'r davddeg anrhydeddwawd,
Ni lysa'r vn lwys îr wawd.
Os anodd, eisiav enyd,
Er taring hîr i troi ynghŷd,
Digon i farnv'n dwygerdd
Dav wr i gyd, os da'r gerdd.
Doed Simwnt, odid somi,
Yna mwy, vn onom i,
At Wiliam Glyn, tâl am glod,
Llifon gorf, llafn ag arfod.
Down inav i'w dai'n vnwedd,
Didlawd glod, dadlavdy gwlêdd.
Dangoswn, doedwn o'n dysc,
Draw'n cywyddav, drank addysc.
Llwybr gwys, fo dde[n]gys y ddav,
Llym yw'r broch, lle mae['r] brychav.
Cymra gwêst, Cymro gwastad,
Rhof a thi, ni rof fyth wad,
Fel cymryd cwest, gwêst heb gêd,
Fwya' siccr, am fy siecked.

WILIAM CYNWAL

NODYN YMYL Y DDALEN YN Ll 43:

(i) *yn cyfeirio at linell 74:*
hen ŵr

FFYNONELLAU: A – Ll 43, 26. B – P 125, 22. C – T, 464. D – LlGC 3288,i, 58. E – BLAdd 14991, 177v. F – BLAdd 31056, 144r. G – LlGC 5931, 18r. H – LlGC 19497, 58. I – LlGC 2621, 44. J – Cw 27, 296. K – M 145, 579. L – Ll 49, 37. M – LlGC 21252, 22v. N – JRW 3, 22.

AMRYWIADAU: 4. dylau (E) J, dylan FGMN, dylaen DHI. 8. ardiagon A. 8–12–11–9–10–13 F. 12. defeinwr BEK, defeniwr C, defeiniwr DH, defeinur I, Defener N. 16. oes fawl nydd D(E)FG HJKLMN, Oes fawl hydd I; siviliwn D(E)FGHKLM, sylfiliwn I. 20. gowir ddysg (E)FG. 38. yw r prutur Sion DFHIJKLM, yw r prutus Sion N. 44. gwirddawn (E)FGJKLMN. 46. i fowrddysc KLM. 48. o treiyd (E)FGJKLM. 53, 54. [DHIJKLM.] 53. mvdr agos mae darogan (E)FG. 67. Iti rhoed EGL, i ti e roed FJK, j ti rioed N. 68. [HI.] 69. mwynwych JKLMN. 75. dymunyd weithian BC, dymunynt weithian E. 78 + DFGHIJKLMN:

oes vn edn nis anodais / chwerw i lef ni char i lais

80. oth glaer DFGHIJKLMN. 81. trom gennyd D(E)FGHIJKMN, Trwm gennyd L. 85. hywalch FG. 87. o glwm BCE, a gwlm D(E)FGHJKLM, o Gwlm I. 91. Ar deuddeg BCDHI. 92. ni lysa i 'r vn DHIJN; wir wawd (E)FG. 96. [HI.] 105. llwybr pwys (E)F; ddegys A. 106. lle mae brychav ABC. 110. fwa sickr DHIJKLM.

CYWYDD 9

Mae'r wyd, Wiliam, wr dilyth?
Wyti'n fyw, hên Gatwn, fyth?
Mwyfwy ardal myfyrdawd,
Myner gwiw a miniwr gwawd.
Medrus glod, mydr wŷs y gler,
Meidrol wiw, medri lawer.
Melaist wawd, melys dy wedd,
A da mynaist ymynedd.
Mynni gael, mynaig eilwaith,
Yn dy ran bennodi'r iaith.
Gwyddost wr, gweddus darian,
Am yn iaith rwym mwy na'th ran.
Ni wyddost, crefost croewfardd,
O ronyn bach ran vn bardd;
Eisiav hanes a synwyr,
Y tri gynt, antur, a'i gŵyr,
Dav Ferddin dioferddysc,
A Thaliesin, dewin dysc.
Hanes a rhoist o'r henwaith,
Nid yw'n wir, enaid yn iaith.
Nid ysbryd, ergyd evrgoeth,
Oedd dad Merddin, dewin doeth.
Ni bv 'rioed neb o râd Nêr
Ond Vn a dynwyd Wener,
Y gwîr Iesu, wiw groesiad,
Oedd Vn Dvw iddaw yn dâd.
Dŷn oedd y brawd, awen wîn,
Diwyd fardd, dâd i Ferddin.
Mewn brv ni bv ag ni bydd
Neb o ddyn na bai i ddeynydd.
Rhy wen dâl, rhiain deilwng,
Dŷn dêg mewn crefydd dan dwng,
A thrwy i chwsg, ddieithrach haint,
Cafodd gorph vn o'r cwfaint.
O'r diwedd, trawsedd traserch,
O'i gwîr fôdd ef a gae'r ferch.

Yr vn hwyl o ran helynt
Fu sûd, ail gwaith, vestal gynt,
Pen gad brîg rhyfig Rufain:
Romulus a Remus fu 'rhain.
Prestes Iohanes hynerth,
Yn deg iawn o Indi gerth,
Bv'n ddublŷg yn llŷg yn llen,
Y mesvr i bv Moesen:
Ni newid, anian awydd,
Hyn o'r dasg haner y dydd.
Can rhên a davgain brenin
Danaw a blŷg law a glîn.
Vn Dvw yr Ebruw a'i râs
Sy'n i teml, a Sain Thomas.
Nid ydyw, iawn o doedi,
Cryf i ddvll, o'm crefydd i.
Ni wyddost farn ddinaddwyr
Am y gog, a mae a'i gŵyr:
Newidiodd, gadodd goedwe,
Bais, lliw a'i llais oll, a'i lle,
A'r wichell drwy ddichellion
A wnaeth hûd o fewn nyth hon;
Câr y gôg, fal y cair gwall,
Cynired cyw vn arall,
Achos hyn canech is allt
Araith gwccwy wrth gwcwallt.
Yr wyd, fardd, aura' dy fawl,
Yn hen, yn ddewr cynhwynawl:
Hên o oed, hyny ydwyd,
O fewn cerdd gwr ifanc wyd.
Neidiaist o'm blaen i'r faenol,
Nid yw iawn daith, neidia'n d'ôl.
Soniaist heb ddyfais vniawn,
Gynen iaith, am ganv'n iawn.
Ni feia neb yn fy nwyf
O'r gwinweilch ar a ganwyf.
Ni lysia vn y lwyswawd
Os edwyn gerdd sidan gwawd.
Doed iawn ddwys oed yn ddi-sigl
Dyn a barr dan i berigl,

Rovt ar vstus [heinus] hwyl
Ag vn o'r dauddeg anwyl.
Vstus cadarn ni farna
Heb ddav dŷst, o bydd e' da:
Simwnt hardd, ddisomiant hedd,
Ag aer Phylip, gorph haeledd,
Gwyr di-feddf mewn eisteddfod,
Gwaisc leddf, greddf grym, gloewlym glôd.
Bostiaist, cyn y bae vstus,
Bod dy rodd heb eto rus:
Ys da air, onis doe wall,
O bai'n wîr o ben arall.
Mae rhus, iaith boenus o'th ben,
O'th rodd yw a'th rwydd awen,
Am fod, wedi'r fawrglod fu,
Nawmis heb roi cân ymu.
Rhois atteb am vndeb mawr,
Amnaid awen, mewn dwyawr.
Pes rhoddych, byncwych bencerdd,
Ych siecked, ir gêd, ar gerdd,
O rhoech am wawd rhoch a mi,
Chwy a ellech i cholli.
Be delyd, heb wâd eilwaith
O flaen y rhain fal vn rhaith,
O'th gâf o fewn ystafell,
A chwilio'r gerdd a chloi'r gell,
Pan fom i'n dav yn gwau gwaith,
Yma'n eilio manyliaith,[1]
Cywyddav, pynciav addysc,
Cyfryw dâl, cyfarv dysc,
O thynaf yn berthynawl
Dri am vn wrth dreio mawl,
Câf fi'r iav, cyfar awen,
A'r dîd; felly bid ar ben.

EDMWND PRYS

[1] 'manylwaith' a sgrifennwyd yn wreiddiol, ond dilewyd yr 'w' a sgrifennwyd 'i' yn ei lle uwchben yn y brif law. Cf. ymhellach yr amrywiadau.

NODIADAU YMYL Y DDALEN YN Ll 43:

(i) *yn cyfeirio at linellau 1, 2:*
rhag hyd i bv / wm heb ateb, mae / fo yn galw arno
(ii) *yn cyfeirio at y gair 'myner' (a nodwyd) yn llinell 4:*
capten
(iii) *yn cyfeirio at linell 10 (a nodwyd):*
Cyn. / moes ran cerdd mesur yn cav / yma vnwedd i minnav
(iv) *yn cyfeirio at linellau 21,22:*
merddin / Cynwal / i dad yn ysbryd ydoedd / nid rhyw dyn y treiwyd / oedd
(v) *yn cyfeirio at linellau 21–34:*
Andr. Hipperi*us* de / succubis et incubis.
(vi) *yn cyfeirio at linell 41:*
pr'ter Sion
(vii) *yn cyfeirio at linell 42:*
India deserta
(viii) *yn cyfeirio at linellau 43–6:*
Cynwal / y borav esgob avrwych / brenin brynhawn.
(ix) *yn cyfeirio at linellau 53, 54:*
y gog
(x) *yn cyfeirio at linellau 63–5:*
dasg radol dyscv rydwyf / hyn ir ioed a henwr wyf
(xi) *yn cyfeirio at linell 81:*
Cyn / doed simwnt
(xii) *yn cyfeirio at linellau 85, 86:*
Cynwal / rhoed i minav rhad mwynwych / rhwydd yw y swydd rhodd sy / wych
(xiii) *yn cyfeirio at linell 96:*
fwya sicr fel am fy siecked

FFYNONELLAU: A – Ll 43, 29. B – P 125, 25. C – T, 466. D – LlGC 3288,i, 61. E – BLAdd 14991, 179r. F – BLAdd 31056, 145r. G – LlGC 5931, 20v. H – LlGC 19497, 60. I – LlGC 2621, 45. J – Cw 27, 298. K – M 145, 583. L – Ll 49, 38. M – LlGC 21252, 24v. N – JRW 3, 24.

AMRYWIADAU: 4. mvner gwŷr FGJKLMN. 10. benadur BCE. 11. gwiwddwys darian (E)FGJKLMN. 12. iaith rwydd (E)FG.

19. ar hanes sydd or hen waith (E)FG. 27. a dyn oedd brawd D(E)FGHI(J)KLM, a dad oedd brawd J, i dad oedd brawd N. 30. na bu i ddeynydd DHI, na bu ddeunydd JKLMN; eb i ddevnydd (E)FG. 31. Rhyw wen BCE. 36 + DHIJKLMN:

A hynn nid addefai hi / rhyw goll wisg rhag i llosgi
(1. addefa LMN.)

39. pen gaid E, Pen gaed LN. 40. Remüs y rain FGJKLM, Rhyfus y rhain N. 42. India BCE; Pôr Iowndeg Iôr un di gerth DHI, poriowndeg ior India gerth (E)JN, por iawndeg ior Indi gerth FG, por iowndeg ior nid i gerth KLM. 43. Un ddiblig DI, yn ddi blvg (E)FKLM, yn ddyblig GJN, Un ddiblyg H. 47. a dav cann brenin (E)FG. 48 + D(E)FGHIJKLMN:

morwyndod am briodi / sy/n/ rrad ir offeiriad ffi

51. iawn i doedi BCE. 54. i mae BCDEFGHIJKLMN. 56. a llais BCDFGHIKL; a lle FG. 59. kar y gog ag nis kair gwall D(E)F GHIJN, Car y gôg, ag nis câr gwall KLM. 60, 61. [G.] 62. araith gwckw CDEFHIJLMN. 65, 66. [FGJKLMN.] 73. Ni lysaf vn ai lwyswawd FJKMN, Ni lysai un ai lwyswawd L; un ai lwyswawd (E)G. 77. heyus A, hoenus BCDEHI. 80. o byddai da BCEKL. 81. hardd heb somiant FGJKM, hardd heb soniant L. 84. gloyw rym glod FG. 85. kyn i bu FGJKLM. 89. ith ben FG. 93. am iawndeb mawr BCDEHI; gwaithiais i fardd gwaith sy fawr FGJKLM. 94. gwawd dew ond gweuad dwyawr FGJKLM. 95. pan roddych (E)FGJKLM. 96. y siecked FGJKLM. 97. o rhowch FGJKLM. 98. gellwch i bwrw i golli (E)FGJKLM. 100. O flaen rhai BCDEHI; fel vn a rhaith BC, fal un o Rhaith E, flaenwyr rhaith (E)FGJKLM. 104. manylwaith BDFHIJKLM (*cf. y troednodyn ynghyd â'r testun.*)

CYWYDD 10

Ymofynyd, dylyd dysc,
Mae'r oeddwn, Homer addysc,
Ag a oeddwn, dig oeddvd,
I ofyn barn, fyw'n [y] byd.
Byw wyf yn wîr heb ofn nêb,
Ni bydd dowt, baiddia' d'atteb.
Ni bvm glâf, os âf i sôn,
Hap rûgl, nag mewn peryglon.
Dechravais, dwbiais gan dant,
Gnot i fîl, ganv yt foliant.
Ni fynyd, gwaharddyd hedd,
Faw[l] genyf, fual Gwynedd.
Ni chanaf yn ych wyneb
Ddychan ywch (ni ddichon neb):
Gwaith clêr y dom, letffrom lv,
Yw chwenych ymddychanu.
Ni rof, iowngof frav angerdd,
Air ond y gwir yn dy gerdd.
Myni'r enw, myner ynys,
Moes d'avro pe rhaid, M*ast*r Prys.
Mae yt air ymhôb materion,
Maint hap sydd, Edmwnt ap Sion.
Prŷs, dyscaist prisiad escob,
Pavn vwch gwyr, pa na chai gob?
Ni aned yn i enioes
Heb i fai neb o fewn oes.
Am hyn byth, 'y mhavn, heb wâd,
Y bernir mae bai arnad:
Na chymri barch am roi barn
A gair cŷd fel gwr cadarn.
Ni chaf lonydd, wych flaenawr,
Genych, mab gwinavwych mawr.
Rhaid o'm anfodd, gormodd gair,
Hyd y gallwyf, dy gellwair.
Cŷdgenais, codai gynen,
A thi, byth a'r gwaith i ben.
Dowaid weithian, dad ieithydd,
Dy feddwl ym, hoewrym hydd.

Os amcanv canv i'r côr
A gwŷdd rhugl gywydd ragor,
Hyn am wrsip, iôn mawrsyth,
Ysgol barn, na ddisgwyl byth.
Os ceisiaw, fel cwysaw câd,
Fai rhy dyn, fy rhoi danad,
Af danad heb wâd (pa waeth?):
Cai'r ddwyran ond cerddwriaeth.
Yn y ddavnod yn ddinam
Hyn a gâf, oni wnai gam.
Bed awn, pawb a adwaenai,
Yn barod byth, bwrid bai,
I bwlpit tyb, ail poet hên,
I bregethu brigowthen,
Fo chwarddai rai a'r a wn
Am 'y mhen am 'y mhiniwn.
O ymsennv, dv yw['r] dôn,
Ffrŵd addysc, a phrydyddion,
Bydd rhai a chwardd, breisgfardd brav,
Bavn doeth, am dy ben dithav.
Hyn ni fynnwn i fanwyr
O baen' i'th gefn, benaeth gwyr.
Er graddio, wr gwraiddwych,
Brav goeth air, dy bregeth wych,
Ni raddiwyd, gwelwyd nid gwaeth,
Eb raid oedd, dy brydyddiaeth.
O ran awen llên yn llwyr,
A seinio dysc a synwyr,
O wr heb fôd, hynod hŷd,
Wir goel fôdd, o'r gelfyddyd,
Gorav wyd, a gwir ydyw,
Gras a fag, a'r y sy fyw.
Haeryd 'y môd, benod byd,
Air anferth, yn ddewr ynfyd.
Ni chofiaist iaith, gwaith a'i gwŷl,
Ar fyngen, yr Evengyl:
A wyl blewyn, fel dyn dall,
Hud oer, yn llygad arall,

Gallai fôd, annod anun,
I hwy'n i lygad i hvn.
Os chwant sydd, llywydd y llv,
Yna genyd i ganv,
Gwyddost gyfraith y Gwiwdduw,
Gwreiddia ddysg, gwna gerdd i Ddvw.
Doro gyngor, dâr gangawg,
Dros y byd ar hŷd yrhawg,
Ag, i'th oes, gâd, gwâd y gwaith,
Achwyn aml, ddychan ymaith.
Am y gerdd, nid amav gwyr
Wedi'r fvrn, dod ar farnwyr,
Gan bwy i bo, can clo cêd,
Gwir golav, fo gair gweled.
Minia'n iaith, myni wnethur
Ymhôb cyd-ddadl, kynadl cur,
Y frân yn wen, sen heb said,
Wall hagr, y' ngwydd fy llygaid.
O daw 'steddfod, trafod trom,
Wych avrner, a chav arnom,
Os ynddi i bydd, rhŷdd yn rhaid,
Bynciav vrddol bencerddiaid,
O tynni iti yn gyttvn,
O dreio mawl, dri am vn,
Topia'r gwŷr, ti piav'r gad,
Tanfa llwgr, tyn fy llygad!

WILIAM CYNWAL

NODIADAU YMYL Y DDALEN YN Ll 43:

(i) *yn cyfeirio at y gair 'dwbiais' yn llinell 9:*
dwbio . drwg / ystyr

(ii) *yn cyfeirio at linell 53:*
chwerthin

(iii) *yn cyfeirio at y gair 'pavn' yn llinell 58:*
pavn: drwg ystyr

(iv) *yn cyfeirio at linell 100:*
Tri am ŷn

FFYNONELLAU: A – Ll 43, 33. B – P 125, 28. C – T, 468. D – LlGC 3288,i, 64. E – BLAdd 14991, 180r (llinellau 1–56 yn unig). E* – BLAdd 14991, 181r (llinell 57 i'r diwedd; gw. y disgrifiad o'r llsgr.). F – BLAdd 31056, 145v. G – LlGC 5931, 23r. H – LlGC 19497, 62. I – LlGC 2621, 47. J – Cw 27, 300. K – M 145, 587. L – Ll 49, 40. M – LlGC 21252, 26v. N – JRW 3, 26. O – LlGC 20968, 49 (llinellau 1–16, 29–44, 57 i'r diwedd).

AMRYWIADAU: 4. o fewn byd JKNO, o fewn y byd LM; fyw.n.byd A. 9. dyblais E, dwbliais KM, dwblais L. 12. faw A. 16. meddw chwenych FGJKLMNO. 19. mynn yr enw FGJKLM. 26. eb fai neb o fewn i oes FGJKLMN. 28. o bernir FGJKLMN. 30. ced FGJKLMNO. 38. da foddol hydd BCDEHI. 39. Ai amcanv BCE, ai 'mcanu D, Ai maenu HI. 50. bwryd BC. 53. Chwarddai . . . KLM, e chwarddai (E)FGJN. 55. dv yw dôn A. 57. brifardd brau E*FGJKLMNO. 61. ior gwraiddwych BCDHI. 64 + E*FGJKLMNO:

nid wy /n/ gogan kyfran ku / vthr gwn dy waith ar ganu

69. y gwir ydyw E*FG. 71. haerwyd KLM; hynod hyd BC. 72 + E*FGJKLMNO:

pan liwyd pen i lawer / pwysyt y glod post y gler

74. o Efengyl KLM, or efengyl JNO. 79. y sydd llywydd llv DFGHIJKLMNO, y sy llywydd llu E*. 89. Ag i bwy bo BCDHI. 92. cynddadl cur BC. 93. y fran ddu/n/wenn E*FGJKLMNO. 96. wych eurnerth E*FGJKLMNO. 97. os ynddi bydd BCDE*FGHIJLNO. 100. i dreio E*FG.

CYWYDD 11

Gwn ddeall, gwinwydd awen,
Gwyr iaith bêr a gair o'th ben,
Ag yn hawdd i gwn heddyw,
Da iawn fardd, dy fod yn fyw,
Ag i'th gof y gwaith a'i gwyr
A than sain o'th iawn synwyr.
Ni'm dorwn am wawd erod
Yr ede fach er dy fôd.
Bywyd yty heb dy atal
Ar iechyd hîr, vwch i tâl!
Am roi gwe ym i'w deongl
O'th dda gyngor, iaith ddi-gongl,
Ar hyn, gwell cyngor henwr
Na'i favddv, na'i feddv'n wr.
Rhannyd ym a'm rhoi nôd îs:
Rhan Dvw rhanv a dewis!
Rhoyt i mi, a rheitia'm oedd,
Rhoi fy nwyf rhof a nefoedd.
Cymraist vt, nid cam râs da,
Byw a damwain byd yma.
Mae a'i gŵyr, mi a garwn,
O bai teg, beth o'r byd hwn:
Canmawl rhad Duw mâd a maeth
Croew dirion creaduriaeth,
Ymlewydd a mawl awen
Fel Davydd hy-awydd hên,
Mawl dalv mal y dylai,
Ag vn bwyll goganv bai.
Ag er hyn, fardd gwiw rhinol,
Ni adwn i Vnduw yn ol.
Caraf Vnduw, corf iawndeb,
A'i fawl a wnaf o flaen neb:
Pur Nêr Naf a[1] gaf gyfarch,
Por yw, golav fyw, a glyw f'arch;

1 'pur nêr naf caf' a sgrifennwyd yn wreiddiol, ond croeswyd 'caf' allan a sgrifennwyd 'a' yn ei le uwchben. Cf. ymhellach yr amrywiadau.

Bydd, bv cu cûn, Vn vniawn,
Bid mawl, gwawl gwyrth, ebyrth iawn;
Saer bŷd i gŷd ag adail,
Sant yw, Vn byw, heb neb ail;
Cyfiawn rhên, cofiwn yrhawg,
Athro gwîr a thrigarawg.
O'i rad yw evraid awen,
A lle i cad yr oedd rhâd Rhên.
O chenir gwir egored,
Awen fraisg o nef a rêd,
Ag i ryw ddŷn, gradd ddi-wall,
Gyrrai mwy nag i arall,
Mal yr oedd gŵr aml râdd gynt,
Hipias hael, happus helynt.
Pawb a gân o goed pob gwydd
Bêr dôn fel i bô'r deynydd.
Ni fynaf na fo ynod,
Ddwys fardd, sy addas i fod.
Na chais dadl na chystadlaeth,
Rhwyddwych wr, rhwng rhydd a chaeth.
Ffôl a wybydd gyffelybv
Radav cerdd i air Dvw cu.
O rhoed y mi o'r rhad mav
Ddwyswydd heb ormodd eisiav,
Afraid iawn, o frydineb,
Am ran a wn, ymroi i neb.
Chwarddant, aent yn iach erddi,
Am hyn oll, am 'y mhen i.
Gwael yw'r gerdd lle gelwer gwin,
O baech wrthi eb chwerthin.
Taeryd fod, dyrnod arwnadd,
I mi'n drwm er mwyn dy radd;
Antur hebod nad rhybell
Wr heb râdd a nâdd yn well.
Mynyt vnwaith, maint d'ynni,
Y mater oll a'm troi i.
Seiniaist ym ddysc a synwyr
Ar awen yn llawen llwyr.

Y rhain, o rhoist, rhown ar hedd,
O râd ewybr o'r diwedd.
Edrych at hyn y drych tav,
Bath sut waith, beth sy i tithav.
Cleimio ir wyd gael clymv'r iaith
A mesuro mwys araith.
A fynno hyn i'w fwynhav,
Myned ynghŷd a minnav,
Iachav ag arfav a gai,
A thyn fel i perthynai,
Ag eilwaith ddryll ag aelawd
A rotho gwyr o waith gwawd.
Lle mynyt yn llym vnwaith
Llaw ar arf a llywio'r iaith,
Ag yn awr pen hogwn i,
Pe doe fîn, peidio a fynni.
Am dy fôd, saer gwawdodyn,
Rhag hawl, mor rhywiog a hyn,
Pûr gyngor pêr o gangell,
Peidio a wnaf (pa dôn well?).
Ni chenais, enwch vnoed,
Chwnnwr iaith, ddychan erioed,
Na chabl ar barabl o'r byd,
Ne ddyfal ni oddefyd.
Mwy cenyf, W*ilia*m Cynwal,
Moldio serch a mawl di-sal
Na barnv, o bai oernych,
Ran Duw a roes ar vn drŷch.
Ag am y gerdd, gem y gwir,
Anoeth yw ony thewir.
O rhoi ar gerdd, rhywyr gwâd,
Rhyw ddi-lwgr, y ddav lygad,
Gallvd fôd mewn gwallwawd fer,
Llymwalch, mor ddall a Homer.

EDMWND PRYS

NODIADAU YMYL Y DDALEN YN Ll 43:

(i) *yn cyfeirio at linellau 3–6*:
Cynwal / byw fi yn wir eb / ofn neb / ni bydd dowt beiddia / dateb.

(ii) *yn cyfeirio at linell 13*:
henwr wyf

(iii) *yn cyfeirio at 'Hipias' yn llinell 48*:
y cyfarwydda ar bob / camp yn yr olympiades

(iv) *yn cyfeirio at linellau 61, 62*:
Cynwal / rhai a chwardd / breisgfardd brav / bavn doeth am dy / ben dithav

(v) *yn cyfeirio at linellau 65, 66*:
or mater yn drwm iti

(vi) *yn cyfeirio at linellau 71, 72*:
o ran awen llen yn llwyr / a seinio dysc a synwyr

(vii) *yn cyfeirio at linellau 79, 80*:
wir goelfodd or gel- / fyddyd

(viii) *yn cyfeirio at linellau 103–6*:
Cynwal / Tanfa llwgr tyn fy / llygan [sic]

FFYNONELLAU: A – Ll 43, 37. B – P 125, 30. C – T, 470. D – LlGC 3288,i, 67. E – BLAdd 14991, 180v (llinell 79 i'r diwedd). E* – BLAdd 14991, 183r (gw. y disgrifiad o'r llsgr.). F – BLAdd 31056, 146r. G – LlGC 5931, 25v. H – LlGC 19497, 65. I – LlGC 2621, 48. J – Cw 27, 302. K – M 145, 591. L – Ll 49, 42. M – LlGC 21252, 28r. N – JRW 3, 27. O – LlGC 20968, 53 (llinellau 1–52 yn unig).

AMRYWIADAU: 2. gwir (B)DFHI; y gair BCHI. 8. yr edaü fain FGJKLMNO. 14. nei feddueu D, ne i feddu /n/ (D)FHIJKLM, neu feddu'n G. 17. imi rreitia ym FG. 18. Rhoi ferw nwyf rhof ar Nefoedd BC, rhoi ferw nwŷf rhôf or nefoedd DHI, troi nwyfaü, tu ar nefoedd FGJKLNO, troi moyfau tua/r/nefoedd M. 23. düw /n/ mad an maeth FJKLMNO, Duw'n mad maeth G. 24. [K.] 25–42–29 G. 26. [G.] 27, 28. [FGJKLMNO.] 30. ni aden/i/ yn düw FGJN, ni aden yn dvw KM; Ni aden ein unduw ef yn ol L. 33. pür.per.ner, naf kaf kyfarch BCDFGHIJKLMNO (*cf. y troednodyn ynghyd â'r testun.*) 34. golau i fyw BC; por.cor.ior, iaith eürwaith arch DFGHIJKL

MNO. 35. sant sydd bydd bü, gü gyoed DFJNO, Sant sydd bydd gu gyoed G, Sant sydd, bydd by gu guoedd HI, sant, sydd, bydd bu gyoed KLM. 36. sail mawl gwawl gwyrth i byrth boed DH, sail mawl gwawl gwyrth iw byrth boed (D), sail mawl gwawl gwyrth hybryrth hoed F, sail mawl gwawl gwyrth hybyrth hoed GJKLM, Sail mawl gwawl gwyrth i byrth oedd I, Sawl mawl gwawl gwurth hybyrth hoed N, sail mawl gwawl gwyrth bybyrth hoed O. 38. Serch gün vn, yw byw heb ail FJKLMNO, Serch gun iw byw heb ail G. 41. Ai rad BC. 46. mae/n/ gyrrü, mwy nog arall DFGHIJKLMNO. 47. aml rodd BDHI, aml oedd C. 52. oedd addas FG. 57. o rhoid vm ôll FJKLM, O rhaid im oll G, o rhoed ym oll N. 60. ymroi neb CFG. 65. evrnadd FGKLM, dürnadd JN. 66 + JKLMN:

nid gradd, a bair iawn naddv / a nâdd a ddŷl gwiwrâdd gŷ

68. vn heb râdd FGJKLMN. 71. meddwl doeth moddol a dŷsg FGJKL, Meddwl doeth moddel a dysc M, medd doeth modd a Dysg N. 72. matter oedd vm trwy addysg FGJKLMN. 74. râd awen ym or diwedd FJLMN, rad awen im oi driwedd G, râd awen yn or diwedd K. 76. ba suwt waeth be JKLM; waeth FG; beth sy tithau BCF; ba siwt wauth be si tithau N. 81, 82. [E*.] 83. ddvll FG. 84. ar waith BCDEHI. 84 + JKLMN:

doedu/n/fwyn pedid yn ferch / Ir ai danaf er d'annerch
Nith geisiaf danaf ddyn doeth / Nith gaf nag un oth gyfoeth
Ni ddymunwn ddamweiniaw / dana ddyn ond un ni ddaw

86. er llowio DHIJKLM, er llywio FG, er lloio N; lliwio BC. 87. os hogwn i FGJKMN, os hogwn ni L. 88 + FGJKLMN:

gyrü gwers, ar gowir gân / gair/i/ ddichwel, garw ddychan
(1. or gowir F.)

91. per i gangell FG. 94. [I.] 101. gemav gwir FG.

CYWYDD 12

Y mŷd ynom, adwaenir,
Ing, os gwn, a ddengys gwir.
Wrth i gwaith i'r daith i dôn'
Ir adwaenir y dynion.
Y saethav, mae beiav'n bell,
Fan cav, a fo'n y cawell,
Y rhain beynydd, rhôn benod,
A saethir yn wir i'r nôd.
Am hyn, paham, wahan pur,
M*ast*r Prys, mae stori prysur?
Canv a wnavt, cynen oedd,
Coffr[1] y wawd, cyffroi ydoedd.
Dy atteb wedy doetvd
A wnawn oni fawn yn fvd,
A bwrw, yn wir, er bâr neb,
Y mawl yt a mêl atteb.
Nid evrais, hynod eryr,
Yt vawl rhac d'ofn, golofn gwyr.
A genais wedi gwinoedd,
Gŵyr Dvw mai o gariad oedd.
Trois draw air fel mor tros draeth
I ti, Edmwnd, yn tadmaeth.
Dugost glod, gorfod gwirfael,
Dwg yn hîr, archdiagon hael.
Y' mris, yn ôl dy foli,
Yr ede fach i rhoyd fi.
O myni, llif yma'n llem,
Dwrf iownllwybr, dy arf finllem,
A chwedi ffraea ychydig,
Taro yn ddewr, wyd taran ddîg:
Nid archaf fyth, dyrcha fawl,
Yt beidio, wyt wybodawl,
Er nad aml ar nod ymladd
Yn y drin a fai yn dy radd.

[1] 'corph' a sgrifennwyd yn wreiddiol. Sgrifennwyd y cywiriad 'coffr' yn y brif law uwchben y llinell.

Dywaid, prisyd wawd prysur,
Davnod parch, dad enaid pur,
Gwest odl, ple rhois gystadlaeth,
Rhwyddwr cerdd, rhwng rhydd a'r caeth?
Nid yw gaeth, enaid y gwyr,
Yn y Beibl awen bybyr.
A'r awenydd frav anian
Y gwneir cerdd ac i gwniir cân,
A'r awenydd, ddydd addef,
Ddieithr nawdd, a ddoeth o'r nef.
Drwy awen, wr llawen llwyd,
Dafydd, ir braffwydd brophwyd,
Ar gain gerdd, organ Gwirdduw,
Sêl am ddysc, gwnai psalm i Dduw:
Am hyny, gwyl, fy mhennaeth,
Nad yw'r frigwerdd gerdd yn gaeth.
A genais ni fawr gwynir,
Nid oes gudd, nodais y gwîr.
Ni wadaf air, myn crair Cred,
Gwrdd goel, mae'r gerdd [i'w] gweled.
Drwy chwilio, edrych eilwaith,
Deall yn well dvll yn iaith.
Ni chyffelybais, gwiriais ged,
Dim i air Dvw a'i ymwared.
O doedaist, hynod Eidol,
Aed yn ffawt, 'y mod yn ffôl,
Ni'th goeilir byth (gwelir barn,
Iawn chwedl, rhwng gwan a chadarn)
Onis dengys, ysbys oedd,
Vthr adwyth, fy ngwethredoedd.
Derm hynod, er ym henwi,
Dav arwydd dysc, dy râdd di,
Ni henwais yn hy, anvn,
Y' ngreddf hap, fy ngradd fy hvn.
Pa waeth, am y peth a wn,
Pwyso yn nes, pes enwaswn?
M*ast*r wy', claim ystori clod,
Mainc hardd dwf, mewn cerdd dafod.

Os dav aelod is dolydd
I gerdd fyth gwyraidd a fydd,
Rhyngom i'n dav clymav clôd
Da rhenaist, awdur hynod,
Ag awn ynghyd, bryd brudwaith,
Yma ar ran i glymv'r iaith.
Od eisteddir, dyst addysg,
Ar y gerdd wir, gywir ddysg,
Y gwr eb radd, doed garbron,
Naddai dwyll gynghaneddion.
Mab a ddaw, mae eb ddeall
(Pand hwyr dysc?), fel paintiwr dall.
O gwnaethom wawd barawd bêr,
Agwrdd lywiawdr gerdd lawer,
Beth bynag fv, mae'n gv'r gair
(Band call?), ni bu ond cellwair.
Yn wir ddifost ar ddavfodd,
Hyn a fv ni bu o'm bôdd.
Oni chanwn ychwaneg,
Ymadawn mewn dawn yn deg.
Bych esgob vcha' a wisgir,
Bid tywys hap yt oes hir!

WILIAM CYNWAL

NODIADAU YMYL Y DDALEN YN Ll 43:

(i) *yn cyfeirio at linellau 49, 50*:
awen gaeth

(ii) *yn cyfeirio at linell 56*:
deall yn well

(iii) *yn cyfeirio at linell 81*:
gwr heb radd

(iv) *yn cyfeirio at linell 82*:
twyll gynghanedd

(v) *yn cyfeirio at linell 84*:
payntiwr dall.

(vi) *yn cyfeirio at linell 88*:
cellwair

FFYNONELLAU: A – Ll 43, 40. B – P 125, 33. C – T, 474. D – LlGC 3288,i, 69. E – BLAdd 14991, 185r. F – BLAdd 31056, 147r. G – LlGC 5931, 28r. H – LlGC 19497, 67. I – LlGC 2621, 49. J – Cw 27, 305. K – M 145, 594. L – Ll 49, 44. M – LlGC 21252, 30r. N – JRW 3, 28. O – LlGC 20968, 59 (llinell 47 i'r diwedd). P – C 1.1, 53.

AMRYWIADAU: 3. y gwaith GKLMN. 6. a fv /n/ (E)FGJK LMNP. 14. draw a wnawn, oni fawn fŷd JKLMN. 16. ar mel FGP. 18. er d'ofn JKLM. 20. [I.] 26. yr edav fain (E)FGP; yr ede fain, rydwy fi DHJKLMN, Yr oedaf fain 'r ydwyfi I. 26–35–36 *et sqq.* hyd 72 DHIJKLMN. 31. Nid archaf fi BCE. 33,34. [DH IJKLMN.] 36. dann nod parch BCDEHI. 38. rrwyddwych wr rrwng rrydd a chaeth (E)FGP. 41. or awenydd FJKLMNP. 42. cerdd, gwineiriav kân JN. 44 + D(E)FGHIJKLMNP:

ag o râd, pawb a gredan / yr ysbryd, eglürbryd glan

48. gwnaeth salmaü JKLMNO; salmav FGP. 50. freisgwerdd JN. 50 + (E)FGJKLMNOP:
na fwrw arnaf, garwaf gwaith / ond a wneüthym, dawn wythiaith
52. nid oes gel JNO, nid oes gerdd KLM. 54. i gweled A. 58 + D(E)FGHIJKLMNOP:

i air têg, oedd gida/r/ tâd / da wych ryw, or dechreüad
a düw oedd, nis diweddir / y gair o nef, gorav /n/ wir
pe rhonn darfod, gydfod gwâr / nwyf düwiol nef a daiar
gwir na dderfydd, kynnydd kall / gair düw, medd gwr ai deall

(7. ni dderfydd (E)FGP. 8. gwyr (E)FGP.)

61. gelwir barn FGKLM. 64. yn gweithredoedd FGP. 65. drem hynod JN. 69. pa waeth oedd am DHI; pa waeth oedd, y peth (E)FGJKLMNOP. 72–79–80–81–82–83–84–27–28–29–30–31–32–73–74–75–76–77–78–85 DHIJKLMNO. 78. yma /n/ vn, i glymv/n/ iaith JN. 85. gwneythym BCE. 86. A gwrdd BCDHI. 93. wycha wisgair F, vwch a wisgir GJKLMNO, wycha wisgir P.

CYWYDD 13

Wiliam, irfardd lem arfod,
Wiail aur clêr, eiliwr clod,
Cynydd wawd, canu ydd ydwyd,
Cynwal, anwadal yn wyd.
Ers dyddiav aros davddeg
Er bwrw'n dysc ar i barn deg,
Vno eilwaith, winevlain,
Vrddwyr hêdd, ar ddav o 'rhain,
Ag yn ôl ymwroli
Y rhovt y mvd rhôt a mi!
Gwir y mvd, awgrym ydyw,
Gwan i'r farn wrth gynwrf yw.
Ofnog wyd a fv'n gadarn
Os ar fvd y ceisi'r farn.
Mi adwaen gwaith mudan gwawd,
Mae'n waelach na manylwawd.
Di-fud yw cerdd dafodawl,
Ni wyr mud iawn wirio mawl.
Rhoi a doedvd rhaid ydyw,
Rhwysc arfod cerdd dafod yw.
Sôn ir wyd a synwyr rydd
Am saethav, fy mwys iaithydd.
Drygsaethydd, camwydd cymell,
A saetha byr a saeth bell.
Chwith iawn i hwn, chwaith ni haedd,
Chwarav at nod ni chyraedd,
A chwith i ddoeth, noeth yw'r nôd,
Loew arf, na wŷl i orfod,
Eithr galw o'r athro golym
Dŷn heb râdd fel dawn heb rym.
Gwr eb râdd a ddaw[1] garbron,
Gŵyr ddal rhai o'r graddolion.
Daw a dull gwawd, didwyll gân,
Diwestodl, beirdd a dystian'.

[1] 'ban ddêl' a sgrifennwyd yn wreiddiol. Ond ceisiwyd dileu'r geiriau hyn (drwy roi dŵr ar yr inc?) a sgrifennwyd 'a' dros 'ban' a newidiwyd 'ddêl' yn 'ddaw' yn y brif law. Cf. ymhellach yr amrywiadau.

Fo ddengys hy ysbys hawl,
Fo gerydda fai graddawl.
Rhwydd yw'r bai lle rhodder barn;
Rhai a'i gwâd yn rhy gadarn.
Y dwyllwawd, fo'i deellir
Heb roi hûd a byr a hir,
Trwm ag ysgafn, bai safnol,
Tîn âp, gorav tewi'n ol!
Pen ddêl o'r fatel a fu
Hên baeintiwr wyneb vntv,
Nid mor ddall nas deallai
Waeled beirdd, weled i bai!
[Na] thybia fyth, beiav fu,
Hên Apeles yn pylv.
Palf Zewxys hwylys hylawn
(Pant ta'r grefft?) yn paintio'r grawn
Lle'r ydoedd[2] llu o'r adar
Yn i gylch, genavwâg wâr,
Gan dybiaid, hedyddiaid hynt,
Gwirion wedd, mai grawn oeddynt,
Ar y pared ir heden',
Ffo garllaw, a phigo'r llen.
Os anaf y sy ynod,
Gwilia'r farn, gwelir i fod.
Testyn a gair, tôst wy'n gwav,
Tâd iaith, i'th baentio dithav.
Nid oes vn m*eist*r dyfeisdrafn
Ond dav brîf ar gerdd lif lafn:
Owain Gwynedd iawn gynyrch
A Simwnt hên sy mewn tyrch.
Doeth i ti, nid meistri maeth,
Daera' gair, dy ragoriaeth:
Dy fod, cynydd hyglod hardd,
Ner addfed, yn arwyddfardd.

2 'lle ddydoedd' a sgrifennwyd yn wreiddiol. Ond croeswyd allan yr 'dd' gyntaf yn 'ddydoedd' ac ychwanegwyd 'r' uwchben ar ôl 'lle' yn y brif law. Cf. ymhellach yr amrywiadau.

Wyd yn ôl o feistrolaeth
O ran gwawd yr awen gaeth.
Cyd bo caeth puroriaeth pen,
Coeth i ryw, caeth yw'r awen.
Mae'n gaeth o'r man i gwthir
Os yw gaeth eisiav y gwir,
Caeth, a cham, pe coethech well,
Os cam yw asio cymell.
Ymdynna, mae d'awenydd
Yn gaeth rwym ne yn goeth rydd:
Yn gaeth ni fynni draethwawd,
Ag yn rhydd gwaeth yw gwydd gwawd,
Ag ar ddeall gwraidd awen
Byr iawn wyt ti mewn braint hên.[3]
Ni'm coelir? Gwir rhagorawl:
Coelir maink o eilwyr mawl!
Bwriaist heb senw i'w beri,
Barn falch, y bai arnaf fi,
Ag ar gân gwîr yw genyd,
Er na bae wir yn y byd.
Doedud arnaf, gwaethaf gwall,
Dig ym, ddoe dy gamddeall:
O bv wall gerdd, rybell gais,
Da hollawl i dehellais!
Er na welyd, ran ailvn,
Dafod hy, dy fai dy hvn,
Gwelais i, gelwais i'w ôl,
Glôd rywiog, gwŷl dy reol.
Medaist hyn, madws yw taw,
Os madws yw ymadaw.
Onid wyd, enaid wawdydd,
Ag ofn barn gyfion o bydd,

[3] Sgrifennwyd y llinellau a ganlyn ar ymyl dde'r ddalen gyda lluniau dwy law, un o boptu'r testun, i ddangos eu bod i'w cynnwys ar ôl 13. 82: 'daw ar gerdd o nodir gwawd / drwy eilio bedwar aelawd / deall hyd gwe a dull iawn / ag odli ai gwau yn gydlawn'. Ond newidiodd Prys ei feddwl a rhoi llinellau dileu drwy'r llinellau ychwanegol hyn a chroesi allan y llun llaw ar yr ymyl chwith. Cf. ymhellach 17. 65–8.

Dyred a Simwnt dirion,
Dofn swydd, dof finav a Sion:
Dav saer i roi dewis ward,
Dwys râd, i dy Syr Edward.
Yno bydd vno byddin,
Dydd drud, a diwedd y drin.

EDMWND PRYS

NODIADAU YMYL Y DDALEN YN Ll 43:

(i) *yn cyfeirio at linellau 9–12*:
Cyn. / y mvd/vnom adwaenir / ing os gwn a ddengys / gwir

(ii) *yn cyfeirio at linellau 21, 22*:
y saethau mae beiav / yn bell/fan cav a fo / yn y cawell/y rhain beynydd rhoen benod/a / seithir yn wir ir nôd/

(iii) *yn cyfeirio at linellau 29, 30*;
y gwr eb râdd doed / garbron / naddai dwyll gyng.

(iv) *yn cyfeirio at linellau 43–6*:
pant hwyr dysc fel paint= / iwr dall

(v) *yn cyfeirio at 'Apeles' yn llinell 48*:
Apelles pictor

(vi) *yn cyfeirio at 'Zewxys' yn llinell 49*:
Zeuxis pictor

(vii) *yn cyfeirio at linell 61*:
mr wy claim stori clôd

(viii) *yn cyfeirio at linell 70*:
Awen gaeth

(ix) *yn cyfeirio at linell 83*:
nith goelir byth . gwelir / barn.

(x) *yn cyfeirio at linellau 89, 90*:
mab a ddaw mae eb ddeall.

FFYNONELLAU: A – Ll 43, 44. B – P 125, 35. C – T, 476. D – LlGC 3288,i, 72. E – BLAdd 14991, 186v. F – BLAdd 31056, 147v. G – LlGC 5931, 30v. H – LlGC 19497, 70. I – LlGC 2621, 50. J – Cw 27, 307. K – M 145, 597. L – Ll 49, 46. M – LlGC 21252, 32r. N – JRW 3, 30. O – LlGC 20968, 61 (llinellau 1–92 yn unig).

AMRYWIADAU: 1. eurfodd DHI, eürfardd GJKLMNO. 7. yno BCDEFHIJKLMN. 8. vrddwyr hael JN. 12. ar farn JKLMNO. 19. Rhuo a doedyd BCDEHI. 21. fal synnwyr EFGJKLMNO. 22. saethv BCDEFGHIJKMNO. 27. chwithach i ddoeth JKL MNO. 29. o athraw JKLMNO; gwiwlym BCDEHI. 31. o daw BCE, ban ddêl D(E)FGHIJKLM (*cf. y troednodyn ynghyd â'r testun*), pan ddoe N. 36. fo graddawl BCE. 38 + D(E)FGHIJKLMNO:

amlwg fydd trwyn ar wyneb / afraid i mi, nodi neb
(2. i ni (E)FGM.)

39. o dyellir BCE. 41, 42. [JKLMN.] 47. o thybia A (*darlleniad aneglur ac ansicr*). 51. llei ddydoedd llvoedd adar DFGHIJKLMNO (*cf. y troednodyn ynghyd â'r testun*); lluoedd adar (E). 53. yn tybiaid (E)FGJKLN; yn tybiad hedyddiad M. 58. gwiliwr barn gwelir i bod (E)FG. 64. a Simwnt hael (E)FGJKLMNO. 66. dewra FGJ KLMN; dewra gŵr DHI. 68. Nêr addfwyn BCE. 69. rwyd yn ol FG. 71. Cyd bo caeth yw'r awen I. 72. [I] (*gw. llinell 71.*) 64. o eisiau gwir BCEN. 75, 76. [KLMO.] 78. [I.] 89. gwaelaf JKLMNO. 93. ren wiwlün JKLMN. 102. dofn serch JKLMN.

CYWYDD 14

Y ddiareb oedd eirwir,
Gyson waith, ag a sai'n wir:
Ni ad anoeth diawenydd
I orfod fyth, oerfyd fydd.
Drwg y gwna crydd, o bydd barn,
Sickiwyd gwawd, siecked gadarn.
Y llyn, Prŷs, llawn i prisiwyd,
Gweithia'r iawn, pregethwr wyd,
A da ydwyd a dedwydd
Ar y gwaith hwn, avrgoeth hydd.
Dyw a roes yt, eiria Sawl,
Sydd hapusdeg, swydd apostawl.
Dithav ni fyn, dyfyn dv,
Dim synwyr, ond ymsenv.
Anaml yw cerdd na mawl call
Yn dda heb i iawn ddeall.
Deall a wnavd, nid well neb,
Gwarth enw, yn y gwrthwyneb,
A bwrw y gair, bar a gâf,
Wyd dig vthr, at y gwaethaf.
Dywaid, Prŷs, ar frŷs i'r fro,
Yn y dyffryn wyd effro.
Ai ymsennv, moes annvn,
I droi dy hap drwy dy hvn,
Mal breddwyd moel heb raddiaw,
Mawr sur trwm, yw'r siarad traw?
Y râdd a gefais ar rôd,
Honest wyddfa, yn eisteddfod,
Yn ddigwylidd i gwelwyd,
Gwedi'r iawn i gwadv'r wyd.
O cafodd dav, dorav dysg,
Da i gwedd, wrth oed ag addysc,
Wyrth lân waith, nid wrth liw nos,
Râdd vwch, fel yr oedd achos,
Cowsan' ragor, hebgor hedd,
Yn 'y mlaen igain mlynedd.

Y maen' yn cael, mael i'w maeth,
Y rhawg air a'i rhagoriaeth.
Simwnt hael, ddisomiant hedd,
Iawn gân, ag Owain Gwynedd,
Athrawon cyfion i caid,
Act wrol, ne ddoctoriaid.
Ni'm gwrthodan', organ iaith
A gwawd aml, yn gydymaith.
Ymryson drwy ddiglloni,
Ruad mawr, yr wyd a mi,
Fel ymryson, son heb sail,
Gwan nwyf, a go' yn i efail.
Nid af i ryd o fawr rwyf,
Da, naws golled, nas gallwyf.
Am yr awen, llem rywiawg,
A wnai rhan sy yno' y rhawg,
I'w threio y' ngwydd athrawon,
A gwaith haedd nad yw gaeth hon,
Myfi, gwedi yn gadarn,
Y' ngwydd llv a fv yn y farn,
Ag yno i'r brîg enyd
Cefais a geisiais i gŷd.
Os daw etto, gwastettych,
Eisteddfod gerdd dafod wych,
Ni allyt ti yn y llv teg
Fynd iddi rag ofn davddeg.
Rhaid yw yno gweithio yn gall,
Ŵr taerwych, ffo i art arall!
Hyder wyd, o hŷd ir aeth,
O devlu prif waedoliaeth.
Mae'n dy ben, gwnayt sen yn siwr,
I wav yn ing awen iangwr,
Yr hon a gâr o'r henw gwan,
O lîd awch, eilio dychan.
Nid da genyd ti ganv,
Poenwall dîg, ond penill dv.
Pe'th goelid, pwytho gwaelwawd,
Celwyddog wy'n cloddio gwawd.
Drwy achos, os edrychir
Y' mhara gerdd i mae'r gwir,

Yno i barn llv, barwn llên,
Trwy goel, i ti yr ygalen.
A fo drwg mewn gwg a gwall,
Anfad air, myn fôd arall.
Tan gwerylv ti yn gravlawn,
Chwyn yn iaith, ni chan yn iawn,
A thi'n y gwaith, awen gav,
A fyn na chanaf finav.
Weldyna eiliad anwych,
A phwyso'n iaith, pfasio'n wych.
Gŵyr beirddion, dynion dinam,
Chwnwr gwawd, na chana' ar gam.
O eigion dysc bvm gan dant,
Wawd fêl, yn hav dy foliant.
Ni fynyd fawl gwrawl gwych;
Gan na fynyd, gwna a fynych.
Amcenais, seiniais synwyr,
Oll, pe bai gwell, pawb a'i gŵyr.
Doe ymadel er dim wedi
Drwy deg a theg draw a thi.
'Y mriwo llym, hwyr wellhav,
A'th fin doetḥ a [fyn] dithav.
Os derbyn, gwr tyn wyt i,
A gwawd ŵg yno digi.
Yn ysgymydd ddydd ne ddav,
Fet vthr, nid af i tithav.
Nid hawdd genyf, grair cryf Crêd,
Dravais sicr, droi fy siecked.
Ar ôl y gerdd, rvwl a gaf,
Wyt hybarch, i'th attebaf.
Na feddwl os hen fyddi
O'r blaen fawr i blinaf fi.
Ond, ydolwg, da delych,
A bodd Dvw oll, bydd di wych.
Can yn iawn, cwyn yn anod,
Ne âd y gerdd yn dy gôd.

WILIAM CYNWAL

NODIADAU YMYL Y DDALEN YN Ll 43:

(i) *yn cyfeirio at linell 6 (a danlinellwyd)*:
nullus sensus

(ii) *yn cyfeirio at linell 12*:
longa

(iii) *yn cyfeirio at linell 25*:
graddio breddwyd

(iv) *yn cyfeirio at linell 39 (a nodwyd)*:
furtum

(v) *yn cyfeirio at linellau 43, 44*:
not . . . / ide . . . / no . . . (*Ni ellir darllen diwedd y geiriau hyn gan eu bod yn rhedeg i mewn i rwymiad y llsgr.*)

(vi) *yn cyfeirio at linell 52*:
nota

(vii) *yn cyfeirio at linell 78*:
ygalen

(viii) *yn cyfeirio at linell 79*:
mutuat'

(ix) *yn cyfeirio at linell 84*:
nota

(x) *yn cyfeirio at linell 85*:
nota

(xi) *yn cyfeirio at linell 88*:
no . . . (*Ni ellir darllen diwedd y gair gan ei fod yn rhedeg i mewn i rwymiad y llsgr.*)

(xii) *yn cyfeirio at linell 89*:
mutuat' (*Ni ellir bod yn or-sicr o'r darlleniad hwn gan fod y sgrifen yn fân ac ychydig yn aneglur.*)

(xiii) *yn cyfeirio at linell 90*:
moliant

FFYNONELLAU: A – Ll 43, 47. B – P 125, 38. C – T, 478. D – LlGC 3288,i, 74. E – BLAdd 14991, 187v. F – BLAdd 31056, 148r. G – LlGC 5931, 33r. H – LlGC 19497, 72. I – LlGC 2621, 52. J – Cw 27, 309. K – M 145, 601. L – Ll 49, 48. M – LlGC 21252, 34r. N – JRW 3, 31.

AMRYWIADAU: 1. sydd eirwir L. 2. iaith BCEGJKLMN; ag y sy.n.wir FG. 5. lle i bydd barn (E)FG. 10. irgoeth JKLMN. 33. Wrth lân BCDEFGHIL. 36–9. [E] (*ychwanegwyd llinellau 36–8 yn ddiweddarach mewn llaw arall.*) 38. a rhagoriaeth DFGHIJKMN, y rhagoriaeth L. 45. Ymryson mawr yr wyd a mi I. 46. [I] (*gw. llinell 45.*) 48. gann FG; wyf CDHIJKLMN. 50. dan naws JKLMN; nis gallwyf EFGJKLMN. 50 + D(E)FGHIJKLMN:

mi adwaen rym dy iawn rann / rhif henw fy rhyw fy hvnan
ag adwaen ôll, gwedi /n/ iaü / drüd ieithydd, dy ryw dithaü
nid oes ynof, gof gwiwfaeth / oni chai gam, vn iach gaeth
(1. ryw da iawn FG. 6. oni chaf DEHIM, oni cha FGKL.)

52. a wnai i rran F; A wna ran yno G; sy ynoi rhawg DHJKM, sy ynei rhawg I, fy nai rhawg N. 52–54–53–55 G. 53. ymysg athrawon JKLMN. 54. hêdd, nid DHIJKLN. 65. od yw rydd, o hyd JKLN, o Duw rydd o hyd M. 66. diwyd alw, dy waedoliaeth JKLMN. 73. goelynt FJKLM, goelwynt G, goilit N. 76. ymha ryw gerdd JLN; gerdd gerdd A. 80–82–81–83 F. 82. ni cheni /n/ iawn DGHIJ, n cheni n iawn N. 85. alwad anwych FGJKLMN. 86. a ffasio n iaith F; Ffassio'n iaith a ffasiwn wych G; ffasiwn wych BCDEFHI JKLMN. 86 + *Yn* DHI *ceir yma linellau 25–70 o Gywydd 17. Ni ddigwydd y llinellau hyn yng Nghywydd 17 yn y llsgrau. hyn. Yn dilyn 17. 70 ceir llinellau 87 et sqq. o Gywydd 14.* 91. ni fynni JKLMN. 92. na fynni (E)FGJN, na fyn KLM. 93. soniais JN. 94. well, pawb a wŷr DHIJKLMN. 95. ymadel . . . JKLMN. 98. a fynd dithav ABJN. 100. o, gwnaüd FGJKLMN; yno wedi JN, yno gwedi KLM. 101. dydd na daü FGJKLMN. 110. a bôdd düw oll, a bydd wych JKLMN. 112. y gân FJKLMN.

CYWYDD 15

Dechreu y tri am vn

Croch wyd, Will*iam*, crych dy eiliad,
Cynwal, bardd cynnil, heb wad.
Dadwrdd rhac poethed ydwyd,
Dwrdio gwyr Dûw o'r dig wyd.
Os cytgam, baham heb wir?
Os dig, gwn i'th ostêgir.
Vnic wawdydd, yn gadarn,
Wrol o bell, ar ael barn,
Gyrraist sennav go eirwon,
Gair braisg, ac ni ddoi garbron.
O bv ynod, wîb anoeth,
Eb aros barn, berw ias boeth,
Iâs oer a gerdd, rysvr ged,
Can bwyll ynod cyn belled.
A fyn ddoedyd a fynno
A glyw'r hyn ni fyn y fo.
O doi i fan er dyfynnair
I offrwm cerdd, effro i'm cair.
Effrôer di, a phraw'r dydd,
Effro ydwyf a phrydydd.
Ti a gysgi, yt gwisgwyd,
Chwerw yn yr iaith, sef chwrnv ir wyd.
O chanwn gerdd, hywerdd hail,
A thi, ofan, i'th efail,
Ymy gedaist am gydwaith
Yr efail ar ryfel iaith.
I ble ffoes, drygfoes draigfin,
Y gofan trwch rhag ofn trin?
O'th yrrais, ni syflais sail,
O'th gôf ac o waith gefail,
Er dy fôd yn arw dy fin,
Lle doeth fwg llid o'th fegin,
Nid wyd abl wrth barablv
I gydio iaith a'r go' dv.

Neddaist wawd, ny wyddost di,
Boeth Gynwal, beth a geni.[1]
Mynni yr awen vwch ben byd,
Gyd-tŵf, ag o waed hefyd.
O'r nen[2] o bydd awen bûr
Dawn yttyw nid o natur.
Vn svd, os o naws ydyw,
Dawn o fyd, nid o nef, yw.
Blitha' cayt wrth blethv cân
Awen iangwr, na yngan.
O ddeall y ddwy awen,
Mewn iaith befr, mae vn i'th ben,
Edrych y fwynwych fonwent,
Hanes enw cerdd hên Sion Kent.
Pwy sy yn well, o pwyswn ŵr,
Yn i gongl nag eangwr?
A fo eang ei fywyd,
Nid yw gaeth, na wâd i gŷd.
Os eangwr, gall sengi,
O ran eich iach, arnoch chi.
Dy lyfr, ail deiol afryw,
Dvll calandr pab,[3] arab yw.
A ddyry iddo ariant,
O fewn i swydd ef ai yn sant.
Gwnaethost di, gwenhiaithus dôn,
Ddavgant yn fonheddigion.
Dodi i mi, dydi a'i medd,
A fynnych di o fonedd.
O cham-roi, a chymer rann
At hyny vt dy hvnan,
Os ydifar, fwys dafod,
O rwym y glêr, roi i mi glod,

[1] Y cwpled a ganlyn a ddilynai'r llinell hon yn wreiddiol: 'ba gywilydd big waeliaith / a allvd i mi er llid maith'. Ond fe'i dilewyd a'i gynnwys yn ddiweddarach yn y testun, cf. 29. 107–8.

[2] 'or nef' a sgrifennwyd yn wreiddiol, ond croeswyd allan y gair 'nef' a sgrifennwyd 'nen' yn ei le uwchben yn y brif law.

[3] 'dvll clandr y pab' a sgrifennwyd yn wreiddiol, ond croeswyd allan yr 'y' a newidiwyd 'clandr' yn 'calandr' drwy ychwanegu 'a' uwchben yn y brif law rhwng yr 'c' a'r 'l'. Cf. ymhellach yr amrywiadau.

Y glod a rowch, gloewder iaith,
Dychweled i chwi ailwaith.
Nid teg ag nid tiogan
Iawn glod ond o enav glan.
Dodaist i'th gydwr didarf
Y maen a roe mîn ar arf.
Nid rhaid i finiog hogi:
Llem yw fy arf, a llyma fi.
Os ynillais yn hollawl
Dy ysgwir mewn dysc, orav mawl,
A'th linyn, aeth olynol,
A'th gwmpas, wyd âs yn ôl,
A'th bylion gynion i gyd,
Y llif a'th fwyall hefyd,
Gwych i rhoist, ag iach yw'r hynt,
Glan wyt, dy ygalen attynt.
A gano ffv̂g yn i ffav
Ar gil, ni ddaw i'r golav.
A gano wîr, ac ni wad,
A gae lewych golauad.
A fo evog o faiav,
Blin i ddwyn gar blaen y ddav.
A gano wir, er dig neb,
Gwys iawn, dengys i wyneb.
A fo drwg ar ei fydr wan,
Eiddil oll a ddail allan.
Ni wyddost, er a neddir,
O boethi gwawd beth yw gwir.
Gwyddost di, nid gweddus dy air,
Rimynnv i roi i mi anair,
Er na wyddost, o oer naddial,
Am weithio dig, ddim o'th dâl.
Gorav dim be gyrryd wir,
Iachwr ydwyd ni chredir.
Mynych, ac heb ddim vniawn,
Achwyni na chana'n iawn.
Od oes vn bardd, dwys iawn bair,
A than enw, a thi yn vnair,
Dangosed, hyn a geisych,
Boddlawn wyf, bydd lawen wych,

Os oes vn bai, sy sôn bod,
Mydr weddol, am dri eiddod.
On'd oes hyn a nodais i,
I gav'r ddadl, gwîr a ddoedi.
Ni chaisiaf ond fy nhafod,
Taera' gwas, rheitia' i ti'r gôd.

EDMWND PRYS

NODIADAU YMYL Y DDALEN YN Ll 43:

(i) *yn cyfeirio at linellau 17, 18*:
kynwal. / dywaid prys ar frys ir fro / yn y dyffryn wyd effro.

(ii) *yn cyfeirio at linellau 23, 24*:
kynwal / ymryson son heb sail / gwan nwyf a go' yn i efail.

(iii) *yn cyfeirio at linellau 43, 44*:
kynwal. / i wav yn ing awen / iangwr

(iv) *yn cyfeirio at linell 56*:
calandr

(v) *yn cyfeirio at linellau 61, 62*:
kynwal / o eigion dysc bvm gan / dant . knot i fil yn / canv yt foliant

(vi) *yn cyfeirio at linellau 71, 72*:
kynwal / yno barn llv barwn llen / trwy goel i ti'r ygalen.

(vii) *yn cyfeirio at linell 88*:
Simon Vaughan / Iohn philip a / henwesid yn vstu= / siaid rhyngthynt

(viii) *yn cyfeirio at linellau 101, 102*:
kynwal / can yn iawn / cwyn y nanod

(ix) *yn cyfeirio at linell 112*:
kynwal. / ne ad y gerdd yn dy gôd

FFYNONELLAU: A – Ll 43, 51. B – P 125, 40. C – T, 479. D – LlGC 3288,i, 79. E – BLAdd 14991, 189v. F – BLAdd 31056, 149r. G – LlGC 5931, 36r. H – LlGC 19497, 76. I – LlGC 2621, 54. J – Cw 27, 311. K – M 145, 604. L – Ll 49, 50. M – LlGC 21252, 36r. N – JRW 3, 33.

AMRYWIADAU: 16. a glyw hynn FGJKLMN. 17. o doi fann BCEJN. 21. gŵsg yty' (E)FGJKLMN. 25. gadyd FG; gyd iaith (E)FG. 29. [I]; ith yrais BCDFGHJKLM, ith gyrais EN; sylfais DFGHKLM. 38. goed twf (E)FG, gwawd tŵf JKLMN. 39. os vwch ben bydd FGJKLMN. 41, 42. [BCE.] 41. os o natvr sain ytyw DFGHIKLMN, os o antvr sain ytyw J. 42. dyna farn nid DFGHIJKLMN. 45. i ddeall DFGHIJKLMN. 50. Yn y gongl BCEM, yw gongl FG. 51. yw fowyd FG. 54. ych iaith DEHIJN. 56. clandr y pâb FGJKLMN (*cf. y troednodyn ynghyd â'r testun.*) 59, 60. [FG.] 61. dôd imi BCDEFGHIJKLM, Dad i mi N. 63. A cham roi BCE. 66. o rym EFGN; roi mi BHI, roi ym EKLM. 67. a drowch KL, a roech JN; glewder BCDHI, glewdwr E. 74 + JKLMN, 82 + D(E)FGHI:

ple kenais vn plwck anwir / bid gwarth lle ni ddoedbwyd gwir 75–82. [JKLMN.] 76. o ryw mawl BCDEHI. 82. y galen FG. 82 + D(E)FGHI *gw. 74 + uchod.* 94. bwytho BCDHI. 96. rimynü roi DFHIJKLM, rimynau roi N; roi mi B, roi ym CEFG. 97. wyddost arw naddial DHI; arw naddial BCE; di ni wyddost o naddial (E)FGJKLMN. 102. na chana i /n/ iawn CDHIJN.

CYWYDD 16

Yr ail cywydd

Cenais arch lle cawn i senn,
Cân a fagodd cynfigen.
Ymryson mawr a esyd
Dygn boen a dig yn y byd.
Dylyn gwawd, di-elw yn gwaith,
Dol Gynwal, gadel gweniaith.
Rhyfygodd o'i arfogaeth,
Rhyw fawl oedd, a rhyfel aeth.
Ryfedd fôd, rhyw fodd a fv,
Rhof a Wiliam rhyfelv.
Rhodres i fod yn rhydrwm
Am ailio pleth mal y plwm.
Credv ir awn, y croewdaer wr,
I'r clorian, mi a'r clerwr.
Llvnio i ymbwyso a'm bardd
Lle mynnai, lle mae anardd,
Lle cae, ag wallai i cais,
Ar y faentol ryw fantais.
Amcenais, mwya' cynig,
Y' nrws i dy, 'y newrwas dig,
Maentol wych, maint o hael wyr
O vwch vrddas (ai chwarddwyr?),
A thalais oedd etholawl
O'i stâd i hvn, astvd hawl,
A barnwr doeth heb wyrni
Yn yn iaith i'n vno ni,
A dewis dav dwys i dysg
I roi yddynt yr addysg.
Ni ddoe er hyn, eddy' yr hawl,
I naddv yn awenyddawl.
O thwyllid o'i fwth allan,
Dywaid air mawr, doed i'r man.
Rhydodd bwnc, rhaid oedd bencerdd
[Gidag] ef i gadw ei gerdd.
Rhodresdal a yrr drostaw,
Hyn oedd wael, i hŷn ni ddaw.

Nawdd o goed, noddgae adar,
Noddfa cath, aneddf a'i câr.
Swydd anwr, nis haedd vnoed,
Saethv gwn ne saeth o goed.
Dadlavlwybr beirdd, doed lawlaw:
Os yw'n ddewr ba son na ddaw?
Y cyntaf bost i dafawd,
Ola' gŵr yn eilio gwawd.
Groch ymswn gwrach a ymserth:
Ai sŵn yw o eisiav nerth?
Pette'n grêf gwn na lefai:
Trwy nerth on'd treio a wnai?
Y ci hefyd, o cyfarth,
Antvr yw ddeintio ar arth.
Dithav, Will*ia*m daith ddilwydd,
Dewr wyd ar air, dyrd i'r wydd.
Doethym (pam na chydweithi?),
Damwain daith, i'th domen di.
Pe basyd, pawb a wysai,
Blot fawr, heb weled ty fai,
Diwaith wyt, wr, doethyd ti,
Impiwr afiaith, i'm profi.
O bavd gwell na'th gymhellwr,
Am ran tâl ymrown yt, wr.
O bavt yn waeth, bettwn iav,
Mae'r man i ymroi i minnav.
O'm gyrryd, bo ym gerydd,
I newid arf yn vn dydd,
Ni chaisiaf ar gerdd dafawd
Fenthig arf i nithio gwawd.
O cheisir, mae achosion,
Ddiegr brŷd, na ddoi garbron:
Rhag dangos o'n achos ni
Dledair dy law a wedi.
Os gwell, ne am nas gallvd
Wirio dy farn, ir wyd fvd.
Ai achos bod vwch wys barn
At yfed mewn ty tafarn?

Dav gydrym gwlltlym gwalltlaes
Yn vn fan a lvnien' faes;
A dwy arf i cyfarfod
I dreio'r hawl wrth dro y rhôd.
Ni ddêl i faes, ni ddŷl fo
Nodded lle del vn iddo.
Nodid hwn nid ai i oed dydd:
Nôd llwfrwas mewn dvll efrydd.
Gwrthodaist, bid gwarth wedi,
Gadw maes i gydio a mi.
Fy awenydd a finiais:
Gwna dy barch, gwnîa dy bais.
Trwy fy iaith i treia' fi
Dy fettel lle dof itti.
Dŷn ni ddêl pen dynno ddydd,
E ddaw hwn i'w ddihenydd.
Dwrdia lai, dyred o lawch,
A tharo ac iaith ddurawch.[1]
Os gwr o nerth (nis gwyr neb),
Ag os dŷn, dangos dy wyneb.

EDMWND PRYS

NODIADAU YMYL Y DDALEN YN Ll 43:

(i) *yn cyfeirio at linellau 11, 12*:
kynwal / Or mater yn drwm iti
(ii) *yn cyfeirio at y gair 'aneddf' (a nodwyd) yn llinell 38*:
vtlaw
(iii) *yn cyfeirio at linellau 63, 64*:
kynwal / wr taeraf ffo i art arall/
(iv) *yn cyfeirio at y gair 'llawch' (a nodwyd) yn llinell 91*:
llawch, yw lloches

[1] 'a tharo yn gynt wythran gwawd' a sgrifennwyd yn wreiddiol. Rhoddwyd llinellau dileu drwy'r geiriau 'yn gynt wythran gwawd' a sgrifennwyd 'ac iaith ddurawch' uwchben yn y brif law. Cf. ymhellach yr amrywiadau.

FFYNONELLAU: A – Ll 43, 54. B – P 125, 42. C – T, 481. D – LlGC 3288,i, 81. E – BLAdd 14991, 191r. F – BLAdd 31056, 150r. G – LlGC 5931, 38v. H – LlGC 19497, 78. I – LlGC 2621, 55. J – Cw 27, 313. K – M 145, 608. L – Ll 49, 52. M – LlGC 21252, 37v. N – JRW 3, 34.

AMRYWIADAU: 7. ai arfogaeth BC. 8. rhyw fael JN. 10 + FGJKLMN:

rhygv oedd rhowiog i iaith / rhwygai sail rhy gâs eilwaith

15. Llinio ymbwyso BDEFHI, llvnio im bwyso CGJKLN, llinio im bwys M. 17. lle i caid (E)FG; fe alle i cais FG, falla i cais B, fellu cais DHI, fellu i cais E, fo allei cais JKLMN. 20. dŷ /n/ newrwâs FGJKN, du eurwas L, du /n/ eurwas M. 22. o wych urddas BCDEHI. 25. barnwyr BCDEHI. 29. Er hyn ni eddy BC(E), er hyn ni Edu DEHI. 31. Ni thwyllwyd B, Ni thwyllyd C; o daw ôll oi dŷ allan (E)FGJKL, o daw oll i du allan M, O dai oll oi Dy allan N. 32. doedai air JKLM, Deuda air N. 34. gyda ag ef AN. 35. gyrr i dafod i rodiaw FGJKLMN. 37. a ddwg adar (E), a ddüg adar FGJN, ni ddwg adar KLM. 38. aneddfv kâr JN. 39. os haedd (E)FGJKLMN. 40–42–41–43 FGJKLMN. 45. ymswyn BCDE HI. 53. doethwn FGJKLM; pan na FG. 56–58–57–59 DEHI. 71. ne rhag nas KLM, a rhag nas JN. 76. linian DEHIJKLN, linia M. 77. im gyfarfod BCE. 78. dro r rrod CFGJL, droi'r hôd DE ('droi/r/ rhôd' *a geid yn wreiddiol yn* J *hefyd, ond dilewyd yr* 'i'), droi y rhôd HI, dro rhod KM, Droi rhod N. 80. pan ddel (E)FGJKLMN. 81. nid ai oed CJKLMN, nid a i oed F. 88. atti BCDHIJN. 92 + FGJKLMN (94 + *yn* G, *ond ceir arwydd i ddangos mai ar ôl llinell 92 y maent i ddilyn mewn gwirionedd*):

kyraedd daüfaes kerdd dafawd / a tharo/n/ gynt wŷthran gwawd

(*Cf. y troednodyn ynghyd â'r testun.*)

CYWYDD 17

Y bardd vchel, berw ddychan,
Brawychus gais,[1] brochus gân,
Bavd faesgryf heb wawd fvsgrell
Be cry' bod bicrav o bell,
Berw ddi-sail a barddas ŵyr
Bagwnnog heb y gannwyr.
Bval Gynwal, bol gweniaith,
Brython wyd yn britho yn iaith.
Bid olav aeg, bo di-lwch,
I'ch mysg, ag na chymysgwch.
Bydd dawel mewn bvdd diwaith,
Balch iawn wyd yn bylchv yn iaith.
Cai o lwyddiant, coel addysc,
Yn yr iaith hon wŷr a'th ddysc
Yn dy gerdd, ac nid o gâs,
A'th ddwned a['i] berthŷnas,
A rhai o'th art yn rhwth wav,
O'th waith yn waeth na thithav.
Minnav ydwyf i'm ynnyl
Mewn ych art my hŷn a'i chwyl,
Er bod yn i gwybodaeth
Llawer yn well a rhai yn waeth.
Ti ni ddoyd at vn oedd iav
I gydeilio gwawd olav.
Addewais roi o ddial
Arnad dasg, er o vn tal:
Tynnais i, nid da vn sen,
Tri chywydd, mydr trech awen.
Cenaist, aethost mewn cyni,
Cyngyd vn am vn i mi.
Ni chefais, hwiliais bob hwyl,
Y ddysg y bvm i ddisgwyl.
Attebaist, ymdrwsiaist dro,
Eb vn atteb iawn etto.

1 'brawychus gerdd' a sgrifennwyd yn wreiddiol, ond croeswyd allan 'gerdd' a sgrifennwyd 'gais' yn ei le ar ei ôl. Cf. ymhellach yr amrywiadau.

Mae dy ddysg? Mae'r mvd a ddaw?
Moes ateb heb ymsowtiaw.
Mae d'air mawr, ymodwr mawl?
Mae y saerwaith mesurawl?
Ple mae bardd dwys i'm pwysaw?
Ple'r aeth y feistrolaeth draw?
Ni rovd yn wir, ar wawd neb,
O'r Preytyr ddarpar atteb,
Ag am Verddin, gem fowrddysc,
Agwedd oer, canv gav ddysc.
Doedyd, fal yn dawêdog,
Mwm a gwad ym am y gog.
Gann na wyddost, gavfost gân,
Hanes dy gerdd dy hvnan,
Gwan ddvll, gwn na ddehelli
Iawn ddwys wawd a neddais i.
Pam y dygyd, gyngyd gwaeth,
Ystori heb i ystyriaeth,
Na hanes vn (hyn sy wall)
Nes deor naws a'i deall?
Am y bwa ymbwyaw,
A gwadv'r llais gida'r llaw.
Di a wedi (on'd odiaeth?),
Dyna'n gam, d'awen yn gaeth.
Di ni wyddost a naddwawd
Pannad yw gaeth, pennod gwawd.
Nid yw hardd gwaith treiglfardd trwm
O bai yn rhes heb vn reswm.
Gwadv bod mo'r aelôdav
I wawd y tafawd ond dav.
Daw ar gerdd, o nodir gwawd,
Drwy eilio, bedwar aelawd:
Mesur glan, pwyll, cyngan cais,
Ag odli, y rhain yn gydlais.
Nid oes i'th wawd a saeth ddv
Dim dirwystr ond ymdaerv.
Tebig yw dy attebion
I wraig cynt pan oedd grêg hon:

I gadw i gair am gnydwair gnaif
A'i naillaw a wnai wellaif.
Profais wav per wefus wawd
Prif iaithoedd, prawf o wythwawd;
Ni phrovais dan ffyrfaven
Gwe mor gaeth a'r Gymraeg wen.
Pob mesur, gur ragoriaeth,
I asio gwawd y sy gaeth,
A gair Duw byw sy, gred bur,
Achlwm oes, vwchlaw mesur.
Llyma'r ddadl a'r gystadlaeth
Rhoddech ym, rhwng rhydd a chaeth:
Nid ystyr y myfyr mav,
Nid o achos dy iachav.
Dy radd yw dwy rodd ddiwael,
A'i cheisio yn vwch y sy'n wael.
Disgibl glew wyd, eisgwbl glod,
Dysd wyddfa, plaid eisteddfod.
Ni wedais hon yn dwys wav,
Nid doeth, ag na wad dithav.
Nid yw iawn feistr nôd awen faith
Ond athro mewn dieithriaith.
Nid athro gwiw dieithr gerdd,
Nodais bwnc, ond sy bencerdd.
Nid pencerdd, ferw angerdd frawd,
Eb raddio ar beraiddwawd.
Ni reddir neb, rwyddair nod,
Bwys dyddfarn heb eisteddfod.
Paid a'r pencerddiaid cwyrddol,
Praw ris yn is ag yn ôl
Rhag doedyd, cyn cymryd cêd,
'Nes, syry, yn is i wared!'
Ymgeisio am we gyson
Yr wyt ti ar y wawd hon,
Ceisio mantunio mewn tâl
Dy reswm, naddiad rysal.
Da ollawl dy ywyllys
Heb allv prydv a'r Prŷs.

Ni roddi mewn iraiddiaith,
Druan gwr, ym drauan gwaith.
Dangosaist, weyw negeswr,
Dy waith, fardd, hyd eithaf, ŵr.
Dangos yn well os gelli,
Dyrd i faes, dewr ydwyf fi.

EDMWND PRYS

NODIADAU YMYL Y DDALEN YN Ll 43:

(i) *yn cyfeirio at y gair 'bicrav' yn llinell 4*:
erlidiwr

(ii) *yn cyfeirio at y gair 'Bagwnnog' (a nodwyd) yn llinell 6*:
cadarn

(iii) *yn cyfeirio at linell 32*:
dysc

(iv) *yn cyfeirio at linell 35*:
Cynwal / o eigion dysc bvm gan dant / y mvd vno adwaenir

(v) *yn cyfeirio at linell 40*:
Cynwal / m*ast*r wy claim ystori clod / gwrdd difost ar gerdd dafod.

(vi) *yn cyfeirio at linell 42*:
presbyter Iohn

(vii) *yn cyfeirio at linell 43*:
Merlin ambrosius

(viii) *yn cyfeirio at linellau 63, 64*:
Cynwal / os dav aylod is dolydd / ar y gerdd faith gwyraidd fydd.

(ix) *yn cyfeirio at linellau 83,84*:
Cynwal / nid oes ynof gof gwiwfaeth / oni cha gam vn iach gaeth.

(x) *yn cyfeirio at linellau 87–92*:
Cynwal / y radd a gefais ar rôd / honest wyddfa/n/ eisteddfod / yn ddigwilydd i gwelwyd / gwedi.r. wyl i gwadv rwyd

(xi) *yn cyfeirio at linellau 101, 102*:
Cynwal dyscais / raynio pynciav ran / pencerdd

FFYNONELLAU: A – Ll 43, 54. B – P 125, 42. C – T, 481. D – LlGC 3288,i, 81. E – BLAdd 14991, 191r. F – BLAdd 31056, 150r. G – LlGC 5931, 38v. H – LlGC 19497, 78. I – LlGC 2621, 55. J – Cw 27, 313. K – M 145, 608. L – Ll 49, 52. M – LlGC 21252, 37v. N – JRW 3, 34.

AMRYWIADAU: 2. Brawychus gerdd N (*cf. y troednodyn ynghyd â'r testun.*) 6–8–7–9 FGJKLMN. 7. ag vn iaith (E)FLM, ag vnwaith GJKN. 9. olaü iaith DFGHIJKLMN. 12. bylchio BCDHI. 14. [HI] (*ychwanegwyd y llinell mewn llaw ddiweddarach yn* H.) 16. a berthynas AE. 17. mae/n/ ych art yn mynych wav (E)FGJKLMN, Mae'n 'ch iaith yn mynych wau (G). 18. oth iaith sy waeth (E)FGJKLMN. 19. od wyf (E)FGJKLMN. 20. ych iaith (E)FG JKLM, ochiaith N. 21. er bod a gwybod gobell D(E)FGHIJLMN, er bod a gwybod gebell K. 22. eirllîn air eraill yn well DHI, evrllin iaith eraill yn well (E)FGJKMN, Durllin jaith eraill yn well L. 23. am na ddoüt gŵr mwyn a ddaw (E)FGJKLMN. 24. ag at hynn i gytünaw (E)FGJKLMN. 25–70. [DHI] (*digwydd y llinellau hyn yng Nghywydd 14, 86 + yn y llawysgrifau hyn; cofnodir yr amrywiadau yma.*) 25. rhois addaw rhy sy weddawl (E)FGJKLMN. 26. tri o vn tâl BCDEHI; roi tri am vn er troi mawl (E)FG, roi tri am vn er treio mawl JKLM, roi tri am vn er trai mawl (J), tri am un er treio mawl N. 28. kwys trech (E)FGJKLMN. 31, 32. [FGJKLMN.] 32. yw ddisgwyl BCDEHI. 36. ymswttiaw G, ymsvwtiaw JN. 39. ple mae/r FGJKLMN. 41. ni roed DHI; ni royd i ni (E)FGK, ni roed i ni JN, Ni roed imi LM. 47. gair fôst (E)FGJKLMN. 51–4. [FGJK LMN.] 51. gaeth BCDEHI. 52. heb ystyriaeth BCDEHI. 57. di ni eddyf donyddiaeth (E)FGJKLN, di ni eddu donyddiaeth M. 58. dyna gam BCDHI. 59. o naddwawd FGN. 63–8. [FGJK LMN] (*ar 65–8 cf. y troednodyn ynghyd â 13. 82 yn y testun.*) 69. oth wawd FGJKLN. 74. oi JKLMN. 81. Gair DUW byth sydd o gred G; byw o grêd D(E)FJN, byw a gred HI, byw o gredd KLM. 82. sy' wchlaw D(E)FHIJKLMN. 83. llyna r ddadl FG. 84. rhoddech i DEFGHIJKMN, Rhodderch i L. 85, 86. [FGJKLMN.] 87. dy rodd ddiwael BC. 91. hynn rwy/n/ dwys D(E)FGHIJKLMN. 102. sâ ris D(E)FGHIJKLMN. 104. syre BCDHIJKLMN, syrai (E), Syr G. 105, 106. [FGJKLMN.] 107. myntimio BCE, maentümio DIJ, mentimio FKM, maentinio H, maentaenio L, maetumio N. 108. ar wawd rysâl (E)FGJKLMN. 109. da ollawl yw BCDGHI, da ôll yw FJKLMN. 113. wiw negeswr DHI, da negeswr (E)FGJKLMN. 114. dy waith i gŷd doetha gŵr (E)FGJKLMN. 115. ym well FJKLMN.

CYWYDD 18

Ateb y cywyddav vchod

Gwae a drawo, gwawd reiol,
Arth ar y ffair, wrth wr ffol.
Nid o'm bodd, cwynodd canyn,
Dad yn hiaith, i doedwn hyn,
A gwyl, Prŷs, goel, o prisir,
Adwen oll i fod yn wir:
Ni ro' fi i ti arfav tân,
Air twn, i'th art dy hvnan,
Ond rhy ffladr, hoewffol ydwyd,
Brvdia ddysg, yn brydydd wyd.
Vn Duw lân nid amcanodd
Vnwaith fardd o ddyn o'th fodd:
Yn ddoctor, blaenor heb lai,
Cyn oes i'th amcanasai.
Costio wrthyd, ynfyd oedd,
Fawl bennaeth, fil o bvnnoedd,
A'th wneythyd, tothyd d'addysc,
Fwy stor ddawn, yn Feistr o ddysc.
Cael pedairent, yndent aeth,
Vwch, ag vn arch[i]agoniaeth,
A myned, gwaith mewn oed gwr,
A brig iaith, yn bregethwr.
[Yr owron] oer yw'r arwydd,
Ail naid sal, newidio swydd,
A mynd yn vn, cvn cwynom,
Galar dig, o gler y dom,
A drwg oedd fynd, tromhynt traw,
Wr o'th radd i 'mwarthruddiaw.
Canv i bvom, hoewffrom hydd,
Lew cv, bob yn ail cywydd,
Ac ar vnwaith, garw anian,
Canv tri i mi yn y man.
Dywaid ym, Prys, ar frys fry,
Byth hanes, beth yw hynny.
Ai tybio na'th atebwn
A thri i ti o'th air twn,

Ai na ellid a phenilloedd
Atteb ag vn tebyg oedd?
Ai ceisio, er nas cowswyd,
Talv'r iawn, maentoli'r wyd?
Ni thalai, anoeth eilvn,
Nid tŕwm oedd y tri am vn.
Gofynnais gynt, gyfnos gaeth,
Oeddyd effro, hydd dvffraeth.
Ar gerdd ymy, gwrdd amod
(Oes dy fath?), doedaist dy fod.
Wrth weled, boen warthlid bost,
Bwyth o'n iaith, beth a wnaethost,
Rhaid ym ofyn cyn cwyno[f],
Dyn da [i] ged, wyd yn dy gof.
Mae d'awenydd, llywydd llv,
Wydn fvd yn dy ynfydv.
Pedwar mesur pvr parawd
Ar higain sydd mewn gwydd gwawd:
Cwyn a rof, cawn orafvn,
Canv'r wyd amcan ar vn.
Pam y doedaist, gais di-gyd,
Prid ddydd, mai prydydd oeddyd?
Os prydydd wyd, llwyd, garllaw,
Hap wawd vthr, pwy yw dy athraw?
Praw ynfyd, ba fyd a fo,
Bath naws mydr, beth nis medro,
Ag ar y gwaith, gwir yw gwydd,
O'r cvr oer i cair arwydd.
A genais, orav gwaneg,
Gwnelid da vt, gnvlwawd teg:
Chwerw ydwyd, o chair adwy,
Chwynnv mawl, ni chana' mwy.
Doedaist y gwnawn, fo ddaw yn ddig,
Er byw'n hawdd, wr bonheddig,
A hyn nid gwir, henwyd gwall,
Ffaeth air, mwy na pheth arall:
Duw dda a wna ac a wnaeth
Beynydd hil bonedd helaeth.

O tynnais[1] o Frytaniaid
Iachav ag arfav a gaid,
O gwelaist gam wrth dramwy,
Ne os bydd, dangos i bwy,
Onid e, a barna di,
Yn y tywyll iawn tewi.
A wnelwyf o fanylwaith
O dynnv iach, ryw da yn iaith,
Ef a'm cred gwyr da a'm hedwyn
O'th flaen di, noethflina' dyn.
O'n dwygerdd barnedigaeth,
Mae vn ar gam yn arw gaeth:
Pob dŷn a wyr, drahwyr dro,
Pen he[n]wer, pwy vn yw honno!
Gwelyd yn rhaid, gwlad yn rhydd,
Ym wrth god, amorth gwawdydd.
Arf gwybl, yr wyf a gobaith,
Ni fostiaf, ni chwynaf chwaith.
Trwy Dduw ym a'i trodd yma
Mae'r owron ddigon o dda.
Ni wyr dyn evraid i wedd
Hyn a ddaw yn i ddiwedd;
Os rhaid myned, tynged dyn,
Garwa' ditl, yn gardotyn,
Ni chefais ddarn na chyfan
O'th dda di, werth ede wann.
Pa fyd bynnag, cyn nag hir,
A fo arnaf, ni fernir,
Ni ddof nod a'm cod o'r cwm
I'th ddrws, wr anoeth reswm.

WILIAM CYNWAL

[1] 'o tynnaist' a sgrifennwyd yn wreiddiol, ond croeswyd allan yr 'st' a sgrifennwyd 's' yn y brif law uwchben.

NODIADAU YMYL Y DDALEN YN Ll 43:

(i) *yn cyfeirio at linellau 69, 70*:
prys / gwnaethost di gwenhiaithus / don / ddavgant yn foneddigion

(ii) *yn cyfeirio at linell 78*:
.bai

(iii) *yn cyfeirio at linell 86*:
yr awen gaeth

FFYNONELLAU: A – Ll 43, 60. B – P 125, 47. C – T, 485. D – LlGC 3288,i, 86. E – BLAdd 14991, 193v. F – BLAdd 31056, 151r. G – LlGC 5931, 44r. H – LlGC 19497, 82. I – LlGC 2621, 57.

AMRYWIADAU: 1. draw gwawd y reiol FG. 5. goel i prissir BCE, goel ei prissir D, godlei prissir H, godlei prifir I. 7. ni rof i ti BCDEFGHI. 16. bevnoeth (E)FG. 20. archagoniaeth A. 23. y rowon A. 26. yn gler BCE. 28. i warthryddiaw BCDHI, ith wrthryddiaw E. 45. gerdd amvr (E)FG. 48. bwytho n iaith BCDEFGHI. 49. cwyno A. 50. da ged AG. 59. rragllaw (E)FG. 61. praw r ynfyd ar fyd FG; ar fyd (E). 68. ni chana i DEFGHI. 78. os bu BCE. 79. Onid ef na farna BCDEHI. 82. ar dynv (E)F, A dynnu'n G. 83. gwŷr am edwyn (E)FG. 84 + (E)FG:

gwn a ganwyf gvn gwynedd / ni wyddost di ddiwast wedd
(2. Ni wyddost i'n G.)

88. hewer A, henwen BCDEHI. 89. an rrydd FG. 91. gwbl BCDEFGHI. 98. A garw deitl BCE. 103. ir Cwn B, ir cwm CDEHI.

CYWYDD 19

Ateb i'r ail cywydd

Cenaist i beri cynnen,
Cyn byth fo ddaw canv i ben!
Canyt, Prys, cnoi top y rhod,
Cerdd ddychan, cerydd vchod,
A'th awen, oni thewi,
Agos y tyn gas i ti.
Eiliais vt, ofalus swydd,
Fawl avrglod fal i arglwydd.
Dychan drwy rvad vchel
Draw a gawn, nid yw ar gel.
Amcenais, tad gramadeg,
Ymado yn frav yn dav yn deg,
A phob vn o'i lvn a'i liw,
Wych ddavfraint, yn iach ddifriw.
Dithav, wr hynod wythiaith,
Oni ymrown yt am ran iaith,
A'th ddŷr mynnyt fy nghvro,
Goroff wr, a'm gyrrv i ffo,
A mi yn vngwaith mewn angerdd
Ni ymrown gam o ran y gerdd.
O canwn heb ddim cyni
Gywydd teg a weddai i ti,
Tri i'm anerch, nid term vniawn,
O ddychan cyfan i cawn,
A phob cywydd sydd, y'w sôn,
Hwy na thri y' marn athrawon.
Gan na chawn, gwav yn wych o hyd,
Len ddv i gân, lonydd genyd,
Rhaid ar wawd, rhydaer ydwyd,
Rhyfela a cherdd, rhyfalch wyd;
Atteb a gai, o'm tyb gwych,
O'm genav am a genych.
O llvniaist mewn lle annvn
Ysteddfod honod dy hvn,
Ni henwaist, glynaist wrth gler,
Am yr ymswrn mo'r amser,

Na'r mis i roi y maesydd,
Na'r wythnos dangos, na'r dydd.
O nodaist wyr, pen clyr clôd,
Gwiw fowrfost, i'th gyfarfod,
Ni ddoethant, gwyddant nad gav,
Was doeth, ni ddoethost dithav.
Dowaid pam, ar dy gam gan,
Dan fy henw i down fy hvnan,
A phwy a'i rhoes, coffaer hwn,
Degwm aswy, dy gomissiwn.
[Ni ddown fodfedd, hedd yw hyn,]
Drwch amorth, wr[th] dy orchymyn
Hyd atad, hwde ateb,
Nid wyf fi yn ofni neb.
I beth ir awn ac iawn ged
I dafarn ond i yfed?
Doyt, meddyt, tueddyt dic,
I'm tomen, wr ffrom tymic;
Pe doethyd, trafaelyd draw,
Cowsyd, garw hoewsyd, groesaw,
O medryd, llanwyd y llwyth,
I godi'r tail gida'r tylwyth,
Y rhain oedd, rhin a wyddir,
Yn bwrw'r tail obry i'r tir,
Ond na weddai, lliwiai, i'r llen,
Drvd amarch, fynd i'r domen.
Os hy wyd, claim asiad clod,
Waith diofer, o'th dafod,
Ypiniwn gwael, pan na nai gad,
Raff araith, ar ryw yffeiriad?
Ni fynnaist di, fynwes dydd,
Evraid lên, erioed lonydd.
A phwy bynnag, wag ogan,
I ffraeaist di a ffrwst wan,
Dod dy vantais heb gais gwad,
Di-lwgr, o fewn dy lygad.
Anap ryfedd o profi,
Oer gwyn mawr, ganv a mi,
Am nad wyd y' min y dydd,
Rym croewfardd, wr o'm crefydd:

Nid vn bard[d], da'i enw eb wad,
Avr gyff hir, ag offeiriad.
Gad i mi fod, nod heb nwyf,
Fawl rediad, fal ir ydwyf,
A bydd di heb adde' dig,
Brava' chwedl, yn barchedic.
Pa ymbrofi, codi câd,
Ion evrnerth, a wnawn arnad?
Nid wyd brydydd, gweithydd gwr,
Brig iaith, nid wyf bregethwr.
O bvm vnwaith, rhaith ar hyd,
Yn ol gwin anwyl gennyd,
Baham, braisg Abram yn bro,
Bavn nawtir, na bawn eto?
A syr, heb achos orig,
Heb iawn, cymyd davfyd dig!
Os ci wyf heb rwysc cyfarth,
O doidir wir, di ydyw yr arth!
Nid cimaint, trowsaint trosom,
Bleddyn a'i drwsd, blwyddyn drom.
Er dy fod di, gwedi gwav,
Kyn bw yn canv baiav,
Yr wy'n gofus, ran gyfiawn,
[Cun] yn iaith, yn canv yn iawn.
Manylv am a wnelwyf,
Palv yr iaith, nid pylv yr wyf.
O doi lle bwyf, dvll y byd,
A'th waisg gan a'th ddysc genyd
I daro yn wych, o doi i'r nod,
Hwff waew rhugl, ni ffo' rhagod.
Tyn dy gledd fel bonheddig,
Trwy dy ddwrn treia dy ddig.
Gwna fwy, ag vn ni faiai,
Diwyd lên, a dywaid lai.
I'r man i bo cleimio clôd,
Ail Dewi, gweddol dywod:
Gweithia yn wych er gwaetha' neb,
Galw ar fy enw, gwelir fy wyneb.

WILIAM CYNWAL

NODIADAU YMYL Y DDALEN YN Ll 43:

(i) *yn cyfeirio at linellau 5, 6*:
nota
(ii) *yn cyfeirio at linell 58*:
.hir.
(iii) *yn cyfeirio at linellau 95, 96*:
penill lledrad

FFYNONELLAU: A – Ll 43, 64. B – P 125, 50. C – T, 487. D – LlGC 3288,i, 88. E – BLAdd 14991, 194v. F – BLAdd 31056, 151v. G – LlGC 5931, 46v. H – LlGC 19497, 84. I – LlGC 2621, 58.

AMRYWIADAU: 13. ai lvn EFGHI. 19. A mi vngwaith BCDHI, A mi yngwarth E. 25. sydd wrth sôn (E)FG. 28. ddv gan BCDEFHI. 30. rhyfel a cherdd D(E)FGHI. 31. ym tyb FG. 34. hynod BCDEFGHI. 36. ymswyn BC. 36–38–37–39 DHI. 37. Mor mis BCE; mor maesydd BCDEHI. 44. duw n fy henw (E)FG. 45. a roes CDFGHI. 46. assw DFGHI. 47. [A] (*codwyd y llinell i'r testun o* F); heddiw hyn G; Ni ddof hwyr ym addef hyn BC, ni ddôf hwyr im' addof hyn D, Ni ddôf hwyr im 'ddof hyn (D)H, Ni ddof hwyr ni ddof hyn I. 48. wr A. 50. nid ydwy fi n (E)FG. 51. a gawn ged BCDHI, ni gawn ged E. 54–56–55–57 G. 56. gar BCDEHI. 58. Godi'r . . . BCDEGHI, codi r . . .F. 64. ath dafod BCDEHI. 66. a rryw FG. 70. mewn ffrwst (E)FG; ffrost BCDHI. 76. croywfawr FG. 77. Nid vn yw bardd BC; bard A. 78. gyff ir (E)FG. 82. fyw n barchedig (E)FG. 86. nid wyd FG. 93. rvs cyfarth FG. 94. O doedir iawn G; o doedi r iawn dydi yw r arth (E)F. 97. gwedi n gwav FG. 100. canv yn iaith A(E), cannv n iaith FG. 109. nag un BC; gwn fwŷ nag un a feiai D, Gwn fwy nag un a feia HI. 110. di wyd BCDEHI.

CYWYDD 20

Ateb i'r trydydd cywydd

Y Prys gwych ymhob rhwysg gwr,
Pavn gloewsyth, pen eglwyswr,
Prosidiaist vwch pris Sawden,
Pur oedd holl hap raddav llen.
Dysgv pregethv, nid gav,
Draw a wnavd, da i'r enaidiav.
Berwaist ddŵr fel gweithiwr gwan,
Bras dyllaist, bwriaist allan.
Gwrthod hyn a gwarth vt aeth,
Prid oedd am ddryll prydyddiaeth,
Gwrthod yn barod dy barch,
Cymro o deml, cymryd amarch.
Nid rhod a mi, nodi naf
Beiav gant, y bv gyntaf:
Ni wnaf a thi, llenwi'r llaill,
Noeth air, ond a wnaeth eraill.
Bai na bydd, wrth gynnydd gwyr,
Gwr fel pawb, gwirfawl pybyr:
Ond genyd, rhoyd [ganiad] rhydd,
Gan lenwyr ni a gawn lonydd.
Garw achosion, gwyr, o cheisir,
Tan i nod, fod hyn yn wir.
Ni wn wnethud, hud yw hyn,
Ion diarbed, yn dy erbyn,
Ond bod gennyd o'th fryd fry,
Ior loew deml, fowrlid ymy.
Dy fryd, hynod frad dinam,
Yw ceisio 'y nghywilyddio yngham.
Tydi trwy yscorn a chornio
A fyn bai i'r fann ni bo:
Ni adwaenost, byr mewn davnod,
Lle byddai fai er i fod.
O cenaist di, cynnwys dydd,
A drych awen dri chywydd,
A'r tri yn wydnion o'r don dav
Wrth i gilydd, warth golav,

Y gwir yw, o ben gwr iach,
Ni fv atteb ynfyttach.
Ni chefaist yn wych hefyd
O flaen beirdd fael yn y byd.
Am Mowndwil, mwy yw vndeb,
A'i gronigl di-sigl hyd Sieb,
Da evrllythr, wrth i darllain
Tost y rhawg y tystia y rhain.
Ni cha' gennyd, vwch ganwyf,
Dros dy ladd mo'r radd ir wyf.
Discybl rym, dewisgwbl wraidd,
Pwnciav vrddas pencerddaidd
Oeddwn, gwn, ddivnic wedd,
Ymlaen cyn vgain mlynedd,
A hyn oedd o hen addysg,
Oes derm deg, yn feistr o'm dysc.
Disgais wedi codi cerdd
Raenio pwnc o ran pencerdd,
A'i chael o braw vchael brav,
Iaith wrol, mewn neithiorav.
Ymy ir erchyd, mawr orchwyl,
Eiste' yn is o ris yr wyl.
Minnav wrth radd a'm addysg
I lenwi mawl yn i mysg,
Os dydd nod, eistedd a wnaf,
Gwawd rychwyrn, gida'r vchaf.
Doedaist, fal chwedl heb dadawg,
Gair o'r rhol nid gwir y rhawg:
Na wnaid pencerdd, gloewerdd glod,
Bost addfwyn, heb eisteddfod.
Gruffydd, ieithydd Hiraethawg,
Gardd avr had y gerdd yrhawg,
Vthr i wawd, athro ydoedd,
A thrwy ddysc athrawaidd oedd,
A phencerdd, angerdd i'w oes,
Ag arwyddfardd gwaraiddfoes:
Ni bv eisteddfod, bost wyddfawl,
Yn i oes, mwyn asiai i mawl.
Felly, Prys, fy llew pur hael,
O rad Duw offeiriad diwael,

Na ddywaid 'Paid a phob post',
Na addef ond a wyddost.
O bv Bawl, groewfawl grefydd,
Yn ffol yn erbyn y ffydd,
A thi, Prys, o'th hap ir wyd,
Dal heb lid, ail Bawl ydwyd.
Ni elli gael, ffael sy i'th ffydd,
Offeiriadaeth a phrydydd.
Os doeth wyd, ystwyth Aidol,
'Y ngharw ffyrf, gwna gyngor ffol,
Cans a thi cenais i'th ddydd,
Gwyn caead, vgain cywydd.
Can bellach, iownach yna,
Wasanaeth Duw sy'n waith da.
Y mae arnad, brelad brav,
Wers nodol, siars enaidiav.
Pregetha, hap rhy goeth wyd,
Flith helynt, fal i'th alwyd,
A gad ddewred[d], gwchedd gwyr,
Ar foliant i ryfelwyr.
Gwedi ym son, [gad] ymsennv
I gler y dom dan glawr dv,
A gad gerdd, gaêdig ion,
Hoewbryd wedd, i brydyddion.
Onid e, gwn, da yw y gwir,
I'th glawd[d] ef a'th gwilyddir.

WILIAM CYNWAL

NODIADAU YMYL Y DDALEN YN Ll 43;

(i) *yn cyfeirio at y gair 'pavn' (a nodwyd) yn llinell 2*:
drwg / ystyr.

(ii) *yn cyfeirio at linell 28 (a nodwyd)*:
hir

(iii) *yn cyfeirio at y gair 'yscorn' (a nodwyd) yn llinell 29*:
saesneg

(iv) *yn cyfeirio at y gair 'fyn' (a nodwyd) yn llinell 30*:
cam iaith

FFYNONELLAU: A – Ll 43, 67. B – P 125, 52. C – T, 489. D – LlGC 3288,i, 91. E – BLAdd 14991, 196r. F – BLAdd 31056, 152v. G – LlGC 5931, 49v. H – LlGC 19497, 87. I – LlGC 2621, 59.

AMRYWIADAU: 2. glewsyth FG. 6. a wnaid ir BCE, a wnaed i'r DHI. 10, 11. [C.] 10. am ddull BDEHI, er dvll (E)FG. 14. Beiau gynt BCDHI. 19. ganiaid A. 21. gwyr chwesir FG. 22. tynn iawn wyd (E)FG; fod hyny n wir BCDFGHI. 25. ag mae genyd (E)FG. 26. yrlid aml FG. 26 + FG:

gŵyr duw n bai gair da n y byd / vwch y gwin ni cha genyd

34. edrych awen (E)FG. 35. ar dôn D(E)GHI. 40 + (E)(*y pedair llinell gyntaf yn unig*) FG:

doeth itti adwyth at hyn / drwm dyni[ ]d dri am danyn
gofynaist dangos vnwaith / gwestiwnav ym gwest yn iaith
yt attebais da i tybyr / dadwys iaith a doedais wir
(2. dyniad G. 3. dan gof unwaith G. 4. Gwestiwn ini G.)

41. a mowndwil FG. 42. ar cronigl (E)FG. 44 + FG:

drwg iawn fraint darogan fry / dvll som dy ywyllys y mi

45. wych ganwyf BC. 46. y radd BC. 46 + FG:

yni cha farn ywch wy fi / dwys gadarn ym dysg wedi
no thydi bennaeth hoywdeg / yth art dy hvn ath air teg

54. raenio pyngciav ran (E)F, Raenia pynciau ran G. 55. A chael BCDEHI. 57. ym yr archyd (E)FG. 59. ag addysg FG. 60. [E] (*ychwanegwyd y llinell yn ddiweddarach mewn inc gwahanol*); a/n/i mysg BC, awn yw mysg DHI. 65. gloewgerdd BCDGHI, gloew wedd E. 70. i ddysg FG. 73. bost haeddfawl (E)FG. 74. assio mawl BC, asiai mawl DEFGH, asia mawl I. 78. nad addef (E)FG. 80 + FG:

er i bawl fyw ar y bai / pawl wybodawl a beidiav

81. ath hap BC. 94–96–95–97 F. 95. ddewred AF. 97. gan ymsennv A. 99. A gad y gerdd BCDEHI; gae dig Jon BC, gau ddîg iôn DHI, gau dîg iôn (D). 101. da yw gwir (E)FG. 102. glawd A.

CYWYDD 21

Dechrav y naw am dri yn ôl y sialens

Bardd gwnias, berw ddigonol,
A barn ffest a'm bwrw i yn ffôl,
A'm tâd a'i gôst a'i râd rôdd,
A Dvw yn ynfyd yn vnfodd
Pan amcanodd, rhodd fawrhad,
Ym raddav a mawr roddiad.
Ni bv gan Ddvw cu cyoed,
Caner wir, amcan erioed:
Dyn egwan a amcanai,
Dvw Nêr cwbl wybod a wnai.
Gwael yw amcan, cwynfan caeth,
Ar waith byd wrth wybodaeth:[1]
Mae amcan ar gân genvd,
Nid mesur, hẏ awdur hv̂d.
Gâd ymaith, diffaith dy dôn,
Drem oerwag, Dvw a'r meirwon:
Mae yt gymar daearol,
Maesa'n ffest a mi sy'n ffôl.
Ni'm somaist, rhoddaist air rhydd,
O'th goeliais, ond a'th gelwydd.
Somiant drwy gyffes amvr,
Synwyr y sarph, sy'n air sur.
Doedvd i rhoddvd yn rhâd
Fwa i Rys a fv'r ysiad.
Somedic reswm adyn
Somi Rys a mi ar hyn.
Ffôl iawn at wr ffel anael
Fwrw cerdd lle bo afryw cael:
Ffolach am gerdd hôff hylawn
Ym ddisgwyl dysc ymysc mawn!
Ffôl ymy gaffael amarch
A dylyn bustl lle dlawn barch.

1 Ni chynhwyswyd y llinell hon yn nhestun Ll 43 yn wreiddiol. Fe'i hychwanegwyd yn y brif law mewn inc tywyllach rhwng llinellau 11 a 13.

Orafvn ffals, 'r wyf yn ffôl,[2]
Gwn hyn, ag yn gynhwynol,
O achos na cheisiai neb
O'th awenydd ddoethineb!
Fy ngwellâd i'm gwlad a'm gwledd
A'm hôff elw ym yw ffoledd.
Y ffoledd prâff a weli,
Mae'n gares i'ch hanes chwi:
Mynnv rhodio mewn rhydyd
A byw ar bawb o wyr byd.
Beirdd a'i gwawd beraidd o'i gwŷdd,
Berw lawn, a bair lawenydd:
Gwell fydd ffôl wrth i holi
I wneythyd hyn na'th wawd ti.
Arglwyddi sir, gwledd i'w sôn,
A gwyr ffel a gâr ffolion.
Pan fych di dan ysbiaw
Is gîl drws yn disgwyl draw,
Cae'r ffôl siarad a dadwrdd
A chwiban bach vwchben bwrdd.
Pan geisych er pengwysaw
Achub rhwn a chaib a rhaw,
Hel a gae ffol, a'i goffâv,
'R hyd gweynydd rhyw deganav.
Mae'r ddiareb mor ddurol,
Mai cytvn ffortun a ffôl.
Pwy a gashâdd (pa gais waeth?)
Ffoledd mewn vn corffilaeth?
Pwy a wnai, pe anvwiol,
Niwed i ddŷn di-ffêd ffol?
Cyd-ddygir, o gwelir gwib,
A ffôl ag a'r cyffelib.
I mae gofal am gyfoeth
Yn llvdd dawn ag yn lladd doeth:

2 'orafvn ffals ir wyf ffôl' a sgrifennwyd yn wreiddiol, ond croeswyd allan yr 'i' yn 'ir' ac ychwanegwyd 'yn' uwchben yn y brif law rhwng 'wyf' a 'ffôl'.

Diofal iawn, dyfal wedd,
A diffaeloed yw ffoledd.
Ni huna vn hy anael:
Ffôl a gwsc o chaiff le gwael.
Prudd yw doeth, parodd y da:
Llawen anoeth lle i 'nynna.
Nid oes drygchwedl nag edliw
Y' nyth bron anoeth a'i briw,
Nag alaeth dyn, na golud,
Na saeth o hiraeth, na hûd,
Na chariad anfad vnferch,
Na chas oer, na nych o serch.
Ni chais ddrwg ddyfais i'w ddydd,
Ni chêl na brâd na chelwydd.
Os ifanc a ddysyfai,
Nid yw ffoledd faswedd fai;
Os cof hen a'i lawenydd,
I hollfryd am febyd fydd:
Beth sydd i neb o'i febyd?
Ffoledd a gwagedd i gŷd!
Câr dy blant, disoriant sôn,
Ti'n ffel a hwyntwy'n ffolion.
Ffel sy ddig a ffals ddigawn,
A ffôl a chwardd yn fflwch iawn:
Ha, ha, he (anwe anardd),
Hai, hai, gwelaf fai gwael fardd!
Ai cam i wr mewn amwyll
O chwardd am ben bardd i'w bwyll,
A cham i fardd dinam doeth
Gynwrf o ddig i anoeth?
Ys gwir[3] ydyw, dysc radawl,
Er sain pwyll, eiriav Sain Pawl:
Am ddŷn ffôl, heb reol rus,
I oddef ef oedd weddus.
Chwi'n ffêl sy'n dychan ffoledd:
Rhaid i mi i moli a'i medd!

[3] 'os gwir' a sgrifennwyd yn wreiddiol, ond newidiwyd yr 'o' yn 'y'. Cf. ymhellach yr amrywiadau.

Y ffel a gaiff i holi,
Bydd ffôl a thyrd i'n ôl ni,
A dywaid, fardd da, hyd fêdd,
Diffaeloed, on'd da ffoledd.
Mynaig, frawd, gamwawd gymell,
Prin i ddysc, pa rinwedd well.
Dangos di, dinag ystôr,
Davryw wegi, dy ragor,
A chymer mewn llawnder llwyr
At oer sen i ti'r synwyr.
Gâd i mi i'r gwead maith[4]
Ffoledd i'w choffa eilwaith,
A mefl fyth am fael a fo
Yn i wawd a newidio!

EDMWND PRYS

NODIADAU YMYL Y DDALEN YN Ll 43:

(i) *yn cyfeirio at linellau 3, 4*:
costio wrthyd ynfyd oedd

(ii) *yn cyfeirio at linellau 7–10*:
Cynwal. / vn dvw lan nid amcanodd / vnwaith fardd o ddyn oth fodd / yn ddoctor blaenor eb lai / cyn oes ith amcanasai

FFYNONELLAU: A – Ll 43, 71. B – P 125, 55. C – T, 490. D – LlGC 3288,i, 94. E – BLAdd 14991, 197r. F – BLAdd 31056, 153v. G – LlGC 5931, 52v. H – LlGC 19497, 89. I – LlGC 2621, 61. J – LlGC 13100, 247 (llinell 43 i'r diwedd). K – LlGC 13127, 339 (llinell 43 i'r diwedd).

AMRYWIADAU: 3. oi gost rad ai rodd F, or gaf rad oi rodd G; rad oi rodd (E). 8. caner iawn (E)FG. 16. derm (E)FG. 32. dylyn . . . FG. 33. rwy fi n (E)FG. 39. ar ffoledd (E)FG. 42. y byd

[4] 'a gâd i mi ir gwad maith' a sgrifennwyd yn wreiddiol. Croeswyd allan yr 'a' ar ddechrau'r llinell a newidiwyd 'gwad' yn 'gwead' drwy ychwanegu 'e' uwchben yn y brif law rhwng yr 'w' a'r 'a'.

BCDGHI. 55. a gaiff ffol FG. 63, 64. [FG.] 63. llei gwelir BCDEHIJK. 74. bran FG. 78. nai chas oll F, Na chas oll G. 85. beth fydd FJK. 88. ffel hwynt G; a hwynt yn ffolion (E)F. 97. os (C)EFGHIJK (*cf. y troednodyn ynghyd â'r testun.*) 98. er son parch eiriav FG. 99. ffol reol eb rvs FG. 100. sy weddvs (E)FG. 102. i mi moli FG. 114. yw choffav BEFGJK. 115. mefl fydd BC. 116. y wawd BCDEFGHIJK.

CYWYDD 22

Yr ail

Mawr gan bawb mewn margen byd
A feddo o gelfyddyd.
Da gan avrych dygn eiriav
I râdd i hvn, a'i ryddhâu:
Mor gadarn yn i farn fo
A gof aur i'w gyforio.
Mawr gan fardd, rym o'r gân faith,
Hyn a ŵyr o hoen araith,
Er nas gŵyr, hyn sy gweryl,
Hwn o'r ddysc haner a ddŷl.
Doeth iawn fydd, diwaith anvn,
A'i fwrw'n hardd i'w farn i hŵn,
Ag anoeth iawn, gan iaith wall,
Ystyried, y' nglvst arall.
Doeth cennyd dithav, Cynwal,
Be doeth saer gwybodaeth sal!
Am, awdur gwawd, medru gwav,
Difoes wr, dy fesurav,
Er bod pedwar, cyfar cain,
O'r hoewgerdd, mydr ar higain,
Vn a genais yn gynil
Yt, fardd (ba waeth bettai fil?).
Ni chenaist haeach 'honvn,
A thann dysd, dithav ond vn,
A thorraist hwn, athrist iaith,
A genaist vwch igainwaith:
Anghynil dwyll gynghanedd,
Drwg ystyr, hir, byr heb wedd,
A thynnv cam Frythoniaith,
A thin âp ne rythv yn iaith,
A'th estroniaith, rwystr anian,
Cam reol yw, Cymrv lân.
Gwav penill heb gopînad,
A dwyn rhai er nad yw'n rhad:

Gwarth yw glyttio[1] mewn clo clod
Gwawd neb rhag i hednabod.
Na chais fost, ni cheisiaf fi,
O'th wawd, ar gerdd mo'th oedi.
Praw fi i faes, profaf wav,
Prif saer, bob rhyw fesûrav:
Pvm englyn er dyfyn dydd,
Pedwar, gvar, ar gywydd,
Pymtheg ar ferw waneg frav,
Per adlais pûr, o odlav,
Ag nid amcan berw gân bur,
Athro mwys, eithr y mesur!
Hawdd iawn yw (na haedd 'y nîg)
Hyddysc wawd i ddysgedig
Hydr wedd yr hûad ar wynt
Hanes bob syllaf 'honynt.
O cefais, bwnc cofus bach,
Gyfa ran o'r gyfrinach,
Rhan tawddgyrch, odl gynyrch gûdd,
Cadwynog, gwead anvdd,
O gwn i hwn, ag yn hardd,
Gwn arfod y ganwyrfardd.
Di ni wnai, adwaen y nôd,
Dwys gân, eisiav dysc ynod.
Beth yw cerdd a bathu cân
Beynydd heb ddeynydd anian?
Beth yw gwawd a'i bath o gwyr
Eisiav enaid a synwyr?
O gwyddost di, gweddûs dôn,
Naddv dy gynghaneddion,
Cais reswm, boed trwm yt rodd,
I gav mydr ag ymadrodd.
O gwnai dy ag awen dêg
O dra mydr dy ramadeg,
Cais goed, heb air cysgodiaith,
Main a chalch lle mynnych waith:

1 'ffei o glyttio' a sgrifennwyd yn wreiddiol, ond croeswyd allan 'ffei' a sgrifennwyd 'gwarth' yn y brif law yn ei le uwchben. Yn ogystal sgrifennwyd 'yw' dros yr 'o'. Cf. ymhellach yr amrywiadau.

Ffoledd, drwy anoff helynt,
I saer gwych fesvro gwynt.
Muriaist ym heb ddim arian
Mur gwawd oedd ammvr a gwan,
Heb fynnv calch, heb faen congl,
Heb ddeall mydr, heb ddeongl,
Heb linyn, heb elw enyd,
Hav llun gwaith yn llanw i gyd,
Heb gymal, hafal hyfeth,
Heb reswm, heb plwm, heb pleth,
Bygwth heb rawn na bogail,
Heb gyswllt, heb swllt, heb sail.
Rhyw wydn yw rhyw wead nos,
Rhy denav cae rhedynos,
Rhy fraith yn araith i neb,
Rhy glyttiog, nid rhugl atteb.
Neddi ar dôn, naddwr dîg,
Rhai coed yn rhy hackiedig:
Hûd hîr, nadd enwir anvn,
Hic, hac, lac, leth, pleth heb lŵn.
Ymnyddv, rysv rheswm,
Wich, wach, o fewn cilfach cwm,
A threio mawl, athrwm wav,
A throi mîn a'th rimynav.
Naddiaeth befr ni ddoe o'th ben,
Er neb, ond mydr aniben.
Er ymy ar y rwymwawd
Dy gyffroi mewn dig a ffrawd,
Nid ei gam, hwde gymell,
O ran yn gwaith ronyn gwell.
Wyt awenboeth, waed tanbaid,
Disgyn beth, a dysc ne baid.

EDMWND PRYS

NODIADAU YMYL Y DDALEN YN Ll 43:

(i) *yn cyfeirio at linellau 11, 12*:
Cynwal / gwae a drawo gwawd / reiol

(ii) *yn cyfeirio at linellau 73, 74*:
Cynwal / ni chefais &c.oth dda di werth / ede wan (*Uwchben* 'oth dda di werth' *sgrifennwyd y geiriau* 'dimav fach' *yn wreiddiol, ond rhoddwyd llinell ddileu drwyddynt.*)

(iii) *yn cyfeirio at y gair 'hafal' (a nodwyd) yn llinell 79*:
ysgod

(iv) *yn cyfeirio at y gair 'swllt' (a nodwyd) yn llinell 82*:
cyflawnder

FFYNONELLAU: A – Ll 43, 74. B – P 125, 57. C – T, 492. D – LlGC 3288,i, 96. E – BLAdd 14991, 198v. F – BLAdd 31056, 154r. G – LlGC 5931, 55r. H – LlGC 19497, 92. I – LlGC 2621, 62.

AMRYWIADAU: 6. Ar gof BC. 7. rym organ faith BCDEHI, fel margen faith (E)FG. 13. gwan iaith (E)FG. 14. I styried BCD EHI. 23. hayach anvn (E)FG. 25. a thrist DEFGHI. 30 + FG:
a cham lvsg lle rowch ym liw / a cham odl tewch am edliw
rraid ym lle r wyd yn rrwyd wav / edliw yt ormod odlav
35. ffei o glytio FG (*cf. y troednodyn ynghyd â'r testun.*) 39. i fael (E)FG. 44. pvr adlais per (E)FG. 49. hydr well ail hvad (E)FG. 52. o gyfrinach FG. 53. clwm tawddgyrch BCDEFGHI. 56. orfod BCDHI. 65. reswm bid trwn F, reswn bid trwm G. 78. a llvn (E)FG. 79. [I]; gynnal BCDEH; hyfal BC, hayal (E)F. 80–82–81–83 FG. 82. heb flas heb iawn sas na sail (E)FG. 83. [I]; rry wead (E)FG. 91. yn nyddv (E)FG. 95. Naddiaith CDGHI, naddiach (E)F. 99. nid a i gam wedi gymell FG. 100. y gwaith BC. 101. wawd danbaid (E)FG.

CYWYDD 23

Y.3.cywydd

Blîn iawn, a'r bobl yn enwir,
Blanio gwawd i blanv gwir.
Blin aruthr i'r blaenoriaid
Ban na choelir gwir a gaid.
Byr ddeynydd mewn barddoniaeth,
Barddas wîr heb vrddas aeth.
Brenin a phybyr ynad
Barhaus lîn o Bersia lad,
Darius, nerth di-rus naf,
Edrychodd beth oedd drechaf:
Ai serch bvn lle ir anherchir,
Ai'r brenin, ai gwin, ai gwîr.
Gwrdd drûd a gŵraidd i'w drin
Garbron yw gair y brenin,
A'i air yma yw'r amarch
A marw a byw a mawr barch,
A'r brenin, er berw anerch,
Am air o fawl ymroe i ferch.
Merch gwyraidd, mor iach gariad,
Ymroe i win heb mo'r wâd.
Gwîn a ddodai gan ddadwrdd
Y dyn a bvn dan y bwrdd.
Os yfed a ddysyfir,
Ar y gwin fo gair y gwir.
E gae gynt, yn frigog wedd,
Y gwir fawl a gorfoledd,
A gwirionedd, gair enyd,
Aeth a'r bêl vnwaith i'r byd.
Troes y byd fel trais heb wedd,
Trowch at wir, trech yw taeredd.
Treiaf fi'r gwir trwy ferw gais
A thi, Wiliam, a thalais:
Gwr gwan, gorav yw gennyd
Gyfarch gwell ym o bell bŷd.
Soniais heb broses enwir,
Sail Gynan, tarian yn tîr,

Nad yw'r ddeddf heb eisteddfod
Roi grâdd gerdd nâdd, gwyraidd nôd,
Na barn doniav rhai ieuainc,
Na thrai ar fydr, eithr ar fainc,
A thaeraist, nid iaith araul,
Chwŷd oedd hyn, na chododd haul!
Dwyn drosod yn dy reswm
(Duw, o'r taer wyd!) awdur trwm:
Gruffudd hardd, gorhoffaidd hydd,
Gyw Hiraethog, [avr] iaithydd.
Ni bv bencerdd loewgerdd lwys
Triganol on' trwy gynwys.
Er i fod a'i arfodav
Yn llawn dysc, yn well na dav,
A thrwm iawn, yn athro mawl,
Dydd yr oedd nid oedd raddawl.
Pete'n wir am yn poet ni,
Rhan ddadl, yr hyn a ddoedi,
Gruff*udd*, oedd ddedwydd wawdwr,
Nid yw'n y gerdd ond vn gwr:
Nid iawn lais vn edn o lwyn
Yn i gân a wna gwanwyn;
Nid vn siampler dymhêrol
Yn a wna dysc iawn yn d'ôl.
Ag, at hyn, a gwawd hynadd,
Gorav braint, y gŵr heb râdd,
Ni fyddi, anvfuddwaith,
Elfydd i Ruffydd ar iaith.
Bu wyr o ddysc beraidd iach
Eb raddav yn beraiddiach.
Yr oedd Wiliam, vrddolwaith,
Salbri gynt, Sely' brig iaith,
Yn dangos dysc ymysc mawl
Yn gwyraiddiach na graddawl:
Blaenorai'r Beibl, ni ŵyra,
Blin drwy'r iaith blaendori'r ia.
Mwy ir haedd, fel i mae rhôm,
Mawl, hwn, na mil ohonom.

Gruff*udd* hên, wawdydd nodol,
Gwyraidd nâdd, o'r graddav'n ôl,
Mwy fv'r glôd, ail myfyr gloch,
Mal hyn na mîl ohonoch.
'R oedd i chwi ffordd, i'w choffhav,
O'i gwraiddyn i gael graddav:
Treio pob gwawd rhai iavainc
Trwy air o farn tri o'r fainc;
Eithr llaw vstus, hwylus hyn,
Gward ytoedd i gardottyn.
Od oes gradd a dewis grâs
I chwi feirdd, vchaf vrddas,
Casewch wâg iaith, ceisiwch hon,
Rwysc geilwad, o'r ysgolion,
Ne golli'ch rhodd trwy fodd trwch
A cholli'ch parch a ellwch,
A cholli fyth ych holl fyd,
Ych hîr rodio, a'ch rhydyd.
Cerais i'r iaith, cûr sy raid,
A cherais i chowiriaid;
I nithio o hên ieithoedd,
A'i llesâv, fy ywyllys oedd.
Duw a ro bawb ar dro bys
Yn well o ran ewyllys,
Ag i'r iaith Gymraeg o'i râd
Ar i gwawdoedd ryw godiad:
Gair Dvw, vnig grediniaeth,
Dawn fo i'n henaid yn faeth,
Gair Naf yn ddiorafvn,
Yn berffaith i'n hiaith yn hvn.

EDMWND PRYS

NODIADAU YMYL Y DDALEN YN Ll 43:

(i) *yn cyfeirio at linellau 13, 14*:

1

(ii) *yn cyfeirio at linellau 17, 18*:

2

(iii) *yn cyfeirio at linellau 19, 20*:
3
(iv) *yn cyfeirio at linell 24*:
4
(v) *yn cyfeirio at linell 26*:
4
(vi) *yn cyfeirio at linell 30*:
Taeredd
(vii) *yn cyfeirio at linellau 35–8*:
Gruf*fudd* ap Cynan ni fynnai / raddolion heb eisteddfod
(viii) *yn cyfeirio at linellau 45, 46*:
Gruf*fudd* hiraethog

FFYNONELLAU: A – Ll 43, 78. B – P 125, 60. C – T, 494. D – LlGC 3288,i, 99. E – BLAdd 14991, 199v. F – BLAdd 31056, 154v. G – LlGC 5931, 57v. H – LlGC 19497, 94. I – LlGC 2621, 63.

AMRYWIADAU: 2. blaenio gwawd BCDEFGHI. 4. ba na chowir (E)F, Ban na chredir G. 10. edryched FG. 11. pen an herchir (E)FG. 12. ai brenin DEFGHI; ai'r gwin BE, air gwin C; ai'r gwir BCE. 19. mor wych (B)CFG. 21. ddoedai BCDEGHI. 22. A dynnai bun BCDEHI (*y darlleniad a geir yn* A *a sgrifennwyd yn* B *yn wreiddiol, ond fe'i croeswyd allan a sgrifennwyd y darlleniad hwn yn ei le yn y brif law*); ai ben dan y bwrdd FG. 25. yn fowiog wedd BC. 26–29. [E] (*ychwanegwyd llinellau 26 a 29 yn ddiweddarach mewn inc gwahanol.*) 31. fyrr gais (E)F, fawr gais G. 35. broffes BC, gyffes (E)FG. 46. hardd iaithydd A. 54. rry wan ddadl am a ddoedi F, Rhy wan ddadl rhyn a ddoedi G. 55, 56. [G.] 59. siamplen F; bresennol (E)FG. 63. Ni fydd i BCDEHI. 68. sel a brig BCDEHI. 76. ar graddav BCDEFGHI. 82. ar fainc BCDHI, ar y fainc E. 83. hysbus hyn BCDEHI. 87. cas i chwi aeth ceisiwch hon FG. 88. rwysg alwad FG. 92 + *yn* FG *ceir llinellau 57 a 58 o Gywydd 24.* (*Ni ddigwydd y llinellau hyn yng Nghywydd 24 yn y llawysgrifau hyn.*) *Yn dilyn 24. 58 ceir y llinellau a ganlyn*:

o theflaist ym iaith ddiflas / Iessv ai gŵyr os o gas
bwrriais innav berr synwyr / nid o gas vn duw ai gŵyr
(3. y mau ber synwyr G.)

Dilynir y llinellau uchod gan linellau 63–74 o Gywydd 29. (*Ni ddigwydd y llinellau hyn yng Nghywydd 29 yn y llawysgrifau hyn, ond cofnodir unrhyw amrywiad a ddigwydd ynddynt ynghyd ag amrywiadau'r cywydd hwnnw.*) *Yn dilyn 29. 74 ceir 23. 93.* 93. cerais yr iaith BCFG, cerais 'r Iaith DHI. 97. Duw a ro i bawb BC, Duw ro i bawb DEHI. 98. o ran ei 'wllys BCDEHI.

CYWYDD 24

4

Mae rhin fawr, mwya' rhan faeth,
Mae naid taer mewn naturiaeth.
Mae naturiaeth mwy'n tori
Modd i gwn am y ddav gi:
Vn a gaid dan we goedwydd,
Yr ail yn y fail a fydd.
Tithav, Cynwal, yn dal dig,
Treisiwr wyd, tra soredig:
Pen fwyf i yn y gwiail
Tithav, fardd, ai tua'th fail.
Tuo a wnawn at iawn ôl,
Tvi erthwch[1] at wrthôl.
Mynni dysd, mae yn dy osteg,
Mewn dyfal daith Mandfil deg.
Mae'r awdur, ammvr ydych,
Ail y bardd, cyffelib ych,
Mor debig mewn ffromddig ffrwyth
Ar goel a'r ber i'r golwyth.
Am i gael yn drafaeliwr
Oedd yn rhydd gelwydd i'r gwr.
Mynnwch hyn, mae'n ych honni,
Mor rhydd, wych wawdydd, i chwi.
Fal i canodd, croewfodd cras,
Ar hyn wir yr hen Horas:
Paintiwr a fyn, pen tra fo,
Llen fain o'r llŷn [a] fynno;
Prydydd, hywegydd hygoel,
A fyn a gân ef yn goel.
Tri dêg, ne chwaneg, wych wedd,
Athro blin, a thair blynedd,
Syr Sion, rhoes air i sanv,
'R hyd y byd rhodio i bv.

[1] 'rhoyt ti erthwch' a sgrifennwyd yn wreiddiol. Croeswyd allan 'rhoyt ti' a sgrifennwyd 'Tvi' yn ei le uwchben yn y brif law.

Dug i'r tir, er dig air tav,
Gwael addysc, ryw gelwyddav.
Rhy bell i doeth, rhyw bwyll deg,
Ry wan dysd o ran d'osteg.
Aml yn dysd, fardd milain daer,
Vn rhy oediog yn rhydaer.
Dewr yn blaid, bid rhaid bod rhoch
Drem gâs, a da ir ymgowsoch.
Pwy a'ch dûg (pa*n*d pechod oedd?)
Ynghyd (gwaith anghv̂ ydoedd),
A pha ieithydd affaithiawl
A wnaeth yt ladmeriaeth mawl?
O'th iaith dy hvn, mal vn mûd,
Hanes gudd hwn nis gwyddvd,
Onid wyd mewn breddwyd brol
Yn tori yn naturiol.
Ydolwyn, dowaid, Wiliam,
Eb air o hûd ba ryw ham
Genyd, ar derm goeg anoeth,
Anglâv nâd, 'y ngalw i yn noeth.
Er na wisgais pais heb pall,
Rwydd arwisg, o rodd arall,
Dvw irioed, da yw i rodd,
A dillad a'm diwallod[d].
O'th alwad wyf noetheulvn:
Enw teg yw arnat dy hûn!
Heddyw am wawd hawdd i mi,
Wyd wan ie[i]thydd, dy noethi.
On'd rhyfedd yt orafvn,
At rym dysc, roi tri am d'v̂n,
A than gof a thi yn gofyn
Ymy hawl 'Paham yw hyn?'?
Nid gweled, vnged angerdd,
Bost goeg, maint oedd bwys dy gerdd,
Ond gweled dy galedi,
I rannv tasg arnat ti,
I'th yrrv di, a throi dy ên,
I'r to, di a'th hurt awen,

I gael achos, glôs glwyswaith,
I ganv dysg yn dy iaith,
Am yt fod mewn penod pall
Yn ben-dew heb vn deall.
Beynydd rhaid ateb anoeth
A gair a dynn y gwr doeth.
Mae'n rhaid, y man i rhodir,
I ddyscv hurt addysg hir.
Êl ar gam [o] lwyr gymell
Dros y ffordd dyrys a phell:
Rhy anawdd, er rhoi vniawn
Drwy'r allt, yw i droi i'r iawn.
Gwŷl y ffordd ar dy glôff iaith,
Gwŷl yr iawn, eglur vnwaith.
O doi [i]'th le, dyna daith lân,
Ddwy syllaf, na ddos allan.

EDMWND PRYS

NODIADAU YMYL Y DDALEN YN Ll 43:

(i) *yn cyfeirio at linellau 3–6*:
historia Lucurgi Lacedæmonioru*m*

(ii) *yn cyfeirio at linellau 23–8*:
pictoribu*s* atq*ue* poeta [sic] / q*ui*d libet audendi semp*er* / fuit æqua potestas.

FFYNONELLAU: A – Ll 43, 81. B – P 125, 62. C – T, 496. D – LlGC 3288,i, 101. E – BLAdd 14991, 200v. F – BLAdd 31056, 155v. G – LlGC 5931, 60r. H – LlGC 19497, 96. I – LlGC 2621, 65.

AMRYWIADAU: 5. goedydd BC. 6. ar ail BCDEFGHI. 10. ti fardd a droi at y fail (E)FG. 10 + FG:

y sy ddewr ir maes idd ai / y sy oriog a sorai
dan yr iav ymdynnv ir wyd / di dyst ymlyniad ydwyd

11, 12. [FG.] 16. wych (E)FG. 21, 22. [BC.] 25. poen tra fo BC, pavn tro fo F, Paun tra fo G. 26. ar llun BCDEGHI; o fynno ADH. 32 + FG:

deg llongaid digoll angor / dyrysa mael dros y mor

34. addysg o gelwyddav (E)FG. 48. Yn torri/n anaturiol BCDEHI. 51. ar air coeg (E)FG, ac air llosg (G). 52. yngalw i noeth BCG. 53. Gwn na wisgais BCDEHI. 56. om dillad BCDEHI (*cytunai darlleniad* B *ag* A *yn wreiddiol, ond fe'i croeswyd allan a sgrifennwyd y darlleniad hwn yn y brif law*); diwallod A. 56 + (E)FG:

ag iddo yn gywyddawl / y gwnia fi gân o fawl
di boen ydyw duw beniaeth / a di gost ag nid yw gaeth
y mae abel a meibion / hawddgar bryd heddiw gar bron
lle mae pob penn presennol / eb lin gvdd na blaen nag ol
llyfr awen duw llen yd llaw / llawn feithrin llyna f'athraw
am gwnaeth i am gnith awen / yn grynn brydydd llowydd llen
a gweled gwaith blaen iaith blaid / hynod wŷr hen awdvriaid
horas wych evrais i waith / homer ofvdd mawr afiaith
gvtto enwog gyttvn waisg / a thvdv brav awdvr braisg
pob pencerdd frawd nid gwawd gam / etholawl nid gwaith wiliam
wrth ganv araith gynydd / gwawd yn dav gwadv vn dydd

(18. Thudur (E)G. 22. yn dydd G.)

57–60. [FG] (*digwydd llinellau 57, 58 yng Nghywydd 23, 92 + yn y llawysgrifau hyn.*) 60. iethydd A. 66. [I.] 77. rhedir BCDEHI. 79. a lwyr A. 85. o doi'th le ADFGHI.

CYWYDD 25

5

Gwraiddyn y gywir addysc
Gair Sele' ddoeth, grasol ddysc:
Na fwrw ddysg yn efrydd wedd
Ag at eiriav gwatwaredd;
Hyddysc ŷnt, haea ddysc iach
I rai vfûdd arafach.
Haeais yt, wr, rhisyd hyn,
Hygar addysg o'i gwreiddyn.
Gwiriais yt, heb vn gair sen,
Gaethiwed a gwaith awen.
Dithav nid wyd ddim doethach
Yn deall hyn mewn dvll iach,
Ag nid ai o gnwd awen
Barddiaeth bwyll eb ordd i'th ben.
Dirmygaist o drem wegi,
Dwrdyd oll f'awdurdod i.
Nid erot ti, nôdair twn,
Na therm wâg, na'th ddirmygwn,
Ond er mwyn gwniadwyr mawl
Ag awduriaid gwawd wrawl,
Ag er mwyn, mewn cynllwyn cân,
Fy henw a'm grâdd fy hvnan.
I'm monwes gwn, am nas gwedd
Gair anoeth (on'd gwirionedd?),
Os bwriais, a byw eroch,
Emav dysg fel ymysc moch,
Eraill a chwyf ar well chwant,
O cân ôll, a'i cynillant.
Rhaid ymy, lle rhoed amarch,
Ynill am hyn oll 'y mharch.
Dy gân sûr, dig awen sâl,
Aed cennyd i goed, Cynwal.
Gwniaf i'r byd, gwnaf ar ben,
Gwir ddeall a gwraidd awen.
Rhoed y bŷd i gyd gwedi,
Rhyfaith wawd, farn rhof a thi.

Davryw yspryd a yrawdd
Dvw o nef, da yw i nawdd:
Vn a ddoe o iawn ddeall
A bwrw i'r llawr obry'r llall,
Vn a roes Duw o'i râs dâ
Ymynyddol mewn Adda;
Yr ail o afreolaeth
Yn y ne' gynt a wnai'n gaeth,
Ag o'r ddav, medd llyfrav llên,
Adrywiodd davryw awen.
Yn gyntaf (Dvw Naf, dy nerth!),
Briodfawl awen brydferth,
Dangosaf ar loewaf lwybr
Am yr awen mor ewybr:
Ni châd hon (pand cofion câs?)
O bair gwrach na berw grychias,
Nag o ffrwyth y tylwyth teg,
Nag o swynion, gâs waneg;[1]
Ni châd hi o awch y tân,
Os gwell, ne gysgu allan,
Ag ni châd mydr gwlad a'i gwledd,
Gân ddirwystr, o gynddaredd.
Plato a roes i Foesen
Fath air am y gyfraith hên.
Ffestus gynt, grâff vstus gwŷr,
Yn i destyn diystyr,
Bwriodd ar Bawl wrawl air
Ynfydv mewn anfadair.
Felly rhoes, mewn difoes dôn,
Air i Ddvw yr Iddeon.
Pen rôdd yn ôl dioddef
Olevad Ner o wlad nef
At fûd ar lŵn tafodav
Tân gwyllt a rhâd Dvw yn gwav,
Syganai rhai yr awr hon
Yr vn fodd rai yn feddwon.

[1] Ni chynhwyswyd y cwpled hwn yn nhestun Ll 43 yn wreiddiol. Fe'i sgrifennwyd i mewn yn y brif law mewn inc goleuach ar waelod t. 85.

Doethost a'th destyn dithav
Yr vn fodd [ar] awen fav;
Doedyd fath gablyd o'th gâs
Ond i Iddew nid addas.
Rof finav, geiriav gwarawl,
Ytty heb hvd atteb Pawl:
Ni ddoedais ar gân ddidwyll
Air o'm pen ond o rym pwyll,
Symledd gwirionedd gwiw râs,
Sobreiddiaith syberw addas.
Siwrach y dengys erof
Pwys y gwaith pwy sy' o'i gof.
Dwyn yr wyf dan dyner wên
Dechravad iachav'r awen.
Mae vn gair, ni bydd mwy'n gêl,
Mîn Rys Goch mewn rhwysc vchel,
Davddecant blwydd a'i rwyddwawd
Cyn Adda gael gynydd gwawd.
Dvw Nêr a ŵyr amserv
Ba hŷd cyn y byd i bv;
Ni wyddai Rys, naddwr hedd,
Enaid awen na'i diwedd,
Nag vn o feirdd gan i fod
Yn y Beibl hyn heb wybod.
Bu derm cylch i bedeirmil
I'r bŷd, ar hyd rhyw a hil,
Ymysc knawd, lariaidd wawd war,
Cyn Sûl Gwyn, cynsail gwanar:
Yr oedd am wawd arwydd mawl
Yn Adda yn awenyddawl.
A phan roes Duw i Foesen
Ormodd cur a llafur llên,
Dvw a alwodd drwy fodd draw
Degsaith o wyr diwagsaw,
A'r awenydd a rannai
I bawb i rhan o bob rhai.
Mîl davgant, mawl diogan,
Cyn Sûl Gwyn, cynhesloew gan,

Yr oedd, ysgol dduwiol dda,
Awen rymys yn Rama,
Cyn dyfod y cvn Dafudd
I barch brenhiniaeth a bûdd:
Ni ddoe neb, man addwyn wydd,
Oddyno yn ddiawenydd.
Pen aeth Sawl, pennaeth seliad,
I ladd Dafyd[d], lonydd lâd,
Iawn gof, awen a gafodd,
Neidiai o fawl, nid o'i fodd;
Bwriodd i wisg, ebrwydd wedd,
Gida'r prophwydi i gydwedd.
Addewid Dvw, addaw têg,
O'i râd, addurn i'r davddeg,
Daith o nef, doeth awen Iôn
Dwys i gwbl o'r dyscyblion:
Dyna rodd dyner yddyn',
Dawn sel gwawd yn y Sûl Gwyn!
E roes dysc, ddiarswyd wyr
(Bes gwadyd!), i bysgodwyr.
Antwn hên yntav'n i hôl
Awdûr ydoedd, wawd radol;
Dysgodd hwn, dasg oedd hynod,
Gyfraith Ddvw, egluriaith glod:
Ni welsai, cofiai cyfoed,
Lafur yr iaith, lyfr erioed.
Llyfr ffydd Duw llywydd i'm llaw,
Llawn faethrâd, llyna f'athraw,
Awenydd burffydd berffaith,
Hon sy rydd, hanes yr iaith;
Hon a fv groew hoew loew lwys
Awen rugl yn yr Eglwys,
Ag nid yw hon, o gnwd hardd,
Per afael, gan vn prifardd:
Hon ni chawn oni chenir
Drwy law Ddvw feidroledd wir.

EDMWND PRYS

NODIADAU YMYL Y DDALEN YN Ll 43:

(i) *yn cyfeirio at linellau 73, 74*:
dyn da i gêd wyd yn dy / gof

(ii) *yn cyfeirio at linellau 87–90*:
Rys goch / davcant mlynedd hoe= / wedd hîl nôd
hoff / amod a phvmmil, / cyn y sulgwyn

(iii) *yn cyfeirio at y gair 'lâd' (a nodwyd) yn llinell 118*:
dawn

(iv) *yn cyfeirio at linell 138*:
Cynwal / pwy yw dy athro

FFYNONELLAU: A – Ll 43, 84. B – P 125, 64. C – T, 498. D – LlGC 3288,i, 103. E – BLAdd 14991, 202v. F – BLAdd 31056, 156r. G – LlGC 5931, 63r. H – LlGC 19497, 98. I – LlGC 2621, 66. J – C 1.1, 55.

AMRYWIADAU: 8. ai gwreiddyn BCDEHI. 18–20–19–21 DH. 19. [I.] 23, 24. [E.] 43. oi afreolaeth FJ, ai afreolaeth G. 46. adrywiwyd FJ, Edriwiyd G. 52. gwrach berw GJ; a berw DF (*dilewyd yr* 'a' *yn* D *a sgrifennwyd* 'na' *mewn llaw arall.*) 53, 54. [FGJ] (*gw. y troednodyn ynghyd â'r testun.*) 57. a gwledd BCFGJ. 59. val testyn y nyn anardd (E), fel testyn ynyn anardd FGJ. 60. frath air (B); plato hen am foesen fardd (E)FGJ. 62. di dostyr BDEHI (*ceir darlleniad* A *yn ogystal yn y brif law yn* B.) 71. fo syganai rrai pe rron (E)FGJ. 72. wyr yn feddwon BCDEFGHIJ. 74. or awen AG. 77–82. [DEHI] (*ychwanegwyd y llinellau hyn yn ddiweddarach yn* E *ar ddalen wedi ei mewnosod, o dan y pennawd* 'in MW. MS.') 77. gwrawl BCGJ. 82–84–83–85 FGJ. 85. Dwyn yr wyfi dan arf wen (E)FGJ. 118. Dafyd A. 120. neidiav fo ag nid FG, Neidiau fu ag nid J. 121. bvan ir aeth bv iawn rad (E)FGJ. 122. fardd oll i fwrw i ddillad (E)FGJ. 126. o gwbl BCE; ir dysgyblion BCDEHI. 129. a roes FGJ. 136 + (E)FGJ:

agos yw dysg y gwas da / berw bvr o wlad barbaria
aeth yn was drwy iras ai rad / dysgedig dewis godiad
(3. drwy ras G.)

137, 138. [FGJ.] 139. hon yw r wawd bvr ffawd berffaith FGJ. 141. fu hoyw groyw loyw lwys FJ.

CYWYDD 26

Canv yr wyf cynar ofeg,
Cynal dysc yt, Cynwal deg.
Canv'r wyf i cyn hir fael,
Cynydd awen, cân ddiwael,
A'r awenydd a renais
Yn ddwy ran, fel naddv'r ais.
Gosodais megis adail
Yn gynar vn; gwnia'r ail.
Reol yw yr ail awen
O sawr a ffûg y sarph hên,
Reol sûr, hwyr i lesav,
Rugl addysc ar gelwyddav.
Tystier Ifan, tyst ryfedd,
Câr Iesu gwyn, croesawg wedd,
A'r gair nid a byth ar gil
(Arf angav yw'r efengil):
Pob celwydd, gynydd gwenwyn,
Sydd o ddiafl a'i swydd i ddwyn,
A phob gwir, a'i gywiraw,
Astud iawn, o Grist y daw.
Wrth edrych araith hydrefn,
Hanes y wlad, hon sy lefn,
Gwaith Merddin goeth a mawrddadl
A Thaliesin, doethfin dadl,
Awen y rhain, o enw rhydd,
Yn i gwaelod yw'n gelwydd,
Am ddieithro, modd athrist,
Drwy gelwydd, ben crefydd Chrîst.
Ceisio rhoi, câs yw'r rheol,
Grâs a nerth i groes yn ôl,
A chodi pob gwegi gynt
A gavddysg oedd goeg eiddynt,
Sef bôd heb yngod angor
Taliesin yn maithdrin mor,
Fal i bv, wrth ffynv y ffydd,
Sionas, vrddas awenydd.
Canv bod cyn y bydoedd,
Cystadlv a'r Iesu ir oedd,

Sef cyn bydoedd nid oedd neb
Onid Trindod trwy Vndeb.
A Merddin, dewin diwad,
Dyn doeth, nid adwaenai i dâd.
Oni bydd dâd safadwy
Y rhith, ni ŵyr bendith bwy!
Dodi iddo dâd eiddil,
Yspryd ni chyfyd iach hîl:
Ni chae yspryd, brŷd brudiaith,
Gîg a gwaed, mae'n goeg y gwaith.
Os bv rydyd ysprydawl,
Vn yw o Dduw ne o ddiawl.
Dŷn byw o râd Dvw ni bv,
Dewisol, onid Iesu:
Iddo nid oes brawd addas
O ryw ond y sydd o'i râs.
I'th ateb, trwy iawndeb trîn,
Y gam ferwddysg am Ferddin,
I dâd, os ysbryd ydoedd,
Felly o rith y fall yr oedd.
Ai rhyfedd, vnwedd anab,
Drwy wall, o doe'r fall i fab,
O rhoe i dafod yn rhydd
I roi gwala ar gelwydd?
Dithav drachefn, vn drefn dro,
O iaith athrist, a'th athro,
Dy gâs yw doedyd y gwir,
Dy ran oedd daerv anwir.
Ai codi'r wyd, o cai drin,
A chamarddelw iach Merddin,
A gwadv (evog ydwyd)
A'th grasder iaith Grist ir wyd?
Er bod i fam (arbed fawl)
O fron hanes frenhinawl,
Anhebig is llurig llwyn
Arferav i Fair Forwyn!
Diryfedd yt dra fai ddydd
Dreio gwaelwawd drwy gelwydd,
A chanv a chloch weniaith
Iachav ar gam (och o'r gwaith!),

A rhoi arfav rhyw avrfainc
I frig coed afrywiog cainc,
A rhoi mawl a rhi' milwyr
I rai mân o ddirym wyr,
A rhoi haeledd rhy helaeth,
Raddav mawr o wrâidd a maeth,
I vn nid oedd yn i dy
I'w gael na bwyd na gwely;
Rhoi cyfiownedd a gwedd gwyr,
Afryw obaith, i freibwyr;
Rhoi doethder ar hyder hedd
I rai anoeth yr vnwedd;
Cwyso i ddŷn, ceisio i dda,
Croew foliant er cryf elwa:
Câs yn yw cwysav anwir,
Cv iawn yw'ch iaith, cenwch wir!

EDMWND PRYS

NODIADAU YMYL Y DDALEN YN Ll 43:

(i) *yn cyfeirio at linell 34*:
Taliesin

(ii) *yn cyfeirio at linell 41*:
merddin Emrys

(iii) *yn cyfeirio at linell 42*:
kynwal / idad ryw yspryd ydoedd / nid rhyw dyn o treid oedd

FFYNONELLAU: A – Ll 43, 89. B – P 125, 67. C – T, 500. D – LlGC 3288,i, 107. E – BLAdd 14991, 205r. F – BLAdd 31056, 157r. G – LlGC 5931, 66v. H – LlGC 19497, 101. I – LlGC 2621, 67.

AMRYWIADAU: 4–7–8–9–10–5–6–11 DH. 4–8–9–10–5–6–11 I. 7. [I.] 10. A sawr BCDEHI. 11, 12. [G.] 14. car duw gwyn caredig wedd (E)FG. 21. ar waith FG. 29. yw rheol BC, iw rheol EG, yw'r heol DHI. 30. y groes BCDEFGHI. 34. yn meithrin (E)FHI, ymeithrin G. 35. ffynnv ffydd BCDEFGHI. 42 + (E)FG:

dyn oedd ar ddvll dewin naf / a thras fal athro assaph
(2. Assaf (E)G.)

43. lle ni bo tad (E)FG. 54. oi ryw FG; ond vn oi ras (E)F, onid ym oi ras G. 55. i atteb FG; trwy vndeb (E)FG. 57. or ysbryd BC. 60. o doe i Fall fab E, o doe ir fall fab (E)F; fall ir fab G. 64. Oth iaith BC. 65. oedd doedyd (E)G, oedd ddywedyd F. 68. a cham arddel DFGHI, A cham arvel (E). 69. enwog ydwyd FG. 83, 84. [DHI.] 89. rroi doethder hyder a hedd (E)FG. 94. yn ych iaith na chenwch wir (E)FG.

CYWYDD 27

7

Ba ryw wawdydd boravdardd
A fyn fod yn i fyw yn fardd,
Dalied sylw, dledûs yw hyn,
A dylyned i linyn:
Llyfr myfyrdawd gwawd i'w gwydd,
Llinyn a phwyll awenydd,
A ddylyn hyn a'i ddwylaw
Nid ai dros y nodav draw;
Ni waedd am radd ni haeddai,
Erbyn i destyn nid ai.
Cyfraith goroffiaith Gruffvdd
Cynan, gwaith nis cawn yn gudd,
Ni roes hwnw er[1] ys enyd
Ond tri bardd yn trwy y byd:
Prifardd, arwyddfardd roddfawl,
A phosfard[d], nid anardd dawl.
Caisio'r wyd, cysur rhydain,
Cynwal, rhwysg yn ôl y rhain.
Mynni fôd, ne ymynfydych,
Yn vn o'r rhain yn y rhych.
Ni'th adwn, anoeth wawdydd,
Yn y gwellt o flaen y gwydd.
Ni ddygi yn ddiwygiawl
Ben iav a'i math am boen mawl.
Minav'n hawdd, mewn awen hardd,
Datbrofa' nad wyt brifardd,
Ag medd rhai, ddidrai ddodrefn,
Yr oedd dri o iraidd drefn:
Dav Ferddin o dwf avrddadl,
A Thaliesin, dewin dadl.
Medd henyddion digonawl
Yr oedd mwy o brifeirdd mawl;

[1] 'ni roes hwn er' a sgrifennwyd yn wreiddiol. Ceisiwyd troi 'hwn' yn 'hwnw', yna fe'i croeswyd allan ynghyd â'r 'er', a sgrifennwyd 'hwnw er' uwchben yn y brif law. Cf. ymhellach yr amrywiadau.

Lle câd i gwaith safadwy,
Y byd a'i mawl, er bod mwy.
Sef gwyddent lwybr cylch wybren,
Serch barth, yr holl sêr vwchben,
Ag ednabod rhôd a rhîn
Daearol ffrwyth dierwin.
Er i bôd yn feirdd nodawl
O'i dysc a'i mvdr, o dasc mawl,
Canlynynt drwy'r helynt hon
Ysprêd o wâg ysbrydion;
Dyrogan, daear wegi,
Dreigiav yn ôl a drŵg i ni.
Nid prifardd evrhardd araith
Ond sydd philosphydd ffel iaith,
Ag am hyny, wr hy hardd,
Profais nad wyt vn prifardd.
Henwaist dy hvn yn hynod,
Henw doctor; mae ragor rhôd.
Am dy fod, gwili glôd glav,
Yn wych yn rhannv iachav,
Honnyd fod ohonod, fardd,
Hawl raddfawl, yn arwyddfardd.
Hyn nid wyd, hynod awdur,
Huad cerdd ag anfad gur.
Os [ydwyd], dangos, wawdydd,
Ar dy gerdd doriad y gwydd.
Dywaid i mi, fawl prifeirdd,
Hynaws bwnc, hanes y beirdd:
Pa wŷr fv ar gerdd gu gynt
Naddawl athrawon yddynt?
Pa yscol, brawdol Brydain?
Pa brŷd fv rhydyd y rhain?
Pa fysurav yn cav cân
Cyn oesoedd y canasan'?
O bwy doethant, gwarantyd,
Wraidd enwav beirdd, yn y byd?
Pam y cawsant, gwarant gall,
Y gair yn fwy nag arall?
May Plenydd, mab hylawnwaith?
Mae Oron, wr mawr o'n iaith?

Mae vn Rufin mîn rhyfedd?
Mae gwarant Maygant fel medd,
Melchin a Mefin myfyr,
Madoc a Chadog, wych wyr?
Y rhain oeddynt rhinweddawl
Mewn doethder, mwynder, a mawl,
Yn brifeirdd heb orafvn
Ar naddwawd barawd bôb vn.
Perthyn dangos hyn yn hardd,
Bruddfab, i bob arwyddfardd.
Posfardd gerdd wiwdardd ydwyd,
Pwnc o'r ddysc, os pencerdd wyd.
Gan nad wyd, gwniad Avda',
Rhaid i'r râdd hon dystion da.
Cai fod, cans mewn côf ydwyd,
Am eilio'r iaith mal ir wyd:
Posfardd, pe anardd anoeth,
Posddiscybl, possibl mai poeth.
Yn bosfardd ba fardd a fo,
'R hŷd bysedd rhaid i bossio,
A thrwy bwys vthr o bossiad
Graddav gynt o'i gwrâidd a gâd.
Rhaid i mi ar y rhâd mav,
Os doeth, dy bossio dithav,
A thi, honiwr, i'th henoed
Drwy'r iaith heb dreio erioed.
Dangos ym, nid yw yn gâs waith,
Hyn a wyddost o naddiaith,
A gofyn, ferwddyn y fôst,
Rhan nadd, yr hyn ni wyddost.
Na fid coeg, mae'n fywyd cu,
Gael dysc, a gwyl i dysgv!

EDMWND PRYS

NODIADAU YMYL Y DDALEN YN Ll 43:

(i) *yn cyfeirio at linellau 15, 16*:
prifardd / arwyddfardd / posfardd

(ii) *yn cyfeirio at linellau 49, 50*:
act wrol yn doctoriaid [sic] / nim gwrthodan
organ / iaith / a gwawd aml yn gydym= / aith

(iii) *yn cyfeirio at linellau 97, 98*:
kynwal / dyscu'r ydwyf / hyn er ioed a henwr wyf.

FFYNONELLAU: A – Ll 43, 92. B – P 125, 69. C – T, 502. D – LlGC 3288,i, 110. E – BLAdd 14991, 206r. F – BLAdd 31056, 157v. G – LlGC 5931, 69r. H – LlGC 19497, 103. I – LlGC 2621, 68. J – LlGC 13119, 155.

AMRYWIADAU: 8. nid a FG. 11. gorhoffwaith BCEJ. 13. ni roes hwn F *(cf. y troednodyn ynghyd â'r testun.)* 15. raddfawl BCDHIJ. 16. posfard A. 16–18–17–19 BCDEHIJ. 24. a math BCEJ. 24–26–25–27 DEHI. 26. a brofa FG. 36. A Serch (E); a serch barth y ser FG; barch BCDEHIJ. 41. canllynynt BC(E)F, Canllynt G. 47, 48 [G.] 48. DadProfais (E); dad brofais nad wyd brifardd F. 51. gweli DEFHI, gwedi J. 53. fod o hynod BDEHI, fod hynod C. 57. ydywyd A. 71. hy lanwaith BCDHI, hu lawnwaith EJ. 74. mae a gant mevgant ail medd FG; ail medd (E). 79. O brifeirdd BCDEHIJ. 81. perthyn doedyd hyn (E)FG. 82. prvdd fab fydd camp arwyddfardd (E)F, Pruddfab iw camp arwyddfardd G. 85. gwiwnad vda BCDEHIJ. 87. fod sef mewn (E)FG. 89. nid anardd (E)FG. 95. rhaid ym oll ar (E)FG. 99. yw gas BCDEHIJ. 100. naddwaith BDEHIJ (*ceir darlleniad* A *yn ogystal yn* B, *yn y brif law.*)

CYWYDD 28
8

Mae dled amodawl oedav
A rhwym mewn dysc rhom * yn dav.
Mae addewid, modd ddiwael,
Mae'n rhaid i gerddiaid i gael.
Mae bil o drefn mabolaeth,
Elw i ni o'i law a wnaeth.
Mae cwyn ar Wiliam Cynwal
Mewn iaith a wyr am na thâl,
Nid am arian da mawryw,
Nid am avr, onid am yw.
Nid ar gyfraith i nodais,
Nid ar svt enyd a'r Sais,
Nid ar fainc vn awdur fyw
Na swydd o'r ynys heddyw,
Eithr ewybr lyfr athrawon
A fwrw yn hawdd y farn hon,
A'i rheolion ar helynt
Pand tystion meirwon ym ynt?
Prydlyfr a'r beirdd parodwledd
A wnai wyr byw yn o'r bêdd.
Ni ddoe Wiliam, ni ddylai,
At fyw, sef rhag maint i fai.
Ni ddoe o flaen, ddifawl wall,
Na chwest wŷr na chost arall.
Ni ddoe gam, awenddig was,
Erof finav, arf wnias.
Gall fôd, be gwell fi o hyn,
Chwemil wrth fy ngorchymyn
(Nid er bost i noda'r barch,
Ond o gof Dvw a'i gyfarch),
A Chynwal, gwych o'i henwi,
I maes idd aeth o'm swydd i.
Myn byth am i awen bôl
Druan yn brifwawd reiol.
Ynillod[d] gwâs bâs i ben
Lawer reiol ar awen;

Minav a gawn i mwynach,
Dyma farn, er dimav fach!
O chân i mi ddychan maith
Llai a ynill a'i weniaith.
O ddawn iaith, bydd iddo yn ôl
O ball roi ymbell reiol!
Ni fyn, ni ddaw yn f'wyneb,
Ddangos yn hachos i neb,
Ond gyrrv in deg araith
O gîl drws a glûd yr iaith.
Mae ar W*ilia*m arailwawd
Ym ail gŵyn am eilio gwawd:
Ni thyr naws, ni thav er neb,
Ni ŵyr etto yn wir atteb.
Doeded ym, od yw dâd iaith,
Gwe a masg y gymysgiaith.
Mewn teiriaith i mae'n torri,
O nithia'n iawn, yn iaith ni.
Ebriw hîl a berw helynt,
O ran gwaith wyrion Noe gynt,
Plant Siapheth, wr difeth dig,
A Cham, nid wy'n dychymig,
Y rhain i'r wlâd yn rhanoedd
Cyn Brutus ap Sulius oedd.
Ceryddweilch, cowri oeddynt,
Codi gwyr mewn cadav gynt:
Tynder ag anghytundeb
Ni âd nawdd na da i neb.
Brutus drwm, brwd tywys drin,
A ddialodd y ddwylin,
Eithr oedd rhai, lle cofiai cur,
Had o nerth, hŷd yn Arthur.
Gadawsant wrth gydoesi
Rhan o'n iaith, y rhain, i ni:
I threigliad a'i gramadeg
O'r Ebryw doeth, groewber deg.
Yr ail iaith, ar reol oedd,
Avr i gwawd, y Roeg ydoedd.
Hailder awen, hîl Droea
A ddaeth a hon oedd iaith dda.

Yn llythrennav llathr vnyd,
Ond tair, a gair ynddi i gyd.
Duw a ddoe a'r drydedd iaith
O Ddôl Idal ddilediaith
Lle mae cymysc ddysc ddi-ddîg,
Iaith Ladin etholedig.
Doed Wiliam a didoled
Y rhain, rhoed bob llain ar llêd,
A dangosed yn gyson
Rannav sail yr ynys hon.
Ni fynnaf, anaf anial,
Wyddeleg na Saesneg sâl,
A'i thalv yn iaith y wlâd
Heb reolion brav eiliad.
Trychan hwyl, trochion heli,
A dav ddêg chwaneg i chwi
Gida Brutus, dirus daith,
I'r ynys doent ar vnwaith.
Lle doe'r gwŷr llid ar geiri,
Myrddiwn oll, ymwrdd a ni,
A chael, frav afael, ar frŷs
Drino merched yr ynys,
A phawb, cyn amled a'r ffa
Epil, hwyntwy, yn planta.
Pwy a wyr, pe i'w wiriaw,
O blaid iach o ba le i daw?
Am yr iachav mor wchion
Hyn sydd yn yr ynys hon,
Gwnaeth fost fôd ym yn dostach
Gan i waith yn gwnîo iach,
Y coelid ef mewn clôd av,
Blîn roch, o'm blaen ar iachav.
Rhois vnwaith, fal rhus anwr,
Iachav ag arfav i'r gwr:
Rhaid i mi o'r rhûad maith
Lidio yn ôl a'i dwyn eilwaith
Onis gŵyr iach ynys gain
Berffaith barodiaith Brydain.
Cywilyddied, coel addurn,
Ceisied foes, cashaved furn,

Cymred, er i falched fo,
Addysc pen rodder iddo.
Haedd nawdd o rhydd yn addwyn
Y gorav i mi fel gwr mwyn.

EDMWND PRYS

NODIADAU YMYL Y DDALEN YN Ll 43:

(i) *yn cyfeirio at linellau 27, 28*:
(a) Cynw / na chymer pen vwch / chwemil / achos heb achos or bil.
(b) Cynwal / dasg chwemil dysg ai / chymell.

(ii) *yn cyfeirio at linellau 33, 34*:
gwae a draw [sic] gwawd reiol

(iii) *yn cyfeirio at linell 56*:
wyrion noe

(iv) *yn cyfeirio at linellau 67, 68*:
aliqui Gygantu*m* vsq*ue* ad tempus / Arthuri

(v) *yn cyfeirio at linellau 107, 108*:
Cynwal / im coelir &c oth flaen di / noethflina dŷn

FFYNONELLAU: A – Ll 43, 95. B – P 125, 72. C – T, 504. D – LlGC 3288,i, 112. E – BLAdd 14991, 207v. F – BLAdd 31056, 158v. G – LlGC 5931, 71v. H – LlGC 19497, 106. I – LlGC 2621, 70.

AMRYWIADAU: 2. a rrwymyn dysg FG; rhom i yn dav A. 14. na swyddog ynys FG. 19. y pryd lyfr beirdd FG. 23, 24. [I.] 23. ddyfal wall FG. 31. gwr gwych heini (E)FG. 32. am swydd i BC. 34. brifwaed BC. 35. ynillod A; ynillai was FG. 39. a mi FG. 41, 42. [FG.] 47. aravlwawd FG. 53. teiriaith mae yn torri BCDEHI. 57. wyr FG. 60. Sulus BCE, Silfius DGHI, sylus F. 65. brutus draw (E)FG; brawd Towys BCDEHI. 73. ar ail FG. 79. drydydd DEFHI. 81. nid dysg dig (E)FG. 90. berw eiliad FG. 92. dav ddevddeg chwaneg (E)FG. 98. Drinio BCDEGHI. 100. hwyntav FG. 101. pe ai wiriaw F, pe bai wy wiriaw G. 105. i fod yn dostach FG.

CYWYDD 29
9

Y prydydd a'r chwimp rhedeg,
Parod i hawl, a'r prŷd têg,
O gnith wawd, gwn i'th edir
I'r[1] fav hynt ar yrfa hir.
Rhedais, rhyw ddyfais ddifudd
(Sef nid a rêd a fêd fûdd),
Can nad oedd mewn cnydoedd mêl,
Clêd iaith wawd, clôd o'th adel.
Nid vn yrfa dynerfaith
A gyrfa Olympia laith;
Nid Campus Martius ym wyd,
Môr sawd, ag nid Mars ydwyd.
Doethwn oll, daith na elli,
Dâl a thâl yn dal a thi.
Ni ddoet i i'r naddwawd hwn
Gam is heb ryw [g]omisiwn.
Rhoist ynof, rhûaist enyd,
Llawer bai i ddallv'r byd.
Rhaid i mi o'r rhadav mâd
Yrv eto air atad,
I gadw 'y ngherdd, goed anghŷ,
Gwir vntal, a'i gwarantv.
Dodaf fi, nid oedaf fawl,
Y tair gwarant ragorawl:
Awdurdawd brawd o brydydd,
A reol dysg yr ail dydd,
A thrydydd, clwm cywydd caeth,
Dygir gair i'w dadogaeth.
Cenais 'glwm' mewn cynwys glôd,
'Clymav' 'n lliaws, clav amod;
'Clymv' 'n ferf, dyna derfyn
Clymiad a rhwymiad ar hyn,
Dan i rhyw, dyna'r rheol,
Disgyn, fardd, a dysc yn f'ol.

[1] 'ar' a sgrifennwyd yn wreiddiol, ond fe'i newidiwyd i 'ir' yn y brif law. Cf. ymhellach yr amrywiadau.

Na ddôd, ni weddei ado,
Vn llvn bai y lle ni bo.
Cenais, ag nid pwnc anvn,
A dofn iaith dwy 'f' yn vn.
Bv rydyd ar barodiaith
I 'en' ag 'ef' yn y gwaith.
Difai oedd haedd Dafydd hwnt,
Mae eb amav, mab Iemwnt;
Gytto, fardd gwead di-fai,
Glyn, cynes glan i canai:
Dodent yn i diwydiaith
Dwy 'en' i vn, da iawn iaith.
A Thudur, awdur odiaeth,
O gnŵd awenydd i gwnaeth,
A brofodd eb orafvn,
Drom iaith, roi dwy 'er' am vn.
Mae'n rhydd ym mewn rhyw ddamwain
O bv rhydd i neb o 'rhain.
Diav gan gerdd, dygwn gof
Dodi rheswm da trosof.
Nid yw hyn, od ai i honni,
Ar rwyddwawd hardd rydd i ti,
Er medrv clymv y clwm
Eb wybod drosod reswm.
Ceisyd fôd mewn penod pur
I'th wawd yn well na Thudur:
Gwybydd nâd wiw mo'r gobaith,
Gwŷl dy well, gwael yw dy waith.
O bv arw gerdd, berw a gwall,
O fai gwŷr, rhof ag arall,
Hyn a fv, o rhannai fodd,
O dwf arw, ydifair[i]odd.
Ni wyddost o'th fawrfost fai,
Poen wall, pwy a ynillai.
Lle'r oedd ddysc ynillai'r ddav
Wrth ddylyn araith olav.
Arwydd dig a chynfigen
Yw adroi cof o'r drwg hên,

A cheisio hau a châs iaith,
Drwy wag eiliad, drwg eilwaith.
Gwelwn i fardd, os glan fai,
Roi y gair a ragorai.
Ymroed ym wr am rad mav,
Er dy waith ymro dithav.
Yr oedd wall ne ryddelli
O ran ych iaith arnoch chwi
I gyd-ddwyn a [gwawd] ddinam
Ag ednabod caeth nod cam.
Chwi ni welech yn ailvn
Ych baych oll o'ch beiav ych hv̂n.
Gwelech arnaf, gloch arwnod,
Fai lle ni fai llvn o'i fod,
A rhy chwerw a roch araith
I bwriech ym, a broch iaith.
Bwriwn wawd a berw yn îs,
Blaid iawn, fel y bêl denis;
Derbyn gwawd, groew gavdawd grym,
Bardd wyrth, a'i bwrw oddi wrthym.
Od oes dwysc, lle nodaist di,
Feiav arnaf a ferni,
Dôd dy nôd, nid oedwn neb,
Dig ytwyd, di a gai atteb,
A gâd o ddysg, wead ddof,
Am air traws, ym roi trosof.
Oni royt yn yr atteb
Ŵyrfeiav'r nadd ar farn neb,
Safyd wrth, ne bid gwrthun
Yn dy hawl, dy farn dy hûn,
A'r byd a'i gadarn farnav
Yn dyst i'n herbyn ni'n dav.
Dos i glawdd ffôs, gwelwaidd ffydd,
Gwaith gwael, ag i'th gywilydd.
Ba gywilydd, big waeliaith,
A allvd i mi er llid maith,

Ond taerv yn annaturiol,
O anaf brâd, arnaf brol?[2]

EDMWND PRYS

NODIADAU YMYL Y DDALEN YN Ll 43:

(i) *yn cyfeirio at linellau 10, 11*:
olympia græci, et / campo martio Roma= / ni currunt

(ii) *yn cyfeirio at linellau 15, 16*:
Cynwal / a phwy a roes / coffaer hwn / degwm asswy / dy gomisiwn

(iii) *yn cyfeirio at linellau 29–34*:
Wiliam a faiasai ar y penill / yma ganasai.r. archiagon / cyd bych trwm clo achlwm clod / bid trwm dy reswm drosod / ac yntav (derivatione) sef / trwy dreiglad sydd yn i ym- / ddiffyn. cwlm meddai W*ilia*m

(iv) *yn cyfeirio at linellau 30, 31*:
coniugata

(v) *yn cyfeirio at linellau 37–40*:
ag ar penill yma / ni phrovais dan ffurfafen / gwe mor gaeth ar gymraeg / wen. dwy f i atteb i vn / yn dwyll gynghanedd/meddai / n. goll y gyntaf. ag f / a dawdd. ond rhyfedd / paintiwr awen. H. cydweli / ysgafn i cawn weisgion / cerdd. Io. philip

(vi) *yn cyfeirio at linellau 63, 64*:
Cyn. / a phwy bynag wag ogan / y ffraeaist di a ffrwst wan / dod dy fantais heb gais gâd [sic] / vn di lwgr yn dy lygad

(vii) *yn cyfeirio at linellau 105–6*:
Cynwal / ith glawdd ne / foth gwilyddir.

[2] Ni chynhwyswyd llinellau 107-10 yn nhestun Ll 43 yn wreiddiol. Ar y dechrau llinell 106 oedd llinell olaf y cywydd, oherwydd, os creffir, gwelir i'r llythrennau 'E.P' (i ddynodi awduriaeth Prys) gael eu gosod odani. Sgrifennwyd llinellau 107-8 dros y llythrennau hyn. Rhoddwyd y llythrennau 'E.P.' eilwaith o dan linell 108, ond penderfynodd Prys ychwanegu cwpled arall eto, llinellau 109-10, a sgrifennwyd drostynt. Rhoddwyd 'E.P.' drachefn o dan linell 110. Cf. ymhellach yr amrywiadau.

FFYNONELLAU: A – Ll 43, 99. B – P 125, 75. C – T, 506. D – LlGC 3288,i, 115. E – BLAdd 14991, 208v. F – BLAdd 31056, 159r (llinellau 1–100 yn unig). G – LlGC 5931, 74r. H – LlGC 19497, 108. I – LlGC 2621, 71. J – C 1.1, 141 (llinell 101 i'r diwedd).

AMRYWIADAU: 4. arfav (E)FG (*cf. y troednodyn ynghyd â'r testun.*) 9. dynerfawr FG. 10. olimpia lawr FG. 12 + (E)FG:
cynwal ydwyd can lediaith / ysgyrfa lesg oerfel iaith
arferaist yrfa warach / anadl byrr a wnai odl bach
pan weler heb poen eilwaith / pwy a ar gamp ar y gwaith
gwelir lle im mogelwyd / digwylydd wowdydd wyd
15. naddoedd (E)F, naddoed G. 16. comisiwn A. 16 + (E)FG:
a dybiaist adroddaist dro / rydd wawd y cayt dy raddio
17. rroi arnaf anaf enyd (E)FG. 21. nid gwawd anghv (E)FG. 24 + (E)FG:
vn bvr mewn mesvr a modd / yn medrv iawn ymadrodd
28. oi dadogaeth (E)F, ai dadogaeth G. 32. clymiad enw rrwymiad F, Clymmid enw rhwymiad G. 33. dyna rheol BCEFG, dyna ei rheol DHI. 35. ni wedd i ado FG. 36. oll vn bai (E)FG; yn lle BCDEHI. 42 + (E)FG:
coedwr hardd cayad y rrawg / cv awdvraidd cadeiriawg
44. ai canai BC. 46. yn un BCDEHI; da iawn waith (E)G (*ni ellir darllen diwedd y llinell yn* F *gan fod darn o bapur a ddefnyddiwyd i drwsio'r llawysgrif yn gorchuddio'r sgrifen.*) 55. o dei honni BC, o da a honni (E), o da i honni FG. 56. arwydd wawd BCDEFHI. 60. at wawd F, Ath wawd G. 63–74. [FG] (*digwydd y llinellau hyn yng Nghywydd 23, 92 + yn y llawysgrifau hyn. Cofnodir unrhyw amrywiad yma.*) 66. ydifairodd A, ydifarodd FG. 75. be glan FG. 77, 78. [FG.] 79. yr oedd oll ryw rydd elli FG. 81. gwnawd A. 86. llun i fod BCDHI. 97. ddysg a gwawd ddof (E)FG. 104. Mae'n dost G; in herbyn ein dau DGHIJ. 105. gwaelaidd ffydd G. 107–10. [G] (*cf. y troednodyn ynghyd â'r testun; ar 107–8 cf. ymhellach y troednodyn ynghyd â 15. 36.*)

CYWYDD 30

Ateb i'r cynta'

Ofer dim, ferw diymwad,
Ond gair doeth Dvw gorav Dâd.
Ofer yw dysc, afraid aeth,
Wyrth nod taer, wrth naturiaeth.
Arnad, Prys, echrys ddychryn,
Pâr fwynhav hêdd, prifiwn hyn.
Anodd mewn cell hirbell hen
Is gwydd Mars guddio mursen;
Anos i ffol mewn rhol rwydd
Anfedrus guddio i ynfydrwydd.
Gwrdd ddadl, os gwir a ddoedwyd,
Gwedi gwîn dysgedig wyd,
Ag nid wyd, breddwyd heb rol,
Arw sen hir, wr synhwyrol.
Prinach no dysc ymysc medd
Synwyr ynod, synn rinwedd.
O bob peth, difeth dyfyn,
Digon oedd ddigon i ddŷn:
O ymsenv heb ddim synwyr
A dychanv, llygrv yn llwyr,
Ni chavt, Prys, eisys, waewsyth,
Haedd ogan barn, ddigon byth!
Havryd arnaf, brad oerni,
Havru mawr, rhoi haer i mi
Dy somi, bradus emyn,
O draws wawd, di a Rys Wyn.[1]
O gwavt wir, gwawd dihareb,
Seims yn iaith, ni somais neb.
Yr vn accen i'th henyth,
Svgnyd fawl, sy genyd fyth:
Havryt[2] addaw, hurt heddyw,
'Y mai oedd, 'y mwa yw,

[1] Ni chynhwyswyd y llinell hon yn nhestun Ll 43 yn wreiddiol. Fe'i sgrifennwyd i mewn yn y brif law rhwng llinellau 25 a 27.

[2] 'haeddyt' a sgrifennwyd yn wreiddiol, ond fe'i croeswyd allan a sgrifennwyd 'havryt' uwchben yn y brif law.

A hyn erioed yn yr ais,
Naws modd elw, nis myddyliais.
Doedaist, addefaist yn ddv,
Gwas nawsgwyn, geisio 'nysgv;
Ceisiaist, a glynaist mewn glûd,
Asio mydr, peth nis medrud.
O ceni, enwi yn vniawn,
O Gymraeg emav yr iawn,
Gwell fesur gallaf eisoes,
Ddwysgwyn dig, dy ddysgv'n d'oes.
Doedaist wedi, ond odid,
Dewrfawr lên, drwy ofer lid,
Nâd oedd ryw, anedwydd râd,
Ym roddi o ymwareddiad.
Pedair cenedl, hap ydyn',
Fodd oedd dda, a fydd i ddŷn.
Ni all dyn ond o'r naill dv
Ond a bagad dybygv.
Rhai o'm teidiav clav, clywer,
Yn rhowiog lân fv'n rhoi [i] gler;
Eraill yn rhoi, heb gloi'r glod,
O dai da fwyd a diod:
Ni bv 'mlaen, o caen' yn cwêst,
Yr vn na bv wr onest.
Perhôn i mi'n llenwi llv,
Dwfn gêd, nid wyf yn gwadv,
A thebygv, rhyw dv'r haf,
Rhwyg ieithoedd, i'r rhai gwethaf,
I bawb i rhois, bybyr hynt,
Hoen ddilesg, hyn a ddyl[y]nt.
Gwiliast gael, gwael y'm gwelyd,
Genyf barch drwy eigion byd.
Cefaist fwy, cofiaist feiav,
Nag a ddylyd, yn glyd glav,
A mwy nag, o mynegir,
A gai i'th oes er bygwth hir.
Dy 'wyllys hyd a elli
Ymlaen oedd 'y mlino i.
Vn ffvnvd, anhoff hanach,
Barddwawd grin a breddwyd gwrach.

Od amceni, colli y cof,
Dan ŷn roi spardyn ynof,
Galla'n gall, ond wrth allawr,
Rhoi i ti gwymp Rita Gawr!
Od oes i'th frŷd, ba fyd fydd,
Vwch y lan na cha' lonydd,
Llonydd a'th wowdydd i'th hwyl
Dyna dasg nid wy'n disgwyl.
Tewi ni wnai tan iawn wedd:
Ti a dewi yn y diwedd!
Oni thewi yn iaith ddiwael,
Hel dy fai, i ddiawl dy fael!

WILIAM CYNWAL

NODIADAU YMYL Y DDALEN YN Ll 43:

(i) *yn cyfeirio at linell 9*:
(a) ffôl
(b) trwm ag ysg . . . (*Ceir llinell ddileu drwy'r geiriau hyn, a chollwyd diwedd y gair olaf oherwydd bod ymyl y ddalen wedi braenu.*)

(ii) *yn cyfeirio at linell 12*:
(a) gwîn
(b) beth cyn gwin?

(iii) *yn cyfeirio at linellau 15, 16*:
mêdd prinach synwyr / na dysg

(iv) *yn cyfeirio at y gair 'eisys' yn llinell 21*:
eisoes

(v) *yn cyfeirio at linell 25*:
bradus emyn

(vi) *yn cyfeirio at linell 28*:
seims

(vii) *yn cyfeirio at linell 32*:
y bai

(viii) *yn cyfeirio at linell 42*:
yn d'oes

(ix) *yn cyfeirio at yr ymadrodd 'rhyw dv'r haf' yn llinell 59*:
beth y gayaf

(x) *yn cyfeirio at linell 74*:
spardyn

(xi) *yn cyfeirio at linell 78*:
lonydd

(xii) *yn cyfeirio at linell 82*:
tewi

Tanlinellwyd y geiriau a'r ymadroddion canlynol yn y testun: '*is gwydd mars*' (llinell 8), '*gwavt*' (llinell 27).

FFYNONELLAU: A – Ll 43, 103. B – P 125, 77. C – T, 508. D – LlGC 3288, i, 118. E – BLAdd 14991, 211r. F – C 1.1, 141.

AMRYWIADAU: 27. gwnayt BCDEF. 49. ond y naill du BCDEF. 52. rhoi gler AC. 62. haen BC; ddylnt A. 71. anach BCDEF. 75. Gallu/n gall BCE.

CYWYDD 31

2

Digwyn fo, da gan fadyn,[1]
Drewsir had, i sawr i hvn;
Felly, Prys, vngwys angerdd
(Gwynt yw), gwir genyt dy gerdd.
Da genyd i gyd a gwych,
Madr gwan, bob mvdr a genych;
Nid da genyd, noethfryd nwyf,
O'm genav ddim a ganwyf.
Awch lawnder, ni chlyw vndyn
Flas ar gâs fel osai gwyn.
Er canv i'n marc enyd
O ran bai'n orav'n y byd,
Yn dy glustiav nid glwysdon,
Ni cheri hi, chwerw yw hon,
Eisiav bod, mae nod yn ôl,
Dig vnmodd, yn dy ganmol;
Yma yn vnic mae'n anodd,
O doe farn, ynill dy fodd.
O bvm heb ddallt, hallt fu'r hawl,
Wyth igainmodd i'th ganmawl,
Nid oedd cennyd, hydd canyn,
A chael hedd, ddiolch o hyn;
Y beiav i gyd, bw a gaf,
Dros diwrnod a roist arnaf,
Y maent, a mwy, nid maint mân,
Gwrdd dy henw, i'th gerdd dy hvnan!
On'd ydyn', yn syn, yn siwr,
O ran gogan 'rwy'n goegwr!
Os edrych clêr sadwrych clav,
Ing hyddysg, 'y nghywyddav,
Yno i'th ddelir, fy hîr hydd,
Wr di-goel, ar dy gelwydd.
Y mae rheswm, wr hoewsyth,
Gwall yw bai, ar goll[i] byth;
Er hyn y mae rhan i'w mysc,
Rhaid yw addef, rhovd addysc.

[1] Sgrifennwyd 'v' yn y brif law uwchben yr 'y' yn 'fadyn'.

Gwir a ddoedaist, gwrdd ydoedd,
Yna ar vn gair (enwog oedd!):
Mawr, o son am ryw synwyr,
O bob iaith, gan bawb a wyr.
Gwirier hyn, gair hir anardd,
Arnat dy hŵn, er nad hardd.
Pedwar mesvr, powdr mvsig,
Ar hugain sydd, freisgwydd frig;
Doedyd y gwyddyd i gwav:
Ni wyddost mo'i rhinweddav!
Haws doedyd ar ystudiaw,
Ar ryw ystorm, oer os daw,
Mynydd, vwch bronydd a bro,
Mewn trowsdir, na mynd trosto.
Felly'r wyd, mal breddwyd brav,
Fas wr, yn dy fysurav:
Medrv henwi, mydr hynod,
Y rheini a wnai heb fai i fod;
Ni fedri gwedi yn gadarn
I canv fyth o cawn farn.
Bâs yw dy radd, bostio'r wyd,
Byth na thasc beth ni'th ddyscwyd.
Pe bostyd, toryd trwy'r tân,
Wr tyn, dy art dy hvnan,
Eiraid lên, ni roe dy wlad,
Gwrdd ddyrnv, gerydd arnad.
Vn wyd ffrom, mae genyt ffrôst,
Naws gweddw, o'r peth nis gwyddost,
A rhoi gogan, rhêg wagwyr,
I myfi gwedi a'i gwyr.
Gwyn ddadwrdd, gwn na ddodi,
Gwr dv mawr, vn geirda i mi.
Erchyd ym, wr llym i'r llv,
Ddisgyn a mynd i ddysgv.
Dywaid, os rhaid, is yr haf,
Bath o ddysc, beth a ddysgaf.
Abl yw, o gwn, yn ddwbl o gerdd,
Raenio pynciav ran pencerdd,
A hyn, y llyn, a'i wellhav,
Nid a'n angof dan angav.

Digelwydd, ond o gwelaf
Dysc yn wir dysgv a wnaf.
Draw, rheitiach oedd, drwy'r ty i'w chav,
Dasgv doethion, dysg dithav.

WILIAM CYNWAL

NODIADAU YMYL Y DDALEN YN Ll 43:

(i) *yn cyfeirio at linell 1*:
(a) madvn
(b) twyll odl

(ii) *yn cyfeirio at linell 6*:
madr gwan

(iii) *yn cyfeirio at linellau 15, 16*:
eisiav canmol

(iv) *yn cyfeirio at linell 30*:
ing hyddysc

(v) *yn cyfeirio at linell 32*:
celwydd

(vi) *yn cyfeirio at linell 33*:
Rheswm.

(vii) *yn cyfeirio at linell 43*:
powdr music

(viii) *yn cyfeirio at linellau 43, 44*:
y pedwar mesur ar / higain

(ix) *yn cyfeirio at linell 51*:
breddwyd brav

(x) *yn cyfeirio at linell 57*:
bost

Tanlinellwyd yr ymadroddion canlynol yn y testun: '*gwrdd ddyrnv*' (llinell 62), '*naws gweddw*' (llinell 64).

Ceir yr arwydd ∴ gyferbyn â llinellau 10, 16, 17, 19, 22, 27, 28, 29, 34, 51, 55, 57, 62 a 71.

FFYNONELLAU: A – Ll 43, 105. B – P 125, 79. C – T, 510. D – LlGC 3288,i, 120. E – BLAdd 14991, 212r. F – C 1.1, 143.

AMRYWIADAU: 10. oi gas BCDEF. 15. Eisiau i bod BCDEF. 24. diwrnod . . . BC. 27. Ond yndyn BC. 34. ar goll A. 36. rhod

Addysg BCDEF. 51. mewn breuddwyd BCE. 52. fras wr BCE. 53. Medri BCDEF. 54. heb fai fod BCDF. 69. or llü BCDEF (*ceir darlleniad* A *yn ogystal yn* B, *yn y brif law*).

CYWYDD 32

3

Blin yw'r byd, blaenor bydol,
Blin i gyd rhwng blaen ag ôl;
Blin fv i'w devlu dilyth,
A blin a fydd beynydd byth,
A drwg aml a drig yma,
Duw a roi dydd, cyd a'r da.
Er hyn, Prŷs, perhon prisiaw
Y cwbl i gyd trwy'r byd traw,
Na ladd yna'r da diwg,
Y mae'n drist, er mwyn y drŵg.
Od oes genyd, dwys gyni
Ag eisiav, man gâs i mi,
Na wna ogan ai'n wagyd,
Ebrwydd gan, i'r beirdd i gyd.
Doydais, ag nid i'w wadv,
Doeda' fyth, daed a fv,
Fod Gruff*udd* groewffydd graffwych,
Fardd Hiraethog enwog wych,
Yn bencerdd drwy angerdd draw,
Egin vthr, ag yn athraw,
Ag na bv ddeddf eisteddfod
Yn i amser, clander clod.
Pawb a wyr pe bai eirwir,
Tonav yn iaith, fod hyn yn wir:
E gaid gradd gynt, hwylynt hawl,
A'i thrio'n neithiar reiawl.
Dyna ddangos, achos aeth,
Byr d'addysg ar brydyddiaeth.
Neddaist wawd, ni wyddost di
Byth, uddadl, beth a ddoedi.
Egr oedd genyd, gwrdd ganu,
Raddav beirdd o'r rôdd y bu.
Odid râs, doedyd ir wyd
O gas brudd, megis breddwyd,
Y collai feirdd digeirdd dôn,
Arch rhwydd, i parch a'i rhoddion,

A'i hvrddas, barddas y byd,
Hyll wradwydd, a'i holl rydyd,
Ag i rhoyt hwy o'r gert hon,
Chwerw coffa, i'r garchar cyffion.
Ni weli i'th oes, wael iaith hy
(Bid llawn!), y byd yllyny.
O bv o'r blaen, aen' enyd,
Oll i bawb yn well y byd,
Na chabler, profer bob bro,
Na ddowtier, mae'n dda eto.
Gad ar feirdd o'r gadair fain
Ar hyn ymdaro i hvnain,
A gofala, rwyfa yn rhaid,
Drws y ffair, dros yffeiriaid.
O rhoist air mawr, rhwystr y modd,
I wr hawdd a'r a'i haeddodd,
Wiliam Salbri lym, seilbraff,
Di-waith-prin, wybodaeth praff,
Er maint fv i ddysc ymysc maeth
Yn y byd a'i wybodaeth,
Nid oedd wr, barnwr y byd,
Wirgoel fodd, o'r gelfyddyd.
Am brydydd trwm brav wedi,
Seiniais wawd, y soniais i.
Gwelvd nad wyf, gwiriwyf ged,
Elfydd Gruff*udd* a'i graffed;
Ni wyddost a'th noethfost nwyf
Yn nodedig nad ydwyf,
Ag onid wyf, gwinwawd iaith,
Haedd fawl, na fyddaf eilwaith.
Doedaist mewn mic, dig a dyf,
Llvdd gwyn, mai gwell oedd genyf
Dydi 'mhell yn nyfngell nos,
Egwan ŵg, nag yn agos.
Miniwn gwawd, mynwn gwedi,
Hir ferw'n iaith, ar fy rhan i
(Os pell wyd, oes pall atteb?),
Chwerw dy nad a'i chred i neb,

Avrfwng hoff, ar fy nghyffes,
Boet yn iaith, be bayt yn nes.
Er na fedri, gwedi i gyd,
Ganv'n iawn, gwenwyn enyd,
Dv y cweryli, dig cravlawn,
Didol yn iaith, dadle'n iawn.

WILIAM CYNWAL

NODIADAU YMYL Y DDALEN YN Ll 43:

(i) *yn cyfeirio at linellau 17, 18*:
gr. hiraeth

(ii) *yn cyfeirio at y geiriau 'clander clod' (a danlinellwyd) yn llinell 22*:
dav fai

(iii) *yn cyfeirio at linell 26*
neithior reiawl

(iv) *yn cyfeirio at y gair 'uddadl' yn llinell 30*:
prins

(v) *yn cyfeirio at linell 40*:
cyffio*n*

(vi) *yn cyfeirio at linell 43*:
aen

(vii) *yn cyfeirio at linell 45*:
p*r*ofer

(viii) *yn cyfeirio at linellau 53–8*:
W Salusbry

(ix) *yn cyfeirio at linell 58*:
celfydd

(x) *yn cyfeirio at linell 62*:
gr.

(xi) *yn cyfeirio at linellau 67–70*:
mîc

(xii) *yn cyfeirio at linell 69*:
pell.

(xiii) *yn cyfeirio at linell 78*:
canv.n. iawn

Tanlinellwyd y geiriau a'r ymadroddion canlynol yn y testun: '*devlu dilyth*' (llinell 3), '*egin vthr*' (llinell 20), '*clander clod*' (llinell 22), '*odid râs*' (llinell 33), '*digeirdd dôn*' (llinell 35), '*hwy or gert hon*' (llinell 39), '*yllyny*' (llinell 42), '*aen*' (llinell 43), '*a gofala rwyfa' yn*' (llinell 49), '*drws y ffair dros*' (llinell 50), '*rhwystr y modd*' (llinell 51), '*nyfngell nos*' (llinell 69), '*avrfwng hoff*' (llinell 75).

Ceir yr arwydd ∴ gyferbyn â llinellau 42, 49, 50, 51, 56, 69 a 75. Ceir cromfach hir gyferbyn â llinellau 67–75.

FFYNONELLAU: A – Ll 43, 108. B – P 125, 81. C – T, 511. D – LlGC 3288,i, 122. E – BLAdd 14991, 213r (llinellau 1–42 yn unig). E* – BLAdd 14991, 213v (llinell 43 i'r diwedd; gw. y disgrifiad o'r llsgr.). F – C 1.1, [146].

AMRYWIADAU: 9. yma'r BCDF; yma y da E. 30. Byth i ddadl BCDEF. 34. beirdd BCDEF. 40. coffa i garchar BDEF, coffa carchar C. 47. Gad i feirdd BC. 55. fu ddysg BC. 59. braw BCDF. 72. a fy rhan i B, a fu rhan i C. 74. ni chredi neb BCE*, ni chrêd nêb DF. 76. be baet ti nes BCF, be baet ti'n nês D.

CYWYDD 33

4

Am natur myni atteb,
A mannv'n iaith mwy na neb.
Dwyn ir wyd, ni hir wadwn,
Doreth caeth, naturieth cwn.
Amla' cyfarth, gwarth gwrthol,
Y ci ni frath, cwyn afrôl;
Vn fodd hyll anvfudd hwnt,
Eiriav dadmer, wyd Edmwnt.
Ceisio awen, casawyd,
Cyfraith ddrwg, cyfarth ir wyd.
Ni chaiff yn heirdd beirdd y byd,
Iownwedd gan, lonydd genyd.
Cyfarth cler yw d'arfer di,
Câs d'acken fel costowki
Gwag anardd, a goganv,
Gair di-fael, y gwyrda fv.
Meddyt ti, a henwi hwn,
Drwm gasedd, da ir ymgowswn
A Syr Sion, mewn siars hynod,
Mwndvil glân mewn dwyfol glôd.
Marchog oedd, mawrwych gwyddir,
Vrddôl gwych, arddel y gwir,
A gwr o ddysc, arwydd aeth,
Ag ystudiwr gost odiaeth.
Hwn a fv yn i fywyd,
Hyder beth, yn rhodio'r bŷd
I weled, gerdded Gwirddvw,
Foddav teg ryfeddod Dvw,
I gael rhwydd gyfarwyddyd,
Daring hir, a'i dyrrv 'nghŷd,
Ag mae'r cwbl, trwbl i tric,
Breiniwyd tadl, yn breinti[e]dic.
Meddyt ti, noethi yn ieithoedd,
Cwlio i ddysg, mai celwydd oedd.
Beth a wyddost, dôst destyn,
Wedi rhawg nad yw wir hyn?

Ni buost di, a bost wan,
Lew garw oll, o Loegr allan,
Ag fo fv gyfa i fywyd
Draw yn bell drwy dairan byd:
Affric braff, rywiog i braint,
Asia ag Ewrop sy gowraint.
Nid cyfarwydd, rhwydd yw rhodd,
Nodav gwrdd, ond a gerddodd.
Er nad tebyg, yn llyg llv,
Yn yn dvll yn dav allu,
Nid anhebyg, ddyblyg ddav,
Yn toriad a'n naturiav:
Cowirddwys waith, cerddais i,
Camrav trwst, Cymry trosti.
Gallvd y llyn, gwellâd llu,
Goffav i lwybr yn cyfflybv,
Hapus ged, i bysgodwyr,
O rhoes Dvw ddysc ymysc myr.
Edryched pawb, drych da pur,
Davwell, hefyd i llafur.
Nid aeth y rhain mewn drain draw,
Amrwd wedd, i ymwradwyddaw.
Pregethu, pur i gweithynt,
Ydoedd i gwaith i'w dydd gynt.
Hyn i'th oes oedd, i'th hawshav,
Hyrddud iaith, hardd i tithav.
Dy wisg sydd yn nydd a nos
Ry wych fel i mae'r achos;
D'eiriav oedd, lle'r ymdaeryd,
Noethion ag oerion i gyd.
Doedaist ganv yn ddv yn dy ddydd,
Dyst gwael, a doedaist gelwydd,
Dri chywydd newydd wniad
Am vn i mi gwedi gwâd.
O cenaist dri, cnoist ar wall,
Ffael yngod, fel ffol angall,
Cenais i ti, cwynaist hyn,
Drwm dyniad, dri amdanyn'.

Câr draw hêdd, cred wîr heddyw,
Cân a fynych dra fych fyw.
Ni chai benill chwibaniad
A'i bwyth yn rhydd byth yn rhâd.
Meddi di, ymdrechi draw,
Llwfr wâd vthr, llyfr yw d'athraw.
Beth yw vn llyfr byth i'n llv?
Bai i ddisgin heb i ddysgv!
Ar dy gerdd irdeg vrddol,
Ymliw'n gall ymlaen ag ôl,
Beirdd a'i dring, bu arwydd draw,
Boet wythran, na bv yt athraw.
Deall ir wyf, dull yr iawn,
Ar ddaioni'r ffordd vniawn.
Ni ddoi di, anodd deall,
Wyd ynglyn, mwy na dyn dall,
Er dy alw o wir dylyth
Fvnvd awr i'r ffordd fawr fyth.

WILIAM CYNWAL

NODIADAU YMYL Y DDALEN YN Ll 43:

(i) *yn cyfeirio at linell 12*:
lonydd

(ii) *yn cyfeirio at linellau 19, 20*:
maw*n*dvil

(iii) *yn cyfeirio at linell 27*:
duw n cerdded

(iv) *yn cyfeirio at linell 30 (a nodwyd)*:
hir

(v) *yn cyfeirio at linell 31 (a nodwyd)*:
byr

(vi) *yn cyfeirio at linell 32*:
print

(vii) *yn cyfeirio at linellau 52, 53*:
pyscod

(viii) *yn cyfeirio at linellau 67–70*:
. . . ri am vn. (*Collwyd y llythyren gyntaf gan fod ymyl y ddalen wedi braenu.*)

(ix) *yn cyfeirio at linell 72*:
ffol (*Wedi ei danlinellu.*)

(x) *yn cyfeirio at linell 77*:
penill (*Wedi ei danlinellu.*)

(xi) *yn cyfeirio at linell 80*:
llyfr (*Wedi ei danlinellu.*)

Tanlinellwyd y geiriau a'r ymadroddion canlynol yn y testun: '*casawyd*' (llinell 9), '*gerdded gwirddvw*' (llinell 27), '*foddav*' (llinell 28), '*daring*' (llinell 30), '*wedi rhawg*' (llinell 36), '*affric braff*' (llinell 41), '*drain*' (llinell 57), '*hyrddud iaith*' (llinell 62).

Ceir yr arwydd ∴ gyferbyn â llinell 62.

FFYNONELLAU: A – Ll 43, 111. B – P 125, 83. C – T, 512. D – LlGC 3288,i, 124. E – BLAdd 14991, 215r (llinell 29 i'r diwedd). E* – BLAdd 14991, 214r (llinellau 1–28 yn unig; gw. y disgrifiad o'r llsgr.). F – C 1.1, [149].

AMRYWIADAU: 2. A mannau/n iaith BCDF. 19. sias hynod BC. 31. Ag i mae/r BCE. 32. breintidic A. 34. mal celwydd BE. 43. fü rhodd BCDEF. 46–51. [D.] 49. iaith BCEF. 52. im cyfflybu BCE. 57. Nid a y rhain BCDF, Nid a rhain E. 71. O cenaist i BCDEF. 72. ffwl angall BC. 82. heb ddysgu BCDEF.

CYWYDD 34

5

Dadwrdd, llygrwr gwawd, ydwyd,
A dewis gwraidd dysc ir wyd.
Da yt alw, Prys, hysbys had,
Deg fater, dy gof attad.
Mae a wyddost, mae'n gost gall,
Mynaig air, mwy nag arall.
Diystyr bydd, dy ystor bell,
Dasc chwemil, dysg o'i c[h]ymell.
Nid oeddwn i i ti hyd hyn,
Enwog wyf, yn i gofyn.
Doedaist am ddysc diwadiaith
A draethyd ym, druthiad iaith,
Nad ai, eisiav nôd awen,
Beirdd a'm peirch, heb ordd i'm pen.
Am [brydyddiaeth], ffraeth ffrwythav,
Mydr y gerdd, a medru i gwav,
Ni wyddyd enyd vnoed,
D[d]iosgwr iaith, ym ddysc erioed.
Yr awen o'r dechravad,
Gwedi'r tôn, oedd gida['r] Tâd.
O hon i rhoes, mae'n y rhol,
Rhan i Adda'n rhinweddol,
A'i hav wedi fal hadyd,
Y Beibl a'i barn, i bobl y byd,
Ond rhoddi i rai llai no'r llaill
O'r mav wir a mwy i eraill.
Dyna ar dri gair, lle pair pen,
Dwys barth, yw dosbarth awen.
Y ddav ysbryd ddiasbri,
Honaist dysc, a henwaist di,
Vn yw'r da, iawn air diwg,
Hyll oer drin, a'r llall yw'r drŵg.
O nefoedd, vn heb nwyfav,
Od air i ddallt, y doe'r ddav,
Y da i ynyn daioni,
Y drwg a wna drygav i ni.

Haervd ddoe im, hwyrwawd ddv,
Dyddiwr mwygl, dy ddirmygv.
Dy foli, gwn, di-fael gais,
Hoew a chroew a ddechravais.
O bv amgen heb ymgudd,
I beri a wnavd heb air Nvdd.
Er 'y mod, trwm ormod traw,
Dwys berwyl, yn dy sbariaw,
Nid wy'n disgwyl, gwyl i gyd,
Nyddv gwenwyn, nawdd genyd.
Od ai ynill, gweddill gwaith,
Obry a chael dy barch eilwaith,
Rhaid yt drwy hap, glap y glêr,
Nad oerfoes, newid arfer.
Gofrwysc yt fwrw dysc afraid
Fel ymysc moch, broch heb raid.
Ba nas bwrud, hud yw hi,
Brid werth, lle bai raid wrthi?
O beiaist di (ba wst waeth?),
Rwysgwych boen, Rys Goch benaeth,
Be basyt, nesyd nasiwn,
Mwy syrhad, yn amser hwn,
Ni ddoedud, dylvd dilys,
Evrbavn rhwydd, yn erbyn Rys.
Hawdd dadlav brav, nid garbron,
A gwr marw geiriav mowrion!
Clov synwyr, cael sy anodd
Cerdd hardd ne fardd wrth dy fodd.
Pawb a'r a oedd pybyr raddwyd
(Ba air waeth?) i beio'r wyd
A chwyn boen, a chnoi beynyd[d],
Barddas wael, y beirdd y sydd,
Ag ynill câs, bâs heb wâd,
A llac air yn lle cariad,
A gogan o ymgegv
Yn lle clôd am fod a fv.

Yn lle pregeth loewbleth lân,
Naid ddiachos, gwnaud[1] [dduchan].
Bydd byw fal, rac dyfal dig,[2]
Bigail gloewsail eglwysig,
A ffaid a'th ffoledd meddwyd,
Ffair deg, os offeiriad wyd.

WILIAM CYNWAL

NODIADAU YMYL Y DDALEN YN Ll 43:

(i) *yn cyfeirio at linell 6*:
mwy nag / arall

(ii) *yn cyfeirio at linell 10*:
gofyn

(iii) *yn cyfeirio at linell 18 (a nodwyd)*:
hir

(iv) *yn cyfeirio at linell 34*:
dallt

(v) *yn cyfeirio at linell 43*:
trwm

(vi) *yn cyfeirio at linell 46*:
nawdd

(vii) *yn cyfeirio at linell 50*:
arfer

(viii) *yn cyfeirio at linellau 61, 62*:
Rys / goch

(ix) *yn cyfeirio at linell 64*:
bodd

(x) *yn cyfeirio at linell 66*:
beio

[1] 'gwaud' a sgrifennwyd yn wreiddiol, ond ychwanegwyd 'n' uwchben yn y brif law rhwng yr 'w' a'r 'a'.

[2] 'Bydd byw rhag fal dyfall dig' a sgrifennwyd yn wreiddiol. Ond croeswyd allan 'rhag', a sgrifennwyd 'rac' uwchben yn y brif law rhwng 'fal' a 'dyfall'. Croeswyd allan yr ail 'l' yn 'dyfall' hefyd. (Ceir cromfachau o gwmpas y geiriau 'dyfall dig', ond ni ellir dweud a chynhwyswyd hwy'n wreiddiol ai peidio.)

(xi) *yn cyfeirio at linell 73*:
p*reg*e*t*h

Tanlinellwyd y geiriau a'r ymadroddion canlynol yn y testun: '*obry*' (llinell 48), '*nesyd nasiwn*' (llinell 57), '*mwy syrhad*' (llinell 58), '*dylvd dilys*' (llinell 59).

Ceir yr arwydd ∴ gyferbyn â llinellau 19, 43, 44 a 63.

FFYNONELLAU: A – Ll 43, 113. B – P 125, 85. C – T, 514. D – LlGC 3288,i, 126. E – BLAdd 14991, 216r. F – C 1.1, [152].

AMRYWIADAU: 4. dig fatter BCDEF. 5. mewn gost gall BCE, mewn côst call DF. 8. cymell A. 9. oeddwn i ti BCE. 15. brydydyddiaeth A. 18. diosgwr A. 19. ar dechrauad BCE. 20. gida tâd A. 27. dyna dri BC, dyna'r tri DF, Dyna'r dri E. 32. drem BCDEF. 66. Bai air BC. 67. beynyd A. 74. ddychâd A.

CYWYDD 35[1]
6

Ba gamp waeth a'r aeth ar wr,
O bai vstus, na bostiwr?
Am hyn, Prys, dyrys d'araith,
Mae anair yt mewn yr iaith.
Mwya' dyn yma adwaenwyd
(A fu wst waeth?) i fost wyd.
Doedaist dy fod, cyfnod cu,
Fin esgvd, yn fy nyscu.
Er dy ddysc, gymysc gymell,
Heb amav gwir, ni bûm gwell.[2]
Ba ddysc, er bôst ar osteg,
A wyddyt ym, addaw teg?
Nid oeddwn, o doe weddi
Râd o'th ddysg, vnard a thi:
Bardd wyf, hardd beraidd fowrddysc,
Yffeiriad wyd, coffr y dysc.
Nid nes it wybod nodi,
Fvdd dawn, fy nghelfyddyd [i]
Nag ym wybod, freisglod frav,
Ddwys gêd vthr, dy ddysc dithav.
Gwir yw geiriav llyfrav llen
A'r Efengil, avr fyngen:
Ffordd yr ynfyd, llownfryd llwyr,
Sy vnion, eisiav synwyr,
Yn i olwg, wan eilun,
Ar i fai hir, ef i hvn.
Yllyn, Prys, llen[3] pvr howsyth,
Ni welyd fai, ail wyd, fyth.

[1] 36 yw'r rhif a sgrifennwyd uwchben y cywydd hwn yn wreiddiol yn Ll 43, ond fe'i croeswyd allan a sgrifennwyd 35 yn ei le yn y brif law.

[2] Ni chynhwyswyd y llinell hon yn nhestun Ll 43 yn wreiddiol. Fe'i sgrifennwyd i mewn yn y brif law mewn inc ychydig yn wahanol rhwng llinellau 9 ac 11.

[3] Croeswyd allan y 'fy' a sgrifennwyd yn wreiddiol o flaen 'llen'. Hefyd, mae olion dileu (drwy grafu'r papur) ar ddechrau'r llinell. Gellir darllen 'fel', a'r tebyg yw mai 'fellyn', nid 'yllyn', a sgrifennwyd yn wreiddiol.

Goganv'r wyd, goegni'r iaith,
Yr awenydd ar vnwaith:
Yr henfeirdd yn rhy ynfyd,
Heb wav gwir, i beio i gyd;
Bygwth oedd bai gwaeth heddyw,
Beio ar bawb o rai byw.
Ysglendraist, ffraeaist yn ffrom,
Wr hynod, rai ohonom.
Praw bellach fai rhai yn rhydd,
Swnd gwael, ne [sa]'n dy gelwydd.
Dyred a'th gwyn yn wyneb,
Dywaid, na wad er nad neb,
Pwy sy awen, davben dig,
Gaeth reolaeth gythreylig,
Ag yn gelwydd, newydd nôd,
Oer i gwelir, o'i gwaelod;
Pwy sydd, anhapus yddyn',
Heb wâd hwy moes wybod hyn,
Yn dieithro, dv weithred,
Grefydd Christ, goravfodd cred;
Pwy sy['n] rhoi, grâs urddasol,
Gresyn waith, i groes yn ol;
Pwy sy'n codi, gwedi yn gav,
Y gavddysc i gywyddav.
O doedaist, rhuaist yr haf,
Glawdd orn o gelwydd arnaf,
Yr wy'n barod er nod neb
I'n iaith etto i'th atteb.
Dowaid enyd, hud anawdd,
Achos nes, ni cheisa' nawdd,
Ple gwedais (ai plyg ydoedd?)
Eiriav Christ, [o'r] mark ir oedd;
I bwy tynais, bid dinam,
Iachav ag arfav ar gam;
I bwy rhois fawl (pe Brys f [ai]![4])
Wr naws del, a'r nas dylai;

[4] Collwyd diwedd y gair gan fod cornel y ddalen wedi braenu.

I bwy cenais, pig hyny,
A'r nad oedd fara'n i dy;
Beth a geisiais, os ai swn,
Od ai i ddal, ond a ddylwn.
Praw fry rhain (pa ryw ferw y rhawg?)
Gwael fodd, ne fydd gelwyddawg.
Na fwrw ar neb, cydnebydd,
Ond a wnêl, Dvw'n cadw'r sel sydd.
Drwg yn siwr gan wr i'w gefn
I sclandrio, ys gwael vndrefn.
Paid a'th serth drafferth draffol,
Prys, yn wir, rhag praw sy'n ôl.
Ymddychanu, modd chwanawg
(Gwna gyngor rhagor yrhawg)
A ffrydydd, deffro wedi,
Offeiriad wyt, na phraw di.

WILIAM CYNWAL

NODIADAU YMYL Y DDALEN YN Ll 43:

(i) *yn cyfeirio at linell 6*:
bôst

(ii) *yn cyfeirio at linell 10*:
gwell

(iii) *yn cyfeirio at linell 15*:
bardd wyf hardd

(iv) *yn cyfeirio at linell 22*:
evengil fyngen

(v) *yn cyfeirio at linell 35*:
sclandr

(vi) *yn cyfeirio at linell 37*:
bai

(vii) *yn cyfeirio at linell 39*:
cwyn

Tanlinellwyd yr ymadroddion canlynol yn y testun: '*ddwys gêd vthr*' (llinell 20), '*swnd gwael*' (llinell 38), '*yr haf*' (llinell 53).

Ceir yr arwydd ∴ gyferbyn â llinell 53.

FFYNONELLAU: A – Ll 43, 116. B – P 125, 87. C – T, 515. D – LlGC 3288,i, 128. E – BLAdd 14991, 217r. F – C 1.1, [154].

AMRYWIADAU: 17. Nid oes it BCDEF. 38. ne sai A. 41. Pwy sy ag Awen BCDF. 49. pwy sy rhoi A. 50. y groes BC. 51. gwedi n gwau BC, gwedi gwaû DF. 52. Gau addysg . . . F; Addysg B; addysg gywyddau C. 56. O iaith BCDEF. 58. ni cheisiau BC, ni cheisia'i DF. 60. ar mark A. 68. O dai ddal BC, o dai ddel D. 72. cadw n sel B, cadw sêl C. 74. ysglandrio . . . BC.

CYWYDD 36[1]

7

Mâl, Prys, drwy d'ynys dinag,
Melin wyd yn malv yn wag.
Am oferedd myfyriaw
A bwrw y dydd heb awr daw,
Cymrvd poen, gloew hoen y glêr,
Cabl nwyf, a'r cwbl yn ofer,
Dadwrdd, a neb, drowseb draw,
Drwy vndeb yn d[y] wrandaw,
A doedyd, trysyfyd rhyd[d],
A than goel, beth yn gelwydd.
Doedyd fwy, di wedyd fost,
Y'n gweddv nag a wyddost.
O'r diwedd, heb awr dewi,
Disgyn oll yn yn dysc ni.
Son yr wyd a'th synwyr rvs,
Haws d'ateb, am Ystatus
Gruff*udd* wych, gorhoffaidd wedd,
Gwalch Gynan amgylch Gwynedd,
A nyni feirdd, hen a fo,
Am hyn a wyddom hono.
Teiraist yna, trwst anardd,
Y mynwn fod a'm enw'n fardd.
Ni chleimiais, doedais bob dydd,
Gwrdd pridwerth, ond gradd prydydd.
Dwys wyddir, od oes heddyw,
A'i hennwav'n heirdd, feirdd yn fyw,
Ydwyf hy, ni wadaf hyn,
Yn hen, yn vn ohonyn'.
Er 'y môd heb rwymedi,
Mwythav teg, pam waeth i ti?
Dwyn ir wyd ym heb rym, Brys,
Dra gallech, drwg ewyllys.

[1] 37 yw'r rhif a sgrifennwyd uwchben y cywydd hwn yn wreiddiol yn Ll 43, ond fe'i croeswyd allan a sgrifennwyd 36 yn ei le yn y brif law.

Tân Ethna yna vnawr
Ni dderfydd er mynydd mawr;
Mae dy ddig a'th gynfigen
Yn waeth na holl Ethna hên.
Yn gyfanedd gofynnyd,
Fowredd balch, am feirdd y byd
Ag am rai, nid llai no'r llaill,
Wr dewr, o wyrda eraill.
O'r rhain, hawdd farnv, heddyw,
Iesv yn ben, nid oes vn byw.
Ni wyr on[d] Dvw, warant oedd,
Hanes y meirw is moroedd.
Yr oedd o hyn, arwydd hardd,
Draw, o phrofir, dri phrifardd:
Vn Merddin, ddewin o ddyn,
Emav * irfraisc, ap Morfryn;
Ail Merddin a'i elw mowrddysg
Ag a'i ffriw deg, goffr dysc,
A bardd oedd, ni bu awr ddig,
Mars wlad, i Emrys Wledig;
Taliesin, teylv oesoedd,
Bv ordd y wawd, Pen Beirdd oedd,
Pvr a fv i wawd per o'i fin,
Brav ddiwaelffydd, bardd Elffin.
Hwn a wnaeth, barddoniaeth bur,
Heb amheuswawd, bvm mesur:
Toddaid aeth, todded ieithoedd,
Dodai'n ail, gwawdodyn oedd,
Cyhydedd fer, nis gwerir,
Cadwodd hap, cyhydedd hir;
Am wawd gaeth y bvmed gynt,
Adwedd hap, ydoedd hypynt.
A'r trywyr eiriav trwyadl
Oedd broffwydwyr[2] di-dyr-dadl.
Hyn oedd rydd yn wir yddynt,
Hanes goel, yn i hoes gynt,

[2] 'broffwydwi' a sgrifennwyd yn wreiddiol. Newidiwyd yr 'i' yn 'y', a sgrifennwyd 'r' uwchben ar ei hôl yn y brif law.

Oravnod iaith, er nad yw,
Arwydd hyddysc, rydd heddyw.
Erchaist ym, orchest o hyd,
Osgo gân, ddysgv genyd,
Ag na byddai, os ai'n syn,
Ail gofiad, wyl i gofyn,
Na chywilydd vwch eilwaith
O'i dysgv, gwych dascu gwaith.
Gwir yw hyn, geiriav hynod,
A chlyw farn a choelia i fod:
Ni wyddyd yn iawn weddawl,
Ddysc i mi, hardd wasgv mawl.
Gwnia fydr, gwn na fedri,
Waith massw iaith, 'y mhosio i.
Nid wyd athraw, cofiaw cyd,
Coel foddion, o'm celfyddyd.
Pe gwnavd heb wyd 'r hyd yr haf,
Pwyth vrddol, y peth harddaf,
A'r peth sy wir, pwyth hawshad,
O swrn, ddyledus arnad,
Da orchwyl, gwnavd a archwyf,
Dysgyd drwy chwant blant dy blwyf.

WILIAM CYNWAL

NODIADAU YMYL Y DDALEN YN Ll 43:

(i) *yn cyfeirio at linellau 23, 24*:
(a) Cynwal / bardd wyf hardd beraidd / fawrddysc / yffeiriad wyd a choffr dysc.
(b) edrych mor / ddigwilydd / i gwâd (*Wedi ei danlinellu.*)

(ii) *yn cyfeirio at linell 32*:
ewyllys

(iii) *yn cyfeirio at linell 38*:
.byd

(iv) *yn cyfeirio at linell 59*:
1

(v) *yn cyfeirio at linell 60*:
2

(vi) *yn cyfeirio at linell 61*:
3
(vii) *yn cyfeirio at linell 62*:
4
(viii) *yn cyfeirio at linell 63*:
(a) 5
(b) gaeth
Tanlinellwyd '*rwymedi*' (llinell 29).
Ceir yr arwydd ∴ gyferbyn â llinellau 29, 39, 47 a 58.

FFYNONELLAU: A – Ll 43, 118. B – P 125, 89. C – T, 517. D – LlGC 3288,i, 130. E – BLAdd 14991, 218r. F – C 1.1, [157] (llinell 53 i'r diwedd). G – LlGC 21298, 31.

AMRYWIADAU: 5–7. [E] (*ychwanegwyd llinell 7 yn ddiweddarach mewn llaw arall ar ôl llinell 8.*) 8. yn d wrandaw A. 9. rhyd A. 19. Nyni feirdd yn hen a fo BCDEG. 31. Dwys BCDEG. 39. mor lleill BCDG. 43. on A. 48. ir irfraisc A, irfrig BCG. 54. Bu or ddu wawd BCDEFG. 60. doedai BCD. 63. gaeth y Lumed BC, gaeth a linwyd D, gaeth a lunied EF, gaeth Lumed G. 65. trowyr BCDE (*yn* C *fe'i newidiwyd i* 'trywyr'.) 80. ddysgu i mi ddwys gwaü mawl BCDEF, Ddysgu i mi ddwys wau mawl G. 88. A swrn BCDG, a syrn E. 90. dysgu BCG.

CYWYDD 37[1]
8

Garw oer iawn, gŵyr yr ynys,
Gan wyn praff dy gwynion, Prys.
Praw ddoedyd, hap[2] i'r * ddavdir,
I bwytho'r gerdd, beth o'r gwir.
Os bil sydd fel ysbel sied,
Os holi, moes i weled,
A dywaid, fo'th wrandewir,
Ystâd wych, os doedi wir,
Pa achos ywch, rhos yr haf,
Cyn twrn, y cwynyt arnaf.
Ni wn fod vn amodav
Na rhwym yn dynn rhom yn dav.
Yn ddilys gwn na ddyli
Am wav y mawl ddim i mi.
Oer iawn accw yr vn accen
A son di-barch sy['n] dy ben.
Noeth awen, gwn na thewi,
Mwy oedd, am 'y mwa i.
Cenaist i hwn, cwynwest hawdd,
Heniaith wyr oni thorrawdd!
Doedaist, gŵr di-dyst-geirwir,
Dadwrdd [gwan], di-adrodd-gwir,
Na ddown lle bai, mae bai'n ball,
Gwest, orig, ne gost arall.
Ymlhe[3] bv, iowngv angerdd,
Ag ystyr gwir, gwest ar gerdd
I'm hamser, gweler nad gav,
O mynwyd, na bvm inav?

1 38 yw'r rhif a sgrifennwyd uwchben y cywydd hwn yn wreiddiol yn Ll 43, ond fe'i croeswyd allan a sgrifennwyd 37 yn ei le yn y brif law.

2 'praw ddoedyd peth' a sgrifennwyd yn wreiddiol, ond croeswyd allan 'peth' a sgrifennwyd 'hap' yn ei le ar ei ôl.

3 'yn lle' a sgrifennwyd yn wreiddiol, ond fe'i newidiwyd i 'ymlhe' [sic] yn y brif law.

Do[e]daist fod, ar glod nis glŷn,
Chwemil wrth dy orchymyn;
Pobl dy dy, gwedy i gyd
Pwy ond hyny, pwynt enyd?
Od oes hefyd, [dwys] ofyn,
Ergid hardd, rai gida hyn,
I maent hwy o rym nôd teg
D'yffeiriadaeth, ffair rydeg.
O soniaist, nis prifiaist, Prys,
Wych ran, am iachav yr ynys,
Yr hanes am y rheini,
Gair gwan oedd, gorav gwn i.
O Adda, hyn a wyddir,
Y doem oll, fel dyma wir.
O bv drimaib da rymiol
I Adda yn wydd yn i ol,
Dav o'r tri, haplenwi plant,
Twf ddwys, ytifeddasant:
Caim, troes ar y cam hyd tranc,
Syth vfudd oedd Seth ifanc.
Caim a laddodd, cam lwyddwawd,
Eb liw fry, Abel i frawd.
Dwr Noe oedd draw yn oddyn,
Boddes i hîl, bv ddwys hyn,
Fel nad oes, flaen dewisol,
Vn o'i ryw yn wir i'w ol.
Y byd, twf bywyd tifeth,
Yn hilio sy eto o Seth:
Noe a'i wraig yn oravgoeth
A'i sŷth dwf o Seth i doeth.
I Noe, rhoe i bob vn i rhan,
I bv drimaib drwy ymwan:
Sem, Cam, a'i simio cimaint,
A Siapheth frys hoffwaith fraint.
Rhwng y rhain, rhy eng y rhodd,
Bu drin, y byd a ranodd:[4]

[4] 'y ranoddd' [sic] a sgrifennwyd yn wreiddiol. Ond croeswyd allan yr 'y' a sgrifennwyd 'a' yn ei lle uwchben yn y brif law. Croeswyd allan y drydedd 'd' hefyd.

I Sem Asia, trofa trwm,
I Gam Affrig, mwy offrwm;
I Shiapheth lwys hoffwaith lan
I doe Ewrop o deiran.
O Sem i doeth, reswm da,
Iesu oedd o ais Adda.
O Siapheth ddifeth afael
Doeth Brutus ap Silus hael.
Gwedi lladd, gradd geryddiad,
Amod oer, i fam a'i dad,
Gorweddodd, pan ddaliodd ddig,
Gvr naw[o]es, ar groen ewig.
Doeth o'i dynged medd doethion,
Drwy enw saif, i'r dyrnas hon.
Pa faint bynag, dinag daith,
Prys, yn ol, prisiwn eilwaith,
A ddoethant o wydd ieithoedd
Gydag ef, gŵr gwiwdeg oedd,
Ni ddoeth yr vn ddoe a threth
At les hoff ond hil Siapheth.
Am hanes wir, mae iawn son,
Mae'r oesoedd heb le i ymryson:
Bonedd yr ynys bevnoeth
O Siapheth difeth i doeth.
Am wybod vchod iachav
Ag eilio cerdd frigwerdd frav
Ni chai hwyr, o chai hiroes,
Gwarav'n deg, y gorav yn d'oes.

WILIAM CYNWAL

NODIADAU YMYL Y DDALEN YN Ll 43:

(i) *yn cyfeirio at linell 12*:
tyn

(ii) *yn cyfeirio at linell 38*:
iachavr ynys.

(iii) *yn cyfeirio at linell 40*:
gore.

(iv) *yn cyfeirio at y gair 'fry' (a danlinellwyd) yn llinell 50*:
obry

(v) *yn cyfeirio at linell 82*:
adwaenech (*Fe'i dilynir gan air arall a groeswyd allan.*)

Tanlinellwyd y geiriau canlynol yn y testun: '*fry*' (llinell 50), '*flaen dewisol*' (llinell 53).

Ceir yr arwydd ∴ gyferbyn â llinell 11.

FFYNONELLAU: A – Ll 43, 121. B – P 125, 91. C – T, 519. D – LlGC 3288,i, 132. E – BLAdd 14991, 219r (llinellau 1–74 yn unig). E* – BLAdd 14991, 219v (llinell 75 i'r diwedd; gw. y disgrifiad o'r llsgr.). F – C 1.1, [158].

AMRYWIADAU: 3. ir ddav ddavdir A. 14. a mawl BC. 16. sy' dy ben A. 22. dadwrdd di adrodd gwir A. 26. Ar ystyr BCE; or gerdd BDE. 29. dodaist A. 33. oes ofyn A(B)(E). 44–9. [D] (*collwyd y llinellau gan fod rhan o'r ddalen wedi ei thorri.*) 47. Cain BCEF. 49. Cain BCEF. 61. seinio BCDEF. 63. eang BCDEF. 72. sulfius DF. 76. nawes AE*. 77. ai dynged BCDF. 86. heb ymryson BC.

LLYTHYR EDMWND PRYS

RHYDDIAITH C

Ll 43, 124[1]

Pennawd: Copi o lythr yr Archdiagon at Wiliam Cynwal wedi derbyn atteb o'i naw[2] cywydd.

Fy ngorch[ym]yn atoch. Bid yspys i chwi dderbyn ohonof eich naw cywydd chwi, lle gwelaf ych naws a'ch cerdd yn mynd waethwaeth. Er hyny ni ddigiaf fi ddim, eithr nid oes yn fy mrŷd i fod cyhyd yn gyrrv i chwi drinaw ag y buoch i yn potysv ych naw. Oblegid mae fy navnyddiav i wedi sychu er cyn fy ngeni, ag nid rhaid i mi ond egori llyfrav er cael digon o ddavnydd, hanes a naws pob peth. Chwi a allesech feddwl am gerdd D*afyd*d ap Gwilym wrth Gruf*fudd* Grŷg mai haws cael saer na davnydd. Ni byddai fost yn y byd i mi pe canwn ddeg am ych vn chwi. Ag am na ddowch i lle bwyf rhaid i mi yrrv attoch i ddangos i chwi ych beiav. Ag os oes ŵn o'ch grâdd a'i hamddiffynna, dangosed i reswm.

Dav ragor cyflwr yr ych i yn i holi, bôd yn brydydd ag yn arwyddfardd. Yn y ddwy radd hyn rhaid i mi ych gostwng chwi.

1. Am ych kerdd chwi, nid oes yr vn o'r pymtheg bai na bo ynthi, a rhai yn fynych:

hir 'Nid adwaenost, byr mewn davnod'; 'Yn ceisio 'y nghywilyddio yngham', yn ych 10 cywydd.

2. Yn ail, rhoi'r iaith allan o'i thadogaeth: y gair 'anodd' yn lle 'anawdd',[3] 'dallt' yn lle 'deall', a llawer o eiriav o'r fath. Er bod awdurdod i rai, nid yw camarfer yn warant i neb.

3. Yn drydydd, drwg ystyr, lle galwasoch fi yn bavn 6 gwaith—'Pavn gloewsyth, pen eglwyswr'—ag yn Ferddin,

[1] Fe'i ceir hefyd yn BLAdd 14935, 33r; BLAdd 14936, 48r; BLAdd 14991, 165v; BLAdd 15020, 59r; LlGC 13246, 79; a Pa 55, 117.

[2] 'dri' a sgrifennwyd yn wreiddiol, ond fe'i croeswyd allan a sgrifennwyd 'naw' uwchben yn y brif law.

[3] Dilynid 'anawdd' gan y geiriau 'er bod' yn wreiddiol, ond mae llinell ddileu drwyddynt.

yr hwn oedd gonsuriwr a mab ordderch a gelyn Christ, a mîl o'r cyfryw ystyriaeth amherthynol.

4. Yn bedwerydd, bai'r ddysc am y beirdd,[4] lle methodd genych ddwyn i iachav na'i lle na'i hamser, ond canv mai ysbryd oedd dad i Ferddin. Fo losged rhai am yr opiniwn hono—ceisio tywyllv cnawdoliaeth Christ Iesv. Os genid vn arall o'r yspryd, pa ragoriaeth fyddai ein Prynnwr? Hyfyd, am Ddvw y canasoch yn ych pvmed cywydd

'V̂n Dvw lân nid amcanodd
Vnwaith fardd o ddŷn o'th fodd:
Yn ddoctor, blaenor heb lai,
Cyn oes i'th amcanasai.
Costio wrthyd, ynfyd oedd,' &c.

a llawer o gamddysgeidiaeth berigl i'r enaid a'r corph, ag i minav onid attebir[5] i'ch gorchfygv.

[t. 125] 5. Yn bvmed, camddeall: lle canwyf fi 'ffawd' (sef tycciant, anffawd—anhycciant), cynhwynol poeth, 'ffawt' medd-wch chwi, fel pettwn yn bwrw bai ar ych cerdd. Esie gwybod ohonoch beth sydd Saesneg beth sydd Gamraeg yr ydych i yn canv Saesneg:

'sparryt'	'O bai vt fael na sparryt fi';
'taring'	'Er taring hir i troi ynghyd';
'ffasio'	'A phwyso yn iaith, ffasio yn wych';
'wâst'	'yn ddi-wâst wedd';
'scorn'	'scorn a chornio'.

Mae cant o'r fath yma yn ych cerdd.

6. Twyll gynghanedd[6] yn chweched: 'Yn i amser, clander clôd.' Mae yn yr odl yma ddav fai ne dri. Vn, eisiav ednabod tadogaeth: o 'galan', ni thywysa hi yn y blaen sef 'cala*n*dr'. Yn ail, a'i chalyn hi yn y sain wrth i threiglo o 'galan', 'calandr'—'calandrio', nid 'calanderv'.

[4] Ychwanegiad uwchben y llinell yn y brif law yw 'am y beirdd'.

[5] Uwchben y llinell y sgrifennwyd yr 'r' yn 'attebir'. Mae'n bosib mai 'atteb' a sgrifennwyd yn wreiddiol.

[6] Ychwanegiad uwchben y llinell yn y brif law yw 'Twyll gynghanedd'.

'Yr awen o'r dechrevad', 5 . e. 9em. Blin, blin.[7]

7. Ond gwaeth na hyn i gyd yw'r geiriav llanw a'r clytiav anrhesymol, fel yn ych cywydd cyntaf i Rys Wyn: 'Grains iaith a garwn saethv'. Beth yw 'grains iaith'? Ai llysiav siopav ai soeg? Ag yn yr vn cywydd

(1) 'Ni thynnais o'n iaith vnoed / Fwa cryf acw erioed.' Beth ydyw 'iaith vnoed' at 'fwa cryf' ond eisiav iaith ag eisiav awenydd?

(2) Yn ych ail cywydd: (i)[8] 'rhoes win Sieb'; (ii)[9] 'pair yw'r pen'; (iii)[10] 'Dwys Beibl, od oes heb wybod'; 'Sickiwyd gwawd, siecked gadarn.'

Mi a rifais yn ych gwawd chwi o'r beiav hyn vwchlaw cant at yr vn synwyr &c. RhâTv̂w ar ych gwaith hwylbren llong!

II.[11]

Am ych ail galwadigaeth chwi yn arwyddfardd, lle yr ych i yn doedyd gwir[12] fod pawb yn dyfod o Noe hên, fo allai na ddoe bawb sydd yn Ewrop o Siapheth oblegid fod rhai o hil Cam yn planta a hil[13] Sem;[14] bod rhai o'r ceiri yn dywod o Gam, ag na orchfygodd Brutus ddim 'honyn'; a bod gida Brutus rai o Asia, er nad oedd fawr. Pe rhoem i chwi fod pawb yn dyfod o Siapheth, ni allai pawb ddywod o Frutus a davigain mil yn hiliaw o ferched yr ynys. Ag nid oes vn Cymro, nag yn avrych nag yn gerdottyn, os gwir ych iachav chwi, na dd[aw][15] fo i

7 Mae'r llinell hon mewn sgrifen fân ac wedi ei gwasgu i mewn rhwng y llinellau o boptu. Diau mai ychwanegiad ydyw. Ni ellir bod yn or-sicr mai 'e.' yw'r hyn a geir o flaen '9em.'

8–11 Ffigurau Arabaidd a geir yn y llsgr. Fe'u newidiwyd i ffigurau Rhufeinig yn y testun er mwyn eglurder.

12 Ychwanegiad uwchben y llinell yn y brif law yw 'gwir'.

13 Ychwanegiad uwchben y llinell yn y brif law yw 'hil'.

14 Sgrifennwyd y geiriau 'a Shiaffeth' ar ôl 'Sem' yn wreiddiol, ond cawsant eu croesi allan.

15 Collwyd diwedd y gair gan fod cornel y ddalen wedi braenu. Llanwyd y bwlch ar sail darlleniadau BLAdd 14935, BLAdd 14991, BLAdd 15020, LlGC 13246 a Pa 55.

Frutus. Os byddwn i byw, mi a chwi, fo chwilir.[16]
[t. 126] Hefyd, am na ddowch i o flaen gwŷr lle caffom i ymresymv, rhaid i mi roi dros fy ngherdd lle'r ydych yn ceisio beiav.

Yn fyn 3ydd. cywydd i mi a genais hyn: 'Hoff lawndrefn bren yw Fflandrys'. Meddech chwi mai 'Fflandrs'. Mi a'i ymddiffynnaf. 'Fflandria' yw'r gwreiddiol; ni all 'ndrs' dreiglo heb vogail rhyngthynt:

D*afyd*d ap Gwilim 'Tithav'r albrysiwr, tuthia';
'Drosodd at y Fflandrysiaid'.

Yn fy seithfed cywydd chwi a fynech fod bai ar y penill yma am baintio yr grawnwîn i'r adar:

'Ar y pared ir heden', / Ffo garllaw, a ffigo'r llen.'

Potentiali modo. Temp. plusq*uam* p*er*fecto. Plur. nu'. 3 p*er*son.

heden' | -dent
hedyn' | -dynt

Onid yw ych dwned chwi fel hyn mae fo allan o'i lle. Nid oes vn bardd nas canodd felly.[17]

Am y gair 'clwm', mi a'i ymddiffynais drwy dreigliad yn fy ngherdd. A'r gair 'ffurfafen', lle'r oedd vn o'r ddwy 'f' yn toddi:

'Pant rhyfedd paintiwr awen';
'Yscafn y cawn weisgion cerdd';
a mil o'r fath.[18]

Ymhob vn o'r rhain mae 'f' yn colli bod yn gydsain.

O achos hyn, yr wyf yn deall mai am na fedrwch nag ednabod bai na rhoi drosoch yr ych heb ddyfod yn fy wyneb. Da gwna mab beidio a dyfod i'r maes, hwn ni fettro na tharo na derbyn. Ewch yn iach.

Ych cydfrawd mewn cerdd dafod,
E. P.[19]

[16] Mae'n amlwg fod Prys wedi bwriadu unwaith i'r llythyr orffen yma ar waelod t. 125. Ceir 'dvw ich cadw' wedi ei groesi allan ar ochr chwith y ddalen a 'yr eiddoch E. prŷs' wedi ei groesi allan ar ochr dde'r ddalen.

[17] Mae 'Nid oes vn bardd nas canodd felly' mewn inc ychydig yn wahanol i weddill y llythyr, er ei fod wedi ei sgrifennu yn y brif law. Dichon i Brys ychwanegu'r frawddeg hon yn ddiweddarach.

[18] Dilynid 'Yscafn y cawn weisgion cerdd' gan y llinell 'yr oedd campav ar Ieüan' yn wreiddiol, ond fe'i croeswyd allan a sgrifennwyd 'a mil o'r fath' uwchben yn y brif law.

[19] Ar eithaf ochr chwith y ddalen ceir 'yr ar' (yr ail air yn ansicr ac fel pe bai'n anorffenedig ac wedi ei flotio'n fwriadol).

CYWYDD 38

Dech[r]ev y 27 am naw

Wiliam dêg, lem wawd ogan,
Cynwal gu, ple cawn ail gân?
Darfu i gŷd o rîf gwawdoedd,
D'awen a'i gwawd enwog oedd.
Och Dduw, o bu yn iach ddiwarth,
Wanned yw dy awen darth,
A'i phoethed heb affaithion,
O gwrs iawn haul, gwrês yn hon!
Band rhyfedd, mewn plygwedd plaid,
Beth byw yn boeth heb enaid?
A elwir hi, o eiliw rhwydd,
O wag ferw, y gyfarwydd
Na ŵyr hon, gwŷl beirddion byd,
Fravddysc na[1] chyfarwyddyd?
Nid llwybr Duw, nid llwybr deall
Yw'r llwybr o'r neithior i'r llall.
Tebyccach hytrach yw rhawg,
Dan well enw, i dân llwynawg:
Mal tân dangosai ym mol tîr
Y nôs hyd oni nesir;
Gwelir yn gyffyll gwaelwydd
Be treid fo, bytred fydd!
Felly mae y' mol cae cam
Dŷnoliaeth d'awen, Wiliam.
Dy gerdd, diog i vrddas,
Cawn i lliw fel canwyll lâs,
Ag er hyn, y bardd gwyn gwych,
Heb olavad, heb lewych,
Heb râs beirdd, heb wrês barddawl,
Heb dro mwyn, yn bodr ei mawl.
Pen blaidd a chwimp awen blwm,
Pell i rhoes pwyll a rheswm,

[1] Rhwng 'fravddysc' a 'chyfarwyddyd' croeswyd gair allan fel na ellir ei ddarllen. Sgrifennwyd 'na' yn y brif law yn ei le uwchben.

A che[i]sio, lliw achos llesg,
I thalv am iaith ddilesg.
Os da ydoedd i'w stadu,
Fo wŷl y beirdd fal i bu;
Os drwg ystori wagedd,
Y byd a feirn bawb hyd fedd.
Hadyd y byd wybodawl
Yw clymv iaith mewn clo mawl.
Casbeth gwlâd hâd o hedion
A diffrwyth had y ffrith hon.
O rhoir yr vn had i'r rhych,
Rhyw fanvs, yn rhy fynych,
Gweigion ŷd coeg a gawn i,
Oerwaith fyd, wrth i fedi.
Mynych, W*ilia*m ddiddameg,
I'th wawd heb araithiav teg
Ar dy gerdd straffl bendraffleth,
Dadran pwyll, doedi'r vn peth:
Y naill ai angof ne waeth
Ai byrr ddeynydd barddoniaeth.
Ba ryw achos brawychol,
Golyn ffals, i'm gelwi yn ffol?
Addefais, arwydd afiaith,
Felly 'mod ar fy llem iaith.
Afraid yt o frwd atteb,
Mevgan iaith, ddirmygv neb
Nes gwybod ag arfod gur
Byth ynto beth o'i antur.
Ffôl oedd f'amcan am ganv
Cân a'th fath, pwnc anoeth fv.
Os wyf ffol, di sy ffelach,
Sainia rym dy synwyr iach,
Ne rhaid i ffol reoli,
Sy'n wr doeth, dy synwyr di!
Yn ffladr ir wyd i'm hadrodd,
Yn ffol heb na rhôl na rhodd,
A'r vn anadl, mewn dadl dig,
Os cavd, yn ddoeth ddysgedig.

Ni ryfygaf, rwyf eigiawn,
Yn ych mysc na dysc na dawn.
Rhaid yw pwyll, nid rhuad pen,
Cyn deall mydr cnwd awen.
Am hyn, W*ilia*m, yn olav,
Da gweddai yt, dwg y ddav.
Dithav, fardd doeth i fowrddysc,
Da'n arfer doethder a dysc,
Dwys synwyr od oes ynod,
Ag os bv, dangos i bod.
Dôd vnwaith, od wyd wanar,
Hon i'th gerdd i 'rhain a'th gâr.
Digus fab, dy gâs wyf fi,
Am hyn ni chaf ddim 'honi.
Mi a ganaf amgenach,
Sen i'r beirdd, a'm synwyr bach,
Nid er atteb, svrdeb sen,
I'th groes araith grâsaren.
Er hyn oll, nid o'm rhan i
Na chair a davair dewi:
Canv sy raid ym, cans rhai
Da mwynion a'm dymvnai;
Rhoi ohonof, cof cyfiaith,
Ar yr iawn helwyr yr iaith,
Rhag i had rhyw wâg hedion
'R hyd y wlâd lygrv hâd hon.
A thithav a'th iaith ethol,
Os ai benben a phen ffôl,
O deli fyth, di-elw fardd,
Destyn cydferw gwawd dwysdardd,
Ni chai anadlu (yn iach hedd!)
Yn hyn ond yr anhunedd.

EDMWND PRYS

NODIADAU YMYL Y DDALEN YN Ll 43:

(i) *yn cyfeirio at linell 39*:
hadyd

(ii) *yn cyfeirio at linellau 53, 54*:
Cynwal / anaws i ffol mewn rhol rwydd / anfedrus guddio ynfydrwydd

FFYNONELLAU: A – Ll 43, 127. B – P 125, 93. C – T, 520. D – LlGC 3288,i, 135. E* – BLAdd 14991, 220r (gw. y disgrifiad o'r llsgr.). F – C 1.1, [161].

AMRYWIADAU: 4. D awen a gwawd BCF, D'awen gwawd D. 5. o bu iach BC. 7. A phoethed BCDF. 11. eiliwr rhwydd BCDF. 19. dangosai mol BCDF. 20. hyd penn i nesir BCF, hyd pan g'ynesir D. 33. chesio A. 40. [E*.] 44. Rhyw fanyd BCDF. 49. ystraff DF; ystrafl bendrafleth BC. 50. dod ran pwyll BCDF. 55. herwydd BC(D)F.

CYWYDD 39

2

Mae gwr a dirmig eiriav
Mewn evog cerdd i'm naghav.
Mae'n ddewr a gwawd, minddraig wr,
Mwyn fv W*ilia*m, mae'n filwr.
Maes a gaf, nid music iach
Yn addaw oedd fwynaiddiach.
Mewn dadl mae yn dywedyd
Ar i gerdd a ŵyr i gyd.
Ni chel fyth, o chlyw ef fai,
Rugl awydd, a'r a glywai.
Clywed ir oedd, clôd oer ym,
O anoethwaith a wneythym,
Mai mwy fy nysc, cymysc cwyr,
I'm sennav mydr, na'm synwyr,
A'i wybodaeth, gwaeth i ged,
Dreigl ewybr, sydd drwy glywed.[1]
Minav a welaf mewn Wiliam,
Llyma'r gerdd, lle mae ar gam
O eisiav dysc, asiad ŵyr,
Hyn sy hynod, a synwyr.
Cefais farn, adlais wawdlath,
Gan fil am ganv a'i fath,
A'm bôd, ni'm ysgusodan',
A bwyall gwawd o bwyll gwan.
Am hyny, fel i'm henwir
Wy'n gwybod 'y môd, am wir.
Aeth Wiliam a'i etholwawd
Dros y ffordd, di-wres y ffawd:
Rhaid ym, tra fom yn rhwyd wav,
Galyn i'w ddwyn i'r golav.
A ddylyno ddelw enwir,
Yn ddi-dolc ni ddaw i dîr.

[1] Ceisiwyd newid y llinell hon fel y sgrifennwyd hi'n wreiddiol, a'r unig eiriau y gellir bod yn sicr ohonynt bellach yw 'sy o glywed'. Oherwydd ei bod yn aneglur fe'i hailsgrifennwyd uwchben yn y brif law yn y ffurf a geir yn y testun.

Pen êl y llaw ar delyn
Oddi ar y tant oedd ar tynn,
Bid yn rhaid i herlid hi
I nôd a ŵyr ne dewi.
Aeth Cynwal a'i gerdd sâl siêd
Heb drefn, a'i ddodrefn ddadred
Yn ddi-ordr, a'i nadd wyrdraws:
Rhannv tâl ar hyn nid haws.
Rhaid i'm llaw wneythur caw cam
Yn ddôl fel i [nydd] William.
Am i Wiliam lle ymaulawdd
Gwadv i gwymp gwawd a'i gawdd,
Rhaid dangos drwy ddiddosiaith
Brîdd ar gefn y bardd o'r gwaith.
Mae'n rhaid hyn, meddyn' i mi,
A nôd awen ne dewi.
O thawn i oll, a than ŵg,
Doe yn gelwydd dan gilwg:
Doedai'r bŷd ar i hŷd, hwn,
Mai diddysc am wawd oeddwn,
Ag na wyddwn ganyddiaeth
Na hanes wîr, hyn sy waeth,
Ag na welwn gynilwaith
Na bai ar wawd na bai'r iaith.
Am hyn, nid er cymhennv,
Fy ngwawd a'm myfyrdawd fu.
Dywaid bardd auraid arall,
Dwfn i gerdd, nad wyf yn gall.
Nid gwaeth mab er cydnabod:
Digon mŷl da gwn 'y môd!
Eto ni fedraf atal
I air twn heb yrv tâl.
Nid ar regfa na drygfoes
Y talaf wawd at wael foes.
Ni thalaf, annetholiaith,
Gelwydd am gelwydd i'm gwaith.
Diav i gwn, a da i gwêdd,
Dodi rheswm didrawsedd.
Dôf a llawn gof, ellyn gwawd,
Y' nghâdfrwydr cerdd fy nghydfrawd.

Darlleniais, drylliav anardd,
Dwrd heb wir, drwy wawd y bardd:
Brith restrog, brath oer ystryw,
Ag wrth iawn wawd gwrthvn[2] yw.
Nodai feirdd yn i wawd fo,
A'i hanwastad hoen ysto',
Gnapiav megis gwe nopiawg,
Y rhain ni thynnir yrhawg.
Lledrôth gân llidrîth Gynwal,
Llediaith Sais, dûll adwaith sâl.
Gwn ddiffyg anwe ddiffaith,
Glytiav a tholkiav rhwth iaith.
Ôl daint fel afael dentur
A rois i ar i we sûr,
I ddangos, agwrdd angerdd,
Anafav ar i gav gerdd.
Rhois ar ractal pob dalen
Y bai a nôd ar i ben,
Felly'n haws am gerdd draws dro,
Iach wyr, caent i chyweirio,
A dattod cochl cerdottyn:
Clwt tew ar glwt hwyr i glŷn.
Pan ddêl dydd, poen ddial dv,
Sy amod, i resymmv,
Bid olav bôd i Wiliam
Weled cwrs o'i eiliad cam,
A phan ddêl fo gair gweled
Ar y llyfr faiav ar llêd.
Oni ddêl, cawn ryfela;
Pan ddêl yn ryfel ir â!
Ni welai gynt, niwlog oedd,
Ddygn wad, ddigon o wawdoedd;
Nyddodd bellach, mae'n addef,
Digon oedd ddigon, medd ef.

2 'gwrthyn' a geir yn y testun, ond sgrifennwyd y llythyren 'v' yn y brif law uwchben yr 'y'.

Pan na welai, pen eiliwr,
Hyn yn gynt, anhvnog wr?
Yr vn accen a genir,
Ni thawaf fi, noethaf wir,
Nes bo i law'n tystiaw at hedd,
Wir ne anwir, yn vnwedd.

EDMWND PRYS

NODIADAU YMYL Y DDALEN YN Ll 43:

(i) *yn cyfeirio at linell 3*:
minddraig wr

(ii) *yn cyfeirio at linellau 9–14*:
Cynwal / gwrdd ddadl os gwir a ddoe= / dwyd / gwedi gwin dyscedig wyd / ag nid wyd breddwyd heb rôl / ar [sic] sen hir wr synhwyrol.

(iii) *yn cyfeirio at linellau 43, 44*:
Cynwal / i ti gwymp irhita / gawr.

(iv) *yn cyfeirio at linellau 47–50*:
tewi ni wnai tan iawn / wedd / ti a dewi/n/ diwedd

(v) *gyferbyn â llinellau 70–99*:

clytiav llanw yngherdd cynwal. (*Tanlinellu Prys.*)
grains iaith a garwn saethu
ni thynais on iaith vnoed
mal breyddwyd moel heb raddiaw.
1 sicciwyd gwawd siecced gadarn
dy somi bradvs emyn
wyrth nôd taer wrth naturiaeth
is gwydd mars giddio mursen
naws modd elw nis meddyliais
2 madr gwan bob mydr a genych
gwâs nowsgwyn geisio nysgv
2 os edrych clêr sadwrych clav (*Tanlinellu Prys.*)
ing hyddysc ynghywyddav (*Tanlinellu Prys.*)
gwrdd ddyrnv gerydd arnad.
egin vthr ag yn athro.
3 tonnav.n.iaith fod hyn yn wir.
ag i rhoyt hwy or gert hon.

drws y ffair dros yffeiriaid
avrfwng hôff ar fy nghyffês
cyfraith ddrwg cyfarth ir wyd
. . . ring[3] hîr . breiniwyd dadl.
. . . dyt[4] iaith/dyddiwr mwygl dy ddyrmygv
. . . ysc[5] awch baen Rys goch benaeth
Cynwal [t. 133]
nesvd nasiwn
dylyd dilys
a phaid ath ffoledd meddwyd
swnd gwael ne sa/n/
dy gelwyd [sic] . glawdd orn.
a thebygv rhyw dv yr hâf.
doedaist rhuaist yr haf
a heb wyd rhyd yr haf
ba achos vwch Rôs yr haf
rhaid iddo gael llawer
haf cyn atteb yn iawn.
mae mîl or fath.

(vi) *yn cyfeirio at linellau 101, 102*:
Cynwal / ni chai benill chwibaniad / ai bwyth yn rhydd byth / yn rhad

(vii) *yn cyfeirio at linellau 105, 106*:
o bob peth ddifeth ddyfyn / digon oedd ddigon i ddŷn

FFYNONELLAU: A – Ll 43, 130. B – P 125, 96. C – T, 522. D – LlGC 3288,i, 137. E – BLAdd 14991, 221r. F – C 1.1, [165].

AMRYWIADAU: 7. i mae/n dywedyd BCEF. 14. Im sennv BEF, i 'msennu CD. 42. nadd A. 53. gynyddiaeth BC. 70. di drosedd BC. 73. Darllenais BCDE. 85. gafel daintur BC. 98. i eiliad cam BC. 102. ar Ryfel BCDEF.

[3-5] Collwyd dechrau'r geiriau hyn gan fod cornel y ddalen wedi braenu.

CYWYDD 40
3

Henffych brydydd dedwydd dâl,
Hvdol gweniaith Dôl Gynwal.
Hoew brifardd a berw afiaith,
Hai vwch bŷd i achub iaith!
Hai Wiliam, gŵr hylem gân,
Hynod i'ch brŷd ych hvnan!
Honi'ch bôd yn hen ych bôn,
Hoen addysc, o'r henyddion:
Nid oeddych, o nôd addysc,
Yn dra dwfn o oedryw dysc!
Ych henwi'ch hvn a'r glûn glaf
Gydrychor gyda'r vchaf:
Ys drŵg o dŷst ar wiwgerdd
Ydych; cynt ywch wadv'ch cerdd.
Vntvog ych, nid da gwall,
Cwyswch wîr, ceisiwch arall.
Treio gwerth gwawd, tra gwrthûn
I chwi'ch testiolaeth ych hŷn
Yr haeddech ych bwrw heddyw
Yn fardd gyda'r gorav'n fyw.
Mae grâdd, a'i dirmygv'r wyd,
O'th flaen lle ni'th folianwyd,
A dav henych, da i henwi,
A'i cawsant, a'i haeddant hi:
Owain gwinwawd, enw Gwynedd,
A Simwnt disomiant hedd.
Cerdda di, pencerddiaid ŷnt,
Ofer yty fwrw atynt.
Mae o'th ystâd a adwaen
(Och, och o'th flawdd!) chwech o'th flaen.
Perhoen fod pawb o 'rheini
O'th iaith yn vnradd a thi,
Da cofiwn, wawd i'w cyfarch,
Roddi i bawb i radd a'i barch.
Addefaist, air oedd ddifoes,
Y dysgi i mi dasg i'm oes.

Bath halog, beth a holi
Yn yn iaith a'r na wn i?
Ai trîn, a chynhafiad rhydd,
Gwair a mawn ar gwrr mynydd?
Bes doyd, a bid bost wedi
Am balv yn iaith, o'm blaen i,
Gweled a gawn, golud gv,
A fae ynot i'w fynnv.
Gwn na chaf am fy nrhafael
Ond y fôst ynod o fael.
Od oes i'w gael mewn dysg iach
Gŵys bwyllog, dangos bellach.
Os bai ardal ysbardvn
Ynoti, ni fynyt vn,
Ond bygwth ar dreiglrwth dro
Yn 'y nghamp, hon, 'y nghwympo.
A fo swrth yn i wrthaifl,
March tôst drwy amarch a'i taifl;
A fo glew, ni rydd flewyn,
O ran y glôd, arno i glŷn.
Wyt ry ifanc i'm trafael,
Ag awen-wan ag yn wael.
I ddwfr bâs i'th addaswyd,
Rhisia lynn, rhy isel wyd.
Ni rydd v̂n o'r râdd yna
Ym gwymp o ddysc am gamp dda.
Dy glôd bydded geladwy,
Dy air mawr na fid wir mwy.
Ni choelir, nycha eilwaith,
Na'th glôd, na'th anglôd, na'th iaith:
Yr wy'n waeth er a wnaethym
Na'th glôd ar gerdd dafod ym;
Yr wy'n well ar iawn allv
Na'th anglod a'r tafod dv.
A garo glod fel gwraig lân,
O fin dîg ofned ogan!
Ni rown i er 'y newis
Chwain gwydd, nid wyf vwch nag îs.
O thaeraist a'th rith araith
Na wyddwn i naddv'n iaith,

Na mesur hon, amser hedd,
Mydr wiwlan, mewn meidroledd,
Paham, cŷd bŷch i'm hamav,
Yn y gerdd fraisg iraidd frav,
Gydwawd fardd, y gadyd fi
I'm rhyfig heb fy mhrofi,
A minav a mydr glav glôs
Ar hîr awch yn rhoi'r achos,
Yn dwyn cof, adwaen i cav,
Ym maes evraid mesurav?
Be basyd, rhyw fyd a fu,
A chân vwch i'm chwenychu,
Gwnaethyd gerdd, o gnithiad gav,
A'th foes arw, o'th fesurav.
Credaf ymblyccio'r ydwyd,
O fewn yr iaith f'ofni'r wyd.
Chwe blynedd a chwbl enyd
A bost gerdd bûost i gyd
Heb ddyfod i'r nôd, er neb,
Am hyn o hawl, i'm hwyneb.
Ai dy ddelder sy'n peri,
Ag ofn mynd gefngefn a mi,
Ai disgwyl rhac dy wasgv
Am wav o feiav a fv?
Na chais ochel, fo'th welwyd,
Mendia'r iaith os mwndio'r wyd.

EDMWND PRYS

NODIADAU YMYL Y DDALEN YN Ll 43:

(i) *yn cyfeirio at linellau 7–12*:
Cynwal. / os dydd nôd eistedd a wnaf / gwawd rychwyrn gida r vchaf / dwyswyddir o does heddyw / ai henwav/n/heirdd feirdd yn fyw / ydwyf, hy ni wadaf hyn / yn hen yn vn ohonyn.

(ii) *yn cyfeirio at linellau 25, 26*:
owen gwynedd . Simwnt Vaughan.

(iii) *yn cyfeirio at y gair 'blawdd' (a nodwyd) yn llinell 30*:
blawdd yw prysurdeb

(iv) *yn cyfeirio at linellau 31–4*:
Cynwal 3. / na wna ogan ne wagyd / ebrwydd gân ir beirdd i gŷd
(v) *yn cyfeirio at linellau 35, 36*:
Cynwal / dwys gwyn dig dyscwn 'yn d'oes
(vi) *yn cyfeirio at linellau 41, 42*:
Cynwal / palv r. iaith nid pylv.r wyf
(vii) *yn cyfeirio at linellau 49–52*:
Cynwal / os amceni colli cof / dan vn roi sbardyn ynof / galla/ n/ gall ond wrth / allawr / roi ti gwym [sic] rita gawr.
(viii) *yn cyfeirio at linellau 61, 62*:
Cynwal / i ti gwymp Rita Gawr
(ix) *yn cyfeirio at linellau 63, 64*:
dy foli gwn dyfal gais / hoew a chroew a ddech= / revais
(x) *yn cyfeirio at y gair 'nycha' yn llinell 65*:
nycha/edrych/
(xi) *yn cyfeirio at linellau 67, 68*:
eisiav bôd mae nod yn ôl / dig vnmodd yn dy ganmol
(xii) *yn cyfeirio at linellau 75–8*:
Cynwal / ne [sic] fedri gwedi yn gadarn / i canv fyth o cawn farn

Ceir yr arwydd ∴ gyferbyn â llinell 35.

FFYNONELLAU: A – Ll 43, 133. B – P 125, 99. C – T, 524. D – LlGC 3288,i, 140. E – BLAdd 14991, 222v. F – C 1.1, [168].

AMRYWIADAU: 9. a nod BCDEF. 24. [E] (*ychwanegwyd y llinell yn ddiweddarach mewn llaw arall.*) 31. Pe rhen B, perrhon (B)C. 32. yr vn Radd BCDF, or un radd E. 75. roth araith B, rwth araith CDF, rodd araith E. 78. meidrolwedd BC, medroledd DEF. 85. y cau BC.

CYWYDD 41
4

Dav a*n*neall dan awyr
Y sydd, aml gwawdydd a'i gwyr:
Vn oedd ni fynnai addysg,
Yr ail ni all deall dysg;
Vn taer o annaturiaeth
Ag ail o natur yn gaeth.
Ni mynnai hwn am na haedd,
Ni chae arall, ni chyrraedd.
Hwn sy'n gwrthod gwybodaeth,
Er cael, sydd goecach na'r caeth,
A thi, Wiliam iaith olav,
Anardd yt, sydd vn o'r ddav.
Dodais yt, dadwys, ateb,
Nodav yn iaith, ni wadai neb.
Gwawdydd newynog ydwyd,
Ni thewi, ni fynni fwyd.
Dy waedd ar wawd oedd ddi-rym,
Dewr arth, am daro wrthym.
Arthan a drawodd wrtham,
Erthyl gwawd roth, eiliai gam.
Dewrder bardd a dyr dîr bâs
Dan weiddi, nid yw'n addas.
Y gwalch sûr, o golchais i
Garreg fŵn o'r graig feini,
Dull a modd, nid ai lliw mŵn
Yn well er poen a allwn:
Er adlithr deifr ar rydliw,
Y dŵr ai'n llwyd o'r vn lliw.
Yn fardd ai, 'r hên oferddyn,
Pan el yr Ethiop yn wyn!
Ceisiais wêdd i'th dueddv,
Cynwal ddîg, saer cân loew-ddv;
Ni ddoyt ti i'r naddwawd hon
I gydwedd, mwy nag eidion.
Ardd yn wâr cwysav araith;
Ai gwlltio'r wyd, gwelltor iaith?

Doed ym râs! Da doedi, 'y mrawd,
Wrth roddi dy warthruddwawd.
Rhoist ym gyngor o'r gorav:
Ni fynni hwn i'w fwynhâv!
Erchi'r wyd, drwy wrŷch yr iaith,
Ddwys goel, ym ddysgv ailwaith.
Dyscaf fy hvn, air cvn call,
Dasg wîr, er dysgv arall,
Ag a rô' ddysg ar[1] gerdd wîr,
Drwy boenav, os derbynir,
Ag i'r plant a gwyr y plwyf
Wir llawn fel i darlleniwyf.
Gochel gweniaith, ddiffaith ddŷn,
A'i gelwydd hydr o'i golyn.
Dy golaeth nid wiw, Gwilim,
Genyf fi ni ddysgi ddim.
Erof ni ffeidi orug
Ag arfer ffalster a ffûg.
Ofer iawn, o ferw ynni,
Ymlith iaith ymhel a thi.
Er gwatwar ym,[2] er gwav tro,
Gwawd ogan, nid gwiw digio.
O nodaist mai blin ydwyf,
Dyfal yn well, diflin wyf.
Gan bwys ymdrech ar ddwyswaith
Blino'r wyd ar blanio'r iaith.
Os cwrs clêr a arferi,
Blin yt ymhelbul a ni.
Noethais yt na thewi a sôn
Nythaid chwedlav anoethion.[3]
O'th orwedd i'th wrthyrrwn,
Dŷn wyd a bai dan dy bwn.

[1] 'drwy' a sgrifennwyd yn wreiddiol. Fe'i croeswyd allan, a sgrifennwyd 'ar' yn ei le uwchben yn y brif law.

[2] 'er gwatwar oll' a sgrifennwyd yn wreiddiol, ond croeswyd allan 'oll' a sgrifennwyd 'ym' ar ei ôl yn ei le yn y brif law.

[3] Ni chynhwyswyd y cwpled hwn yn nhestun Ll 43 yn wreiddiol. Fe'i sgrifennwyd i mewn yn y brif law mewn inc goleuach ar waelod y dudalen.

Buost vchel dy helynt,
Yn frŵd ag yn gefnrhwd gynt.
Ffroenaist mewn cyffro anian
(Ffei, W*ilia*m dêg!) yn fflam dân.
Gwringhellaist, teflaist bôb tû,
Gwingaist yn lle rhygyngv,
Ag weithian, gwan yw y gwydd,
Rhisio'r wyd, rhysûr wawdydd.
Mae d'obaith ar dreigliaith dro,
Mwy lawenydd, fy mlino?
Minav, er dy rimyniaith,
Cawr mawr wyf yn crîo am waith.
Nid wy'n wîr, e ŵyr Dvw Naf,
Gwerylûs o'r gair olaf,
Eithr gwn, am athro gweniaith,
Lleied dy stôr, llidiaist iaith.
Lle doedaist, cwyn llîd ydyw
A dreiaf o byddaf byw,
Nad oedd fy ngwaith, naddiaith nôd,
Eithr bostûs a thrybestod,
Ai bost yw, heb wêst awen,
Drwy scrythurav llyfrav llen,
Profi a rhoi cwymp ryfawr
I ti a'th feirdd, artaith fawr,
Vn wedd a saethû am nain
Rhagor ddegrwd ar higain?
Da gwyddost pwy a fostiai,
A pheth yw bôst a phwyth bai.
Ni nodais i, nâd a swn,
Nôd addysc, ond a wyddwn.
Nid addewais, groewlais gr[ym],[4]
A dawn iaith, ond a wneyth[ym].[5]
Ni rois air na wiriais hwn,
Na chweryl na chowirwn.
Am y wawd a'i hymodi,
A'r fath air sy rhof a thi,
Maddeaf, gallaf i gyd
Faddav y saith gelfyddyd!

[4-5] Collwyd diwedd y geiriau hyn yn Ll 43 gan fod cornel y ddalen wedi braenu.

Rhof ar law yr athrawon
O'th art ti y weithred hon.

EDMWND PRYS

NODIADAU YMYL Y DDALEN YN Ll 43:

(i) *yn cyfeirio at linell 9 (a nodwyd)*:
Cynwal / dasc chwemil dysc ai chymell

(ii) *yn cyfeirio at linellau 13, 14*:
Cynwal / ni wyddyd yn iawn weddawl / ddysc i mi addysc mawl

(iii) *yn cyfeirio at linellau 17, 18*:
Cyn / gwae a draw [sic] gwawd reiol / arth ar y ffair wrth wr / ffôl

(iv) *gyferbyn â llinellau 40–2 (y cyfeiriad yn aneglur)*:
Cynwal / os edrych cler sadwrych clav / ing hyddysg ynghywyddav

(v) *yn cyfeirio at linellau 41, 42*:
dasc doethion a dysg dithav

(vi) *yn cyfeirio at linell 47*:
dysci drwy chwant plant y / plwyf

(vii) *yn cyfeirio at linell 59*:
oth flaen di noethflina dŷn

(viii) *yn cyfeirio at linell 65*:
noeth.

(ix) *yn cyfeirio at linellau 81, 82*:
Cynwal / ni chai benill chwibaniad / ai bwyth yn rhydd byth yn rhâd

(x) *yn cyfeirio at linellau 85–8*:
(a) bost
(b) Cynwal / . . . a[6] gamp waeth a aeth ar wr / . . . ae[7] vstûs na bostiwr?

(xi) *yn cyfeirio at linellau 95, 96*:
Cynwal / doedyd fwy di wedyd fost / yn gweddv nag a wyddost

Ceir yr arwydd ∴ gyferbyn â llinell 85.

[6-7] Cuddiwyd dechrau'r llinellau hyn yn rhwymiad y llsgr.

FFYNONELLAU: A – Ll 43, 137. B – P 125, 102. C – T, 526. D – LlGC 3288,i, 143. E – BLAdd 14991, 223v. F – C 1.1, [171].

AMRYWIADAU: 13. doedais BCDEF. 19. Arthan Antüriawdd BCE, Arth an anturiau DF. 27. dwfr BCE, dyfr DF. 48. darllenwyf BCDE. 50. ai golyn BC. 51. nid gwiw BCDF. 55. inni BDEF, imi C. 62. blaenio BCDEF. 63, 64. [BC.] 66. Nythiad BCE. 80. curo am waith BC. 94. ddengrwd BCDEF.

CYWYDD 42
5

Vn gŵr, eigion gorwegi,
A gwrych mawr sydd groch i mi.
Grychwedd dasc, wrachiaidd dôn,
Gwradwyddodd groew wawdyddion.
Gwradwydd heb air gwir ydyw,
Gwenol wyllt i Gynwal yw.
Hardd i fardd, arwydda' fi
Eisiav deall, ddisdewi.
O canom i'r cwn a'i maeth,
O enw taeredd naturiaeth,
Ystori ddoeth, ystyr dda,
Mwyn walch Lacidemonia,
Natur oedd awdur ddidoll
Y gallai ddysg i lludd oll.
Er bod hon, cofion a'i cŵyn,
Yn ddyrys i'w iawn ddirwyn,
Ag am hyn drwy gamhenwi
I'm dyfal Gynwal yn gi,
Codi arnaf, gwaelaf gwarth,
Cofio henfeirdd a'i cyfarth,
Gwael oedd fab o galwodd fi,
Gwêst accen, yn [gostowci].
Cyfarth clêr nid arferwn,
Ag nid gwarth er cyfarth cŵn.
Cyferthais ban gefais gam
Ysbaengi drygfoes bongam,
A chast vn gyneddf a chi
Ym a chorryn ymchwerwi.
Rhaid chwrnv, mae'n cablu cŷd,
A chyfarth yn groch hefyd
Oni ddaw['n] nês, er llês llu,
Frithwas, lle cair i frathu.
Gwrol iawn a garw i lais,
Gŵyr chwrnv o'i grych harnais.
Ceisiai gadw, nis cysgodir,
Cofion Syr Sion mewn siars wîr.

Myn gael i drafael a'i dro
Mewn braint er mwyn i brintio.
Hûon gynt a'i chwedl hên gav,
E brintiwyd i lwybr yntav;
Chwedlav Eisop, chwŷd lysiaint,
Ag Ofydd fravwydd vn fraint,
Ysgogyn wisgi wagedd
O ran i waith yr vn wedd.
Er bod, diareb ydynt,
Da fû'r gwaith a difyr gynt,
Bvont oll, bai o'n twyllir,
Bell i gyd o bwyll y gwîr.
Clyw di, Gynwal, clwyd gweniaith,
Dy fawl di a Mandvil daith,
Gwîr vn fath, gwiriwn i fôd,
Gair ywch fel i'r gwyr vchod.
Mynnyd ym pam nad yw wîr,
Minnav a'i gwn am anwir.
Darllain Mwnster a gerais,
Ewclides hên, nid clod Sais,
Ag eraill well i gwarant,
A'i tôn yn calyn y tant.
O choeliais i vwchlaw Sion
Groew ffydd cosmographyddion,
Dychenwch, nodwch yna
Nad llafur doeth ond llyfr da.
Er na fvm i, o'r nwyf mawr,
O'r ynys ddarn yr vnawr,
Y bŷd mawr i gyd ar gais
I'm golwg yma i gwelais.
Gar 'y mron, grym o rinwedd,
Gwelwn y bŷd glân eb wedd,
Molt vnyd mal y tynni
A'r fawd wenn dy arfav di.
Mae dysc well, madws i gwâv,
Mae'n llai afrad, mewn llyfrav,
A'n gwlad ni, gwêl di yn iawn,
A fu rwydle afradlawn,
A phob gwlad a phawb i'w gwledd
Yn rhanog o'r vn rhinwedd.

Y Ffleming, o chaiff lymaid,
Mynai ar wîn mwy na'i raid,
A swydd llawer Sais heddyw
[I] lenwi i fôl yn i fyw.
Tentasiwn yn nasiwn ni
Rhy hygoel yw ar wegi,
A rhoi i glust a rhugl osteg
I'w glod i hŷn, arogl têg,
A choelio pob gwrach hylwybr
I 'dnabod pob peth dan wybr.
Pob gwlad dan osodiad sêr
Hirfaith a fyn i harfer:
Gweled arfer i gylydd,
Gwaethwaeth o ryfygaeth fydd.
O mynyd gael, mwy nid gwaeth,
Ar y byd ryw wybodaeth,
Efo gair a fo gairwir,
Tystion gwell at testyn gwir;
Na chrêd, er i fwyned fo,
Syr Sion ar y siars hono.
Nodais arnad, ni wadwn,
Am goel hûd ymgael a hwn
Am ych bôd, ar glôd gwledydd,
O ran ffvg wyr o'r vn ffydd:
Pob dŷn, mae testyn i'm tyb,
A gaiff ail o'i gyffelyb!

EDMWND PRYS

NODIADAU YMYL Y DDALEN YN Ll 43:

(i) *yn cyfeirio at linellau 11–14*:
Lycurg*us* legislator laci= / demonioru*m* docens educa= /
tione*m* fortiore*m* natura.

(ii) *yn cyfeirio at linellau 17–22*:
Cynwal / . . . rth[1] clêr yw d'arfer di / . . . [2] o accen costowci

[1-2] Collwyd dechrau'r llinellau hyn gan fod cornel y ddalen wedi braenu.

(iii) *yn cyfeirio at linellau 35, 36*:
Syr Iohn Mawndefil.

(iv) *yn cyfeirio at linellau 37, 38*:
Cynwal / ag maer cwbl rhag trwbl trig / breiniwyd dadl yn brintiedig

(v) *yn cyfeirio at linell 39*:
hûon of bvrdux.

(vi) *yn cyfeirio at linell 41*:
Esopi fabulæ

(vii) *yn cyfeirio at linellau 63, 64*:
Cynwal / ni buost di a bost wan / lew garw oll o loegr allan

(viii) *yn cyfeirio at linellau 67, 68*:
mappa cosmographica.

(ix) *yn cyfeirio at linellau 97, 98*:
Cynwal. / meddyt ti a henwi hwn / drwm gasedd da ir ym- / gowswn

FFYNONELLAU: A – Ll 43, 140. B – P 125, 104. C – T, 528. D – LlGC 3288,i, 145. E – BLAdd 14991, 224v. F – C 1.1, [175].

AMRYWIADAU: 1. gair BCDEF. 4–6–5–7 D. 11. O'i stori BC DEF. 12. o Lacedemonia BC. 14. lladd BCDEF. 22. costowci A. 31. oni ddaw' nês ACDE. 39. chwedl yn gau BCDF, chwedl yn gwau E. 52. fel y gwyr BC, fel y Gwr F. 58. i galyn BCEF, i ganlyn D. 80. lenwi . . . A. 82. Tra hygoel yw trwy wegi BCDEF. 90. i ryfogaeth BCE, ei rhyfogaeth D, eu rhyfogaeth F.

CYWYDD 43
6

Och o'r poeth ir awchir pig
Cethr ailvn bardd cythraulig!
Creision y beirdd, cair sen boeth,
Croes Dvw rhag crasder rhygoeth!
Pob rhyw berchen awenydd,
Pwy bynag ddiwawdwag wydd,
Na chân na mawl na chynen
A dŷn heb Air Dvw yn i ben;
Gwilia fyth, pe gŵr gwael fo,
Gelwyddog heb goel iddo.
Kelwydd heb wrîd[1] yn calyn,
Canol hûd, Cynwal yw hyn;
Ceisio meisio mewn musig,
Cashav dawn, ymgroccys dîg;
Ceisio'r cyrn, cae sarighav,
Eglwysdadl, colli i glustiau;
Ceisio byw er câs y byd,
Call fawaidd, colli 'fywyd.
Beth genyd, iselbryd sâl
(Bardd heb rym cennym Cynwal),
Geisio ymguddio, gwyddir,
Ar gefn y gist rhag ofn gwîr?
A chwedi'r gwaith, ffordd faith fu,
Cast odiaeth, ceisyd wadv
A dieithro yn dy weithred
Ffydd Grîst; band ffiaidd i Grêd?
Da gwn gael, nid digon gwâd,
Dy law yn dy olavad.
Pwy a ganodd, pîg wenŵyn,
Hyn o gerdd? (Mae heno gŵyn.)

'Am Ferddin, dewin pob dysc,
A fv arddel y fowrddysc,

[1] 'heb lid' a sgrifennwyd yn wreiddiol. Croeswyd allan 'lid' a sgrifennwyd 'wrîd' yn ei le uwchben yn y brif law.

I dâd rhyw ysbryd ydoedd,
Nid rhyw dyn y treiwyd oedd.'

Os dydi, ystod awen,
Cenaist frâd i'r Mab Rhad Rhên
Am ddoedyd o'r ysbryd ryw
Eni arall yn wiryw.
Ai gwadv'r wawd, gwe a drîg,
Mal dy lythr, mold olithrig?
Pwy bynag, orwag araith,
A wnaeth y wawd, anoeth waith,
Briwodd, rhyw adrodd rhydrist,
Briw oer, crêd a brav air Christ:
Briw Iesv, rhaid canv cwyn,
Briw ar Fair a brv'r Forwyn,
Am nad oedd mewn nôd addas
Vn gain i hon o gan hâs.
Dewisol Fair, rhâd oesoedd,
Dvw yn i mael, di-nam oedd.
Da i coeliodd Dvw Celi,
Dwys oedd hon, dewisodd hi.
Ni bv ond hon bennod hedd,
Ni fv arall vn fawredd.
Ni wnaeth ysbryd, gŷd gydair,
Enaid i fyw ond o Fair.
Na chymysc yn nysc yn iaith,
Dlawd offer, chwedlav diffaith.
O chwiliwch, chwi a gewch helynt
O hanes hen gyffes gynt.
Ple cefaist y plwc ofer,
Celwydd llwyr, is awyr sêr,
Bod ysbryd mebyd mewn merch
Drwy i hŷn draw i'w hanerch?
Doedaf, er coethed ydoedd,
Pwy a'i gwnaeth, sef pagan oedd.
Dangosaf, drwy fferfaf ffydd,
Dan goel, i fôd yn gelwydd.

Pedwarcant, o nawddiant Ner,[2]
Oes henw Iesv, a haner,
Pan anwyd pen awenydd,
Merddin ddoeth, mawrddawn i'w ddyd[d].[3]
Rhag rhoi i fam mewn amav
Rhoed deynydd o gelwydd gav,
A chyfraith oedd i'w chyfryw,
Loewddyn fâch, i chladdv'n fyw.
I gair ydoedd heb gredv,
A'i gwarant hên Fevgant fv.
Calyn y chwedl, coelio'n chwyrn,
Rith eûog, o Wrthêyrn,
Pôr trûgar, dyhuddgar, hawdd,
Parod iawn, a'i pardynawdd,
A'r celwydd beynydd i'r bŷd
A safodd yn drysyfyd.
Dyna arddel dan wirddysc
Y dewin Merddin i'n mysg.
Pwy bellach, golavach gwydd,
Sionc eiliwr, sy'n y celwydd?
Pa ddyn heb ronyn o râs
Y sy Iddew a Suddas?
Edrych drwy dy fawrwrych fost,
Biliwr iaith, i ble'r aethost.
Datodech: da yt, wawdydd,
Droedio'r ffordd, dyred i'r ffydd.
Bydd i'th wlâd yn gredadwy,
Bid erwin iach Merddin mwy!
Can di wir mewn cnwd araith,
A gwir yw gael gorav gwaith.
Anafus wyd; ni fu sôn
Na choffa rhwym na chyffion.

2 'pedwarcant oed nawdd moliant' a sgrifennwyd yn wreiddiol. Croeswyd allan y geiriau 'oed nawdd moliant' a sgrifennwyd 'o nawddiant ner' yn eu lle odanynt yn y brif law.

3 Collwyd diwedd y gair hwn gan fod cornel y ddalen wedi braenu.

Os wyd felly'n proffwydaw,
Fo all Dvw mae felly daw.
Perchais ych llam â'ch tramwy,
Parchaf fyth pe perech fwy.[4]

EDMWND PRYS

NODIADAU YMYL Y DDALEN YN Ll 43:

(i) *yn cyfeirio at linellau 31–4 (sef llinellau 45–8 o Gywydd 8)*:
dyma ddav benill o / gerdd Will*i*am Cynwal / yn yr wythfed cywydd / or llyfr yma lle / llygrodd fo ffydd Christ.

(ii) *yn cyfeirio at linellau 69, 70*:
a*nno* d*omi*ni 450

(iii) *yn cyfeirio at linell 80*:
Vortig*e*rn

(iv) *yn cyfeirio at linell 91*:
os edrych clêr sadwrych clav

(v) *yn cyfeirio at linellau 99–102*:
Cynwal / i rhoid hwy yn y gert hon / chwerw i coffa i garchar cyffion. / ni weli ith oes waelwaith hy / bid llawn y byd yllyny.

FFYNONELLAU: A – Ll 43, 143. B – P 125, 107. C – T, 530. D – LlGC 3288,i, 148. E – BLAdd 14991, 226r. F – C 1.1, [178].

AMRYWIADAU: 19, 20. [DF.] 23. A chwedi gwaith BCE. 38. wiwryw BCDEF. 56. ond i fair BCDEF. 69. a nawddiant BCEF. 84. ddisyfyd BCDEF. 92. o. ble BC.

[4] Dichon na chynhwyswyd y cwpled hwn yn nhestun Ll 43 yn wreiddiol. Fe'i sgrifennwyd mewn sgrifen fân ar waelod y ddalen, ac mae'r ail linell yn rhedeg i mewn i'r llythrennau 'E.P.' sy'n dynodi awduriaeth Prys.

CYWYDD 44
7

Wrth ddeal[l] avrwaith awen
Oedd awch y beirdd oddiwch ben,
Dosberthais hon, cofion call,
Doi ddwyran y dydd arall,
A chwnais sothach anwir,
Gwall wawd, i gael lle i wîr.
Mae Wiliam ynte'n malv,
Rhyw wan farn o'r hyn a fv.
Mae yn ceisio, er cofio cŷd,
Poeth i ddadl, peth i'w ddoedyd.
Gŵyr rywbeth mewn gwaelbleth gân,
Picciellair pe cai allan!
Ceisio doedyd, cast ydoedd,
Yn f'ôl i, hyn i fael oedd,
Heb fôd, gwan fyfyrdod fu,
Yn abl i'm gwrthwynebv.
Yn y man, ai genym i,
E fu lesgaidd, i floesgi,
Ag yno'r ai, a'i gân rydd,
Mal i fwrw ymlaferydd,
A methu dwyn, mae'r cwyn cŷd,
Ddewisbraw o'r ddav ysbryd.
I gymyn a'i ddig amod,
O thawli'r iawn, ni thâl rôd.
Am na fedr yn gymedrol,
O doe'r farn, ddoedyd ar fy ôl,
Mae'n ceisio eilio ailvn,
O cyrraedd hi, cerdd i hvn.
Cyn iawn ddoedyd, hwyrfryd hy,
Trosdo i hŷn, trist yw hyny,
Cysoni gwawd, ceisio'n gall
Droi i siarad dros arall:
Atwrnai i'r marw, dv arw dôn,
A'i rym oerach na'r meirwon.
O canasant cyn oesoedd
Y gav ddysc, hyn yn gûdd oedd

I'r art hon nes rhoi o'r Tâd
Am lawer mwy olavad,
Dawn avr nâdd, a dwyn o'r nen
Dechreuad iachau'r awen.
Chwannog oeddwn i chwnnv
Cyn y farn y cân a fu,
A chofio, cyn ceisio cêl,
Am Rys Goch mawrwaisg vchel.
Vwch miloedd, o chameiliai,
Vchel ar y bêl yw'r bai,
O gwnai gam ag awen gv,
Gwr oeddwn i'w geryddv.
Os ewch, Wiliam sych eiliad,
Ne'ch bath chwi, er codi câd,
Os ewch i, a sech awen,
Yn broctor i'r rhychor hên,
Da synwyr, od oes ynoch
Dyrysrwysg iaith dros Rys Goch,
Y gav ddysg a waeodd ef,
Gwyddom[1] nad iawn i goddef.
Dod reswm, od wyd ryswr,
D'aros a gai, dros y gwr.
Oni ddodi, na ddadwrdd,
Ystyn ben, dos dan y bwrdd
A chae dy safn fel cafn cav,
A dysc wir, dewis gorav.
Talai Rys, gerdd ddilys, Goch,
Ganiad hynod, gant 'honoch;
Ni wnai yr vn yn yr ynys
Mesvr hyn yn amser Rys:
Oedd, er hyn, naddwr hynod,
Dan i fai, adwaen i fod.
Os dywaid beirdd, ystod ball,
Yn y gair, vn nag arall,
Arnaf wneythûr, awdur oedd,
I Rys anair ar sennoedd,

[1] 'gwyddoch' a sgrifennwyd yn wreiddiol, ond croeswyd allan yr 'ch' a sgrifennwyd 'm' yn ei lle uwchben yn y brif law.

Ni chiliaf farn, o choelir,
Parod wyf fi, prydaf wir;
Rhag vn, doed rhag i wyneb,
Ni herriaf, [ni] wadaf neb.
Ceisiaist di godi mewn gwŷn,
A rhasgl ledŵyr, rhyw 'sglodyn;
Ni ddeellaist, nadd allan,
Drwy wawdoedd Rys drydedd ran.
Gwn am Rys mor ysbys oedd,
Dysgedig, glodwaisg ydoedd;
Gwn y rhagor a dorrai,
Ag vn fodd y gwn i fai,
Ag a wn hyn, ag yn hawdd,
Pette well, pwy a'i twyllawdd
O naddai gam flynyddoedd
(Ffens y saer): Alffonsus oedd.
Romulus hên, gynnen ar gav,[2]
Antûr na thwyllodd yntav
Cyn deall a chael allan
Bwriad gloew'r Hebreaid glân.
Os doeth o drefn ystwyth drwm
Ysto' Rys, os da'r rheswm,
A ddaw'r vn nyddwr anwe
I ben y lan byw'n i le?
Os daw, dangosed awen;
Onis daw, aed is llaw llên.
Mysurwch yr amseroedd,
Mae'n bêr o'r amser ir oedd.
I ni rhoed, iowngoed angerdd,
Amser gwell am assio'r gerdd,
A golavad gwawl awen,
A, lle bai rhaid, y llwybr hên,

2 'Romulus hên nid mawr leshâv' a sgrifennodd Prys yn wreiddiol. Croesodd allan y geiriau 'nid mawr' a sgrifennu 'er mwy' yn eu lle uwchben. Diwygiodd y llinell ymhellach drwy groesi allan 'er mwy' a 'leshâv' a sgrifennu 'gynnen ar gav' yn eu lle odanodd.

A Gair Duw, a gwir diwall,
A chlymv gwawd awchlem gall.
Ag am Rys, gem yr oesoedd,
A'i fawr ddysc, cynilfardd oedd,
Oni bydd i'n dydd ni'n dav
O'th waith ond fi a thithav,
Ni elli, namn ewyllys,
A gwawd yrhawg mo gadw Rys.

EDMWND PRYS

NODIADAU YMYL Y DDALEN YN Ll 43:

(i) *yn cyfeirio at linell 34*:
Cynwal / hawdd fu dadlau / a gair mawr a gwyr meirwon

(ii) *yn cyfeirio at y gair 'rhyswr' (a nodwyd) yn llinell 57*:
Rhyswr yw champion

(iii) *yn cyfeirio at linellau 89–92*:
mae Ovid fast. in dangos na / fynai Romulus ond blwyddyn / o .9. llevad. ag yn barnv arno. / scilicet arma magis q*uam* sydera / Romule noras, &c

FFYNONELLAU: A – Ll 43, 147. B – P 125, 110. C – T, 532. D – LlGC 3288,i, 150. E – BLAdd 14991, 227r. F – C 1.1, [181].

AMRYWIADAU: 1. ddeal A. 20. i ymlyferydd BC. 42. i farn BCDE. 47. O gwna BC. 56. nad oedd iawn goddef BCDEF. 73. o chelir BCDEF. 76. ne wadaf A. 91. na chael BCF. 94. os da reswm BC, os da'i reswm DEF. 108. Oi fawr BCDEF. 111. namyn ewllys B, na myn ewyllys C, namyn 'wllys DF, namyn ewyllys E.

CYWYDD 45
8

Y saer gwych, sarrug i waith,
Ar soriant, eres araith,
Dyrys wyd (a Duw, o'r sûr!):
Dyn ni ettyl dy natur.
Ba frŷd sy cennyd, Cynwal?
Ba arw swn? Ba eiriav sâl?
Dra fych mewn truthwrych trathraws
Drwy gân wael, fab drŵg i naws,
Bid orev i bawb ado'r bêl
Os dichon geisio d'ochel.
Dywaid ym, dy we dymig,
Beth yw dŷn pan boetho dig:
Ba ragor yw, bry' garw ail,
Gan afwch ag enifail?
Rhy ynfyd canyd, Cynwal,
Rhowtio idd wyd; ai rhaid dy ddal?
Dîg a llîd mewn diwyg llwm
A'th roes i maes o'th reswm.
Cân lvn iaith, Cynwal, i ni,
Canyt beth cyn yt boethi.
Ni fedri, oerni arnad,
Nithio'n glav yn iaith yn gwlâd:
Dy garth foes dig wrthyf fi,
Mewn naws mydr, am nas medri.
A mwy yw'r dig am air dv,
Nôd oedd waisg, yn dy ddysgv
Nag oedd gosod, rhag rhodiaw,
Grynddyn drwg ar iawnddawn draw.
Gofynaist, mae'n gôf enyd,
Gair a ofyn bustlddyn bŷd:
Ba hawl ymorawl a mi,
Bath y ddysc, beth a ddysgi,
A th'di yn gwbl dwbl dewblyg
Pencerdd gwawd olavwerdd, lŷg?
Pettyd pencerdd lle'r erddi,
Nodyt hyn (peth nid wyd ti)—

Ag i'r gerdd hon, gwyraidd hedd,
Cân mal hynny can mlynedd—
Gallyd gael, a gafael gu,
Beth oedd waisg byth i'w ddysgv:
Dysgv hanes, dasg hynod,
Hysbys yn ynys a'i nôd;
Cael natur, coelion ytynt,
O beraidd gerdd y beirdd gynt,
Avr a mŵn o ryw mynawr,
A llysiav maes, er llês mawr,
Adar dwfr, rhai drud efrydd,
A deor gwawd adar gwydd,
Prenniav a gemmav a'i gwaith,
Pryfed a phôb rhyw afiaith;
Dysgv naws (o dasg, iawn oedd)
Yn'feiliaid, naw o filoedd;
Dysgv iawn ganv'n gynar
Naws gwyllt a hanes y gwâr,
Natvr pysg yn neitio'r pair
A roe enav ar enwair.
Dyna ddysg, dawnaidd ysgol,
Da iawn i fardd, o doe'n f'ol.
Dysgyd wers Dduw dewisgvn,
Da hynt, dy ednabod dy hvn.
Dy ddyfais ar wawd ddyfal
Eb y rhain a fydd sain sâl.
Hyn a wêdd i henyddion
O'r gelfyddyd hyfryd hon:
Medrv, a'i ganv'n gynil,
Mawl byd ar hŷd, orav hîl.
Edrych wawdoedd, drych ydynt,
Ebrwydda' gwaith, y beirdd gynt
(I gwaith, pwy bynag a'i gŵyr
Ag iawn sain a gân synwyr)
A'i hamlygv, mydr gv gall,
Yn ddiav ag iawn ddeall.
Ymadrodd lefn, a'i threfnv,
Ag yn ferr, teg awen fv,

A thorri, iaith ddieiriach,
Ar hŷd yr âr rhyw dîr iâch.
Cael allan, drwy groewlan grwybr,
Athrylith yr athrawlwybr:
Mêl a gair mal y gorav,
Ag yn fraisg, o awen frâv.
Llyfn y tyr llafn naturiol,
Llorf y beirdd, nid llawarf bôl,
Lloer ddoniog, llwyr ddiwenwyn,
Llaferydd ymennydd mwyn.
Dyna lle câd awenydd,
Dyna goed o enwog wydd.
Dysg dithav dasg y doethion
O'r vn had a'r awen hon.
Trwy dy bwyll tro di bellach,
Tyred i'r iawn, tor dîr iâch.
Deor iawn gerdd dirion gv,
D'awgrym sydd wedi egrv.
Dôs i'r ysgol weddol wych,
Na ddisgyn oni ddysgych.

EDMWND PRYS

NODIADAU YMYL Y DDALEN YN Ll 43:

(i) *yn cyfeirio at linellau 29, 30*:
beth a ddysca.

(ii) *yn cyfeirio at linellau 31–4 (nodwyd llinell 31)*:
Cynwal / abl yw o gwn yn ddwbl gerdd / rainio pwnc o ran pencerdd

FFYNONELLAU: A – Ll 43, 150. B – P 125, 113. C – T, 534. D – LlGC 3288,i, 153. E – BLAdd 14991, 228r. F – C 1.1, [185].

AMRYWIADAU: 14. nag enifail C. 32. Bath o ddysg BCDEF. 47. dwfr a drud BCDEF. 68. Eurwydd a gwaith BCDEF.

CYWYDD 46
9

Cŵyn a rois lle nis cawn rôd,
Cnot rhwymiaith, cŵyn tor amod;
Nid cwyn sclandr, fy mardd candryll,
A yrryt ym ar wawd hyll;
Cŵyn am yw fv can mwyaf,
Ysywaeth ym, er saith haf,
A'th helynt dithav, Wiliam,
Assiwr cerdd, sy ar y cam.
Rhag f'atteb ar wynebair,
Pell i ffoist, pallai y ffair:
Ffoist i'r Asia, drochfa drom,
Fforiaist Affric, ffrost hyffrom;
Dwrstan ddyn, medraist yn dda
Dreiglo Ewrop drwy glera,
A rhanodd Noe y rheini
Rhwng i blant, o choeliant chwi.
Mae'r chwedl yn llyfr cenedlaeth,
Moesen trwy awen a'i traeth,
Ag, yn wir, gorav gwn i
Y rhan fv rhwng y rheini.
Cronicl ych iachav crinion
A roes i chwi'r wersiach hon.
Dod eilwaith, tro dvdalen
O'th lafur hîr a'th lyfr hên:
I bwy rhoed, byw a rhydyd,
I'w ran bedwaredd ban byd?
Treia gael enw trigolion
Am'rig dêg y' mrig y don:
Pa berchen, moes awen saib,
Pwy a'i tramwy o'r trimaib?
Aethym allan fal anoeth
O'th lafur di a'th lyfr doeth.
Notyd hyn (am nad wyd ti
Yn deall oedd iawn dewi):
Sef can mlynedd, cyfedd cain,
A deg gida dav igain

Yn ol y dwr ynial dig
Y tîr a ranent orig;
Cant eraill aent cyn tirio
Yr ynys hon gron a'i gro,
Ban dynodd Samodd y sêr
Duag yma, brawd Gomer.
Tygasyd gael, gwael yw'r gwydd,
Hyn ar glôd, henwi'r gwledydd:
O bai henwav heb hanes,
Nodol iawn yn nad yw lês.
Gwedy ffo i wav gwawd ffug,
Drwy fôr doi adref orug.
A'th gav ystod o'th gastell,
I'th wawd cystedli a'th well.
Gorav meddi, grym eiddil,
Gwyddost di i gwedd a'i stîl.
Bostyd i'n mysc, rhoyd ddysc dda,
Bowddyn, fod pawb o Adda,
Ag o Noe, Fab gwinavwyn
(E ŵyr pawb o Ewrop hyn!),
Brutus ag Ynys Brytain
A'r byd ar i hyd o 'rhain.
Pawb a'i gwyr is awyr sêr
O'r bŷd a wyr i bader,
A da dylyd hyd elawr
Yt glôd o'th fyfyrdod fawr!
Cayt ragor fel doctoryn
Am wybod ohonod hyn!
Dysg i rai, o dasg yr Iôn,
Yn weddaidd beth ni wyddon':
Doedi weithiav, dan dy odeb,
Am wir llŵyr beth ni ŵyr neb!
Er bod Noe hên a'i fenyw
O Seth a'i rywiowgbleth ryw,
Dywaid ail, od ai i dalv,
I dawon hwy o bwy i bv.
Meddyt, yn dy glwm eiddil,
Cyn hoes foddi Cain a'i hil:

Pa ddelw, fardd (pwy a ddylyn?)
Y gwyddost (a'r taerffrost!)[1] hyn?
Da gwyddost (a'th fost o'th fin!)
Ystyr ni wyddai Awstin,
Ag ni roes i'w lyfr Moesen
Yn i'w chael hyn o iach hen.
March dall a ffŷ tra gallo,
I'r ffôs i disgyn ar ffô;
Dithav, fy amrwd ieithydd,
Dall i ffoi, nid mewn dull ffydd,
Ffwt-ffat, o'r Beibl i'r Status:
Ni ddoi i'r iawn yn ddi-rus.
Mae'n wir a goelir, Gwilim:
March dall nid ymeiriach dim.

EDMWND PRYS

NODIADAU YMYL Y DDALEN YN Ll 43:

(i) *yn cyfeirio at linellau 10–14*:
Cynwal / drws y ffair dros yffeiriaid / affric braff sy rowiog i braint / asia ac ag [sic] Ewrop sy gowraint

(ii) *yn cyfeirio at linellau 15, 16 (nodwyd llinell 15)*:
Genesis

(iii) *yn cyfeirio at linellau 19, 20*:
bv drin y byd a ranodd / Rwng y rhain rhy eng y rhodd

(iv) *yn cyfeirio at y gair 'saib' yn llinell 29*:
saib ymynyddol. seibiant.

(v) *yn cyfeirio at y gair 'doctoryn' (a nodwyd) yn llinell 63*:
Cynwal / act wrol yn ddoctoriaid / nim gwrthodan organ iaith / a gwawd aml yn gydymaith.

(vi) *yn cyfeirio at y gair 'godeb' (a nodwyd) yn llinell 67*:
godeb lloches, cysgod i / ffo

(vii) *yn cyfeirio at linellau 73, 74*:
Cynwal / nad vn o hil Cayn heb foddi

(viii) *yn cyfeirio at linellau 81–8*:
who is as bold as blind / bayarde?

[1] 'taerfost' a sgrifennwyd yn wreiddiol. Fe'i newidiwyd i 'taerffrost' drwy ddyblu'r 'f' ac ychwanegu 'r' uwchben yn y brif law. Cf. ymhellach yr amrywiadau.

FFYNONELLAU: A – Ll 43, 153. B – P 125, 115. C – T, 536. D – LlGC 3288,i, 156. E – BLAdd 14991, 229r. F – C 1.1, [188].

AMRYWIADAU: 13. drwstan BCDEF. 17. Mae chwedl BCDEF. 39. caen cyn tirio BCDEF. 76. er Taerfost DE; taerfost BCF (*cf. y troednodyn ynghyd â'r testun.*) 83. sŷdd amrwd BCDEF.

CYWYDD 47
10

Tair awdurdod a nodir,
Testyn rwydd, tystian' ar wîr:
V̂n sy ben hanes y bŷd,
Dwysbrawf, Llyfr Dvw a'i Ysbryd
(Gward hwn gair Duw i hûnan,
Groewiaith ar lêd, Scrythur Lân);
A'r ail awdûr a ledwn
(Tan havl bid gytv̂n a hwn),
Tadav gynt, hadav y gŵys,
Treiwyr eglûr, trwy'r Eglwys;
A thrydyth, athro hydwyll,
Hanes y byd hen, sy bwyll.
Cronigl pob cywir anant
Cv Air Dvw (bid cywair dant!):
Vn o nêf, awn yn i ôl,
Y ddav eraill ddaearol.
O daw'r bŷd i wir heb av,
Dylyned fy chwedl inav.
Aeth rhof, wawd aruthr a fv,
A Chynwal braint dychanv;
[Ymryson] am yr oesoedd,
A gwîr, a ffûg, hygraff oedd.
Pwy a dreia powdr awen,
Poen tra hardd, pwy ond tri hên?
Cawn sôn iawn gofion a'i gwav,
Cyn vched i cân iachav,
Ag yn gyntaf arafed
Sôn am Gain lle sainiom gêd.
Dywedodd ym nad ydyw
Vn o'i lîn fo'n ôl yn fyw.
Myfyried chwedl cenedloedd,
Mwy sy['n] wir, llyfr Moesen oedd:
Cyn y dŵfr, caned a wedd,
Mwy lanw na chweigain mlynedd,
Oedd plant y sant, hyn sy wir,
Yn tynnv at blant enwir.

Medd Tadav, gloew radav glwys,
Mawr, eglûr rym, yr Eglwys,
Wyrion Seth oedd yn plethu
A hîl Gayn ar i helw gv;
Gofyn cyfgrêd ag efo,
Rhag tecced i ferched fo.
Wrth hyn oll yr aeth yn wîr,
O naddv'r hyn a wyddir,
Yn y byd amav na bo
Cywion natur Cayn eto,
Ag yn wîr llŵyr, ni ŵyr neb,
Wrth hynny, y gwrthwyneb.
Dyfod o dadwys difeth,
Rymvs wîr, yr ym o Seth;
O dv mam galla' doem i
O Gain ag o'i ddrygioni,
O choelir, gryfwych aelawd,
Wyr o ddysc, well vrddas gwawd.
Ail reswm, e[i]liwr oesoedd,
Gwîr Ddvw o'i drigaredd, oedd
Na laddodd, blinfodd blaenfyd,
Hîl Gayn o'r hêol i gyd,
Ag am W*ilia*m, fŵg malais,
A'i daerder, drawsder, a'i drais,
Gallai fod, mewn gwall fedydd,
Yn beth o Gayn, bwythog wydd!
Natur Cayn sy'n i atteb
A'i filiain naws o flaen neb,
A natur graylon etto,
Llai budd, a ddengys lle i bo.
Ni eddy' fai i ganyddiaeth
Mwy na Chayn am anach waeth.
Soniodd, ban gafas enyd,
Druan bâch, am dairan bŷd:
Be medrai, fo haeddai hedd,
Daro ar y bedwaredd!
Ailiai Gynwal ail gynen
Am Frutus ap Sulius hên.
Wedi lladd mewn dûll hyddall
I dâd a'i fam, doedaf wall,

Vn dêg a'i enedigaeth,
A'r loes oer i'r ail a saeth,
Wedi anerch Diana
Y doeth hwn i lawndaith dda.
Nid nawoes, bardd derfoes dîg,
Nawawr bu ar groen ewig!
Tair mil at rym a welynt,
Trai gwŷr, gweddill Troea gynt,
A nerth Pandras a'i nasiwn,
A'i ferch hoew oedd ar fraych hwn,
Ac o'r Pictiaid blaid yn bla,
At hyn, o Aquitania:
Oedd ollawl lv gweddillion
A roen' sawt i'r ynys hon,
A chymysgv llv pob llys
Gŷd-rann a gwaed yr ynys
Ban oedd yn vnben[1] yddûn'
Brutûs hyderûs i hvn.
Dwg Wiliam, hyd y gwelwn,
Fawr a bach i heniach hwn.
Yr vn chwedl sydd am bedler
A bryn grŵyn, wanwyn, ne wêr.
Dwg avrych gydag eraill
O fol y llyfr fel y llaill.
Gwn beth, na ddygai vn byw
A'i ledruth yn ddiledryw.
Rhyfeddod gan bob nodwr
O down i gŷd o vn gwr,
A davgain mîl yn hiliaw
Heb ohonyn' ddyn a ddaw!
Gan Gynwal, egwan gaenen,
Iachwr tôst yw a chart hên,
Nid wiw disgwyl, hwyl hiloes,
Am hyn mo'r atteb i'm hoes.

EDMWND PRYS

[1] 'ban oedd yn ben' a sgrifennwyd yn wreiddiol. Croeswyd allan 'ben' a sgrifennwyd 'vnben' yn ei le ar ei ôl.

NODIADAU YMYL Y DDALEN YN Ll 43:

(i) *yn cyfeirio at linell 3:*
1
(ii) *yn cyfeirio at linell 7:*
2
(iii) *yn cyfeirio at linell 11:*
3
(iv) *yn cyfeirio at y gair 'powdr' (a danlinellwyd) yn llinell 23:*
Cynwal / pedwar mesur powdr music.
(v) *yn cyfeirio at linell 28:*
Cayn
(vi) *yn cyfeirio at linellau 33–6:*
gen.6.
(vii) *yn cyfeirio at linellau 81, 82:*
Cynwal / gur nawoes ar groen ewig

FFYNONELLAU: A – Ll 43, 155. B – P 125, 117. C – T, 537. D – LlGC 3288,i, 158. E – BLAdd 14991, 230r. F – C 1.1, [191].

AMRYWIADAU: 4. dwysbraff BCDEF. 21. ymrysom A. 32. mwy sy' wir A, Mwy synŵyr BCDEF. 51. gallai BCDEF. 55. eliwr A. 56. ai drugaredd BCDEF. 64. filain BCDEF. 74. Sulus BCE, Silfius D, Sulfus F. 76. dodaf BCDEF. 91, 92. [E.] 96. o heniach BCDEF. 102. ledrith BCDEF.

CYWYDD 48

II

Cofio'r wyf cyfar Ifan
Fydyddiwr, eglwyswr glan:
Clowch lef îr cloch laferydd,
Cael Oen Dvw, nis cêl vn dydd;
Cael poen swrn, clapp[i]an y sêr,
Galw nef, a'i gael yn ofer.
Caf ail egraff, cofl awgrym,
Caf valv'n wâg, goflin ym.
Clyw di, Wiliam danfflam dâl,
Cefn gwan, cyfenw o Gynwal,
Clwmfwstr blîn, claimfeistr heb liw,
Cân hwyrfryd, fardd cynhyrfriw,
Ni rown i o eiriav Nêr,
Er nwyfwawd, air yn ofer.
Mesvro yr amseroedd,
Maes o ddawn, nid maswedd, oedd.
V̂n ni erglyw iawn evrglod,
Arall a'i clyw, orlliw clôd,
Lle bv̂m yn deall y bŷd,
Rugl darth, ry galed wrthyd.
Am ddeddf Gruff*udd* loewleddf lân,
Avrawg cenedl, ryw Cynan,
Doedi fôd, nid vn nôd neb,
Haws ytty asio atteb:
At hyn, er hawsed y tâl,
Ar d'atteb e roed attal!
Tewi ar hyn; taw y rhawg,
Ammhvr iaith, am Hiraethawg.
Datgan 'r wyd ar dy wawtgerdd
Dy glod ty hvn fal cv̂n cerdd,
A rhoi yna'n rhy anardd,
Od oes heddyw yn fyw fardd,
Enw, o bai irhain i barhav,
Dafod doeth, dy fod dithav.
Am Wiliam, a ganmolir,
Salbri gynt ar ddwyslwybr gwir,

Ni thebygwn hwn, hoewnêr,
A chywir glôd i chwi'r glêr,
Ag ni henwn hwn, henydd,
O ran dysc yn yr ŷn dydd,
Eithr i ni, athrawon art,
Lliaws iaith oll a saithart,
A'i fôd o barch i'w nodi
Ymhell yn well na nyni.
Am bedairiaith, avrwaith âr,
A deall wybr a daear,
A ffrwyth i gŷd bŷd heb av,
Yr hyn oedd, a'i rhinweddav,
Drwg yw na wyddyd ragawr
A dull mydr, lle doe wall mawr.
Am Ruffydd, ben-gwawdydd gwr,
O Hira[e]thog, araithiwr,
A ddodais ar gerdd wedi,
Llawnach wawd, yn well na chwi,
Ni chafodd, enw a chyfiaith,
Râdd erioed, avrodd yr iaith.
Llawer eraill oravraid
O wyr nobl-waith o'r vn blaid:
Dafydd Llwyd, e bûrwyd barn,
Faith hoewfardd, o Fathafarn;
Gruff*udd* ap Ieu*a*n, groewffawd,
O Lyweni, wisgi wawd;
Ag ni châd mo bennadûr
Mysoglen heb awen bur.
Mae vn Wiliam, manylwaith,
Miltwn, wych y' molt yn iaith,
A wnaeth fwy yn iaith i fam,
Etholwawd, na thi, Wiliam,
Ag eraill yn rhagori
Ar anwe tâl arnat ti:
Ni chawsant radd ar naddwawd,
A dav gwell ydyw i gwawd.
Yr wyf finav ar fy ynwlf,
Anoeth 'y ngwaith, ni thai 'ngwlf
A'm pen a gorawen grech
Nes dy weled, nôs dilech.

Nid gwaeth yt ddyfod, rhôd rhydd,
Na pheidio, anhoff wawdydd.
Lle torraist, llai i taerir,
Gwysav tâl agos at wîr,
Da dodaist, dywyd wawdydd,
Doe'n dy gerdd, o adnaid gwydd,
Daliesin hyawdl oesoedd,
O'i bvmp mesur awdur oedd;
Er hyn, fardd, o rhannai fodd,
Yn ffurf ffydd ni pherffaiddiodd.
Da oedd, fardd, y dydd a fv,
Dal iesin am i ysdlysv;
Fal vn a godai'n flaenawr,
Pen godai fo welai wawr;
Mae'r owron des mor aravl,
Gwelwn hwn, golavni haul.
Brisg avrfab a roes gyrfa,
Boen drwy'r iaith, ban dorrai'r ia;
Ffordd fawr wedi'r wawr i wa[u][1]
Yn iawn a roes i ninav:
Eraill o feirdd ar well fodd,
Praff addysc, a'i perffeiddiodd.
Derbyniaf, avraf erawd,
Dvedd gair rhac gwradwydd gwawd.
Moes o'th waith, rymvsiaith ddv,
Mal gwîn, ym le i ganv.
I'r lann i'th dynnaf ar wlych,
Poenawl anian, pan lynych.
Rhaid ym gyd-ddŵyn, er mwyn mydr,
A'th anwybod, rhôd rhyhydr,
A chyd-ddŵyn, iechyd oedd waeth,
A'th enw taer a'th naturiaeth.
Nid wyf anfwyn cynhwynawl
Ban fwy'n derbyn hyn o hawl.
Derbyniaf, dodaf ar do
Amser yt, moes air etto.

[1] Collwyd diwedd y gair gan fod cornel y ddalen wedi braenu.

Dod gywydd, dadog awen,
Dalwaith beirdd, ne awdl o'th ben,
O iawn gerdd groew-angerdd, grâff,
Nerthgryf, ag o iawn orthgraff,
Addefaf, arwrydd afiaith,
Di'n wr, ag nad adwaen iaith.

EDMWND PRYS

NODIADAU YMYL Y DDALEN YN Ll 43:

(i) *yn cyfeirio at linell 8 (a nodwyd)*:
Cynwal / melin wyd yn malv'n wâg

(ii) *yn cyfeirio at linell 11 (a nodwyd)*:
mr wy' claim ystori clod / gwrdd difost ar gerdd dafod

(iii) *yn cyfeirio at linell 16*:
maswedd / er mysvr eiriav maswedd

(iv) *yn cyfeirio at linellau 23, 24*:
haws atteb

(v) *yn cyfeirio at linellau 35, 36*:
Wil*ia*m Salusbury

FFYNONELLAU: A – Ll 43, 159. B – P 125, 120. C – T, 540. D – LlGC 3288,i, 161. E – BLAdd 14991, 231v. F – C 1.1, [194].

AMRYWIADAU: 5. clappan A. 21. loewddeddf BCE. 52. hirathog A. 66. a molt BCDEF. 74. yw ngwaith BCDEF. 76. naws dilech BCDEF. 79, 80. [DEF] (*ychwanegwyd y llinellau yn ddiweddarach mewn ail law yn* E.) 117. Arwydd BCDEF.

CYWYDD 49

12

Y clerwr daclav oerion,
Cynwal sûr, cynheli sôn,
Cerddor heb vn pwnc vrddas,
Cav sŵn fardd yn cwyso'n fâs.
Cnawd yn gael cennyd yn gwav,
Cnv̂d orwyllt, cnŵd o eiriav.
Cravlon drist cweryli'n drwch:
Codded, hwyr i mâg heddwch.
Caeth i'r gâd yn coethi'r gerdd,
Crugyd am ganv croewgerdd.
Cyndyn iawn yw cennyd ni,
Cyndynach canyd ini.
Cancr iaith, ni bv er cyn Crêd
Canv ymliw cyn amled.
Holi'r wyt, heliwr atteb,
Hyn o gâd yn anad neb,
Ple gwedaist, fel pla gwawdydd,
Grist hoff Ion ne grest y ffydd:
Pan ddûgost, drwy wagfost drin,
A cham vrddas iach Merddin,
A dwyn y bardd, dewin byd,
Ar asbri, o ryw ysbryd;
Ag ail wedaist, goeg lediaith,
Grist ar wawd, wrth grasder iaith,
Pan wedaist, lle pennodir,
Ar y gerdd i eiriav gwir,
Pan wedaist, nodaist y nôd,
Yr Evengil, rwyf yngod;
A thrydydd gwaith ar redeg
Gwedaist hwn, nid gwîw dŷst teg,
Pan ddoedaist na chenaist chwaith,
Gladd anardd, gelwydd vnwaith.
O'th goelir, fal iaith gelyn,
At iawn ddysc nid wyd ti'n ddŷn.
Os credir mai gwîr a gân
Loewfawl Evengil Ifan,

Duw ar wîr, dewr i wryd,
Down ninav o'r gav i gyd.
Moli gwŷr, rhy aml yw gav
Beirddion o amgylch byrd[dau].[1]
O dodaist, cais i dadŵyr,
Iachav a'r arfav ar ŵyr,
Da daeth i'th gof ymofyn
Y plwyfav hwnt ple fv hyn:
Nid vn cylch nodwn y cŵyn,
Mewn canlle maen' i'w cynllwyn!
Danod a wnaf yn d'wyneb,
Nid danod anafod neb.
Nid rhaid ym, mewn tro damwain,
Henwi rhai heno o'r rhain,
Nid er câs na lyfaswn,
Ond er clôd wybod a wn:
Ni dderfydd, oerwydd wryd,
Hwy na gwaith, i henwi i gyd.
Amlwg fydd trwyn ar wyneb,
Afraid i mi nodi neb!
Pob llyfr, pob pibell afraid,
Pob cart yn ych art, o chaid,
A phob paintiad seliad sydd,
Llen gûl yw'n llawn o gelwydd.
Dod destr, onid wyd hwstriaith,
Am bob iach gam, bwbach gwaith,
Ti gai swllt, têg yw y son,
Chwaneg am bôb iach vnion.
Dyma yt chwedl diymwad,
Llaw a gair, nid oes llê gwâd.
Rhof gwest o bôb rhîf a gaid,
Rwysg o wyr, ysgwieriaid.
Rhof fâch, ag nid rhy fechan,
Ar y gair i wirio y gân,
I ddangos yn ddiengol,
Angor nerth, 'y ngair yn ôl.

[1] Collwyd diwedd y gair gan fod cornel y ddalen wedi braenu.

Adailaist wawd, di-les-da
Dy gard lle digi wyrda:
Llyfr y balch, llafar heb wedd,
Llen fawr yn llawn ofer[e]dd,
Lledfrith waith, gorith gerwin,
Llaw ffals a'i lliwiai a ffin;
Llith gwael, llyweth o gelwydd,
Lliwionen i fvrsen fydd;
Gwenith a gwŷg, dirmyg dysc,
Pur ag ammvr yn gymysc.
Pan welir yn panylv
A chawdd gwaed yr iach oedd gv,
A chodi, lle rhoech hediad,
Iach ystwnt yn vwch i stâd,
Yn y rhol hon ir hiliai,
Ag o'r rhól fo ddigir rhai.
Yr owron, dyma'r arwydd,
Vwchben gwŷr lle rhowch bin gwydd
O fawl barch, fo wŷl y bŷd
Mae nayadd y mynawyd;
Nid pell mo blâs y gwellaif,
A'r twŷn lle bu'r crŵyn a'r craif.
Codi, nodi, newidiaw,
A gostwng yn drablwng draw,
A chodi caeth, sy waeth sôn,
A chodi gordderchadon.
Gwerthv'r wyd, gwarth ar wawdoedd,
Arfav gwaed, dy ryfig oedd.
Miloedd a bryn i moliant
O gydiaith wâg gida thant;
Vn ni chair yn iach airwir,
Yn brin iawn a bryno wîr!

EDMWND PRYS

NODIADAU YMYL Y DDALEN YN Ll 43:

(i) *yn cyfeirio at y gair 'cnŵd' (a nodwyd) yn llinell 6*:
blaidd bychan

(ii) *yn cyfeirio at y gair 'codded' (a nodwyd) yn llinell 8*:
llid

FFYNONELLAU: A – Ll 43, 162. B – P 125, 123. C – T, 542. D – LlGC 3288,i, 164. E – BLAdd 14991, 232v. F – LlGC 21298, 9.

AMRYWIADAU: 25, 26. [E.] 30. Gwedaist ti nid BCDEF. 38. dyn yw y gau dyna i gyd BCDEF. 56–58–57–59 F. 60. gul yn llawn BCDEF. 60–62–61–63 D. 70. i wirio r gân BCEF. 71. Ne ddangos BCEF. 76. oferdd A. 80. y fursen BC. 81. [D] (*collwyd y llinell oherwydd torri gwaelod y ddalen.*) 87. heliai BCDEF. 88. fo ddygir BCEF, fe ddygir D. 94. Nar twyn BCEF, na'r crwyn D. 102. [D] (*collwyd y llinell oherwydd torri gwaelod y ddalen.*)

CYWYDD 50

13

Trwm yw câs lle tramwy cân,
Traethu sawt trwy waith Satan.
Trîst ydyw, fal troi stadoedd,
Troi dŷn o'r toriad a oedd:
Troi Wiliam at reolion,
Troi môr rhag cylchv tîr Môn,
Tebig, chwedl oedwig, ydyw
I droi y dwr, daered yw.
Nês rhodder y farn arno,
Gwrol fydd i gweryl fo.
Taer y myn, tremiai enyd,
Ledrûth ben, lywodraeth bŷd.
Ni âd fy nghâr diareb
Ond vn art hynod i neb.
Fo wna'n gaeth wybodaeth bŷd,
Rûgl foddion, a'r gelfyddyd.
Ni fyn i lên fanwl wav
Barddoniaeth beraidd enav.
Petrarch, bu patria[r]ch byd
(Pant[1] hardd?) a hoewfardd hefyd.
Cempes oedd, cwmpas i iâd
Cylch o ddail, clôch y ddwylâd.
Gwnther oedd gŷn a thair iaith,
Gwyn fanach, canai fwynwaith.
Hari Cydweli, dvlew,
A gant wawd ag Ieûan Tew.
Syr Dafydd, nid gwawdydd gwan,
Saer mwynwawd, trysor Maenan,
A Syr Owain, croe[w]lain Cred,
Gwilim, mae i gerdd i'w gweled.[2]

[1] Sgrifennwyd 'pant' yn y brif law uwchben gair arall a groeswyd allan. Mae'r gair a groeswyd allan yn anodd ei ddarllen, ond efallai mai 'poet' ydyw.

[2] Ni chynhwyswyd y cwpled hwn yn nhestun Ll 43 yn wreiddiol. Fe'i hychwanegwyd rhwng llinellau 28 a 31 yn y brif law mewn inc goleuach, gyda'r llinellau ochr-yn-ochr. Rhifwyd y cwpledi cyn iddo gael ei ychwanegu: y rhif 20 (y rhif priodol os na chyfrifir llinellau 29, 30 yn y testun) a geir gyferbyn â llinell 42, 30 gyferbyn â llinell 62, etc.

Tost iawn i tystia vnwaith
Twli deg at eiliad iaith:
Plant ydym, planet hoewdeg,
O'r vn tad, a cheraint têg;
Pob celfyddyd, vn frŷd fraint,
O sai' gwir, y sy geraint,
A phawb sydd, a phob swyddav,
Drwy['i] gilydd fal gwydd yn gwav,
A phob vn, a phawb a'i wydd,
Gidag elw a geidw i gilydd.
Swyddav'r byd, ddienbyd ddysc,
Svddan' gam, sy ddawn gymysc.
Medd y barddas vrddasawl,
Bŷd bach yw dŷn iach dan wawl.
Rhaid i'r bol, ar hyder byd,
Wrth enav yn rhwth enyd.
Llwybr y bŷd i gŷd yw gwav,
Llai'r gŵyn, o'r llaw i'r genav.
Y troed ai gynt i rodiaw,
Oni chaid llonaid y llaw?
A'r llaw a roir i wellhav,
Ar gynnydd, dŷn drwy'r genav.
A'r bŷd hwn, ni erbyd da,
Yr vn wedd wyrion Adda.
Rhaid i bawb, er hyd i bydd,
Wrth gael hir waith i gilydd.
Seilia dŷn yn ddisalw dy,
Synwyr a ddengys hyny;
Sylfain mewn tir iselfaith,
Saeri a gais ar y gwaith.
Rhaid i saer y gaer i gyd
Wrth ôf ar i waith hefyd.
Rhaid i bawb, nid rhod o ball,
Ar waith aros wrth arall.
Rhaid i fardd, rhûad ferwddawn,
Wrth ddysc, o gwna[3] araith iawn.

[3] 'o gwn' a sgrifennwyd yn wreiddiol. Croeswyd allan 'gwn' a sgrifennwyd 'gwna' yn ei le uwchben yn y brif law.

Nid rhaid i ddysc, tra doe ddydd,
Iaith barodwaith, wrth brydydd.
Fo fydd[4] rhai, difai yw'r dôn,
Ddedwydd ar gelfyddydon.
Mae rhai'n gwybod yn nodawl
Mwy na mwy, minav a['i] mawl;
Rhan arall o'r henuriaid,
Er hyn, ni wyddan' mo'i rhaid.
Bwy a sôn, be bae synwyr,
At vn art ond hyn a wyr?
Pob dŷn, fel ar dywyn dydd,
Yn gweled mwy na'i gilydd,
A fetro dysc ymysc mîl,
Mwy nag vnart, mae'n gynil:
Finav, er fy nifenwi,
A fedra' bart o'ch art chwi!
I ddail fyth, a ddylai fod
Mo'r gwi[w]barch ym, er gwybod,
Er chwthu i glymv glain,
Chwaneg na chwychi'ch hvnain?
Nid haccian, fel nôd twcca,
Cynen ddig, yw canv'n dda.
Nid mesvr caniad musig
Ond y drefn hynod a drig.
Pant diflas o farddas fydd
Pwyth wnîad heb peth newydd?
Mae Cynwal? Os amceni,
Moes ym waith, maesa a mi,
Moes deynydd grymvs dinag,
A gad ymaith waeliaith wâg.

EDMWND PRYS

[4] 'E fydd' a geid ar ddechrau'r llinell yn wreiddiol. Croeswyd allan y geiriau hyn a sgrifennwyd 'fo fydd' yn eu lle uwchben yn y brif law.

NODIADAU YMYL Y DDALEN YN Ll 43:

(i) *yn cyfeirio at linellau 17, 18*:
Cynwall / ni ddylyt gael gwael ywr / gwydd / yffeiriadaeth a ffrydydd

(ii) *yn cyfeirio at linell 44*:
homo microcosmvs.

FFYNONELLAU: A – Ll 43, 166. B – P 125, 126. C – T, 544. D – LlGC 3288,i, 166. E – BLAdd 14991, 234r. F – LlGC 21298, 13.

AMRYWIADAU: 14. [E.] 16. or gelfyddyd BCEF. 19. patriach A. 24. ganai BCF. 29. croelain A. 31. tystiai BCF. 38. drwy gilydd ABCF. 49–52. [E] (*ychwanegwyd y llinellau hyn yn ddiweddarach mewn inc coch ar t. 235v, dalen a osodwyd i mewn.*) 55. yr hyd BCF (*sgrifennwyd* 'er' *uwchben y llinell yn y brif law yn* B), ar hyd D. 57. Seiliai BCF, Seiliau DE. 66. o gwnai BCF, o gwneiff D. 70. gelfyddodion BC, Gelfyddydion E. 72. a mawl A(E). 75. lle bae BCDEF. 84. gwibarch A; gwiwbarch er i gwybod BCF. 85. i glymu r glain BCF, a glynu'r glain E. 96. waelwaith BCDEF.

CYWYDD 51

14

Da yw arogl diwairedd,
Da iawn yw gwir, doniog wedd.
Nid da yw'r rhain, notter hawl,[1]
Gann evog ag anvwiawl.
Nid da cennyt ti, Cynwal,
Mo'r gwir, ond y dihir dâl.
Siarad yr wyd am fadyn,
Sur i'th ffroen sawr yr hoen hyn.
Os sûr yw, mae yn sawr iach
Y borav, gwell na'i berach.
Dôd a grym, o[d] ydwyd gryf,
Drwy nerth, dy sûrdrwyn wrthyf.
O myni'n wir mi wna'n iach
Dy glefyd petyd glafach.
On'd yw blâs bûdd Vespasian
I rwydo gwŷr ar dy gân?
Gwŷr oedd well, er y gerdd ddv,
Genyf dysgason' ganv:
Nid rheol mydr gwe olefn,
Eithr i wav synwyr a threfn,
Y[2] sy i gwlio'n ddisgevlus,
A chân rwydd, y chwyn a'r vs.
Hyn i gŷd, er yr hên gân,
O'i bodd a gydnabyddan'.[3]
Mae i'th wres mydr diles dardd,
Mynych anfoes mewn chweinfardd.

[1] 'nid da ywr rhain ond trwy hawl' a sgrifennwyd yn wreiddiol. Croeswyd allan y geiriau 'ond trwy' a sgrifennwyd 'notter' yn eu lle uwchben yn y brif law.

[2] 'hyn' a sgrifennwyd yn wreiddiol, ond fe'i croeswyd allan a sgrifennwyd 'y' wrth ei ochr yn y brif law.

[3] Ni chynhwyswyd y cwpled hwn yn nhestun Ll 43 yn wreiddiol. Fe'i hychwanegwyd ar yr ymyl dde yn y brif law gydag arwyddion i ddangos ei safle yn y testun. Rhifwyd y cwpledi cyn iddo gael ei ychwanegu: y rhif 20 a geid yn wreiddiol gyferbyn â 51. 42, ond fe'i newidiwyd i 21, rhif y cwpled o gynnwys 51. 23–34 yn y testun.

Mynych iawn, rwym anwych wydd,
Marc gwael, i rhoi i mi'r celwydd;
Mynychach, rimin iachwr,
Rhoyd gelwydd ar gywydd gwr.
Lledwyr wawd, llîd a rwydodd,
Lle daw ar wîr llai dy rôdd.
Ni chanwyd ag ni chenir
Ond i Ddvw vn wawd oedd wir.
Hanes wir er hyny sydd
Yn bvr reidiol i brydydd.
Hanes o fŷd, hynaws fu,
Hyna' mydr, iawn i medrv.
Hanes[4] y beirdd a henwyt
Hyn o serch gofynais yt,
A'i hamser ar dyner dôn,
A'i iaith ryw, a'i athrawon.
Enwaist y beirdd i'th anwe
Allan yn llydan o'i lle.
Bardd Emrus gweddus a gaf,
Berw ddi-hoen, y bardd hynaf.
Bv Vaygant, nid warant wan,
Iddo'n athro, iawn wythran.
Bardd Elffin, wrth i drîn dro,
Bu lwyddûs ddisgibl iddo.
Mab Morfryn Wyllt, frwysgwyn frawd,
Mae'n olaf mewn manylwawd,
A Thaliesin, dewin doeth,
A'i dysgodd ar wawd waisgoeth.
Gosodaist, megis hûdwr,
Yr olaf yn gyntaf gwr,[5]

[4] Mae ôl newid ar y gair 'hanes', ond ni ellir bod yn sicr beth a sgrifennwyd yn wreiddiol.

[5] Nid y cwpled hwn a sgrifennwyd yn wreiddiol yn y safle hwn. Fe'i sgrifennwyd rhwng y llinellau a ganlyn a groeswyd allan: 'hyn arna'n fôst a honni / bôst wŷch oedd dy bosio di / vn fôst ag i hen fustach / gorhyll ben gvro llo bach'. Cynhwyswyd y tair olaf o'r llinellau a groeswyd allan yn ddiweddarach yn y cywydd fel llinellau 74–6.

A'i prŷd oedd, lle prydyddais,
Yn nechrav swyddav y Sais.
I brv̂d, feirdd, yn y brŵd fu,
A'r camrwysc ar wyr Cymrv.
A'i brudiav i bwriedyn'
Ceisio rhoi cysur o hyn.
I wlâd brûdd i'w dyhuddaw
Mynaig ddyn mwy nag a ddaw:
Deongl y breddwyd, diwad,
Fu ddi-lês, wrth fodd y wlâd;
Am hyn ni ddaw o'i hawen
Air byth o frv̂d wîr i ben.
Deall awen Dvw llywydd,
Brûd yr iaith, ni bu 'rioed rydd.
Rhown addysc, 'r hyn ni wyddost,
A barn fawr i bwri yn fost.
Er rhodres ne wrhydri
Bôst wych oedd dy bossio di,
Vn fôst ag i hên fustach,
Gorhyll ben, gvro llo bach![6]
Am dy radd ymodi yr wyd
A Gruff*udd*, gŵr a hoffwyd.
Cefaist yt atteb cyfan,
Cofia'r gwaith, sef cu fu'r gân:
Na chrêd i bod, rhod[7] yw'r rhôl,
Yn wanwyn er vn wenol.
Na chais di, mynychaist hyn,
Vn pwyth gradd heb peth gwreiddyn.
Ar barabl 'r wyd i'm cablu,
Ag ar dy waith, a gair dv:

6 Cf. y troednodyn ynghyd â llinellau 55–6.

7 'na chrêd i bydd rhydd' a sgrifennwyd yn wreiddiol. Croeswyd allan y geiriau 'bydd rhydd' a sgrifennwyd 'bod rhod' yn eu lle odanodd yn y brif law.

Nid yw anair ond enyd,
Ni sym twyll mo bwyll y byd.[8]
Nid wyf waeth er a draethud
Nag a wnayd fel ped fayd fûd.
Nid yw[9] Menai o nodwydd,
Ni bv gwaeth er vn baw gŵydd.
Er tywallt bûstl rhaid tewi,
Down i'r fainc, adwaenir fi.
Dy lef sydd ym gynefin,
Dy ddrwg foes, mefl dy ddraig fin.
Dy ddawn ym nid oedd iawn iach,
Dy ddireidi oedd radach.
Gwnai dwyllwawd, gwn dy allv,
Gwnia, fardd, gowni a fv.

EDMWND PRYS

NODIADAU YMYL Y DDALEN YN Ll 43:

(i) *yn cyfeirio at linellau 7, 8*:
bai/twyllodl./Cynwall / di gŵyn vo da gan vadvn / dewsur hâd i sawr i hvn

(ii) *yn cyfeirio at linellau 65–70*:
Cynwal .7.. / y trywyr eiriav trwyadl / oedd broffwydwyr di dyr dadl / hyn oedd rydd yn wir yddynt / hanes goel yn i hoes gynt (*Tanlinellwyd y llinell* 'hyn oedd rydd yn wir yddynt' *a'r ymadrodd* 'ni bu 'rioed rydd' *yn llinell 70 yn y testun.*)

(iii) *yn cyfeirio at linellau 73, 74*:
o gnai [sic] fydr gwn na fedri / waith masw iaith ym hosio i.

[8] Ni chynhwyswyd y cwpled hwn yn nhestun Ll 43 yn wreiddiol. Fe'i sgrifennwyd yn yr ymyl dde yn y brif law gydag arwyddion (llun llaw o boptu) a'r gair 'yma' i ddangos y dylid ei gynnwys ar ôl llinell 86.

[9] 'nid gwaeth' a sgrifennwyd yn wreiddiol. Croeswyd allan 'gwaeth' a sgrifennwyd 'yw' yn ei le uwchben yn y brif law.

FFYNONELLAU: A – Ll 43, 169. B – P 125, 128. C – T, 545. D – LlGC 3288,i, 168. E – BLAdd 14991, 236r. F – LlGC 21298, 16.

AMRYWIADAU: 11. o ydwyd A. 14. pettai BCF. 16. iw dy gân BCEF. 37. Hanes a fydd BCE, Hanew a fu F. 38. ai medru BCF. 46. fü r bardd BCDEF. 48. mewn wythran BCF. 93. bost BCF.

CYWYDD 52

Y xv cywydd

15

Dav frenin mewn dwyfronwynt,
Llewod câd yn llidiog cynt:
Alexander, llawnder llym,
A Phorus a'i gorph hoewrym.
Vn yn draws oedd anian drwm,
Y drais ni wrendy reswm.
Ni wnai ond a fynnại fo,
Mawr oedd, nes ymroi iddo.
Y llall oedd yn lle lladdiad,
Cŷd a'i lv cadwai i wlâd.
Porus a'i rym, prysûr wedd,
A ddaliwyd i'w ddialedd.
Yno doedai yn nodedig
Alexander, fravder frîg,
'Beth a wnaf, plygaf bob plaid,
I ti, Porus, top avraid?'
'Ow, gwna dy rwysg yn y drin,
Gain fron, fel i gwnai frenin.'
Yno rhoes hiroes i hwn,
A chyfoeth fawr, o chofiwn,
A'i frenhiniaeth heb gaethu,
Drûd y farn, rhac dewred fu.
Wiliam Cynwal, amcenais
Dy ladd rhac chwerwed dy lais
Pan ddarfv y' ngwydd llu fy llŷn,
Drwy rwysgwawd, dy oresgyn,
Heb le i droi, heb ailiad rydd,
Heb elw coel, heb liw celwydd.
Dy ladd, fardd, niweidiol fai,
Dy gaethu dig a weithiai:
Da i feirdd, wedi bôd a fv,
Am râs aml ymresymv.
Lle doedaist, mewn llid waedawl,
Dy sclandrio, hortio yw'r hawl,

Cenais wir mewn cynwys wydd,
Cerdd sclandr yw calandr celwydd.
Clo iownder cerdd, calandr cân,
Er cael i enw o'r calan,
Fath hyn sy fai iaith ynod,
Ynial fai na weli i fôd.
Mae i'th wawdoedd[1] methedig
Mîl o'r dûll, remialwr dig.
Gwn am Ruffvdd, Nvdd naddawdl,
A Thudur, brif awdur awdl.
Gorwyllt wyd, rhagor ill dav
At ieithoedd rhagot dithav.
Am wir ni ddylwn ddirwy,
Cavd glod am fyfyrdod fwy.
Bid iawn glôd i'r byd yn glav,
A'i ragoriaeth i'r gorav,
Ag i tithav yn gwav gwawd
A ddylych am eiddilwawd.
Na thybia, mewn iaith hybarch,
Na wn i bwy y gwnawn barch,
A barnv, heb wyrni haedd,
I'r gorav'r gair a gyrraedd,
A bwrw braych byr, o bai raid,
Ar ganol, i wyr gweiniaid:
Rhai a gyrraedd ragoriaeth,
Rhai'n bell, rhai'n well, a rhai'n waeth.[2]
Nid yw'n ymrafael ni'n dav,
Faes oeriaith, am fesurav:
O bydd awenydd vnig
A pheth dysg, heb affaith dig,
Vn a ddysc mewn mis ne ddav,
Dŵf saerwaith, dy fesurav,

1 'wawdedd' a sgrifennwyd yn wreiddiol. Ychwanegwyd 'o' uwchben yn y brif law rhwng y 'd' a'r 'e'.

2 Ni chynhwyswyd y cwpled hwn yn nhestun Ll 43 yn wreiddiol. Fe'i hychwanegwyd yn yr ymyl dde yn y brif law. Dangoswyd lle y dylid ei gynnwys yn y testun gan arwyddion (llun llaw o boptu) a thrwy ei rifo fel cwpled 30 a'r cwpledi o'i boptu fel 29 a 31.

A'i heilio yn bleth, a'i holi,
Llawn iaith iawn, yn well na thi.
O thorraist a'th waith hwyrwael
Y bwa gwan heb i gael,
Ystyria haws i dori,
A chann mwy, na chanv a mi.
Ceisiaist, costiaist ddav cystal,
Gadw dy yw a gwawd o dâl,
Ag o wîr ddig lle i'th bigwn
Pen nas gellaist torraist hwn,
Ag er hyn nid wyd gwr rhydd,
Erlynaf heb awr lonydd.
Rhoist yn faes, rhuaist yn faith,[3]
Aerfa daer, am rif d'araith.
Od oes dri ym yn dy ystrêd,
Od oes naw, nid oes niwed:
Di gai ar frys, dyrys daith,
Drinaw ynghŷd ar vnwaith!
Nid rhîf yw antûr rhyfel,
Eithr y bûr wawd aeth a'r bêl:
Gwell vn gwalch, da gall hwn gêd,
Aml wîb, na mîl o wybed!
Naw cywydd heb vn cywir,
A'r naw ni thâl, baw heb wir.[4]
Nid oes vn dwys i 'wenydd
I ti'n frawd ar glwm gwawd gwydd
A ddywaid, cyd bae dduwiawl,
I'm herbyn am hyn o hawl,
Nag vn, y ffordd mae'n gweini,
Yn navtu dysg ond tydi,
Na thithau, anoeth wthiwr,
Ond trwy gâs, nid antûr gŵr.

[3] 'dodaist in gwawd de . . . ' a sgrifennwyd yn wreiddiol. Fe'i croeswyd allan a sgrifennwyd 'rhoist yn faes rhuaist yn faith' odanodd yn y brif law.

[4] Ni chynhwyswyd y cwpled hwn yn nhestun Ll 43 yn wreiddiol. Fe'i hychwanegwyd yn yr ymyl dde yn y brif law mewn inc goleuach, gydag arwydd (llun llaw) a'r gair 'yma' i ddangos y dylid ei gynnwys ar ôl llinell 88.

Aethost ymhell os cellwair,
Doi'n d'ôl ar ganol y gair.
Ni bydd cynfigen pennaeth
A thwf gwawd wrth a fo gwaeth.
Heno ni chwsg hi hvnell,
[Am] drwch gwawd, ymdrech a'i gwell.[5]
O doi i'r iawn, chwedl di-rus,
I ympirio fêl grym Porus,
I brofi gwawd tafawd tav
(A'th ddewred ti o'th eiriav!),
Addewais i yn ddi-swn,
Air pûrdeg, ar roi pardwn:
Nid wyf, Wiliam, dv fy eiliw,
I'm llîd mor graylon a'm lliw!

EDMWND PRYS

NODIADAU YMYL Y DDALEN YN Ll 43:

(i) *yn cyfeirio at linellau 33, 34*:
Cynwal / ysclendraist ffraiaist yn ffro*m*. / wr hynod rai o honom.

(ii) *yn cyfeirio at linellau 36–8*:
kynwal / clander clôd

(iii) *yn cyfeirio at linellau 69, 70*:
Cynwal / y bwa / kenaist i hwn &c / anoeth air oni thorrodd

(iv) *yn cyfeirio at linellau 79–82*:
Cynwal / drwm dyniad dri am / danyn

(v) *yn cyfeirio at linellau 101–2*:
Cynwall / mae dy dig [sic] ath gynfigen / yn waeth na holl ethna / hen

[5] Ni chynhwyswyd llinellau 101–4 yn nhestun Ll 43 yn wreiddiol. Fe'u hychwanegwyd yn y brif law mewn inc goleuach ar ôl llinell 100 ar waelod isaf t. 174. Oherwydd iddo eu hychwanegu bu'n rhaid i Brys groesi allan y dangosair 'o doi' a sgrifennwyd ganddo'n wreiddiol o dan linell 100 a'i sgrifennu o'r newydd o dan linell 104. Collwyd dechrau llinell 104 gan fod darn o'r ddalen wedi rhwygo.

FFYNONELLAU: A – Ll 43, 172. B – P 125, 131. C – T, 547. D – LlGC 3288,i, 171. E – BLAdd 14991, 237r. F – LlGC 21298, 19.

AMRYWIADAU: 2. fü n llidiog BCDEF. 17. yn dy drin BCE, yn dy rin F. 25. fell hyn BCF, y llyn D. 26. waisgwawd BCDEF. 29. dialedd a fai BCDF, dialedd fai E. 31. feirdd yw bod BCF. 33. wawdawl BCEF. 40. na weli fod BCE, na welai fod F. 63–6. [E.] 69. iaith BCEF. 80. Oerfa BCF. 81. dri yn dy BC, drif yn dy F. 97. weithwr BE, weithiwr CDF. 99. ond cellwair BCDE, om cellwair F. 102. Na thwf BCEF. 105. O doi/r BCF. 106. Ympiria . . . BCEF. 108. ath eiriau BCDEF.

CYWYDD 53

Ymdreio a mydr awen
Y mae llŷg yma [a] llên;
Ymdaerv amod airwir
Y mae, a'i gwâd heb ddim gwir.
Teg pob peth, bendraffleth dro,
Ni bydd gwrthwyneb iddo:
Ni bydd o absen y bŷd,
Sy eb wir, ond syberwyd.
Tra eiliai nis try Wiliam
Trwy'r gerdd ond taerv ar gam,
Dydd ymwan, nad oedd amod,
Na man i farn ni myn fôd,
Ag na ddaeth, fal y traethir,
Mi na neb i'r man yn wir.
Thomas Wyn, nid ta mo'i swydd,
A rhai eraill o'r herwydd,
Ysgwier tŷner at hyn,
A bardd, ni bv neb oerddyn,
I dy wr llên, drwy well art,
Disyrhâd yw Syr Edwart,
Ag yno i drîn y ganwyr
A sain gwawd, Seina a'i gŵyr,
Gyrrv i'w nôl, gwr ni welem,
Gynwal i ŵydd a'i gân lem:
Ni chaem i yno na chais
Na'i chwedl na haeach adlais.
Didrist lle doem hyd adref,
Dyma'n wir i domen ef.
Ni ddoe ddim, ni wyddai dda,
I gael gem, geiliog, yma.
Soniai ymysc i sennoedd
Am i dail, a'i amod oedd.
Ni chlyw Wil, eiddil addurn,
Beth nis myn byth, o naws murn.
Ninnav, lle'r oedd iawn ynny,
A gair, at hyn, gŵr y ty,

Yn vnblaid, llygiaid a llên,
Trwyddi aem at yr haidden . . .

Hyd yma y gwnaethai'r archddiagon gerdd pen glybv farw Wiliam Cynwal. Ag yno y gadawodd ag a wnaeth iddo farwnad.

NODYN YMYL Y DDALEN YN Ll 43:

(i) *yn cyfeirio at linellau 31, 32*:
Cynwal / godir tail gidar tylwyth

FFYNONELLAU: A – Ll 43, 175. B – P 125, 133. C – T, 557. D – LlGC 3288,i, 174. E – BLAdd 14991, 215r (llinellau 1–34 yn unig). E* – BLAdd 14991, 238v (gw. y disgrifiad o'r llsgr.). F – LlGC 21298, 23.

AMRYWIADAU: 2. yma llên A. 4. a gwawd BCE, y gwawd D. 28. iw domen BCDEF.

CYWYDD 54

Marwnad Wiliam Kynwal, yn cynwys ymddiddan rhwng y genad a ddoethai a'r newydd a'r archddiagon

Y gennad:

Nos da i lên sy yn wystlyn serch.

Y bardd:

Nes di-wraedd, nos da i Rydderch.
Mae'r newydd, merion aeg,
Gennyt ym, y gen*n*ad teg?
Oes gennyd, farddas Gwynedd,
Lythr na gwawd, lathr enwog wedd?

Y gennad:

Nag oes, dim o'r neges da,
Nid ordriwyd yn ond dirdra.
Newyddion ynt (nawdd Dduw Ner
I trymmed!) am art ramer:[1]
Wiliam Cynwal, mae cwynion,
Athro serch, aeth o'r oes hon.

Y bardd:

Taw, gennad, nid da gennyf,
Tâg dy air, ne yt dîg a dyf.
Nid mwy dy groeso, nôd mawl,
O'th newydd, iaith anvwiawl.
Dyli yr vn dâl a roes
Dafydd i'r gennad difoes
A ddŷg ar frŷs ddigair frâd
Ladd Sawl a chleddav [seliad]:
Angav gyfing a gafodd,
Yn llwyr iawn, yn lle i rodd.

[1] Nid dyma'r ffurf ar y cwpled a sgrifennwyd yn wreiddiol. Ffurf wreiddiol llinell 9 oedd 'newydd . . . (o dduw ner)' (ni ellir darllen canol y llinell gan drymed y croesi allan). Ffurf wreiddiol llinell 10 oedd 'i drymmed am wawd ramer', ond croeswyd allan 'wawd' a sgrifennwyd 'art' yn ei le uwchben yn y briflaw. Sgrifennodd Prys fersiwn diwygiedig y cwpled ar ymyl dde'r ddalen, a hynny ddwywaith er mwyn eglurder.

Na atto Duw fynd tad awen
O'r byd, rhaid rhoi cerdd ar ben.
Ysgwirwalch, mydr a ysgwariai,
Os gwîr hyn nid esgyr rhai.

Y gennad:

Rhy wîr, och, rhyŵyr achwyn,
Rhamant yw, mil cant a'i cŵyn.
Diav gwir yw, dig i'r iaith,
Doe daearwyd dad araith.
Eithr pam na bydd, athro pur,
Am dy gas, mwy dy gysur,
A pham, os oedd mor hoff yt,
A Chynwal i dychanyt?

Y bardd:

Ceisio ir oeddwn, cwys rwyddwaith,
Cydair nerth, cŷdevro yn iaith.
Nid o gâs i canaswn,
Ond o serch yn dewis hwn.
Chwennychais chwnnv iachoedd,
Chwilio'r iaith, ar chwâl ir oedd,
Mal dewis y' mold awen,
Myner parch, ym vn o'r pen,
A hwn yn orav ohonyn'
Allai help i wellhav hyn.
I godi hwn a gwawd hy
Yn gymar enwog ymy,
Ag iaith Gymrâeg weithian
Agos ar goll, gysur gwan,[2]
Cyffrois benrhaith yn iaith ni
A chellwair, rhag i cholli,
I geisio mydrweithio mawl
Am y bwrdd a mab vrddawl,
I gymysc yn dysg ni yn dav
I roi gwir ar y gorav.
Yn iaith i fam nithiai fawl
Yn fedrus ag yn fydrawl

[2] Mae'r 'n' yn 'gwan' ychydig yn aneglur. I wneud yn amlwg mai dyna oedd y llythyren ychwanegodd Prys *titulus* uwchben yr 'a'.

Ar wedd y gallai roddi,
Athro mwyn, ddieithr i mi.
O doe iaithrwysg dieithrach,
Minnav beth, a'm awen bach,
A ddygwn, lle gwelwn ged,
I'r golav rai i'w gweled.
Arfer hyn, avrfawr hanes,
A wnai yn y wlad vniawn les:
Gair Dvw yn well i'w gredv yn iach,
Ag o lawer golavach.
Llym oeddwn, pell ym addef,
Llafur gwawd, vnllyfr ag ef.
Bu radlawn yn i brydlyfr,
Beraidd gân wrth i lan lyfr.
Mynnwn, nid awgrym anardd,
Mwy na mwy rym yn 'y mardd:
Fo wyddai a fai addas,
Fardd pûr, i fesur di-fas.
A minnav hwyr i mynnwn
Mewn tâl ddim o iawnwawd hwn;[3]
Derbyn gwe egluryn glod,
Dinag werth, dan i gwrthod:
Mae a wrthyd am wartheg,
Mewn taliad, avr, mayntol deg.
Talai[4] o brif fetteloedd
Tal am wawd, a hylem oedd.
Am dâl, o bvm ry ysmala,
Ym talodd avr, mettel dda.
Mwythûs oeddwn am iaithoedd,
Math hon wawd amhaethvn oedd.
Sorrais, dan lysv avrwaith,
I gael mwy o glymmv iaith.

[3] Ni chynhwyswyd y cwpled hwn yn nhestun Ll 43 yn wreiddiol. Fe'i hychwanegwyd yn y brif law ar ymyl chwith y ddalen gydag arwyddion (llun llaw o boptu) i ddangos ei fod i'w gynnwys ar ôl llinell 74. Ffurf wreiddiol llinell 76 oedd 'mewn tâl ddim o glymiad hwn', ond croeswyd allan 'glymiad' a sgrifennwyd 'iawnwawd' yn ei le uwchben.

[4] 'Talodd' a sgrifennwyd yn wreiddiol. Croeswyd allan y terfyniad 'odd' a sgrifennwyd 'ai' yn ei le uwchben yn y brif law. Cf. ymhellach yr amrywiadau.

Ni allwn i, 'y nillin oedd,
Ymado, fy mai ydoedd.
Gwawdydd fardd, gadawodd fi
O'r diwedd drwy hir dewi.
Tra fu yn mathu i'n mysg
Avr a gemmav arr gymysc,
Oes dim a'r a weles[5] dyn
I'w ddydd na chanodd yddyn'?
Tad mawl, mae mewn tywod mân,
Tywod Hyspytty Ievan.
Dvw yn i gofl, da iawn [gyflwr],
Doe aeth ag ef, doetha' gwr,
I eisteddfod Christ a'i wyddfa,
Llys deg, llawn ewyllys da.
Oddi yno ni ddaw enyd
(On'd teg yw?), awn atto i gyd.

EDMWND PRYS

NODYN YMYL DDALEN YN Ll 43:

(i) *yn cyfeirio at y gair 'myner' (a nodwyd) yn llinell 42*: capten

FFYNONELLAU: A – Ll 43, 177. B – P 125, 135. C – T, 558. D – LlGC 3288,i, 175. E – BLAdd 14991, 240v. F – C 1.1, [199]. G – Cw 23, 11r. H – BLAdd 14890, 188r. I – Ll 133, 383r. J – Bd 2, 342. K – BLAdd 31088, 86v.

AMRYWIADAU: 6. a gwawd BDFGHJK (*dichon mai dyma ddarlleniad gwreiddiol* C *hefyd, ac mai cywiriad diweddarach yw'r* 'na' *presennol.*) 10–12–11–13 F. 12. [GJ.] 20. a chleddyf BD, a Cleddyf CI, ar Cleddau F, a'r cleddy' GJ; seliaid A. 28–30–29–31 D. 35. rwydd-iaith BC. 36. Cadair BC(F). 41. dewis a mold BCEFHI. 45, 46.

[5] 'ar all llesv' a sgrifennwyd yn wreiddiol. Croeswyd allan 'all llesv' a sgrifennwyd 'a weles' yn y brif law uwchben.

[D.] 46. A wnai mwy o enw ymy BCF, A wna mwy o enw i my EHK, A wnae mwy enw immy GIJ. 52. ar mab vrddawl BCEFGHIJK. 53. A chymysg BCE; A chymmysg ein Dysg ein dau FGHIJK. 58. Athro mawr BCEHIK, Athro mawl FGJ. 61. A ddysgwiliwn gwelwn ged BCEFGHIJK. 62. I golau ir oes iw gweled BC, Ir golau i roes iw gwed E, I goleu rhoes iw gweled FGJ, Ir golau rhoes iw gweled HIK. 64. ir wlad BCEFGIJ, i wlad HK. 67. Pwyll ym oedd BCEFGHIJK. 68–70–69–71 EFGHIJK. 73. E wyddai BCE, Fe a wyddai FGIJ; Ef wyddai a fo addas K. 74. pur o fesur BCEGHIJK. 77. eglurlyn BC(D)EHIK, Eglurlym D, glirlun FGJ. 81, 82. [FGJ.] 81. Talodd BCDEHIK (*cf. y troednodyn ynghyd â'r testun.*) 88. o glymau iaith BCDGHIJK. 98. Tyfod BC, Tafod D. 99. glyflwr A. 101. Crist ai noddfa BCFGJ, Crist Noddfa I.

NODIADAU

Rhyddiaith A

3. *Rys Wyn:* Rhys Wyn ap Ieuan ap Gruffudd o Hendre'r Mur, Maentwrog. (Mae Hendre'r Mur yn awr o dan Lyn Trawsfynydd.) Ceir ei ach yn *Dwnn,* II, 224-5: Rhys Wyn ap Ieuan ap Gruffudd ap Siancyn ap Rhys ap Tudur ap Hywel ap Tudur ap Gruffudd ap Maredudd ap Iorwerth ap Llywarch ap Brân. Cywydd dros Rys Wyn yn gofyn dager gan Edmwnd Prys oedd cywydd cyntaf Siôn Phylip yn ei ymryson cyntaf â'r archddiacon (EP, LV).

5. *saethu deg ar hugain:* Deg rwd ar hugain, cf. 41. 94. Amrywiai'r rwd (Saes. *rood*), a ddefnyddid gynt i fesur hyd, o chwech i wyth llath (*OED*). At y math o saethu a elwid yn Saesneg yn *prick shooting* neu *clout shooting,* lle saethid dros bellter yn amrywio o 160 i 240 llath, y cyfeirir yma, gw. H. Walrond, 'Archery', yn *Shakespeare's England,* gol. C. T. Onions a Sidney Lee (Rhydychen, 1916), II, 380. Ceid deddfau yn yr unfed ganrif ar bymtheg (3 Hen. 8, c. 3; 33 Hen. 8, c. 8-9) a'i gwnâi'n orfodol i ddeiliaid y Goron (gyda rhai eithriadau) ymarfer saethu â'r bwa.

7. *er fy hyned i:* Yr oedd Rhys Wyn mewn oedran cyfrifol ym 1547, cf. (Ba)M 3821, cytundeb rhyngddo a John Wyn ap Maredudd o Wedir, dyddiedig 26 Ebrill y flwyddyn honno. Yr oedd yn fyw ym 1595-6 pan honnwyd mewn cwyn yn ei erbyn yn Llys y Seren ei fod wedi rhoi camdystiolaeth mewn achos yn Llys y Deisyfion ynghylch perchenogaeth tir ym Maentwrog, gw. Ifan ab Owen Edwards, *A Catalogue of Star Chamber Proceedings relating to Wales,* 91.

10-11. *os rhowch i gennad:* Cf. Statud Gruffudd ap Cynan: 'Hevyd na bo prydydd a wnel kerdd i erchi march neu vilgi neu gyvryw anwyldlws nodedic heb gennad y perchennoc' (J. H. Davies, 'The Roll of the Caerwys Eisteddfod of 1523', *Transactions of the Liverpool Welsh Nationalist Society,* 1908-9, 96).

13. *Mastr Wiliam Clwch:* Mab i Richard Clough/Clwch, menygwr o Ddinbych (gw. *PACF,* 329), a brawd i Syr Richard Clough (m. 1570) (gw. *BC,* 72), cynrychiolydd Syr Thomas Gresham yn Antwerp. Masnachwr brethyn ('Mercer') oedd Wiliam Clwch ym 1570 (gw. R. Gwyndaf Jones, 'Sir Richard Clough of Denbigh', *TrDinb,* XIX (1970), 27), ond tebyg iddo fod yn filwr hefyd (yn ystod teyrnasiad Edward VI?), cf. cywydd marwnad Wiliam Cynwal i Syr Richard Clough: 'Wiliam Clwch, a'i lymwayw clau, / O'r llu gwŷr yw'r llew gorau, / Bu ben-capten i'r brenin, / Bu ddewr draw fel baedd i'r drin;' (WC(3), 26. 59-62). Bu'n un o feilïaid Dinbych c. 1564, a bu farw ym 1591 (R. Gwyndaf Jones, op. cit., 31-2). Yn M 111 ceir cywydd gan Wiliam Cynwal 'i blas William klwch o ddinbych' (WC(1), rhif 26).

Mae'n werth nodi fod Syr Richard Clough wedi cymynroddi ei arfau i'w frawd Wiliam yn ei ewyllys (Privilege Court of Canterbury, 37 Lyon). (Yr wyf yn ddyledus i Dr Enid Roberts am dynnu fy sylw at hyn.)

17. *Mastr Thomas Prŷs:* Y bardd, Tomos Prys o Blas Iolyn (1564?-1634). Arno gw. William Rowland, *BC,* 759-60; idem, *Tomos Prys o Blas Iolyn* (Caerdydd, 1964); Enid

Roberts, 'Teulu Plas Iolyn', *TrDinb*, XIII (1964), 83-9. Yr oedd cysylltiad agos rhwng Cynwal a theulu Plas Iolyn, a chanodd gywydd moliant i Domos Prys (WC(3), rhif 44). Bu ymryson rhwng Edmwnd Prys a Thomos Prys (EP, LXVIII-LXXI).

18. *bwa yw:* Cf. Roger Ascham, *Toxophilus* (1545), gol. E. Arber (Llundain, 1868), 113: 'Ewe of all other thynges, is that, wherof perfite shootyng woulde have a bowe made. Thys woode as it is nowe generall and common amonges Englyshe men, so hath it continewed from longe tyme and had in moost price for bowes.'

Cywydd 1

9. *Tudyr:* Tudur Aled (fl. 1480-1526), y bardd. Arno gw. *BC*, 925 a'r rhagymadrodd i *GTA*. Arferir ei gysylltu â Llansannan, ond gall mai un o Iâl ydoedd, gw. Cledwyn Fychan, 'Tudur Aled: Ailystyried ei Gynefin', *CLlGC*, XXIII, 45–74.

10. *Tydain:* Y bardd Tydain/Tydai Tad Awen. Ni wyddys ei hanes, ond dywedir yn un o Englynion y Beddau yn Llyfr Du Caerfyrddin fod ei fedd 'yg godir bryn aren' (A.O.H. Jarman, *Llyfr Du Caerfyrddin* (Caerdydd, 1982), 36). Awgrymodd Thomas Stephens (*Y Beirniad*, V (1864), 299) mai llygriad yw'r enw o ymadrodd tebyg i *Tathyw tad Gwent*, cf. yr ymadrodd *pater enim erat totius Guentonie* ym Muchedd Tathan Sant (gw. P. C. Bartrum, 'Some Studies in Early Welsh History', *TrCy*, 1948, 299, a'r cyfeiriadau yno). Cyfeiriai'r beirdd ato'n aml fel safon rhagoriaeth.

preintiedig: Daw o *preint*, benthyciad o'r Saes. *preynte/preinte*, ffurf ar *print* (gw. *EEW*, 132). Golyga 'ffurfaidd, cyflun, nodedig'.

12. *Ysbytty Ifan:* Yng Ngherrigellgwm, Ysbyty Ifan yr oedd cartref Cynwal.

13. *Adda Fras:* Un arall o'r beirdd a ystyrid yn safon rhagoriaeth. Arno gw. *BC*, 4, lle awgrymir 1240?-1320? fel ei ddyddiadau. Mawrygid ef yn bennaf am ei ganu brud, ond dengys cyfeiriadau'r beirdd ato nad ystyrient fod ei fri yn gyfyngedig i'r math hwnnw o ganu yn unig.

20. *yn heliconaidd:* Gw. y nodyn ar ymyl y ddalen. Mynydd uchaf Boeotia yng ngwlad Groeg a chynefin y Naw Awen oedd Helicon, ac ar ei lethrau yr oedd ffynnon Hippocrene, ysbrydoliaeth y beirdd (*OCD*, 493). Ystyr *heliconaidd* felly yw 'awenyddol, ysbrydoledig'.

43. *Anwerp:* Digwydd y ffurf hon gydag *-n-* yn lle *-nt-* sawl tro yng ngweithiau'r beirdd (cf. 2. 58). Cf. y ffurf Ffr. *Anvers*.

58. *Ysponc . . . pencerdd:* Gw. *CD*, 210 ar y gyfatebiaeth yn y llinell hon.

67-8. *Ni chw'rädd . . . oni rwymwyd:* 3 un. gorff. *chwarae* yw *chw'rädd*, gydag *-ae-odd* wedi cywasgu'n *-add*, cf. *cashädd*, 21. 59. Cyfeirir yma at Barn. xv. 13-15.

72. *Ysbaniwr:* Daethai'r bwa o Antwerp (cf. A. 13, 1. 43) yn yr Iseldiroedd, tiriogaeth a oedd dan lywodraeth Sbaen yn y cyfnod.

85-6. *Llaw a ystyn . . . hon a gymer:* Dihareb. Fe'i rhestrir yn LlGC 3064 (casgliad diarhebion Thomas Wiliems o Drefriw), 82 ac yn *MA*, 849. Cf. hefyd 'Y llaw a rydd a gynnull', *DDiar.*

93. *gwerthol:* Amrywiad ar *gwarthal/gwarthol* ('tâl dros ben, rhodd yn ychwaneg', etc., gw. *GPC*), efallai oherwydd camgysylltu'r gair â *gwerth,* ond cf. *gwerthol* (ibid.), amrywiad ar *gwarthol* ('stirrup'). 'Sicrwydd, ernes' yw'r ystyr yma.

Rhyddiaith B

6. *pen gyfarfv ag ef:* Yn ôl y rhyddiaith a geir ar ôl yr ail gywydd yn M 147 a BlW f.4 ac yn y copi honedig o lythyr Cynwal yn LlGC 3288,i, LlGC 19497 a LlGC 2621 yn Nhan-y-bwlch y bu'r cyfarfod a'r 'raelio', gw. Atodiad I.

8. *Mastr Doctor Elis:* Dr. Elis Prys o Blas Iolyn (1512?-95?), tad Tomos Prys (gw. A. 17n.). Arno gw. *BC,* 758; Enid Roberts, *TrDinb,* XIII, 70-83. Canodd Cynwal lawer iddo ef a'i deulu (gw. e.e. WC(2), 71, 126; WC(3), 150, 209; *TrDinb,* XIII, 102-10).

Cywydd 2

1. Gw. nodyn (i) ar ymyl y ddalen, 'errat' etc. Os mai fel y sgrifennodd y llinell yn Ll 43 (h.y. 'y carw yn y maes cry/n/mwng') y bwriadai Prys ei sgrifennu, ceir camosodiad gorffwysfa ynddi (*CD,* 271). Ond os mai drwy amryfusedd y gadawodd yr *y* o flaen *mwng* allan (ac awgryma darlleniadau'r llsgrau. eraill hynny), efallai ei fod yn ystyried y llinell yn rhy hir, heb sylweddoli y gallai *carw + yn* (2 sillaf) gywasgu a rhoi *carw'n* (1 sillaf). Un o nodweddion Prys fel copïwr yw ei fod yn aml yn sgrifennu *yn* yn llawn pan hawlia gofynion y mesur y ffurf gywasgedig *'n,* cf. 2. 61 a 2. 63, ac efallai iddo ei dwyllo ei hunan yma fod y llinell yn rhy hir.

5. *Gruffydd:* Taid Rhys Wyn, gw. yr ach yn A. 3n.

6. *Siancyn ap Rys:* Hen-daid Rhys Wyn, gw. yr ach ibid.

7-8. *Llywarch . . . ap Brân o Fôn:* Ar berthynas Rhys Wyn ag ef gw. yr ach ibid. Fe'i ganed c. 1130 yn ôl y tabl yn *Welsh Gen.,* 592. Rhoes ei enw i un o Bymtheg Llwyth Gwynedd, gw. *Dwnn,* II, 83. Dywedir ibid., 225, 'Arvau Rhys Wyn yw pais Llowch. ap Brân.'

Lliwon: Cwmwd Lliwon/Llifon yng ngorllewin Môn (*WATU,* 145). Â chwmwd Menai y cysylltid Llywarch ap Brân fel rheol (*Welsh Gen.,* 592; *EWGT,* 156), er bod rhai ffynonellau (e.e. *Penn. Tours,* III, 430) yn dweud iddo fyw yn Nhrelywarch (*WATU,* 212) yng nghwmwd Talybolion.

10. *hil Desmwnt:* Disgynnai mam Rhys Wyn, Mawd ferch Tomos ap Dafydd, a'i nain, Gwenhwyfar ferch Ithel ap Iorwerth, gwraig Gruffudd ap Siancyn, o Osbwrn Wyddel (*Dwnn,* II, 224-5, 232), gŵr a ymsefydlodd yn Ardudwy yn y drydedd ganrif ar ddeg

(gw. *BC,* 648) ac a ddisgrifir yn y llyfrau achau fel mab Gwythlath, Iarll Desmwnt yn Iwerddon.

11. *Merwydd:* Olrheinid ach nain Rhys Wyn, Gwerful ferch Hywel ap Rhys, mam Mawd ferch Tomos ap Dafydd, i Ferwydd ap Gollwyn ap Tangno (*Dwnn,* II, 225). Yr oedd Merwydd yn fyw ym 1094 (*Welsh Gen.,* 428). Rhoes ei dad, Gollwyn ap Tangno, ei enw i un o Bymtheg Llwyth Gwynedd a gysylltid ag Eifionydd ac Ardudwy (*Dwnn,* II, 83).

Dyfnwal: Dyfnwal Moelmud, un o hen frenhinoedd Ynys Prydain a deddfroddwr enwog yn ôl Brut Sieffre o Fynwy, gw. *BD,* 32-3. Mae'r syniad ei fod yn un o hynafiaid Merwydd ap Gollwyn yn seiliedig ar fwnglera achyddol. Daethpwyd i gamgymryd Lludd ap Llew ap Llyminod, gorhendaid Merwydd, am Ludd ap Beli Mawr ap Mynogan o Frut Sieffre, gw. P. C. Bartrum, 'Pedigrees of the Welsh Tribal Patriarchs', *CLlGC,* XIII, 131. Gellid olrhain ach Lludd ap Beli Mawr i Ddyfnwal Moelmud ar sail yr hanes a rydd Sieffre am olyniaeth brenhinoedd Prydain, gw. yr ach seiliedig ar y Brut yn *EWGT,* 121.

12. *Ynyr o Iâl:* Olrheinid ach hen-hen-nain Rhys Wyn, Mared ferch Ifan ap Gruffudd Llwyd, gwraig Rhys ap Tudur, i Ynyr o Iâl (*Dwnn,* II, 89). Yr oedd Ynyr yn fab i Hywel ap Moreiddig ap Sandde Hardd ac yn arglwydd Mortyn, Burton a Llai ym mhlwyf y Groesffordd (Gresford). Dywedir iddo ymladd o dan Gruffudd Maelor (m. 1191) ym mrwydr Crogen (*HPF,* I, 152).

27. *Derfel:* Cyffelybir Rhys Wyn o ran ei wrhydri i Dderfel Gadarn, mab Hywel ab Emyr Llydaw a nawddsant Llandderfel ym Mhenllyn, gw. *LBS,* II, 335-6. Yn ôl traddodiad yr oedd Derfel yn rhyfelwr o fri pan oedd yn ŵr ifanc, a chyfeirid ato'n aml gan y beirdd fel safon rhagoriaeth yn hyn o beth.

34. *Drais . . . Trawsfynydd:* Twyll caled a meddal (*dr . . . tr*).

plwyf Trawsfynydd: Y plwyf nesaf i'r de o blwyf Maentwrog.

38. *Wr cystal y Mvr Castell:* Yr ystyr yw 'Gŵr cystal â'r Mur Castell'. Am enghreifftiau pellach o'r gystrawen gw. *G* o dan *kystal* 1 (a). Ceir trawsenwad yma, gyda Mur Castell yn cynrychioli Rhys Wyn. Hen enw Tomen-y-mur, olion hen gaer Rufeinig a thomen castell diweddarach a safai hanner milltir i'r dwyrain o Hendre'r Mur, oedd Mur Castell, gw. *PKM,* 285.

44. *Ganoes hydd:* Cyfeiriad at Chwedl yr Anifeiliaid Hynaf, gw. *TYP,* 220-1. Cyfeiriai'r beirdd yn aml at yr hydd, sef Carw Rhedynfre, fel safon hirhoedledd.

gwin Sieb: Mawrygid Sieb, sef Cheapside yn Llundain, gan y beirdd oherwydd amlder, cyfoeth ac amrywiaeth y farsiandïaeth a geid yno (*LOPGO,* 105). Awgryma *gwin Sieb* helaethder o win o'r math gorau.

80. *gwêst:* Am enghreifftiau eraill o'r gair yn y testun gw. 8. 109, 41. 89 a 42. 22. Cf. hefyd *gwest odl* (12. 37n.), *diwestodl* (13. 34n.) a *cwynwest* (37. 19). Ansicr yw'r ystyr yn rhai o'r enghreifftiau hyn. Ymhlith yr ystyron a roir i'r gair yn *GPC* y mae 'llety, croeso, cynhaliaeth, gwledd'. Dichon mai 'cynhaliaeth' yw'r ystyr yma.

Cywydd 3

3. *Rhys:* Y bardd Rhys Goch Eryri, gw. nodyn ymyl y ddalen (i). Arno gw. Syr Ifor Williams yn *IGE,* xciii-cxxii a *BC,* 792. Awgryma Syr Ifor iddo ganu c. 1385-1448.

12. *Trahayarn Goch:* Trahaearn Goch o Lŷn, mab i Fadog ap Rhys Gloff. Fe'i ganed c. 1230 yn ôl y tabl yn *Welsh Gen.,* 867. Rhestrir ef fel un o hynafiaid Cynwal o du ei dad yn yr ach a rydd Rhiannon Williams i'r bardd yn ei herthygl 'Wiliam Cynwal', *LIC,* VIII, 197.

13. *Enion:* Einion ap Deicws Ddu ap Madog Goch, gorhendaid Cynwal o du ei dad, gw. yr ach ibid. Fe'i ganed c. 1400 yn ôl y tabl yn *Welsh Gen.,* 868.

14. *Palcysiaid:* Un o Balcysiaid Harlech oedd mam Cynwal, Lowri ferch Siôn ap Robert Palcws, gw. yr ach yn *LIC,* VIII, 197. Ceir nodyn ar y teulu yn *Dwnn,* II, 225.

16. *Heilin:* Nain Cynwal o du ei fam oedd Gwenllian ferch John ap Heilin (P 128, 680, col. 1).

20. *Homer:* Bardd enwocaf Groeg, awdur yr *Iliad* a'r *Odysseia* (*OCD,* 524-6).

25. *Pencerdd wyd:* Gradd disgybl pencerddaidd a enillodd Cynwal yn ail eisteddfod Caerwys (D. J. Bowen, 'Graddedigion Eisteddfodau Caerwys, 1523 a 1567/8', *LIC,* II, 131), ond dywed yn yr ymryson iddo ennill gradd pencerdd mewn neithior, gw. 20. 47-56. Dichon mai fel term canmoliaethus cyffredinol y defnyddia Prys 'pencerdd' yma, fodd bynnag, oherwydd gwad yn ddiweddarach (17. 89-100) fod Cynwal yn bencerdd yng ngwir ystyr y gair.

26. *Pa nad oedd?:* Ar *pa* yn yr ystyr 'paham' gw. *WG,* 290.

36. Ar gynghanedd y llinell hon gw. *CD,* 171.

65. *Gwraig a'i hesgus:* Cf. y diarhebion Saesneg 'A woman is never without an excuse' (*DPE,* W654), 'A woman needs but to look on her apron string to find an excuse' (ibid., W659) a 'Take a hare without a meuse and a woman without a 'scuse' (ibid., H156).

73. *ynylfwaisg: ynwlf* (cf. 48. 73) + *gwaisg.* Ymhlith ystyron *gwlf,* y brif elfen yn *ynwlf,* dyry *GPC* 'Y naill o ddau ben neu flaen bwa . . . a rhic wedi ei dorri ynddo ar lun gylfin neu big agored aderyn er mwyn dal llinyn y bwa yn sad'. Ceir cydgymeriad yma, gyda'r gwlf yn cynrychioli'r bwa cyfan. Ymhlith ystyron *gwaisg* yr oedd 'gwych, hardd, parod, cyflym, bywiog' (*GPC,*) a buasai unrhyw un ohonynt yn gweddu yma.

81. *cyrsfodd*: Yn ôl pob tebyg ffurf ar *ceirs* ('troeon, torchau, *GPC*) + *modd,* 'peth ar ffurf torchau, peth crwn'. Cf. *cyrsiad* (5.3).

Cywydd 4

3. *Merddin Emrys:* Portreadir Myrddin mewn cerddi Cymraeg cynnar fel proffwyd a gweledydd gorffwyll a drigai yng Nghoed Celyddon yn neheudir yr Alban wedi iddo ffoi

yno o frwydr Arfderydd (573). Ym Mrut Sieffre o Fynwy darlunnir ef fel dewin a aned yng Nghaerfyrddin a chysylltir ef â'r stori a geir yn *Historia Brittonum* Nennius am y bachgennyn dawnus, Emrys Wledig, a ddatgelodd i Wrtheyrn achos cwymp ei dŵr (*BD,* 101-3). O ganlyniad i hyn dechreuwyd gwahaniaethu rhwng Myrddin Wyllt, sef Myrddin y traddodiad Cymreig, a Myrddin Emrys, sef Myrddin fel y portreadwyd ef gan Sieffre. Ystyrid Myrddin yn un o'r Cynfeirdd gan y beirdd, a cheir ganddynt lu o gyfeiriadau ato fel bardd a phroffwyd. Gw. ymhellach A. O. H. Jarman, *The Legend of Merlin* (Caerdydd, 1960) a *TYP,* 469-74.

4. Prin mai dyma ffurf y llinell yn y cywydd fel y canodd Cynwal ef yn wreiddiol, gw. yr amrywiadau. Ceir bron yr un llinell yn union gan Siôn Phylip yng nghywydd cyntaf ei ymryson cyntaf â Phrys: 'Wyt admant print, Edmwnt Prys.' (EP, LV. 10). Digwydd y Saes. *print* fel ansoddair (gw. *OED*), ac felly *print* yma. Am yr ystyr cf. y nodyn ar *preintiedig* (1. 10).

5. *Meistr o art:* Graddiodd Prys yn M.A. ym Mhrifysgol Caer-grawnt ym 1571 (J. Venn a J. A. Venn, *The Book of Matriculations and Degrees,* 542).

6. *Moesen:* Moses.

10. *Sion ap Rys:* Tad Prys, gw. y tabl achau yn Atodiad II. Anghywir yw honiad Bob Owen (*Y Genedl Gymreig,* 14 Hyd. 1935, [3]; *Y Genhinen,* Gwanwyn 1951, 65-71; *Y Cymro,* 25 Meh. 1954, 7) mai'r un ydoedd â Siôn (neu Ieuan) ap Rhys Llwyd o'r Gydros Uchaf, Llanfor, gw. fy nodyn 'Edmwnd Prys, Un Arall o Enwogion Llanrwst', *TrDinb,* XXIII (1974), 294.

12. *wyr Enion Fychan:* Am berthynas Einion Fychan â Phrys gw. y tabl achau yn Atodiad II. Y mae *wyr* yma yn gyfystyr â 'disgynnydd'.

13. *Penwyn:* Iorwerth 'Y Penwyn' ap Cynwrig ap Iorwerth. Am ei berthynas â Phrys gw. ibid. Yn ôl *HPF,* V, 367-8 dyfarnwyd pensiwn o 30 swllt y flwyddyn iddo gan Edward I ym 1290, ac yr oedd yn rhaglaw yn Nanconwy o 1310 hyd ei farw c. 1320. Ceid traddodiad mai ef a fu'n gyfrifol am fradychu Dafydd ap Gruffudd i'r Saeson.

14. *Hedd Molwynawg:* Gŵr a roes ei enw [recte = Hedd ab Alunawg] i un o Bymtheg Llwyth Gwynedd a gysylltid â chwmwd Uwch Aled yn Rhufoniog (gw. y rhestr yn *Dwnn,* II, 83). Fe'i ganed c. 1070 yn ôl y tabl yn *Welsh Gen.,* 507. Gallai Prys arddel perthynas ag ef drwy Angharad, gwraig Einion Fychan, gw. *PACF,* 215.

15. *Pigod:* Yr oedd Siancyn Pigod o Lansannan (m. 1476 yn ôl P 177, 151) ymhlith hynafiaid Prys o du ei fam, gw. y tabl achau yn Atodiad II. Teulu o dras estron, efallai o Sir Gaer yn wreiddiol, a ymsefydlodd yn Ninbych a'r cyffiniau oedd y Pigodiaid. Arnynt gw. John Williams, *Ancient and Modern Denbigh* (Dinbych, 1856), 189-92. Cofnodir rhodd o dir i 'Richard Pygote' mewn siarter a gyflwynodd Henry de Lacy, Iarll Lincoln, i fwrdeisiaid Dinbych ym 1290 (idem, *The Records of Denbigh and its Lordship* (Wrecsam, 1860), 121), a chyfeirir yn P 176, 51 at 'Wilkoc pigod pensaer Iarll linkol'.

16. *Howlbwrch:* Llywarch Howlbwrch, gŵr a ddisgrifir yn *Historia Gruffud vab Kenan* (gol. D. Simon Evans (Caerdydd, 1977), 7) fel 'guas ystavell a thrysoryer' Gruffudd ap Llywelyn ap Seisyll (m. 1063). Yn ôl yr ach a rydd Cynwal i Brys yn LlGC 21249, 248 yr oedd ei nain, mam Siôn ap Rhys, yn hanu o lwyth Llywarch Howlbwrch, ond ni lwyddais i olrhain y cysylltiad yn fanylach. Ni chyfeirid at y berthynas â Howlbwrch yn fersiwn gwreiddiol y llinell (gw. yr amrywiadau): Prys ei hunan a ychwanegodd y manylyn achyddol hwn (cf. rhagymadrodd t. lxxxv).

17. *Theloal:* Amrywiad orgraffyddol ar *Thelwall.* Cf. BLAdd 14866 (yn llaw David Johns, Llanfair Dyffryn Clwyd), 112r: 'allan o lyfr mr S. theloal'; ibid., 238r: 'Symwnt fychan ai cant drwy eiriol symwnt theloal i feistr.' Ceir hanes teulu Thelwall o Blas-y-ward, Rhuthun yn *BC,* 876-7. Am gysylltiad Prys â'r teulu gw. y tabl achau yn Atodiad II.

18. *Marchydd:* Marchudd ap Cynan o Uwch Dulas, gŵr a roes ei enw i un o Bymtheg Llwyth Gwynedd (*Dwnn,* II, 83). Gallai Prys arddel cysylltiad triphlyg â Marchudd. Disgynnai tair o'i hynafiaid o Ednyfed Fychan, un o ddisgynyddion Marchudd (*Welsh Gen.*, 671): ei fam, Siân ferch Owain ap Llywelyn; gwraig Rhys Wyn ap Dafydd Llwyd, Marged ferch Robert ap Iorwerth; a gwraig Iorwerth 'y Penwyn', Angharad ferch Heilyn ap Syr Tudur, gw. y tabl achau yn Atodiad II.

23. *Pedeirent:* Daliai Prys y bywoliaethau a ganlyn ar y pryd: Ffestiniog a Maentwrog (er 1573), Llandudno, ynghyd â Chanoniaeth a Phrebend yn Eglwys Gadeiriol Bangor (er 1576), Llanenddwyn a Llanddwywe (er 1580). Daliai Landudno a'i Ganoniaeth a'i Brebend ym Mangor yn rhinwedd ei swydd fel Archddiacon Meirionnydd. Gw. A. O. Evans, 'Edmund Prys', *TrCy,* 1922-3, 129-33.

30. *Gregor:* Sain Gregor Fawr (540?-604). Bu'n Bab o 590 hyd 604, a chyfrifir ef yn un o Ddoctoriaid yr Eglwys (*DCB,* 505-6).

31-2. *Os mawr oedd . . . Dy gorph:* Ceir nifer o gyfeiriadau yn yr ymryson sy'n awgrymu fod Prys yn ŵr o faintioli anghyffredin, cf. 6. 6, 6. 81, 8. 3, 28. 95-6 (gw. nodyn). Gw. hefyd EP, LV. 18, LVII. 4, LXI. 60, LXIII. 15, LXIV. 19, a cf. y cyfeiriad mewn cerdd ddychanol Saesneg gan Stephen Valenger a ganwyd yn ystod ei gyfnod yng Nghaer-grawnt: 'Churche Roome is skarce in sermond tymes / great preace one pew contaynes' (*The Arundel Harington Manuscript of Tudor Poetry,* gol. Ruth Hughey, I, 218).

34. *Awstin:* Awstin Sant (354-430), Esgob Hippo ac un o Ddoctoriaid yr Eglwys (*DCB*, 82-3).

41. *Appla' draw . . . Plato'r iaith:* Twyll caled a meddal (*dr . . . tr*), cf. 2. 34.

Plato: Yr athronydd Groegaidd (c. 429-347 C.C.) (*OCD,* 839-42).

42. *o'r tair talaith:* Rhennid Cymru yn dair talaith farddol, Aberffraw, Dinefwr a Mathrafal ('Statud Gruffudd ap Cynan', *B,* V, 32).

82. Cynghanedd groes o hanner cyswllt (*CD,* 218-19). Ond dichon mai 'Ddyn diweniaith ddoe'n d'wyneb' a ganodd Cynwal, gw. yr amrywiadau.

88. *Sierom:* Sain Sierôm (Jerome) (342?-420), un o Ddoctoriaid yr Eglwys. Ei waith ef oedd y Fwlgat, Beibl Lladin swyddogol yr Eglwys, ac ystyrir mai ef oedd y mwyaf dysgedig o'r Tadau Eglwysig (*DCB*, 606).

102. *Achos heb achos:* Cf. yr ymadrodd diarhebol 'Achos heb achos o hono', *DDiar;* LlGC 3064, 15.

bill: Y gair Saesneg, o'r Llad. *bulla.* Yr ystyr gyffredin yn y cyfnod hwn oedd dogfen neu ddatganiad sgrifenedig (*OED*).

Cywydd 5

2. *Archeias:* Gw. nodyn (i) ar ymyl y ddalen, cyfeiriad at yr hyn a ddywed Cicero yn *Pro Archia poeta* VI. 12. Bardd Groegaidd o Antioch a gyrhaeddodd Rufain cyn diwedd yr ail ganrif cyn Crist oedd Archias, neu Aulus Licinius Archias, gw. *OCD,* 97-8. Ceisiwyd ei amddifadu o'i ddinasyddiaeth Rufeinig, ond fe'i hamddiffynnwyd yn llwyddiannus gan Gicero yn ei araith *Pro Archia poeta.*

Ceir cyfeiriadaeth fanwl yma. Yr oedd Cicero wedi disgwyl cerdd fawl gan Archias fel arwydd o'i ddiolchgarwch am ei amddiffyn, ond fe'i siomwyd, cf. ei *Epistolae ad Atticum* I. 16, lle cwyna 'Archias nihil de me scripserit.' Ergyd cyffelybiaeth Prys felly yw awgrymu i Gynwal ei siomi, yn union fel y siomwyd Cicero gan Archias.

5. *Fflandrys:* Yr oedd Antwerp ar ffin ogledd-ddwyreiniol talaith Fflandrys. Mae'n amlwg i Gynwal feirniadu'r ffurf *Fflandrys* a honni mai *Fflandrs* oedd yn gywir, gw. llythyr Prys (Rhyddiaith C), 81.

7-8. *dled . . . ar bawb i addaw:* Dihareb, gw. *OSP, DDiar.*

17. Gw. nodyn (iii) ar ymyl y ddalen, camgymeriad am *prosopopoeia.* Rhoddid diffiniadau gwahanol o'r term gan wahanol awduron (Bedwyr Lewis Jones, 'Testunau Rhethreg Cymraeg y Dadeni', Traethawd M.A. Prifysgol Cymru 1961, 249). Mae defnydd Prys o'r term yn cyd-fynd â diffiniad Tomos Prys o Blas Iolyn yn BLAdd 14872, 171v: 'Pen ddoeder henw y naill am y llall fel hynn sesar wyt mewn sias ar wyr'.

Cynddelw: Cynddelw Brydydd Mawr (fl. 1155-1200), un o brif feistri'r canu mawl. Arno gw. *BC,* 82.

21-2. *Bûost hael . . . I gywair ffyrdd geirw a ffynt:* A fu Cynwal yn dal swydd yn ymwneud â thrwsio ffyrdd a phontydd yn ei gymdogaeth? Yn ôl Statud y Priffyrdd (2 & 3 Phil. & Mar., c. 8) y plwyfi a oedd i ofalu am y ffyrdd, a phenodai pob plwyf arolygwyr i fod yn gyfrifol amdanynt. Penodid arolygwyr ar gyfer trwsio pontydd—uchelwyr lleol fel arfer—gan y Llys Chwarter sirol o dan awdurdod Statud y Pontydd (22 Hen. 8, c. 5). Gw. Geraint Dyfnallt Owen, *Elizabethan Wales* (Caerdydd, 1964), 193; D. Leslie Davies, 'County Bridge Building in Denbighshire in the mid-Seventeenth Century', *TrDinb,* XIII (1964), 159-218.

33. *hvdnag a hednawf:* Cyfansoddair o *hud* + *nag* yw *hvdnag,* yn golygu 'gwrthodiad twyllodrus' (rhydd *GPC* 'twyllo' fel un o ystyron *hudaf: hudo*). Rhaid deall *hednawf* fel 3 un. pres. **hednofio,* berf o *hed-* + *nofio,* gyda *nofio* yn yr ystyr drosiadol 'ehedeg, symud drwy'r awyr', cf. 'Di-ddwylaw ar *nawf* i'r nef' (Owen Jones a William Owen (gol.), *Barddoniaeth Dafydd ab Gwilym* (Llundain, 1789), 412); 'bu y tad yn fwy ffodus ar ei *nawf* awyrol' (*Y Brython,* III (1860), 107) [enghreifftiau o slipiau *GPC*].

38. *cyfatel:* Amrywiad ar *cyfatal,* 'cadw'n ôl, dal yn ôl.'

47-8. *Llethr a geidw* etc.: Cf. y ddihareb 'Kof a lithr, Llythr a geidw', *OSP.*

57. *stâd:* O'r Saes. *state,* yn ôl pob tebyg yn yr ystyr 'A statement, account, description, report (*of* a transaction, events, a legal case, etc.)' (*OED:* enghraifft gyntaf 1611). Cf. *stadu* (38. 35n.). Byrdwn Prys yw nad yw Cynwal wedi rhoi prawf digonol i gyfiawnhau ei gyhuddiad.

60. *Sos:* Yn ôl *D* 'Pulpamentum, sordidulum.' Yr ail ystyr sy'n gweddu yma, sef 'rhywbeth budr, brwnt, salw'. Benthyciad yw'r gair o'r Saes. *soss* (*EEW,* 179) = 'A sloppy mess or mixture' (*OED*). Cf. hefyd y ferf *soss* a olygai 'to make foul or dirty' (ibid.).

Saesnaeg: Ffurf lwgr oherwydd camdybio ar sail *Cymraeg* a *Hebraeg* mai *-aeg* oedd y terfyniad priodol a'i fod yn golygu 'iaith', gw. *GPC* o dan *aeg* (o Eiriadur William Salesbury (1547) y daw'r enghraifft gyntaf a gofnodir). Ceir *aeg* = 'iaith' yn y testun, 17. 9 a 54. 3.

Cywydd 6

2. *Pretyr Sion:* Ceir astudiaeth gynhwysfawr o'r hanes am y Preutur Siôn, ei darddiad, ei dwf, ei ledaeniad etc., ynghyd â thestun beirniadol o fersiwn Cymraeg ei lythyr enwog (gw. isod) gan Gwilym Lloyd Edwards, '*Ystorya gwlat Ieuan Vendigeit* neu *Lythyr y Preutur Siôn,* sef cyfieithiad Cymraeg Canol o'r 'Epistola Presbyteri Johannis'', Traethawd M.A. Prifysgol Cymru 1962 (=YGIV). Mae'r nodyn hwn ac eraill isod sy'n ymwneud â'r un pwnc bron yn gyfan gwbl seiliedig ar y traethawd hwn.

Brenin-offeiriad chwedlonol oedd y Preutur Siôn neu Ieuan Fendigaid, a daeth yr hanes amdano'n boblogaidd ledled Ewrop yn ystod yr Oesoedd Canol. Cyfrwng lledaenu'r hanes oedd yr *Epistola Presbyteri Johannes,* llythyr ffugiedig yr honnid i'r Preutur ei sgrifennu at ei gyfaill Manuel Comnenus, Ymherodr Byzantium, ac y tybir iddo gael ei gyfansoddi c. 1165. Darlunia'r Preutur ei hunan ynddo fel brenin o Gristion uniongred sy'n tra-rhagori ar holl frenhinoedd y ddaear o ran golud a gallu, ac sy'n cael ei wasanaethu gan frenhinoedd, tywysogion, ieirll, archesgobion ac esgobion (gw. 9. 47-8 a'r nodyn arnynt isod). Cynnwys ei ymerodraeth 'y tair India' (gw. 9. 42n. isod) ac ymestyn ei lywodraeth hyd adfeilion Babilon a Thŵr Babel. Yng nghorff y llythyr disgrifia'r Preutur amryfal ryfeddodau ei deyrnas a'r bobl a'r creaduriaid tra anhygoel sy'n trigo ynddi. Gwlad doreithiog odiaeth ydyw, paradwys ddaearol yn llifeirio o laeth a mêl. Troswyd y llythyr i ieithoedd brodorol Ewrop, gan gynnwys y Gymraeg a'r Wyddeleg. Adroddodd 'Syr Siôn Mawndfil' (gw. 20. 41 a'r nodyn isod) hanes ei ymweliad honedig â gwlad Preutur Siôn, a bu'r gwaith hwn yn gyfrwng pellach i boblogeiddio a lledaenu'r chwedl. Tueddid i gredu'n llythrennol yn hanes y Preutur (fel y gwna Cynwal, gw. 8. 39-44) yn ystod yr Oesoedd Canol, a bu anturiaethwyr, yn enwedig rhai o Bortiwgal, yn chwilio am ei deyrnas yng ngwledydd Asia ac yn Ethiopia.

O ganlyniad i'r darlun ysblennydd ohono a geir yn y llythyr, daeth y Preutur yn symbol o olud, ardderchowgrwydd a thra-rhagoriaeth, cf. *OED*, lle rhoir fel is-ystyr ffigurol i *Prester John* 'one who is supreme'. Nid rhyfedd felly i'r beirdd Cymreig ddefnyddio ei enw mewn cyffelybiaethau canmoliaethus, e.e. *GGGl*, XIX. 62, LX. 26; *GTA*, III. 28. Ceir trafodaeth ar y cyfeiriadau ato yn llenyddiaeth Cymru yn YGIV, xliii-xlvi.

Daw'r ffurfiau Cymraeg *pretur, preutur* o'r Saes. *preter/prater* (EEW, 92). Daw'r rhain o'r Ffr. *prêtre,* ffurf a ddaw o'r Llad. *presbyter* (*OED*).

12. *Dyfrig:* Sant o'r bumed ganrif a gysylltir â de-ddwyrain Cymru a swydd Henffordd oedd y Dyfrig hanesyddol, gw. *BC,* 164. Dylanwadwyd ar syniad y beirdd amdano gan Sieffre o Fynwy a'i darluniodd fel Archesgob Caerleon a phrelad Prydain gyfan a goronodd Arthur yn frenin (*BD,* 129, 144 etc.).

13-14. Gw. nodyn (i) ar ymyl y ddalen. Nid oes sail i feirniadaeth Prys fod y bai 'trwm ac ysgafn' yn y cwpled. Ond ceir twyll caled a meddal yn llinell 13 yn ôl y rheol yn *CD,* 206, 300: 'Sio*b h*elpiwr . . . *b*ulpyd'. Rhydd Eurys I. Rowlands yn 'Cynghanedd Lewys Môn', *LlC,* IV, 153 a D. J. Bowen yn 'Cynganeddion Gruffudd Hiraethog', *LlC,* VI, 11 enghreifftiau o gyfatebiaethau tebyg o waith Lewys Môn a Gruffudd Hiraethog, ac awgryma'r Athro Bowen fod goddefiad ynglŷn â hyn yn yr unfed ganrif ar bymtheg.

Siob: Job. Cyfeirir ato'n aml fel safon o ran sancteiddrwydd yng nghanu'r beirdd i wŷr eglwysig.

15. *addolwyd:* Cf. darlleniadau BJKL, *am a ddolwyd,* a C, *am y ddolwyd,* lle mae'n rhaid deall *dolwyd* fel ffurf amhers. gorff. *doli,* berf o *dawl,* yn golygu 'rhannu, rhoddi', gw. *GPC* o dan *dolaf: doli.* Ond prin odiaeth yw'r enghreifftiau o'r ferf hon, ac mae'n sicr mai *addolwyd* (un gair) yw darlleniad Ll 43. A ellid enw neu ferfenw o *addol-* + *-wyd* (= addoliad, y gwasanaeth neu'r weithred o addoli) ar batrwm *golochwyd* o *golwch* + *-wyd* (gw. *B,* II, 124-6)? Am y terfyniad *-wyd* gw. *WG,* 390-1. Posibilrwydd arall yw fod *addolwyd* yn cynrychioli cywasgiad o *a addolwyd.*

19. *Pepid:* Gw. nodyn ymyl y ddalen (ii). Rhestrir Pebid Penllyn fel hynafiad Gwehelyth Penllyn yn yr ach a geir yn *EWGT,* 107. Am yr ach hon dywed P. C. Bartrum (ibid., 154) 'Nothing seems to be known about the persons of this line nor are they mentioned elsewhere than in this tract.'

23-6. *Ni chan y gog* etc.: Cf. *GDG,* 34. 31-8: 'Unllais wyf, yn lle y safai, / Â'r gog, morwyn gyflog Mai. / Honno ni feidr o'i hannwyd / Eithr un llais â'i thoryn llwyd. / . . . Ni chân gywydd, lonydd lw, / Nag acen onid 'Gwcw."; *GDLl,* 38. 21-2: 'Un gair a gair gan y gog, / Yntau ŵr nid dau-eiriog.' Rhestrir 'Acen y gwcw—cwcw fyth' a 'Ni ŵyr y gog ond yr ungainc' fel diarhebion yn *DC,* 13, 196, a nodir 'canu cywydd y gwcw' fel idiom (= 'to sing the same note, harp on the same theme') yn *GPC* o dan *canaf: canu.* Yr oedd cyffelybu'r sawl a rygnai'n barhaus ar yr un tant i'r gwcw yn gyffredin yn llenyddiaeth Saesneg Oes Elisabeth, cf. yr enghreifftiau yn *DPE* o dan C894, 'You are like the cuckoo, you have but one song', a G384, 'You breed of the gouk, you have aye but one rhyme'.

35-6. *gywyddwawd . . . gwawd:* Gw. nodyn ymyl y ddalen (iii). Ystyr *pleonasmus* yw defnyddio geiriau dianghenraid mewn ymadrodd (B. L. Jones, 'Testunau Rhethreg Cymraeg y Dadeni', 247; Lee A. Sonnino, *A Handbook to Sixteenth Century Rhetoric* (Llundain, 1968), 156).

39-42. *A gais moch . . . gwich a glyw:* Methais ddarganfod y ddihareb hon yn unman arall. Wrth arholi'r traethawd y seiliwyd y gyfrol hon arno, fodd bynnag, dywedodd y diweddar Syr Thomas Parry wrthyf iddo ei chlywed ar lafar.

45-6. *Cam wrando . . . a wna cam ddoedyd:* Dihareb, gw. *OSP*.

49-50. *Cadarn ymbil . . . a wna cael cadarn naghav:* Dihareb, gw. *DC,* 46.

Cywydd 7

2. *Cyff avr y gler, coffr y glod:* Digwydd y llinell hon hefyd mewn cywydd a ganodd Cynwal i Siôn Prys o Eglwyseg (WC(2), 24. 23).

6. *cae Ifor:* Cyfeiriad at Ifor ap Llywelyn neu Ifor Hael (fl. c. 1340-60) o Fasaleg, prif noddwr Dafydd ap Gwilym. Arno gw. *BC,* 390; *GDG,* lxviii-lxix; Eurys Rolant, 'Ifor Hael', *Y Traethodydd,* Gorff. 1981, 115-35. Ystyrid ef yn noddwr delfrydol gan y beirdd. Yr oedd Cynwal yn aredig cae Ifor, hynny yw, yn canu barddoniaeth fawl.

10. *Corineus:* Arweinydd y garfan o alltudion Caer Droea a ddarganfu Brutus gerllaw Môr Tiren yn ôl yr hanes ym Mrut Sieffre (*BD,* 15). Dywed Sieffre i Gernyw gael ei henwi ar ei ôl (ibid., 19). Mawrygid ef am ei nerth a'i ddewrder, a bu'n cynorthwyo Brutus mewn brwydrau (gw. e.e. ibid., 16, 18-19).

Gall fod cyfeiriadaeth gynnil yma. Yr oedd Corineus yn ymladdwr cewri o fri (ibid., 15, 19-20, 22). O ystyried yr aml gyfeiriadau at faintioli anghyffredin Prys (gw. 4. 31-2n.) gwelir ei bod yn dra addas iddo gyffelybu ei wrthwynebydd yn yr ymryson i'r ymladdwr cewri enwog.

36. *yr henydd Sion:* Y Preutur Siôn, gw. 6. 2n.

41. *mae'n ddiryw:* Arferid tybio nad oedd y gog na gwryw na benyw. Ceir cyfeiriad arall at hyn yn un o'r cywyddau a gamdadogwyd ar Ddafydd ap Gwilym: 'Anwybod wyd, gog lwydfain, / A nidr [= neodr] wyd yn y drain.' (dyfynnir gan Syr Thomas Parry yn 'Dosbarthu'r Llawysgrifau Barddoniaeth', *B,* IX, 2).

44. *edn eiddig:* Ceir sylwadau ar y portread o'r gog yn llenyddiaeth ganoloesol y gwledydd Celtaidd a'r Cyfandir yn Th. M. Chotzen, *Recherches sur la Poésie de Dafydd ap Gwilym* (Amsterdam, 1927), 183-6. Dangosir fel y rhoid cymeriad drwg i'r gog yn llenyddiaeth y Cyfandir ac fel y daeth yn 'personnification de la jalousie'.

60. *Cynan lâd:* Y mae *lâd* yn cynrychioli *wlad.* Tebyg mai Gwynedd a olygir wrth *Cynan lâd.* Yn ôl pob tebyg Cynan ab Iago (*BC,* 81-2), tad Gruffudd ap Cynan, yw'r Cynan y cyfeirir ato, cf. 66n. isod a 23. 36.

61-2. *Wiliam Glyn . . . Llifon:* Uchelwr o Lynllifon, Llandwrog, ger Caernarfon (m. 1594), gw. *BC,* 262. Yr oedd yn un o gomisiynwyr ail eisteddfod Caerwys a rhestrir ef (a'i fab, Thomas Glyn) ymhlith beirdd ei oes a ganai 'ar ei bwyd i hun' yn *Cefn Coch,* 7. Cadwyd dau gywydd a thri englyn o'i waith (*MFGLl,* 4283).

66. *Barn Gynan:* Cyffelybir Wiliam Glynllifon i Ruffudd ap Cynan (c. 1055-1137), tywysog Gwynedd, gw. *BC,* 290-1. Cysylltid ei enw â'r Statud yn rhoi trefn a dosbarth ar gerdd dafod a cherdd dant a luniwyd ynglŷn ag eisteddfod gyntaf Caerwys, 1523, gw. 27. 11-12n.

70. *Y Fêl Ynys:* Un o enwau'r beirdd ar Ynys Prydain. Gall fod yn llygriad o *Ynys Veli* (=Beli Mawr mab Mynogan), gw. *TYP,* 231.

71-2. *Owain . . . Gwynedd:* Bardd o Garno. Arno gw. D. Roy Saer, 'Owain Gwynedd', *LIC,* VI, 76-82; *BC,* 652. Ymestynnai cyfnod ei ganu o 1545 hyd 1601. Fel Cynwal yr oedd yn un o ddisgyblion Gruffudd Hiraethog, ac fe'i graddiwyd yn bencerdd yn ail eisteddfod Caerwys.

73-4. *Simon . . . Vychan:* Simwnt Fychan o Lanfair Dyffryn Clwyd. Arno gw. *BC,* 857, lle cynigir c. 1530-1606 fel ei ddyddiadau. Yr oedd yn un o ddisgyblion Gruffudd Hiraethog a graddiodd yn bencerdd yn ail eisteddfod Caerwys.

75-6. *Sion . . . aer Dudur:* Siôn Tudur o'r Wicwair, Llanelwy (m. 1602). Arno gw. ymdriniaethau Enid Roberts yn *Gwaith Siôn Tudur,* II, iii-xxxii; LlC, II, 82-96; *BC,* 859. Graddiodd yn ddisgybl pencerddaidd yn ail eisteddfod Caerwys.

77-8. *Sion . . . Phylip:* Bardd o Fochres yn Ardudwy (1543?-1620). Arno gw. ymdriniaethau Syr William Ll. Davies yn 'Phylipiaid Ardudwy—A Survey and a Summary', *Cy,* XLII (1931), 157-75; *BC,* 719. Bu Gruffudd Hiraethog a Wiliam Llŷn yn athrawon barddol iddo, a graddiodd yn ddisgybl pencerddaidd yn ail eisteddfod Caerwys. Bu'n ymryson ag Edmwnd Prys ddwywaith (EP, 195-208), a chanodd yr archddiacon farwnad iddo (ibid., 324).

79-80. *Dav Forys . . . Dwyfech a Llwyd:* (i) *Morus Dwyfech,* bardd o naill ai Llŷn neu Eifionydd. Arno gw. *BC,* 631, ond anghywir yw'r gosodiad yno iddo raddio yn eisteddfod gyntaf Caerwys (camdybiwyd fod a wnelo'r rhestr o wŷr wrth gerdd taleithiau Aberffraw a Mathrafal a geir yn P 147, 203-5 â'r eisteddfod). 1544-8 yw dyddiad y cywydd cyntaf gan Forus Dwyfech y gellir ei amseru (Owen Owens, 'Gweithiau Barddonol Morus Dwyfech', Traethawd M.A. Prifysgol Cymru 1944, vii) ac felly byddai c. 1545-90 yn gynnig tecach ar ei *floruit* na'r c. 1523-90 a gynigir yn *BC.* (ii) *Morus Llwyd:* Morus Llwyd ab Wiliam o Brysiorwerth ym Môn. Anfonodd Edmwnd Prys gywydd at Syr Risiart ap Wiliam, person Llangadwaladr, a Rolant Amhredudd o Fodowyr 'i hela awen Morus Llwyd a aeth ar goll' (EP, 261) a chanodd Morus Llwyd gywydd i'w ateb (ibid., 265).

81-2. *Dav Huw . . . Llŷn a Phenant:* (i) *Huw Llŷn:* Arno gw. *BC*, 378 a Dyfrig Davies, 'Graddedigion Ail Eisteddfod Caerwys, 1567', *B*, XXIV, 36-8. Yr oedd yn frawd i Wiliam Llŷn. Graddiodd yn ddisgybl pencerddaidd yng Nghaerwys, a bu'n ymryson â Wiliam Cynwal. Yr oedd yn fyw ym 1599. (ii) *Huw Pennant:* Arno gw. *BC*, 379, lle rhoir ef yn ei flodau c. 1565-1619; hefyd Richard L. Jones, 'Huw Pennant', *LlC*, XII, 146-53. Graddiodd yn ddisgybl disgyblaidd yng Nghaerwys ym 1567.

83. *Lewis Menai:* Arno gw. *BC*, 512 a Dyfrig Davies, op. cit., 38-9. Graddiodd yn ddisgybl pencerddaidd yn ail eisteddfod Caerwys. Ymestyn ei gywyddau marwnad o 1539 hyd 1585.

85. *Bedo Hafesb:* Bardd o Sir Drefaldwyn a raddiodd yn ddisgybl pencerddaidd yn ail eisteddfod Caerwys, gw. *BC*, 27 a Dyfrig Davies, op. cit., 32-5. Yr oedd yn dal i ganu ym 1585.

86. *Ieuan Tew:* Yr ieuengaf o'r ddau fardd o'r enw hwn, cf. 50. 25-6n. Cymysgwyd rhwng y ddau Ieuan Tew yn *BC*, 390. Ag Arwystli y cysylltir Ieuan Tew Ieuanc, er mai brodor o Feirionnydd ydoedd. Yn ôl W. Basil Davies, 'Testun beirniadol o farddoniaeth Ieuan Tew Ieuanc gyda rhagymadrodd, nodiadau a geirfa', Traethawd M.A. Prifysgol Cymru 1971, xxxv, c. 1540-1608 oedd ei ddyddiadau. Graddiodd yn ddisgybl disgyblaidd yn ail eisteddfod Caerwys.

87. *Rys Cain:* Bardd a drigai yng Nghroesoswallt (m. 1614). Arno gw. E. D. Jones yn *BC*, 791 ac idem, 'Presidential Address', *AC*, CXII (1963), 8-12 passim. Wiliam Llŷn oedd ei athro barddol. Yr oedd yn arwyddfardd ac yn achyddwr o fri.

94. *talais:* Daw o'r Llad. *tales*, llu. o *talis* 'cyfryw, unrhyw', yn yr ymadrodd *tales de circumstantibus*, 'y cyfryw o blith y rhai o amgylch', a geid yng ngeiriad y gorchymyn i ychwanegu aelodau newydd at reithgor pan gwtogid ar nifer y rheithwyr gwreiddiol oherwydd gwrthwynebiad neu reswm arall (*OED*). Yn Saesneg daethpwyd i arfer *tales* fel enw unigol yn golygu'r cyflenwad o ddynion a ddarperid yn y dull hwn. 'Rheithgor' yw ystyr y gair yn y testun.

112. *posddisgybl:* ar yr elfen *pos-* gw. 27. 16n. isod.

115. Os ystyrir y llinell hon yn gynghanedd gytsain mae'r bai twyll caled a meddal ynddi, gyda'r *p* yn *pwy* yn cyfateb i'r *b* yn *bwa*. Dichon mai gwell fyddai ei hystyried yn gynghanedd sain lle dylid fod wedi cael y ffurf lafar *bia* i odli â *bwa*.

119. *colli'r bêl:* Defnyddiai'r beirdd *dwyn y bêl* yn yr ystyr 'rhagori, bod ar y blaen', gw. *GDG*, 475. Golyga *colli'r bêl* y gwrthwyneb i hyn, sef 'colli'r dydd, cael eich trechu'.

Cywydd 8

1. *Y gŵr llên doeth, gorllanw dysc:* Dyma hefyd linell agoriadol cywydd gan Gynwal 'I ofyn bwa kroes dros hvw peg or grin' a geir yn BLAdd 14875, 102 (gw. *RMWL*, II, 1044).

3. *Sawden:* Y Swltan, o'r Saes. Can. *Soudan/Sowdon* (*EEW,* 56).

5. *lin davRys:* Cyfeirir, mae'n debyg, at daid a gorhendaid Prys, gw. y tabl achau yn Atodiad II.

15-16. *Eithr i far . . . sivilian wyd:* Benthyciad yw *sivilian* o'r Saes. *civilian,* 'un hyddysg yn y gyfraith sifil, un yn gweinyddu'r gyfraith sifil' (*OED*). Bu Prys yn Ustus Heddwch rhwng 1592-3 a 1623 (gw. y rhestrau yn J. R. S. Phillips (gol.), *The Justices of the Peace in Wales and Monmouthshire 1541 to 1689* (Caerdydd, 1975), 39-45), ond ni cheir tystiolaeth iddo wasanaethu yn y swydd yn ystod wythdegau'r ganrif, adeg yr ymryson. Efallai mai enghraifft o ormodiaith ganmoliaethus Cynwal a geir yma.

Nvdd: Nudd Hael, gw. *TYP,* 476-7. Bernir iddo fyw yn ystod ail hanner y chweched ganrif a'i fod yn perthyn i'r Hen Ogledd. Ynghyd â Mordaf a Rhydderch ystyrid ef yn un o'r Tri Hael chwedlonol.

30. *Obry yt . . . na sbaryd:* Twyll caled a meddal (*t . . . d*). Diau y dylid fod wedi sgrifennu *sbarit.*

37. *maint Abon:* Methais ddarganfod cyfeiriad arall at Abon. Hawdd fyddai camddehongli ffurf debyg i *Rhiwabon* (o *Rhiwfabon,* gw. *WG,* 179) a chredu mai Abon yn hytrach na Mabon a goffeid. Awgryma'r cyfeiriad mai cawr o ryw fath oedd (M)Abon, ac yr oedd chwedlau onomastig am gewri yn gyffredin, gw. e.e. P 118 ('Llyfr Siôn Dafydd Rhys'), 829-37 (*Cy,* XXVII (1917), 115-52). Sonnir ibid., 832 (*Cy,* 132) am gawr o'r enw Mabon a gysylltir â Chastell Fabon yn Llansawel, Sir Gaerfyrddin.

39-44. Trafodir y llinellau hyn, ynghyd â rhai gan Dudur Aled (*GTA,* XLIX. 57-60) lle ceir yr un traddodiad am y Preutur, sef ei fod yn offeiriad yn y bore ac yn frenin wedi hynny, yn YGIV, xlvi. Nid oes sôn am hyn yn llythyr y Preutur, ond dywedir y gellir olrhain y traddodiad cyn belled yn ôl â 1389 pan ymddengys mewn testun a argraffwyd gan Friedrich Zarncke yn *Abhandlungen der Königlich-sächsische Gesellschaft der Wissenschaften, philologisch-historische Klasse,* VIII (Leipzig, 1883-6), 159-71. Cf. loc. cit., 168: 'Item presbiter Iohannes transit de mane ante prandium ut papa, scilicet cappa longa rubea preciosissima, et post prandium transit ut rex equitando et terram suam gubernando.'

45-50. *Am Ferddin,* etc.: O Frut Sieffre o Fynwy y daw'r hanes mai ysbryd oedd tad Myrddin, gw. *BD,* 101-2.

53-4. *Yr oedd i'r gog ddyrogan . . . i cyll i chan:* Ai cyfeiriad at y newid a ddigwydd yng nghân y gog oddeutu canol Mehefin? Ceir sawl cyfeiriad at hyn mewn penillion gwerin, gw. T. F. Thiselton Dyer, *English Folk-Lore* (Llundain, 1880), 56-9; Edward A. Armstrong, *The Folklore of Birds* (Llundain, 1958), 197-8. Cf. hefyd 'In April the cuckoo can sing her song by rote; in June, out of tune, she cannot sing a note' (*DPE,* A309).

Cywydd 9

2. *hên Gatwn:* Yn ystod yr Oesoedd Canol bu cymysgu rhwng Marcus Porcius Cato, Cato'r hynaf (234-149 C.C.), gwladweinydd ac awdur Rhufeinig (gw. *OCD*, 214-15), a Dionysius Cato, awdur tybiedig y gwaith moesegol poblogaidd *Disticha Catonis*. Fel awdur y 'Cynghorau' yr oedd Catwn yn adnabyddus i'r beirdd (gw. nodyn yn *LOPGO*, 216), a chyfeirient ato'n aml fel safon o ran doethineb. Ond byddai Prys yn gwybod am M. Porcius Cato fel prif gymeriad *De Senectute*, traethawd enwog Cicero ar henaint, a dichon mai dyma sail ei gyfeiriad at 'hên Gatwn' yma. Cf. pwyslais Cynwal ar ei henaint (8. 74 etc.).

6. *meidrol:* Arno gw. *B*, I, 31-3, lle awgryma Syr Ifor Williams yr ystyron 'cadarn, brenhinaidd' iddo.

17. *Dav Ferddin:* Myrddin Wyllt a Myrddin Emrys, gw. 4. 3n.

18. *Taliesin:* Cynfardd o ail hanner y chweched ganrif a ganodd yn bennaf i Urien Rheged a'i fab Owain oedd y Taliesin hanesyddol. Arno gw. erthygl Ifor Williams yn *BC*, 874 a'i ragymadrodd i *Canu Taliesin* (Caerdydd, 1960). Yn 'Chwedl Taliesin', cyfarwyddyd a berthyn i gyfnod diweddarach, fe'i darlunnir fel bardd Elffin ap Gwyddno Garanhir (cf. 36. 56 a 51. 49), gw. idem, *Chwedl Taliesin* (Caerdydd, 1957).

21-34. Yn nodyn ymyl y ddalen (v) cyfeiria Prys at 'Andr. Hipperi*us* de succubis et incubis' fel ffynhonnell. Diwinydd Protestannaidd o'r Isalmaen oedd Andreas Hyperius/Gerardus (1511-64). Ceir yr hanes llawnaf amdano yn Jean Noël Paquot, *Memoires pour Servir a L'Histoire Litteraire des Dix-Sept Provinces des Pays-Bas, de La Principauté de Liege, et de Quelques Contrées Voisines*, XVII (Louvain, 1769), 185-201. Gw. hefyd *Nouvelle Biographie Générale*, XXV (Paris, 1858), 717-19.

Y llyfr gan Hyperius y cyfeiria Prys ato yw *Methodi Theologiae, sive praecipuorum Christianae Religionis Locorum communium libri tres*. Fe'i cyhoeddwyd gyntaf ym Marburg [ni wyddys y dyddiad] (Paquot, 195). Gwelais gyfeiriadau at dri argraffiad ohono a gyhoeddwyd yn Basel, ym 1567 (*Catalogue Général des Livres Imprimés de la Bibliothèque Nationale*, LXXV (Paris, 1929), 426), ym 1568 (Paquot, 195) ac ym 1574 (*Catalogus Librorum Impressorum qui in Bibliotheca Collegii Sacrosanctae et Individuae Trinitatis, Reginae Elizabethae, Juxta Dublin, Adversantur*, IV (Dulyn 1877), 331). Cyhoeddwyd cyfieithiad Ffrangeg ohono yng Ngenefa ym 1568 (*B.M. Gen. Cat.*, 84, col. 77) a chyfieithiad Saesneg o ran ohono gan R. Vaux, *Two Common Places taken out of Andreas Hyperivs* . . . yn Llundain ym 1581 (ibid., col. 78).

Pwnc ail lyfr y *Methodi* (tt. 270-525 yn argraffiad 1574) yw 'De Creatvris'. Yn yr adran gyntaf ohono (tt. 272-326) ceir ymdriniaeth 'De Creatvris Invisibilibvs'. Ar tt. 302-6 ceir is-adran 'Vtrum daemones assumant corpora, & an aliqui ex illis fiant incubi & succubi', a dyma'n ddiau ffynhonnell Prys.

Y mae genedigaeth Myrddin ymhlith y pynciau a drafodir gan Hyperius: 'Historici, Merlinū, uatem quendam Britannum, circiter annum 440, ex incubo genitum affirmant. Crebrò insuper mulieres ueneficae tormentis subiectae, atq; extremo affectae supplicio, turpē se cum daemonibus habuisse consuetidinem, ac liberos genuisse, confessae sunt. Quid autē de hac re probabiliter dici queat, paucis complectar propositionibus' (t. 304).

Seiliwyd llinellau 23-6 ar yr hyn a ddywed Hyperius ar t. 305: 'Solus Christus ex spiritu & muliere (spiritu autem non creato, sed increato: id est, Spiritu sancto, qui distincta est in Diuinitate persona) agnoscitur genus.'

Tueddai dyneiddwyr yr unfed ganrif ar bymtheg i ddirmygu ac i wrthod yr hanes am genhedlu gwyrthiol Myrddin, e.e. John Leland yn ei *Commentarii de Scriptoribus Britannicis,* gol. Anthony Hall (Rhydychen, 1709), 42: 'Quis enim tam absurde stultus est, ut credat Merlinum ab incubo daemone, quales bene multos simplex & anilis credulitas olim finxit, genitum fuisse?' Felly hefyd John Bale yn ei *Scriptorvm Illustrium Maioris Brytanniae . . . Catalogus* (Basel, 1557), 48: 'Ambrosius Merlinus, Brytannus, in Cambria natus erat, non ex incubo daemone, ut multi fabulantur: sed ex furtiua Venere cuisdam Romani consulis cum uirgine Vestali, in Maridunensi monacharum coenobio.' Cf. ymhellach Humphrey Llwyd, *Commentarioli Britannicae Descriptionis Fragmentum* (Cologne, 1572), 65r: 'Ambrosius ille ex virgine nobilī (patris nomine data opera suppresso) natus . . . à rudi vulgo pro incubi filio habebatur.' Efallai mai dilyn Bale a wna John Lewis o Lynwene yn *The History of Great-Britain . . .* (Llundain, 1729) pan ddywed am Fyrddin 'but the Fame went, that he was the Son of an *Incubus* (yet som say that he answered the King, That his Father was *unus de Consulibus Romanae gentis.*' Ond ysgogodd yr hanes ef i sgrifennu atodiad 'of the Fayries and Incubi' ar ddiwedd ei lyfr (tt. 245-51) lle nad yw'n gwadu bodolaeth creaduriaid o'r fath na'u gallu i genhedlu.

38. *vestal:* Gwasanaethyddion yng nghysegr y dduwies Rufeinig Vesta, duwies yr aelwyd, oedd y gwyryfon festal (*OCD,* 1116).

40. *Romulus a Remus:* Yr efeilliaid a sefydlodd Rufain yn ôl chwedloniaeth (*OCD,* 936). Ceir hanes eu geni o wyryf festal yn Livius *Ab Urbe Condita* I, 4. Diorseddwyd Numitor, brenin Alba Longa, gan ei frawd iau, Amulius. Gwnaeth hwnnw ferch Numitor, Rhea Silvia, yn wyryf festal fel na byddai disgynyddion i Numitor i herio ei awdurdod. Ond treisiwyd Rhea Silvia, a phan esgorodd ar efeilliaid, Romulus a Remus, honnodd mai'r duw Mawrth a'u cenhedlodd. Gw. hefyd Ofydd *Fasti* III. 11-45.

41. *Prestes Iohanes:* Y Preutur Siôn.

42. *Indi:* Daw'r ffurf hon o'r Saes. *Indie/Indy* (cf. y lluosog *Indies* a ddefnyddir heddiw), ffurf a gyfaddaswyd o'r Llad. *India* yn gynnar yn yr unfed ganrif ar bymtheg (*OED*). Cf. y ffurfiau *Italy* a *Germany.*

Dyma'r hyn a ddywed y Preutur Siôn am leoliad a ffiniau ei deyrnas yn fersiwn Cymraeg ei lythyr: 'Yn y teir Yndia yr arglwydocaa yn mawrdaaeth ni ac y kerdda yn tir ni o'r Yndia Eithaf yn yr honn y mae corff Thomas ebostol yn gorffwys, a thrwy y diffeith yd ymystynn hyt ygorllewin yr heul, ac yr ymhwel ar wyr y Vabilon diffeith gyr llaw Twr Babilon.' (YGIV, 6.)

Yn yr Oesoedd Canol defnyddid y term *India* yn llac ac yn amhendant i ddynodi rhannau o Asia ac Affrica. Ystyrid fod tair India, sef *India Minor, India Maior* ac *India Tertia* (YGIV, lxiii; John Kirtland Wright, *Geographical Lore of the Time of the Crusades,* argraffiad newydd (Efrog Newydd, 1965), 272).

47-8. *Can rhên a davgain brenin* etc.: O ble y daeth 'davgain brenin' Prys? Cf. *Ystorya Gwlat Ieuan Vendigeit,* 'Deudec brenhin a thrugeint ysyd yn trethawl ynni.' (YGIV, 5.)

Yn 42. 55 dywed Prys iddo ddarllen 'Mwnster', sef *Cosmographia* Sebastian Münster (gw. y nodyn ar y llinell). Yn argraffiad Almaeneg 1544 y *Cosmographia* (yr argraffiad cyntaf) ceir adran ar y Preutur Siôn (t. 658). Erbyn argraffiad Lladin 1550 helaethwyd yr adran hon a chynhwyswyd ynddi fersiwn Hebraeg o lythyr y Preutur (t. 1161) a dynnwyd, yn ôl Münster, o lyfr a argraffwyd yng Nghaergystennin. Dyma'n ddiau ffynhonnell Prys, cf. y crynodeb Lladin o'r llythyr ar ymyl y ddalen: 'Quadraginta reges obediūt imperatori Presti Ioan: ex quibus tamen quidā sunt tributarii.' (Ni chrybwyllir y rhif hwn mewn unrhyw fersiwn arall o'r llythyr y gŵyr Mr. Gwilym Lloyd Edwards amdano [gwybodaeth drwy lythyr, 28 Hyd. 1969].)

50. *Sain Thomas:* Yr apostol Thomas. Honnai'r Preutur fod gorffwysfan corff yr apostol o fewn ei deyrnas, cf. y dyfyniad yn 42n. uchod.

51-2. *Nid ydyw . . . o'm crefydd i:* Cf. Münster, *Cosmographia* (argraffiad Lladin 1550), 1159, lle dywedir am y Preutur Siôn 'Colit hic rex Christum & habet euangelium, sed in ceremoniis dissidet à Romana ecclesia.'

55-6. *Newidiodd . . . bais* etc.: Dilynir 7. 44 yn y rhan fwyaf o'r llsgrau. gan y cwpled 'pa le i bydd dreigl awydd dro / poenwych hoen pan na'chano' (gw. amrywiadau). Yn *Llenyddiaeth Cymru o 1450 hyd 1600,* 97 tynnodd W. J. Gruffydd sylw at y tebygrwydd rhwng y cwestiwn hwn a'r hyn a geir yn yr hen bennill 'Gwyn fy myd na fedrwn hedeg / Bryn a phant a goriwaered, / Mynnwn wybod ar eu gwaetha, / Lle mae'r gog yn cysgu'r gaea'. Yn y llinellau hyn ceir ateb Prys i'w gwestiwn ei hun. Wrth sôn am y gog yn newid ei hymddangosiad, ei llais, etc., mae'n debyg ei fod yn cyfeirio at yr hen gred fod y gog yn troi'n hebog yn y gaeaf. Cyfeiria Aristotles at hyn (*Historia Animalium* VI. 41-4) a thrafodir y syniad mewn llyfr cyfoes ar adar, *Avivm Praecipvarvm, quarum apud Plinivm et Aristotelem mentio est, breuis & succincta historia* gan William Turner (Cologne, 1544), gw. A. H. Evans (gol.), *Turner on Birds* (Caer-grawnt, 1903), 66.

59-62. Cyfeirir yma at arfer y gog o ddodwy yn nythod adar eraill. Ystyrir mai'r arfer hon a roes fod i'r geiriau *cwcwallt, cuckold* (o'r Hen Ffr. *cucuault* a ddaw o *cucu* + *-ault*) a ddefnyddir am ŵr gwraig anffyddlon neu odinebus (*OED* s.v. *cuckoo, cuckold;* John Brand, *Observations on Popular Antiquities,* argraffiad newydd, II (Llundain, 1841), 122-7).

65-6. Os nad bwriad Prys yw edliw diffyg cynnydd iddo, awgryma'r cwpled hwn mai'n gymharol ddiweddar yn ei oes y dechreuodd Cynwal brydyddu, gw. trafodaeth Rhiannon Williams yn *LlC,* VIII, 198-200. Dyfynnir ibid. dystiolaeth 14. 35-6 yn y testun a dywedir ei bod yn cydasio â thystiolaethau eraill mai c. 1564 y dechreuodd Cynwal ganu.

75. *Doed:* Enghraifft o orchmynnol amodol (*CD,* 109).

95-8. Yr oedd 'To baste (curry, dust, pay, thrash) one's jacket' yn ymadrodd Saes. cyffredin am 'roi cweir' (*DPE,* J13). Diau fod adlais o'r ymadrodd yn y llinellau hyn.

Cywydd 10

9. *dwbiais:* Daw *dwbio* o'r Saes. *(to) daub,* a rhydd *GPC* iddo'r ystyron 'Iro, plastro; lliwio, peintio, dabio; hefyd yn *ffig.* dablo.' Dichon mai ei ddefnyddio yn yr ystyr 'lliwio, peintio', yn ffigurol, y mae Cynwal yma.

'dwbio . drwg ystyr' yn ôl Prys, gw. nodyn ymyl y ddalen (i). Cf. *GP,* 127: 'Drycystyr a vydd pann gyffelyber peth oi wrth i destvn a'i natvr, val hynn: Katrin vodd katerwen vain.' Ond gw. hefyd ddiffiniad *CD,* 307-8 a ddyfynnir yn 22.28n. isod. Efallai yr ystyriai Prys fod *dwbio* yn air anaddas i'w ddefnyddio mewn perthynas â sôn am ganu moliant oherwydd rhai o gysylltiadau'r Saes. *daub.* Ymhlith ystyron *(to) daub* yr oedd 'To cover with a specious exterior; to whitewash, cloak, gloss', 'To put on a false show; to dissemble so as to give a favourable impression' a 'To pay court with flattery' (*OED*).

15-16. *Gwaith clêr y dom . . . Yw chwenych ymddychanu:* Cf. *GP,* 17: 'Tri pheth a berthynant ar glerwr: ymbil, a goganu, a gwarthrudaw.' Hefyd 'Ny pherthyn ar brydyd ymyrru ar glerwryaeth, yr aruer ohonei, kanys gwrthwyneb yw eu krefftteu. Kanys krefft prydyd yw kanmawl, a chlotuori, a digrifhau, a gwneuthur molyant a gogonyant a didanwch . . . a chrefft y klerwr kroessan yw anghanmawl, ac anglotuori, a goganu, a gwneuthur kywilyd a mefyl ac anglot' (ibid., 56). *Clêr y dom* oedd yr enw a roid i'r beirdd o'r radd isaf oll. Cf. gorchymyn Statud Gruffudd ap Cynan i'r beirdd 'na wnelont arveroedd vakuwns neu gler y dom' (*Transactions of the Liverpool Welsh Nationalist Society,* 1908-9, 97).

20. Ceir camosodiad gorffwysfa yn y llinell hon, gw. *CD,* 271.

25-6. *Ni aned . . . Heb i fai:* Y ddihareb 'Heb ei fai, heb ei eni' (*DC,* 138). Cf. 'Ni aned ni wyddiad bechod' (ibid., 180), 'He is lifeless that is faultless' (*DPE,* L270), 'Every man has (No man is without) his faults' (ibid., M116) a 'Nemo vacat prorsum malo, neque crimine' (*Eras. Adagia,* 532E).

30. *gair cŷd:* Yn *TW* o dan *synonyma* rhoir 'cydenwau, geiriau cydenw'. Mae'n amlwg fod *gair cyd* yn golygu'r un peth.

58. *Pavn doeth:* 'pavn: drwg ystyr' yn ôl Prys, gw. nodyn ymyl y ddalen (iii). Cf. Cywydd 20, nodyn ymyl y ddalen (i) a'r hyn a ddywed yn ei lythyr at Gynwal, llinellau 22-3. Diau fod Prys yn rhy ymwybodol o gysylltiadau anghymeradwy'r gair *paun* i'w ystyried yn ddisgrifiad addas ohono'i hun! Balchder trahaus a choegysblander rhwysgfawr oedd y nodweddion a briodolid fynychaf i'r paun, cf. *OED* o dan *peacock:* 'it is treated as a type of ostentatious display and vainglory . . . . *transf.* & *fig.,* esp. referring to the vainglorious habits and ostentation attributed to the bird. *To play the peacock,* to comport oneself vaingloriously.' Ceir enghreifftiau o'r un peth yn y dywediadau 'Cyn falched â phaun' (*DC,* 66) ac 'As proud as a peacock' (*DPE,* P157), a hefyd yn yr ystyr a roir i'r ferf Ffrangeg *se pavaner,* 'rhodio'n rhodresgar'.

74. *Ar fyngen:* Daw *myngen* o *mwng* + *-en,* cf. *TW* 'Mwng, myngen' o dan *iuba.* Mae'r ystyr yn dywyll yma. Ond cf. 35. 22, 'A'r Efengil, avr fyngen', lle gellid deall *myngen* yn drosiadol = 'tyfiant' (cf. yr ystyron trosiadol a roddir i'r cytras Gw. *mong* yn Dinneen, 'a thick growth of hair, grass, underwood, trees, etc.'). Ai 'Aur fyngen' yw'r darlleniad

cywir yma hefyd, er nas ceir yn yr un o'r llsgrau.? Am ddefnydd trosiadol o'r gair cf. *GDE*, XXVI. 3, 'Vwch*fyngen* o chaf fengil' (*fengil* = 'cusan'), lle geill olygu 'barf', un o'r ystyron a roddir i *mong* yn Dinneen.

75-8. *A wyl blewyn* etc.: Cf. Math. vii. 3-5.

91-3. *myni wnethur . . . Y frân yn wen:* Ymadrodd diarhebol cyffredin, cf. 'Nid gwaeth iti dhywedud vod y vrân n wen' (LlGC 3064, 124). Cyfetyb i'r Saes. 'to say the crow is white' (*DPE*, C853).

99. Cynghanedd amheus gan fod yr *g* ar ddechrau *gyttvn* ym mar olaf y llinell yn cyfateb i ddechreuad llafarog yn yr ail far, cf. *CD*, 164.

Cywydd 11

13-14. *gwell cyngor henwr | Na'i favddv:* Dihareb, gw. *OSP, DDiar.*

26. *Davydd:* Y Salmydd, brenin Israel.

48. *Hipias:* Hippias o Elis, soffydd a bortreadir gan Blato yn *Hippias major* a *Hippias minor* (*OCD*, 517). Honnai Hippias ei fod yn hyddysg mewn mathemateg, seryddiaeth, gramadeg, barddoniaeth, cerddoriaeth a hanes. Cyfeiria'r nodyn ar ymyl y ddalen at *Hippias minor* 364. A, lle priodolir iddo'r honiad na chyfarfu â neb rhagorach nag ef ei hun er pan ddechreuodd gystadlu yn yr Olympau.

89. *gwawdodyn:* Gw. *CD*, 340-1.

90. *Rhag hawl, mor rhywiog a hyn:* Twyll caled a meddal (*g* + *h* . . . *g*). Ond cf. 6. 13n.

106. *mor ddall a Homer:* Ceid traddodiad fod Homer yn ddall (*OCD*, 524).

Cywydd 12

1-2. *Y mŵd . . . a ddengys gwir:* Dihareb, cf. 'Y mut a ddywait y gwir' (*OSP, DDiar*).

3-4. *Wrth i gwaith . . . Ir adwaenir y dynion:* Dihareb, cf. 'Wrth eu gorchwilion yr adwaenir y dynion' (LlGC 3064, 162) a'r Saes. 'The workman is known by his work' (*DPE*, W860).

37. *Gwest odl: Gwestodl* oedd yr enw a roid i'r bai o ddefnyddio'r un gair ddwywaith i lunio'r brifodl mewn pennill (*CD*, 306).

41-4. Cf. llinellau agoriadol cywydd Cynwal i blas Wiliam Clwch o Ddinbych (gw. Rhyddiaith A. 13n.): 'Ag awenydd, gwiw anian, / Y gwnair cerdd ac y gwnair cân, / A'r awen bybyr waead, / Iaith ddrud hen, a ddoeth o'r Tad.' (WC(1), 26. 1-4)

59. *Eidol:* Eidol, Iarll Caerloyw, gŵr a bortreadir gan Sieffre o Fynwy fel ymladdwr nerthol sy'n lladd Hengist, arweinydd y Saeson (*BD*, 122).

Cywydd 13

34. *Diwestodl:* gw. 12. 37n. uchod. Yma defnyddir *diwestodl* yn drosiadol yn yr ystyr 'difai, perffaith'.

40. *byr a hir:* Y bai o gyfansoddi llinell sydd naill ai'n rhy hir neu'n rhy fyr o ran rhif y sillafau (*CD*, 305).

41. *Trwm ag ysgafn:* Cyplysu llafariaid gwahanol eu hyd wrth odli unsillafion yn diweddu yn *-n*, *-r*, neu *-l* (*CD*, 232).

42. *Tîn âp:* Bai yn esgyll englyn unodl union neu mewn cwpled o gywydd pan ddiweddir y ddwy linell yn acennog (*CD*, 304).

48. *Apeles:* Arlunydd Groegaidd o Cos (*OCD*, 79). Ceir ei hanes yn llawn yn Plini *Historia naturalis* XXXV. 79-97, a dyddir ef yno yng nghyfnod y 112fed Olympiad (332-329 C.C.).

49. *Zewxys:* Arlunydd Groegaidd o Heraclea (*OCD*, 1147). Ceir ei hanes yn Plini *Historia naturalis* XXXV. 61-6, a dyddir ef yno ym mhedwaredd flwyddyn y 95fed Olympiad (400-397 C.C.).

50-6. *paintio'r grawn* etc.: Adroddir yn Plini *Historia naturalis* XXXV. 65-6 i Zewxys ar ddau achlysur beintio grawnwin yn y fath fodd nes twyllo adar i'w pigo fel pe baent yn rhai go iawn.

94. *Dafod hy, dy fai dy hvn:* Twyll caled a meddal (*d* + *h* . . . *d*). Ond cf. 6. 13n.

104. *Syr Edward:* Enwir ef hefyd yn 53. 20. Teg disgwyl y byddai'n dal bywoliaeth neu'n gurad nepell o gartrefi Prys a Chynwal, ond nid oes neb tebygol yn y rhestrau a geir yn A. I. Pryce, *The Diocese of Bangor in the Sixteenth Century* (Bangor, 1923) a D. R. Thomas, *The History of the Diocese of St. Asaph* (Croesoswallt, 1911). Ni cheir cyfeiriad arall at unrhyw Syr Edward yng ngweddill gwaith hysbys Prys na Chynwal.

Cywydd 14

3-4. *Ni ad anoeth . . . i orfod:* Dihareb, gw. *OSP*, *DDiar*.

5-6. *Drwg y gwna crydd . . . siecked gadarn:* Cf. y diarhebion 'Ne sutor ultra crepidam' (*Eras. Adagia*, 228A) a 'Let not the cobbler (shoemaker) go beyond his last' (*DPE*, C480).

11. *Sawl:* Yr Apostol Paul. Deallaf *eiria Sawl* fel 'un a chanddo eiriau Sawl' (yn cyfeirio at Brys). Llai tebygol efallai yw fod yma gyfeiriad at 1 Cor. vii. 20, 'Pob un yn yr alwedigaeth y galwyd ef, yn honno arhosed.'

12. Fel y sylwodd Prys (nodyn (ii) ar ymyl y ddalen) mae'r llinell hon yn rhy hir fel y mae. Byddai'n gywir pe sgrifennid *swydd 'postawl,* a dyna'n ddiau a fwriadodd Cynwal.

25. *Mal breddwyd moel heb raddiaw:* Anodd yw deall ystyr y gyffelybiaeth. Cf. efallai 'Bwrw gwalch yr aberau gwin / *Mal breuddwyd moel heb wreiddin.*' (*GGGl,* XXIII. 15-16). Mae'n amlwg oddi wrth nodyn ymyl y ddalen (iii) fod y llinell yn ddiystyr i Brys hefyd.

31-4. *O cafodd dav . . . Râdd vwch:* Graddiodd Simwnt Fychan ac Owain Gwynedd yn benceirddiaid yn ail eisteddfod Caerwys (gw. 7. 71-2n. a 7. 73-4n.), ond gradd disgybl pencerddaidd a enillodd Cynwal (gw. 20. 47-8).

35-6. *Cowsan' ragor . . . Yn 'y mlaen igain mlynedd:* Gw. 9. 65-6n. a'r cyfeiriad yno at yr hyn a ddywed Rhiannon Williams yn *LlC,* VIII, 198-200. Dyfynna farn D. Roy Saer (*LlC,* VI, 77) mai i 1545 y perthyn canu cynharaf Owain Gwynedd, a rhydd dystiolaeth mai oddeutu ugain mlynedd wedi hynny, ym 1564, y dechreuodd Cynwal ganu.

39. Geilw Prys y llinell hon yn 'furtum', sef lladrad (gw. nodyn (iv) ar ymyl y ddalen). Cyfeirio y mae at 9. 81 lle ceir bron yn union yr un llinell ganddo ef.

47-8. *ymryson . . . a go' yn i efail:* Dihareb, gw. *OSP, DDiar.*

77-8. *Yno i barn llv . . . i ti yr ygalen:* Cf. yr ymadrodd diarhebol 'Chwedl i enill yr ygalen' (LlGC 3064, 42) a ddefnyddid am stori gelwyddog, a hefyd y Saes. 'He lies for (He deserves) the whetstone' (*DPE,* W298). Seiliwyd y dywediadau hyn ar yr arfer gynt o hongian carreg hogi am wddf gŵr celwyddog. Ceir ymdriniaeth â 'Lying for the whetstone' a'r cyfeiriadau at yr arfer yn llên Lloegr yn J. Brand, *Observations on Popular Antiquities,* III (Llundain, 1842), 212-14. Cf. hefyd *OED* o dan *whetstone.*

79-80. *A fo drwg . . . myn fôd arall:* Dihareb, cf. 'A vo drwg ei hun, vo a daura vod arall' (LlGC 3064, 15).

86. *pfasio'n wych:* Mae'r *pf-* yn *pfasio* yn afreolaidd, ond diau y gellir ei esbonio fel canlyniad petruso rhwng sgrifennu *ph-* a *ff-*. *ffasiwn wych* yw darlleniad pob llsgr. ar wahân i Ll 43, ond mae'n bur sicr mai *ffasio* yw'r darlleniad cywir, gw. llythyr Prys (Rhyddiaith C), llin. 46. Daw *ffasio* o'r Saes. *face/(to) face,* a golyga 'mynd yn ddigywilydd, ymhyfhau' (*GPC*).

92. *fynyd . . . fynych:* Mae'r bai 'rhy debyg' yn y llinell hon (*CD,* 303).

101. *ysgymydd:* 'darn o bren ar gyfer torri coed, cig, etc. arno' (gw. Ifor Williams, *B,* XVI, 191-2; Rachel Bromwich, *TYP,* 42-3). Â'r defnydd trosiadol ohono a geir yma cf. y defnydd o'r Saes. *chopping-block.*

112. *Ne âd y gerdd yn dy gôd:* Cf. yr ymadrodd diarhebol 'Gad y gerdh honno en dy gôd' (LlGC 3064, 62).

Cywydd 15

15-16. *A fyn ddoedyd a fynno* etc.: Dihareb, gw. *DC*, 16. Cf. 'Qui quae vult dicit, quae non vult audiet' (*Eras. Adagia*, 36F) a'r Saes. 'He who says what he would hears what he would not' (*DPE*, S115).

27-8. *I ble ffoes . . . Y gofan trwch rhag ofn trin?:* Cf. y ddihareb 'Chwannog trwch i drin' (*OSP*, *DDiar*).

47. *monwent:* Benthyciad dysgedig o'r Llad. *monumentum*. Yn ogystal â'r ystyr 'cofeb, cofadail, cofgolofn' defnyddid y gair Llad. i gyfeirio at weithiau sgrifenedig (Lewis & Short, s.v.). Rhywbeth tebyg i 'cofnod sgrifenedig, hanes sgrifenedig, cronicl' yw'r ystyr yma.

48. *cerdd hên Sion Kent:* Ar Siôn Cent (1367?-1430?) gw. Ifor Williams, *IGE*, cxxxvi-clxvii; Henry Lewis, *BC*, 858. Cyfeiria Prys yma at y cywydd a ganodd Siôn Cent mewn ymryson â Rhys Goch Eryri yn dychanu'r awen gelwyddog (*IGE*, LXV).

56. *Dvll calandr pab:* Cyfeiriad at y calendr newydd a gyhoeddwyd gan y Pab Gregor XIII ym 1582. Mabwysiadwyd ef ar unwaith yn y gwledydd Catholig, ond ni ddefnyddiwyd ef gan y gwledydd Protestannaidd tan y ddeunawfed ganrif. (Ym 1752 y mabwysiadwyd ef ym Mhrydain.) Gw. P. W. Wilson, *The Romance of the Calendar* (Llundain, 1937), 141-50.

Cywydd 16

6. *Dol Gynwal:* Hen enw Ysbyty Ifan lle trigai Wiliam Cynwal, gw. 1. 12n.

30. Ceir yr un llinell gan Edward ap Raff mewn cywydd marwnad i Siôn Tudur (Enid Roberts, *Gwaith Siôn Tudur*, rhif 218. 51). Cf. 25. 88n.

43-4. *Y cyntaf bost i dafawd . . . Ola' gŵr* etc.: Dihareb, cf. 'Y mwyaf ei fost, lleiaf ei orchest' (*DC*, 270) a'r Saes. 'Great boast and small roast' (*DPE*, B488), 'The greatest boasters are not the greatest doers' (ibid., B489), 'Great braggers little doers' (ibid., B591) a 'The greatest talkers are the least doers' (ibid., T64).

49-50. *Y ci hefyd, o cyfarth* etc.: Yr oedd gollwng cŵn ar eirth ('bearbaiting') yn ddifyrrwch poblogaidd iawn yn yr unfed ganrif ar bymtheg, a diau fod delweddaeth y cwpled hwn yn seiliedig arno. Ar yr arfer gw. Sidney Lee, 'Bearbaiting, Bullbaiting, and Cockfighting' yn Onions a Lee (gol.), *Shakespeare's England*, II, 428-36. Â'r ddelweddaeth cf. Shakespeare 3 Hen. VI II.i.15-17: 'Or as a bear, encompass'd round with dogs, / Who having pinch'd a few and made them cry, / The rest stand all aloof and bark at him.' Ceir yr un syniad yn y diarhebion 'Y ci a gyfarth ni fratha' (*DC*, 264), 'Great barkers are no biters' (*DPE*, B85), 'The greatest barkers are not the sorest biters' (ibid., B86) a 'A dog will bark ere he bites' (ibid., D461).

Antvr yw ddeintio: Gadawyd allan y rhagenw perthynol *a* o flaen *ddeintio.*

75-8. *Dav gydrym gwlltlym gwalltlaes* etc.: Cyfeiriad at y ddefod ganoloesol o gynnal diheurbrawf drwy ymladd gornest. Ceir peth o hanes y ddefod a chyfeiriadau ati yn llên Saesneg oes Elisabeth yn W. F. McNeir, 'Trial by Combat in Elizabethan Literature', *Die Neueren Sprachen,* XV (1966), 101-12. Gw. hefyd L. F. Salzman, *English Life in the Middle Ages* (Llundain, 1927), 222-4.

78. Mae'r llinell yn rhy hir fel y mae. Dylid fod wedi sgrifennu *dro'r rhod.*

Cywydd 17

4. *bicrav:* 'erlidiwr' yw'r ystyr a fwriadodd Prys yn ôl nodyn (i) ar ymyl y ddalen. Rhaid felly fod *bicrav* yn cynrychioli *bicrai* sef *bicre/bicra* + y terfyniad gweithredol *-ai* (gw. *WG,* 232). Ystyr arferol *bicre/bicra* (o'r Saes. Can. *bikre*) yw 'ymryson, ymrafael, ymgiprys, ymgynhennu' (*GPC*), ond hawdd gweld sut y gallai'r ystyr 'erlid' ddatblygu a rhoi *bicrav* = 'erlidiwr' yma.

31. *hwiliais:* Dichon ei fod yn cynrychioli *chwiliais.* Mewn Cym. Can. yr oedd *chw-*, *hw-* a *wh-* yn ymgyfnewid â'i gilydd yn aml (*GMW,* 11), ac efallai fod ôl hyn yma. Cf. y sain a glywir yn ne Cymru heddiw. Am enghraifft sicr gan fardd o ogledd Cymru cf. 'A threth Arthur i'th *hwerthin*' (*GTA,* XIV, 36).

36. *ymsowtiaw:* Berf o *sawt* (gw. 29. 12n.) gyda'r ystyr 'ymosod, taro'.

46. *Mwm:* Benthyciad o'r Saes. *mum,* 'An inarticulate sound made with closed lips, esp. as an indication of inability or unwillingness to speak. Also in negative or hypothetical context = '(not) the slightest word'' (*OED*).

67. *Mesur glan, pwyll, cyngan cais:* Adlais o un o'r Trioedd Cerdd. Cf. *GP,* 134: 'Tair enaid kerdd yssydd: messvr, synnhwyr, a chynghanedd.'

71-4. *Tebig yw dy attebion* etc.: Seiliwyd y gyffelybiaeth ar chwedl werin, gw. Stith Thompson, *Motif-Index of Folk Literature,* argraffiad newydd (Copenhagen, 1957), V, 371, motif T 255. 1, a'r cyfeiriadau yno. Edrydd y stori am wraig yn croesi cae gwair gyda'i gŵr, a'r ddau'n dadlau'n hir ynghylch y modd y torrwyd y gwair. Mae'r wraig yn mynnu iddo gael ei dorri â gwellau, tra dadleua'r gŵr iddo gael ei dorri â phladur. O'r diwedd mae'r gŵr yn ei lid yn torri tafod ei wraig i ffwrdd. Yna mae'n taflu ei wraig i'r dŵr, ond mae hi'n parhau i ddadlau drwy wneud arwydd gwellau â'i bysedd.

Digwydd y stori yn llên gwerin nifer o wledydd Ewrop, gan gynnwys Lloegr ac Iwerddon, gw. Antti Aarne a Stith Thompson, *The Types of the Folktale* (Helsinki, 1961), 406, teip 1365B. Fe'i ceir hefyd fel un o *exempla* Jacques de Vitry (c. 1170-1240) yn ei *Sermones Vulgares,* gw. Thomas Frederick Crane (gol.), *The Exempla or Illustrative Stories from the Sermones Vulgares of Jacques de Vitry,* argraffiad newydd (Efrog Newydd, 1971), 92 (rhif CCXXII).

Yn P 17, 28 (gw. *B,* IV, 3) ac yn *OSP* ceir dihareb 'Ar guelleu y llas y weirglaud'. Tybed a oes iddi gysylltiad â'r chwedl hon?

76. *prawf o wythwawd:* Cf. 19. 15, lle gelwir Prys yn 'wr hynod wythiaith'. Yn *TrCy,* 1922-3, 136 awgryma A. O. Evans mai Cymraeg, Saesneg, Lladin, Groeg, Hebraeg, Ffrangeg, Sbaeneg ac Eidaleg oedd yr ieithoedd a wyddai Prys.

77. *Ni phrovais dan ffyrfaven:* Honnodd Cynwal fod y llinell hon yn feius yn ôl a ddywed Prys yn nodyn ymyl y ddalen (v) gyda Chywydd 29: 'dwy f i atteb i vn / yn dwyll gynghanedd/meddai'. Ceir amddiffyniad Prys yn y nodyn hwnnw, yn 29. 37-52 ac yn ei lythyr at Gynwal, C. 95-9. Amherthnasol yw beirniadaeth Cynwal gan y gellir ystyried yr *f* gyntaf yn *ffyrfaven* yn lled-lafariad (gw. *CD,* 199-200), a chywir yw honiad Prys yn ei nodyn ac yn ei lythyr (C. 95) ei bod yn 'toddi'. Mae'r llinell felly yn gynghanedd draws gytbwys ddiacen gywir. Tywyllu cyngor a wna Prys yn 29. 37-52 drwy amddiffyn y llinell ar sail dilysrwydd yr egwyddor y gallai dwy gytsain gyfateb i un. Er bod hynny'n gywir (gw. *CD,* 220-3), byddai'r bai 'crych a llyfn' (ibid., 145) yn y llinell ped ystyrid yr *f* gyntaf yn *ffyrfaven* yn gytsain.

Awgryma beirniadaeth Cynwal ar y llinell ei fod yn cytuno â gramadegwyr megis Rhys Cain a Thomos Prys fod cael dwy gytsain yn cyfateb i un yn wallus, gw. *GP,* 194; ibid., lxxxii (nodyn godre 2).

Ar y ddadl ynghylch y llinell hon gw. hefyd sylwadau D. J. Bowen yn ei ôl-nodiad i 'Cynganeddion Gruffudd Hiraethog', *LlC,* VI, 19-20.

99-100. *Ni reddir neb . . . heb eisteddfod:* Nid yw hyn yn gywir, gw. 20. 55-6n.

Cywydd 18

2. *Arth ar y ffair:* Yn ôl *GPC* defnyddir *arth* yn ffigurol weithiau am 'berson garw anfoesgar a llidiog', a diau i Gynwal fwriadu hyn yma. Cyffredin yn yr unfed ganrif ar bymtheg oedd eirth a berfformiai gampau i ddifyrru'r cyhoedd (*Shakespeare's England,* gol. Lee ac Onions, II, 485), ac mae'n debyg mai am y rhain y meddyliai Cynwal pan soniai am *arth ar y ffair.* Yn ymhlyg yn y ddelwedd felly mae'r syniad fod Prys hefyd yn destun sbort.

17. *A'th wneythyd, tothyd d'addysc:* Ceir twyll caled a meddal (*th . . . dd*) yn y llinell hon fel y mae. Dylid fod wedi sgrifennu *toddyd.*

74. *Beynydd hil bonedd helaeth:* Digwydd y llinell hon hefyd mewn cywydd marwnad a ganodd Cynwal i Forys Wynn o Wedir (WC(3), 10. 16).

78. Sylwodd Prys fod bai yn y llinell hon, gw. nodyn ymyl y ddalen (ii). *Dan-gos* (gyda *n-g* ar wahân, fel yn *Ban-gor* etc.) yw'r ynganiad cywir, ac felly mae'r gyfatebiaeth ('*Ne . . .* d*an*gos') yn ddiffygiol, gw. *CD,* 226-7. Gellid, wrth gwrs, ystyried y llinell yn gynghanedd draws gyda *n* wreiddgoll, ond mae Simwnt Fychan yn collfarnu cynghanedd o'r fath (ibid., 156) ac mae'n arwyddocaol na cheir ond tair enghraifft ohoni yng ngwaith Gruffudd Hiraethog (D. J. Bowen, 'Cynganeddion Gruffudd Hiraethog', *LlC,* VI, 4).

91. *Arf gwybl:* Rhaid deall *gwybl* fel ffurf ar *gwbl,* gw. amrywiadau. Ai ystyr *Arf gwybl* yw 'fully armed'?

Cywydd 19

25-6. *A phob cywydd sydd . . . Hwy na thri y' marn athrawon:* Sylw diddorol o'i ddeall yn llythrennol, ond ni wn am unrhyw gyfarwyddyd yng ngramadegau'r penceirddiaid nac mewn unrhyw ffynhonnell arall ynghylch yr hyd a oedd yn briodol i gywydd. Ai'r hyn a wna Cynwal yma yw apelio at awdurdod 'rheol' ddychmygol na fyddai Prys yn abl i farnu ei dilysrwydd gan nad oedd yn fardd proffesiynol? Dichon ei bod yn werth nodi fod cywyddau Cynwal yn yr ymryson yn fyrrach ar gyfartaledd na rhai Prys.

39. *clyr:* Amrywiad ar *clêr* sy'n golygu 'gwybed' yw *clŷr* mewn gwirionedd (gw. *GPC*), ond fe'i defnyddir yma fel pe bai'n llu. o *clêr,* 'beirdd'.

58. Mae'r llinell hon yn rhy hir fel y mae, cf. nodyn ymyl y ddalen (ii). Ond gw. amrywiadau.

76. *crefydd:* Defnyddir *crefydd* yma i gyfeirio at aelodaeth o'r urdd farddol.

89. *Abram:* Y patriarch Beiblaidd.

93-4. *Os ci wyf . . . di ydyw yr arth:* Am y ddelwedd gw. 16. 49-50n.

95-6. *Nid cimaint . . . Bleddyn a'i drwsd:* Dihareb, gw. *OSP, DDiar*. Disgrifir y cwpled fel 'penill lledrad' gan Brys, gw. nodyn ymyl y ddalen (iii).

112. *Dewi:* Dewi Sant.

dywod: Ffurf lafar gyffredin ar *dyfod,* gw. *GPC* o dan *deuaf.*

Cywydd 20

3. *Prosidiaist:* Daw *prosidio* o'r Saes. *(to) proceed.* Ymhlith yr ystyron a roir i'r gair yn *OED* y mae 'To make progress, advance, get on; to prosper'. Ystyr arall na ellir ei anwybyddu yn wyneb y sôn am 'raddav llen' (llin. 4) yw 'To advance in one's university course, from graduation as B.A. to some higher degree, as master or doctor'.

Sawden: Gw. 8. 3n.

13-16. *Nid rhod a mi . . . y bv gyntaf:* Cyfeiriad, yn ôl pob tebyg, at ymryson cyntaf Prys â Siôn Phylip (EP, 195-208).

17-18. *Bai na bydd . . . Gwr fel pawb:* Cf. y ddihareb 'Da yw gwr a vo vel pawb' (LlGC 3064, 44).

28. Fel y sylwodd Prys yn nodyn ymyl y ddalen (ii) ac yn ei lythyr at Gynwal (llau. 17-18) mae'r llinell hon yn rhy hir fel y mae. Dichon i Gynwal fwriadu iddi gael ei darllen fel *Yw ceisio 'nghwilyddio 'ngham.*

29. *yscorn:* Beirniadodd Prys Gynwal am ddefnyddio'r gair Saesneg hwn, gw. nodyn ymyl y ddalen (iii) a'i lythyr, llin. 48.

30. *Tydi . . . A fyn:* 'cam iaith' yn ôl Prys yn nodyn ymyl y ddalen (iv). Ond mae *myn* yn ffurf 2 un. pres. ddilys, gw. *WG,* 319. Defnyddiodd Cynwal yr un ffurf yn 14. 13 hefyd.

31. Dyfynna Prys y llinell hon fel enghraifft o linell sy'n rhy hir yn ei lythyr at Gynwal (llin. 17). Dichon i Gynwal fwriadu iddi gael ei darllen fel *Ni 'dwaenost, byr mewn davnod.*

41. *Mowndwil:* Fel tyst i ategu'r hyn a ddywed am y Preutur Siôn y cyfeiria Cynwal at 'Mowndwil', sef Syr Siôn Mawndfil ('Sir John Mandeville'), awdur honedig un o lyfrau taith enwocaf a hynotaf yr Oesoedd Canol. (Ceir mân wahaniaethau yn ffurfiau Cymraeg y cyfenw: gw. y mynegai i enwau personau a lleoedd. Defnyddir y ffurf 'Mawndfil' yma, fel yn erthygl W. Beynon Davies, 'Siôn Mawndfil yn Gymraeg', *B,* V, 287-327.) Yn ei lyfr edrydd Syr Siôn hanes ymweliad honedig â theyrnas y Preutur Siôn, a bu ei waith yn gyfrwng i boblogeiddio ac i ledaenu'r chwedl (gw. 6. 2n.).

Fe'i cyflwyna Mawndfil ei hun yn ei lyfr fel marchog o St. Albans yn Lloegr. Dywed iddo groesi'r môr ym 1322 a theithio cyrrau'r byd nes iddo orfod dychwelyd oherwydd afiechyd i Liège lle'r ymroes i sgrifennu hanes ei deithiau. Cytuna ysgolheigion, fodd bynnag, na fu'r awdur ar daith o gwbl, ond iddo seilio'i lyfr ar weithiau megis *Speculum Mundi* Finsent o Beauvais, hanesion teithiau'r cenhadon Cristnogol cynnar i Asia, megis y Brawd Odrig, ac amryfal ffynonellau clasurol. Cytunir hefyd mai yn Ffrangeg y sgrifennwyd y llyfr yn wreiddiol, oddeutu 1357-60. Ceir cryn wahaniaeth barn ynghylch awduriaeth y llyfr, fodd bynnag. Tra cred rhai mai marchog o Sais o'r enw Syr Siôn Mawndfil oedd awdur y gwaith mewn gwirionedd, dadleua ysgolheigion eraill iddo gael ei sgrifennu o dan ffugenw. Awgrymwyd enwau Jean de Bourgogne (m. 1372) a Jean d'Outremeuse (m. 1399), ill dau o Liège, fel awduron tebygol. Gwrthodir yr holl ddamcaniaethau a gynigiwyd ynghylch yr awduriaeth gan M. C. Seymour yn *Mandeville's Travels* (Rhydychen, 1967), [xiii]. Awgryma ef (ibid., 277) mai gwaith gŵr eglwysig anadnabyddus Ffrangeg ei iaith ydyw.

Rhennir llyfr Mawndfil yn ddwy ran. Bwriadwyd y rhan gyntaf fel math o arweinlyfr ar gyfer pererinion i wlad Canaan. Olrheinir y daith yno, a disgrifir Jeriwsalem a chyrchfannau'r pererinion. Ymdrinnir yn yr ail ran â gwledydd y dwyrain. Yma y ceir y disgrifiad o deyrnas y Preutur Siôn a leolir yn Asia.

Fersiwn Cymraeg cynharaf y 'teithiau' yw'r trosiad mydryddol o'r flwyddyn 1586 a briodolir i Richard ap John o Sgorlegan, Llangynhafal, gw. W. Beynon Davies, 'Siôn Mawndfil yn Gymraeg', *B,* V, 287-327. Ond ceir cyfeiriadau at Mawndfil yng ngweithiau'r beirdd Cymraeg o ddyddiau Lewis Glyn Cothi ymlaen, gw. ibid., 289-91. Dywedir ibid., 290 na ellir casglu prun ai mewn ffurf Gymraeg neu Saesneg neu Ladin yr oedd Prys a Chynwal yn gynefin â'r 'teithiau'.

Fel prawf pellach o'i ymgydnabyddiaeth â'r llyfr y mae'n werth crybwyll fod Cynwal yn nodi 'llyfr sr Iohn mowndvil' fel ffynhonnell dwy o'r 'chwedlau' a edrydd yn Ba 5943 ('Llyfr Achau Wiliam Cynwal'), 362.

47-8. *Discybl . . . pencerddaidd:* Enillodd Cynwal y radd hon, y nesaf at radd pencerdd, yn ail eisteddfod Caerwys, gw. D. J. Bowen, 'Graddedigion Eisteddfodau Caerwys, 1523 a 1567/8', *LlC,* II, 131.

50. *Ymlaen cyn vgain mlynedd:* Mae'r ymadrodd hwn yn amwys. Ond os cywir y ddamcaniaeth mai'n gymharol ddiweddar yn ei oes y dechreuodd Cynwal brydyddu (gw. 9. 65-6n.), mae'n rhaid mai'r ystyr yw ei fod wedi graddio oddeutu ugain mlynedd cyn cyfnod yr ymryson. Byddai hyn yn gyson â'r dyddiad 1580-87/8 a gynigiwyd ar gyfer yr ymryson.

55-6. *A'i chael . . . mewn neithiorav:* Mae digon o dystiolaeth ei bod yn gyfreithlon i raddio gwŷr wrth gerdd mewn neithiorau yn ogystal ag mewn eisteddfodau. Sonnir yn Statud Gruffudd ap Cynan am ymrysonau rhwng penceirddiaid neu ddisgyblion cerdd dant 'gwedy cael ev gradhiaw o'r blaen mywn eistedhbhodev nev neithiorev brenhinawl' (*B*, V, 30). Ar y defodau a oedd yn gysylltiedig â neithiorau, gan gynnwys graddio beirdd, gw. *GTA*, xxii-xxvi.

67. *Gruffydd . . . Hiraethawg:* Un o feirdd amlycaf y cyfnod rhwng dwy eisteddfod Caerwys. Yr oedd yn enwog fel athro beirdd, a bu Cynwal ei hun yn ddisgybl iddo. Bu farw ym 1564, ac fe'i claddwyd yn Llangollen. Arno gw. *BC*, 296; D. J. Bowen, *Gruffudd Hiraethog a'i Oes;* idem, 'Gruffudd Hiraethog ac Argyfwng Cerdd Dafod', *LlC*, II, 147-60; idem, 'Barddoniaeth Gruffudd Hiraethog: Rhai Ystyriaethau', *Astudiaethau Amrywiol*, gol. Thomas Jones, 1-16.

73-4. *Ni bv eisteddfod . . . Yn i oes:* Bu eisteddfodau yng Nghaerwys ym 1523 ac ym 1567. Dichon fod Gruffudd yn rhy ifanc i fod wedi graddio yn y gyntaf, ac yr oedd wedi marw dair blynedd cyn yr ail. Felly mae'n rhaid mai mewn neithiorau yr enillodd ei holl raddau. Mae'r drwydded a gafodd fel disgybl pencerddaidd ym 1545/6, wedi ei harwyddo gan Huw Lewis o Dre'rdelyn, Siams Fychan o Hergest a Lewis Morgannwg, yn dal ar gael (gw. *RMWL*, I, 1021), ac awgrymodd F. G. Payne, 'John Lewis, Llynwene', *Y Llenor*, XIV (1935), 168 (idem, *Cwysau: Casgliad o Erthyglau ac Ysgrifau* (Llandysul, 1980), 46) y gall mai yn ail neithior Huw Lewis, tua 1545, y graddiodd.

77. *pob post:* Cynrychiola *pob bost*. Cyffredin mewn llawysgrifau a llyfrau print cynnar yw'r math hwn o gyflead orgraffyddol o'r calediad a ddigwydd pan ddaw dwy gytsain ffrwydrol leisiol ynghyd mewn dau air gwahanol, gw. *WG*, 182.

79. *Pawl:* Yr Apostol Paul. Cyfeirir yma at ei ran yn erlid Cristionogion cyn ei dröedigaeth, gw. Act. ix. 1-2.

Cywydd 21

7. *cyoed:* Ffurf a ddatblygodd o *cywoed*, amrywiad ar *cyfoed*. Ar duedd *w* gytsain i ddiflannu o flaen *o* gw. *WG*, 40.

37-116. Mae naws a chynnwys y llinellau hyn yn ategu'r awgrym a wnaeth T. Gwynn Jones wrth argraffu llinellau 47-116 o'r cywydd hwn yn *Llen Cymru*, III (Aberystwyth, 1926), 28-9, fod Prys wedi darllen 'Mawl Ffoledd' (*Moriae Encomium*) Erasmus. Y *Moriae Encomium*, a argraffwyd gyntaf ym 1511, oedd llyfr mwyaf poblogaidd Erasmus (1466-1536), a chyhoeddwyd deugain argraffiad ohono cyn ei farw. Fe'i troswyd i nifer o ieithoedd Ewrop, gan gynnwys Ffrangeg (1517), Almaeneg

(1520), Eidaleg (1539) a Saesneg (1549). Am hanes cyhoeddi'r llyfr, ei ledaeniad a'i boblogrwydd gw. Preserved Smith, *Erasmus* (Efrog Newydd a Llundain, 1923), 123-5. Defnyddid ef weithiau fel llyfr darllen Lladin yn ysgolion gramadeg yr unfed ganrif ar bymtheg, gw. e.e. restr llyfrau Gabriel Harvey a ddyfynnir gan T. W. Baldwin yn *William Shakspere's Small Latine & Lesse Greeke* (Urbana, 1944), I, 436.

Yn yr *Encomium* Ffoledd ei hunan sy'n llefaru, a hunan-glod diymatal a geir yn ei haraith. Ceir ymdriniaeth â dau fath o ffolineb, a thra condemnir un fe gymeradwyir y llall. Ar y naill law fe ddychenir ffolinebau cymdeithasol cyfoes yn ddidrugaredd, yn enwedig ffolinebau sy'n perthyn i fyd crefydd, megis diwinyddion coegddysgedig, clerigwyr bydol ac ofergoeledd anneallus. Y mae'r rhannau o'r llyfr lle gwneir hyn yn gyforiog o eironi: dull Erasmus o gollfarnu'r ffolinebau hyn yw peri i Ffoledd eu cymeradwyo. Ar y llaw arall y mae math o ffolineb, neu o leiaf yr hyn a ystyrir fel rheol yn ffolineb, sy'n werthfawr yng ngolwg Erasmus. Ceir enghraifft ohono ym mywydau Crist a'r Apostolion, gan mai ffolineb a gwrthuni oedd eu hunanymwadiad a'u haberth yn ôl safonau'r byd. Dyna hefyd yw ffolineb diniwed plant bychain ac ynfydion sy'n rhagori ar gallineb honedig y bydol-ddoeth. Er bod eironi cellweirus Erasmus yn peri i'w agwedd ymddangos yn amwys ar brydiau, mae'n deg dweud mai rhinwedd y ffolineb iachusol hwn yw prif thema'r llyfr.

Ar y *Moriae Encomium* gw. K. Williams (gol.), *Twentieth Century Interpretations of the Praise of Folly* (Englewood Cliffs, N.J.: 1969); A. H. T. Levi, *Erasmus: Praise of Fo'ly,* cyfieithiad llyfrau Penguin (Harmondsworth, 1971), 7-50; W. Kaiser, *Praisers of Folly* (Llundain, 1964), 19-100; B. Swain, *Fools and Folly during the Middle Ages and the Renaissance* (Efrog Newydd, 1932), 135-56; a R. H. Bainton, *Erasmus of Christendom* (Llundain a Glasgow, 1972), 99-125. Ar y ffŵl a ffolineb mewn llenyddiaeth gw. Swain, *Fools and Folly* ac E. Welsford, *The Fool* (Llundain, 1935).

Wrth ddyfynnu o'r *Moriae Encomium* yn y nodiadau isod defnyddir y testun a geir yn *Erasmi Opera Omnia,* gol. J. Leclerc, IV (Leiden, 1703), col. 405-504.

43-6. Â hyn cf. y gymhariaeth a wna Ffoledd rhyngddi ei hunan a'r areithyddion yn y *Moriae Encomium,* col. 406: 'Itaque quod magni alioqui Rhetores, vix longa diuque meditata oratione possunt efficere, nempe ut molestas animi curas discutiant, id ego solo statim adspectu praestiti.' Cyfeiria Erasmus at allu'r ffôl i beri llawenydd yng nghol. 437: 'Adde huc, quod non solum ipsi perpetuo gaudent, ludunt, cantillant, rident, verum etiam caeteris omnibus quocumque sese verterint, voluptatem, jocum, lusum, risumque adferunt, velut in hoc ipsum a Deorum indulgentia dati, ut humanae vitae tristitiam exhilararent.'

47-8. *Arglwyddi sir . . . a gwyr ffel a gâr ffolion:* Cyfeiriad efallai at yr arfer o gadw ffyliaid proffesiynol mewn tai bonedd i beri difyrrwch. Ar hyn gw. Welsford, *The Fool,* 113-81 a Swain, *Fools and Folly,* 53-60.

58. *cytvn ffortun a ffôl:* Cf. y ddihareb Ladin 'Fortuna favet fatuis' (W. G. Smith a J. E. Heseltine, *The Oxford Dictionary of English Proverbs* (Rhydychen, 1935), 112) a'i ffurf Saesneg 'Fortune favours fools' (ibid.; *DPE,* F600). Ymhelaetha Erasmus ar hyn yn y *Moriae Encomium,* col. 486-7: 'Nam id quo pacto fieri queat, cum ipsa etiam Rhamnusia, rerum humanarum fortunatrix, mecum adeo consentiat, ut sapientibus istis semper fuerit inimicissima? contra stultis etiam dormientibus omnia commoda adduxerit? . . . Amat Fortuna parum cordatos.'

61-2. *Pwy a wnai . . . Niwed i ddŷn di-ffêd ffol?*: Cf. yr hyn a ddywed Erasmus am ffyliaid yn y *Moriae Encomium*, col. 437: 'Adeoque nemo, illis nocere cupit, ut ferae quoque belluae ab illorum injuria temperent, sensu quodam innocentiae naturali.'

65-6. *I mae gofal am gyfoeth* etc.: Cf. y ddihareb 'Wealth makes wit waver' (*DPE*, W201).

71-2. *Prudd yw doeth . . . llawen anoeth:* Cf. Pr. vii. 4, adnod a ddyfynnir gan Erasmus yn y *Moriae Encomium*, col. 490.

73-8. Cf. y *Moriae Encomium*, col. 436-7: 'Ac per Deos immortales, est ne quidquam felicius isto hominum genere, quos vulgo moriones, stultos, fatuos, ac bliteos appellant, pulcerrimis, ut equidem opinor, cognominibus? Rem dicam prima fronte stultam fortassis atque absurdam, sed tamen unam multo verissimam. Principio vacant mortis metu, non mediocri, per Jovem, malo. Vacant conscientiae carnificina. Non territantur Manium fabulamentis. Non expavescunt spectris ac lemuribus, non torquentur metu impendentium malorum, non spe futurorum bonorum distenduntur. In summa, non dilacerantur millibus curarum, quibus haec vita obnoxia est. Non pudescunt, non verentur, non ambiunt, non invident, non amant.'

79-80. *Ni chais ddrwg ddyfais . . . Ni chêl na brâd na chelwydd:* Cf. y *Moriae Encomium*, col. 437-8: 'Jam accipite & hanc non aspernandam stultorum dotem, quod soli simplices ac veridici sunt . . . . Fatuus quidquid habet in pectore, id & vultu prae se fert, & oratione promit.'

81-2. *Os ifanc . . . Nid yw ffoledd faswedd fai:* Â hyn cf. y *Moriae Encomium*, col. 413 lle ymffrostia Ffoledd ei bod yn breinio'r ifanc â ffolineb: 'At unde, quaeso, ista juventae gratia? unde, nisi ex me?'

85-6. *Beth sydd i neb . . . Ffoledd a gwagedd i gyd:* Cyfeiriad yn ôl pob tebyg at Pr. i. 2 (hefyd Pr. xii. 8), adnod a ddyfynnir gan Erasmus yn y *Moriae Encomium*, col. 490.

87-8. *Câr dy blant . . . a hwyntwy'n ffolion:* Pwysleisia Erasmus yn y *Moriae Encomium*, col. 413 mai ffolineb plant bychain sy'n cyfrif am eu hoffusrwydd: 'Quid est enim illud in infantibus quod sic exosculamur, sic amplectimur, sic fovemus, ut hostis etiam huic aetati ferat opem, nisi stultitiae lenocinium, quod data opera prudens natura, recens natis adjunxit, ut aliquo voluptatis velut auctoramento, & educantium labores delinire queant, & tuentium favores eblandiantur?' Crybwyllir ffolineb plant hefyd ibid., col. 414: 'An vero aliud est puerum esse quam delirare, quam desipere? An non hoc vel maxime in ea delectat aetate, quod nihil sapit?'

89. *Ffel sy ddig a ffals ddigawn:* Cf. *Moriae Encomium*, col. 438: 'At sapientum sunt duae illae linguae, ut idem meminit Euripides, quarum altera verum dicunt, altera, quae pro tempore judicarint opportuna.'

97-100. *Geiriav Sain Pawl:* Cyfeiriad at 2 Cor. xi. 1, adnod a ddyfynnir gan Erasmus yn y *Moriae Encomium*, col. 496.

Cywydd 22

3. *avrych:* Yr ystyr 'tincer' (gw. *GPC*) sydd i'r gair yma, ac fe'i cyferbynnir â *gof aur* (llin. 6). Yr un ystyr sydd i'r gair yn llythyr Prys, llin. 75 ac yn 47. 99.

27. *twyll gynghanedd:* Y bai o gyfansoddi llinell yn cynnwys cytsain yn un pen i'r gyfatebiaeth heb ei hateb yn y llall, gw. *CD*, 299.

28. *Drwg ystyr:* Yn ôl y 'Pum Llyfr Cerddwriaeth' 'Drycystyr a vydd pann gyffelyber peth oi wrth i destvn a'i natvr, val hynn: Katrin vodd katerwen vain.' (*GP*, 127). Ond cynigir diffiniad gwahanol yn *CD*, 307-8, 'Mwy priodol ei arfer . . . am roi ystyr amhriodol i air'.

hir, byr: Ar y bai 'hir a byr' gw. 13. 40n.

29. *cam Frythoniaith:* Ar y beiau iaith gw. *CD*, 306-7.

30. *tin âp:* Arno gw. 13. 42n.

31. *A'th estroniaith, rwystr anian:* Enghraifft o *r* berfeddgoll, gw. Thomas Parry, 'Pynciau Cynghanedd', *B*, X, 2.

34. *A dwyn rhai:* Cyhudda Prys Gynwal o lenladrad nifer o weithiau yn ei nodiadau ar ymyl y ddalen yn Ll 43, gw. y nodiadau sy'n cyfeirio at 14. 39, 14. 79, 14. 89 a 19. 95-6. Diddorol sylwi mai'r hyn a wna Cynwal mewn dwy o'r enghreifftiau hyn (14. 79 a 19. 95-6) yw mydryddu diarhebion, peth sy'n bur gyffredin yng nghywyddau Prys ei hunan.

41. *Pvm englyn:* englyn unodl union, englyn unodl crwca, englyn cyrch, englyn proest cyfnewidiog ac englyn proest cadwynog.

42. *Pedwar . . . ar gywydd:* awdl-gywydd, cywydd deuair hirion, cywydd deuair fyrion a chywydd llosgyrnog.

43-4. *Pymtheg . . . o odlav:* rhupunt byr, rhupunt hir, cyhydedd fer, byr-a-thoddaid, clogyrnach, cyhydedd naw ban, cyhydedd hir, toddaid, gwawdodyn, gwawdodyn hir, hir-a-thoddaid, cyrch-a-chwta, tawddgyrch cadwynog, gorchest beirdd a chadwynfyr.

53-4. *tawddgyrch . . . Cadwynog:* Arno gw. *CD*, 344-8.

62. *Eisiav enaid:* Cf. 'Bei yw . . . eissyeu eneit a synnwyr' (*GP*, 54); 'Tri rryw ddrycystyr yssydd: kam ddychymyc, amherthynas, ac eissiav enaid.' (ibid., 134); 'Tair enaid kerdd yssydd: messvr, synnhwyr, a chynghanedd.' (ibid., 134).

81. *heb rawn na bogail:* Cf. yr ymadrodd diarhebol 'Ev a yrred heb na rhawn na bogail' (LlGC 3064, 58). Llinyn a darn o blwm ar ei flaen a ddefnyddir gan saer maen (Saes. *plumb-line*) yw *rhawn a bogail.*

82. *swllt:* Beth yw'r ystyr yma? Ai 'cadernid' fel y Llad. *solidum* (Lewis & Short s.v.)?

Cywydd 23

9-22. *Darius . . . Edrychodd beth oedd drechaf* etc.: Am hanes Darius, brenin Persia o 521-486 C.C., gw. *OCD,* 313. Seiliwyd y stori a edrydd Prys yma ar 1 Esd. iii-iv. Bu cystadleuaeth rhwng tri gŵr ieuanc o osgordd Darius i weld pa un ohonynt oedd ddoethaf. Honnai un ohonynt mai gwin oedd drechaf, honnai'r ail mai brenin oedd drechaf, a honnai'r trydydd mai gwragedd oedd drechaf, ond fod Gwirionedd yn gorchfygu uwchlaw pob peth. Ymddangosodd y tri gerbron Darius i ddadlau eu hachosion, a barnodd ef mai'r trydydd a ddadleuodd o blaid Gwirionedd a oedd yn fuddugol.

24. *Ar y gwin fo gair y gwir:* Y ddihareb 'In vino veritas' (*Eras. Adagia,* 267B).

28. *Aeth a'r bêl:* Cyfystyr â *dwyn y bêl,* gw. 7. 119n.

35. *proses:* O'r Saes. *process,* gair ac iddo nifer o ystyron. Buasai 'A narration, narrative; relation, story, tale' (gw. *OED* s.v. *process, sb.* 4) yn gweddu yma, ond nid yw'n amhosibl fod yma arlliw o'r ystyr gyfreithiol, 'the course or method of carrying on an action' (ibid., s.v. *process sb.* 7).

52. *nid oedd raddawl:* Honiad anghywir, gw. 20. 73-4n.

57-8. *Nid iawn lais vn edn . . . a wna gwanwyn:*. Dihareb, cf. 'Una hirundo non facit ver' (*Eras. Adagia,* 299D), 'Un wennol ni wna wanwyn' (*DC,* 260) a 'One swallow makes not summer' (*DPE,* S1025). Dichon i'r ddihareb gael ei seilio ar un o chwedlau Aesop, 'Y llanc afradlon a'r wennol', gw. Ben Edwin Perry, *Aesopica,* I (Urbana, 1952), rhif 169. Ar y diffyg treigliad yn *gwanwyn* gw. *TC,* 208-9.

67-8. *Wiliam . . . Salbri:* William Salesbury (1520?-1584?) o'r Plas Isa, Llanrwst, y mwyaf o'r dyneiddwyr Cymreig. Yr oedd perthynas waed rhyngddo a Phrys, gw. y tabl achau yn Atodiad II. Ceir crynodeb o hanes ei fywyd a'i weithgarwch llenyddol yn erthygl W. Alun Mathias arno yn *BC,* 843; gw. hefyd idem, 'William Salesbury—Ei Fywyd a'i Weithiau', *Y Traddodiad Rhyddiaith,* gol. Geraint Bowen, 27-53 a 'William Salesbury—Ei Ryddiaith', ibid., 54-78.

Adlewyrcha cynnyrch llenyddol helaeth Salesbury ei ddysg ddyneiddiol a'i sêl Brotestannaidd. Fe'i cofir yn bennaf fel arloeswr cyfieithu'r Ysgrythurau i'r Gymraeg. Cyhoeddodd *Kynniver llith a ban* (1551), cyfieithiad o lithoedd y gwasanaeth Cymun, ac ef a gyfieithodd y rhan fwyaf o'r Testament Newydd ac o'r Llyfr Gweddi Gyffredin a gyhoeddwyd ym 1567.

Sely': Solomon brenin Israel a oedd yn enwog am ei ddoethineb, gw. 1 Br. iii. 12.

75-8. *Gruffudd* etc.: Byddai Prys yn gwybod yn ddiau am y cydweithredu a fu rhwng William Salesbury a Gruffudd Hiraethog, rheswm arall efallai, yn ychwanegol at y ffaith fod y ddau 'eb raddav', dros eu cyplysu ynghyd. Casgliad Gruffudd Hiraethog o ddiarhebion Cymraeg oedd *Oll Synnwyr pen Kembero ygyd* a gyhoeddodd Salesbury ym 1547, a rhoes eirda i'r bardd yn rhagymadrodd y llyfr. I Ruffudd Hiraethog ac 'eraill oei Gelfyddyd' y cyflwynodd Salesbury ei lythyr annerch ar ddechrau ei lyfr ar Retoreg (am y testun gw. *B*, II, 115-17), ac yno mae'n disgrifio Gruffudd fel 'vymprif gydymaith yn y kyfryw bethev hyn'. Ar hyn gw. ymhellach D. J. Bowen, *Gruffudd Hiraethog a'i Oes*, 47-61 ac idem, 'Gruffudd Hiraethog ac Argyfwng Cerdd Dafod', *LlC*, II, 152-3.

81-2. *Treio pob gwawd . . . Trwy air o farn tri o'r fainc:* Ceir ateg efallai i'r honiad hwn mai gerbron tri barnwr y profid beirdd i'w graddio yn y dystiolaeth mai gerbron tri gŵr y cynhaliwyd eisteddfod gyntaf Caerwys (gw. y copi o Statud Gruffudd ap Cynan yn *B*, V, 28) ac mai tri gŵr a arwyddodd drwydded Gruffudd Hiraethog fel disgybl pencerddaidd (gw. 20. 73-4n.).

84. *Gwardytoedd i gardottyn:* Yr oedd awydd yr awdurdodau a'r boneddigion i gwtogi nifer y cardotwyr a ymhonnai'n feirdd ynghyd ag awydd y beirdd eu hunain i osgoi cael eu cyfrif yn grwydriaid yn gymhellion pwysig y tu ôl i gynnal eisteddfodau Caerwys yn yr unfed ganrif ar bymtheg, gw. Gwyn Thomas, *Eisteddfodau Caerwys* (Caerdydd, 1968), 34-42, 104-8. Cf. hefyd D. J. Bowen, 'Y Cywyddwyr a'r Dirywiad', *B*, XXIX, 465-6.

85. *grâs*: Defnyddia Prys y gair yn yr ystyr oedd i'r Saes. *grace* yn y prifysgolion = 'the leave of Congregation to take a degree' (*OED* s.v. *grace, sb.* 9).

Cywydd 24

3-6. Rhydd Prys 'historia Lucurgi Lacedæmoniorum' fel ei ffynhonnell yma, gw. nodyn ymyl y ddalen (i). Ar Lycurgus, sylfaenydd cyfansoddiad Sparta yn ôl traddodiad, gw. *OCD*, 628-9. Daw'r stori y cyfeiria Prys ati yma o Plutarch *Moralia* 3A (hefyd ibid. 225F). (Dychwel Prys at yr un stori yng nghywydd 42, llau. 9-14; gw. hefyd nodyn ymyl y ddalen (i) gyda'r cywydd hwnnw.) Yn ôl y stori cymerodd Lycurgus ddau gi bach a aned o'r un fam ac fe'u magodd yn wahanol. Rhoes ymborth blasus i'r naill a gadael iddo aros yn y tŷ, tra dysgodd y llall i hela a dilyn trywydd. Yna, gerbron cynulleidfa o bobl Sparta, gosododd ddysglaid o fwyd ac ysgyfarnog o flaen y ddau gi. Aeth y ci a gafodd fagwraeth esmwyth ar ei union at y bwyd yn y ddysgl, tra rhedodd y ci a fagwyd i hela ar ôl yr ysgyfarnog. Defnyddiodd Lycurgus hyn fel eglureb i ddangos i'r bobl fod addysg a magwraeth yn drech na natur.

17-18. *Mor debig . . . a'r ber i'r golwyth:* Dihareb, cf. 'Da gweddei r ber ir golwyth' (*OSP, DDiar*).

19-20. *Am i gael yn drafaeliwr* etc.: Cf. 20. 41n. Yn ôl M. C. Seymour, *Mandeville's Travels,* Cyfres 'The World's Classics' (Llundain, 1968), xxi, anghyffredin oedd amau gwirionedd 'Teithiau Mawndfil' cyn 1600.

24. *Horas:* Quintus Horatius Flaccus, y bardd Lladin (65-8 C.C.). Arno gw. *OCD*, 527-30.

25-8. *Paintiwr a fyn* etc.: Gw. nodyn ymyl y ddalen (ii), dyfyniad o Horas, *Ars poetica* 9-10.

29-30. *Tri dêg . . . a thair blynedd:* Yn ôl y fersiwn Lladin fwlgat o'r llyfr cychwynnodd Mawndfil ar ei daith ym 1322 a dychwelyd ym 1355. Ond nid yw'r holl fersiynau yn cytuno ynghylch dyddiadau'r daith, gw. Malcolm Letts, *Sir John Mandeville* (Llundain, 1949), 17.

55-6. *Dvw irioed . . . a dillad a'm diwallodd:* Cf. Math. vi. 28-32.

Cywydd 25

3-4. *Na fwrw ddysg yn efrydd wedd* etc.: Seiliwyd hyn yn ôl pob tebyg ar Diar. i. 7.

25-6. *Os bwriais . . . emav dysg fel ymysc moch:* Cf. Math. vii. 6. Yr oedd 'Cast not pearls before swine' wedi datblygu'n ymadrodd diarhebol yn Saesneg yn yr unfed ganrif ar bymtheg (*DPE,* P165), a diau fod hyn yn wir am yr ymadrodd Cymraeg cyfatebol hefyd.

37-46. *Davryw yspryd a yrawdd / Dvw o nef* etc.: Cf. *IGE,* LXV ('Dychan Siôn Cent i'r Awen Gelwyddog'). 5-16.

41-2. *Vn a roes Duw . . . mewn Adda:* Cf. *IGE,* LXII (trydydd cywydd Rhys Goch Eryri yn ei ymryson â Llywelyn ap y Moel). 43-56.

50. *Am yr awen:* Ar bwnc yr awen ac ysbrydoliaeth farddol yn gyffredinol gw. H. M. a N. K. Chadwick, *The Growth of Literature,* I (Caer-grawnt, 1932), 635-60.

51-2. *Ni châd hon . . . O bair gwrach:* Cyfeiriad at Chwedl Taliesin (gw. 9. 18n.). Yn ôl yr hanes aeth Ceridwen wrach ati i baratoi pair o lysiau rhinweddol i ferwi am flwyddyn a diwrnod er mwyn distyllu tri dafn a alluogai Morfran, ei mab, i wybod popeth am a fu, am a oedd ac am a fyddai: 'Ac yna yr ordeiniodd hi drwy gelfyddyd Llyfrau Pheryllt i ferwi Pair o Awen a Gwybodeu iw mab fal y bai urddasch [sic] ei gymeriad am ei wybodau ai gelfyddyd am y byd a ddelai rhag llaw.' (*MA,* 22.) Gw. hefyd Ifor Williams, *Chwedl Taliesin,* 4-5.

53. *Nag o ffrwyth y tylwyth teg:* Ai math o fadarch a olygir wrth *ffrwyth y tylwyth teg?* (O dan *Fungus* rhydd *D* 'Bwyd ellyllon', a gallai *ellyll* olygu 'un o'r tylwyth teg' (*GPC*); cf. hefyd y Saes. *fairy-mushroom* (*OED*).) Crybwyllir enghreifftiau o fwyta madarch er mwyn hyrwyddo perlewyg a gorawen gan M. Eliade, *Shamanism* (Llundain, 1964), 220, 400.

56. *ne gysgu allan:* Cf. y traddodiad am wely Idris ar gopa Cadair Idris a nodir gan Siôn Dafydd Rhys yn P 118: 'Ac ebh a dhywedir taw pwy bynnac i dhyn a orwedho ac a gysco ar y gwely hwnnw, un o'r dheu beth a dhamchweina idhaw, nailh ai bod yn Brydydh or bhath oreu, ai ynteu myned yn lhwyr ynbhyd o honaw.' Cofier hefyd am y stori a adroddir yn P 267 ynghylch y modd y cafodd y bardd Huw Arwystl ei awen o ganlyniad i gysgu yn eglwys Llandinam, gw. Enid Roberts, 'Eisteddfod Caerwys 1567', *TrDinb,* XVI (1967), 54-5.

Yr un yn eu hanfod oedd y ddawn i broffwydo a'r ddawn i farddoni ac ystyrid y ddwy yn gynnyrch ysbrydoliaeth yr awen, gw. Chadwick, *The Growth of Literature,* I, 635. Ceir nifer o gyfeiriadau o wahanol wledydd at weledigaethau proffwydol eu naws a geid wrth gysgu, yn aml wrth orwedd ar groen anifail, ac nid yw'n amhosibl mai rhyw ddefod o'r fath sydd ym meddwl Prys yma. Am enghreifftiau o Iwerddon a'r Alban gw. T. F. O'Rahilly, *Early Irish History and Mythology* (Dulyn, 1946), 323-4 ac Osborn Bergin, *Irish Bardic Poetry,* gol. David Greene a Fergus Kelly (Dulyn, 1970), 9-10. Sonnir ym Mrut Sieffre am Frutus yn cael gweledigaeth wrth gysgu ar groen ewig (*BD,* 14), a thrafodir hyn gan J. S. P. Tatlock yn *The Legendary History of Britain* (Berkeley a Los Angeles, 1950), 261, gan nodi enghreifftiau o ddefodau tebyg o sawl gwlad. Cf. hefyd y freuddwyd a gafodd Rhonabwy wrth gysgu ar groen dyniawed melyn, gw. *Breudwyt Ronabwy,* gol. Melville Richards (Caerdydd, 1948), 2-3.

57-8. *Ag ni châd . . . o gynddaredd:* Diau mai'r hyn sydd ym meddwl Prys yma yw'r math o orawen orffwyll a geid gan yr awenyddion Cymreig yn ôl disgrifiad Gerallt Gymro ohonynt yn *Descriptio Kambriae,* I, XVI, gw. *Giraldi Cambrensis Opera,* VI, gol. J. F. Dimock (Llundain, 1868), 194. Ar hyn gw. J. Gwyn Griffiths, 'Giraldus Cambrensis *Descriptio Kambriae,* i.16', *B,* XXXI, 1–16; hefyd Chadwick, *The Growth of Literature,* I, 636. Yr oedd ysbrydoliaeth farddol o'r math hwn yn un o'r pynciau a gafodd sylw Plato (*Ion, Phaedrus, Apologia* a'r *Menon*); am drafodaeth ar hyn yng nghyd-destun llenyddiaeth Groeg gw. E. N. Tigerstedt, 'Furor Poeticus: Poetic Inspiration in Greek Literature before Democritus and Plato', *Journal of the History of Ideas,* XXXI (1970), 163-78. Ar oroesiad y syniad o *furor poeticus* yn ystod yr Oesoedd Canol gw. Curtius, *European Literature and the Latin Middle Ages,* 474-5.

59-60. *Plato a roes i Foesen / Fath air am y gyfraith hên:* Fersiwn gwreiddiol y cwpled hwn oedd 'fel testyn ynyn anardd / plato hen am foesen fardd' (gw. amrywiadau). Ni chrybwyllir Moses yn unrhyw un o weithiau Plato, ond ceir cyfeiriadau ynddynt at fardd neu offeiriad chwedlonol o'r enw Mwsaeos (*Respublica* 363C-D; ibid. 364E; *Ion* 536B; *Apologia* 41A; *Protagoras* 316D). Ar y Mwsaeos hwn gw. *OCD,* 704. Yn ôl rhai awduron (e.e. Artapanus (fl. y ganrif gyntaf C.C.), Eusebius, *Praeparatio evangelica,* IX, xxvii; hefyd *Orphicorvm Fragmenta,* gol. O. Kern (Berlin, 1922), 14, rhif 44) enw Groegaidd ar Foses oedd Mwsaeos. Ar yr uniaethu hwn gw. Curtius, *European Literature and the Latin Middle Ages,* 211; E. Wind, *Pagan Mysteries in the Renaissance,* argraffiad newydd (Llundain, 1968), 278 a'r cyfeiriadau yno; hefyd *Y Gwyddoniadur Cymreig,* gol. J. Parry, VII (Dinbych, 1872), 598b. Mae'n amlwg mai'r dyb hon mai'r un oedd Mwsaeos a Moses sydd wrth wraidd sylw Prys yn y cwpled hwn.

Mae'n anodd gweld sut y gellir dehongli unrhyw un o gyfeiriadau Plato at Fwsaeos fel cyfeiriad at Foses a'i gyfraith, fodd bynnag, hyd yn oed o'u hystumio a'u gwyrdroi yn sylweddol. Dichon mai'r hyn a ddigwyddodd oedd fod Prys yn ymwybodol fod Mwsaeos a Moses yn cael eu huniaethu, ond mai brithgof yn unig oedd ganddo o'r hyn a ddywedodd Plato mewn gwirionedd. Hwyrach ei bod yn arwyddocaol na cheir sôn am y gyfraith yn fersiwn gwreiddiol y cwpled (gw. uchod). Ond nid yw'n amhosibl, wrth gwrs, mai rhyw ddehongliad anhysbys o weithiau Plato sydd wrth wraidd sylw Prys yma.

Er gwaethaf yr anawsterau a nodwyd uchod ceir dau gyfeiriad o'r eiddo Plato a allai fod yn gnewyllyn i sylw Prys. Yn *Ion* 536B sonnir am Fwsaeos fel un a ysbrydolai feirdd ynghyd ag Orffews a Homer, ac yn *Respublica* 363D dywedir fod Mwsaeos yn tybied 'mai gwobr decaf rhinwedd yw meddwdod tragwyddol.' Soniai'r athronwyr Neoblatonaidd am fath o feddwdod a oedd yn ffurf ar ysbrydoliaeth neu 'gynddaredd' dwyfol (Wind, *Pagan Mysteries in the Renaissance,* 60-2, 277), a deallodd Marsilio Ficino eiriau Plato am 'feddwdod tragwyddol' Mwsaeos yn *Respublica* 363D fel cyfeiriad at hyn (ibid., 61, 278).

Gellid dadlau y dylid diwygio'r testun yn llin. 60. Ceir *r* berfeddgoll ('Fath . . . gyfraith') yn y llinell fel y mae. *Fath air* yw darlleniad pob llawysgrif sy'n cynnwys fersiwn diweddar y cwpled, ond yn P 125 ceir y cywiriad *frath* ar ymyl y ddalen mewn llaw wahanol i'r brif law. Sonnir yn fersiwn gwreiddiol y cwpled am 'testyn . . . plato hen', cf. 'Yn i destyn diystyr' (llin. 62) a 'Doethost a'th destyn dithav' (llin. 73) lle mae'n sicr mai 'gwatwar, gwawd, anfadair' yw ystyr *testun.* Awgryma'r gyfatebiaeth bosibl rhwng *testun* a *frath air,* ynghyd â'r prinder enghreifftiau o *r* berfeddgoll yng ngwaith Prys, y gellid efallai ddiwygio darlleniad y fersiwn diweddar i *frath air.* Ond yn niffyg gwell tystiolaeth lawysgrifol o blaid hyn, ac oherwydd yr ansicrwydd ynghylch y cyfeiriad at Blato, barnwyd mai gwell fyddai gadael y llinell fel y ceir hi yn Ll 43.

61-4. *Ffestus* etc.: Cyfeirir yma at eiriau Porcius Ffestus, swyddog Rhufeinig yr ymddangosodd Paul o'i flaen i gael ei farnu: 'Paul, yr wyt ti yn ynfydu; llawer o ddysg sydd yn dy yrru di yn ynfyd.' (Act. xxvi. 24.)

67-72. Cyfeiriad at dywalltiad yr Ysbryd Glân ar ddydd y Pentecost, gw. Act. ii.

78-82. *atteb Pawl:* Sef yr ateb a roddodd i Ffestus (gw. 61-4n. uchod): 'Nid wyf fi yn ynfydu, O ardderchocaf Ffestus; eithr geiriau gwirionedd a sobrwydd yr wyf fi yn eu hadrodd.' (Act. xxvi. 25.)

88. Â'r llinell cf. 'Neu Rys goch, iawn rwysg uchel' (Marwnad Siôn Tudur gan Edward ap Raff, gw. Enid Roberts, *Gwaith Siôn Tudur,* rhif 218. 24). Cf. 16. 30n.

89-90. *Davddecant blwydd . . . Cyn Adda gael gynydd gwawd:* Yr hyn a welir yma yw gwrthdrawiad rhwng dau amcangyfrif o ddyddiad y Creu, y naill yn seiliedig ar gyfieithiad y Deg a Thrigain a'r llall ar y Beibl Hebraeg. Honnodd Rhys Goch yn ei ymryson â Llywelyn ap y Moel fod Duw wedi dysgu cerdd i Adda 5,200 o flynyddoedd cyn y Sulgwyn cyntaf, gw. nodyn ymyl y ddalen (ii). (Am y dyfyniad gw. *IGE,* LXII. 43-6.) Yr amcangyfrif a seiliwyd ar y Deg a Thrigain fod y byd wedi ei greu 5,200 o flynyddoedd cyn Crist sydd wrth wraidd honiad Rhys Goch. Ceir yr amcangyfrif hwn mewn gweithiau cronolegol Cristnogol cynnar megis *Chronicon* Eusebius, gw. Jack Finegan, *Handbook of Biblical Chronology* (Princeton, 1964), 184. Ond erbyn y Dadeni daethpwyd i seilio'r amcangyfrif gan amlaf ar y Beibl Hebraeg gan gwtogi oedran y byd a gosod y Creu oddeutu 3,900-4,000 o flynyddoedd cyn Crist. Ar hyn gw. C. A. Patrides, *Premises and Motifs in Renaissance Thought and Literature* (Princeton, 1982), 53-4. (Dyfynnir ibid., 55-7, 43 o amcangyfrifon gwahanol gan 110 o awduron o'r cyfnod a esyd y Creu rhwng 3,928 a 4,103 o flynyddoedd cyn Crist.) O dderbyn i'r byd gael ei greu oddeutu 4,000 o flynyddoedd cyn Crist byddai amcangyfrif Rhys Goch o'r dyddiad pan gafodd Adda yr awen yn ymddangos 1,200 o flynyddoedd allan ohoni, fel y noda Prys.

Yn ei ddiddordeb mewn manion cronolegol y mae Prys yn nodweddiadol o ddysgedigion ei oes. Ar y sylw a roid i faterion cronolegol yng nghyfnod y Dadeni gw. Patrides, 52-63, a hefyd Ernest A. Strathmann, 'Ralegh on the Problems of Chronology', *The Huntington Library Quarterly,* XI (1947-8), 129.

Cyn . . . gynydd: Twyll caled a meddal (*c . . . g*).

93-6. *Ni wyddai Rys . . . gan i fod / Yn y Beibl hyn heb wybod:* Nid yw hyn yn hollol gywir gan fod cronoleg Rhys Goch hefyd yn seiliedig ar y Beibl, gw. 89-90n. uchod. Y gwahaniaeth rhwng y Deg a Thrigain a'r Beibl Hebraeg a gyfrifai am y gwahaniaeth mewn dyddiadau. Ar awdurdod y Beibl, ac yn arbennig llyfr Genesis, mewn materion cronolegol cf. yr hyn a ddywed F. C. Haber, *The Age of the World* (Baltimore, 1959), 1-2: 'There was a consensus amongst those who accepted the doctrine of the plenary inspiration of Scripture that all the data needed for chronology in prehistory was contained in Genesis.' Gw. hefyd Arnold Williams, *The Common Expositor* (Chapel Hill, 1948), 140.

97-100. *Bu derm cylch i bedeirmil . . . Cyn Sûl Gwyn:* Gw. 89-90n. uchod.

103-8. Am hanes yr ysbryd yn disgyn ar y dengwr a thrigain o henuriaid Israel a ddewiswyd i gynorthwyo Moses gw. Nu. xi. 11-25.

109-22. Am hanes Saul a'r cenhadau a anfonodd i ddal Dafydd yn derbyn yr ysbryd gerbron Samuel yn Rama gw. 1 Sam. xix. 18-24.

Mîl davgant . . . Cyn Sûl Gwyn: Diddorol yw cymharu amcangyfrif Prys o'r dyddiad pan broffwydodd Saul â'r hyn a geir mewn gweithiau cronolegol o'r cyfnod. Ceir bwlch o 1,114 o flynyddoedd rhwng brenhiniaeth Saul a'r Sulgwyn yn ôl y dyddiadau yn *Chronologia* Johann Funck (Basel, 1554), 1,106 o flynyddoedd yn ôl *An Epitome of Cronicles* Thomas Lanquet (Llundain, 1559) a 1,112 o flynyddoedd yn ôl *Chronologia* Gerardus Mercator (Cologne, 1569).

125-8. Gw. 67-72n. uchod.

129-30. *E roes dysc . . . i bysgodwyr:* Pysgotwyr oedd o leiaf bedwar o'r disgyblion, gw. Math. iv. 18-22.

131. *Antwn hên:* Antwn Sant (m. 356-7) o'r Aifft, sylfaenydd mynachaeth Gristnogol. Arno gw. *DCB*, 65.

135-6. *Ni welsai . . . lyfr erioed:* Camddeallodd llawer (e.e. Awstin Sant ym mhrolog ei *De doctrina Christiana*) frawddeg ym muchedd Antwn gan Athanasiws Sant a awgrymai nad oedd ganddo lawer o addysg a'i chymryd i olygu ei fod yn anllythrennog, gw. Robert T. Meyer (cyf.), *St. Athanasius: The Life of Saint Antony* (Westminster, Md. a Llundain, 1950), 129, nodyn 244.

Cywydd 26

13. *Ifan:* Yr Apostol Ioan.

17-20. *Pob celwydd . . . Sydd o ddiafl . . . A phob gwir . . . o Grist y daw:* Gw. Io. viii. 44-5.

33-4. *Sef bôd . . . Taliesin yn maithdrin mor:* Cyfeiriad at Chwedl Taliesin, gw. 9. 18n. Yn ôl y chwedl gollyngodd Ceridwen wrach y baban Taliesin i'r môr mewn corwg, ac achubwyd ef gan Elffin ap Gwyddno Garanhir, gw. Ifor Williams, *Chwedl Taliesin,* 6-7.

35-6. *Fal i bv . . . Sionas:* Cyfeiriad at hanes Jona ym mol y morfil, gw. Jona i-ii.

59. *vnwedd anab:* Yr oedd *anap y lleian* yn enw a arferid am Fyrddin, gw. *GPC* o dan *anap.*

71-2. *Er bôd i fam . . . o fron hanes frenhinawl:* Yn ôl yr hanes a rydd Sieffre o Fynwy yr oedd mam Myrddin yn ferch i frenin Dyfed (*BD,* 101).

Cywydd 27

11-12. *Cyfraith . . . Gruffvdd / Cynan:* Ceid traddodiad ymysg y beirdd fod Gruffudd ap Cynan (gw. 7. 66n.) wedi gwneud trefn a dosbarth ar gerdd dafod a cherdd dant. Cysylltid ei enw â'r Statud a luniwyd ynglŷn ag eisteddfod gyntaf Caerwys, 1523. Ar y Statud gw. T. Gwynn Jones, 'Bardism and Romance', *TrCy* (1913-14), 244-64.

15-16. *Prifardd, arwyddfardd . . . A phosfard[d]:* Ceir y rhaniad hwn yn y testun o Statud Gruffudd ap Cynan a gynhwysodd Siôn Dafydd Rhys yn *Cambrobrytannicae Cymraecaeve Lingvae Institvtiones et Rvdimenta,* 303. Cf. hefyd P 147, 216: 'Tri bard y syd . prifard . posvard . arwydvard / privard yw yr hwn a dyly cadair / posvard y rodi athrawaeth / arwydvard yw dysgybyl ag awen natiriol.' Yr un yw'r dosbarthiad yn y dyfyniad o *Ymadrodd Gweddaidd Ynghylch Diwedd y Byd* [1703] a rydd Garfield H. Hughes yn *JWBS,* VII (1950-3), 22-3: 'Tri math ar feirdd oedd, a pôb ûn o honŷnt oedd er ys hên amser; ond dau sydd or dechreuad, sef yr arwydd-feirdd a'r Prif-feirdd, ac oddiwrth y ddau rŷw hyn y cafodd hôll Europa ddechreuad eu cyfarwŷddŷd au dysgeidiaeth: Ar drydedd mâth ar Feirdd iw'r Pos-feirdd, y rhai drwy ddysgeidiaeth y ddau gyntaf a ddangosasant y trallodau a fyddeu yn niwedd y bŷd, ymmŷsc y Bryttaniaid.'

posfard[d]: Cf. y ffurf *posddisgybl* (7. 112, 27. 90). Awgryma'r anghysondeb a geir rhwng y gwahanol ddiffiniadau o'r term fod cryn ansicrwydd ynghylch natur a swyddogaeth y posfardd. Yn ôl Siôn Dafydd Rhys (*Cambrobrytannicae Cymraecaeve Lingvae Institvtiones et Rvdimenta,* 146) posfeirdd y gelwid y beirdd a ganai brydyddiaeth hanesyddol ei natur lle molid gorchestion gwŷr mawrion a goganu eu beiau. Mae'r diffiniad yn WOP, 'a preceptive bard, a didactic bard' yn cyd-fynd â'r hyn a ddywedir yn P 147, 216, fodd bynnag (gw. y dyfyniad yn y nodyn uchod). Ymddengys mai fel daroganwyr yr ystyrir y posfeirdd yn *Ymadrodd Gweddaidd Ynghylch Diwedd y Byd* (gw. y dyfyniad yn y nodyn uchod), a'r ystyr yn ôl Ll 189 (Geiriadur William Gambold) yw 'A modern Bard'. Yn *RC,* XXXVIII, 157-8 cyfieitha J. Loth *posbeirdein* fel 'bardes de bas étage' a'i gyfosod â'r ffurf Wyddeleg *casbairdne* ('metres employed by the sruth di aill' yn ôl K. Meyer, *Contributions to Irish Lexicography* (Halle, 1906), I, 321). Dywed mai *cass-* 'crych, cyrliog' yn yr ystyr drosiadol 'drwg' (gw. Meyer, op. cit., 323) yw elfen gyntaf y ffurf Wyddeleg. Gan fod Prys yn dannod i Gynwal mai posfardd, nid prifardd nac arwyddfardd, ydyw (27. 83-90), mae'n rhaid fod y term yn golygu rhyw fath o fardd israddol iddo. Ystyr ddilornus sydd i'r term yn y disgrifiad o gywydd gan Iorwerth Fynglwyd fel 'Tuchan S. laison y Margan—barwn pos veirdd', gw. E. J. Louis Jones a Henry Lewis, *Mynegai i Farddoniaeth y Llawysgrifau* (Caerdydd, 1928), 232.

18. Ar y gyfatebiaeth yn y llinell hon ('Cynwal rhwysg') gw. *CD,* 210.

19-24. Ar y delweddau yn y llinellau hyn gw. F. G. Payne, "Cwysau o Foliant Cyson", *Y Llenor,* XXVI (1947), 5-8 (idem, *Cwysau,* 9–12).

29-30. *Dav Ferddin . . . A Thaliesin:* Cf. 9. 17-18 a 36. 45-56. Cyffredin oedd cyplysu'r ddau Fyrddin a Thaliesin ynghyd a'u hystyried yn brif gynrychiolwyr yr hen draddodiad barddol. Cf. 'Pwy bynnag a ddywetto ei fod yn Arwyddfardd, gwybydded achoedd brenhinedd a thowyssogion a chyfarwyddyd oddiwrth y tri phrifardd a fu yn ynys Brydain nid amgen Merddin ap Morfryn, Merddin Emrys, a Thaliessin Benbeirdd' (Hafod 24, 225; dyfynnir gan D. Gwenallt Jones yn 'Rhethreg yng Nghyfundrefn y Beirdd', *Y Llenor,* XII (1933), 158. Fe'i ceir hefyd yn *Cambrobrytannicae Cymraecaeve Lingvae Institvtiones et Rvdimenta,* 303). Hefyd 'Tri Bardd Kaw oedd yn Llys Arthur: Myrddyn vab Morvryn, Myrddyn Embrys, a Thaliessin.' (*TYP,* 214.)

31-2. *Medd henyddion . . . Yr oedd mwy o brifeirdd mawl:* Ar y syniad hwn gw. G. J. Williams, 'Leland a Bale a'r Traddodiad Derwyddol', *LlC,* IV, 15-25. Credai ysgolheigion yr unfed ganrif ar bymtheg y gellid olrhain y traddodiad barddol Cymreig yn ôl i'r cyfnod derwyddol, ac mai traddodiad dysgedig ydoedd. Credent fod llawer o'r hen ddysgedigion wedi cael eu hanghofio oherwydd i'w gwaith gael ei ddinistrio yn y rhyfeloedd a fu rhwng y Brytaniaid a'u gelynion. Rhoid lle amlwg i'r damcaniaethau hyn yn llyfr yr hynafiaethydd Seisnig John Leland, *Commentarii de Scriptoribus Britannicis* (lluniwyd c. 1540), gwaith a oedd yn hysbys i ysgolheigion y cyfnod er na chyhoeddwyd ef tan 1709 (Rhydychen, gol. Anthony Hall). (Ar y *Commentarii* gw. hefyd T. D. Kendrick, *British Antiquity* (Llundain, 1950), 56-8.) Pwrpas Leland oedd 'Dangos i wŷr y cyfnod, ac yn arbennig i estroniaid, hanes dysg Brydeinig . . . ac egluro fel yr oedd wedi ffynnu yn Lloegr ac yng Nghymru hyd ei ddyddiau ef.' (G. J. Williams, op. cit., 17.) Cynhwysai'r llyfr fywgraffiadau o tua 600 o ysgolheigion, awduron, beirdd a noddwyr dysg Prydeinig o'r cyfnod cynnar ymlaen, y rhan fwyaf ohonynt yn bersonau hanesyddol ond rhai ohonynt yn greadigaethau'r dychymyg. Cynhwysodd John Bale, Esgob Ossory, ddyfyniadau maith o'r *Commentarii* yn ail argraffiad ei lyfr ar yr Awduron Brytanaidd, *Scriptorvm Illustrium Maioris Brytanniae . . . Catalogus* (Basel, 1557), a bu'r gwaith hwn yn gyfrwng i boblogeiddio syniadau Leland ac i sefydlu rhai o'r gwŷr y soniodd amdanynt yn ffigurau o fri yng ngorffennol llenyddol y Cymry. Adlewyrchir y derbyniad gwresog a gafodd y syniadau hyn gan ysgolheigion Cymreig y cyfnod yn 27. 71-6 yn y testun (gw. nodyn isod), ac mewn gwaith fel *The History of Great-Britain* gan John Lewis o Lynwene lle cyfeirir at nifer o'r hen ddysgedigion Brytanaidd a grybwyllir yn llyfrau Leland a Bale.

35-6. *Sef gwyddent lwybr cylch wybren . . . yr holl sêr uwchben:* Daw'r syniad hwn o *Catalogus* Bale, lle disgrifir amryw o'r hen ddysgedigion Brytanaidd fel seryddwyr o fri. Cf. ei ddisgrifiad o *gymnasium* Caer yr honnid fod Meugant yn perthyn iddo: 'In illa enim . . . astrologiam & alias artes edocti perliq3, stellarum cursus diligenter obseruabant, & uentura ex cometis seu crinitis sideribus, ac certis planetarum indiciis prognosticabant hominum fata.' (Op. cit., 47.)

43-4. *Dyrogan . . . Dreigiav:* Yr oedd dreigiau, yn cynrychioli naill ai genhedloedd neu unigolion, yn symbolau cyffredin yn y daroganau, gw. y cyfeiriadau yn y mynegai i Margaret Enid Griffiths, *Early Vaticination in Welsh* (Caerdydd, 1937), 240. Cf. y stori (seiliedig ar *Historia Brittonum* Nennius, penodau 40-2) a rydd Sieffre o Fynwy am y ddraig goch a'r ddraig wen a gysgai o dan gastell Gwrtheyrn, y naill yn cynrychioli'r Brytaniaid a'r llall y Saeson (*BD,* 103-4). Priodola Bale y gallu i broffwydo a darogan i nifer o'r dysgedigion Brytanaidd y sonia amdanynt.

46. *philosphydd:* Golyga yma fwy nag athronydd yn ein hystyr ni i'r gair. Cf. *OED* s.v. *philosopher:* 'formerly in a wide sense, including men learned in physical science (physicists, scientists, naturalists), as well as those versed in the metaphysical and moral sciences.'

71-6. Dywed G. J. Williams am y llinellau hyn gan Brys mai 'Rhestri Bale o'r hen *Vates* a'r *Bardi* a'u disgynyddion a oedd wrth ei benelin' (op. cit, 21).

Plenydd . . . Oron: Dau fardd a gweledydd (*vates*) Brytanaidd y cyfeirir atynt yn *Commentarii* Leland, 16-17 ac yn *Catalogus* Bale, 13. (Yr Eidalwr Ponticius Virunnius yn ei *Historiae Britannicae Libri Sex* (1508) oedd y cyntaf i gyfeirio atynt, ac fe'u crybwyllwyd hefyd gan Lilius Gregorius Gyraldus o Ferrara yn ei *Historiae Poetarvm tam Graecorvm quam Latinorvm Dialogi decem* (1545), gw. G. J. Williams, op. cit., 15-16.) Honnid eu bod yn gyfoeswyr a'u bod yn perthyn i'r cyfnod pan ymladdai'r Macabeaid yn Jwdea, sef hanner cyntaf yr ail ganrif C.C. (Bale, *Catalogus,* 13).

Rufin: Ceir ei hanes yn *Catalogus* Bale, 41-2 lle dywedir ei fod yn fardd Brytanaidd a groesodd i Lydaw gyda Macsen Wledig ac a ddewiswyd yn diwtor i Arcadius, mab yr Ymerawdwr Theodosius. Cymysga Bale ef â'r Rufinus yr ymosododd y bardd Claudianus arno yn ei *In Rufinum* ac a laddwyd yng Nghaergystennin.

Maygant: Ceir adran arno yn *Commentarii* Leland, 49 ac yn *Catalogus* Bale, 47. Cyfeirir ato ym Mrut Sieffre (*BD,* 102) fel dewin y gofynnodd Gwrtheyrn am ei gyngor ynghylch geirwiredd mam Myrddin pan honnai mai ysbryd a genhedlodd ei mab (gw. cyfeiriad at hyn yn 43. 78 yn y testun), a chrybwyllir hyn gan Leland a Bale. Yn ôl Bale yr oedd yn athronydd, mathemategydd a meddyg, a pherthynai i *gymnasium* neu brifysgol Caer. Yr oedd Meugant yn enwog fel un o'r cynfeirdd yn y traddodiad Cymreig (gw. Thomas Parry, *Hanes Llenyddiaeth Gymraeg,* 8) a thadogid cerddi arno (gw. e.e. *MA,* 121-3).

Melchin: Sonnir amdano yn Leland, *Commentarii,* 41-2 ac yn Bale, *Catalogus,* 54-5. Geilw Bale ef yn 'Melkinvs Avalonivs' a dywed mai un o'r *vates* Brytanaidd ydoedd. Honnir ei fod yn hyddysg mewn seryddiaeth a geometri ac y gallai ddehongli breuddwydion, arwyddocâd comedau a threfn y planedau. Dywedir hefyd iddo sgrifennu ar hanes a hynafiaethau Brytanaidd: honna Leland iddo weld darn o hanes wedi ei sgrifennu ganddo ym mynachlog Glastonbury, a dywed Bale fod Capgrave, Harding a Leland yn ddyledus iddo. Yn ôl Bale yr oedd yn ei flodau yn y flwyddyn 550 pan deyrnasai'r brenin Gwerthefyr.

Mefin: Enwir ef fel un o'r *bardi* gan Leland, *Commentarii,* 5, ond dywed ibid., 42 mai enw ydoedd a ddefnyddiwyd am Melchin gan y croniclydd John Harding. Yn ôl Bale hefyd (*Catalogus,* 54) enw arall ar Felchin ydoedd.

Madoc: Y sant, Madog ap Gildas, gw. *LBS,* III, 394-5. Y mae'n un o nifer o seintiau a restrir ymhlith y *vates* neu'r *eubages* Brytanaidd gan Bale, *Catalogus,* 5.

Cadog: Sant Cymreig o'r bumed ganrif a sefydlydd mynachlog Llancarfan oedd y Cadog hanesyddol, gw. *BC,* 55-6 a *LBS,* II, 14-42. Rhestrir ef gan Bale, *Catalogus,* 5 ymhlith y *vates,* a dywed ymhellach, ibid., 58 ei fod yn ei flodau yn y flwyddyn 570 pan deyrnasai Maelgwn.

85. *Avda':* Ai Eudaf Hen ap Caradog, tad Elen, gwraig Macsen Wledig? Os felly, anodd esbonio'r cyfeiriad. Gw. hefyd yr amrywiadau.

Cywydd 28

5. *bil:* Ymhlith ystyron *bill* rhydd *OED* 'A promissory note . . . . Hence, *Bill of debt* or *bill obligatory:* a bill acknowledging a debt and promising to meet it at a specified date.' Diau mai dyma'r ystyr yma ac yn 37. 5.

24. *cost:* Cf. hefyd 37. 24. Yn *OED* o dan *cost, sb.*[1] mae'r geiriau Hen Lych. *kostr* a'r Goth. *kustus* ymhlith y ffurfiau cytras a ddyfynnir. Rhoddir 'trial' fel un o ystyron y ddau ohonynt. Fe'u cymherir â'r berfau Hen Saes. *costian* a'r Alm. *kosten,* 'to try, to prove'. A yw'n bosibl fod *cost* yma ac yn 37. 24 yn golygu 'prawf, archwiliad' hefyd? Am enghraifft bosibl arall o'r un ystyr cf. 'Pâr i hwn mewn cystlwn cant / *Cost* lwyswych, cwest dilysiant.' (*IGE,* XLIII. 17-18.) Teg nodi, fodd bynnag, nad yw *cost* yn digwydd yn Saesneg gyda'r ystyr hon.

34, 36. *reiol:* Daw o'r Saes. *royal/real/rial.* Ceir chwarae ar wahanol ystyron y gair yma. 'Urddasol, godidog' yw ystyr *reiol* yn llin. 34, ond darn o arian yw'r *reiol* y cyfeirir ato yn llin. 36. Fe'i rhoddwyd mewn cylchrediad gyntaf gan Edward IV ym 1465, ac yr oedd yn werth deg swllt yn wreiddiol (*OED* s.v. *rial, sb.*[1]).

55-60. *Ebriw hîl . . . Plant Siapheth . . . A Cham:* Diau mai dilyn John Bale a wna Prys yma eto (cf. 27. 31-2n.). Edrydd ef fel y daeth Samothes (gw. 46. 41n.), chweched mab honedig Jaffeth, yn frenin cyntaf Prydain (*Catalogus,* [1]-2) ac fel y sefydlodd ef a'i ddisgynyddion draddodiad dysg y Brytaniaid. Yn ddiweddarach disodlwyd llinach Samothes gan Albion, ŵyr i Cham, a chyda'i deyrnasiad ef cychwynnodd Oes Haearn ddychrynllyd a barhaodd hyd ddyfodiad Brutus a gwŷr Caerdroea (ibid., 6).

Ar yr hanes hwn a'i darddiad gw. T. D. Kendrick, *British Antiquity*, 69-76; G. J. Williams, 'Leland a Bale a'r Traddodiad Derwyddol', *LIC*, IV, 20-1; A. L. Owen, *The Famous Druids* (Rhydychen, 1962), 36-9; Stuart Piggott, *Celts, Saxons, and the Early Antiquaries* (Caeredin, 1967), 6-7; idem, *The Druids* (Llundain, 1968), 133.

60. *Brutus ap Sulius:* Gorwyr Aeneas o Gaerdroea a chyndad cenedl y Brytaniaid yn ôl Brut Sieffre. Edrydd Sieffre amdano'n glanio ym Mhrydain ac yn ei meddiannu, a dywed i Brydain a chenedl y Brytaniaid gael eu henwi ar ei ôl (*BD*, 19). (Seiliwyd yr hanes ar Nennius, *Historia Brittonum*, pennod 10.) Adroddir hanes Brutus yn Bale, *Catalogus*, 7-8.

61. *cowri oeddynt:* Disgrifir Samothes ac Albion fel cewri gan Bale (*Catalogus*, 1, 6).

65-6. *Brutus . . . A ddialodd y ddwylin:* Ceir hanes Brutus a'i ddilynwyr yn difa'r cewri yn *BD*, 19-20; hefyd Bale, *Catalogus*, 8. Disgynyddion Jaffeth a Cham yw'r 'ddwylin' y cyfeirir atynt.

67-8. *Eithr oedd rhai . . . hŷd yn Arthur:* Rhydd Sieffre hanes am Arthur yn ymladd â Rhita Gawr (BD, *170)*. Gw. 30. 76n.

69-72. Dyma fynegiant cynnar o'r syniad fod cysylltiad agos rhwng y Gymraeg a'r Hebraeg, syniad a ddaeth i'w lawn dwf yn ystod yr ail ganrif ar bymtheg. Fe'i seiliwyd ar y gred fod y Cymry yn ddisgynyddion i wyrion Noa, a hefyd ar y tebygrwydd arwynebol a welid rhwng rhai o eiriau'r ddwy iaith a rhwng rhai o'u nodweddion gramadegol a chystrawennol. Tynnodd William Salesbury sylw at y tebygrwydd hwn yn *A briefe and a playne introduction* (1550) (cf. ei ddisgrifiad o'r Gymraeg fel 'sisterlyke wyth the holy language') ac yn y cyflwyniad i'r esgobion ar ddechrau *Kynniver llith a ban* (1551), gw. Isaac Thomas, *Y Testament Newydd Cymraeg*, 80. Ond Dr John Davies o Fallwyd yn ei ragymadroddion i'w ramadeg (cyflwynedig i Edmwnd Prys), *Antiqvae Lingvae Britannicae . . . Rvdimenta* (1621), a'i eiriadur, *Antiquae Linguae Britannicae . . . Dictionarium Duplex* (1632), a fu'n bennaf gyfrifol am ddatblygu'r syniad. (Am gyfieithiadau o'r rhain, ac o gyflwyniad Salesbury i *Kynniver llith a ban*, gw. Ceri Davies, *Rhagymadroddion a Chyflwyniadau Lladin, 1551-1632* (Caerdydd, 1980).) Honnodd fod y Gymraeg yn un o'r mamieithoedd dwyreiniol a siaredid wedi cymysgu'r ieithoedd yn Nhŵr Babel a bod perthynas agos rhyngddi a'r Hebraeg. Dyfynnir llawer o eiriau Hebraeg yn ei eiriadur i ddangos eu cytundeb â geiriau Cymraeg. Dylanwadodd hyn ar Charles Edwards, y llenor Piwritanaidd, a chyhoeddodd bamffled ar y pwnc, *Hebraismorum Cambro-Britannicorum Specimen* (1676?), gw. rhagymadrodd G. J. Williams i'w argraffiad o *Y Ffydd Ddi-ffuant* (Caerdydd, 1936), xxxii-xxxiii. Yn argraffiad 1677 o *Y Ffydd Ddi-ffuant* ychwanegodd Edwards bennod (31) yn ymwneud â'r pwnc, ac ynddi restri o eiriau Hebraeg 'a arferir yn ein iaith ni' ac o 'Ymadroddion Hebraeg Cymreigaidd'. Ar hyn, ac ar ddatblygiad y syniad yn y ddeunawfed ganrif, gw. sylwadau G. J. Williams yn *Agweddau ar Hanes Dysg Gymraeg*, gol. Aneirin Lewis (Caerdydd, 1969), 115-20, a hefyd Owen, *The Famous Druids*, 179-80.

73-6. Tarddodd Sieffre o Fynwy *Cymraeg* o *Kam Roec* (Llad. = *curuum Graecum*) yn ei Frut (gw. *BD*, 19), ac o ganlyniad i'r hanes a roes am gyfanheddu Prydain daeth yn gred gyffredin fod y Gymraeg wedi ei sylfaenu ar yr iaith Roeg a ddug Brutus a'i wŷr i

Brydain o Gaerdroea. Atgyfnerthwyd y camsyniad hwn ynghylch natur y Gymraeg gan honiad Gerallt Gymro yn ei *Descriptio Kambriae,* I, XV fod y Cymry wedi cadw llawer o eiriau ac ymadroddion yr iaith Roeg a bod enwau personol Groegaidd yn dal yn arferedig yn eu plith, gw. *Giraldi Cambrensis Opera,* VI, gol. Dimock, 194. Yr oedd William Camden hefyd (*Britannia* (1600), 32) ymhlith y rhai a honnai fod geiriau o darddiad Groeg wedi goroesi yn y Gymraeg.

77-8. *Yn llythrennav . . . Ond tair a gair ynddi i gyd:* Cyfeirio at y seiniau a gynrychiolir gan lythrennau'r wyddor Gymraeg a wna Prys yma. Nid ef oedd yr unig un yn y cyfnod hwn i sylwi ar y tebygrwydd rhwng seiniau'r iaith Gymraeg a'r iaith Roeg. Trafododd Syr John Prys y tebygrwydd hwn yn *Historiae Brytannicae Defensio,* 4-7, a chyn hynny, yn *Yny lhyvyr hwnn* (1546), gol. J. H. Davies (Bangor, 1902), yr oedd wedi cyfeirio at addasrwydd y llythrennau Groeg i gyfleu seiniau'r Gymraeg: 'Kywreinach oed Lythyreu Groec no Lhadin y ni pai gelhid torri yr hen devot.' Mynegwyd yr un syniad gan Maurice Kyffin yn ei ragymadrodd i *Deffynniad Ffydd Eglwys Loegr* (1595), gol. W. P. Williams, [xii]: 'Os newid llythrenneu sydd raid, cymmwysa llythyrenneu i'r Gymraeg yw'r elfenneu Groeg;'. Credai'r awduron hyn fod yr hen Frytaniaid yn defnyddio llythrennau Groeg, ar sail tystiolaeth Iwl Cesar (*De Bello Gallico* vi. 14) fod y derwyddon yn gwneud hynny.

Mae'n debyg mai *dd, f* a *ll* yw'r tair llythyren yn yr wyddor Gymraeg y cyfeiria Prys atynt fel rhai na cheir y seiniau a gynrychiolir ganddynt yn yr iaith Roeg. (Ni cheir sain sy'n cyfateb i *y* dywyll ychwaith, ond diau na chyfrifai Prys honno yn llythyren ar wahân.)

89. Enghraifft o roi pwyslais ar air gwan (yr arddodiad *yn*) er mwyn cael cynghanedd. Am enghreifftiau o'r un peth o waith Gruffudd Hiraethog gw. D. J. Bowen, 'Cynganeddion Gruffudd Hiraethog', *LlC,* VI, 15. Awgrymir ibid. fod y nodwedd hon yn un o'r arwyddion o'r dirywiad a fu yng nghrefft y beirdd yn y cyfnod hwn.

90. *Heb reolion:* Ar y pwyslais a roid ar reoleidd-dra ac unffurfiaeth mewn iaith yng nghyfnod y Dadeni gw. R. Brinley Jones, *The Old British Tongue,* 73-4. Ceir enghraifft gyffelyb o edliw diffyg rheoleidd-dra i'r iaith Saesneg yn sylwadau Syr John Prys ar orgraff yr iaith honno yn *Historiae Brytannicae Defensio,* 5.

91-2. *Trychan hwyl . . . a dav ddêg chwaneg:* Ni nodir nifer llongau Brutus yn nhestun *BD.* Yr oedd 324 ohonynt yn ôl y testun a geir yn *Brut y Brenhinedd: Cotton Cleopatra Version,* gol. John Jay Parry (Cambridge, Mass., 1937), 16 a'r testun Lladin a geir yn *The Historia Regum Britanniae of Geoffrey of Monmouth,* gol. Acton Griscom (Llundain, 1929), 236. Nodir mai dyma'r nifer hefyd yn Bale, *Catalogus,* 8, ffynhonnell debygol Prys.

95-6. *Lle doe'r gwŷr llid ar geiri . . . ymwrdd a ni:* Gw. *BD,* 20. Mae cyfeiriad chwareus at faint anghyffredin Prys ei hunan (gw. 4. 31-2n.) yn y defnydd o *ni* yn llin. 96.

Cywydd 29

2. *Parod . . . a'r prŷd têg:* Twyll caled a meddal (*d . . . d + t*).

6. *Sef nid a rêd a fêd fûdd:* Cyfeiriad efallai at Rhuf. ix. 16.

10. *Olympia:* Prif gysegrfan Zeus yn Elis yng Ngroeg, a'r fan lle cynhelid y chwaraeon Olympaidd (*OCD*, 750).

11. *Campus Martius:* Gwastadedd y tu allan i Rufain lle perfformid ymarferiadau a champau corfforol (ibid., 200).

12. *Môr sawd:* Sangiad ansicr ei ystyr. Daw *sawd* o'r Saes. Can. *saut* (Saes. Diw. *assault*), gw. *EEW*, 202; *OED* s.v. *assault*. Efallai fod *môr* yn cael ei ddefnyddio'n drosiadol yma gydag ystyr megis 'ehangder, gwastadedd', ac y gellir deall yr ymadrodd fel cyfeiriad at y Campus Martius gydag ystyr debyg i 'maes ymryson'.

Mars: Duw rhyfel y Rhufeiniaid (*OCD*, 651). Cysegrwyd y Campus Martius iddo.

24-8. *Y tair gwarant ragorawl* etc.: Dichon mai cymysgu rhwng trioedd megis 'Tri gwarant kerdd: kerddwriaeth, a hengerdd, a meddwl da' (*GP*, 135) a 'Tri pheth a hoffant gerdd: dyfnder ystyr, odidawc veddwl, ac awdvrdawd y prydydd' (ibid., 134) sydd wrth wraidd y llinellau hyn. Cf. hefyd 'Tri pheth y kae kerd arnaw heb vynet yn y erbyn: hengerd yr hen brydydyon, ac awdurdawt y prydydyon newyd, a cheluydyt o gerdwryaeth ny aller yn y herbyn' (ibid., 17) a 'Tri pheth a vrddant gerdd: ehvdrwydd nev hvawdlrwydd parabl, awdvrdawd y prydydd, a chyfarwyddiaid a wypant varnv' (ibid., 134).

29-32. *Cenais 'glwm'* etc.: Gw. nodyn (iii) ar ymyl y ddalen. 7. 25-6 yw'r llinellau y cyfeirir atynt.

37-8. *Cenais . . . dwy 'f' yn vn:* Gw. nodyn (v) ar ymyl y ddalen. Am drafodaeth ar gynganeddiad y llinell o dan sylw ac ar feirniadaeth Cynwal ac amddiffyniad Prys gw. 17. 77n. uchod. Rhydd Prys sylw i'r mater yn ei lythyr at Gynwal (C. 95-9) hefyd.

Yn ei lythyr at Gynwal dyfynna Prys yr un llinellau ag yn nodyn (v) ar ymyl y ddalen i ddangos fod *f* yn gallu 'toddi'. Daw'r llinell 'ond rhyfedd paintiwr awen' o'r cywydd ymryson 'Ieuan fawl winllan wynllwyd' a ganodd Harri Cydweli i Ieuan Tew Brydydd Hynaf (cf. 50. 25-6n.). Daw'r llinell arall, 'ysgafn i cawn weisgion cerdd', o gywydd a ganwyd i Brys ei hunan, sef ail gywydd Siôn Phylip yn ei ymryson cyntaf ag ef (EP, LVII. 36).

Teg yw dadl Prys y gellir anwybyddu *f* yn y gynghanedd, gw. *CD*, 199-200 lle dyfynnir enghreifftiau o hyn o weithiau beirdd o Iolo Goch hyd Dudur Aled. Am enghreifftiau diweddarach gw. D. J. Bowen, 'Cynganeddion Gruffudd Hiraethog', *LlC*, VI, 9-10. Ond awgryma beirniadaeth Cynwal ar 17. 77 fod efallai rywfaint o amheuaeth ynghylch hyn. Dichon ei bod yn arwyddocaol fod y llinell o'r eiddo Harri Cydweli a ddyfynna Prys wedi ei diwygio i 'Pand truan peintiwr awen' (neu ddarlleniad tebyg) fel na cheir *f* heb ei hateb ynddi ymhob copi llawysgrif ond un a welais i (archwiliwyd saith o gopïau). Dim ond yn y fersiwn llwgr 'Pand ryfedd gwynt yw r Awen' a geir yn P 66, 101 y gwelais *f* heb ei hateb fel yn fersiwn Prys o'r llinell. Diau y gellir esbonio hyn fel canlyniad amheuaeth ar ran copïwyr ynghylch cywirdeb y llinell o gael *f* heb ei hateb ynddi.

39-40. *Bv rydyd . . . I 'en' ag 'ef':* Mewn gwirionedd caniateid cael dwy o unrhyw gytsain, nid *n* ac *f* yn unig, i ateb un, gw. *CD,* 220-1.

41-2. *Dafydd . . . mab Iemwnt:* Dafydd ab Edmwnd (fl. 1450-90) o Hanmer ym Maelor Saesneg. Arno gw. *BC,* 85-6. Enillodd y gadair yn Eisteddfod Caerfyrddin (c. 1450) lle hefyd yr ad-drefnodd y mesurau a'r cynganeddion. Ystyrid mai ef oedd 'penawdurdod y beirdd ar bynciau iaith a mydr' (ibid.).

43-4. *Gytto . . . Glyn:* Guto'r Glyn (fl. 1440?-93) o Lynceiriog neu Lyndyfrdwy. Arno gw. Ifor Williams yn y rhagymadrodd i *GGGl* ac yn *BC,* 303.

45-6. *Dodent . . . Dwy 'en' i vn:* Am enghreifftiau o ddwy *n* yn ateb un yng ngwaith Dafydd ab Edmwnd cf. 'mwy*n* swydd mae *n* a*n*os iddi' (*GDE,* XVIII. 57) a 'y rv*n* farn ar*nvn* a fo' (ibid., XLII. 78). Am enghreifftiau o'r un peth yng ngwaith Guto'r Glyn cf. 'A'i roi'*n* grair ar wai*n* y*n* groes' (*GGGl,* CXV. 50) a 'Gw*n* f'enw pe'm gw*n*âi'*n* fynach' (ibid., CXVI. 9).

47. *Tudur:* Tudur Aled, gw. 1. 9n.

50. *roi dwy 'er' am vn:* Am enghreifftiau o ddwy *r* yn ateb un yng ngwaith Tudur Aled cf. 'Mae'*r* cyngor maw*r* a'*r* cangau' (*GTA,* XXI. 52) a 'Go*r*eu'*r* haeddai'r gai*r* heddyw' (ibid., XXXIX. 91).

54. *Dodi . . . trosof:* Mae twyll caled a meddal (*d . . . t*) yn y llinell hon fel y mae. Dylid fod wedi sgrifennu *drosof.*

63-4. *O bv arw gerdd . . . rhof ag arall:* Gw. 20. 13-16n.

89-92. *Bwriwn wawd a berw . . . fel y bêl denis* etc.: Yr oedd tenis yn un o chwaraeon mwyaf ffasiynol yr unfed ganrif ar bymtheg (Lee ac Onions (gol.), *Shakespeare's England,* II, 459-62). (Adeiladwyd cwrt tenis yng Ngholeg Ieuan Sant, Caer-grawnt ym 1573 pan oedd Prys yn gymrawd yno, gw. Miller, *Portrait of a College,* 27.) Am ddefnydd tebyg o ddelwedd y bêl denis mewn gwaith o'r un cyfnod cf. y disgrifiad o'r ffigur *antanaclasis* gan George Puttenham yn *The Arte of English Poesie* (1589): 'Ye have another figure which by his nature we may call the Rebound, alluding to the tennis ball which being smitten with the racket reboundes backe againe' (dyfynnir yn *Shakespeare's England,* II, 460).

95. *Dôd dy . . . oedwn:* Twyll caled a meddal (*d+d . . . d*).

Cywydd 30

3. *Ofer yw dysc . . . wrth naturiaeth:* Cf. y ddihareb 'Trech anian na dysg/nag addysg' (*DC,* 253), a'r Saes. 'Nature passes nurture' (*DPE,* N47).

7-8. *Anodd mewn cell . . . guddio mursen:* Dihareb, cf. 'Anhawdh cûdhio mursen mewn celh' (LlGC 3064, 11).

17-18. *O bob peth . . . Digon oedd ddigon:* Cf. y ddihareb 'Digon yw digon o ffìcus' (*OSP, DDiar*), a'r Saes. 'Enough is enough' (*DPE,* E159).

47-8. *Pedair cenedl . . . a fydd i ddŷn:* Ai teuluoedd y taid a'r nain ar y ddwy ochr yw'r 'pedair cenedl' y cyfeirir atynt yma?

64. *Genyf . . . eigion byd:* Gellid cyfrif fod yr *f* yn *genyf* yn 'toddi' (cf. 17. 77n. a 29. 37-8n.). Ond o ystyried beirniadaeth Cynwal ar 17. 77 y mae'n debycach efallai mai *gen(n)y'* a sgrifennodd ef. Cf. er hynny 35. 70.

71. *hanach: anach* (= 'bai') yw'r ffurf arferol. Cf. efallai yr amrywiad *enw/henw,* gw. *WG,* 187. Ond gw. amrywiadau.

72. *breddwyd gwrach:* Cf. y ddihareb 'Breuddwyt gwrach wrth hi ewyllys' (*OSP, DDiar*).

74. *Dan ŵn:* Arno gw. *GLM,* 403. Byddai'r ystyron 'at once' neu 'suddenly' a nodir yno yn gweddu yma.

76. *Rita Gawr:* Edrydd Sieffre o Fynwy hanes amdano'n ymladd ag Arthur yn Eryri ('in Aravio Monte' yn ôl y testun Lladin) ac yn cael ei drechu ganddo a'i ladd, gw. *BD,* 170. Awgryma Tatlock, *The Legendary History of Britain,* 64, mai chwedl werin Gymreig yw ffynhonnell yr hanes. Ceid traddodiad yn y ganrif ddiwethaf fod Rhita wedi ei gladdu o dan garnedd ar ben yr Wyddfa, gw. John Rhŷs, *Celtic Folklore* (Rhydychen, 1901), II, 474-9. Cofnodir hanes ei ornest ag Arthur gan Siôn Dafydd Rhys yn P 118, 830 (*Cy,* XXVII (1917), 126), ond honna ef mai o dan Fwlch-y-groes ym Meirionnydd y'i claddwyd. Adroddir stori (y dywedir ei chodi o un o lawysgrifau Iaco ab Dewi) amdano'n ymladd yn erbyn y brodyr Nynio a Pheibio yn *Iolo Manuscripts,* gol. Taliesin Williams (Llanymddyfri, 1848), 193-4. Ceir amryw ffurfiau ar yr enw: sonia Siôn Dafydd Rhys, er enghraifft, am 'Lytta neu Ritta neu Ricca neu Rithonwy neu Itto gawr' yn P 118, 830 (*Cy,* XXVII, 126, 128).

Cywydd 31

1-2. da gan fadyn . . . i sawr i hvn: Dihareb, cf. 'Ny chlyw madyn i ddrygsawr i hun' (*OSP, DDiar*).

Cyfyd nifer o bwyntiau ynglŷn â'r gynghanedd yn y llinellau hyn. Ceir cynghanedd gysylltben (gw. *CD,* 149-50) yn llin. 1 ('Digwyn fo, d/a gan fadyn'). Ceir *r* berfeddgoll (gw. Thomas Parry, 'Pynciau Cynghanedd', *B*, X, 2) yn llin. 2 fel y mae ('D*r*ewsir'), ond teg nodi mai 'dewsur' yw'r ffurf yn y llinell fel y dyfynnir hi yn nodyn ymyl y ddalen (i) gyda Chywydd 51. Nid oes sail i honiad Prys (gw. nodyn ymyl y ddalen (i) yma a nodyn ymyl y ddalen (i) gyda Chywydd 51) fod twyll odl ('mad*yn* . . . h*vn*') yn y cwpled: gw. *CD*, 245-7 lle dangosir ei bod yn gyfreithlon odli *u* a sain eglur *y* pan fai un ohonynt mewn sillaf ddiacen. Cf. fodd bynnag yr hyn a ddywedir ibid., 246, 'Er bod esiampl y prif awduriaid yn glir, mynnai'r mân athrawon mai wrth y llythreniad, ac nid wrth y sain, y dylid odli', a'r enghraifft a ddyfynnir yno o Ramadeg Siôn Dafydd Rhys lle rhoddir 'll*ys* . . . cynhenn*us*' yn esiampl o dwyll odl.

3. Ceir lleddf a thalgron (gw. *CD*, 235-45) yn y llinell hon ('Pr*ys* . . . vng*wys*').

11. *Er canv i'n marc:* Ansicr yw *i'n marc*. Un o hen ystyron y Saes. *mark* oedd 'targed' (*OED* s.v. *mark*, *sb.*[1]). Ai taro'r nod wrth ganu a olygir?

22. Ceir camosodiad (gw. *CD*, 298-9) yn y llinell hon ('A *chael* . . . ddio*lch*').

47-50. *Haws doedyd . . . Mynydd . . . na mynd trosto:* Dihareb, gw. *OSP*, *DDiar*.

Cywydd 32

9-10. Ceir adlais yma efallai o ddameg yr efrau, gw. Math. xiii. 24-30.

25-6. *E gaid gradd gynt* etc.: Gw. 20. 55-6n.

30. *uddadl:* Ymddengys fod Prys yn dehongli *uddadl* fel *udd* ('arglwydd, tywysog') + *dadl* (cf. y glos 'prins' yn nodyn (iv) ar ymyl y ddalen). *i ddadl* yw darlleniad pob llawysgrif ond Ll 43, gw. amrywiadau.

40. *i'r garchar cyffion:* Mae'r treiglad yn afreolaidd gan mai gwrywaidd yw *carchar*. *i garchar* yw darlleniad pedair o'r llawysgrifau, gw. amrywiadau. Golyga *carchar cyffion* 'stocks' (*GPC*).

57-8. Â'r cwpled cf. Marwnad Wiliam Llŷn gan Siôn Phylip: 'Am a wnaeth wybodaeth byd / Wirgoel fodd Ir gelfyddyd' (Cw 27, 398).

73. *wyd . . . atteb:* Mae twyll caled a meddal (*d . . . tt*) yn y llinell hon fel y mae. Dylid fod wedi sgrifennu *wyt*.

Cywydd 33

5-6. *Amla' cyfarth . . . Y ci ni frath:* Cf. y ddihareb 'Y ci a gyfarth ni fratha' (*DC*, 264), a hefyd y Saes. 'Great barkers are no biters' (*DPE*, B85) a 'The greatest barkers are not the sorest biters (bite not sorest)' (ibid., B86).

30. Mae'r llinell hon yn rhy hir yn ôl Prys, gw. nodyn ymyl ddalen (iv). Ond mae'n dderbyniol os sgrifennir *'nghŷd* (fel yn Ll 43) yn lle *ynghyd*.

31. Mae'r llinell yn rhy fyr, cf. nodyn ymyl y ddalen (v).

31-2. *Ag mae'r cwbl . . . yn breintiedic:* Am restr o'r fersiynau argraffedig o lyfr Mawndfil gw. Bennett, *The Rediscovery of Sir John Mandeville*, 265-334. Cyhoeddwyd argraffiadau Saesneg o'r llyfr gan Thomas East ym 1568 a 1582. Ai am un o'r argraffiadau hyn y gwyddai Cynwal?

40. *tairan byd:* Etifeddodd Cynwal yr hen syniad fod y byd wedi ei rannu yn dri chyfandir. Â'r rhaniad hwn yn ôl i'r cyfnod clasurol (e.e. Plini *Historia naturalis* III. 1), ac fe'i mabwysiadwyd gan awduron dylanwadol diweddarach megis Orosius ac Isidor o Sevilla, gw. George H. Kimble, *Geography in the Middle Ages* (Llundain, 1938), 20, 24.

52. *Goffav . . . cyfflybv:* Twyll caled a meddal (*g . . . c*).

53. *Hapus . . . bysgodwyr:* Twyll caled a meddal (*p . . . b*).

62. *Hyrddud . . . tithav:* Twyll caled a meddal (*d . . . t*). Dylid fod wedi sgrifennu *hyrddit*.

63-4. *Dy wisg sydd . . . Ry wych:* Mae'n debyg mai ergyd Cynwal yma yw nad oedd dillad gorwych Prys yn cyd-fynd â'i swydd offeiriadol, er y gallai ei eiriau adlewyrchu'r safbwynt beirniadol a fynegid gan rai tuag at wisgoedd yr oes yn gyffredinol. Ar adwaith y Piwritaniaid ac eraill yn erbyn afradlonedd ac ysblander dillad cyfoes gw. Lee ac Onions (gol.), *Shakespeare's England*, II, 92, 103. Ceir mynegiant o'r safbwynt hwn yn Gymraeg yn 'Pregeth yn erbyn Dillad rhy Wychion' o *Lyfr yr Homilïau* (1606), cyfieithiad Edward James o 'An Homily Against excesse of Apparell' gan James Pilkington, esgob Durham (argraffwyd y testun yn *Rhyddiaith Gymraeg*, II (Caerdydd, 1956), 21-6).

Cywydd 34

18. Mae'r llinell yn rhy hir, cf. nodyn ymyl y ddalen (iii).

55-6. *O beiaist di . . . Rys Goch:* Gw. 25. 87-96.

61-2. *Hawdd dadlav . . . A gwr marw:* Â'r syniad cf. y diarhebion 'Mortui non mordent' (*Eras. Adagia*, 857D) a 'Dead men bite not' (*DPE*, M510).

77. *meddwyd:* Ni cheir enghraifft arall o'r gair yn slipiau *GPC*. A oes iddo berthynas â *meddwi*? Cf. efallai *addolwyd* (gw. 6. 15n.).

Cywydd 35

22. *avr fyngen:* Ar *myngen* gw. 10. 74n.

23-6. *Ffordd yr ynfyd* etc.: Mydryddu Diar. xii. 15 a wneir yma.

60. *[o'r] mark: marc* = 'targed' yma, cf. 31. 11n. Â'r ymadrodd cf. efallai y Saes. *wide of the mark.*

65. *I bwy . . . pig:* Twyll caled a meddal (*b . . . p*).

70. *Gwael fodd . . . gelwyddawg:* Enghraifft o *f* yn 'toddi', cf. 17. 77n. a 29. 37-8n.

Cywydd 36

9. *trysyfyd:* Ceir y gair gan Brys hefyd, cf. 43. 83–4: 'A'r celwydd beynydd i'r bŷd / A safodd yn drysyfyd.' Yr unig enghraifft arall o'r gair yn slipiau *GPC* yw'r dyfyniad 'Tryssyfyd traul' yng ngeiriadur Thomas Lloyd. (Nodir y ffynhonnell fel Z, sef 'A collection of Welsh Pious Poetry belonging to . . . of Llanrhaeadr in Kinmeirch. 4o MS.', gw. yr *Explicatio Notarum* o'r geiriadur a gynhwysir yn erthygl E. D. Jones, 'Thomas Lloyd y Geiriadurwr', *CLlGC*, IX (1955-6), 183.) A ddaw'r gair o *try-* + *syfyd*? Daw'r elfen *syfyd* yn *disyfyd* o'r Llad. *subito* = 'yn sydyn' (gw. *GPC*), ond go brin mai dyna sydd yma. Rhydd WOP *syfyd* = 'what is gradual, what forms a space' gan ei sysylltu â *swf* = a spot; a space', ond mae dilysrwydd y ffurfiau hyn yn dra amheus. Gellid esbonio defnydd Prys o'r gair drwy ragdybio fod *disyfyd* wedi ei adffurfio gyda rhagddodiad gwahanol a'i fod wedi ei gymysgu o ran ystyr â *disyflyd,* ond nid yw defnydd Cynwal o'r gair (nac enghraifft Thomas Lloyd o bosib) yn cadarnhau'r esboniad hwn o gwbl. Tybed a oedd *trysyfyd* yn rhan o'r eirfa farddol a bod Prys wedi ei gamddeall? Fe welir mai ansicr iawn yw popeth ynghylch ffurfiant ac ystyr y gair.

18. *Gwalch Gynan:* Yn *TC,* 108-9 rhoddir enghreifftiau o'r cywyddau o dreiglo enw priod genidol ar ôl enw gwrywaidd unigol, yn groes i'r gystrawen gyffredin. (Gw. hefyd *CD,* 230 am enghreifftiau tebyg.) Mae'r holl enghreifftiau ond un a roddir yn *TC* yn cynnwys enw sy'n cyfleu perthynas deuluol (*ŵyr, nai,* etc.), a diau fod blas achyddol yr ymadrodd yn ddigon o warant dros y treiglad a ddaw ar ôl *gwalch* yma. Awgrymir ibid. mai trosglwyddo treiglad o gystrawen *ŵyr* benywaidd i gystrawen *ŵyr* gwrywaidd ac yna i eiriau fel *nai, mab* etc. a roes gychwyn i'r treiglad hwn.

23-4. *Ni chleimiais . . . ond grada prydydd:* Gw. nodyn ymyl y ddalen (i) a sylw bachog Prys ar yr honiad hwn o'r eiddo Cynwal. Daw'r cwpled a ddyfynna Prys yn ei nodyn o 35. 15-16. Ymddengys fod Prys yn ystyried fod prydydd yn wahanol i fardd ac yn israddol iddo. Gwahaniaethir rhwng prydydd a bardd yn un o'r Trioedd Cerdd yn y Pum Llyfr Cerddwriaeth, er nad oes awgrym yno fod prydydd yn israddol: 'Tri ffrwythlawn gerddor: prydydd, bardd, ac ystoriawr.' (*GP,* 136.)

27-8. *Ydwyf . . . yn hen:* Gw. 9. 65-6n.

29. *rhwymedi:* Benthyciad o'r Saes. *remedy* (*EEW*, 111). Ai yn yr ystyr gyfreithiol = 'legal redress' (*OED*) y defnyddir y gair yma?

33-4. *Tân Ethna . . . Ni dderfydd:* Llosgfynydd yn Sisilia yw Ethna (Etna). Â'r cwpled hwn cf. 'Ni ddarvv'r gegin ddirvawr, / A'i thân vyth val Ethna vawr.' (*DN*, V. 53-4) a'r ymadrodd diarhebol 'lhosci val mynudh Atna' (LlGC 3064, 84).

45-6. *Yr oedd . . . dri phrifardd:* Gw. 27. 29-30n.

47-8. *Merddin . . . ap Morfryn:* Rhoddir y cyfenw *mab Morfryn* i Fyrddin mewn cerddi cynnar ac mewn nodyn (mewn llaw ddiweddar) yn Llyfr Du Caerfyrddin, ond ni chrybwyllir Morfryn yn rhestrau achau'r Hen Ogledd ac ni wyddys dim amdano, gw. *TYP*, 471. Dyfynnir ibid., n. 1, ach a rydd Thomas Stephens (heb nodi ei ffynhonnell) yn *The Gododin* (1888): 'Myrddin Wyllt m. Madog Morfryn m. Morydd m. Mor m. Ceneu m. Coel Hen Godebog.'

50. Yma cyfrifir sillaf gadarnleddf ('go*ffr*') fel dwy sillaf. Cf. D. J. Bowen, 'Cynganeddion Gruffudd Hiraethog', *LlC*, VI, 3-4.

51-2. *A bardd oedd . . . i Emrys Wledig:* Gŵr o dras Rhufeinig a oedd yn un o arweinwyr cynnar y Brythoniaid yn erbyn y Saeson oedd yr Emrys Wledig hanesyddol (Llad. = Ambrosius Aurelianus). Rhoes Sieffre o Fynwy gryn sylw i Emrys Wledig yn ei Frut, ac ef a fu'n gyfrifol am ledaenu ei glod. Gwnaeth ef yn un o dri mab Cystennin ac yn frawd i Uthr Bendragon, tad Arthur (*BD*, 86), ac edrydd amdano'n lladd Gwrtheyrn a dial ei frad (ibid., 117-18). Gw. ymhellach *TYP*, 345-7.

Diau fod y syniad fod Myrddin yn fardd i Emrys Wledig yn seiliedig ar Frut Sieffre lle adroddir amdano'n cael ei wysio i gynghori Emrys ynghylch y gofadail yr oedd am ei chodi gerllaw Caer Garadog i goffáu'r Brythoniaid a laddwyd ym Mrad y Cyllyll Hirion (*BD*, 125-6). Am y syniad cf. Lewis Glyn Cothi wrth annerch noddwr: 'Galwer yn Emrys mewn golas wydrin, / A minnau'n Verddin main ei varddas.' (*LGC*, t. 192, 35-6.)

Mars wlad: Yr ystyr yw fod Myrddin wedi bod yn fardd i Emrys Wledig yn y Mars, cf. 'Mal Merddin, pan ddewinwyv, / Emrys yn y Mars a wyv.' (*LGC*, t. 143, 43-4.) Mae'n debyg mai o gwmpas de Hafren a'r broydd cyfagos (rhan o'r Mars yn ddiweddarach) yr oedd teyrnas yr Emrys Wledig hanesyddol, gw. H. M. Chadwick, 'The Foundation of the Early British Kingdoms', *Studies in Early British History*, gol. Nora K. Chadwick (Caer-grawnt, 1954), 56. Yn ôl testun Cymraeg Brut Sieffre yng ngwlad Ewias (yn y Mars) y cafodd cenhadau Emrys hyd i Fyrddin pan aethant i chwilio amdano (*BD*, 126).

53. *Taliesin, teylv oesoedd:* Ceir yr un llinell gan Wiliam Llŷn yn ei gywydd marwnad i Ruffudd Hiraethog (*BWLl*, LXXIX. 52).

53-4. *Taliesin . . . Pen Beirdd:* Cyffredin yw'r enw hwn ar Daliesin. Ceir enghraifft gynnar ohono yn *Culhwch ac Olwen* (*WM*, col. 462, 11-12).

56. *bardd Elffin:* Yn ôl Chwedl Taliesin (gw. 9. 18n.) achubwyd y baban Taliesin o'r môr gan Elffin ap Gwyddno Garanhir, un o wŷr llys Maelgwn Gwynedd, a chanddo ef y cafodd ei fagu. Rhyddhaodd Taliesin Elffin o garchar drwy orchfygu beirdd Maelgwn mewn ymryson (Ifor Williams, *Chwedl Taliesin,* 7), ac fel bardd Elffin yr oedd yn enwog (gw. y cyfeiriadau o weithiau'r Gogynfeirdd a'r Cywyddwyr yn *TYP,* 510-11).

57-8. *Hwn a wnaeth . . . bvm mesur:* Cf. y Pum Llyfr Cerddwriaeth, 'Pvmp messvr kyffredin a vv orav ar odlav a wnaeth Taliessin, y Rai a elwid gynt 'pvmp kolofn kerdd Daliessin,' nid amgen, toddaid, gwawdodyn byrr, kyhydedd hir, kyhydedd verr, a hvpvnt byrr; a Rai a'i geilw hwynt 'pvmp kadair kerdd davod." (*GP,* 117.)

59. *Toddaid:* Gw. *CD,* 339.

60. *gwawdodyn:* Gw. *CD,* 340.

61. *Cyhydedd fer:* Gw. *CD,* 334.

62. *cyhydedd hir:* Gw. *CD,* 338.

64. *hypynt:* Gw. *CD,* 331.

65-6. *A'r trywyr . . . oedd broffwydwyr:* Ar Fyrddin a Thaliesin fel proffwydi gw. *TYP,* 469, 511.

Cywydd 37

5. *bil:* Gw. 28. 5n.

10. *twrn:* Yr oedd amryfal ystyron i'r Saes. *turn.* Yn eu plith yr oedd 'A spell or bout of action . . . *spec.* a spell of wrestling; hence, a contest.' (*OED* s.v. *turn, sb.*25). Ai yn yr ystyr drosiadol hon o 'ymryson' y defnyddir *twrn* yma?

19. *cwynwest: cwyn + gwest,* gw. 2. 80n.

47. *Caim:* Cain. Ar y ffurf gw. *EEW,* 247.

49-50. *Caim a laddodd . . . Abel i frawd:* Gw. Gen. iv. 8.

51. *Dwr Noe:* Gw. Gen. vi-viii.

65-8. Mae'r hanes hwn am y cyfandiroedd a gafodd meibion Noa yn hen. Fe'i ceir, er enghraifft, yn yr *Historia Brittonum,* pennod 17: 'Tres filii Noe diviserunt orbem in tres partes post diluvium. Sem in Asia, Cham in Africa, Jafeth in Europa dilataverunt terminos suos.' (*Nennius: British History and the Welsh Annals,* gol. John Morris (Llundain a Chichester, 1980), 63.)

69-70. *O Sem i doeth . . . Iesu:* Disgynnai Crist o Abraham (Math. i. 1-16) ac Abraham o Sem (Gen. xi. 10-32).

71-2. *O Siapheth . . . doeth Brutus ap Silus:* Olrheinir ach Brutus hyd Jaffeth (a thu hwnt) mewn nifer o ffynonellau achyddol, gw. e.e. *EWGT,* 36, 38-9, 95.

73-4. *Gwedi lladd . . . i fam a'i dad:* Yn ôl yr hanes ym Mrut Sieffre (a seiliwyd ar *Historia Brittonum,* pennod 10) bu farw mam Brutus ar ei enedigaeth a saethwyd ei dad yn ddamweiniol ganddo wrth hela (*BD,* 3-4).

75-6. *Gorweddodd . . . ar groen ewig:* Gorweddodd Brutus ar groen ewig yn nheml Diana, a phan oedd yn cysgu cynghorodd y dduwies ef mewn gweledigaeth i gyrchu Ynys Prydain (*BD,* 14). Awgrymodd Tatlock (*The Legendary History of Britain,* 261) i Sieffre seilio'r stori ar *Aeneid* VII. 86-91, lle sonnir am offeiriad yn cael gweledigaeth wrth orwedd ar groen dafad. Ar hyn gw. hefyd 25. 56n.

Llythyr Edmwnd Prys - Rhyddiaith C

1-2. *eich naw cywydd chwi:* Wyth o gywyddau Cynwal a gadwyd. Cf. P 125, 93: 'fo gollodd y Nawfed Cywydd o waith Cynwal yr hwn oedd yn rhifo y gerdd o dri i naw'.

4. *potysv:* Ni cheir enghraifft arall o'r gair yn slipiau *GPC.* Ai o *potes* y daw? (Ar *e* ac *y* yn ymgyfnewid gw. *WG,* 16.) Ymddengys mai rhywbeth tebyg i 'paratoi' ond gydag arlliw dilornus ('paratoi peth cymysglyd neu ddiwerth'?) yw'r ystyr. Cf. efallai yr ymadrodd *lol botes* = 'ffwlbri, ffolineb'.

7-8. *cerdd Dafydd ap Gwilym wrth Gruffudd Grŷg mai haws cael saer na davnydd:* Cf. cywydd cyntaf Dafydd yn ei ymryson â Gruffudd Gryg, 'Haws yw cael, lle bo gwael gwŷdd, / Siwrnai dwfn, saer no defnydd.' (*GDG,* 148. 45-6.) Rhestrir 'Haws cael Saer na deunudh' fel dihareb yn LlGC 3064, 76.

17. *'Nid adwaenost, byr mewn davnod':* Gw. 20. 31n. *Ni adwaenost* etc. yw ffurf y llinell yn y testun.

17-18. *'Yn ceisio 'y nghywilyddio yngham':* Gw. 20. 28n. *Yw ceisio* etc. yw ffurf y llinell yn y testun.

22-3. *drwg ystyr, lle galwasoch fi yn bavn 6 gwaith:* Gw. 10. 58n. Mewn gwirionedd troseddodd Cynwal yn amlach nag a ddywed Prys, gw. 4. 19, 10. 24, 10. 27, 10. 58, 19. 90, 20. 2 a 34. 60.

32-6. *Ŷn Duw lân nid amcanodd* etc.: 18. 11-15 yw lleoliad y llinellau hyn yn y testun.

39-41. 6. 87-90 yw'r llinellau sydd gan Brys dan sylw. Annheg yw ei ddadl gan mai *ffowtus* (o *ffawt,* Saes. 'fault'), nid *ffawd,* yw'r gair a ddefnyddiodd (5. 85).

44-8. Dyma leoliad yr enghreifftiau a ddyfynna Prys: 'O bai vt fael na sparryt fi' (8. 30: *Obry yt* yw darlleniad y testun); 'Er taring hir i troi ynghyd' (8. 94); 'A phwyso yn iaith, ffasio yn wych' (14. 86); 'yn ddi-wâst wedd' (18. 84 +, gw. amrywiadau. Gadawyd y cwpled allan o destun Ll 43); 'scorn a chornio' (20. 29).

50-4. 32. 22 yw lleoliad y llinell 'Yn i amser, clander clôd.' Dychwel Prys at y pwynt hwn yn 52. 37-40. Ni ellir derbyn ei ddadleuon yn erbyn y ffurf *clander*. Mae'r cywasgiad yn hollol ddilys, a'r odl *amser/clander* yn dderbyniol gan mai benthyciad o'r Saes. Can. *calender* yw *c(a)lander* (*GPC*).

56-65. Â'r adran hon cf. y 'clytiav llanw yngherdd cynwal' a noda Prys ar ymyl y ddalen gyda chywydd 39 yn Ll 43 (gw. nodyn (v) ar ymyl y ddalen). Dyma leoliad enghreifftiau Prys: 'Grains iaith a garwn saethv' (2. 62); 'Ni thynnais o'n iaith vnoed / Fwa cryf acw erioed' (2. 65-6); 'rhoes win Sieb' (4. 69); 'pair yw'r pen' (4. 91); 'Dwys Beibl, od oes heb wybod' (4. 93); 'Sickiwyd gwawd, siecked gadarn' (14. 6).

69-70. *fo allai na ddoe bawb sydd yn Ewrop o Siapheth:* Honiad Cynwal yn 37. 83-4 a amheuir yma.

71. *bod rhai o'r ceiri yn dywod o Gam:* Yn ôl John Bale ŵyr i Cham oedd y cawr Albion, brenin Prydain, gw. 28. 55-60n.

78. *caffom i:* Cf. *genym i* (44. 17) a *doem i* (47. 51). Adlewyrcha'r ffurfiau orgraffyddol hyn y cymathiad lle try'r *n* yn *ni* yn *m* ar ôl yr *m* yn nherfyniad y ferf neu'r arddodiad. Ceir ffurfiau tebyg mewn testunau eraill o'r cyfnod, gw. sylwadau W. Prichard Williams, *Deffynniad Ffydd Eglwys Loegr*, lxxviii-lxxix.

80-5. 5. 5 yw lleoliad 'Hoff lawndrefn bren yw Fflandrys'. Ni wyddys ymhle y beirniadodd Cynwal y ffurf *Fflandrys*. Am y llinell 'Tithav'r albrysiwr, tuthia' gw. *GDG*, 75. 47. Ni lwyddais i olrhain y llinell 'Drosodd at y Fflandrysiaid'.

86-93. 13. 55-6 yw lleoliad y cwpled 'Ar y pared ir heden', / Ffo garllaw a ffigo'r llen.' Camgymeriad yw disgrifio *heden'/hedyn'* fel *plusquam perfecto* (gorberffaith). Ni wyddys ymhle yr honnodd Cynwal fod y ffurf yn feius.

94-5. *Am y gair 'clwm', mi a'i ymddiffynais* etc.: Yn 7. 25 y digwydd yr enghraifft o *clwm* (*achlwm*) sydd dan sylw. Am amddiffyniad Prys gw. 29. 29-32. Unwaith eto ni wyddys ymhle y beirniadodd Cynwal y ffurf.

95-9. *A'r gair 'ffurfafen'* etc.: Yn 17. 77 y digwydd yr enghraifft o *ffurfafen* sydd dan sylw. Ceir amddiffyniad Prys i gynganeddiad y llinell yn 29. 37-52. Am drafodaeth ar y pwnc gw. 17. 77n. a 29. 37-8n. Yr un llinellau enghreifftiol i ddangos fod *f* yn 'toddi' a ddyfynna Prys ar ymyl y ddalen gyda chywydd 29 (gw. nodyn (v) ar ymyl y ddalen), a nodir eu ffynhonnell yn 29. 37-8n. Ni wyddys ymhle y beirniadodd Cynwal gynganeddiad 17. 77.

Cywydd 38

10. Enghraifft o roi pwyslais ar air gwan (*yn*) er mwyn cael cynghanedd. Cf. 28. 89n.

heb enaid: Cf. 22. 62n.

12. *y gyfarwydd:* 'Magïen, glöyn: *glow-worm*' (*GPC*), cf. y dyfyniad yn 18n. isod. Ceir yma chwarae ar eiriau, cf. *cyfarwyddyd* (llin. 14).

17. *h* yw'r gytsain sy'n ffurfio'r cyswllt rhwng ail a thrydedd ran y llinell ('*h*ytrach . . . r*h*awg'). *yw'r 'hawg* a sgrifennodd Prys yn Ll 43.

18. *tân llwynawg:* 'tan llwynog yw yr pren powdwr o fedwen ne goed arall a fydd goleu yn nos mal y gyfarwydd neu r fywyllin yn enwedig bonkyffion o goed derw wedi braenu odditanodd' (T. Gwynn Jones, 'Peniarth Glossaries', *B,* II, 148, o dan *llywyrn;* codwyd o P 169). Cf. Saes. *fox-fire* a Gwydd. *tine shionnaigh* a *tine mhada rua* am yr un peth, sef *ignis fatuus,* gw. D. M. Jones, 'Etymological Notes', *Transactions of the Philological Society,* 1953, 46-9. Rhestrir 'Divlannu val tan llwynog' fel ymadrodd diarhebol yn LlGC 3064, 46.

35. *stadu:* Berf o *stad,* cf. 5. 57n. Rhywbeth tebyg i 'datgan, gosod allan' yw'r ystyr yma.

49. *straffl:* Dyma'r unig enghraifft o'r gair yn slipiau *GPC.* Ai'r un gair ydyw ag *ystraffol* = 'strewing, wasteful' a geir yn WOP?

58. *Mevgan:* Gw. 27. 71-6n.

100. *Destyn . . . gwawd dwysdardd:* Twyll caled a meddal (*d . . . d + d*).

Cywydd 39

32. *Yn ddi-dolc ni ddaw i dîr:* Daw'r trosiad o fyd aredig. Cf. 'Tynned gŵys dros y ddwysir / Heb un tolk i ben y tir.' (*DN,* XXIV. 9-10) a 'Lediwch chwi ar wlad ich ol / Y gwys didolk wastadol' (*BWLl,* XXIX. 21-2). Gw. F. G. Payne, "Cwysau o Foliant Cyson", *Y Llenor,* XXVI (1947),15 (*Cwysau,* 19); idem, *Yr Aradr Gymreig* (Caerdydd, 1954), 95-6. Daw *tolc* o'r gair Gwydd. *tolc* = 'rhwyg' (Henry Lewis, *Datblygiad yr Iaith Gymraeg* (Caerdydd, 1931), 84).

41. *gwneythur caw cam:* Rhestrir 'Rhoi caw cam' fel ymadrodd diarhebol yn LlGC 3064, 147. Ystyr *caw* yw 'rhwymyn, cwlwm' (*GPC*).

79. *nopiawg:* Daw'r gair hwn yn ôl pob tebyg o'r Saes. *knob* + *-iawg.*

85. *Ôl daint fel afael dentur:* Dichon mai'r arwyddion triphlyg [∴] a geir yn Ll 43 gyferbyn â geiriau llanw etc. yng nghywyddau 31-7 yw'r *ôl daint* y cyfeiria Prys atynt. (Gallai Prys fod wedi eu trosglwyddo i Ll 43 o gopi cynharach.) Am *afael* (yn hytrach na *gafael*) fel ffurf gysefin cf. *DWS* lle rhoddir *afael* = 'A gryppe'. Gellir ei esbonio fel canlyniad camddeall *yr afael* fel y fannod + ffurf gysefin yn lle y fannod + enw benywaidd treigledig. Daw *dentur* o'r Saes. *tenter* (yn ôl *GPC* mewn cydweddiad â *daint*), sef ffrâm bren gyda bachau arni i ddal y wlanen yn dynn wrth iddi sychu ar ôl ei phannu.

106. *Digon oedd ddigon:* Gw. 30. 17-18n.

Cywydd 40

7. *ych bôn:* Cyffredin yng ngweithiau'r beirdd oedd defnyddio *ych bôn* fel trosiad yn dynodi rhagoriaeth. Yr ychen cadarnaf a roid ym môn y wedd wrth aredig, gw. F. G. Payne, "Cwysau o Foliant Cyson", *Y Llenor,* XXVI (1947), 5-6 (*Cwysau,* 10).

25-6. *Owain . . . Gwynedd . . . A Simwnt:* Arnynt gw. 7. 71-2n. a 7. 73-4n. Dyma'r unig rai o blith pedwar pencerdd ail eisteddfod Caerwys a oedd yn dal yn fyw erbyn cyfnod yr ymryson. Bu farw Lewis ab Edward oddeutu 1569 (R. W. McDonald, 'Lewis ab Edward', *LlC,* VI, 98) a Wiliam Llŷn ym 1580 (*BWLl,* xix).

29-30. *Mae o'th ystâd . . . chwech o'th flaen:* Cafodd chwe bardd, yn ogystal â Chynwal, radd disgybl pencerddaidd yn ail eisteddfod Caerwys: Siôn Tudur, Lewis Menai, Huw Llŷn, Bedo Hafesb, Siôn Phylip a Huw Cornwy (D. J. Bowen, 'Graddedigion Eisteddfodau Caerwys', *LlC,* II, 131). Diau mai at y rhain y cyfeiria Prys yma.

blawdd: Cf. nodyn (iii) ar ymyl y ddalen: 'blawdd yw prysurdeb'. Mae *GPC* yn anghywir felly pan noda mai 'Ymffrost, bost' yw ystyr y gair yn y llinell hon. Ni chofnodir yr ystyr 'prysurdeb' o gwbl ibid. Tybed a yw Prys yn rhoi ei ystyr ei hun i'r gair?

31. Ceir twyll gynghanedd (*CD,* 299) yn y llinell hon gan na cheir dim i ateb y *b* yn *pawb.*

49. *ardal ysbardvn:* Anarferol yw'r defnydd o *ardal* yma. Yr oedd 'ffin, goror' ymhlith ystyron y gair (*GPC*), a hawdd fyddai i'r ystyr 'ymyl' ddatblygu o hyn. Diau mai at ymyl finiog yr ysbardun y cyfeirir.

102. *mwndio:* Yr unig enghraifft arall o'r ferf hon yn slipiau *GPC* yw '*Mwndia* hwnt i'r mawndir / A gad y Mars i gyd i mi' (152. 3 yng nghasgliad anghyhoeddedig yr Athro D. J. Bowen o waith Gruffudd Hiraethog), lle bernir mai 'symuda' yw'r ystyr. Ond prin fod yr ystyr hon yn gweddu yma. Ai benthyciad o'r Saes. *mount* yw *mwndio?* Un o ystyron *mount* yn y cyfnod hwn oedd 'To ascend to a higher level in rank, estimation, power, excellence, completeness, etc.' (*OED*), a byddai ystyr debyg i 'ymddyrchafu, chwenychu dyrchafiad' yn addas yma. Am *nt* Saesneg yn rhoi *nd* yn Gymraeg cf. *rend* (o *rent*) a *pattend* (o *patent*), gw. *EEW,* 243.

Cywydd 41

19. *wrtham:* Diau i'r ffurf hon ddatblygu drwy gydweddiad â ffurfiau Cym. Can. megis *arnam, attam* ac *ydanam* (*WG,* 398-9). Cf. y ffurf lafar *wthan(i)* (*WVBD,* 562).

29. *oferddyn:* Ystyr *oferddyn* oedd 'bardd', ond dichon fod amwysedd bwriadol yma a bod y gair yn cael ei ddefnyddio gydag ystyr ddeublyg, 'bardd'/'dyn ofer'. Cf. *LOPGO,* 52-3.

30. *Pan el yr Ethiop yn wyn:* Cf. 'A newidia yr Ethiopiad ei groen, neu y llewpard ei frychni?' (Jer. xiii. 23) a'r ddihareb 'Aethiops non albescit' (*Eras. Adagia,* 947B).

84. *Lleied dy stôr, llidiaist:* Twyll caled a meddal (*d* + *d* . . . *d*).

93. *saethû am nain:* Y rhifol Saesneg *nine* yw *nain,* yma'n cynrychioli sgôr mewn saethyddiaeth. Am enghreifftiau cyffelyb o ddefnyddio rhifolion Saesneg yn y cywyddau wrth gyfeirio at chwaraeon cf. 'Erlyn fal gŵr o Orliawns / On *sefn* ac ar ofyn siawns,' (WC(3), 66. 69-70) a 'a galw ar *six* ar glawns wann / ba ŵr well yn bwrw allan' (*Cefn Coch,* 40).

94. *Rhagor ddegrwd ar higain:* Gw. Rhyddiaith A. 5n.

106. *y saith gelfyddyd:* Cf. *saithart* (48. 42). Yn ystod yr Oesoedd Canol rhennid y cwrs addysg yn saith celfyddyd neu bwnc: Gramadeg, Rhethreg, Dilechdid, Rhifyddeg, Geometri, Miwsig a Seryddiaeth (Curtius, *European Literature and the Latin Middle Ages,* 37).

Cywydd 42

9-14. Gw. nodyn ymyl y ddalen (i). Yma mae Prys yn dychwelyd at y stori y cyfeiriodd ati yng nghywydd 24, gw. 24. 3-6n.

12. *Lacidemonia:* Sparta. Lycurgus yw'r 'Mwyn walch' y cyfeirir ato.

26. *Ysbaengi:* Cf. y Saes. *spaniel* a ddaw o'r Hen Ffr. *espaignol/espaigneul* (*OED*).

36. *siars:* Digwydd *siars* (Saes. *charge*) yn yr ystyron 'gofal' a 'tasg' yn y testun (gw. yr eirfa), ond anodd penderfynu ynghylch yr ystyr yma.

38. *er mwyn i brintio:* 'oherwydd' yw ystyr *er mwyn* yma. Am enghreifftiau eraill ohono yn yr un ystyr gw. W. P. Williams (gol.), *Deffynniad Ffydd Eglwys Loegr,* lxxx.

39. *Hûon:* Huon o Bordeaux, Dug Guienne, arwr un o chwedlau cylch Siarlymaen. Ceir fersiynau o'r chwedl ar fydr ac mewn rhyddiaith, ac adroddir ynddi am Huon yn lladd Siarlot, mab Siarlymaen, ac yn cael ei anfon ar daith i Fabilon a mannau eraill yn y Dwyrain. Gw. ymhellach S. L. Lee (gol.), *Duke Huon of Burdeux,* 3 cyfrol (Llundain, 1882-4).

a'i chwedl hên gav: Cyffredin yn yr unfed ganrif ar bymtheg oedd ymosodiadau gan bregethwyr a moesolwyr ar ramantau a deunydd 'di-fudd' o'r fath (gw. Hall, Jr., *Renaissance Literary Criticism,* 203-7; Wright, *Middle-Class Culture in Elizabethan England,* 231-3), a diau mai adlewyrchu'r agwedd hon a wna Prys. Yr oedd chwedl Huon ymhlith y gweithiau yr ymosodwyd arnynt yn y *Summary Declaration of Faith, Uses and Observances in England* (1539), gan Thomas Nashe yn *The Anatomie of Absvrditie* (1589) a chan Francis Meres yn *Palladis Tamia* (1598) (dyfynnir yn Miller, *The Professional Writer in Elizabethan England,* 79; Hall, Jr., op. cit., 204, 207).

40. *E brintiwyd i lwybr yntav:* Argraffwyd y chwedl yn Ffrangeg am y tro cyntaf ym 1513, a chafodd ei hargraffu drachefn chwech o weithiau yn ystod yr unfed ganrif ar bymtheg (Lee, op. cit., I, xxxvii). Argraffwyd cyfieithiad Saesneg ohoni o waith Syr John Bourchier, Arglwydd Berners, *The Boke of Huon of Burdeux,* gan Wynkyn de Worde oddeutu 1534. (Testun yr argraffiad hwn a geir gan Lee.) Cyhoeddwyd ail argraffiad o gyfieithiad Berners ym 1570 a thrydydd argraffiad ym 1601 (ibid., lv).

41. *Chwedlav Eisop:* Cyfeirir at y casgliad o chwedlau neu ddamhegion am anifeiliaid a chreaduriaid a briodolir i Aesop, gŵr y dywedir ei fod yn gaethwas ar ynys Samos yn y chweched ganrif cyn Crist (*OCD,* 19-20). Daeth y chwedlau yn boblogaidd drwy Ewrop benbaladr yn ystod yr Oesoedd Canol. Fe'u hargraffwyd laweroedd o weithiau yn ystod yr unfed ganrif ar bymtheg, gw. *B.M. Gen. Cat.*

chwŷd lysiaint: Y mae agwedd hallt Prys tuag at chwedlau Aesop ychydig yn annisgwyl. Defnyddid y chwedlau yn helaeth yn ysgolion gramadeg yr unfed ganrif ar bymtheg a phwysleisiai addysgwyr eu gwerth moesol a hyfforddiadol, gw. T. W. Baldwin, *William Shakspere's Small Latine and Lesse Greek* (Urbana, 1944), I, 607-42; M. L. Clarke, *Classical Education in Britain, 1500-1900* (Caer-grawnt, 1959), 8. Ystyriai Martin Luther fod y chwedlau yn nesaf at y Beibl o ran gwerth, gw. y dyfyniad o'i *Colloquia Mensalia* yn Baldwin, op. cit., 609. Mae'n ddiddorol, fodd bynnag, fod y pregethwr Piwritanaidd Edward Dering, a fu'n cyfoesi â Phrys yng Nghaer-grawnt, yn rhestru chwedlau Aesop ymhlith gweithiau poblogaidd di-fudd yr oes yn ei *Necessary Catechism* (argraffiad cyntaf 1572), gw. Wright, *Middle-Class Culture in Elizabethan England,* 231.

42. *Ofydd:* Publius Ovidius Naso (43 C.C.-17 O.C.), y bardd Lladin (*OCD,* 763). Ymhlith y mwyaf adnabyddus o'i weithiau y mae'r *Metamorphoses,* y *Fasti,* yr *Ars Amatoria* a'r *Amores.* Argraffwyd llawer ar waith Ofydd yn ystod yr unfed ganrif ar bymtheg (gw. *B.M. Gen. Cat.*) ac astudid llawer arno yn ysgolion gramadeg yr oes (Baldwin, *Shakspere's Small Latine and Lesse Greek,* II, 417-55).

bravwydd: 'Cain, gwych, coeth' yw ystyr *brau* yn y testun fel rheol, gw. yr eirfa. Ond yn wyneb beirniadaeth Prys ar Ofydd yn llau. 43-4 nid yw'n amhosibl mai'r ystyr ddiraddiol 'gwan, bregus, eiddil' sydd i *brau* yn *bravwydd.*

43-4. *Ysgogyn wisgi wagedd* etc.: Cyffredin yn ystod yr unfed ganrif ar bymtheg oedd beirniadu Ofydd ar dir moesol, gw. Baldwin, *Shakspere's Small Latine and Lesse Greek*, I, 109-13 lle dyfynnir enghreifftiau o hyn gan Thomas Becon, John Stockwood a William Prynne. Beirniadwyd Ofydd hefyd gan y dyneiddiwr Sbaenaidd Juan Luis Vives yn ei ragymadrodd i *De Institutione Feminae Christianae* (1523): 'Yn fy meddwl i nid wtlawd irioed wr yn gyfiownach . . . scwlmeistr o anlladrwdd a diwynwr y rhinweddeu' (dyfynnir gan Garfield H. Hughes o 'Dysgeidieth Cristnoges o Ferch', cyfieithiad Cymraeg Richard Owen o'r llyfr, *Astudiaethau Amrywiol*, gol. Thomas Jones, 22). Ym 1582 gorchmynnwyd yr esgobion gan y Cyfrin Gyngor i sicrhau y darllenid *Anglorum Proelia* Christopher Ocland yn yr ysgolion gramadeg 'in place of some of the heathen poetes nowe read among them, as *Ovide de arte amandi, de tristibus* or such lyke' (Baldwin, op. cit., I, 111-12; Clarke, *Classical Education in Britain,* 11). Yr oedd cyfieithiad Marlowe o rai o'r *Amores* ymhlith y llyfrau a losgwyd yn gyhoeddus yn Llundain ym 1599 ar orchymyn Archesgob Caer-gaint ac Esgob Llundain, gw. Frederick S. Boas, *Ovid and the Elizabethans* (Llundain, 1947), 13. Awgrymir ibid., 16 fod arwyddocâd yn y ffaith na chafwyd cyfieithiad Saesneg o'r *Ars Amatoria* yn ystod teyrnasiad Elisabeth.

55. *Darllain Mwnster a gerais:* Cyfeirir yma at *Cosmographia Vniversalis* yr ysgolhaig Almaenaidd Sebastian Münster (1489-1552). Ar y llyfr gw. Gerald Strauss, 'A Sixteenth Century Encyclopedia: Sebastian Münster's *Cosmography* and its Editions' yn *From the Renaissance to the Counter Reformation,* gol. Charles H. Carter (Llundain, 1966), 145-63. Fe'i cyhoeddwyd gyntaf mewn Almaeneg yn Basel ym 1544, a chafodd groeso brwd gan gyhoedd dysgedig y dydd. Fe'i hargraffwyd wyth gwaith yn ystod oes yr awdur, ac ar ôl ei farw ymddangosodd 35 o argraffiadau diwygiedig a helaethedig ohono mewn Almaeneg, Lladin, Ffrangeg, Eidaleg a Sieceg, ynghyd â nifer o grynodebau a detholion ohono yn Saesneg (ibid., 145). Yr oedd yn llyfr cynhwysfawr iawn: disgrifiad o'r byd ydoedd, ac er mai sylfaen ddaearyddol a hanesyddol oedd iddo yr oedd y pynciau y ceid gwybodaeth amdanynt ynddo yn aneirif. *Cosmographia* Münster oedd gwyddoniadur mwyaf poblogaidd yr oes, a dywed Strauss amdano (ibid., 147) 'Taken all together, the editions of Münster's *Cosmography* constitute a chronicle of the taste, particularly the expanding taste, of the lay public in the second half of the sixteenth century.'

Anffodus yw gwaith Prys yn cyferbynnu Münster â Mawndfil o ran geirwiredd (gw. llau. 59-60) yn wyneb yr hyn a ddywed Bennett, *The Rediscovery of Sir John Mandeville,* 241: 'Münster, whose Cosmographie (1544) largely replaced the *Travels* as popular information about the Orient, took over all of the marvels, man and beast, without once mentioning Mandeville. His publisher even took over the woodcut illustrations.' Gw. hefyd Letts, *Sir John Mandeville,* 38-9.

56. *Ewclides:* Mathemategydd o wlad Groeg a oedd yn ei flodau oddeutu 300 C.C. (*OCD,* 413). Yr oedd yn awdur nifer o lyfrau, gan gynnwys yr *Elementa* enwog. Ef oedd yr awdur gosod mewn geometri ym mhrifysgol Caer-grawnt yn ystod cyfnod Prys yno (Lamb (gol.), *Collection of Original Documents from the Manuscript Library of Corpus Christi College,* 281, 318).

60. *cosmographyddion:* Rhai hyddysg mewn cosmograffeg. Yr oedd cosmograffeg yn wyddor eang ac amwys ei therfynau, cf. *OED* s.v. *cosmography:* 'The science which describes and maps the general features of the universe (both the heavens and the earth), without encroaching on the special provinces of astronomy and geography. But formerly often = *geography* in its present sense.' Cf. hefyd Costello, *The Scholastic Curriculum at Early Seventeenth-Century Cambridge,* 104: 'Cosmography . . . was something more than geography. The basic frame was geographical, but in addition to the study of the five zones and the kinds and locations of water and land areas, cosmography included a bit of physical and cultural anthropology, some geophysics and, even, comparative religion.' Yn ôl Wright, *Geographical Lore of the Time of the Crusades,* 127, 'The term *cosmographia* included practically all branches of natural history, the sciences of animals, rocks, monstrosities, and meteorological phenomena.' Ar ddysgu cosmograffeg yn y prifysgolion gw. Costello, op. cit., 104-6.

67-8. *Gar 'y mron . . . Gwelwn y bŷd glân:* Cyfeirio y mae Prys at y mapiau a geid mewn llyfrau ar gosmograffeg megis *Cosmographia* Münster, gw. nodyn ymyl y ddalen (viii).

eb wedd: Yn y Sallwyr a gyhoeddwyd ynghyd â Llyfr Gweddi Gyffredin 1567, sig. M(3), nodir *eb wedd* ar ymyl y ddalen fel cyfystyr 'yn ddirvawr' yn y testun. Gw. hefyd *GPC* o dan *gwedd*[1] a *di-wedd*.

74. *rhwydle:* Defnyddir *rhwyd* yn drosiadol yn y cyfansoddair hwn. Dichon mai 'lle caeth' yw'r ystyr. Ond mae'n werth nodi y digwydd *rhwyd* mewn ystyr drosiadol arbennig yn y testunau cyfreithiol, cf. 'Teir rwyt brenhin ynt: y teulu, ac allwest y veirch, a'e preid warthec' (Stephen J. Williams a J. Enoch Powell (gol.), *Cyfreithiau Hywel Dda yn ôl Llyfr Blegywryd*, ail argraffiad (Caerdydd, 1961), 107). Dywedir ibid., 223, 'Casgliad o bethau gyda'i gilydd . . . yw "rhwyd"—milwyr mewn "teulu", gwartheg mewn praidd, moch mewn cenfaint, tylwyth mewn hendref (?yn debyg i bysgod mewn rhwyd).' Os defnyddir *rhwyd* yn yr ystyr hon yn *rhwydle*, rhywbeth tebyg i 'lle y mae pobl yn byw ynddo, trigle' yw'r ystyr.

77-80. Am ymdriniaeth gyffredinol â'r syniadau a goleddid yn y cyfnod hwn ynghylch nodweddion gwahanol genhedloedd gw. J. R. Hale, *Renaissance Europe 1480-1520* (Llundain, 1971), 117–19.

Y Ffleming, o chaiff lymaid etc.: Yr oedd i drigolion yr Iseldiroedd (gan gynnwys Fflandrys) enw am feddwdod gynt. Cf. yr ymadroddion Saesneg *Dutch courage* = 'bravery induced by drinking' (*OED* s.v. *courage*) a *Dutch feast* = 'where the entertainer gets drunk before his guest' (ibid. s.v. *Dutch*); hefyd *Dutch concert* a *Dutch gleek* (ibid. s.v. *concert, gleek*). Am gyfeiriadau penodol at arferion trigolion Fflandrys yn hyn o beth cf. Shakespeare *The Merry Wives of Windsor* II. i. 23 lle defnyddir 'Flemish drunkard' fel enw difrïol, a hefyd efallai y ddihareb Saesneg 'Shoulder of mutton and English beer make the Flemings tarry here' (*DPE*, S404).

A swydd llawer Sais etc.: Yr oedd i'r Saeson enw am lythineb ymhlith cenhedloedd eraill yn y cyfnod hwn. Cf. William Camden, *Remains of a Greater Worke concerning Britaine* (Llundain, 1629), 14: 'As Welchmen doe loue fire, salt, and drinke; the Frenchmen, women, weapons, horses; so Englishmen do especially like good cheare, lands, and traffique. This good cheere causeth the Germans to recharge vs with gluttonie, when we charge them with drunkennesse.' Yn un o *Colloquia Familaria* Erasmus edrydd Charon, cychwr afon Angau, fel y bu bron i'w gwch suddo wrth gludo Saeson ac Almaenwyr oherwydd eu bod mor borthiannus (*Erasmi Opera Omnia*, gol. J. Leclerc, I (Leiden, 1703), col. 823.

81. *Tentasiwn:* Cf. y ffurf Saes. *tentation* a ddaw o'r Llad. *tentation-em*, ffurf ddiweddar ar *temptation-em* (*OED*).

84. *I'w glod . . . arogl têg:* Twyll caled a meddal (*d . . . t*).

87-8. *Pob gwlad . . . a fyn i harfer:* Dihareb, cf. 'Pob gwlâd yn ei harfer' (*OSP, DDiar*). Cf. hefyd y Saes. 'Every country has its law/fashion' (*DPE*, C708) a 'So many countries so many laws/customs' (ibid., C711).

101-2. *Pob dŷn . . . A gaiff ail o'i gyffelyb:* Adlais o ddihareb. Cf. 'Tebyg a thebyg a ffynnant' (*DC*, 250), 'Like will to like' (*DPE*, L286), 'Aequalis aequalem delectat' (*Eras. Adagia*, 78D) a 'Simile gaudet simili' (ibid., 79E).

Cywydd 43

13. *meisio:* Rhydd WOP 'to invent, to devise' fel ystyron y ferf hon gan ddyfynnu'r enghraifft o'r testun, ond mae hyn yn dra amheus. Yr unig enghraifft arall a ganfûm oedd yng nghywydd moliant Tomas Penllyn i Syr Siôn Salbri (1607): 'o bu rai Gwyr yn bwrw gwc / ich sialens barchus olwc / att y maes ti ai *meissiawdd* / ni chaem oes oni chaem nawdd' (LlGC 6494, 42). Ansicr yw'r tarddiad. Er nad yw'n amhosibl mai berf o *maes* ydyw (= 'rhoi brwydr, trechu'?), neu hyd yn oed amrywiad ar *beisio* (cf. *baban/maban, bilain/milain* etc.), tueddaf i gredu ei bod yn fwy tebygol mai benthyciad o'r ferf Saesneg *maze* ydyw. Ymhlith ystyron *maze* yr oedd 'To stupefy, daze' a 'To bewilder, perplex, confuse' (*OED*). Cf. hefyd un o ystyron *amaze* (ffurf gyfansawdd o *maze*), sef 'to terrify, alarm' (ibid.). Rhagdybia'r tarddiad hwn fod yr *a* hir Saesneg wedi troi'n ddeusain *ei*. Ar gyfnewidiadau o'r fath mewn geiriau benthyg gw. *EEW*, 86-7.

15-16. *Ceisio'r cyrn . . . colli i glustiau:* Rhestrir 'En cesio r cyrn, colli r clustiae' fel dihareb yn LlGC 3064, 59.

31-4. Daw'r dyfyniad o 8. 45-8.

48. *can hâs:* Cydiodd yr *h* o dreiglad trwynol *t* yn *cant* wrth y gair dilynol. Cf. '*can hallawr*' (DGG, XL. 77) a 'ddeka*n* *h*eidion' (*LOPGO*, XLVII. 40). Ar hyn gw. *TC*, 137. Daw *as* o'r Saes. Can. *as/ace* (*GPC*).

61-8. Cf. 9. 21-34.

63. *mebyd:* Ai 'mab, llanc' yw ystyr y gair yn y fan hon, yn hytrach na'r ystyr arferol ('maboed, ieuenctid')? Cf. efallai 'Ef yn uab, yn *uebit* ouer' (*HGC*, 96).

69-84. Er gwaethaf y mân wahaniaethau rhyngddynt, y mae'n sicr mai'r adran ar Fyrddin Emrys yn Bale, *Catalogus*, 48 yw ffynhonnell Prys yn y llinellau hyn. Diau mai dibynnu ar ei gof a wnaeth, yn hytrach na bod y llyfr o'i flaen wrth iddo gyfansoddi.

Pedwarcant . . . Oes henw Iesv, a haner, etc.: Cf. Bale: 'Claruit Merlinus anno omnium regis Christi 480.'

Rhoed deynydd o gelwydd gav: Cf. yr hyn a ddywed Bale ar ôl haeru i Fyrddin gael ei genhedlu o ganlyniad i garwriaeth ddirgel ei fam â swyddog Rhufeinig (gw. y dyfyniad yn 9. 21-34n.): 'Miris illusionibus & mendaciis est hoc indignum facinus auro mediante celatum, ne ueniret in lucem.'

A chyfraith oedd i'w chyfryw . . . i chladdv'n fyw: Cf. Bale: 'Porrò in Brytannorũ gente rigida lex erat, si qua puella in patris domo ex scortatione esset grauida, ut de montis uertice mox praecipitaretur.'

A'i gwarant hên Fevgant fv: Ar Meugant gw. 27. 71-6n. Yn ôl yr hanes ymgynghorodd Gwrtheyrn (gw. isod) ag ef, a thystiodd fod modd i ysbrydion (*incubi*) genhedlu, fel yr honasai mam Myrddin (Bale, loc. cit.; ibid., 47; *BD*, 102).

Gwrthêyrn: Brenin Brythonaidd o'r bumed ganrif (*BC*, 307-8; *TYP*, 392-6). Yn ôl yr hanes ym Mrut Sieffre gwysiwyd Myrddin a'i fam i ymddangos o'i flaen, a daeth Myrddin yn ddewin iddo ar ôl iddo ddatgelu'r achos am gwymp ei gaer (*BD*, 100-3).

trysyfyd: Gw. 36. 9n.

90. *Suddas:* Jwdas Iscariot. Ar ffurf yr enw gw. *DGG*, 232-3.

Cywydd 44

4. *Doi ddwyran y dydd arall:* Gw. 25. 46.

17. *genym i:* Gw. llythyr Prys (Rhyddiaith C), 78n.

24. *tawli:* Ansicr. Gellid berf o *tawl* (cf. 27. 16), gair yn golygu 'cyfran' (gw. yr eirfa) neu 'mesur, terfyn' (*IGE*, 449), ond nid yw'r ystyr yn eglur.

ni thâl rôd: Benthyciad yw *grôd* o'r Saes. Can. *grote,* 'groat' (*GPC*). Yn ôl *OED* defnyddid *groat* weithiau fel 'the type of a very small sum', a dyma'r ystyr sydd i'r gair yn yr ymadrodd hwn.

52. *proctor:* Ymhlith ystyron y gair yn Saesneg yr oedd 'an agent, deputy, proxy, attorney' (*OED*), a byddai unrhyw un o'r rhain yn gweddu yma.

88. *Alffonsus:* Alffonso X (1221-84), brenin Castîl a León yn Sbaen. Cyfeirio y mae Prys at y tablau seryddol a baratowyd o dan ei gyfarwyddyd gan Isaac ben Sid a Jehuda ben Moses Cohen yn Nholedo rhwng 1262 a 1272. Fe'u defnyddiwyd gan seryddwyr Ewrop hyd yr unfed ganrif ar bymtheg pan ddisodlwyd hwy gan *Tabulae Prutenicae* Erasmus Reinhold (1551) a seiliwyd ar sustem Copernicus. Arnynt gw. Evelyn S. Procter, *Alfonso X of Castile* (Rhydychen, 1951), 9, 123-4; *Enc. Brit.*, I, 669. Ar yr anfodlonrwydd a deimlai seryddwyr yr unfed ganrif ar bymtheg ynghylch tablau Alffonso gw. A. C. Crombie, *Augustine to Galileo* (Harmondsworth, 1969), II, 185.

89-92. *Romulus* etc.: Ar Romulus gw. 9. 40n. Ar y llinellau hyn gw. nodyn ymyl y ddalen (iii). Daw'r dyfyniad yno o Ofydd *Fasti* I. 29. Yn ôl traddodiad sefydlodd Romulus flwyddyn ac ynddi ddeng mis a 304 o ddyddiau. Ar hyn gw. J. G. Frazer, *The Fasti of Ovid* (Llundain, 1929), II, 8-29; E. J. Bickerman, *Chronology of the Ancient World* (Llundain, 1968), 44-5. (Annisgwyl yw cyfeiriad Prys yn ei nodyn at 'blwyddyn o .9. llevad'. Cf. *Fasti* I. 27-8: 'tempora digereret cum conditor urbis in anno / constituit menses quinque bis esse suo.' Hefyd ibid. III. 121: 'annus erat, decimum cum luna receperat orbem.' Ai enghraifft o gofio diffygiol sydd yma?)

Bwriad gloew'r Hebreaid glân: Ai cyfeirio y mae Prys at y modd y dylanwadodd y Beibl Hebraeg ar wyddor cronoleg yn y cyfnod (gw. 25. 89-90n.)?

Cywydd 45

13-14. *Ba ragor yw . . . Gan afwch ag enifail?:* Mae'r gystrawen yn afreolaidd yma, er bod yr ystyr yn eglur. Dilynir EP, 162 a rhoi llin. 14 fel 'Gan afwch, *nag* anifail?' yn *GPC* s.v. *afwch,* ond dim ond yn un llawysgrif, a honno'n ddiweddar, sef T, y ceir y darlleniad hwnnw (gw. amrywiadau).

37. Ceir twyll gynghanedd (*CD,* 299) yn y llinell hon ('Ag i'r *g*erdd . . . gwyraidd').

47. *efrydd:* Ymhlith ystyron *efrydd* yn ôl *GPC* yr oedd 'llawer, wmbredd', ystyr yr awgrymir y gallasai fod wedi datblygu oherwydd dylanwad *afrif* ac *efrifed.* Ond 1691 yw dyddiad yr enghraifft gyntaf o'r ystyr hon a gofnodir ibid. Mae'n amlwg, fodd bynnag, mai dyma ystyr *efrydd* yma. Defnyddia Prys y gair yn yr un ystyr yn ei Salmau Cân (Salm LXXIV) hefyd: 'Mae ym-mhob man drigfa dyn traws, / mae honynt liaws *efrydd*' (*Llyfr y Psalmau . . . ar fesvr cerdd, yn Gymraeg,* 31v).

54. *Naws gwyllt a hanes y gwâr:* Cyffredin yn yr hen farddoniaeth yw cyplysu *gwyllt* a *gwâr* ynghyd i'w cyferbynnu. Am enghreifftiau gw. *G* s.v. *gwâr.* Defnyddir *gwâr* yma yn yr ystyr 'creaduriaid dof'.

Cywydd 46

15-16. *A rhanodd Noe y rheini* etc.: Gw. 37. 63-8.

17. *Mae'r chwedl yn llyfr cenedlaeth:* Genesis a olygir wrth *llyfr cenedlaeth,* gw. nodyn ymyl y ddalen (ii). At yr hanes yn Gen. x. y cyfeiria Prys.

28. *Am'rig:* America.

33. *Notyd . . . am nad:* Twyll caled a meddal (*t . . . d*).

35-40. Mae'r manylion cronolegol yn y llinellau hyn yn cytuno'n fras â'r hyn a geir yn Bale, *Catalogus,* [1], lle dywedir i Samothes (gw. isod) dderbyn y tiroedd Celtaidd a'u gwladychu 143 o flynyddoedd wedi'r Dilyw, ac iddo ddod i Brydain 252 o flynyddoedd wedi'r Dilyw.

41. *Samoddy sêr:* Samothes, chweched mab honedig Jaffeth a chyndad tybiedig cenedl y Brytaniaid, gw. 28. 55-60n. a'r cyfeiriadau yno at ymdriniaethau â'r hanes amdano. Soniwyd amdano gyntaf yn yr hanes am gyfanheddu'r hen fyd a dadogwyd ar Berosus, hanesydd Caldeaidd o gyfnod Alecsander Fawr, yn llyfr Annius o Viterbo, *Commentaria super opera diversorum auctorum de antiquitatibus loquentium confecta* (Rhufain, 1498). Yno dywedir i deulu Jaffeth feddiannu Ewrop ac i Samothes gael ei wneud yn bennaeth ar y garfan o ddisgynyddion Noa a elwid y Celtiaid. Datblygodd John Bale yr hanes hwn a manylu arno yn ei lyfrau ar yr awduron Brytanaidd a gyhoeddwyd ym 1548 a 1557 (*Catalogus,* [1]-2).

Seiliodd Annius o Viterbo yr enw Samothes ar y gair *semnotheoi*, enw a rydd Diogenes Laertius (*Vitae Philosophorum* I, 1) ar ddysgedigion a geid ymhlith y Celtiaid a'r Galatiaid, gw. Owen, *The Famous Druids*, 37; Piggott, *The Druids*, 107, 133.

Crybwyllir y llysenw 'Samodd y sêr' a'r rheswm amdano gan Dr John Davies o Fallwyd yn ei ragymadrodd i *Antiqvae Lingvae Britannicae . . . Rvdimenta*, sig. d1: '*Samothis cognomento Ditis* (quem nostrates Samoth *y ser*, ab astrorum peritia nuncuparunt)'. Cf. Bale, *Catalogus*, 2: 'Docuit multiplices astrorum & siderum cursus.'

42. *brawd Gomer:* Gomer oedd mab hynaf Jaffeth (Gen. x. 2).

70. *Seth:* Trydydd mab Adda ac Efa (Gen. iv. 25). Cf. 37. 43-50.

81-8. Sylfaenwyd y llinellau hyn ar yr ymadrodd diarhebol Saesneg 'Who is as bold as blind bayarde?' (*DPE*, B112), gw. nodyn ymyl y ddalen (viii).

Cywydd 47

1-12. *Tair awdurdod* etc.: Cyfeiria Williams, *The Common Expositor*, 199-200 at enghraifft arall agos gyfoes o restru'r un tri awdurdod yn yr un drefn (Henry Ainsworth, *Annotations upon the First Book of Moses Called Genesis* (Amsterdam, 1616)).

10. *Treiwyr:* Llu. *treiwr*, benthyciad o'r Saes. *trier* neu efallai *triour/tryoure*, ffurfiau cynnar ar y gair (*OED* s.v.). Un o'i ystyron yn Saesneg oedd 'One who examines and determines a cause or question' (ibid.), a dyma'n ddiau yr ystyr yma. Cf. 'Pwy a *dreia* powdr awen' (llin. 23).

31. *chwedl cenedloedd:* Cf. 46. 17n.

32. *Llyfr Moesen oedd:* Credid yn gyffredinol yn ystod y Dadeni mai Moses oedd awdur Genesis a gweddill Y Pum Llyfr (Williams, *The Common Expositor*, 23-5).

33-6. Seiliwyd y llinellau hyn ar Gen. vi. 1-4.

Mwy lanw na chweigain mlynedd: Nid cyfeiriad at hyd y Dilyw sydd yma (cf. Gen. vii. 24: 'A'r dyfroedd a ymgryfhasant ar y ddaear ddeng niwrnod a deugain a chant.'). Yn hytrach na'i fod yn cyfeirio at y Dilyw mae'n debyg fod *llanw* yn cael ei ddefnyddio'n drosiadol yma am 'amser'. Cf. Gen. vi. 3: 'A dywedodd yr Arglwydd, Nid ymrysona fy Ysbryd i â dyn yn dragywydd, oblegid mai cnawd yw efe: a'i ddyddiau fyddant ugain mlynedd a chant.' Un esboniad ar yr adnod anodd hon oedd fod Duw yn rhagfynegi y byddai'r rhai a oedd i drengi yn byw am 120 mlynedd arall cyn iddynt gael eu difa yn y Dilyw. Cf. Awstin *De Civitate Dei* XV. xxiv: 'Sescentensimo quippe anno vitae Noe, secundo mense, factum est diluvium, ac sic centum viginti anni praedicti sunt futuri vitae hominum periturorum, quibus transactis diluvio delerentur.' Am enghraifft o'r un dehongliad mewn esboniad o'r unfed ganrif ar bymtheg (1563) gw. John Calvin, *Commentaries on the First Book of Moses called Genesis*, cyfieithiad gan John King (Caeredin, 1847), I, 243. Mae'n amlwg fod Prys yn dilyn y dehongliad hwn: honna fod 'plant y sant' a'r 'plant enwir' wedi bod yn ymgymysgu yn ystod y 120 mlynedd cyn y Dilyw.

Oedd plant y sant . . . Yn tynnv at blant enwir: Cf. Gen. vi. 2 a 4. Yr ymadroddion a ddefnyddir yno yw 'meibion Duw' (*filii Dei*) a 'merched dynion' (*filiae hominum*).

37-40. *Medd Tadav . . . yr Eglwys* etc.: Bu esbonwyr ar hyd yr oesoedd yn trafod pwy oedd y 'meibion Duw' a'r 'merched dynion' y cyfeirir atynt yn Gen. vi. 2 a 4, gw. Don Cameron Allen, 'Milton and the Sons of God', *Modern Language Notes,* LXI (1946), 74-5. Yn ôl dehongliad nifer o Dadau'r Eglwys disgynyddion Seth oedd 'meibion Duw' a disgynyddion Cain oedd 'merched dynion'. Am enghraifft o hyn cf. Awstin *De Civitate Dei* XV. xxiii: 'Potuerunt igitur gigantes nasci et prius quam filii Dei, qui et angeli Dei dicti sunt, filiabus hominum, hoc est secundum hominem viventium, miscerentur, filii scilicet Seth filiis Cain.' Tadau eraill a esboniodd yr ymadroddion hyn yn yr un modd oedd Cyrillus o Alecsandria, Chrysostom, Procopius o Gaza (gw. Allen, op. cit., 75, lle ceir cyfeiriadau at y gweithiau), Ephraem o Syria a Theodoret (am y ddau olaf gw. G. J. Spurrell, *Notes on the Text of the Book of Genesis,* ail argraffiad (Rhydychen, 1896), 69-70). Dyma'r esboniad a geid gan esbonwyr cyfnod y Dadeni ar Genesis hefyd, gw. Williams, *The Common Expositor,* 152-3. Am enghraifft gw. Calvin, *Commentaries on the First Book of Moses,* I, 238.

41. *cyfgrêd:* Ni cheir y gair hwn yn *GPC* ac ni welais enghraifft arall ohono. Yr oedd 'llw, addewid' ymhlith ystyron *cred* (*GPC* s.v.), a cf. *cred briodas* = 'betrothal, engagement; marriage vows, spouse-faith' (ibid.). Rhydd *DWS Roddi cred rhwng mab a merch* = 'Handfaste', ac yn *TW* s.v. *sponsalia* rhoddir 'Ymgred, crêd briodas'. O ystyried y dystiolaeth hon awgrymaf yn betrus mai rhywbeth fel 'Addewid, cytundeb (ynghylch rhoi merch mewn priodas?)' yw ystyr *cyfgred.*

efo: Ceir digon o enghreifftiau yng ngweithiau'r beirdd o acennu *efo* ar y sillaf gyntaf fel y gwna Prys yma (*WG,* 272). Cf. 'Gythier efo, gwthr afanc' (*GDG,* 75. 31) a 'ai chyfoeth ni chay efo' (*GDE,* XLVII. 16).

51. *doem i:* Gw. llythyr Prys (Rhyddiaith C), 78n.

75-8. *Wedi lladd . . . I dâd a'i fam* etc.: Gw. 37. 73-4n.

79-80. *Wedi anerch Diana* etc.: Anerchodd Brutus y dduwies Diana cyn cysgu ar y croen ewig a chael y weledigaeth y cynghorodd y dduwies ef ynddi i gyrchu Ynys Prydain, gw. *BD,* 14 a 37. 75-6n.

81-2. *Nid nawoes . . . Nawawr bu ar groen ewig:* Yma etyb Prys yr honiad a wnaeth Cynwal yn 37. 75-6. Ni chrybwyllir nawawr fel y cyfryw ym Mrut Sieffre, ond dichon i Brys seilio'i amcangyfrif ar y dybiaeth fod Brutus wedi cysgu noson ar y croen ewig.

83. *Tair mil at rym a welynt:* Yn ôl pob tebyg seiliwyd hyn ar y cyfeiriad ym Mrut Sieffre at nifer byddin Brutus wrth iddo ymosod ar Bandras yng nghastell Sparatyntus (*BD,* 6).

84. *gweddill Troea gynt:* Cyfeiriad at ddisgynyddion Helenus mab Priaf, gŵr a ddLucpwyd i wlad Groeg wedi cwymp Caer Droea yn ôl yr hanes ym Mrut Sieffre (*BD*, 4). Fe'u cedwid mewn caethiwed gan Bandras, brenin Groeg, a daeth Brutus yn arweinydd arnynt ac ymroi i'w gwaredu drwy ymladd yn ei erbyn (ibid., 4-11).

85. *Pandras:* Brenin Groeg yn ôl Brut Sieffre (*BD*, 4).

86. *A'i ferch hoew oedd ar fraych hwn:* Cymerwyd Pandras yn garcharor gan Frutus (*BD*, 10), ac fe'i gorfodwyd i roi ei ferch hynaf, Ignogen, yn wraig iddo (ibid., 11-12).

87. *Pictiaid:* Nid Pictiaid yr Alban, ond trigolion Pictavia (Ffr. *Poitou*), talaith yn Ffrainc, gw. nodyn Henry Lewis ar 'porth Ligeris yg Gvasgvyn' yn *BD*, 212. Ymladdodd Brutus yn eu herbyn a'u concro cyn hwylio i Brydain (ibid., 15-19).

88. *Aquitania:* Aquitaine. Trafodir maint a lleoliad Aquitania fel y syniai Sieffre amdani gan Tatlock, *The Legendary History of Britain*, 99: 'Aquitaine in Geoffrey's view either includes or merely is the same as Poitou; reaches the Loire and is next to Brittany; and has the same ruler as Poitou . . . . The political identity of Poitou and Aquitaine . . . merely reflect the conditions of Geoffrey's own day. From the mid-eleventh century the count of Poitiers was duke of Aquitaine, and also ruled Gascony.' Gw. hefyd nodyn Henry Lewis yn *BD*, 212.

(Ni chrybwyllir Aquitania yn *BD*. Yno ceir 'Ac odyna e doethant hyt ym porth Ligeris yg Gvasgvyn' lle ceir 'Ac odyna e doethant hyt en eqvyttannya. ac y porth lygvrys ymevn e doethant' yn nhestun P 44. Cf. y Lladin 'uenerunt ad Aquitaniam et ostium Ligeris ingressi.' Gw. nodyn Henry Lewis, loc. cit.)

90. *sawt:* Cf. 29. 12n. 'Cyrch' yw'r ystyr yma.

Cywydd 48

4. *Cael Oen Duw:* Gw. Io. i. 29.

6. *Galw nef, a'i gael yn ofer:* Ai am y cyfeiriadau at 'Llef un yn llefain yn y diffeithwch' (gw. Eseia xl. 3, Math. iii. 3, etc.) y meddyliai Prys?

7. *egraff:* Ni cheir y gair hwn yn *GPC*. Fe'i deallaf fel amrywiad ar *enghraff*, 'enghraifft, esiampl'.

28. *Ammhvr iaith, am Hiraethawg:* At Ruffudd Hiraethog (gw. 20. 67n.) y cyfeirir. Ceir yr un llinell mewn englyn marwnad di-enw iddo a geir yn Ll 9, 9 a M 131, 82, gw. D. J. Bowen, 'Disgyblion Gruffudd Hiraethog', *Studia Celtica*, X/XI (1975-6), 252.

55-6. *Ni chafodd . . . Râdd erioed:* Cf. 23. 52. Mae hyn yn anghywir, gw. 20. 73-4n.

59-60. *Dafydd Llwyd . . . o Fathafarn:* Bardd ac uchelwr o Fathafarn ger Machynlleth a oedd yn enwog fel awdur cerddi brud. Arno gw. y rhagymadrodd i *GDLl;* Enid Roberts, *Dafydd Llwyd o Fathafarn* ([Machynlleth], 1981) a *BC*, 94. Cynigia W. Leslie Richards 1420-90 fel ei ddyddiadau yn *GDLl*, 15.

61-2. *Gruffudd ap Ieuan . . . O Lyweni:* Bardd ac uchelwr o Lyweni Fechan, Henllan, Sir Ddinbych. Arno gw. *BC,* 297-8, lle cynigir 1485-1550 fel ei ddyddiadau, eithr profodd Thomas Roberts yn *B,* XVI, 251-4 mai ym 1553 y bu farw. Golygwyd peth o'i waith gan J. C. Morrice yn *Detholiad o Waith Gruffudd ab Ieuan ab Llewelyn Vychan* (Bangor, 1910).

63-4. *pennadûr Mysoglen:* Huw ap Rhys Wyn, bardd ac uchelwr o Fysoglen, Llangeinwen, Môn. Arno gw. *BC,* 377, lle rhoir ef yn ei flodau oddeutu 1550. Rhestrir ef yn *Cefn Coch,* 7 fel un o'r beirdd yn canu 'ar ei bwyd ei hun.'

65-6. *Wiliam . . . Miltwn:* Wiliam Midleton (c. 1550-c. 1600), bardd, milwr a morwr o Lansannan. Arno gw. rhagymadrodd G. J. Williams i *Barddoniaeth neu Brydyddiaeth gan Wiliam Midleton* (Caerdydd, 1930) a'i erthyglau arno yn *Agweddau ar Hanes Dysg Gymraeg,* 157-70 a *BC,* 595; hefyd f'erthygl innau, 'Wiliam Midleton, Bonheddwr, Anturiwr a Bardd', *TrDinb,* XXIV (1975), 74-116. Ef oedd awdur *Bardhoniaeth, neu brydydhiaeth* (Llundain, 1593), gwaith dyneiddiol ei naws i ddysgu hanfodion cerdd dafod, a *Psalmae y Brenhinol Brophwyd Dafydh* (Llundain, 1603), mydryddiad o'r Salmau a gyhoeddodd Thomas Salisbury ar ôl marwolaeth Midleton.

67-8. *A wnaeth fwy yn iaith i fam . . . na thi, Wiliam:* Awgryma hyn fod Midleton wedi ennill peth bri erbyn cyfnod canu'r ymryson er na chyhoeddwyd ei lyfrau tan yn ddiweddarach. Ceir tystiolaeth fod *Bardhoniaeth, neu brydydhiaeth* ar fin ei orffen mor gynnar â 1583, gw. G. J. Williams (gol.), *Barddoniaeth neu Brydyddiaeth gan Wiliam Midleton,* 32. A oedd y gwaith yn hysbys i Brys cyn ei gyhoeddi?

73. *ynwlf:* Gw. 3. 73n.

74. *ni thai 'ngwlf:* Cynrychiola *tai* y ffurf *tau,* 3 un. pres. *tewi.* Ar *gwlf* gw. 3. 73n. Yma fe'i defnyddir yn drosiadol yn yr ystyr 'ceg'.

88. *Dal iesin:* Yn Chwedl Taliesin esbonnir yr enw Taliesin fel *tâl iesin* ('talcen hardd'), gw. Ifor Williams, *Chwedl Taliesin,* 7.

ysdlysv: Yng ngeiriadur Lladin-Cymraeg Syr Thomas Wiliems yn P 228 rhoddir 'ystlysû, troi o dhyar y phordh' o dan *deflecto,* ond prin fod yr ystyr hon yn gweddu yma. Awgryma'r cyd-destun mai rhywbeth tebyg i 'arloesi' yw'r ystyr.

116. *orthgraff:* Benthyciad dysgedig o'r Llad. *orthographia,* 'orgraff'.

Cywydd 49

6. *Cnûd:* 'blaidd bychan' yw ystyr *cnud* yma yn ôl Prys, gw. nodyn ymyl y ddalen (i). Nid yw'r ystyr hon ymhlith yr ystyron cydnabyddedig. 'Haid o fleiddiaid' yw'r ystyr arferol (*GPC*).

35-8. *Os credir mai gwîr a gân . . . Evengil Ifan* etc.: Ai at Io. viii. 44 y cyfeirir yma?

55. *Amlwg fydd trwyn ar wyneb:* Cf. y dywediad Saesneg 'As plain as the nose on a man's face' (*DPE,* N215).

57. *pibell:* Yn ôl pob tebyg defnyddir y gair i olygu rholyn o femrwn yma. Cf. y Saes. *pipe* = 'The account of a sheriff or other minister of the Crown, as sent in and enrolled at the Exchequer' (*OED*). Dywedir ibid. 'The origin of this use of *pipe* is doubtful: some would explain it from the pipe-like form of a thin roll, or? from its being transmitted in a cylindrical case.'

61. *testr:* Benthyciad o'r Saes. *tester,* sef 'A name for the TESTON of Henry VIII, esp. as debased and depreciated; subsequently a colloquial or slang term for a sixpence' (*OED*). Darn o arian a roddwyd mewn cylchrediad ym 1543 oedd y *teston.* Yr oedd yn werth 12 ceiniog yn wreiddiol, ond oherwydd iddo gael ei wneud o fetel amhur gostyngodd ei werth i chwecheiniog ac fe'i tynnwyd o gylchrediad ym 1548 (ibid.).

70. Mae'r llinell hon yn rhy hir fel y mae. Dylid yn ddiau fod wedi sgrifennu *i wirio'r gân.*

81-2. *Gwenith a gwŷg . . . yn gymysc:* Cyfeiriad at ddameg yr efrau, gw. Math. xiii. 24-30.

86. *ystwnt:* Benthyciad o'r Saes. *stunt.* Yn *OED* ceir enghraifft o 1450 o *stunt* yn golygu 'short in duration'. Er mai i 1788 y perthyn yr enghraifft gyntaf a gofnodir yno o *stunt* yn golygu 'stunted', byddai'r ystyr honno yn gweddu yma hefyd. Deallodd copïwr P 125 *ystwnt* fel 'casgen, baril', sef benthyciad o'r Saes. *stund* (*EEW,* 162), oherwydd ceir y glos 'Tafarnwyr' ar ymyl y ddalen gyferbyn ag *iach ystwnt* yn y llawysgrif honno.

Cywydd 50

2. *sawt:* Cf. 29. 12n. 'Ymosodiad' yw'r ystyr yma.

7. *oedwig:* Ansicr. Os *oed* + *gwig* sydd yma, beth yw'r ail elfen? Yn *GPC* rhestrir *gwig* yn golygu 'Cynnen, ymryson, brwydr, lladdfa', ond un enghraifft gynnar yn unig a ddyfynnir. Nid yw'n amhosibl mai camlythreniad sydd yma am *gwyg* (cf. 49. 81), gair a allai olygu 'sothach, sorod' neu 'gwael, diwerth, ofer' (*GPC*). Os felly, rhywbeth tebyg i 'hen a gwael' fyddai'r ystyr.

19. *Petrarch:* Y bardd Eidalaidd Francesco Petrarca (1304-74), un o ffigurau mwyaf y Dadeni. Cyfansoddodd yn helaeth mewn Lladin ac Eidaleg, ac ystyrir ef y dyneiddiwr a'r bardd telynegol modern cyntaf. Yr oedd mewn urddau eglwysig. Arno gw. *DCB,* 922.

21. *Cempes:* Thomas à Kempis (c. 1380-1471), mynach Awstinaidd ac awdur tebygol yr *Imitatio Christi* ynghyd â nifer o weithiau eraill. Arno gw. *DCB,* 1120.

21-2. *cwmpas i iâd / Cylch o ddail:* Ffordd o ddweud fod Thomas à Kempis yn fardd (cadwyd cerddi o'i waith). Yng Ngroeg a Rhufain arferid arwisgo beirdd o fri â choron o ddail llawryf. Yr oedd y llawryf yn gysegredig i Apollo, duw barddoniaeth. Ar hyn gw. *Enc. Brit.*, XIII, 810.

y ddwylâd: Cynrychiola *dwywlad*. Ganed Thomas à Kempis yn yr Almaen ond treuliodd y rhan fwyaf o'i oes yn yr Iseldiroedd. Mae'n debyg mai dyma'r ddwy wlad y cyfeirir atynt yma.

23. *Gwnther:* Guntherus Cisterciensis, bardd a oedd yn byw tua diwedd y ddeuddegfed ganrif. Ef oedd awdur honedig dwy gerdd Ladin arwrol, sef *Ligurinus*, a adroddai hanes yr Ymerawdwr Ffredrig Barbarossa ac a gyhoeddwyd gan y dyneiddiwr Conrad Celtis ym 1507, a *Solimarius*, cerdd am y Groesgad Gyntaf. Mae'n debyg mai un o Basel ydoedd ac iddo astudio ym Mharis. Arno gw. *Allgemeine Deutsche Biographie*, X (Leipzig, 1879), 145 a F. J. E. Raby, *A History of Secular Latin Poetry in the Middle Ages*, ail argraffiad (Rhydychen, 1957), II, 149-51.

24. *Gwyn fanach:* Amrywiad ar *mynach* yw *manach*. Ar hyn gw. *WG*, 16 a cf. parau fel *ymherawdr/amherawdr, canhorthwy/cynhorthwy*. Y Mynaich Gwynion oedd yr enw poblogaidd ar yr Urdd Sistersiaidd, yr urdd y perthynai Gwnther iddi.

Gwyn . . . canai: Twyll caled a meddal (*g . . . c*).

25-6. *Hari Cydweli . . . A gant wawd ag Ieûan Tew:* Bardd o'r bymthegfed ganrif, a adwaenid hefyd fel 'Mastr Harri' a 'Syr Harri', oedd Harri Cydweli, gw. *BC*, 317. Dywedir mai offeiriad Llandyfaelog, Sir Gaerfyrddin, ydoedd. Bu'n ymryson ddwywaith ag Ieuan Tew Brydydd Hynaf (ibid., 390). Dyfynna Prys linell o un o'i gywyddau ymryson yn nodyn ymyl y ddalen (v) gyda chywydd 29 (gw. 29. 37-8n.) ac yn ei lythyr at Gynwal, C. 96.

27-8. *Syr Dafydd . . . trysor Maenan:* Syr Dafydd Owain (m. 1558) o Faenan, Sir Ddinbych, offeiriad a bardd. Yr oedd yn rheithor Nannerch a Llanddoged ac yn ficer Eglwys-bach. Arno gw. *BC*, 650, ac ymdriniaeth lawnach Cledwyn Fychan yn 'Y Canu i Wŷr Eglwysig Gorllewin Sir Ddinbych', *TrDinb*, XXVIII (1979), 122-6, lle dangosir ei fod yn gefnder i daid Edmwnd Prys (gw. y tabl achau yn Atodiad II).

29-30. *Syr Owain . . . Gwilim:* Syr Owain ap Gwilym, curad Tal-y-llyn, Sir Feirionnydd. Arno gw. D. G. Williams, 'Syr Owain ap Gwilym', *LlC*, VI, 179-93, lle dywedir ei fod yn canu rhwng 1533 a 1561.

32. *Twli:* llysenw ar Marcus Tullius Cicero (106-43 C.C.), yr awdur Rhufeinig. Arno gw. *OCD*, 234-8.

33-42. Yn ôl pob tebyg Cicero *De Oratore* III. 20-1 yw ffynhonnell Prys yma. Ond ceir syniadau tebyg yn *Pro Archia poeta* I. 2 a *De Finibus* III. 62-3 hefyd.

44. *Bŷd bach yw dŷn iach:* Gw. nodyn ymyl y ddalen (ii). Yma mae Prys yn adleisio un o gyffredinolion ei gyfnod, sef bod dyn yn ficrocosm a gynhwysai ynddo'i hun amryfal

agweddau'r macrocosm neu'r bydysawd o'i gwmpas. Tarddai'r syniad hwn o'r cyfnod clasurol, cafodd dderbyniad cyffredinol yn ystod yr Oesoedd Canol, a pharhaodd mewn bri yn ystod y Dadeni ac wedi hynny. Ar hanes y syniad gw. erthygl Donald Levy yn *The Encyclopedia of Philosophy,* gol. Paul Edwards (Efrog Newydd a Llundain, 1967), V, 121-5. Ar y defnydd o'r syniad hwn yn llenyddiaeth Saesneg Oes Elisabeth gw. E. M. W. Tillyard, *The Elizabethan World Picture* (Harmondsworth, 1966), 111-14. Ceir rhestr o gyfeiriadau at y syniad yng ngweithiau awduron Saesneg o'r unfed a'r ail ganrif ar bymtheg gan C. A. Patrides, 'The Microcosm of Man: Some References to a Commonplace', *Notes and Queries,* cyfres newydd, VII (1960), 54-6; gw. hefyd idem, 'The Microcosm of Man: Further References to a Commonplace', *Notes and Queries,* X (1963), 282-6.

45-52. Ceir yma gyfaddasiad o chwedl adnabyddus y bol ac aelodau'r corff, lle pwysleisir dibyniaeth gwahanol rannau'r corff ar ei gilydd. Chwedl o darddiad Groegaidd ydoedd, gw. R. M. Ogilvie, *A Commentary on Livy* (Rhydychen, 1965), 312-13, lle rhestrir ffynonellau lle digwydd y chwedl neu amrywiadau arni. Ceir y fersiynau mwyaf adnabyddus ohoni yn Livius *Ab Urbe Condita* II. xxxii. 9-11 a Plutarch *Caius Marcius Coriolanus* VI. 3-4, lle adroddir hi gan Menenius Agrippa. (Cf. Shakespeare *Coriolanus* I. i. 92 ymlaen.) Yr oedd y chwedl hon yn gyffredin iawn yn llyfrau ysgol yr unfed ganrif ar bymtheg ac weithiau fe'i cynhwysid mewn casgliadau o chwedlau Aesop, gw. Baldwin, *Shakspere's Small Latine and Lesse Greek,* II, 321-2. Ar y chwedl hon neu amrywiad arni y seiliwyd I Cor. xii. 12-27.

83. *I ddail:* Cf. 21-2n. uchod. Edliw y mae Prys ei fod yn haeddu parch oherwydd ei gyraeddiadau barddol er nad bardd mohono o ran ei alwedigaeth.

Cywydd 51

15. *Vespasian:* Titus Flavius Vespasianus, ymerawdwr Rhufain o 69-79 O.C. (*OCD,* 1115-16). Ergyd y cyfeiriad yw dannod i Gynwal ei fod yn ariangar. Etifeddodd Fespasian sefyllfa gyllidol argyfyngus a bu'n rhaid iddo drethu'r ymerodraeth yn drwm. Rhoes hyn iddo enw am ariangarwch.

43-4. *Enwaist y beirdd . . . yn llydan o'i lle:* Rhestrodd Cynwal y beirdd yn 36. 45-56. Yn yr hyn a ddywed am amseriad y beirdd a'u hathrawon yn llau. 45-54 mae'n amlwg mai dilyn *Catalogus* John Bale a wna Prys, cf. 27. 31-2n. a 27. 71-6n.

45. *Bardd Emrus:* Myrddin Emrys, bardd tybiedig Emrys Wledig, gw. 36. 51-2n.

46. *y bardd hynaf:* Yn ôl Bale, *Catalogus,* 48, 'Claruit Merlinus anno omnium regis Christi 480, sub saepe dicto rege Vortigerio.'

47-8. *Bv Vaygant . . . Iddo'n athro:* Diau fod y syniad hwn yn seiliedig ar Bale, *Catalogus,* 48, lle dywedir i Fyrddin Emrys astudio yng Nghaerllion. Dywedir ibid., 47 mai i *gymnasium* Caerllion y perthynai Meugant.

48. Mae twyll gynghanedd yn y llinell hon gan na cheir dim i ateb yr *dd* yn *iddo.*

49. *Bardd Elffin:* Taliesin, gw. 9. 18n. a 36. 56n.

50. *Bu lwyddûs ddisgibl iddo:* Ni cheir dim am hyn gan Bale. Ar amseriad Taliesin dywed (*Catalogus,* 53) 'Claruit anno salutis humanae 540, Arthuro adhuc in Brytannia regnante.'

51. *Mab Morfryn wyllt:* Myrddin Wyllt, gw. 36. 47-8n. Yn ôl Bale, *Catalogus,* 59, 'Claruit Merlinus anno incarnati Messie 570, sub rege Maglocuno.'

53-4. *A Thaliesin . . . a'i dysgodd:* Disgrifir Myrddin gan Bale fel 'Teliesini uatis olim discipulus' (*Catalogus,* 59). Ceir sylw i'r un perwyl yn ei adran ar Daliesin (ibid., 53).

57-8. *A'i prŷd oedd . . . Yn nechrav swyddav y Sais:* Yr ystyr yw mai oddeutu'r adeg y dechreuodd y Saeson gael y llaw uchaf ym Mhrydain y canai'r beirdd a enwyd.

64. *Mynaig ddyn:* Enghraifft o dreiglo'r goddrych ar ôl ffurf 3 un. pres. Yr oedd hyn yn afreolaidd, gw. *CD,* 228 a *TC,* 190-1.

78. *Gruffudd:* Gruffudd Hiraethog, gw. 20. 67n.

81-2. *Na chrêd i bod . . . Yn wanwyn er vn wenol:* Y ddihareb 'Un wennol ni wna wanwyn', cf. 23. 57-8n.

Cywydd 52

3. *Alexander:* Alecsander Fawr (356-323 C.C.), brenin Macedonia. Yr oedd yn un o gadfridogion mwyaf yr hen fyd, ac enillodd ymerodraeth enfawr iddo'i hun drwy goncwest. Arno gw. *OCD,* 39-41. Mae'r hyn a geir amdano yn y cywydd hwn yn seiliedig ar hanes brwydr yr afon Hydaspes yn ystod ei ymgyrch yn yr India (327-325 C.C.) fel y ceir ef yn Plutarch *Vita Alexandri* LX. Mae'n werth nodi hefyd y ceir yr hanes am Alecsander a Phorus yn llawn yn *Cosmographia* Sebastian Münster (argraffiad Lladin 1550), 1077-9, gwaith y gwyddys i Brys ei ddarllen (gw. 42. 55).

4. *Porus:* Brenin o'r India a ymladdodd yn erbyn Alecsander ym mrwydr yr afon Hydaspes (*OCD,* 866).

â'i gorff hoewrym: Cf. Plutarch *Vita Alexandri* LX. 6-7, lle dywedir fod Porus yn chwe chufydd a rhychwant o daldra. Disgrifir ef mewn nodyn ar ymyl y ddalen yn Münster, *Cosmographia,* 1077 fel 'uir procerae staturae'.

11-22. Gw. Plutarch *Vita Alexandri* LX. 8. O ganlyniad i ddewrder Porus ar ôl i Alecsander ei orchfygu, cafodd ei deyrnas ei hun yn ôl ynghyd ag anrheg o diroedd eraill a enillasai Alecsander.

37-40. Cyfeiriad at 32. 22 ('Yn i amser, clander clod'). Trafodir y pwynt hwn gan Brys yn ei lythyr, C. 50-4.

43. *Gwn am Ruffvdd, Nudd naddawdl:* Cf. marwnad Gruffudd Hiraethog gan Wiliam Cynwal: 'Goreuffawd fu gan Gruffudd; / Golau nef i'r gwiwlan Nudd.' (WC(2), 1. 85-6.)

44. *Tudur:* Tudur Aled, gw. 1. 9n.

55. Enghraifft o roi pwyslais ar air gwan (yr arddodiad *heb*) er mwyn cael cynghanedd. Cf. 28. 89n.

87-8. *Gwell vn gwalch . . . na mîl o wybed:* Mae naws dihareb i hyn, ond nis darganfûm mewn unrhyw gasgliad. Â'r syniad, fodd bynnag, cf. 'Gwell un haul na myrdd sêr' (*DC,* 126) a'r Saes. 'As much dungs one ox as a thousand flies' (*DPE,* O102).

106. *ympirio:* Benthyciad o'r Saes. *(to) appear.* Â'r datblygiad cf. *ympêl* o'r Saes. *appeal* (*GTA,* 722).

fêl: Camgymeriad yw'r acen grom. *fel* a olygir.

Cywydd 53

5-6. *Teg pob peth . . . Ni bydd gwrthwyneb iddo:* Dihareb, cf. 'Tec pop chwedyl ny bo gwrthwynep' (*OSP;* LlGC 3064, 153).

7-8. *Ni bydd o absen y bŷd . . . ond syberwyd:* Dihareb, cf. 'Nid oes o absen ond syberwyd' (LlGC 3064, 128).

15. *Thomas Wyn:* Thomas Wyn o'r Plas Newydd, Llanrwst, pedwerydd mab Richard ap Robert ap Rhys, abad Aberconwy (*Dwnn,* II, 343; *PACF,* 295), a chefnder i Domos Prys o Blas Iolyn (gw. A. 17n.). Yr oedd yn siryf Sir Ddinbych ym 1595 (*RMWL,* I, 799). Ceir cywydd moliant iddo gan Gynwal (WC(2), rhif 10) a ganodd hefyd gywydd gofyn drosto (ibid., rhif 12).

18. *A bardd:* Enwir Thomas Wyn yn y rhestr a geir yn *Cefn Coch,* 6 o'r 'mydrwyr o'r Brytanniaid . . . yn canu ar ei bwyd ei hun.'

20. *Syr Edwart:* Gw. 13. 104n.

22. *Seina:* China.

Cywydd 54

2. *Rhydderch:* Pwy?

3. *aeg:* Gair dwy sillaf yw *aeg* yma, cf. 17. 9 lle mae'n unsill. Arno gw. 5. 60n. Cyfrifid *Cymraeg* weithiau'n dair sillaf (cf. 47n. isod), weithiau'n ddwy sillaf gan y beirdd, a diau fod hynny'n esbonio pam fod *aeg* yn amrywio o ran nifer ei sillafau.

17-22. Am yr hanes gw. 2 Sam. i. 1-16.

25. *ysgwirwalch:* Cyfuniad o *ysgwîr* (cf. 15. 76) a *gwalch*. Benthyciad yw *ysgwîr* o'r Saes. Can. *squire*, 'ysgwâr saer' (*EEW*, 149). Defnyddid *ysgwîr* yn ansoddeiriol a throsiadol yn yr ystyr 'perffaith o ran llun, gwych, rhagorol' yn ogystal ag yn ei ystyr gysefin, cf. 'Cerdd *ysgwîr*, croywddysg araith' (*GTA*, 726). Cf. hefyd y defnydd o *ysgwâr* yn *ysgwarwawd* (7. 64). Mae *ysgwirwalch* yn gyfystyr â 'gŵr rhagorol' yma.

ysgwariai: Benthyciad o'r Saes. *(to) square*. Yr ystyr yma yw 'llunio'n berffaith, llunio'n wych', cf. y nodyn ar *ysgwirwalch* uchod.

28. *rhamant:* Benthyciad o'r Saes. *romaunt* (*EEW*, 63-4). Arno gw. y nodyn yn *GDG*, 468-9. Yr ystyr yma yw 'hanes'.

47. *Cymrâeg:* Gair tair sillaf oedd *Cymraeg* yn wreiddiol (*WG*, 34), ac felly y cyfrifir ef yma.

82. *Tal am wawd:* Twyll caled a meddal (*t . . . d*).

97-8. *Mae mewn tywod mân, / Tywod Hyspytty Ievan:* Mynegodd Cynwal ddymuniad i gael ei gladdu yn eglwys Ysbyty Ifan yn ei ewyllys (dyddiedig 22 Tach. 1587): 'I geve & bequeathe my soule vnto the m*er*cy of Redeem*er* beeseecheinge hym to take pitty vpon hym & my body to be buried in the p*ar*ishe churche of Spitty wher yt pleaseth the churchward*en* of the same p*ar*ishe' (Probate Records. St. Asaph Diocese. Copies of Wills, 1584-88 (Llyfrgell Genedlaethol Cymru), 515b.).

GEIRFA

Wrth restru geiriau isod cynhwysir pob ffurf orgraffyddol a geir arnynt yn y testun. Pan geir mwy nag un ffurf orgraffyddol ar air yn y testun, ffurf yr enghraifft gyntaf ohono a roddir yn gyntaf, a'r ffurf honno sy'n penderfynu ei leoliad yn yr eirfa. Rhoddir y ffurfiau eraill yn y drefn y digwyddant yn y testun.

Yn y cyfeiriadau at leoliad geiriau cyfeiria A, B ac C at yr adrannau rhyddiaith yn y testun. Dynoda 'n.' fod nodyn ar y gair y cyfeirir ato.

A

abl, 15. 33; 44. 16, galluog, medrus; 31.73, digon, digonol; gr. gymh., *ablach*, 7. 53; gr. eithaf, *appla'*, 4. 41.

absen, 53. 7, athrod, drygair.

achlwm, 7. 25; 17. 82, cwlwm tynn.

achlys', 5. 93, sibrwd, hanes a ledaenir heb iddo o anghenraid fod yn wir.

adail, 11. 37; 26. 7, adeilad, adeiladwaith.

adailaist, 49. 73, 2 un. gorff. *adeilad/adeilo*, saernïo, eilio.

adamant, 4. 4, Saes. 'adamant', carreg galed odiaeth, (yn dros.) safon rhagoriaeth.

ad-ddyblais, 7. 53, 1 un. gorff. *ad-ddyblu*, dyblu, ychwanegu'r cymaint arall.

adlithr, 41. 27, llif, llithr.

adnaid, 48. 82, naid yn ôl, gwrthnaid.

adroi, 7. 54, rhoddi'n ôl; 29. 72, adfer.

adrywiodd, 3 un. gorff. *adrywio*, deillio, datblygu.

adwedd, 36. 64, ?cylch clera.

adwyth, 12. 64, drwg, aflwydd.

addolwyd, 6. 15n.

addwyn, 25. 115; 28. 119, gwych, difai.

aeg, 17. 9; 54. 3n., iaith.

aerfa, gw. *avrfa*.

aerwy, 1. 37, cadwyn, torch, (yn dros.) peth crwn.

aeth, 32. 27; 33. 23, poen, tristwch.

afiaith, ?6. 56; 16. 58; ?38. 55; ?40. 3; 48. 117, iaith arw, iaith wallus.

afrad, 42. 72, gwastraffus, ofer.

afraid, 11. 59; 30.3; 34. 51; 38. 57; 49. 56; 49. 57, dianghenraid, dieisiau.

afrôl, 33. 6, drwg.

afryw, 15. 55; 21. 28; 26. 88, gwael, annaturiol.

afwch, 45. 14, craffter.

affaith, 52. 64, teimlad, nwyd; llu. *affaithion*, 38. 7, effeithiau.

affaithiawl, 24. 43, cydgyfrannog mewn gweithred.

agos, 8. 41, annwyl; 19. 6; 54. 48, ymron, o fewn ychydig.

agwrdd, 12. 86; 39. 87, cadarn, cryf.

anglâv, 24. 52, aneglur.

ailiad, gw. *eiliad*.

ailio, gw. *eilio*.

airchiad, 5. 1, eirchiad, un sy'n gofyn am rodd.

alaeth, 21. 75, tristwch, gofid.

albrysiwr, C. 84, saethwr â bwa croes.

amnaid, 9. 94, brysiog, sydyn.

amorth, 18. 90; 19. 48, anffawd, aflwydd.

amseroedd, 1. 16, llu. o *amser*, mydr, mesur.

anach, *hanach*, 5. 95; 7. 57, rhybudd; 30. 71n.; 47. 68, bai.

anaf, 13. 57; 28. 87; 29. 110, bai, diffyg, clwyf; llu. *anafav*, 39. 88.

anafod, 49. 48, bai, diffyg, pechod.
anafus, 43. 99, beius, diffygiol.
anant, 47. 13, beirdd, prydyddion.
anap, *anab*, 19. 73; 26. 59n., anffawd, damwain.
ancwyn, 2. 6, ffrwyth.
aneddf, 16. 38, herwr.
anhunedd, 38. 102, diffyg cwsg, (yn dros.) poen, gofid.
anhvnog, 39. 108, di-gwsg, (yn dros.) dioddefus, gofidus.
anhycciant, C. 40, anffawd, aflwyddiant.
anial, *ynial*, 28. 87; 46. 37; 52. 40, dirfawr, mawr iawn.
annod, *anod*, 10. 77; 14. 111, edliwiad, danodiad.
anrhydeddwawd, 8. 91, *anrhydedd* + *gwawd*, â'i farddoniaeth yn deilwng o anrhydedd.
antur, *antvr*, *antûr*, 9. 16; 11. 67; 44. 90, ond odid, efallai; 16. 50, prin, anghyffredin.
anvdd, 22. 54, cuddiedig.
anvn, *anun*, *annvn*, 8. 81; 10. 77; 12. 67; 14. 23; 19. 33; 22. 11; 22. 89; 29. 37, adyn, dihiryn, gwaelddyn.
anwe, 21. 91; 39. 83; 44. 95; 48. 70; 51. 43, yr edafedd a red o'r wennol ac a weithir i'r ystof wrth weu brethyn ar y gwŷdd, (yn dros.) gwneuthuriad barddoniaeth.
anwr, 5. 62; 16. 39; 28. 109, adyn, dihiryn.
appla', gw. *abl*.
a'r, 6. 70; 10. 53; 10. 70; 32. 52; 34. 65; 35. 1; 35. 64; 35. 66; 39. 10; 40. 38; 54. 95, cyfuniad o'r arddodiad *o* (newidiwyd i *a*) a'r rhagenw dangosol *ar* a ddefnyddir i ragflaenu cymal perthynol.
âr, 45. 76; 48. 45, tir aredig.
arab, 15. 56, ysmala.
arafach, 25. 6, gr. gymh. *araf*, tawel, mwyn, tirion.
arailwawd, 28. 47, *arail* + *gwawd*, gofalus ei farddoniaeth.
arch, 1. 28; 16. 1, cais; 32. 36, rhodd.
archiagoniaeth, 18. 20, swydd archddiacon a'r breintiau sydd ynghlwm wrthi.
archwawd, 5. 1, *arch* + *gwawd*, barddoniaeth ofyn.
ardal, 40. 49n.
ardd, 41. 35, 2 un. gorch. *erddi*, aredig.
arddwr, 7. 3, aradwr,
arfod, 7. 1; 8. 100; 13. 1; 13. 20; 22. 56; 38. 59, ergyd, trawiad; llu. *arfodav*, 23. 49.
ar gais, 42. 65, ar unwaith.
ariant, 15. 57, arian, pres.
arswydofn, 7. 17, *arswyd* + *ofn*, ofn brawychus.
arthan, 41. 19, arth fechan, cenau arth.
aruthr, 23. 3, anghyffredin, tros ben (yn cryfhau ans.); 47. 19, didostur, llym.
arwisg, 24. 54, dilledyn yn gorchuddio.
arwyddfardd, A. 3; 5. 73; 13. 68; 20. 72; 27. 15; 27. 54; 27. 82; C. 68, bardd hyddysg mewn achyddiaeth a herodraeth.
âs, *hâs*, 15. 78; 43. 48n., Saes. 'ace', mymryn, gronyn, mesur bychan.
asbri, 49. 22, drygioni, malais.
asen, 1. 49, ffon, gwialen.
aseth, 1. 50, ffon, gwialen.
asgell, 1. 51, pluen neu ffon saeth.
astvd, *astud*, 16. 24; 26. 20, dyfal, diwyd.
aswy, 19. 46, chwithig.
atwrnai, 44. 33, Saes. 'attorney', cyfreithiwr.

athrawaidd, 20. 70, abl i gyfrannu dysg, cymwys i fod yn athro.

athrawlwybr, 45. 78, *athraw* + *llwybr*.

athrwm, 22. 93, pwysfawr, tra sylweddol.

athrywyn, 2. 29, cyfryngiad, cyflafareddiad.

avrawg, 48. 22, un gwych, ardderchog.

avrddadl, 7. 14; 27. 29, *aur* + *dadl*, ardderchog ei ddadl, euraid ei air.

avrfa, *aerfa*, 5. 68; 52. 80, brwydr.

avrfab, 48. 93, *aur* + *mab*, mab ardderchog.

avrfainc, 26. 79, *aur* + *mainc*, gorseddfainc ardderchog, (yn dros. ac ans.) bonheddig ei dras.

avrfawr, 54. 63, *aur* + *mawr*, ardderchog a mawr, mawrwych.

avrfwng, 32. 75, *aur* + *mwng*, eurdorchog, a chanddo goler aur, (yn dros. ac enwol) gŵr o dras uchel.

avrglod, 19. 8, *aur* + *clod*, ardderchog ei glod, uchel ei foliant.

avrgoeth, 14. 10, *aur* + *coeth*, ardderchog a choeth.

avrner, 10. 96, *aur* + *nêr*, arglwydd ardderchog, arglwydd urddasol.

avro, *auro*, 1. 8; 2. 9; 8. 5; 10. 20, anrhydeddu; 1 un. pres. *aura*', *avraf*, 9. 63; 48. 99, 1 un. gorff. *evrais*, 12. 17; 3 un. gorff. *avrodd*.

avrwaith, 48. 45, *aur* + *gwaith*, ardderchog ei lun; 54. 87, gwaith ardderchog.

avrych, 22. 3n.; C. 75; 47. 99.

awch, 1. 69; 4. 15; 14. 70, awchus, angerddol; 25. 55; 31. 9; 40. 84, tanbeidrwydd, angerdd; 44. 2, egni bywiol.

awchir, 43. 1, amhers. pres. *awchu*, hogi, miniogi.

awchlem, 44. 106 (ffurf fen. *awchlym*), treiddgar, craff.

awdur, 47. 7, awdurdod.

awdurfawr, 6. 5, *awdur* + *mawr*, uchel ei awdurdod, awdurdodol.

awenydd, 1. 3; 1. 22; 3. 33; 3. 42; 4. 35; 4. 73; 7. 97; 12. 41; 12. 43; 13. 77; 16. 85; 18. 51; 21. 36; 25. 107; 25. 139; 26. 5; 26. 36; 27. 6; 29. 48; 35. 30; C. 62; 43. 5; 43. 71; 45. 85, awen, dawn neu ysbrydoliaeth brydyddol; 52. 63, bardd, un a chanddo awen.

awenyddawl, 16. 30; 25. 102, medrus o ran crefft farddol, llawn o awen.

awenyddfawr, 4. 38, *awenydd* + *mawr*, â dawn neu athrylith farddonol fawr, tra ysbrydoledig.

awgrym, 45. 92, ymddygiad, ymarweddiad.

B

ba, 34. 53, pam? Gw. hefyd *pa*.

bagwnnog, 17. 6, cadarn.

band, 7. 94; 38. 9; 43. 26, onid? Gw. hefyd *pand*.

ba r', 7. 35, pa ryw? Gw. hefyd *para*.

bar, *barr*, 8. 15; 9. 76, mainc ynadon, llys barn.

bâr, *bar*, 12. 15; 14. 19, digofaint, llid, ffyrnigrwydd.

barddiaeth, 25. 14, dysg farddol.

bariaeth, 6. 101, dicter, llidiogrwydd.

barnedigaeth, 18. 85, yr hyn a weithredir mewn llys barn.

barwnwawd, 4. 55, *barwn* + *gwawd*, barddoniaeth a genir i uchelwr, barddoniaeth urddasol.

batel, 13. 43, Saes. 'battle', brwydr, ysgarmes.

ber, 24. 18, cigwain, gwialen a wthir drwy ddarn o gig i'w droi a'i rostio o flaen tân.

berwddawn, 50. 65, *berw* + *dawn*, ynni brwd, (yn ans.) cynhyrfus ei ddawn.

berwddyn, 5. 64; 27. 101, *berw* + *dyn*, baldorddwr, clebryn.

berwddysg, 26. 56, *berw* + *dysg*, dysg fyrlymus, dysg ar gân.

bet, 14. 102, casineb, dig, gwg.

bevnoeth, 37. 87, o hyd, yn barhaus.

bicrav, 17. 4n.

bill, *bil*, 4. 102n.; 28. 5n.; 37. 5n.

biliwr, 43. 92, cyhuddwr, beiwr, achwynwr.

blaenawr, *blaenor*, 7. 70; 10. 31; 18. 13; 32. 1; C. 34; 48. 89, un sydd ar y blaen, arweinydd, pennaeth; llu. *blaenoriaid*, 23. 3.

blaendori, 23. 72, dechrau torri, arloesi.

blaenorai, 23. 71, 3 un. amherff. *blaenori*, bod ar y blaen, rhagflaenu gyda rhywbeth.

blawdd, 40. 30n.

bleddyn, 19. 96, blaidd bychan neu ifanc.

blith, 20. 94, ffrwythlon, buddiol; gr. eithaf *blitha'*, 15. 43.

bloesgi, 44. 18, siarad aneglur, llefaru anghroyw.

blwng, 1. 55, ffyrnig, siarp.

bogail, (1) 22. 81, gw. *rhawn a bogail*; (2) C. 83, llafariad.

boravdardd, 27. 1, *bore* + *tardd*, ifanc.

bostûs, 41. 88, ymffrostgar, brolgar, chwyddedig.

braisc, *braisg*, 1. 2; 11. 44; 15. 10; 19. 89; 40. 80, cadarn, grymus; 45. 80, bras, tew.

brav, *brâv*, 6. 3; 10. 17; 10. 57; 10. 62; 12. 41; 19. 12; 20. 55; 20. 91; 22. 43; 28. 90; 28.97; 31. 51; 32. 59. 34. 61; 35. 19; 36. 56; 37. 90; 40. 80; 43. 44; 45. 80, cain, gwych, coeth; gr. eithaf *brava'*, 19. 82.

bravder, 52. 14, haelioni, mawrfrydigrwydd.

bravddysc, 38. 14, *brau* + *dysg*, dysg goeth, dysg wych.

bravwydd, 42. 42n.

breinio, 6. 94, urddasu, anrhydeddu; gorff. amhers. *breiniwyd*, 33.32.

breisgfardd, 10. 57, *braisg* + *bardd*, bardd grymus.

breisglod, 35. 19, *braisg* + *clod*, clod gwych.

breisgwerdd, 2. 53, *braisg* + *gwerdd*, nerthol ac iraidd.

breisgwydd, 31. 44, *braisg* + *gwŷdd*, coed cadarn, (yn dros.) pethau rhagorol.

brest, 1. 2, Saes. 'breast', bron, mynwes.

brigowthen, 10. 52, baldordd, siarad gwag.

brisg, 48. 93, llwybr, ffordd.

britho, 17. 8, difwyno, brychu.

broch, 7. 9; 8. 106; 29. 88; 34. 52, dicter, llid cyffro.

brochus, 17. 2, dig, llidiog, ffyrnig.

brol, 24. 47; 29. 110, bost, ymffrost.

brôd, *brûd*, 51. 59; 51. 68; 51. 70, darogan; llu. *brudiav*, 51. 61.

brvdia, 18. 10, 2 un. gorch. *brudio*, dehongli.

brudiaith, 26. 47, *brud* + *iaith*, iaith ddarogan.

brudwaith, 12. 77, *brud* + *gwaith*, daroganwaith.

brwysgwyn, 51. 51, *brwysg* + *gwŷn*, cynddaredd wyllt.

brydineb, 11. 59, gwres, byrbwyllter.

Brytaniaid, 18. 75, llu. o *Brytaniad*, brodor o Brydain, Cymro.

Brython, 17. 8, Cymro.

Brythoniaith, 22. 29, *Brython* + *iaith*, Cymraeg.

bual, *bval*, 10. 12; 17. 7, ych gwyllt, carw, (yn dros.) arglwydd, pendefig.
bw, (1) 6. 55, dychryn; (2) 19. 98; 31. 23, sŵn yn dynodi dirmyg, dirmyg, sarhad.
bwbach, 49. 62, bwgan, bwci.
bŷd bach, 50. 44n.
bŷd mawr, y, 42. 65n.
bygyli, 8. 29, 2 un. pres. *bygylu*, dychrynu, gyrru ofn ar.

C (K)

cabl, 11. 95; 36.6, gogan, athrod.
cablyd, 25. 75, cabledd, enllib, athrod.
caenen, 47. 107, gorchudd tenau, (yn dros.) peth salw.
cangell, 11. 91, teml, eglwys.
calanderv, gw. *calandrio*.
calandr, *clander*, 15. 56; C. 53n.; C. 54n., calendr; 32. 22; C. 50n.; 52. 36; 52. 37, esiampl, patrwm, arwydd.
calandrio, C. 54, chwilio ac astudio'r calendr; ffurf ddamcaniaethol, *calanderv*, C. 54.
camarddelw, 26. 68, honni ar gam.
cameiliai, 44. 45, 3 un. amherff. *cameilio*, cyfansoddi barddoniaeth wallus neu ddiffygiol.
camrwysc, 51. 60, gormes.
camwydd, 13. 23, *cam* + *gwŷdd*, darnau o bren cam, (yn dros.) saethau cam eu hediad.
canwyr, *cannwyr*, 1. 8; 17. 6; 53. 21, plaen saer, (yn dros.) bardd celfydd.
canwyrfardd, 22. 56, *canwyr* + *bardd*, bardd celfydd, meistrolgar.
canyddiaeth, 39. 53; 47. 67, celfyddyd prydyddiaeth, barddoniaeth.
canyn, 31. 21, *cant* + *dyn*, cant o ddynion.
carchar cyffion, 32.40n.
card, 49. 74, llen achau.
careglavr, 4. 1, *caregl* + *aur*, a chanddo gwpan Cymun aur, (yn dros.) mawrwych.
carth, 45. 23, sothach, sorod.
casedd, 33. 18, atgasedd, dicter.
caterwen, 2. 9, derwen fawr, (yn dros.) pendefig cadarn.
cavdawd, 29. 91, ceudod, ceuedd.
caw, 39. 41n.
cawdd, 39. 44, poen, blinder; 49. 84, llid, digofaint.
cêd, *ced*, 5. 40; 8. 109; 9. 96; 10. 89; 12. 57; 15. 13; 17. 103; 18. 50; 19. 51; 30. 58; 32. 61; 33. 53; 35. 20; 39. 15; 47. 28; 52. 87; 54. 61, rhodd, anrheg, bendith lles.
cefnrhwd, 41. 70, tost neu lidus ei gefn.
ceiri, 28. 95; C. 71, llu o *cawr*.
celi, 43. 51, y nefoedd.
cenhiadv, 3. 61; 5. 31, caniatáu.
cennad, *cenad*, A. 11 (dwywaith); 4. 57; 6. 34; 6. 47, caniatâd.
cennad, 1. 52, neges; 54. 4; 54. 13; 54. 18, negesydd.
cerddiaid, 28. 4, llu o *cerddiad*, bardd, prydydd.
cerddwriaeth, 10. 46, y gelfyddyd farddol, prydyddiaeth.
certh, 9. 42, rhyfeddol.
ceryddweilch, 28. 61, *cerydd* + *gweilch*, gweilch beius.
cethr, 43. 2, picell, erfyn blaenllym.
cladd, 49. 32, sil, wyau pysgod, ?(yn dros.) peth salw, peth dirmygus.
claim, 2. 18; 4. 18; 12. 71; 19. 63, Saes. 'claim', honiad, haeriad.
claimfeistr, 48. 11, *claim* + *meistr*, meistr ar wneud honiadau.
clander, gw. *calandr*.
clap, 34. 49, teclyn i glapio, clapiwr.

clappian, 48. 5, taro, ergydio, curo dwylo ar.
clêd, 7. 67; 29. 8, ffurf fen. *clyd*.
clêr, *cler*, 4. 18; 7. 2; 7. 61; 9. 5; 13. 2; 15. 66; 19. 35; 30. 52; 31. 29; 33. 13; 34. 49; 36. 5; 41. 63; 42. 23, beirdd; *clêr y dom*, *cler y dom*, 10. 15n; 18. 26; 20. 98.
clerwr, 49. 1, bardd.
clodwaisg, 44. 82, *clod* + *gwaisg*, clodwych, disglair ei glod.
clwmfwstr, 48. 11, *clwm* + *mwstr*, ?cynnwrf dryslyd.
clyr, 19. 39n.
cnaif, 17. 73, wedi ei gneifio, wedi ei dorri.
cnapiav, 39. 79, llu. o *cnap*, talp, lwmp.
cnawd, 49. 5, arferol, cyffredin.
cnith, 29.3, ergyd, trawiad.
cnot, 10. 10; 46. 2, Saes. 'knot', cwlwm, (yn dros.) un rhagorol, campwr.
cnŵd, 49. 6n.
cnvlwawd, 18. 66, *cnul* + *gwawd*, barddoniaeth soniarus.
cnydwair, 17. 73, *cnwd* + *gwair*, cnwd o wair.
cob, 10. 24, Saes. 'cope', math o ŵn hirllaes a wisgir gan glerigwyr, (yn dros.) swydd esgob.
cochl, 39. 93, clogyn, mantell.
codded, 49. 8, llid, digofaint.
coedwe, 9. 55, *coed* + *gwe*, llwyn.
coethi, 49. 9, brygawthan, baldorddi, cyfarth; 2 llu. amherff. *coethech*, 13. 75.
coffrydd, 7. 8, ceidwad coffr, un yn cadw mewn coffr, ceidwad.
colaeth, 41. 51, coledd, gofal.
colli'r bêl, 7. 119n.
comissiwn, 19. 46; 29. 16, Saes. 'commission', awdurdod a draddodir i rywun, gorchymyn neu siars i weithredu mewn dull penodol.
conell, 1. 61, cynffon.
consuriwr, C. 24, Saes. 'conjurer', dewin, swynwr.
conyn, 1. 73, corsen, gwialen.
copînad, 22. 33, gwybodaeth.
corf 1. 3; 8. 100; 11. 31, colofn, (yn dros.) cynheiliad, ceidwad.
corffilaeth, 21. 60, corffolaeth, corff.
cornio, 20. 29; C. 48, ymosod yn ffyrnig.
corryn, 42. 28, dyn bychan, (yn dros.) dyn prin ei allu neu ei ddawn.
corsen, 5. 3, coesyn, conyn, ffon.
cosmographyddion, 42. 60n.
cost, (1) 2. 82; ?34. 5, darpariaeth; 3. 78; 21. 3, traul; 33. 24, trafferth; ?(2) 28. 24n.; 37. 24, prawf, archwiliad.
costowki, *costowci*, 33. 14; 42. 22, ci cymysgryw, ci sarrug, mastiff.
cowiriaid, 23. 94, llu. o *cywir*, un teyrngar i rywun neu rywbeth, cefnogwr ffyddlon.
cowraint, 33. 42, cain.
craif, 49. 94, gweddillion wedi eu crafu, crafion.
crâsaren, 38. 88, coeglyd, sbeitlyd.
creision, 43. 3, llu. o *cras*, peth wedi sychu neu wedi ei losgi, sorod, sothach.
crest, 49. 18, Saes. 'crest', brig, pen, (yn dros.) pennaeth.
croesiad, 9. 25, croeshoeliad.
croewlain, 50. 29, *croew* + *glain*, (yn dros.) un croyw rhagorol.
crychias, 25. 52, byrlymus, cyffrous.
crynddyn, 45. 28, plentyn, bachgen bychan.
cvar, 22. 42, *cu* + *âr*, (yn dros.) gwaith cu.

cvn, cvn, (1) 5. 90; 7. 60; 8. 36; 11. 35; 18. 25; 19. 100; 25. 113; 48. 30, arglwydd, pennaeth; (2) 41. 43; ?50. 23 (efallai (1)), gwych, hardd.
cwcwallt, 9. 62n.
cwccwy, 9. 62, wy wedi ei ffrwythloni gan geiliog, plisgyn wy.
cwest, cwêst, 7. 58; 7. 68; 7. 102; 7. 107; 8. 86; 8. 107; 8. 109; 28. 24; 30. 55; 37. 24; 37. 26; 49. 67, Saes. 'quest', ymholiad cyfreithiol, prawf, corff o reithwyr.
cwfaint, 9. 34, Saes. 'convent', lleiandy.
cwlio, (1) 33. 34, gweld bai ar, beio; (2) 51. 21, Saes. '(to) cull', dethol, didoli.
cwmpas, 15. 78, Saes. 'compass', offeryn dwygoes i fesur hydoedd ac i dynnu cylchoedd.
cwybl, 18. 91n.
cwynwest, 37. 19n.
cwyraidd, 3. 3; 4. 40; 7. 4; 12. 74; 23. 19; 23. 38; 23. 76; 45. 37, medrus, celfydd, tyner; gr. gymh., *cwyraiddiach*, 23. 70.
cwyrddol, 17. 101, medrus, celfydd.
cwysaw, cwyso, 10. 43; 26. 91; 49. 4, aredig, (yn dros.) gwneuthur, llunio, dilyn, etc.; 2 llu. gorch. *cwyswch*, 40. 16.
cŷd, cyd, (1) 7. 25; 7. 31; 13. 71; 40. 79; 52. 93, os, er; (2) 4. 75; 32. 6; 36. 83; 42. 29; 44. 9; 44. 21, cyhyd; (3) 43. 55, cytgnawd, cyswllt gŵr a gwraig; gw. hefyd *gair cŷd*.
cydair, 7. 107; 43. 55; 54. 36, unol, cytûn, unfryd.
cydeilio, 17. 24, plethu neu wau ynghyd, (yn dros.) cyfansoddi barddoniaeth.
cydfrawd, C. 104; 39. 72, brawd.
cydiwr, 1. 6, un sy'n cysylltu ynghyd, saer, (yn dros.) crefftwr.
cŷd-rann, 47. 92, cyfartal.
cydrychor, 40. 12, ych yn aredig gydag un arall, (yn dros.) cymar, cydymaith.
cydrym, 16. 75, cyfartal eu grym, cydnerth.
cydwaith, 15. 25, gwaith y mae mwy nag un yn gyfrannog ynddo, gwaith a wneir gydag arall.
cydwedd, 25. 122, unwedd, tebyg, cyffelyb; 41. 34, partneriaeth, trefn, gweddeidd-dra.
cydwr, 15. 71, cymar, cydymaith, cydymgeisydd.
cyfanedd, 36. 37, parhaus.
cyfar, 7. 6; 22. 19; 48. 1, tir a gydaredir, rhandir; 9. 109, ?un sy'n cydaredig, cyfarwr.
cyfarv, 9. 106, cydaredig.
cyfarwydd, 38. 12n.
cyfatel, 5. 38n.
cyfedd, 46. 35, gwledd.
cyfgrêd, 47. 41n.
cyfoed, 25. 135, cyfoeswr, cydymaith, cyfaill.
cyforio, 22. 6, ?llifo drosodd, tywallt (yn dros.).
cyffyll, 38. 21, boncyff, coeden.
cyngan, 17. 67, cynghanedd.
cymell, 2. 69; 13. 23; 13. 76; 21. 107, gorfodol, anwirfoddol; 22. 99; 35. 9, anogaeth; 24. 79; 34. 8, annog, gorfodi.
cymhellwr, 16. 59, anogwr, symbylydd, cyffrowr.
cymyd, 19. 92, 3 un. pres. *cymodi*.
cymyn, 44. 23, ?addewid.
kynadl, 10. 92, cydgyfarfod.
cyngyd, 17. 30; 17. 51, amcan, bwriad.
cynhafiad, 40. 39, y weithred o gynaeafu.
cynhwynawl, cynhwynol, 9. 64; 21. 34; C. 40; 48. 109, naturiol, cynhenid.

cynhyrfriw, 48. 12, cythruddgar, yn cynhyrfu wrth ei frifo.

cynired, 9. 60, cyrchu, ymweld â.

cynnwys, 20. 33, ?yr hyn a gynhwysir; 23. 48, mabwysiad; 29.29; 52. 35, cryno.

cynydd, *cynnydd*, 1.7; 13. 3; 13. 67; 20. 17; 25. 90; 26. 4; 26. 17; 50. 52, tyfiant, ffyniant, bendith.

cynyddawl, 5. 17, cynyddol, yn tyfu fwyfwy.

cynyrch, 7. 11, 3 un. pres. *cynhyrchu*, cyffroi.

cyoed, 21. 7n.

cyrsfodd, 3. 81n.

cyrsiad, 5. 3, torch, (yn dros.) peth crwn.

cystadl, 3. 78, cystal.

cystadlaeth, 11. 53; 12. 37; 17. 83, cymhariaeth.

cytal, 3. 62, cydymwneud.

cytgam, 15. 5, cellwair.

cywaid, 7. 106, 2 un. gorch. *cyfodi*.

cywair, 5. 22, atgyweiriad; 7. 63, perffaith, parod, cywir; 47. 14, wedi ei gymhwyso i'w ganu, wedi ei diwnio.

cyweirio, 39. 92, cywiro, diwygio.

cywirddad, 3. 49, *cywir* + *dad* (amr. ar *dyad*), cywir o ran ffurf, cywir ei anian.

CH

chwarddwyr, 16. 22, llu. o *chwarddwr*, un sy'n peri chwerthin, difyrrwr.

chwedl cenedloedd, 47. 31n.

chweinfardd, 51. 26, *chwain* + *bardd*, bardd chweinllyd, (yn dros.) bardd sâl.

chwimp, 29. 1; 38. 31, Saes. 'whim', mympwy, chwilen, chwiw.

chwrâdd, 1. 67n.

chwŷd, 23. 42; 42. 41, yr hyn a chwydir, cyfog, (yn dros.) peth dirmygus.

chwyf, 25. 27, symudiad.

chwyl, 17. 20, cylchdro, hynt.

D

dadlavdy, 8. 102, *dadlau* + *tŷ*, adeilad lle cynhelir llys barn.

dadlavlwybr, 16. 41, *dadlau* + *llwybr*, y llwybr sy'n arwain i lys barn.

dadran, 38. 50, isran.

dadred, 39. 38, 3 un. pres. *dadredeg*, rhedeg yn ôl.

dadŵyr, 49. 41, sythu, unioni.

dadynylwn, 2. 59, 1 un. amherff. *dadynylu*, rhyddhau bwa a anelwyd.

daearwyd, 54. 30, amhers. gorff. *daearu*, claddu yn y ddaear.

dan ŵn, 30. 74n.

dâr, 10. 83, derwen, (yn dros.) arglwydd, pendefig.

datbrofa', 27. 26, 1 un. pres. *datbrofi*, gwrthbrofi.

davled, 3. 10, o led dwbl, llydan.

dawn, 6. 34, (yn dros.) un â chyneddfau neu allu godidog.

dawnaidd, 45. 57, dawnus, mawr ei ddawn.

dawon, 46. 72, llu. o *daw*, mab yng nghyfraith.

defein, 8. 59, Saes. 'divine', clerigwr, gŵr llên, diwinydd.

defeiner, 8. 12, Saes. 'diviner', diwinydd.

devinwyr, 4. 7, llu. o *definwr*, diwinydd.

degrwd ar higain, 41. 94n.

deifr, 41. 27, llu. o *dwfr*.

deintio, 16. 50, 3 un. pres. dib. *deintio*, rhoi dannedd mewn peth, brathu.

deiol, 15. 55, Saes. 'dial', offeryn sy'n dangos yr awr neu'r amser o'r dydd, (yn dros.) unrhyw beth a rydd wybodaeth.

delder, 40. 97, ystyfnigrwydd, cyndynrwydd.
dentur, 39. 85n.
deongl, 11. 11; 22. 76; 51. 65, dehongli, esbonio.
deor, 17. 54, eistedd neu ori ar wyau, (yn dros.) myfyrio yn ddwys ynghylch rhywbeth; 45. 48; 45. 91, dwyn cyw allan o wy drwy ori, (yn dros.) dwyn i fod, cynhyrchu.
derfoes, 47. 81, *der* + *moes*, gwrthnysig ei anian.
dewisbraw, 44. 22, *dewis* + *praw*, praw dethol, praw rhagorol.
dewisgvn, 45. 59, *dewis* + *cun*, arglwydd gwych.
dewisgwbl, 20. 47, *dewis* + *cwbl*, cwbl wych.
dewisol, 1. 49; 37. 53; 43. 49, a ddewiswyd yn ofalus, dethol, gwych; 26. 52, un etholedig.
dewredd, 20. 95, dewrder, glewder.
diafl, 26. 18, y Diafol, Satan.
dialedd, 52. 12, poen.
diareb, 4. 43; 8. 23, diarhebol; 14. 1; 21. 57, dihareb.
diattebwael, 4. 61, *di* + *ateb* + *gwael*, nad yw'n rhoi ateb gwael.
diawenydd, 14. 3; 25. 116, diawen, amddifad o ysbrydoliaeth.
didardd, 5. 63, amheus ei darddiad.
didarf, 15. 71, na ellir ei darfu, diysgog, cadarn.
didlawd, 1. 7; 8. 102, cyfoethog, gwych, dibrin.
di-dolc, 39. 32n.
didoll, 42. 13, heb dwll, cyflawn.
didrawsedd, 39. 70, rhydd oddi wrth groester, heb fod yn wrthnysig.
didrist, 53. 27, llawen, hapus.
di-dyr-dadl, 36. 66, *di-dyr* (llu. o *di-dor*) + *dadl*, parhaus eu dadl.
diddameg, 38. 47, heb ddameg neu iaith ffigurol.
di-ddîg, 28. 81, mwyn, rhadlon.
diddosiaith, 39. 45, *diddos* + *iaith*, iaith gyson, iaith ddi-baid.
diegr, 16. 68, diawydd, dihidio.
diengol, 49. 71, dihangol, diogel.
dieiriach, 45. 75, hael, rhwydd.
dienbyd, 50. 41, diogel, sicr.
di-fael, 33. 16; 34. 39, di-fudd, anfuddiol.
difalc, 7. 4, heb falciau neu ddarnau heb eu haredig rhwng y cwysi, (yn dros.) perffaith.
di-fas, 54. 74, dwfn (o feddwl, etc.), gwir deilwng.
di-feddf, 9. 83, cadarn, cryf.
di-ferw-sur, 1. 13, *di* + *berw* + *sur*, heb fod yn sur ei awen, rhagorol ei farddoniaeth.
diflinwaith, 3. 57, *di* + *blin* + *gwaith*, heb waith blin, heb lafurwaith.
di-fud, 13. 17, uchel, llafar, hyglyw.
diffaeloed, 21. 68; 21. 106, *di-ffael* + *oed*, ?ieuanc.
di-ffêd, 21. 62, anghelfydd, anfedrus, di-ddawn.
digeirdd, 32. 35, llu. o *digardd*, di-fai, gwych.
digloff, 1. 22, heb fod yn gloff, (yn dros.) perffaith, gwych.
di-goel, 31. 32, na ellir ei goelio, celwyddog.
di-gongl, 11. 12, heb gongl, esmwyth, llyfn, rhwydd.
digoll, 6. 9, cyflawn, perffaith.
digwmpâr, 8. 62, dihafal, digymar.
digwyn, 31. 1, ?diamheuol.
di-gyd, 18. 57, anghyffredin, anghydnaws.
di-hadyd-sur, 7. 75, *di* + *hadyd* + *sur*, heb fod ei hadyd yn sur, (yn dros.) da ei gynnyrch.
dihenydd, 16. 90, diwedd, dinistr, distryw.
dihir, 51. 6, drwg, diffaith, ffiaidd.

dilech, 48. 76, heb ymguddio, diloches.

di-les-da, 49. 73, *di* + *lles* + *da*, drwg ei effaith, yn achosi drwg.

di-lwch, 17. 9, difrycheulyd, dilychwin, di-fai.

dilwydd, 16. 51, aflwyddiannus.

dilyth, *dylyth*, 9. 1; 32. 3; 33. 91, di-feth, di-ffael, cryf, hoyw.

dillin, 54. 89, anwylddyn, gwrthrych edmygedd.

dinaddwyr, 9. 53, llu. o *dinaddwr*, un heb fod yn fardd.

dinag, 21. 109; 36. 1; 37. 79; 50. 95; 54. 78, hael, di-fai, sicr, diymwad.

diorafvn, 23. 103, diwarafun, dirwystr.

di-ordr, 39. 39, di-drefn, annhrefnus.

diosgwr, 34. 18, un sy'n diosg neu'n dihatru.

dirdra, 54. 8, trallod, adfyd.

di-rus, *dirus*, 1. 93; 23. 9; 28. 93; 46. 86; 52. 105, diogel, di-feth, diamheuol.

dirwyda, 5. 98, 3 un. pres. *dirwydo*, gollwng o rwyd, ?(yn dros.) gwaredu.

dirwystr, 17. 70; 25. 58, diatal.

diryfedd, 26. 75, nid rhyfedd, naturiol.

diryw, 7. 41, heb fod yn wrywaidd na benywaidd.

dis, 7. 45, Saes. 'dice', ciwb chwarae a ddefnyddir mewn chwaraeon siawns.

di-sal, 11. 98, difai, gwych, campus.

disalw, 50. 57, difai, diwael, da.

disgevlus, 51. 21, diesgeulus, gofalus.

disomiant, 9. 81; 14. 39; 40. 26, heb siomi, sicr.

disoriant, 21. 87, heb fod yn sarrug, mwyn.

disyrhâd, 53. 20, heb fod yn sarhaus, hynaws.

divnic, 20. 49, heb fod yn unig, cyflawn.

diwad, 26. 41; 51. 65, anwadadwy, diymwad.

diwadiaith, 34. 11, *di* + *gwad* + *iaith*, iaith na ellir ei gwadu, iaith sicr.

diwael, 17. 87; 20. 76; 26. 4; 28. 3; 30. 83, nad yw'n wael, rhagorol.

diwaelffydd, 36. 56, *di* + *gwael* + *ffydd*, ffydd ragorol.

diwagsaw, 25. 106, heb fod yn wamal, sylweddol.

diwairedd, 51. 1, diweirdeb.

di-waith-prin, 32. 54, *di* + *gwaith* + *prin*, cynhyrchiol, gweithgar.

diwall, 44. 105, cyflawn, helaeth.

diwarth, 38. 5, difai, anrhydeddus, na ellir ei waradwyddo.

di-wâst, C. 47, diwastraff.

diwestodl, 13. 34n.

diwg, 32. 9; 34. 31, clir, disglair, golau.

di-wraedd, 54. 2, difodiad, dinistr.

diwygiawl, 27. 23, trefnus, hardd.

dled, 5. 7; 28. 1, dyled, rhwymedigaeth.

dledair, 16. 70, *dled* + *gair*, gair sy'n ymrwymo un i ddyled.

dledûs, 27. 3, dyledus.

dodrefn, 39. 38, offer, arfau.

dôl, 3. 88; 5. 6; 39. 42, bwa, dolen.

doniog, 45. 83; 51. 2, dawnus.

dorwn, 11. 7, 1 un. amherff. *darbod*, bod o bwys (i), malio, hidio.

dowt, 10. 6, Saes. 'doubt', amheuaeth.

dowtier, 32. 46, amhers. pres. dib. *dowtio*, Saes. '(to) doubt', amau.

drewsir, 31. 2, *drew* + *sur*, â drewdod sur yn perthyn iddo.

drud, *drûd*, *drvd*, 6. 33; 8. 65; 13. 106; 19. 62; 23. 13; 45. 47; 52. 22, beiddgar, gwych, gwerthfawr, enbyd.

dryll, 11. 83; 20. 10, darn, rhan; llu. *drylliav*, 39. 73.

dryllwaew, 2. 28, *dryll* + *gwayw*,

gwaywffon sy'n dryllio, gwaywffon ddrylliedig.

durawch, 16. 92, *dur* + *awch*, caled a miniog.

durol, 21. 57, dilys, gwir iawn.

dwbiais, 10. 9n.

dwned, 17. 16; C. 92, gramadeg barddol.

dwrd, 39. 74, cerydd.

dwyfronwynt, 52. 1, *dwyfron* + *gwynt*, angerdd mawr.

dwysbrawf, 47. 4, *dwys* + *prawf*, prawf sylweddol.

dwysdardd, 38. 100, *dwys* + *tardd*, dwfn ei darddiad.

dwysgwyn, 30. 42, *dwys* + *cwyn*, cwyn daer.

dwyslwybr, 48. 36, *dwys* + *llwybr*, llwybr dyfal, llwybr caled.

dwyswaith, 41. 61, *dwys* + *gwaith*, gwaith trwm.

dydd, 2. 33; 7. 98; 13. 106; 15. 19; 16. 81; 16. 89; 22. 41; 26. 75; 39. 95; 50. 67, barn. (Mae rhai o'r enghrau. hyn yn amwys: gellir eu deall fel 'diwrnod' neu fel 'barn'.)

dyddfarn, 4. 39; 17. 100, dydd y farn.

dyddiwr, 2. 31; 34. 38, cyflafareddwr, cyfryngwr.

dydd nod, 20. 61, dydd penodol, dydd wedi ei neilltuo i bwrpas arbennig.

dyfal, (1) 7. 15; 11. 96; 34. 75, gwawd, gwatwar; (2) 21. 67; 24. 14; 42. 18; 45. 6, diwyd, dygn; (3) 41. 60, 2 un. gorch. *dyfalu*, bwrw amcan.

dyfeisdrafn, 13. 61, *dyfais* + *trafn*, ?(yn ans.) sy'n ffynhonnell medrusrwydd, sy'n arglwydd neu'n bennaeth o ran celfyddgarwch.

dyfod, 1 un. gorff. *doethym*, 16. 53; 2 un. gorff. *doethost*, 19. 42; 25. 73; 3 un. gorff. *doeth*, 4. 26; 12. 44; 15. 32; 24. 35; 25. 125; 28. 72; 37. 58; 37. 69; 37. 72; 37. 77; 37. 83; 37. 88; 47. 80; 3 llu. gorff. *doethant*, 19. 41; 27. 67; 37. 81; 1 un. gorberff. *doethwn*, 29. 13; 2 un. gorberff. *doethyd*, 16. 57; 19. 55. Gw. hefyd *dywod*.

dyfyn, 6. 53; 8. 27; 14. 13; 22. 41; 30. 17, gwŷs, archiad neu orchymyn i ddod gerbron.

dyfynnair, 15. 17, *dyfyn* + *gair*, gair yn erchi neu'n gorchymyn un i ddod gerbron, gwŷs.

dyhuddaw, 51. 63, cysuro.

dyhuddgar, 43. 81, hynaws.

dylvd, 34. 59, ymosod.

dylu, teilyngu, haeddu, bod yn ddyled ar un; 2 un. pres. *dyli*, 4. 96; 37. 13; 54. 17; 3 un. pres. *dŷl*, 16. 79; 22. 10; 1 un. amherff. *dylwn*, 8. 4; 35. 68; 52. 47; *dlawn*, 21. 32; 2 un. amherff. *dylyd*, 10. 1; 30. 66; 46. 61; 3 un. amherff. *dylai*, 3. 22; 4. 68; 5. 6; 5. 80; 11. 27; 28. 21; 35. 64; 50. 83; 3 llu. amherff. *dylynt*, 30. 62; 2 un. pres. dib. *dylych*, 52. 52.

dyrcha, 12. 31, 2 un. gorch. *dyrchafael/dyrchafu*.

dyrysrwysg, 44. 54, *dyrys* + *rhwysg*, dyrys a balch.

dywod, 19. 112n.; C. 71; C. 74.

E

eangwr, 15. 50; 15. 53, gŵr eang (ei ddysg neu ei ddiddordebau), gŵr rhydd. (Efallai fod amwysedd bwriadol yma. Cf. hefyd *iangwr*.)

eb, 10. 64; 11. 64; 12. 81; 12. 83; 13. 31; 15. 12; 17. 34; 17. 98; 19. 77; 23. 66; 24. 50; 25. 14; 29. 42; 29. 49; 29. 58; 37. 50; 42. 68; 45. 62; 53. 8, heb; *eb wedd*, 42. 68n.

Ebruw, *Ebriw*, *Ebryw*, 9. 49; 28. 55, pobl Israel; 28. 72, Hebraeg.

eb wedd, gw. o dan *eb*.

echrys, 5. 65; 30. 5, dychrynllyd, echrydus, erchyll.
echwyn, 2. 24, benthyg.
ednabod, 22. 36; 27. 37; 29. 82; C. 52; C. 100; 45. 60, adnabod.
efrydd, 16. 82; 25. 3, gwael, tila; 45. 47n., llawer, wmbredd.
effrôer, 15. 19, amhers. pres. dib. *effro/effroi*,deffro.
egluryn, 54. 77, yr hyn sy'n egluro, esiampl, patrwm.
eglwysdadl, 43. 16, *eglwys* + *dadl*, ?dadl â gŵr eglwysig.
egored, 11. 43, agored.
egori, C. 6, agor.
egoriad, 4. 28, allwedd, (yn dros.) dehonglwr, esboniwr.
egr, 32. 31, sur.
egraff, 48. 7n.
egrv, 5. 34; 45. 92, gwylltio, cyffroi, suro.
eng, 37. 63, eang, llydan, rhydd.
eiddig, 7. 44n., eiddigeddus.
eiliad, *ailiad*, 14. 85; 15. 1; 28. 90; 29. 74; 39. 98; 44. 49; 50. 32; 52. 27, plethiad, (yn dros.) cyfansoddiad barddoniaeth, caniad cerdd.
eilio, *ailio*, 9. 104; 14. 70; 16. 12; 16. 44; 17. 66; 27. 88; 28. 48; 37. 90; 44. 27; 52. 67, plethu, (yn dros.) cyfansoddi barddoniaeth, canu cerdd; 3 un. amherff. *eiliai*, *ailiai*, 41. 20; 47. 73; 53. 9; 1 un. perff. *eiliais*, 19. 7; 3 un. perff. *eiliodd*, A. 9.
eiliw, 38. 11; 52. 111, golwg, gwedd, lliw.
eiliwr, 13. 2; 39. 107; 43. 88; 47. 55, plethwr, (yn dros.) bardd; llu. *eilwyr*, 13. 84.
eisgwbl, 17. 89, ?*ais* + *cwbl*, cyflawn ei asennau, (yn dros.) perffaith ei wneuthuriad.
elfydd, 23. 64; 32. 62, tebyg, hafal.
eres, 7. 17; 45. 2, hynod, rhyfeddol.
erthwch, 24. 12, rhoch, ebychiad lluddedig.
esgvd, 35. 8, parod, diflin, dyfal.
Ethiop, 41. 30, brodor o Ethiopia, dyn du.
evrais, gw. *avro*.
evrllythr, 20. 43, *eur-* + *llythr*, llythyr ardderchog, peth ysgrifenedig rhagorol.
ewybr, 11. 74; 25. 50; 28. 15; 39. 16, cyflym, parod, golau, eglur.

F (V)

fêl, 52. 106n.
ferdid, 7. 108, Saes. 'verdict', dyfarniad.
vestal, 9. 38n.
fy llŷn, 52. 25, fel hyn, felly.

FF (PF, PH)

ffael, 20. 83; 33. 72, Saes. 'fail', diffyg, bai, cyfeiliorni.
ffaeth, 18. 72, gostyngedig, tirion.
ffaglv, 5. 86, tanio, fflamio, (yn dros.) cynhyrfu.
pfasio, *ffasio*, 14. 86n.; C. 46.
ffawt, 6. 88; 6. 90; 12. 60; C. 40n., Saes. 'fault', bai, gwall.
ffei, 5. 86; 41. 72, Saes. 'fie', rhag cywilydd! wfft!
ffeio, 6. 85, wfftio, hwtio.
ffel, *ffêl*, 21. 27; 21. 48; 21. 88; 21. 89; 21. 101; 21. 103; 27. 46, call, synhwyrol, cyfrwys; gr. gymh. *ffelach*, 38. 63.
ffens, 44. 88, Saes. 'fence', amddiffyniad.
fferfaf, gw. *ffyrf*.
ffest, 21. 2; 21. 18, Saes. 'fast', brysiog, egnïol, cyflym.
ffetus, 5. 85, cyfrwysgall.
philosphydd, 27. 46n.

ffladr, 18. 9; 38. 67, ffôl, hurt.

Fflandrysiaid, C. 85, llu. o *Fflandrysiad*, un o drigolion Fflandrys, Fflemisiad.

Ffleming, 42. 77, Saes. 'Fleming', un o drigolion Fflandrys, Fflemisiad.

fflwch, 21. 90, parod, rhwydd, helaeth.

fforiaist, 46. 12, 2 un. gorff. *fforio*, Saes. '(to) foray', crwydro.

ffowtus, 5. 85, beius.

ffrawd, 22. 98, ffyrnigrwydd, dicllonedd.

ffrith, 38. 42, ffridd.

ffriw, 36. 50, wynepryd, gwedd.

ffroenaist, 41. 71, 2 un. gorff. *ffroenio*, gweryru; *ffroenia*, 5. 70, 2 un. gorch., arogleuo, gwyntio.

ffrôst, *ffrost*, 31. 63; 46. 12, bost, ymffrost.

ffrwst, 19. 70, rhuthr.

ffwt-ffat, 46. 85, yn drwsgl a chlogyrnaidd ei symudiad.

ffyrf, 20. 86, cryf, grymus, nerthol; gr. eithaf y ffurf fen. *fferf*, *fferfaf*, 43. 67.

G

gadv, 6. 96, gadael; *gadel*, 16. 6; 29. 8; *gado*, 29. 35; 45. 9; 2 un. pres. *gedi*, 6. 97; amhers. pres. *gedir*, 8. 17; 29. 3; 1 un. amherff. *gadwn*, 11. 30; 27. 21; 2 un. amherff. *gadyd*, 40. 81; 2 un. gorff. *gedaist*, 15. 25; 3 un. gorff. *gadodd*, 9. 55, *gadawodd*, 54. 91; 3 llu. gorff. *gadawsant*, 28. 69; 3 un. pres. dib. *gatto*, 54. 23; 2 un. gorch. *gad*, *gâd*, 4. 104; 10. 85; 14. 3; 14. 112; 19. 79; 20. 95; 20. 99; 21. 15; 21. 113; 28. 64; 29. 97; 32. 47; 50. 13; 50. 96.

gair cŷd, 10. 30n.

galawnt, 6. 52, Saes. 'gallant', dyn cwrtais a bonheddig.

gefyn, 6. 95, llyffethair, hual.

geilwad, 23. 88, un sy'n galw, gwaeddwr.

glain, 50. 85, gem, maen gwerthfawr, (yn dros.) peth a fawr brisir, tlws.

glwys, 8. 92; 23. 47; 25. 141; 37. 67; 47. 37, prydferth, teg, pur, glân.

glwysdon, 31. 13, *glwys* + *tôn*, tôn brydferth.

glwyswaith, 24. 71, *glwys* + *gwaith*, gwaith prydferth, gwaith glân.

glwyswar, 8. 61, *glwys* + *gwâr*, un glwys a gwâr, un pur a boneddigaidd.

glwyswawd, 9. 73, *glwys* + *gwawd*, barddoniaeth deg, cerdd lanwaith.

godeb, 46. 67, lloches, encilfa, cysgod.

goddyn, 37. 51, dyfnder, dyfnfor.

gofan, 15. 24; 15. 28, gof.

gofeg, 26. 1, ymadrodd, traethiad.

gofrwysc, 34. 51, ynfyd, ffôl.

golauad, *golevad*, *golavad*, 15. 86; 25. 68; 38. 28; 43. 28; 44. 38; 44. 103, golau, goleuni.

golefn, 5. 95; 51. 19, tra llyfn.

golwyth, 24. 18, darn o gig i'w goginio.

gomedd, 1. 87, gwrthod, nacáu.

gorafvn, 2. 75; 18. 55; 21. 33; 24. 61; 27. 79; 29. 49, gwarafun, gwahardd.

goravra, 6. 104, 3 un. pres. *goreuro*, addurno, euro.

goravraid, 48. 57, ysblennydd, ardderchog, rhagorol.

gorawen, 48. 75, llawenydd, gorfoledd, ?dawn awenyddol.

gorchymyn, C. 1, cyfarchiad, annerch.

gordderchadon, 49. 98, llu. o *gordderch*, plentyn anghyfreithlon. Gw. hefyd *mab ordderch*.

gorhoff, *goroff*, 7. 78; 19. 18, campus, gwych, canmoladwy.
gorhoffaidd, 23. 45; 36. 17, hoffus, canmoladwy.
gorith, 49. 77, rhith, drychiolaeth.
gorllanw, 8. 1, pen-llanw, llawnder.
gorlliw, 48. 18, disgleirdeb, gloywder.
goroffiaith, 27. 11, *goroff* + *iaith*, gwych ei iaith.
gorwegi, 42. 1, gorwagedd, oferedd.
gosteg, 24. 13; 24. 36; 35. 11; 42. 83, cân, cerdd, prydyddiaeth.
gowni, 51. 100, gwnïad, pwyth.
graddawl, 6. 59; 13. 36; 23. 52; 23. 70, gŵr graddedig; llu. *graddolion*, 13. 32.
graddfawl, 27. 54, *gradd* + *mawl*, gradd ganmoladwy.
graenio, 20. 54; 31. 74, rhoi graen ar bren, (yn dros.) llunio'n gywrain.
graens, *grains*, 2. 62; C. 57; C. 58, llu. o *graen*, Saes. 'grain', gronyn.
grains, gw. *graens*.
gramer, 54. 10, Saes. 'grammar', gramadeg.
grâs, 23. 85n.
gremialwr, 52. 42, gŵr cecrus, gŵr cwerylgar.
grôd, 44. 24n.; 46. 1.
Groegwr, 4. 30, un yn medru Groeg.
gryd, 14. 49, brwydr, ymladd, ymryson.
grymiol, 37. 43, grymus, nerthol.
gwaedawl, 52. 33, gwaedlyd, creulon.
gwaedoliaeth, 14. 66, llinach, hiliogaeth.
gwaell, 1. 81, darn hir o bren.
gwagyd, 32. 13, cibau, ŷd gwag, (yn dros.) peth salw, diwerth.
gwahan, 12. 9, gwahaniad, didoliad.
gwaisg, *gwaisc*, 8. 9; 9. 84; 19. 104; 45. 26; 45. 40, gwych, cadarn, parod; llu. *gweisgion*, C. 97.
gwaisgoeth, 51. 54, *gwaisg* + *coeth*, gwych a choeth, cadarn a choeth.
gwala, 26. 62, digonedd, cyflawnder.
gwanar, 25. 100, cadarn; 38. 81, ?blaenor, un sy'n rhagori.
gwanas, 1. 47, hoel, bach.
gwaneg, 18. 65; 22. 43; 25. 54, ffurf, dull.
gwâr, 13. 52; 45. 54n.
gwarawl, 25. 77, gwaraidd, addfwyn.
gwarcheidwad, 5. 47, un sy'n cadw neu'n diogelu.
gward, 13. 103; 23. 84; 47. 5, Saes. 'guard', nawdd, amddiffyn.
gwarthlid, 18. 47, *gwarth* + *llid*, cywilyddus ei lid, cywilyddus a llidus.
gwarthruddwawd, 41. 38, *gwarthrudd* + *gwawd*, barddoniaeth sarhaus.
gwastettych, 14. 59, 2 un. pres. dib. *gwastatáu*, llonyddu.
gwawdlath, 39. 21, *gwawd* + *llath*, llathen o farddoniaeth.
gwawdodyn, 11. 89n.; 36. 60.
gwawdwr, 5. 50; 23. 55, bardd.
gwawdydd, 5. 87; 6. 29; 7. 76; 13. 99; 15. 7; 18. 90; 23. 75; 24. 22; 27. 1; 27. 21; 27. 57; 41. 2; 41. 15; 41. 76; 43. 93; 48. 78; 48. 81; 49. 17; 50. 27; 54. 91, bardd; llu. *gwawdyddion*, 42. 4. Gw. hefyd *pen-gwawdydd*.
gwawl, 7. 88; 11. 36; 44. 103, goleuni; 50. 44, ?haul, cant yr awyr.
gwchedd, 20. 95, gwychder.
gwchion, 28. 103, llu. o *gwych*.
gweddv, 36. 12, darostwng.
gweiniog, 7. 20, yn gorffwys yn y wain.
gweisgion, gw. *gwaisg*.
gweithydd, 19. 85, gweithiwr.
gwelediad, 2. 25, ymddangosiad, agwedd, gwedd.
gwellaif, 17. 74; 49. 93, offeryn deulafn i dorri neu gneifio.

gwelltor, 41. 36, yr ych a gerddai'r gwellt wrth aredig, (yn dros.).
gwers, 20. 92, cyngor, gair.
gwersiach, 46. 22, *gwers* + *iach*, gwers ynghylch ach.
gwerthol, 1. 93n.
gwêst, 2. 80n.; 8. 109; 41. 89; 42. 22.
gwest odl, 12. 37n.
gwethaf, 30. 60, gwaethaf.
gwichell, 9. 57, llwyd y gwrych.
gwindio, 1. 52, Saes. 'to wind', saethu.
gwinevlain, 13. 7, *gwinau* + *glain*, gem neu garreg werthfawr o liw gwinau neu gochddu, (yn dros.) person rhagorol.
gwingoed, 6. 24, *gwin* + *coed*, gwinwydd.
gwinweilch, 9. 72, *gwin* + *gweilch*, (yn dros.) rhai urddasol, rhai bonheddig, rhai gwych.
gwirfael, 12. 23, *gwir* + *mael*, gwir les, gwir fudd.
gwirio, *gwiriaw*, 13. 18; 16. 72; 28. 101; 49. 70, cadarnhau, gwireddu; 1 un. amherff. *gwiriwn*, 42. 51; 1 un. gorff. *gwiriais*, 12. 57; 25. 9; 41. 101; 1 un. pres. dib. *gwiriwyf*, 32. 61; amhers. pres. dib. *gwirier*, 31. 41.
gwiryw, 43. 38, gwyryf.
gwisgi, 42. 43; 48. 62, hoyw, rhwydd.
gwlf, 48. 74n.
gwlltio, 41. 36, gwylltio.
gwlltlym, 16. 75, *gwyllt* + *llym*.
gwneythyd, *gwnethud*, 18. 17; 20. 23, gwneud, gwneuthur.
gwnias, 21. 1; 28. 26, gwynias.
gwr nôd, 6. 21, gŵr nodedig, gŵr o fri.
gwr y gôd, 7. 16, dyn cyfoethog, hael.
gŵraidd, 23. 13, rhagorol, gwych.
gwraiddwych, 10. 61, *gŵraidd* + *gwych*, rhagorol a gwych.
gwrdd, 6. 76; 12. 54; 18. 45; 23. 13; 30. 11; 31. 26; 31. 37; 31. 62; 32. 31; 33. 44; 36. 24, dewr, hy, cadarn, grymus, gwych, hardd.
gwreiddia, 10. 82, 2 un. gorch. *gwreiddio*, gosod sail i.
gwringhellaist, 41. 73, 2 un. gorff. *gwringhellu*, symud yn sydyn, symud yn wyllt.
gwrthaifl, 40. 53, llu. o *gwrthafl*, dolen wrth gyfrwy y rhoir troed ynddi wrth farchogaeth ceffyl.
gwrthôl, *gwrthol*, 24. 12; 33. 5, tuag at yn ôl.
gwrthyrrwn, 41. 67, 1 un. amherff. *gwrthyrru*, gyrru i ffwrdd.
gwrŷch, *gwrych*, 41. 41; 42. 2, berw, cyffro.
gwryd, 49. 37; 49. 53, gwrhydri, cadernid.
gwrysgen, 1. 51, cangen, gwialen.
gwst, 34. 55; 35. 6, dolur, bai.
gwyd, 36. 85, bai.
gwydd, *gwŷdd*, 3. 9; 3. 21; 11. 49; 13. 80; 18. 54; 18. 63; 21. 43; 25. 115; 27. 5; 27. 58; 37. 81; 41. 75; 43. 6; 43. 87; 45. 48; 45. 86; 46. 43; 51. 27; 52. 35; 52. 92, coed, cangau, (yn dros.) defnydd barddoniaeth; 37. 44; ?47. 62, (yn dros.) disgynyddion, llinach; ?7. 28; ?10. 40; ?48. 82; 50. 38; 50. 39, offeryn i wau brethyn; 27. 22, aradr. (Ni ellir bod yn sicr o'r ystyr mewn nifer o'r enghrau. lle gall fod amwysedd bwriadol.)
gwyddfa, 14. 28; 17. 90; 54. 101, lle anrhydeddus, gorsedd.
gwŷg, 49. 81, chwyn.
gwŷl, *gwyl*, 5. 76; 6. 28; 10. 73; 10. 75; 12. 49; 13. 28; 13. 96; 18. 5; 24. 83; 24. 84; 29. 62; 38. 13; 38. 36, 3 un. pres. *gweled*.
gwyn, *gwŷn*, 37. 2; 44. 77, cynddaredd, dicter.

gwyrdraws, 39. 39, *gŵyr* + *traws*, gwyrgam, cam.
gwyrni, 16. 25; 52. 55, anghyfiawnder, anuniondeb.
gwysai, 16. 55, 3 un. amherff. *gwysio*, galw i ymddangos, dyfynnu.
gwystlyn, 54. 1, person sy'n sicrwydd neu'n warant.
gyrfa, 29. 4; 29. 9; 29. 10, rhedegfa, ras; 48. 93, hynt, cwrs.

H

haccian, 50. 87, Saes. '(to) hack', hacio, torri'n aflêr.
hackiedig, 22. 88, wedi ei hacio, wedi ei dorri'n aflêr.
haeach, 22. 23; 53. 26, dim, dim o gwbl.
hail, 15. 23, gwledd, diod.
halog, 40. 37, budr, aflan, halogedig.
hanach, gw. *anach*.
hanes, 18. 34. ?dirgelwch.
hanfod, 3 un. pres. *hanyw*, 5. 59; 3 un. amherff. *hanoedd*, 6. 89.
hap, 6. 1; 10. 8; 10. 22; 12. 68; 12. 94; 14. 24; 18. 60; 20. 4; 20. 81; 20. 93; 30. 47; 34. 49; 36. 62; 36. 64; 37. 3, ffawd dda, ffortun, llwydd, ffyniant.
haplenwi, 37. 45, *hap* + *llenwi*, ?llenwi â ffawd dda, cynysgaeddu â ffortun.
hâs, gw. *âs*.
hawl, 5. 31; 24. 64, archiad, gofyn, cwestiwn; 11. 90; 16. 24; 16. 29; 16. 78; 29. 102; 31. 19; 40. 96; 51. 3; 52. 34; 52. 94, prawf, achos, cyhuddiad.
hediad, 49. 85, symudiad ehedog, (yn dros.) gwib y meddwl neu'r dychymyg.
hedion, 38. 41; 38. 95, tywys gweigion, gwehilion ŷd.
hednawf, 5. 33n.
hedyddiaid, 13. 53, llu. o *hedydd*, peth hedegog, aderyn.
hedyddion, 1. 63, llu. o *hedydd*, peth hedegog, pluen saeth.
heliconaidd, 1. 20n.
henuriaid, 50. 73, llu. o *henuriad*, hynafgwr.
henw, 2. 37; 14. 69; 19. 44; 25. 22; 27. 50; 31. 26; 43. 70, enw; llu. *hennwav*, *henwav*, 36. 26; 46. 45.
henwi, 12. 65; 28. 31; 31. 53; 33. 17; 40. 11; 40. 23; 46. 44; 49. 50; 49. 54, enwi; amhers. pres. *henwir*, 39. 25; 1 un. amherff. *henwn*, 48. 39; 1 un. gorff. *henwais*, 12. 67; 2 un. gorff. *henwaist*, 19. 35; 27. 49; amhers. gorff. *henwyd*, *henwyt*, 6. 89; 18. 71; 51. 39; amhers. pres. dib. *henwer*, 18. 88.
henydd, 7. 35; 7. 36; 48. 39, hynafgwr, henwr, henuriad; llu. *henyddion*, 27. 31; 40. 8; 45. 63.
henyth, 30. 29, *hen* + *nyth*.
hilio, *hiliaw*, 37. 56; C. 75, disgyn o hil neu hiliogaeth, tarddu, hanfod; 3 un. amherff. *hiliai*, 49. 87.
hiloes, 47. 109, *hil* + *oes*.
hinon, 7. 35, hindda, tywydd teg.
hoewnêr, 48. 37, *hoyw* + *nêr*, arglwydd gwych.
hoewsyd, 19. 56, *hoyw* + *sud*, gwych ei ddull.
honair, 2. 77, ?athrod, gair drwg.
hortio, 52. 34, athrodi, enllibio.
hûad, *huad*, 22. 49; 27. 56, bytheiad, ci hela.
hvdnag, 5. 33n.
hvnell, 52. 103, llygedyn o gwsg.
hwff, 19. 106, gwth, hergwd.
hwnt, 29. 41, draw.
hwstriaith, 49. 61, *hwstr* + *iaith*, sarrug ei iaith.

hwyr, 4. 19; 26. 11; 37. 91; 39. 94; 49. 8, annhebygol, anodd.
hylwybr, 42. 85, cyfrwysgall, ystrywus, hyfedr.
hypynt, 36. 64n.
hywegydd, 24. 27, gŵr gwag.
hywerdd, 15. 23, ffurf fen. *hywyrdd*, gwyrdd iawn, (yn dros.) ffres, newydd, rhagorol.

I

iach, 2. 7; 3. 32; 3. 34; 3. 35; 4. 8; 4. 21; 15. 54; 18. 82; 23. 65; 26. 68; 28. 102; 28. 106; 28. 113; 43. 96; 46. 80; 49. 20; 49. 62; 49. 64; 49. 84; 49. 86; 49. 103, ach; llu. *iachav*, *iachau*, 7. 8; 11. 81; 17. 86; 18. 76; 25. 86; 26. 78; 27. 52; 28. 103; 28. 108; 28. 110; 35. 62; 37. 38; 37. 89; C. 27; C. 76; 44. 40; 46. 21; 47. 26; 49. 42; llu. *iachoedd*, 54. 39.
iachwr, 15. 100; 47. 108; 51. 29, achyddwr, arwyddfardd.
iâd, 50. 21, pen, corun.
iangwr, 14. 68; 15. 44, gŵr iselradd.
iaithrwysg, 54. 59, *iaith* + *rhwysg*, iaith awdurdodol.
idd, *'dd*, 5. 86; 7. 81; 28. 32; 45. 16, geiryn cadarnhaol. Gw. hefyd *ydd*.
Iddeon, 25. 66, llu. o *Iddew*.
iesin, 48. 88n.
impiwr, 4. 66; 16. 58, un sy'n impio.
iôn, *ion*, 10. 41; 19. 84; 20. 24; 20. 99; 25. 125; 46. 65; 49. 18, arglwydd, Yr Arglwydd.
ior, 20. 26, arglwydd.
irad, 6. 64; 7. 33, garw, dychrynllyd.
irfraisc, 36. 48, *ir* + *braisg*, iraidd a chadarn.

LL

llâd, 25. 118, dawn, gras, bendith.
Lladinwr, 4. 29, un yn medru Lladin.
lladmeriaeth, 24. 44, dehongliad, eglurhad, esboniad.
lladdiad, 52. 9, lladdfa, cyflafan.
llanw, (1) 22. 78, wedi ei lenwi; (2) 47. 34n.
llariaidd, 25. 99, tirion, gwâr.
llath, 2. 71, ffon, gwialen.
llathr, 28. 77; 54. 6, disglair, gloyw, teg.
llawch, 16. 91, lloches, cysgod.
llawndaith, 47. 80, *llawn* + *taith*, taith lawn, taith hirbell.
llawndrefn, 5.5; C. 80, *llawn* + *trefn*.
lledfrith, 49. 77, lledrith, rhith, twyll.
lledrôth, 39. 81, ffurf fen. *lledrwth*, lled fylchog.
lledruth, *lledrûth*, 47. 102; 50. 12, truth gwael, truth ofer.
lledŵyr, *lledwyr*, 44. 78; 51. 31, cam.
llenwyr, 20. 20, llu. o *llenwr*, gŵr llên, clerigwr.
llethr, *llythr*, 5. 47; 5. 55; 43. 40; 54. 6, llythyr; llu. *llethyrav*, 7. 100.
llidio, 28. 112, digio, sorri; 2 un. gorff. *llidiaist*, 41. 84.
llidrîth, 39. 81, ?amr. ar *lledrith*.
llifnadd, 3. 23, *llif* + *nadd*, naddiad llif, toriad llif.
llîn, 7. 60; 8. 5; 23. 8; 47. 30, llinach, hil.
lliwied, 3. 52, cerydd, edliwiad.
lliwio, edliw, ceryddu; ?3 un. amherff. *lliwiai*, 19. 61; 1 un. gorff. *lliwiais*, 4. 89.
lliwionen, 49. 80, gorchudd.
llorf, 1. 32; 45. 82, colofn, cynheiliad.
llownfryd, 35. 23, penderfyniad, meddwl.
llvdd, *lludd*, 5. 91; 21. 66; 42. 14, atal, rhwystro, llesteirio; ?2 un. gorch. *llvdd*, 32. 68.
llurig, 26. 73, gwisg ddur, (yn dros.) gorchudd, cysgod.

llwyddus, 51. 50, llwyddiannus.
llyfaswn, 49. 51, 1 un. amherff. *llyfasu*, beiddio, mentro.
llyfr cenedlaeth, 46. 17n.
llyg, *llŷg*, 7. 40; 8. 42; 9. 43; 33. 45; 45. 34; 53. 2, *lleygwr*; llu. llygiaid, 53. 37.
llyseiriav, *llysairiav*, 3. 51; 4. 88; 5. 54, llu. o *llysair*, gair drwg, difrïaeth, sarhad.
llysiaint, 42. 41, llu. o *llysiant*, peth gwrthodedig.
llysv, 7.92; 54. 87, gwrthod; 3 un. pres. *llysa*, *llysia*, 8. 92; 9. 73.
llythr, gw. *llethr*.
llyweth, 49. 79, cudyn, tusw.
llywiawdwr, 12. 86, rheolwr, pennaeth.
llywydd, 10. 79; 18. 51; 25. 137, pennaeth, llywodraethwr.

M

mabolaeth, 28. 5, mebyd, ieuenctid.
mab ordderch, C. 24, mab anghyfreithlon.
mâd, 11. 23; 29. 19, da, daionus.
madr, 31. 6, Saes. 'madder', lliw.
madws, 13. 97; 13. 98; 42. 71, amserol, addas, gweddus.
madyn, 31. 1; 51. 7, llwynog.
mael, 2. 73; 8. 30; 14. 37; 20. 40; 21. 115; 26. 3; 30. 84; 40. 46; 43. 50; 44. 14, budd, elw, lles.
maenol, 9. 67, rhaniad ar dir, ?dyffryn.
maentol, *mayntol*, 16. 18; 16. 21; 54. 80, clorian.
maentoli, 7. 24; 7. 95; 18. 40, cloriannu, pwyso a mesur.
maes, 5. 68; 5. 74; 5. 75; 6. 77; ?7. 12; 16. 76; 16. 79; 16. 84; 17. 116; 22. 39; 39. 5; 52. 62; 52. 79, brwydr, ymladdfa; llu. *maesydd*, 19. 37.
maesa, 21. 18; 50. 94, 2 un. gorch. *maesu*, brwydro, ymladd.
maesgryf, 17. 3, *maes* + *cryf*, cryf mewn brwydr.
maeth, 11. 23; 13. 65; 14. 37; 24. 1; 26. 84; 32. 55, ?rhinwedd; 23. 102, lluniaeth, meithriniaeth; 42. 9, magwraeth.
maethrâd, 25. 138, *maeth* + *rhad*, ?bendith sy'n rhoi cynhaliaeth, bendith rinweddol.
mail, 24. 6; 24. 10, bowlen, dysgl.
maithdrin, 26. 34, ?*maith* + *trin*.
manach, 50. 24n.
mannv, 33. 2, taro, gwneud ôl ar, brychu.
mantunio, 17. 107, Saes. '(to) maintain', dal, cynnal.
manvs, 38. 44, us, eisin.
manwyr, 10. 59, llu. o *manwr*, gŵr dinod, gŵr dibwys.
marc, *mark*, 31. 11n.; 35. 60n.; 51. 28.
margen, 22. 1, Saes. 'bargain', bargen.
masg, 28. 52, Saes. 'mask', gwead rhwyd.
mastr, A. 13; A. 17; B. 8; 12. 71, Saes. 'master', meistr.
mathu, 54. 93, bathu.
mav, 11. 57; 17. 85; 25. 74; 27. 95; 29. 4; 29. 77; 34. 26, fy, eiddof.
mawlgar, 7. 16, yn teilyngu mawl, yn derbyn mawl.
mawlwerth, 2. 73, *mawl* + *gwerth*, yn werth ei foli, yn teilyngu mawl.
mawrwaisg, 44. 44, *mawr* + *gwaisg*, mawrwych, mawr a chadarn.
mawrwrych, 43. 91, *mawr* + *gwrych*, mawr ei ferw, mawr ei gyffro.
mawryw, 28. 9, *mawr* + *rhyw*.
mebyd, 43. 63n.
meddv, 11. 14, llywodraethu, darostwng.
meddwyd, 34. 77n.
mefl, 21. 115; 51. 96, cywilydd, gwaradwydd, sarhad.

meichiad, 6. 39, un sy'n gofalu am foch.
meidrol, 9. 6n.
meidroledd, 25. 146; 40. 78, mydryddiaeth, barddoniaeth.
meisio, 43. 13n.
meistr o art, *meistr o ddysc*, 4. 5n.; 6. 8; 18. 18.
meitr, 4. 2, Saes. 'mitre', het esgob.
melaist, 9. 7, 2 un. gorff. *mela*, gwneud mêl, (yn dros.) cyfansoddi barddoniaeth.
mendia, 40. 102, 2 un. gorch. *mendio*, Saes. '(to) mend', trwsio, gwella.
merion, 6. 7; 8. 10; 54. 3, llu. o *mêr*, (yn dros.) y gorau, y rhan fwyaf dethol o rywbeth.
mesurawl, 17. 38, mesuredig, yn rhagori o ran mesur.
mesuro, *mesvro*, 11. 78, 22. 78; 48. 15, mesur.
mettel, (1) 16. 88, Saes. 'mettle', anian, ansawdd; (2) 54. 84, Saes. 'metal'; llu. *metteloedd*, 54. 81.
mic, 32. 67, malais, sbeit.
minddraig, 39. 3, *min* + *draig*, â min fel draig, (yn dros.) garw ei air.
miniwn, 5. 4; 32. 71, Saes. 'minion', ffefryn.
miniwr, 9. 4, un sy'n minio.
mold, *molt*, 7. 88; 42. 69; 43. 40; 48. 66; 54. 41, Saes. 'mould'.
moldio, 11. 98, Saes. '(to) mould', llunio.
monwent, 15. 47n.
mŵl, 39. 62, syml, diniwed, ffôl.
muriaist, 22. 73, 2 un. gorff. *murio*, codi mur.
mvrn, *murn*, 10. 88; 28. 116; 53. 34, twyll.
'mwarthruddiaw, 18. 28, ymwaradwyddo, dwyn gwarth arnoch eich hun.
mwm, 17. 46n.
mŵn, 41. 24; 41. 25; 45. 45, mwyn, defnydd o'r ddaear sy'n cynnwys metel.
mwndio, 40. 102n.
mwstr, 8. 6, Saes. 'muster', cynulliad o ddynion wedi eu casglu ynghyd.
mwygl, 34. 38, ofer, gwamal.
mwythûs, 54. 85, wedi ei ddifetha.
mydrawl, 54. 56, ar fydr, yn ôl gofynion mydr, yn rhagorol o ran mydr.
mydrweithio, 54. 51, gweithio mewn mydr.
myfyr, 27. 75, myfyriol, myfyrgar.
myn, 14. 98, 2 un. pres. *mynnu*.
mynawr, 45. 45, ?mynor.
mynawyd, 49. 92, offeryn crydd i dorri tyllau.
myner, 9. 4; 10. 19; 54. 42, arglwydd.
myngen, 10. 74n.; 35. 22.
myr, 33. 54, llu. o *môr*.

N

nadd, *nâdd*, 7. 109; 22. 89; 23. 76; 27. 102; 29. 100; 39. 39; 44. 39, naddiad, yr hyn a neddir, (yn dros.) gwneuthuriad barddoniaeth; 23. 38, naddedig, wedi ei naddu.
naddial, 15. 97, naddu, (yn dros.) llunio barddoniaeth.
naf, 7. 113; 11. 33; 23. 9; 23. 103; 25. 47; 41. 81, arglwydd, Yr Arglwydd.
nâg, *nag*, 3. 66; 5. 10; 7. 52; 7. 54; 18. 101, gwrthodiad; 44. 70, gwrthddywediad.
naghav, *nacav*, 5. 90; 6. 48; 6. 50; 39. 2, gwrthod.
naid, 24. 2, ?ffawd, tynged.
naillaw, 17. 74, *naill* + *llaw*, un llaw.
nain, 41. 93n.
namn, 44. 111, namyn.

naturiaeth, *naturieth*, 24. 2; 24. 3; 30. 4; 33. 4; 42. 10; 48. 108, natur.
nawddiant, 43. 69, nawdd.
naws, 5. 89; 14. 50; 15. 41; 17. 54; 18. 62; 28. 49; 30. 34; 31. 64; 35. 64; C. 2; C. 7; 45. 8; 45. 24; 45. 51; 45. 54; 47. 64; 53. 34, natur.
nawsgwyn, 30. 36, *naws* + *cwyn*, cwynfannus ei natur.
nêr, *ner*, 9. 23; 11. 33; 13. 68; 21. 10; 25. 68; 25. 91; 43. 69; 48. 13; 54. 9, Yr Arglwydd, arglwydd.
neitio, 45. 55, neidio.
nithiaw, *nithio*, 2. 47; 5. 41; 16. 66; 23. 95; 45. 22, gwahanu us a grawn, (yn dros.) llunio barddoniaeth, puro, dosbarthu; 3 un. pres. *nithia*, 28. 54; 3 un. amherff. *nithiai*, 54. 55.
nôdair, 25. 17, ?drygair, goganair.
nodol, *nodawl*, 5. 55; 20. 92; 23. 75; 27. 39; 46. 46; 50. 71, hynod, nodedig, amlwg.
noddgae, 16. 37, *nawdd* + *cae*, lle caeëdig a rydd nawdd neu loches.
noetheulvn, 24. 57, *noeth* + *eulun*, un noeth ei lun.
nopiawg, 39. 79n.
nwyfwawd, 48. 14, *nwyf* + *gwawd*, barddoniaeth hoyw.
nych, 21. 78, nychdod.
nyddiad, 7. 103, y weithred o droi a throsi.

O

odiaeth, 3. 21; 3. 75; 3. 85; 17. 57; 29. 47; 33. 24; 43. 24, rhagorol, anghyffredin, rhyfeddol.
oed, 9. 75; 16. 81, cytundeb i gyfarfod, cyfarfod; llu. *oedav*, 28. 1.
oedair, 3. 69, *oed* + *gair*, ?un oediog ei air.
oedryw, 40. 10, *oed* + *rhyw*, hynafol.
oedwig, 50. 7n.
oerddyn, 53. 18, *oer* + *dyn*, dyn anghynnes, dyn cas.
oerfyd, 14. 4, *oer* + *byd*, cyflwr trist.
oeriaith, 52. 62, *oer* + *iaith*, iaith anghynnes, iaith gas.
oernych, 11. 99, *oer* + *nych*, ?gwendid anffodus.
oerwydd, 49. 53, *oer* + *gwŷdd*.
oesawg, 3. 31, hen.
oferddyn, 2. 39; 41. 29n.
oferddysg, 3. 1, ?dysg farddol.
ofnog, 13. 13, ofnus.
offeiriadaeth, *yffeiriadaeth*, 20. 84; 37. 36, swydd offeiriad.
olynol, 15. 77, yn dilyn.
ollawl, 17. 109; 47. 89, hollol.
ordriwyd, 54. 8, amhers. gorff. *ordrio*, Saes. '(to) order', trefnu, ordeinio.
orig, *orug*, 6. 100; 19. 91; 37. 24; 41. 53; 46. 38; 46. 48, ennyd, talm, amser byr.
orn, 35. 54, cabl.
orthgraff, 48. 116n.
osai, 31. 10, Saes. 'osey', gwin o Alsace.
owchrydd, 1. 67, *awch* + *rhydd*, awchus a hael.

P

pa, *pan*, 3. 26n.; 5. 71; 6. 89; 8. 17; 10. 24; 17. 60; 19. 65. Gw. hefyd *ba*.
palf, 13. 49, llaw.
palis, 7. 110, Saes. 'palis', ffens, pared, (yn dros.) cynhaliwr, amddiffynnwr.
pân, 4. 11, ffwr.
pand, *pant*, 3. 6; 12. 84; 13. 50; 24. 41; 25. 51; 28. 18; 50. 20; 50. 91, onid? Gw. hefyd *band*.
panylv, 49. 83, pantio, (yn dros.) gwneud drwg i, niweidio.
para, 6. 90; 14. 76, pa ryw. Gw. hefyd *ba r'*.

parodwledd, 28. 19, *parod* + *gwledd*, parod i wledd.

patriarch, 50. 19, gŵr eglwysig o radd uchel.

pedeirent, *pedairent*, 4. 23; 18. 19, *pedair* + *rhent* (Saes. 'rent'), pedair bywoliaeth eglwysig.

pefr, 15. 46; 22. 95, disglair, hardd.

pen, (1) 2. 59; 7. 101; 9. 39; 11. 87; 13. 43; 16. 89; 18. 88; 24. 9; 25. 67; 25. 117; 28. 118; 39. 33; 48. 90; 52. 76, pan; (2) 6. 89, o ba le?

penadur, 1. 79, pennaeth, teyrn, arglwydd.

pen-dew, 24. 74, dwl, twp.

pendraffleth, 38. 49; 53. 5, cymysglyd, dryslyd.

pen-gwawdydd, 48. 51, prif fardd, y bardd mwyaf ei fri neu ei statws.

pengwysaw, 21. 53, dwyn cwys i'r pen.

penillwaith, 5. 71, *pennill* + *gwaith*, ?brwydr ar bennill, brwydr ar gân.

pennaig, 7. 65, pennaeth, arglwydd.

pennodi, 9. 10, dewis; amhers. pres. *pennodir*, 49. 25.

penod, *pennod*, (1) 3. 26; 6. 91; 7. 86; 10. 71; 17. 60; 43. 53, un arbennig, un ar y blaen, un yn rhagori; (2) ?8. 72; 24. 73; 29. 59, amcan, bwriad; (3) 12. 7, nod, targed.

penrhaith, 54. 49, pennaeth.

perffaiddiodd, *perffeiddiodd*, 48. 86; 48. 98, 3 un. gorff. *perffeiddio*, perffeithio.

perwyl, 34. 44, amcan, bwriad, pwrpas.

perhôn, *perhon*, *perhoen*, 30.57; 32. 7; 40. 31, hyd yn oed pe bai, a chaniatáu, er.

pibell, 49. 57n.

picciellair, 44. 12, *picell* + *gair*, gair llym, gair sy'n brifo.

pig, *pîg*, 29. 107; 35. 65; 43. 29, Saes. 'pique', teimlad drwg, cas, gelyniaeth.

pin, 5. 44; 49. 78, offeryn sgrifennu; *pin gwydd*, 49. 90.

piniwn, 10. 54, Saes. 'opinion', barn.

planio, 23. 2, 41. 62, Saes. '(to) plane', llyfnhau pren, (yn dros.) caboli, llunio'n gywrain.

planta, 28. 100; C. 71, cenhedlu, cynhyrchu plant.

pleidiwr, 8. 57, cynhaliwr.

plygwedd, 38. 9, *plyg* + *gwedd*, plygiedig ei wedd.

podr, 38. 30, ffurf fen. *pwdr*.

poenawl, 48. 104, poenus.

poenwall, 14. 72, *poen* + *gwall*, gwall poenus, diffyg poenus.

pôl, 28. 33; 45. 82, ffurf fen. *pŵl*.

por, *pôr*, 6. 2; 11. 34; 43. 81, arglwydd, teyrn.

posddisgybl, *posddiscybl*, 7. 112n.; 27. 90, un yn dysgu'r grefft o fod yn bosfardd.

posfardd, 27. 16n.; 27. 83; 27. 89; 27. 91.

possiad, 27. 93, y weithred o bosio.

possio, *posio*, 27. 92; 27. 96; 36. 82; 51. 74, Saes. '(to) pose', gofyn cwestiynau anodd.

post, 7. 14, cynhaliwr, pennaeth.

'postl, 4. 96, apostol.

potysv, C. 4n.

praffwydd, 12. 46, *praff* + *gwŷdd*, coed cadarn, (yn dros. ac ans.) cadarn o ran defnydd ac ansawdd ei farddoniaeth.

preintiedig, (1) 1. 10n.; (2) 33. 32, argraffedig.

prelad, 6. 1; 20. 91, Saes. 'prelate', gŵr eglwysig.

prid, 18. 58; 20. 10; 34. 54, drud, costus.

pridwerth, 36. 24, *prid* + *gwerth*, drud o ran gwerth.

print, 4. 4n.

priodfawl, 25. 48, *priod* + *mawl*, priodol ei mawl, priodol i'w moli.
proctor, 44. 52n.
proses, 23. 35n.
prosidiaist, 20. 3n.
prydlyfr, 28. 19; 54. 69, llyfr barddoniaeth.
pryns, 8. 6, Saes. 'prince', tywysog.
purol, 1. 33, pur, puraidd.
puroriaeth, 13. 71, cân, cerdd.
pwnc, (1) ?3. 7; 3. 25; 17. 96; 22. 51; 27. 60; 27. 84; 49. 3, testun, mater; llu. *pynciav*, *pwnciav*, 9. 105; 10. 98; 20. 48; (2) 16. 33; ?20. 54; ?29. 37; ?38. 62, nodyn, ?(yn dros.) cerdd; llu. *pynciav*, ?31. 74. (Petrus yw dosbarthiad yr ystyron. Gellid deall y naill ystyr neu'r llall mewn nifer o'r enghrau.)
pybyr, 1. 24; 3. 24; 5. 23; 8. 66; 12. 40; 20. 18; 23. 7; 30. 61; 34. 65, cywir, gwych.
pyncwych, 9. 95, *pwnc* + *gwych*, gwych ei gerdd.
pynt, 5. 22, llu. o *pont*.
pysg, 45. 55, llu. o *pysgodyn*.

R

raelio, B. 6; 5. 58, Saes. '(to) rail', difenwi, gwawdio, ymsennu; 3 un. pres. *raelia*, 5. 61.
reiol, *reiawl*, (1) 7. 77; 18. 1; 26. 9; 26. 11; 28. 34n.; 32. 26, Saes. 'royal', urddasol, godidog; (2) 28. 36n.; 28. 42, darn o arian.
rvwl, 14. 105, Saes. 'rule', rheol.

RH (R)

rhactal, 39. 89, talcen, (yn dros.) pen, brig.
rhad, *rhâd*, (1) 2. 26; 3. 50; 21. 3; 21. 23; 22. 34; 33. 78, rhydd, am dâl bach; gr. gymh. *rhadach*, 51. 98; (2) 3. 3; 3. 27; 8. 69; 9. 23; 11. 23; 11. 41; 11. 42; 11. 57; 11. 74; 13. 104; 20. 76; 23. 99; 25. 70; 25. 124; 26. 51; 27. 95; 29. 77; 30. 45; 35. 14; 43. 36; 43. 49, bendith, gras, rhodd; llu. *rhadav*, 2. 24; 5. 37; 7. 69; 11. 56; 29. 19; 47. 37. Gw. hefyd *rhâ Tŵw*.
rhadawl, *rhadol*, 21. 97; 25. 132, grasol, bendithiol.
rhaith, 9. 100, corff o reithwyr; 19. 87, ?hawl.
rhamant, 54. 28n.
rhanoedd, 28. 59, llu. o *rhan*.
rhasgl, 44. 78, offeryn saer coed, crafwr.
rhâ Tŵw, C. 67, rhad Duw.
rhawn a bogail, 22. 81n.
rhedynos, 22. 84, rhedyndir.
rhegfa, 39. 65, y weithred o regi, iaith reglyd.
rheidiol, 51. 36, angenrheidiol.
rhên, *rhen*, 3. 27; 7. 40; 7. 89; 9. 47; 11. 39; 43. 36, Yr Arglwydd, arglwydd.
rheolion, 28. 17; 28. 90; 50. 5, llu. o *rheol*.
rhestrog, 39. 75, rhesog.
rhi', 26. 81, mawl, clod.
rhimin, 51. 29, cerdd, pennill, rhigwm; llu. *rhimynav*, 22. 94.
rhimyniaith, 41. 79, *rhimyn* + *iaith*, iaith ar gerdd, cerdd.
rhimynnv, 15. 96, barddoni, rhigymu.
rhinol, 11. 29, rhinweddol.
rhisio, 41. 76, tasgu, gwingo, tarfu.
rhoch, 28. 108; 29. 87, sŵn fel a wneir gan fochyn, sŵn anhyfryd.
rhoddiad, 6. 47; 8. 78; 21. 6, rhodd.
rhol, *rhól*, 30. 9; 34. 21, Saes. 'roll', darn hir o femrwn a ddefnyddid i sgrifennu arno, llyfr; 49. 87; 49. 88, llyfr achau.
rhol, *rhôl*, 20. 64; 30. 13; 38. 68; 51. 81, rheol.

rhowiog, gw. *rhywiog*.
rhowtio, 45. 16, Saes. '(to) rout', rhuthro'n wyllt.
rhus, *rhvs*, 7. 9; 9. 86; 9. 89, petruster, atalfa, rhwystr; 21. 99; 28. 109; 36. 15, cyffro, gwylltineb, penwendid.
rhwn, 21. 54, cefn o dir mewn cae, y darn tir âr rhwng dwy rych.
rhwth, 17. 17; 39. 84; 50. 46, bylchog, agored; ffurf fen. *rhoth*, 41. 20.
rhwydle, 42. 74n.
rhwyddynt, 5. 89, *rhwydd* + *hynt*, modd dirwystr, modd diymatal.
rhwyf, 14. 49; 49. 28, rhyfyg, rhysedd, balchder; 38. 71, pennaeth.
rhwymedi, 36. 29n.
rhwysc, *rhwysg*, *rwysc*, 7. 87; 13. 20; 19. 93; 20. 1; 23. 88; 25. 88; 27. 18; 49. 68; 52. 17, awdurdod, balchder.
rhwysgwawd, 52. 26, *rhwysg* + *gwawd*, barddoniaeth awdurdodol.
rhwysgwych, 34. 56, *rhwysg* + *gwych*, ?balchwych.
rhychor, 44. 52, yr ych a gerddai'r rhych wrth aredig, (yn dros.).
rhydain, 2. 26; 27. 17, carw ifanc, (yn dros.).
rhydliw, 41. 27, *rhwd* + *lliw*, lliw rhwd, lliw rhuddgoch.
rhydyd, 21. 41; 23. 92; 26. 49; 27. 64; 29. 39; 32. 38; 46. 25, rhyddid.
rhyddelli, 29. 79, dallineb.
rhyddhâu, 22. 4, breinio, breintioli, ?(fel enw) hawl i ryddid a breintiau.
rhyddwys, 3. 15, rhy drwm, tra sylweddol.
rhyfyg, *rhyfig*, 7. 39; 9. 39, balchder; 40. 82; 49. 100, digywilydd-dra, haerllugrwydd.
rhyfygaeth, 42. 90, rhyfyg, gwegi.
rhyfygaf, 38. 71, 1 un. pres. *rhyfygu*, beiddio, mentro; 3 un. gorff. *rhyfygodd*, 16. 7.
rhygyngv, 41. 74, symud yn hamddenol.
rysv, 22. 91, drysu, cymysgu.
rhyswr, 44. 57, campwr, gwron.
rhythv, 22. 30, bylchu.
rhywiog, *rhywiawg*, *rhowiog*, 11. 90; 30. 52, hynaws, rhadlon; 13. 96; 14. 51; 33. 41, bonheddig, urddasol, o rywogaeth dda.
rhywiowgbleth, 46. 70, *rhywiog* + *pleth*, pleth dda ei hansawdd.
rhywyr, *rhyŵyr*, 11. 103; 54. 27, rhy hwyr.

S

sad, 4. 33; 4. 69; 7. 77; 8. 3, diysgog, disyfl, cadarn.
sadwrych, 31. 29, *sad* + *gwrych*, (yn ans.) ?cadarn eu berw, cadarn eu barddoniaeth.
sadwych, 6. 3, *sad* + *gwych*, cadarnwych.
Saesnaeg, 5. 60n.
safadwy, 26. 43; 27. 33, sicr, diamheuol.
safnol, 13. 41, rhwth, (yn dros.) difrifol.
said, 7. 19, carn neu ddwrn arf; 10. 93, bôn, sail.
saithart, 48. 42, *saith* + *art*, y saith gelfyddyd.
sanv, 24. 31, synnu, peri syndod.
sawd, *sawt*, 29. 12n.; 47. 90n.; 50. 2n.
sbariaw, 34. 44, Saes. '(to) spare', arbed; 2 un. amherff. *sbaryd*, *sparryt*, 8. 30; C. 44.
sclandr, 46. 3; 52. 36, Saes. 'slander', athrod, anghlod, enllib.
sclandrio, 35. 74; 52. 34, Saes. '(to) slander', athrodi, enllibio. Gw. hefyd *ysglendraist*.
scorn, gw. *yscorn*.
seims, 30. 28, Saes. 'chimes'.
sein, 2. 3, Saes. 'sign', arwydd.

sel, sêl, (1) 8. 49, Saes. 'seal' (*dan sel* = cyfrinachol, dirgel); (2) 12. 48; 25. 128, Saes. 'zeal', awydd, eiddgarwch; (3) 35. 72, gwyliadwriaeth.

seiliad, 25. 117; 49. 59; 54. 20, ystrywgar, cyfrwys.

senw, 13. 85, sen, anair.

serth, 35. 75, anghwrtais, ffyrnig.

siampler, 23. 59, Saes. 'sampler', enghraifft.

siars, 20. 92, Saes. 'charge', gofal; 33. 19; 42. 96, tasg; 42. 36n.

sickiwyd, 14. 6; C. 64, amhers. gorff. *sicio*, golchi, gwlychu, mwydo mewn dŵr.

sied, siêd, 37. 5; 39. 37, Saes. 'escheat'.

sivilian, 8. 16n.

simio, 37. 61, ystyried, archwilio.

sobreiddiaith, 25. 82, *sobraidd* + *iaith*, iaith synhwyrol, iaith ddwys.

soeg, C. 59, grawn ar ôl ei drin ar gyfer bragu.

somedic, 21. 25, twyllodrus.

somi, 8. 97; 21. 26; 30. 25, siomi, twyllo; 3 un. pres. *sym*, 51. 88; 1 un. gorff. *somais*, 30. 28; 2 un. gorff. *somaist*, 21. 19.

somiant, 7. 43; 21. 21, twyll.

soredig, 24. 8, llidus, sarrug.

soriant, 45. 2, llid, sarugrwydd.

sorri, sori, 3. 46; 4. 72, llidio, digio; 3 un. amherff. *sorrai*, 3. 54; 1 un. gorff. *sorais, sorrais*, 3. 51; 54. 87.

sos, 5. 60n.

sparryt, gw. *sbariaw*.

stâd, (1) 5. 57n.; (2) 16. 24; 49. 86, cyflwr, sefyllfa; llu. *stadoedd*, 50. 3.

stadu, 38. 35n.

status, gw. *ystatus*.

stîl, 46. 52, Saes. 'style'.

stor, stôr, gw. *ystor*.

straffl, 38. 49n.

svt, sûd, sut, svd, 4. 70; 9. 38; 11. 76; 15. 41; 28. 12, modd, ffurf, dull.

swllt, 22. 82n.

swmer, 4. 31, trawst, (yn dros.) cynhaliwr.

swnd, 35. 38, Saes. 'sand', tywod, (yn dros.) peth diwerth.

swrffed, 1. 59, Saes. 'surfeit', yr hyn sydd dros ben, yr hyn nad oes mo'i angen.

swrn, 36. 88; 48. 5, llawer.

syberw, 5. 19; 25. 82, bonheddig, moesgar, synhwyrol.

syberwyd, 53. 8, balchder, traha.

syflais, 15. 29, 1 un. gorff. *syflyd*, symud.

syganai, 25. 71, 3 un. amherff. *syganu*, dywedyd, sibrwd.

symledd, 25. 81, symlrwydd, unplygrwydd.

syry, 17. 104, Saes. 'sirrah', syr (mewn ystyr ddirmygus).

syw, 7. 42, gwych, rhagorol.

T

tadawg, tadog, 20. 63; 48. 113, amddiffynnwr, cynheiliad, dadleuwr.

tadmaeth, 12. 22, un yn gweithredu fel tad.

tadog, gw. *tadawg*.

tadogaeth, 29. 28; C. 19, tarddiad.

tadwys, 7. 73; 41. 13; 47. 49; tad.

taeredd, 23. 30; 42. 10, taerni, gwagedd.

tai, gw. *tav*.

talais, 7. 94n.; 7. 95; 8. 90; 16. 23; 23. 32.

talaith, 7. 100, coron.

talu, 3 un. pres. *tâl*, 44. 24; 3 un. amherff. *talai*, 44. 63, bod yn werth.

tân llwynawg, 38. 18n.

tarf, 8. 25, dychryn, peth sy'n tarfu.

taring, 6. 64; 8. 94; 33. 30; C. 45, Saes. 'tarrying', oediad, arhosiad.

tasgv, *tascu*, 31. 80; 36. 76, Saes. '(to) task', gosod tasg.

tav, 11. 75; 20. 35; 24. 33; 52. 107, dy, yr eiddot ti.

tav, *tai*, 28. 49; 48. 74n., 3 un. pres. *tewi*.

tawddgyrch . . . cadwynog, 22. 53–4n.

tawl, 27. 16, cyfran.

tawli, 44. 24n.

tentasiwn, 42. 81n.

têr, 1. 85, pur, glân.

term, (1) 12. 65; 19. 23; 24. 51; 25. 18, Saes. 'term', ymadrodd; (2) 20. 52; 25. 97, Saes. 'term', tymor, cyfnod o amser.

tês, *tes*, 1. 4; 48. 91, heulwen, gwres haul.

testr, 49. 61n.

testyn, 25. 62; 25. 73; 33. 35, gwatwar, gwawd, anfadair.

teyrn, 8. 85, arglwydd, pendefig.

tîd, 9. 110, cadwyn i gysylltu'r iau â'r aradr.

tîn âp, *tin âp*, 13. 42n.; 22. 30n.

titl, gw. *tytl*.

toddaid, 36. 59n.

topia, 10. 101, 2 un. gorch. *topio*, Saes. '(to) top', bod y gorau, bod yn bennaf, rhagori ar.

torfelyn, 1. 30, *tor* + *melyn*, melyn ei fol.

tothyd, 18. 17, ?2 un. amherff. *toddi*.

trablwng, 49. 96, *tra* + *blwng*, tra ffyrnig, tra sarrug.

traethwawd, 13. 79, *traeth* + *gwawd*, barddoniaeth, prydyddiaeth.

trafael, (1) 40. 45; 40. 57, Saes. 'travail', llafur, ymdrech, caledwaith; (2) 42. 37, Saes. 'travel', taith.

travais, 7. 120, Saes. 'traverse', ymryson, dadl.

trahwyr, 18. 87, *tra* + *hwyr*, hwyr iawn.

trai, 23. 40, Saes. 'try', prawf.

trank, *tranc*, 8. 104; 37. 47, diwedd, angau.

trathraws, 45. 7, *tra* + *traws*, blin iawn, croes iawn.

trauan, 17. 112, traean, y drydedd ran.

traws, (1) 8. 38; 52. 5, cadarn, gormesol; (2) 29. 98; 30. 26, blin, croes; 39. 91, ?afreolaidd, cyfeiliornus.

trawsder, 47. 60, croesineb.

trawsedd, 9. 35, cyndynrwydd.

treiglfardd, 17. 61, *treigl* + *bardd*, bardd crwydrol, clerwr.

treigliaith, 41. 77, *treigl* + *iaith*, ?iaith farddonol.

treiglo, 46. 14, teithio, crwydro.

treiglrwth, 40. 51, *treigl* + *rhwth*, ?bylchog neu ddiffygiol yn ei symudiad.

treiglwr, 1. 11, teithiwr, rhodiwr.

treio, *trio*, 9. 108; 10. 100; 14. 53; 16. 48; 16. 78; 22. 93; 23. 81; 26. 76; 27. 98; 32. 26; 40. 17, Saes. '(to) try', ceisio, cynnig, profi, dodi ar brawf; 1 un. pres. *treia'*, *treiaf*, 16. 87; 23. 31; 41. 86; 3 un. pres. *treia*, 47. 23; amhers. amherff. *treid*, 38. 22; amhers. gorff. *treiwyd*, 8. 48; 43. 34; 2 un. gorch. *treia*, 19. 108; 46. 27.

treiwyr, 47. 10n.

triagl, 1. 11, balm, ennaint (yn dros.).

triganol, 23. 48, trigiannol.

trimaib, 37. 43; 37. 60; 46. 30, *tri* + *maib*, tri mab.

trin, *trîn*, 12. 34; 13. 106; 15. 28; 26. 55; 26. 67; 28. 65; ?34. 32; 37. 64; 49. 19; 52. 17, brwydr, ymryson, cynnen.

trino, 28. 98, trin.

trio, gw. *treio*.

trip, 5. 72, Saes. 'trip', cwymp.

trogen, *tyrogen*, 2. 78; 3. 84, math o bryf bychan, (yn dros.) peth dirmygedig.

trowsaint, 19. 95, *traws* + *haint*, haint blin.

trowsdir, 31. 50, *traws* + *tir*.

trowseb, 36. 7, trawsedd.

trûgar, 43. 81, trugarog.

truthiad, 34. 12, ffwlbri, oferedd.

truthwrych, 45. 7, *truth* + *gwrych*, truth cyffrous.

trwch, 15. 28; 19. 48; 23. 89; 49. 7, anfad, anffodus.

trybestod, 41. 88, ffwdan, cyffro.

trysyfyd, 36. 9n.; 43. 84n.

trywyr, 36. 65, *tri* + *gwŷr*, tri gŵr.

tuo, 24. 11, tueddu; 2 un. pres. *tvi*, 24. 12.

tuthia, C. 84, 2 un. gorch. *tuthio*, rhedeg.

twng, 9. 32, llw.

twn, 18. 8; 18. 36; 25. 17; 39. 64, wedi torri, ysig, (yn dros.) salw.

twrf, 12. 28, terfysg, cynnwrf.

twrn, 37. 10n.

twrstan, 46. 13, trwstan.

twymn, 7. 114, cynnes, gwresog, brwd.

twyn, *tŵyn*, 1. 76, bryn, bryncyn.

twysc, 29. 93, swm, pentwr.

tycciant, C. 39, ffawd, llwyddiant.

tygasyd, 46. 43, 2 un. gorberff. *tebygu*, tybio.

tymic, *tymig*, 19. 54; 45. 11, pigog.

tynder, 28. 63, croesdynnu, anghytundeb.

tyrch, 13. 64, llu. o *torch*.

tyrogen, gw. *trogen*.

tytl, *titl*, 8. 34; 18. 98, Saes. 'title', teitl, enw yn dangos safle.

tywyn, 50. 77, tywyniad, disgleirdeb.

tywys, 28. 65, ?un ar y blaen, arweinydd.

U (V)

vnard, 35. 14, *un* + *art*, o'r un gelfyddyd.

vnged, 24. 65, *un* + *ced*, un rhodd, un fendith.

vntvog, 40. 15, unochrog.

vnyd, 3. 55; 28. 77; 42. 69, *un* + *hyd*, o'r un hyd, o'r un ansawdd, tebyg.

vrddwyr, 13. 8, llu. o *urddwr*, gŵr urddasol, gŵr anrhydeddus.

vthr, 6. 48; 12. 64; 14. 20; 14. 102; 18. 60; 33. 80, dychrynllyd, ofnadwy; 20. 69; 27. 93; 32. 20; 35. 20, aruthrol, rhyfeddol.

vwch, gw. *ywch*.

W

wallai, 16. 17, efallai.

weithian, 1. 34; 8. 75; 10. 37; 41. 75; 54. 47, yn awr.

weldyna, 14. 85, dyna.

wrsip, 10. 41, Saes. 'worship', parch, anrhydedd, bri.

wrtham, 41. 19n.

wynebair, 46. 9, *wyneb* + *gair*, gair yn wyneb rhywun.

wyr, 4. 12n., disgynnydd; llu. *wyrion*, 28. 56; 47. 39; 50. 54.

Y

ych bôn, 40. 7n.

ydolwg, 1. 89; 14. 109, atolwg.

ydolwyn, 24. 49, atolwg.

ydd, 13. 3, geiryn cadarnhaol. Gw. hefyd *idd*.

yffeiriadaeth, gw. *offeiriadaeth*.

ygalen, 14. 78n.; 15. 82, carreg hogi.

yngod, (1) 26. 33, yno; (2) 33. 72; 49. 28, ynot.

yngwaneg, 4. 84, ychwaneg.

y llyn, *yllyn*, 14. 7; 31. 75; 33. 51; 35. 27, fel hyn, felly.

yllyny, 32. 42, fel hynny, felly.

ymaulawdd, 39. 43, 3 un. gorff. *ymaelyd*, ymaflyd codwm, ymladd.
ymaylydd, 1. 66, ymaflwr codwm, ymladdwr.
ymblyccio, 40. 91, neidio yn sydyn a nerfus, plycio.
ymbosio, 8. 56, gofyn cwestiynau anodd; 2 un. gorch. *ymbos*, 7. 30, dadlau, ymryson.
ymbwyaw, 17. 55, ergydio.
ymdaerv, 17. 70; 53. 3, cecru, ffraeo, taeru; 2 un. amherff. *ymdaeryd*, 33. 65.
ymdaro, (1) 6. 74, ymladd; (2) 32. 48, ymdopi.
ymdreio, 53. 1, ymgynnig, ymgeisio.
ymdrwsiaist, 17. 33, 2 un. gorff. *ymdrwsio*, ymgyweirio.
ymdynna, 13. 77, 2 un. gorch. *ymdynnu*, encilio.
ymeiriach, 46. 88, osgoi.
ymgael, 42. 98, cytuno ymhlith ei gilydd, dod ynghyd â; 2 llu. gorff. *ymgowsoch*, 24. 40; 1 un. gorberff. *ymgowswn*, 33. 18.
ymgegv, 34. 71, cecru, cynhennu.
ymgroccys, 43. 14, Saes. Can. 'crokes', ymrafael, cynnen.
ymlaferydd, 44. 20, siarad ffôl, twrw ynfyd.
ymlewydd, 11. 25, canmol, moli.
ymliw, 2. 82; 6. 99; 49. 14, dadlau; 2 un. gorch. *ymliw*, 33. 84.
ymodi, 41. 103; 51. 77, trin, trafod.
ymodwr, 17. 37, un sy'n trin neu'n trafod rhywbeth.
ympirio, 52. 106n.
ymroi, 8.9; 11. 60; 16. 62; 52. 8, ildio; 1 un. amherff. *ymrown*, 16. 60; 19. 16; 19. 20; 3 un. amherff. *ymroe*, 23. 18; 23. 20; 2 un. gorch. *ymro*, 29. 78; 3 un. gorch. *ymroed*, 29. 77.
ymsennv, *ymsenv*, 5. 62; 10. 55; 14. 14; 14. 23; 20. 97; 30. 19, gwawdio, difrïo, cweryla, ffraeo.
ymserth, 16. 45, 3 un. pres. *ymserthu*, tafodi, dwrdio.
ymsowtiaw, 17. 36n.
ymswn, 16. 45, ymson.
ymswrn, 19. 36, ymryson, ymladd.
ymwan, 1. 27; 53. 11, ymladd, ymdaro; 37. 60, gwanu, trywanu (mewn cyswllt cnawdol).
ymwareddiad, 30. 46, ymarweddiad.
ymwarthruddiaw, gw. *'mwarthruddiaw*.
ymwradwyddaw, 33. 58, gwaradwyddo, sarhau, goganu.
ymwrdd, 28. 96, ymdaro, ymladd.
ymynfydych, 27. 19, 2 un. pres. dib. *ymynfydu*, gwallgofi, cynddeiriogi.
ymynyddol, 25. 42, ymenyddiol.
yndent, 18. 19, Saes. 'indent' (cf. 'indenture'), cytundeb rhwng dwyblaid.
ynial, gw. *anial*.
ynnyl, 17. 19, bwriad, amcan.
ynto, 38. 60, ynddo.
ynwlf, 48. 73n.
ynylfwaisg, 3. 73n.
ynyn, 34. 35, ennyn.
ynys 2. 13; 3. 73; 4. 9; 10. 19; 28. 14; 28. 86; 28. 94; 28. 98; 28. 104; 36. 1; 37. 1; 37. 38; 37. 87; 42. 64; 44. 65; 45. 42; 46. 40; 47. 90; 47. 92, gwlad, ynys.
ypiniwn, 6. 22; 19. 65, Saes. 'opinion', hunan-dyb.
ys, 4. 96, 9. 87; 21. 97; 27. 13; 35. 74; 40. 13, 3 un. pres. *bod*.
ysbaengi, 42. 26n.
Ysbaniwr, 1. 72n.
ysbys, 12. 63; 13. 35; 44. 81, hysbys, adnabyddus, amlwg.
yscorn, *scorn*, 20. 29n.; C. 48, Saes. 'scorn', dirmyg, gwawd.
ysdlysv, 48. 88n.

ysglendraist, 35. 35, 2 un. gorff. *ysglandrio*, Saes. '(to) slander', athrodi, enllibio. Gw. hefyd *sclandrio*.

ysgogyn, 42. 43, coegyn, gŵr disylwedd.

ysgwariai, 54. 25n.

ysgwarwawd, 7. 64, *ysgwâr* + *gwawd*, (yn dros.) barddoniaeth berffaith, barddoniaeth wych.

ysgwierwalch, 7. 64, *ysgwier* + *gwalch*, ysgwier a phendefig urddasol.

ysgwir, 15. 76, Saes. Can. 'squire', ysgwâr saer.

ysgwirwalch, 54. 25n.

ysgymydd, 14. 101n.

ysiad, 21. 24, peth sy'n peri anghysur, (yn dros.) peth sy'n peri anghydfod.

yspréd, 27. 42, ysbwriel, peth a fwrir ymaith, (yn dros.) peth salw diwerth.

ystatus, *status*, 36. 16; 46. 85, Saes. 'statute', ystatud.

ysto', 39. 78; 44. 94, edafedd a osodir yn y gwŷdd i'w groesi gan yr anwe wrth weu brethyn, (yn dros.) gwneuthuriad barddoniaeth.

ystod, 43. 35; 44. 69; 46. 49, trawiad, ergyd.

ystor, *ystôr*, *stor*, *stôr*, 4. 5; 6. 8; 7. 110; 18. 18; 21. 109; 34. 7; 41. 84, Saes. 'store', darpariaeth, cyflenwad, adnoddau.

ystrêd, 52. 81n.

ystudiwr, 33. 24, un yn astudio, ysgolhaig.

ystwnt, 49. 86n.

ystyn, 1. 85; 44. 60, estyn.

ywch, *vwch*, 4. 20; 4. 33; 10. 14; 36. 75; 37. 9; 40. 14; 42. 52, i chwi.

MYNEGAI I ENWAU PERSONOL AC ENWAU LLEOEDD

Wrth restru enwau yn y mynegai isod cynhwysir pob ffurf orgraffyddol a geir arnynt yn y testun. Pan geir mwy nag un ffurf orgraffyddol ar enw yn y testun, ffurf yr enghraifft gyntaf ohono a roddir yn gyntaf, a'r ffurf honno sy'n penderfynu ei leoliad yn y mynegai. Rhoddir y ffurfiau eraill yn y drefn y digwyddant yn y testun.

Yn y cyfeiriadau at leoliad enwau cyfeiria A, B ac C at yr adrannau rhyddiaith yn y testun. Dynoda 'n.' fod nodyn ar yr enw y cyfeirir ato.

Ni chynhwyswyd enwau Edmwnd Prys a Wiliam Cynwal yn y mynegai gan amled yr enghreifftiau yn y testun.

MYNEGAI I'R LLINELLAU CYNTAF

ATODIAD I

Darnau Rhyddiaith a Geir Gyda'r Cywyddau Mewn Rhai Llawysgrifau

Yn yr adysgrifiadau isod dynoda / ddiwedd llinell yn y llawysgrif.

Pan geir *titulus* yn y llawysgrif i ddynodi y dylid ychwanegu *n* neu *m*, cynhwyswyd yr *n* neu'r *m* yn yr adysgrifiad wedi ei hitaleiddio.

(i) P 125

(a) O flaen y cywydd cyntaf [t. 4]

[Testyn][1] yr ymrysonedd rhwyng Edmwnt Prys Archdeagon / [Meri]oneth[2] Bachgeler o ddefintie A Meistr o gelfyddyd prydydd / [ia]eth[3] yn erbyn Wm Kynwal Arwyddfardd a dyfodd fal hyn / Rhys Wynn hen Wr bonheddig a ddaeth efo W^m^ Ky*n*wal / at yr Archdeagon lle roedd ef yn seythy deg arhugiain / i hûn. A chwedi i gyfarch a ddywedodd fal hyn, I mae / gen*n*i fi fwa digon gwann pe bai fo yma ni chaech / mor seythy ych hunan ag a dynnai Rys Wynn ai / fys bach a gyrhaeddai ddeng-rwd ar hugain / A Rhys Wynn a eiliodd ymadrodd Wrtho mi baraf ir / gwr ym*m*a wneythur kowydd iw ofyn os rhowchi gen*n*ad / Ag fe roes gennad, ond gadel iddo yrry testyn yw / ofyn o blegid rhodd oedd y bwa iddo yntau gan / Mr Wm Cloch. a ddoethai gidag yntau o Antwerp, / Ond ni welai Rys Wynn mo W^m^ yn gyrry y Testyn mewn / amser, yno fe ddymunodd ar yr Archiagon ganu Cowydd / ar ei amcan. Ag ef a ganodd, Ag atteb Wm Kynwal / drwy ei lythyr oedd fod y bwa y menthig gida Mr Thos / Prys ag i caid ef pan ddoe adref, ne fo brynai y bwa / vw gorau ynghaer lleon, dyna /r/ dechrau.

[1] Collwyd y dechrau gan fod cornel y ddalen wedi braenu. Llanwyd y bwlch o T, 451, lle ceir yr un darn.

[2] Collwyd dechrau'r gair gan fod cornel y ddalen wedi braenu.

[3] Collwyd rhan o'r gair gan fod cornel y ddalen wedi braenu. Fe'i croeswyd allan mewn inc tywyllach na'r gwreiddiol.

(b) O flaen yr ail gywydd [t. 6]

ymhen y ddwy flynedd neu fwy wrth / addewid fe ddoeth llei roedd yr Archiagon / yr hwn a roes senn ir prydydd am na / roe fo er cerdd fal y mynai gael / er cerdd yna y gyrodd y kowydd[4] isod a llythyr i / ddangos i iachau i hün a bod yn arfer / dwyn iachaü os gofynid dim am ir / Archiagon / medde fo/ raelio arno, fo / yrodd fwa [sic] i fodloni Rys Wynn ag / esgys na cheid adref mor bwa iw roi / gann M^r^ doctor Ellis

(ii) M 147

(a) Ar ôl y cywydd cyntaf [t. 290][5]

ynol gyry adref y kowydd hwn i gyrodd / Wiliam kynwal lythr at Rys wynn i ddangos roi hono / fo fenthing y bwa ag os y fo ni chae y bwa drachefn fo / bryne y bwa gorav ynghaer ag ai gyre i Rys wynn ag / arhoeson yr addewid yma ddwyflynedd a hanner oni= / chyfarfv y m^r^ prys a wiliam kynwal ag ymliw ag / ef os kowsai ef gerdd pam na roe fo y bwa ne gerdd / ag nid llythr yn ateb oni bai fod yn gofvn drwy / lythyr.

Ag yno i gyrai Wilian [sic] y kowydd hyn yw / ysgvsodi i hvn am y bwa.

(b) Ar ôl yr ail gywydd [t. 294][6]

Gydar kowydd ychod y doeth llythr / arall at Rys Wynn i erchi iddo fo ddangos y kowydd / vchod i mr prys fal i gallai fo wnevthvr ateb iddo / os mynai oblegid medd wiliam fo raeliodd y mr prys / arnafi dan yn y bwlch [sic] yn arythr na yraswn i naill / ai y bwa ai kerdd pan welodd y masdr prys y llythr / y kredodd mai sialeinsio fo ir maes i roedd wiliam / ag attebodd ir kowydd vchod fal hyn.

[4] Sgrifennwyd y geiriau 'y kowydd' uwchben yn y brif law.
[5] Ceir y darn hwn hefyd yn BlW f.4, 132.
[6] Ceir y darn hwn hefyd yn BlW f.4, 136.

(iii) LlGC 3288,i

Copi honedig o'r llythyr a anfonodd Cynwal gyda'r ail gywydd [t. 46][7]

llythr william cynwall gyda'r Cywudd uchod[8]

mr rus[9] wynn ydolwg[10] i chwi yru[11] y Cywydd yma i meistr prys, fel y gwna . . . [12] / fo atteb iddo os mŷn, oblygid fo raeliodd arnaf fi[13] Tan y bwlch [sic] yn / aruthr am na chaid ynaill ai y bwa, ai cerdd i ddangos pam / na chaid. William Cynwal.

7 Ceir hwn hefyd yn LlGC 19497, 46 a LlGC 2621, 37.

8 Ychwanegwyd y pennawd 'Y Llythyr at yr Archiagon' mewn llaw arall, yn ôl pob tebyg un Dr Griffith Roberts (gw. y disgrifiad o'r llsgr. t. xxiii uchod.).

9 Newidiwyd 'r' i 'R' mewn llaw arall.

10 Sgrifennwyd 'att' mewn llaw arall uwchben yr 'yd' yn 'ydolwg'.

11 Ychwanegwyd 'r' mewn llaw arall uwchben 'yru'.

12 Ni ellir darllen y gair yn iawn gan ei fod yn rhedeg i mewn i'r ymyl.

13 Rhwng 'fi' a 'Tan y bwlch' ychwanegwyd 'yn' uwchben mewn llaw arall.

ATODIAD II

ACH EDMWND PRYS

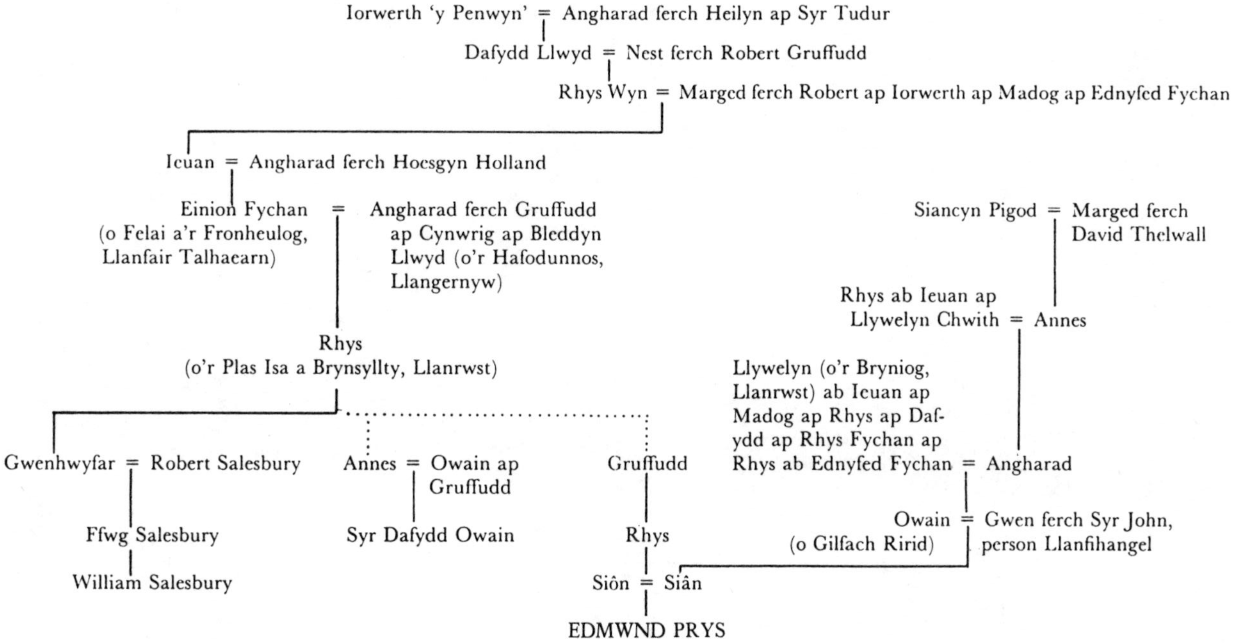

[Seiliwyd ar *PACF*, 274, 361; *Dwnn*, II, 336; P 125, 223; P 177, 163; LlGC 21249, 248 a Ba 5943, 433, 449.]

British Library Cataloguing in Publication Data

Williams, Gruffydd Aled
Ymryson Edmwnd Prys a Wiliam Cynwal
1. Welsh Poetry—History and Criticism
—— Tudor period, 1485-1603
I. Title
891.6'612'09 PB2227

ISBN 0-7083-0918-6